Uni-Taschenbücher 1330

Eine Arbeitsgemeinschaft der Verlage

Birkhäuser Verlag Basel · Boston · Stuttgart
Wilhelm Fink Verlag München
Gustav Fischer Verlag Stuttgart
Francke Verlag Tübingen
Harper & Row New York
Paul Haupt Verlag Bern und Stuttgart
Dr. Alfred Hüthig Verlag Heidelberg
Leske Verlag + Budrich GmbH Opladen
J. C. B. Mohr (Paul Siebeck) Tübingen
R. v. Decker & C. F. Müller Verlagsgesellschaft m. b. H. Heidelberg
Quelle & Meyer, Heidelberg · Wiesbaden
Ernst Reinhardt Verlag München und Basel
K. G. Saur München · New York · London · Paris
F. K. Schattauer Verlag Stuttgart · New York
Ferdinand Schöningh Verlag Paderborn · München · Wien · Zürich
Eugen Ulmer Verlag Stuttgart
Vandenhoeck & Ruprecht in Göttingen und Zürich

*Meinem Freunde Dr. Erdoğan İçen gewidmet*

Jochen Bleicken

UTB 460
Die Verfassung der Römischen Republik

UTB 838
Verfassungs- und Sozialgeschichte des Römischen Kaiserreiches
Band 1

UTB 839
Verfassungs- und Sozialgeschichte des Römischen Kaiserreiches
Band 2

Jochen Bleicken

# Die athenische Demokratie

Ferdinand Schöningh

Paderborn München Wien Zürich

Prof. Dr. Jochen Bleicken wurde in Westerland/Sylt geboren. Er studierte Geschichte und Klassische Philologie in Kiel und Frankfurt a. M. Nach der Promotion in Kiel (1954) und der Habilitation in Göttingen (1961) war er 1962–1967 Professor für Alte Geschichte an der Universität in Hamburg, von 1967–1977 an der Johann Wolfgang Goethe-Universität in Frankfurt a. M. Seit 1977 lehrt er an der Georg-August-Universität in Göttingen.

Gleichzeitig mit dieser Taschenbuchausgabe erscheint im Verlag Ferdinand Schöningh eine gebundene Ausgabe unter gleichlautendem Titel. Diese enthält neben dem (identischen) darstellenden Teil zusätzlich einen umfangreichen Anhang, der die Forschungslage zu den einzelnen Phänomenen der athenischen Demokratie, den Kapiteln der Darstellung folgend, vorstellt. Die gebundene Ausgabe enthält auch ein ausführlicheres Literaturverzeichnis, das sich auf den Forschungsteil bezieht.

CIP-Kurztitelaufnahme der Deutschen Bibliothek

**Bleicken, Jochen:**
Die athenische Demokratie / Jochen Bleicken. –
Paderborn; München; Wien; Zürich: Schöningh,
1986.
  (UTB für Wissenschaft: Uni-Taschenbücher;
  1330)
  ISBN 3-506-99370-4
NE: UTB für Wissenschaft / Uni-Taschenbücher

© 1986 by Ferdinand Schöningh at Paderborn. Printed in Germany.
Herstellung: Ferdinand Schöningh, Paderborn.
Einbandgestaltung: Alfred Krugmann, Stuttgart.

ISBN 3-506-99370-4

# Inhaltsverzeichnis

# Vorwort

Dieses Buch verfolgt das Ziel, einem weiteren Kreis von historisch Interessierten, insbesondere Lehrern und Studenten, ein besseres Verständnis der athenischen Demokratie zu vermitteln. Das erschien mir um so wichtiger, als das demokratische Athen trotz der scheinbar so ähnlichen politischen Grundanschauungen heute nicht leicht verstanden wird. Der schwierige Zugang ist nicht in erster Linie darin begründet, daß nur wenige über die altgriechische Sprache in das Leben und Denken des klassischen Griechenland eingeführt werden. Die größte Barriere bilden die komplizierten Verfahrensformen der direkten Demokratie, und den modernen Betrachter dürfte auch nicht unerheblich der Umstand verwirren, daß es in Athen lediglich um eine p o l i t i s c h e Gleichberechtigung ging, also der wirtschaftliche und soziale Sektor — wenn auch nicht tatsächlich, so doch jedenfalls der Idee nach — aus dem politischen Raum weitgehend ausgeklammert blieb. Ebenso ist erklärungsbedürftig, warum eine Demokratie, in der unermüdliche Anstrengungen zur Beteiligung aller an allen Beratungen und Entscheidungen gemacht wurden, ein verhältnismäßig ruhiges soziales Klima ausgestrahlt hat und nicht innere Erschütterungen, sondern äußerer Druck zu ihrem Ende geführt haben. So will denn diese Darstellung nicht vornehmlich die Nähe unserer Zeit zu dieser ersten Demokratie der Weltgeschichte demonstrieren, sondern vor allem auch deren Andersartigkeit ins Bewußtsein rücken. Ich habe die Hoffnung, daß gerade aus der so gewonnenen Distanz für den demokratischen Gedanken in Antike und Moderne Einsichten gewonnen werden.

Das Buch stellt das demokratische Athen in einem systematischen Aufriß dar. Die systematische Darstellung historischer Lebensformen ist nicht unproblematisch; doch schien mir der Versuch berechtigt zu sein, weil die demokratische Idee und die Formen, in denen sie ihre praktische Verwirklichung erfuhr, sich in Athen während der rund 150 Jahre, in denen sie lebendig waren, jedenfalls grundsätzlich nicht wandelten. Den vielfachen Korrekturen und Umformungen, denen auch die Demokratie in Athen trotzdem unterworfen war, ist indessen auch in der Systematik Rechnung getragen worden: Auf die Entwicklung insbesondere mancher Verfahrensformen wird jeweils innerhalb der einzelnen Kapitel hingewiesen, und vor allem wird die allmähliche Herausbildung der Demokratie von ihren

Anfängen bis zu ihrer Vollendung unter Ephialtes und Perikles in einem
einführenden Kapitel ausführlicher behandelt, dies vor allem auch
deswegen, weil die besondere Ausprägung der athenischen Form von
Demokratie gerade aus der Entwicklungsgeschichte gut verständlich wird.
Die Systematik der Darstellung bringt den Nachteil mit sich, daß z. T. eng
aufeinander bezogene Sachgebiete getrennt werden; so ist z. B. der
Gedanke, daß die politische Tätigkeit für die Athener einen Wert darstellte
und gefördert wurde, sowohl in dem Kapitel über die demokratischen
Grundgedanken (IV 2) als auch in dem über die politische Praxis (VI 1)
behandelt worden. Ich habe diesen Nachteil, der auch Wiederholungen
unvermeidlich machte, in Kauf genommen, um die einzelnen Phänomene
schärfer herausstellen zu können – in dem genannten Beispiel: um jeweils
die Idee und die Wirklichkeit der politischen Aktivität klarer hervortreten
zu lassen.

In einer zweiten, gleichzeitig erscheinenden Ausgabe dieses Buches habe
ich in einem umfangreichen Anhang die Forschungslage zu den einzelnen
Phänomenen der athenischen Demokratie vorgestellt. Die Besprechung
der modernen wissenschaftlichen Literatur erfolgt dort nach den Sach-
gebieten, die durch die Kapiteleinteilung des darstellenden Teils gegeben
sind. Diese Ausgabe enthält auch ein ausführlicheres Literaturverzeichnis,
das sich auf den Forschungsteil bezieht. Der darstellende Teil ist in beiden
Ausgaben der gleiche.

Ich habe vielen für die Hilfe bei der Drucklegung des Manuskripts zu
danken, insbesondere den Herren Thomas Göhmann, Matthias Pfordt,
Helmut Schwäbl und Dankward Vollmer sowie den unermüdlichen
Sekretärinnen, Frau Margarete Martin und Frau Christine Winter.

Göttingen, im März 1984                              Jochen Bleicken

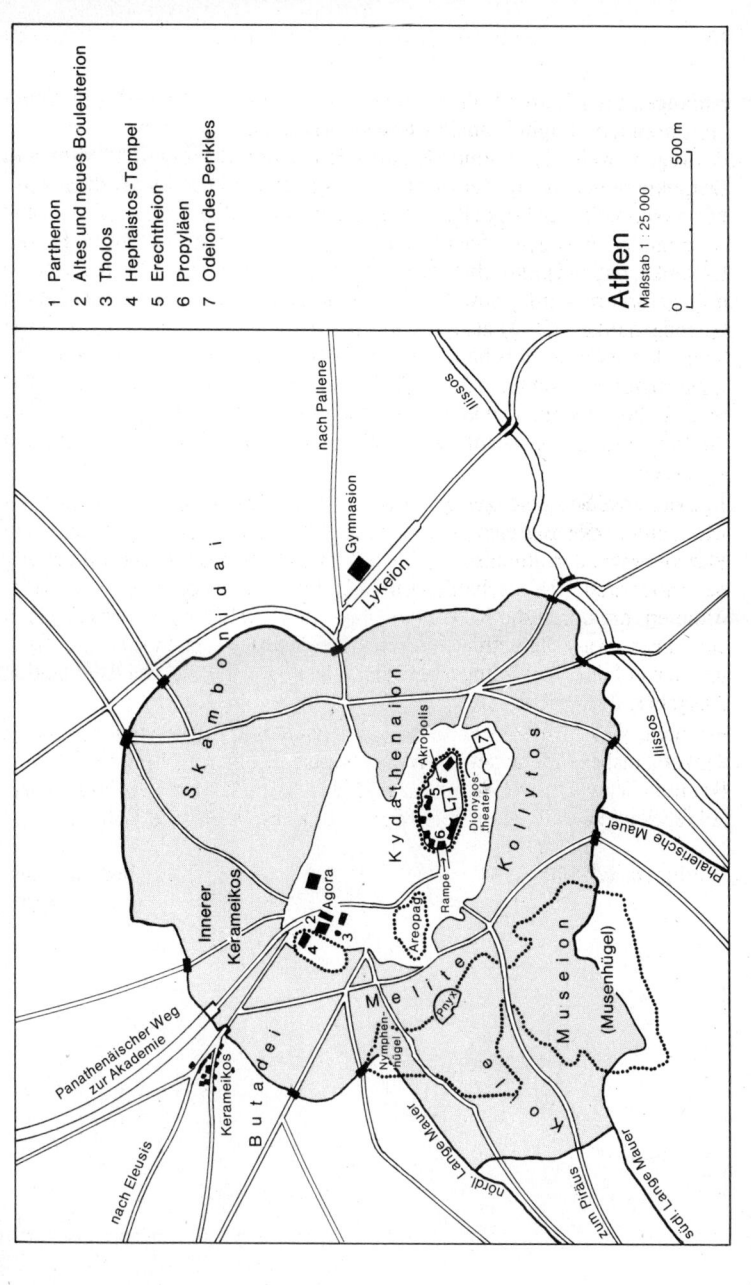

1 Parthenon
2 Altes und neues Bouleuterion
3 Tholos
4 Hephaistos-Tempel
5 Erechtheion
6 Propyläen
7 Odeion des Perikles

**Athen**
Maßstab 1 : 25 000

0                    500 m

# Attika im 5. und 4. Jahrhundert

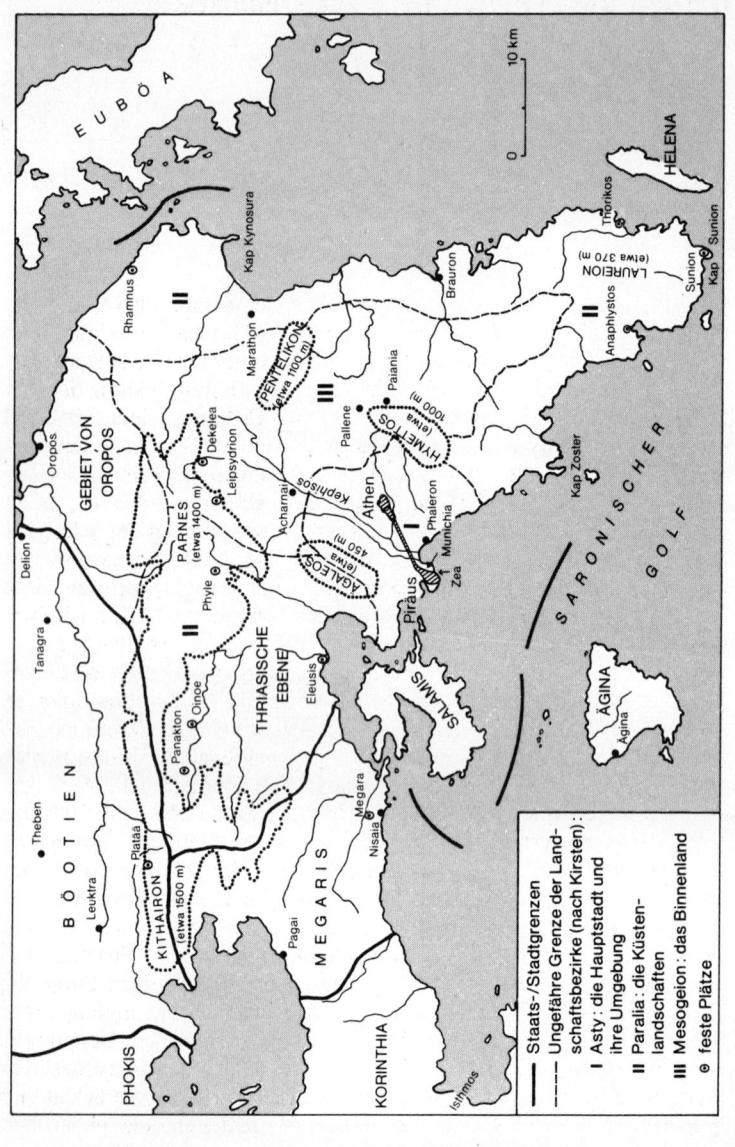

**EUBÖA**

10 km

**HELENA**

Thorikos
Sunion
Kap Sunion

Kap Kynosura

Rhamnus

Brauron

LAUREION (etwa 370 m)

Marathon

PENTELIKON (etwa 1100 m)

Anaphlystos

GEBIET VON OROPOS

Dekelea

Leipsydrion

Pallene

Paiania

HYMETTOS (etwa 1000 m)

Oropos

PARNES (etwa 1400 m)

Acharnai

Kephisos

Athen

Kap Zoster

Delion

Phyle

AIGALEOS (etwa 450 m)

Phaleron

Munichia

Zea

Piräus

SARONISCHER GOLF

Tanagra

THRIASISCHE EBENE

Eleusis

SALAMIS

Theben

Oinoe

Panakton

ÄGINA

Aigina

Leuktra

Plataä

KITHAIRON (etwa 1500 m)

Megara

Nisaia

BÖOTIEN

MEGARIS

Pagai

PHOKIS

KORINTHIA

Isthmos

— Staats-/Stadtgrenzen

--- Ungefähre Grenze der Land-
schaftsbezirke (nach Kirsten):

**I** Asty: die Hauptstadt und
ihre Umgebung

**II** Paralia: die Küsten-
landschaften

**III** Mesogeion: das Binnenland

⊙ feste Plätze

# I. Die Entwicklung Athens zur Demokratie

## 1. Die Entwicklung der politischen Ordnung Athens von Solon bis auf Perikles

Der Athener, der in der Zeit der entwickelten Demokratie, also etwa in der zweiten Hälfte des 5. Jahrhunderts, über die Geschichte seiner Stadt nachdachte, verlegte die Entstehung des demokratischen Gedankens weit in die Vergangenheit zurück. Er vermochte sich die Entwicklung der ihm ebenso vertrauten wie geschätzten politischen Ordnung seiner Zeit nicht anders vorzustellen, als daß sie, von einzelnen großen Staatsmännern und Weisen erfunden und weiter ausgebaut, in langen schweren Kämpfen durchgesetzt und schließlich bis zu der Höhe geführt worden sei, die er vor sich sah. Die Vorstellung, daß einzelne Gesetzgeber an der Schaffung oder Reform eines Staates maßgeblich beteiligt, ja als die eigentlichen Begründer der Ordnung anzusehen seien, war gemeingriechisch. Jede Stadt hatte ihren als Heros verehrten Stadtgründer, und Gesetzgeber, welche die in Unordnung geratene Verfassung wieder ins Gleichgewicht brachten, finden wir im 7. und 6. Jahrhundert an vielen Orten, so Lykurgos in Sparta, Charondas in Katane (Catania) und Drakon und Solon in Athen. Diese Männer genossen die uneingeschränkte Verehrung der Nachwelt und erstarrten schließlich zu unangreifbaren Monumenten dessen, was als ihr Werk angesehen wurde: Die übernatürliche Autorität, die ihnen eine spätere Zeit gab, schützte und trug die politische Ordnung ihrer Städte. Es versteht sich, daß die mit diesen Männern verbundene Gesetzgebung weitgehend eine Rückprojektion der späteren politischen Ordnung darstellte. Nur wenige unter den alten Gesetzgebern sind uns historisch gut faßbar. Solon etwa hat seine Ansichten zu der Art und Weise, in der er seinen Auftrag zur Schlichtung der inneren Streitigkeiten in Athen erledigte, in Gedichten, der zu seiner Zeit einzigen Form der literarischen Dokumentation, niedergelegt, von denen uns umfangreiche Fragmente erhalten sind. Auch die Athener der entwickelten Demokratie kannten selbstverständlich die Gedichte Solons; aber nichtsdestoweniger projizierten sie in seine Person, in der sich staatsmännische Fähigkeit und Weisheit in seltener Dichte zu verkörpern schienen, die politischen

Gedanken der eigenen Zeit, und also war Solon der Begründer des demokratischen Gedankens und damit zugleich die Demokratie durch die
Person dieses in der ganzen griechischen Welt angesehenen Mannes
legitimiert. Die Zeit, die den Anfängen der Demokratie noch näherstand,
hat allerdings, für unser Gefühl richtiger, in Kleisthenes den Begründer
der neuen Ordnung erkannt; so sah es etwa auch Herodot. Im 4. Jahrhundert, als in dem Parteienhader zwischen Demokraten und Oligarchen der
Legitimationsdruck stärker wurde, gab man der verteidigten Ordnung —
mochte es nun je nach dem politischen Standpunkt die radikale oder die
gemäßigte Demokratie sein — ein höheres Alter und verband sie mit Solon
und schließlich sogar mit dem mythischen König Theseus, wobei dann
Solon gelegentlich sogar die Rolle eines radikalen Demokraten erhielt.
Auch in der athenischen Verfassungsgeschichte des Aristoteles, die vom
7. Jahrhundert bis zum Ende des 5. Jahrhunderts reicht, hat Solon eine
durch und durch demokratische Färbung erhalten, und obwohl Aristoteles
in ihm einen Mann des Ausgleichs sah, unterstellte er ihm dennoch, daß
er seine Gesetzgebung bewußt auf das Ziel einer Demokratisierung
Athens ausgerichtet habe.
Die Bemühungen der Athener, die ihnen so teure demokratische Verfassung möglichst weit in die Vergangenheit zu rücken, enthüllen sich dem
Historiker leicht als Rechtfertigungsmechanismen, die aus den politischen
Spannungen einer späteren Zeit geboren sind. Um so erstaunlicher ist es,
daß noch heute manche Historiker, wohl unter dem Eindruck von Aristoteles, die Anfänge der Demokratie mit Solon verbinden und also glauben,
daß einige wichtige, uns aus der entwickelten Demokratie vertraute Ideen
und Institutionen, wie das Geschworenengericht, die Losung der Beamten
und ein neuer, „demokratischer" Rat, von ihm im Sinne einer qualitativen
Veränderung der politischen Ordnung geschaffen worden seien. Man hat
jedoch heute von der Vorstellung auszugehen, daß ein grundlegender
Wandel des politischen Bewußtseins niemals und nirgendwo dem schöpferischen Geist eines staatsmännischen Genies verdankt wird, sondern die
Konsequenz eines in aller Regel sehr komplexen Wandels der allgemeinen politischen und sozialen Lebensbedingungen der Menschen ist und
zumal ein Phänomen wie die Demokratie, die in ihrer einzigartigen
Besonderheit einen Umbruch des ganzen politischen Denkens verlangte,
nur aus einem vielschichtigen Bedingungsgefüge heraus hervorgegangen
sein kann. Wir werden sehen, daß solche Bedingungen ausschließlich für
Athen galten und darum die Entstehung des demokratischen Gedankens
nur aus der athenischen Geschichte verstanden werden kann.
Waren die Athener im Irrtum, in Solon den ersten Demokraten zu sehen,
muß man ihnen doch zugestehen, daß das politische Werk Solons für die

weitere Entwicklung des athenischen Staates einen so wichtigen Stellenwert hatte, daß dieser Irrtum verzeihlich erscheint. Solon bedeutete das
Ende des alten Adelsstaates und den Anfang von etwas grundlegend
Neuem. In vorsolonischer Zeit wurde Athen, wie die meisten griechischen Staaten damals auch, von einer Gruppe adliger Familien beherrscht,
die ihre Lebensweise und Wertewelt und darunter auch ihre politischen
Vorstellungen mit dem Adel in den anderen griechischen Staaten teilte.
Die Beziehungen zu außerathenischen Geschlechtern waren lebhaft und
die Bindungen an auswärtige Familien oft ebenso stark oder gar stärker als
die im eigenen Land. Obwohl Athen der politische Mittelpunkt ganz
Attikas war und sich dort auch die wichtigsten staatlichen Institutionen,
insbesondere die obersten Amter und der Adelsrat, konzentrierten, war
die zentralistische Komponente wenig entwickelt, ja es bestanden unter
dem Einfluß einzelner Geschlechter bis weit in die Frühzeit zurück-
reichende lokale Eigenständigkeiten besonders auf religiösem Gebiet, und
in manchen Gegenden galt das Wort eines Geschlechtsoberhauptes mehr
als das des obersten Beamten. So haben z. B. die Eumolpiden im eleusinischen Gebiet, die Alkmeoniden im Süden und Südosten Athens, vor
allem um Alopeke, und die Philaiden im späteren Demos Lakiadai westlich von Athen im Kephisos-Tal vom staatlichen Zentrum ziemlich
unbehelligt geherrscht. Die alte politische Organisation der Bewohner
Attikas in vier Stammesabteilungen (Phylen) spiegelt diese Verhältnisse
wider. Die Phylen waren reine Personenverbände, in denen der Adel das
Sagen hatte. An ihrer Spitze standen Phylenkönige, und der gemeine
Mann war im Prinzip nur durch das Geschlecht, dem er zugeteilt war,
repräsentiert. In der staatlichen Organisation war das Volk demnach nur
indirekt, nämlich über die vornehmen Geschlechter, vertreten. Die Masse
der Bauern dürfte bereits verhältnismäßig früh in irgendeiner Abhängigkeit zu den Vornehmen gestanden haben, meist wohl als deren Pächter
anzusehen sein. Aber auch der freie Bauer hatte keinen Anteil an der
politischen Entscheidungsgewalt. Es versteht sich von selbst, daß die
zentralen Ämter, nämlich die 9 Archonten — das sind der leitende Archon,
der dem Jahr auch den Namen gab *(árchōn epṓnymos),* der oberste Stratege (Polemarchos), der Verwalter der wichtigsten religiösen Angelegenheiten (Basileus) und die 6 Richter (Thesmotheten) — und die Schatzmeister der Göttin Athena *(tamíai)* sowie der Rat auf dem Areopag-Hügel
(danach „Areopag" genannt), nur von Adligen besetzt wurden. Die
Verhältnisse innerhalb der Aristokratie sind für uns heute nicht mehr
leicht zu überschauen. Mit Sicherheit gab es große Rangunterschiede, und
ebenso sicher war trotz dieser Rangunterschiede das beherrschende
politische Prinzip das der Gleichheit der Standesgenossen untereinander,

ohne das eine aristokratische Gesellschaft nicht leben und sich behaupten kann. Da die Herrschaft des Adels dem König, der einstmals das attische Land beherrscht hatte, abgetrotzt worden war, ist die Gleichheit als ein politischer Wert wohl auch immer bewußt gewesen. Sie fand ihren institutionellen Niederschlag darin, daß die Ämter zunächst alle zehn Jahre, seit dem Archontat des Kreon (683/82) dann jährlich wechselten.

Die Adelswelt geriet in den meisten griechischen Staaten schon seit den Anfängen des 7. Jahrhunderts in eine schwere Krise. Die Ursachen sind für uns heute nur noch schwer faßbar, und sie können für diesen Zusammenhang auch auf sich beruhen. Es sei nur soviel gesagt, daß die Übervölkerung des Landes auch in Attika eine Rolle gespielt hat, ferner neue wirtschaftliche Praktiken, die mit der Erfindung der Schrift im 8. und der der Münze um die Mitte des 7. Jahrhunderts in ein neues Stadium traten. Doch die wirtschaftliche Entwicklung war in Westkleinasien damals weiter fortgeschritten; Attika war in dieser Hinsicht eher rückständig, und es dürfte das Münzwesen hier frühestens zu Beginn des 6. Jahrhunderts, eher erst unter den Peisistratiden in der zweiten Hälfte dieses Jahrhunderts eingerichtet worden sein. Einen wesentlichen Faktor des Wandels bildeten auch veränderte Formen des Kampfes. Der adlige Einzelkampf, überhaupt die Konzentration des Kriegshandwerks beim Adel, trat zunehmend zurück. Die Adligen zogen nun mit größeren Trupps von Abhängigen ins Feld, unter denen viele schwer bewaffnet waren und als Fußsoldaten kämpften; es bildeten sich die Vorläufer der späteren Schlachtreihe von Schwerbewaffneten (Phalanx). Der allgemeine Wandel der politischen Gesamtsituation wurde zunächst vor allem für die ärmere und abhängige Bevölkerung spürbar, da die wirtschaftlichen Schwierigkeiten und die stärkere militärische Belastung auf sie abgewälzt wurden. Für uns werden diese Verhältnisse in Attika faßbar durch Klagen von Bauern über ungerechte Urteile. In Böotien hatte bereits um 700 Hesiod seinen Protest gegen die „schiefen" Urteile der Adligen erhoben; hundert Jahre später entnehmen wir den Gedichten Solons ähnliche Vorwürfe. Von Solon erfahren wir auch genauere Daten über die Lage der Bauern. Viele von ihnen waren verschuldet. Da es möglich war, auf seinen Körper zu leihen, konnte ein Bauer bei Zahlungsunfähigkeit vom Gläubiger versklavt und sogar verkauft werden. Manche Bauern liefen einfach davon, wieder andere, die im Lande blieben, ächzten unter dem Druck ihrer Schulden oder fristeten ein kümmerliches Dasein als Pächter. Der Wandel der Lebensbedingungen und die große Not schufen gerade bei der ärmeren Bevölkerung neue Bewußtseinslagen, in denen nicht nur die Not und die an ihr Schuldigen erkannt, sondern auch Vorschläge für Abänderung gemacht wurden. Die Ausweglosigkeit der Situation wie die Tatsache, daß der Bauer – als Soldat oder Pächter – Leistungen vollbrachte, erzeugte auch bereits ein Selbstbewußtsein, das sich in politischen Forderungen niederschlug. Der radikalste Vorschlag zielte auf die völlige Neuaufteilung des Landes *(anadasmós tēs gēs);* in ihm wurde die Adelswelt als ganze in Frage gestellt. Nicht ganz so umstürzlerisch, aber auch von weitreichender wirtschaftlicher Konsequenz war die Forderung nach Erlaß aller Schulden *(chreōn apokopē)*. Nicht jeder ging so weit wie diejenigen, die alles Land neu verteilt wissen wollten; die alten Bindungen waren stark. Aber jeder, auch die meisten Adligen wußten, daß etwas geschehen mußte.

Die erste Reaktion auf die Unruhe war die Aufzeichnung des geltenden Rechts. Das war nicht neu; dergleichen war bereits in manchen griechischen Städten praktiziert worden. Mit einem solchen Gesetzgebungswerk, durch das jedenfalls im Prinzip nicht neues Recht geschaffen, sondern das alte aufgezeichnet wurde, sollte der Forderung nach Rechtssicherheit Genüge getan werden: Jeder konnte nun die Bindung des Richters sehen und unter Umständen auf sie verweisen. Für Athen übernahm Drakon im Jahre 624 diese Aufgabe. Da in Athen damals zum ersten Male das Recht (hier: Strafrecht) aufgezeichnet wurde, war sein Werk eine große Tat, und er scheint auch manche, auf die besondere Lage seiner Zeit verweisende Neuerung eingeführt zu haben. Drakon galt den Athenern später als ein strenger Gesetzgeber; aber die Härte mancher Sätze hat nicht er, sondern der Geist seiner Zeit zu vertreten. Die Personalisierung des Zeitgeistes ist zwar verständlich, aber das Urteil ungerecht, besonders, wenn es der heutige Historiker, der es besser wissen könnte, den Athenern nachredet.

Mit Solon begann eine neue Etappe der Entwicklung Athens. Sein Werk ließ kaum einen Lebensbereich der Gesellschaft unberührt. Hier sollen lediglich die Maßnahmen vorgestellt werden, welche die politische Ordnung betrafen. Solon wurde im Jahre 594 mit dem Auftrag zum Archon gewählt, die in zwei feindliche Lager zerfallene Bevölkerung Attikas wieder zu versöhnen. Er war, wie es in so vielen griechischen Städten dieser Zeit gemacht wurde, als Schiedsrichter und Versöhner *(aisymnētēs, diallaktēs)* mit unumschränkter Macht bestellt worden, und das hieß, daß seine Person als der letzte und äußerste Ausweg aus einer völlig verfahrenen inneren Situation angesehen wurde. Die feindlichen Gruppen waren die Adligen auf der einen und die Bauern, z. T. auch Handwerker, auf der anderen Seite, welche gleichzeitig als die Reichen und Armen oder als die (im Sinne des sozialen Ranges, nicht im moralischen Sinne) Guten *(esthloí, agathoí)* und Schlechten *(kakoí)* aufgefaßt wurden. Unter den Adligen/Reichen dürften wohl auch manche gewesen sein, die, ohne einem alten Geschlecht anzugehören, zu Geld gekommen waren. Solon, selbst ein Adliger, wenn auch ohne großes Vermögen, löste die Aufgabe im Sinne eines Mittlers zwischen den Parteiungen; in seinen Gedichten hat er viele Male diese seine Rolle als die über den Streitenden stehende Instanz beschrieben, die jeder Seite das ihr Zukommende zumißt. Den Auftrag der Vermittlung hat er bitter ernst genommen, und gerade aus ihm heraus, der den Kerngedanken seiner Reform darstellt, hat er Neues geschaffen: Die Abwehr der parteiischen Standpunkte, die in der Tradition verwurzelt waren, gab ihm schöpferische Kraft zu bis dahin nicht Gedachtem. Da er aber wußte — und auch das wird durch ihn selbst vielfach bezeugt —, daß der mittlere Weg beide Lager wenig befriedigen würde, hat er zur Festigung seines schiedsrichterlichen Werkes die Menschen in Attika mittels seiner Gesetzgebung auf den vielfältigsten Gebieten auch zu einem Bewußtsein der Einheit und Zusammengehörigkeit zwingen und ihnen so ein Gefühl der Verantwortlichkeit für das Ganze geben wollen. Dieser zweite Gedanke gibt seinem Werk eine für seine Zeit eigentümliche politische Note und weist weit über sie hinaus in die Zukunft.

Die erste und wichtigste Tat Solons war die Beseitigung der auf den Grundstücken liegenden Lasten *(seisáchtheia):* Sie war nicht schon Reform, sondern die Voraussetzung dafür, daß die Menschen Attikas überhaupt wieder zu einer Gemeinschaft zusammentreten konnten: Sie bedeutete die Wiederherstellung der von vielen verlorenen Verfügbarkeit über die eigene Person. Tausende, die ins Ausland geflüchtet waren, kehrten nun zurück; andere, die bereits verkauft worden waren, ließ Solon loskaufen; wieder andere fühlten sich von dem Druck der Schulden befreit. Die „Lastenabschüttelung" war ein tiefer, jedoch notwendiger Eingriff in die Wirtschaft des Landes; aber sie vermied den Umsturz aller Verhältnisse, die eine Neuverteilung des Bodens bedeutet hätte, und stellte damit die eine, geknechtete, Gruppe wieder auf die Beine, ohne damit die andere zu vernichten.

Solons wichtigste Reform lag in der Verknüpfung der politischen Rechte mit dem Vermögen und in deren Abstufung durch die Schaffung von Vermögensklassen. Diese von der späteren Staatstheorie als Timokratie (von *timḗ,* Schatzung, und *krátos,* Kraft, Macht) bezeichnete politische Ordnung bedeutete einen Bruch mit der Vergangenheit: Die Fähigkeit zu politischem Einfluß war künftig nicht mehr an die Herkunft, das heißt an die Zugehörigkeit zum Adel, sondern an das Vermögen, also an eine berechenbare Größe geknüpft. Wer ein bestimmtes Maß an Erträgen nachzuweisen vermochte und darum in den Schätzungslisten stand *(timḗmata parechómenoi,* die Vermögen nachweisen können), gehörte zu dem Kreis der Berechtigten. Der alte Adelsstaat ging mit dieser Neuerung

zu Ende, auch wenn Solon — und hier erscheint er uns wiederum als
Vermittler — den alten Familien innerhalb der Timokratie eine beherrschende Stellung gab. Den zwei Personengruppen nämlich, die er bereits
als institutionalisierte Klassen vorgefunden haben dürfte, den Reitern (das
sind im großen ganzen die Adligen) und den Zeugiten (mit ihnen müssen
wir die Masse der großen und mittleren Bauern gleichsetzen), fügte er eine
dritte hinzu, nämlich die reichsten Grundbesitzer, welche über 500
Scheffel (= 2625 l) an festen und flüssigen Produkten Ertrag hatten. Diese
„Fünfhundertscheffler" zeigen mit ihrem Namen deutlich an, daß sie als
eine Gruppe künstlich geschaffen, nicht natürlich gewachsen waren, und
verweisen damit auf Solon als ihren Schöpfer: Um die Vornehmsten und
Reichsten, die sowohl durch die Schuldentilgung als auch durch die
Erweiterung des Kreises der politisch Berechtigten am schwersten getroffen waren, zu versöhnen, nahm er sie aus der Gruppe der Ritter heraus
und stellte sie an die Spitze der nunmehr drei Vermögensklassen. Die
nach Vermögen abgestuften Klassen — die Reiter mußten 300, die Zeugiten 200 oder 150 Scheffel Ertrag nachweisen — wurden nun in Beziehung
zu den politischen Rechten gesetzt: Aus der ersten Klasse wurden die
Archonten und Schatzmeister gewählt; das oberste Amt, das Archontat,
blieb damit den Vornehmsten vorbehalten. Aber der Wahlkörper, also die
Volksversammlung, bestand nun aus allen Bürgern mit einem Vermögen
von mehr als 200/150 Scheffel Ertrag. Damit waren zumindest alle, die von
ihrem Vermögen her sich eine Rüstung leisten konnten und daher, der
veränderten Kampfesweise entsprechend, in der Phalanx standen, politisch berechtigte Bürger (hópla parechómenoi, die eine Waffenausrüstung
stellen können). Alle anderen Personen, obschon frei und vielleicht auch
mit einigem Vermögen ausgestattet, gehörten nicht dazu; sie waren,
lateinisch gesprochen, infra classem.
Diese Neuerung hatte weitreichende Konsequenzen. Die gemeinsam in
der Schlachtreihe Stehenden waren die politisch Berechtigten. Gerade der
Krieg mit seiner auf Gleichheit und den — im wahrsten Sinne des Wortes
in der Schlacht erforderlichen — Gleichschritt ausgerichteten Lebensweise
mußte das Bewußtsein von der politischen Einheit und Verantwortlichkeit
stärken. Darüber hinaus waren die politisch Berechtigten nun zu einer
berechenbaren Größe geworden; denn nicht mehr Herkunft und Cha-
risma (areté), sondern die Finanzkraft bestimmte die Zugehörigkeit zu den
politisch Mündigen. Jeder konnte nun auch in ihren Kreis hineinwachsen;
denn die adlige Herkunft, die als eine absolute Größe den Zugang bisher
verhindert hatte, war jedenfalls für die Bestimmung des politischen Rechts
gegenstandslos geworden. Der Kreis derjenigen, die Politik machen
durften (politeuómenoi, polítai), war aber jetzt nicht nur genau bestimm-

bar, er war auch sehr viel größer geworden: Die Athener waren plötzlich
eine Masse, und, da sie ein großes Territorium hatte, gewann die Stadt
damit sofort an politischem Profil.

Von großem Gewicht war auch die Einführung einer Berufungsinstanz
gegen den Spruch des (auch jetzt noch immer) adligen Richters: Jeder
Athener konnte gegen das Urteil der Thesmotheten Berufung *(éphesis)* bei
einer offenbar nun neu eingerichteten Institution einlegen. Da unsere
Überlieferung Solon bereits das Gerichtswesen der entwickelten Demokratie einrichten läßt (mit Geschworenenhöfen, Rechenschaftslegung der
Beamten usw.), können wir diese Neuerung nur sehr mühsam aus den
späteren Zusätzen und Erweiterungen herausschälen. Aber uns unterstützt nicht nur eine etwa gleichzeitig mit Solon erfolgte Reform in Chios,
durch welche die Berufung einem besonderen Gremium anvertraut
wurde, sondern auch die uns gut bekannte Kritik gegen die „schiefen"
Urteile der Richter, auf die sich Solon doch in seinem Werk beziehen
mußte. Wie die Behörde hieß, die Solon einrichtete, ist uns nicht bekannt.
Er soll einen Rat von 400 Personen, je 100 aus den vier alten Geschlechter-
phylen, eingerichtet haben; aber ob diese Behörde, die vielleicht dem in
dem Gesetz von Chios erwähnten Rat *(boulē dēmosíē epithōios,* Volksrat,
zuständig für Bußgelder) entsprochen hat, ob die Volksversammlung oder
eine als Heliaia bezeichnete Institution, die auch wieder mit einer der
genannten identisch sein kann, die Urteilsfällung bei Berufungen übernahm, wissen wir nicht.

Für die Zukunft nicht weniger bedeutsam war eine Neuerung, welche die
Intentionen Solons besonders gut charakterisiert: Die Einrichtung (oder
auch nur Erweiterung) der Popularklage, das heißt einer Klage, die
jedermann, also auch der gar nicht durch den Klagegegenstand Betroffene,
erheben konnte. Wie im übrigen Griechenland fehlte auch in Athen der
Staatsanwalt; ein Prozeß kam nur auf die Klage der betroffenen Parteien
zustande. Wenn Solon nun für eine ganze Reihe von Tatbeständen des
Straf- und Privatrechts — die Tatbestände entsprachen nicht alle unserer
heutigen Einteilung — jedem Athener die Klage gestattete, führte er
dadurch gleichsam den Staatsanwalt ein. Das Motiv für die Reform ist an
den Tatbeständen, für die die Popularklage zulässig war, ablesbar (z. B.
Unrecht gegenüber Waisen und Erbtöchtern, Vernachlässigung der
Unterhaltspflicht). Es sollten alle diejenigen, die auf Grund ihrer persönlichen oder sozialen Lage an einer Klage gehindert oder zu ihr nicht fähig
waren, zu ihrem Recht kommen. Es ist leicht zu erkennen, daß Solon hier
den Kreis der wirtschaftlich und sozial Schwachen im Auge hatte und er,
das ist für die Zukunft besonders bedeutsam, alle Athener zu deren
Schutz in die Verantwortung ziehen wollte. Die Durchsetzung des Rechts

und der Gerechtigkeit wird so als Sache aller Athener hingestellt und das Interesse der Athener mit dem Staatsinteresse gleichgesetzt.

War durch die timokratische Ordnung der Kreis der politisch Berechtigten zahlenmäßig gewachsen und durch die Popularklage die Verantwortung aller für die Gemeinschaft gestärkt worden, zeigt eine ganze Reihe anderer Gesetze Solons, daß die so erzeugte größere Dichte der Staatlichkeit nicht Nebenprodukt, sondern Ziel seiner Reform war. In der Gleichsetzung von Staat/Stadt und Kollektiv war mit einem Male der einzelne von Problemen und Sachbereichen betroffen, die er vorher gar nicht als die seinen angesehen hatte. Die Verantwortung des einzelnen für das Ganze war plötzlich an vielen Stellen sichtbar geworden, wo man sie bisher gar nicht gespürt hatte. Das war nicht überall und in jeder Sache so; Solon war ja kein totalitärer Gesetzgeber. Aber die größere staatliche Dichte wurde spürbar. So hatte Solon etwa in einem Brunnengesetz den Verbrauch des Wassers aus öffentlichen und privaten Brunnen geregelt, erließ er Vorschriften, welche die Nachbarschaftsverhältnisse ordneten (Abstand von Bauten, Pflanzen und Bienenstöcken vom Nachbargrundstück), veranlaßte er die Eltern, ihre Kinder ein Handwerk lernen zu lassen, indem er alle diejenigen, die von ihren Eltern keine Berufsausbildung erhalten hatten, von der Verpflichtung befreite, ihre Eltern im Alter zu ernähren. Auch ein Gesetz gegen die Faulheit soll er geschaffen haben, und das mag wohl zutreffen; denn mit den Lauen und Trägen lag Solon im Kampf: Der Träge leugnete die Existenz der Gemeinschaft.

Solon hatte auch ein Gespür für die Bedeutung der Wirtschaft seiner Stadt. Das ist deswegen erstaunlich, weil die Ökonomie bei den Griechen nur sehr bedingt ein Gegenstand politischer Aktivität war. Ohne weiteres verständlich ist die Anordnung Solons, daß außer Öl, das in Attika reichlich produziert wurde, keine Bodenprodukte – es ist hier vor allem an Getreide zu denken – ausgeführt werden durften. Die Übervölkerung war eines der großen Probleme der Zeit, und die Sorge dafür, daß die Bevölkerung über hinreichend Grundnahrungsmittel *(trophē)* und Wasser verfügte, gehört, wenn nicht seit jeher, so doch in Athen jedenfalls seit Solon zu den ersten Aufgaben der Stadt. Für den Ausbau des Handwerks scheint er auch über das genannte Gesetz zur Förderung der handwerklichen Ausbildung hinaus manches geleistet zu haben; doch ist es schwer, hier feste Konturen zu erkennen. Mit Sicherheit hat er die Maße und Gewichte (wohl nicht den Fuß der Münze, die es zu seiner Zeit in Athen vielleicht noch nicht gegeben hat) geändert, doch bleibt der wirtschaftspolitische Zweck dieser Maßnahme unsicher. Am wahrscheinlichsten ist es, daß er den athenischen Gewichten unter den verschiedenen Gewichtsnormen, die damals bei den Griechen in Gebrauch waren, eine Recheneinheit zugrunde legen wollte, die zu den wichtigsten anderen Systemen in einem leicht konvertiblen Verhältnis stand. Seine Reform hätte demnach den Sinn gehabt, den Athenern den Handel mit der Außenwelt zu erleichtern, und bei der (vielleicht erst späteren) Einführung der Münze, die selbstverständlich dem athenischen Gewichtssystem entsprach, war deren Erfolg, den wir bereits in der zweiten Hälfte des 6. Jahrhunderts aus der Münzfundstatistik, insbesondere aus Münzhorten deutlich erkennen können, gleichsam vorprogrammiert.

Solon war angetreten, um in einer Welt, in der nicht mehr alles zum besten stand, die zerstrittenen Gruppen zu versöhnen und sie wieder in eine staatliche Ordnung (Eunomie, Wohlordnung) zurückzuführen. Er stürzte dabei die überkommenen Einrichtungen und Werte nicht um; von einem demokratischen Geist, den eine spätere Zeit in seinem Werk walten sah, ist nichts zu spüren. Im Gegenteil, die Gleichheit (*isomoiría*, gleicher Anteil) war Solon nach seinem ausdrücklichen Zeugnis kein politischer Wert, sogar eher ein Greuel; jeder hat, so sah er es, eine ihm zugemessene Stelle innerhalb der Gesellschaft, und nur diese, die in den Unruhen der Vergangenheit gefährdet war, wollte er zurückgeben. Aber anders als Hesiod, der hundert Jahre früher noch glaubte, daß der Mensch das Unrecht überwinden könne und die Gerechtigkeit *(dikē)* den Sieg davontragen werde, war Solon mißtrauischer, und seine Zeit gestattete diesen Optimismus auch nicht mehr. So kam er dahin, sein Werk auf einen möglichst gerechten Ausgleich zu stützen, der jedem aus unmittelbarer Einsicht die Überzeugung von der Billigkeit der Versöhnung geben mußte. Nicht von ungefähr haben die Griechen den Gedanken, daß man nichts im Übermaß tun dürfe, Solon zugesprochen; das Wort war ein politisches Programm. Aber der Ausgleich allein sicherte noch nicht den Erfolg. Es mußten die Menschen auch in die staatliche Verantwortung gezogen werden, damit das Werk Bestand hatte. Kein anderer Gedanke Solons war von solcher Tragweite wie dieser. Die „Wohlordnung" verkörperten nicht mehr die unwandelbaren, über viele Generationen tradierten Normen, die Nomoi. Sie wurden zwar nicht beseitigt, aber sie gewährten keine Garantie mehr dafür, daß die Ordnung erhalten blieb; denn die Welt war zumindest in wichtigen Teilbereichen durch die Unruhen fragwürdig geworden. Die Sicherheit für die Erhaltung und das Funktionieren aller Lebensbereiche der Stadt wurde nunmehr in die einzelnen Athener selbst und durch ihn in das Kollektiv, das die Polis-Gemeinschaft bildete, hineingelegt. Sie war damit allerdings künftig auch von der Aktivität und dem Verantwortungsbewußtsein der Bürger abhängig geworden. Aber nachdem die alten Mechanismen der Streitbefriedung versagt hatten, sah Solon keinen anderen Ausweg für die Rettung der Stadt, und er durfte auch mit Vertrauen in die Zukunft blicken. Denn die Aktivität im politischen Raum war ja in der Unruhe des Streits vorhanden gewesen; man mußte sie nur weiter erhalten. Dieses Kalkül Solons bedeutet eine Wendung zum Politischen. Wie der Kreis der politisch Berechtigten größer und meßbar geworden und damit gleichsam der Motor für die politische Bewegung geschaffen worden war, so wurde, damit dieser Motor auch arbeiten konnte, durch die weitere Gesetzgebung Solons das politische Bewußtsein aktiviert, ja für große Teile der Bevölkerung überhaupt erst geweckt, und wurde darüber hinaus der Raum des Politischen weiter. Und das Instrument künftiger Politik lag auch schon bereit: Die menschliche Satzung *(thesmós)*, die den unwandelbaren Nomos ablöste. Solon selbst hatte es den Athenern vorgemacht. Sein umfangreiches Gesetzeswerk ließ er auf Tafeln schreiben und öffentlich aufstellen und bestimmte ihre Gültigkeit auf 100 Jahre, das heißt auf immer. Das war nicht ganz wörtlich zu nehmen. Denn das Gesetzgebungswerk selbst und der ihm innewohnende Geist, der die Athener zu mündigen und selbstverantwortlichen Bürgern machte, war ein Wechsel auf die Zukunft. Durch Solon war es den Athenern in die Hand gegeben, sich künftig selbst den politischen Rahmen zu stecken, nach dem sie leben wollten: Die menschliche Ordnung war verfügbar geworden.

Die Konsequenzen des solonischen Werkes sollten sich nicht sogleich zeigen. Insbesondere die politische Verantwortung des einzelnen für das Ganze und auch der von Solon so nicht ausgesprochene, aber doch durch sein Werk eingegebene Gedanke von der Verfügbarkeit der Ordnung mittels Gesetz hatte noch keine festen Wurzeln gefaßt. Darüber hinaus lebten nach dem Archontat Solons, der sich hartnäckig geweigert hatte, zur Stützung seines Werkes die Tyrannis zu übernehmen, die alten Streitigkeiten wieder auf. Der Adel war noch nicht besiegt, und die neue Gemeinschaft hatte sich noch nicht formiert. Aber in dem Werk Solons lag doch alles bereit, und vor allem: Die Menschen gewöhnten sich an die ihnen in dem Gesetzgebungswerk vorgestellten neuen Gedanken. Zunächst jedoch verfiel die Stadt in ein großes Chaos: Die vornehmen Geschlechter trachteten nach Rückgewinnung ihrer alten Rechte, und die von Solon mit politischer Kraft ausgerüsteten Bauern und wohlhabenderen Handwerker suchten ihre neuerworbene Stellung zu behaupten oder weiter auszubauen. In dieser Situation, die in verschärfter Form die Lage vor Solon wieder heraufbeschwor, mußten für einen Mann die Chancen wachsen, der sich, gestützt auf eine der kämpfenden Gruppen, zum Herrn über alle aufschwang und auch für manche von denen, die ihn nicht geholt hatten, allein wegen des durch ihn herbeigeführten inneren Friedens annehmbar war. Es versteht sich, daß dieser Mann nur ein Adliger sein konnte; und in der Tat gelang es einem, die Herrschaft zu erringen und sich in ihr zu behaupten: Peisistratos.

Peisistratos soll seit 561/60 mehrere Versuche, die Herrschaft — wie man damals sagte: die Tyrannis — zu gewinnen, unternommen, aber erst beim dritten Ansatz sich endgültig etabliert haben. Nach seinem Tod 528/27 regierten seine Söhne noch bis 510. Die peisistratidische Herrschaft währte also, wenn man die nicht ganz kurzen Perioden des Exils des Peisistratos nicht berücksichtigt — das zweite Exil dauerte ca. 10 Jahre —, etwa ein halbes Jahrhundert. Nach der Überlieferung war die politische Lage, aus der heraus sich Peisistratos zum Tyrannen aufschwingen konnte — wohl unter dem Eindruck der Kleisthenischen Phylenreform, die von einem festen Schema dreier verschiedener Landschaften Attikas ausging (s. u.) — von drei landschaftlich geprägten Interessengruppen bestimmt. Die Gruppen, die um politischen Einfluß rangen, waren danach die Großgrundbesitzer in der Ebene des Kephisos bei Athen (die Pediaker), die Bauern mit mäßigem Grundbesitz, Händler und Handwerker, die an der Südküste saßen (Paralier), und die ärmeren Kleinbauern aus den bergigen Gegenden Ostattikas (Diakrier). Peisistratos habe sich nun, wird gesagt, auf die letztere Gruppe gestützt, und dieser Umstand soll seiner Herrschaft denn auch die besondere Note der „Volksfreundlichkeit" verliehen haben. Die Nähe zum Volk ist hier als eine zu den bis dahin an der Politik nicht Beteiligten gedacht und erscheint nicht nur als gegen den Adel, sondern auch gegen das solonische Werk gerichtet; denn Solon hatte ja in erster Linie die Bauern mit Vermögen gefördert, also jene Schicht, die in dem genannten Dreier-Schema die Bewohner der Küstengegenden, die Paralier, einnahmen. An diesem Bild von der Entstehung der athenischen Tyrannis ist wohl nur soviel richtig, daß Peisistratos sich selbstverständlich gegen den Adel, seinen eigentlichen Rivalen im Kampf um die Macht, und jedenfalls nicht mit tatkräftiger Hilfe derjenigen, die durch Solon zu politischem Recht gekommen waren, hatte durchsetzen können. Da die Masse der Kleinbauern und andere Berufsgruppen mit wenig oder gar keinem Vermögen, die zu der Zeit noch keinerlei politische Rechte besaßen, kaum eine starke politische Macht gewesen sein kann, dürfte Peisistratos vor allem mit fremder Hilfe, also mit geworbenen Söldnern und mit Unterstützung auswärtiger Tyrannen und Adliger sich bei seinen verschiedenen Versuchen durchgesetzt haben. Das wird uns von den Quellen auch ausdrücklich bestätigt. Die Etablierung der Tyrannis in Athen ist darum aus den Kämpfen adliger Gruppen heraus erfolgt, in denen sich einer, eben Peisistratos, schließlich mit auswärtiger Hilfe und unter Einsatz militärischer Gewalt durchsetzte, und entspricht somit durchaus dem, was wir von einer Tyrannis in dieser Hinsicht erwarten.

Das Besondere an der peisistratidischen Tyrannis liegt folglich nicht in ihrer Entstehung, die keine etwa für die Entwicklung der athenischen politischen Ordnung bedeutsamen neuen Züge trägt, sondern darin, daß sie sich so lange zu halten vermochte und sie den Athenern in so außergewöhnlichem Glanze, im nachhinein sogar als die Wiederkehr des goldenen Zeitalters erschien.

Peisistratos hatte sich der Herrschaft gewaltsam bemächtigt, und sein Wohnsitz war selbstverständlich die Burg, also die Akropolis, wo er sich von einer Söldnertruppe schützen ließ. Die Voraussetzung für die Erhaltung der Herrschaft war neben der Sicherung der eigenen Person die totale politische Entmachtung des Adels. Manche vornehmen Familien wichen darum freiwillig aus Athen, andere wurden vertrieben, wieder andere dadurch zum Wohlverhalten gezwungen, daß sich Peisistratos deren Kinder als Geiseln geben und sie dem Tyrannen Lygdamis von Naxos, dem er selbst zur Herrschaft verholfen hatte, zur Bewachung überstellen ließ. Das mächtige Geschlecht der Philaiden konnte er, wenn nicht für sich gewinnen, so doch von der athenischen Politik fernhalten, indem er dessen — durchaus in adliger Tradition stehende — Aktivität zur Gewinnung von Herrschaften im Ausland unterstützte (es ging um die thrakische Chersones, d. i. Gallipoli, und die den Meerengen vorgelagerten Inseln Lemnos und Imbros). Im Landesinneren erwies er sich dabei nicht als blutrünstiger Verfolger der Vornehmen. Soweit sie sich nicht gegen ihn stellten, ließ er sie sogar an politischen Ämtern teilhaben, wie denn Kleisthenes, das Haupt des mächtigen Clans der Alkmeoniden, 525/24 das Archontat bekleiden durfte. Aktiver Widerstand aber wurde selbstverständlich mit aller Härte gebrochen, so vor allem 513 von Hippias, einem Sohn des Peisistratos, der das Widerstandsnest Leipsydrion auf dem Parnes vernichtete, wo sich unter Führung der den Peisistratiden mittlerweile feindlichen Alkmeoniden die Opposition verschanzt hatte.

Der Charakter der Herrschaft des Peisistratos und seiner Söhne war nach allen unseren Berichten nicht durch Gewalt im Sinne der späteren Tyrannentopik bestimmt. Peisistratos rührte die formale Ordnung, wie sie Solon geschaffen hatte, nicht an; die Institutionen und Gesetze behielten ihre Gültigkeit. Der Tyrann selbst übernahm kein Amt, wie etwa das Archontat, als Ausgangspunkt und Basis seiner Herrschaft; er stand gleichsam neben der politischen Ordnung, die er auf Grund seiner tatsächlichen, militärisch abgestützten Macht dirigierte und manipulierte. Ganz offensichtlich lebte man trotz dieser Verhältnisse jahrzehntelang ohne große Spannungen; Peisistratos wurde von der großen Menge derjenigen, die Solon hatte politisch aktivieren wollen, stillschweigend geduldet, und die äußeren Umstände rechtfertigten das. Denn nach dem Elend der

nachsolonischen Zeit mit ihren Adelskämpfen, in denen der gemeine
Mann doch niemals etwas zu vermelden gehabt hatte, erlebte man nun
einen politischen und wirtschaftlichen Aufschwung Athens und mochte
sich zeitweise in einer großen Zeit stehend fühlen.

Peisistratos konnte von seiner aristokratischen Herkunft her seine Herrschaft nur als eine Überhöhung des ihm durch die Tradition gegebenen
Charismas ansehen. Seine politischen Ambitionen mußten daher vor
allem von dem Ziel getragen sein, die erworbene Macht als eine persönliche, durch Herkunft und Leistung gerechtfertigte Herrschaft darzustellen.
Das Bild von dem volksfreundlichen, sich auf den kleinen Mann stützen-
den Herrscher, wie es heute manche Historiker sehen, ist ein Anachronis-
mus, und es ist auch gar nicht zu belegen. Dem Ziel, seiner Herrschaft
Größe und Glanz zu geben, dienten zunächst seine und seiner Söhne
Bauten sowie die großartige Ausgestaltung von Festen. Peisistratos und
seinen Söhnen lassen sich eine Reihe von Bauten archäologisch einwand-
frei zuweisen. Mit großer Wahrscheinlichkeit hat Peisistratos am Umbau
des Athena-Tempels auf der Akropolis arbeiten lassen und auch sonst auf
der Agora und außerhalb Athens gebaut. Seine Söhne waren noch sehr
viel aktivere Bauherren. Sie begannen den gewaltigen Tempel des
Olympischen Zeus im Ilissos-Gebiet, der mehr als doppelt so groß angelegt war wie der Athena-Tempel, stifteten unter manchen anderen Gebäuden ein Brunnenhaus in der Südostecke der Agora (Enneakrunos),
errichteten Befestigungen in Munichia und bereicherten auch den Deme-
ter-Bezirk von Eleusis mit Neubauten. Dies alles ist aber weder so gewaltig, daß man von einer herrschaftlichen Baupolitik sprechen könnte, noch
haben wir dahinter einen Willen zur Schaffung von Arbeit für eine mittel-
lose Bevölkerung zu vermuten. Wenn man einmal von der Frage absieht,
ob es damals überhaupt Arbeitslose in größerer Zahl gab, kann die
Arbeitsbeschaffung nicht Ziel, sondern allenfalls Wirkung der Bautätigkeit
gewesen sein; denn der Gedanke der Schaffung von Arbeit durch Bauten
(anstatt durch Verteilung von Land) ist zu modern für diese Zeit und als
Gedanke auch nicht belegt. – Durchaus nicht volksfreundlich, sondern
eher herrschaftlich mutet uns eine beinahe revolutionäre Neuerung des
Peisistratos an, nämlich die Besteuerung aller grundbesitzenden Athener.
Eine allgemeine Ertragssteuer (Einkommensteuer) hatte es bisher nicht
gegeben, und sie war bei der Natur des Adelsstaates, der auf persönlichen
Abhängigkeiten beruhte und keinerlei Finanzverwaltung zuließ, auch
nicht denkbar. Staatliche Ausgaben waren auf die Reicheren umgelegt
oder aus den Einnahmen der staatlichen Silberminen, ferner aus Kriegsbeute und gelegentlich auch mit Hilfe von Anleihen aus dem Geschenk-
fundus eines Tempels gedeckt worden. Peisistratos nahm nun den „Zwan-

zigsten" *(eikostē)*, also 5% des Bodenertrages, um die Kosten der Herrschaft (Söldner, Bauten, Hofhaltung usw.) zu bestreiten. Er war auch in der Lage, die dafür notwendige Verwaltung aufzubauen, da in seiner Person die lenkende und kontrollierende Spitze vorhanden war. Mit der zentralen Finanzverwaltung und einer aus allgemeinen Abgaben gefüllten Staatskasse gewann der „Staat" an Profil und verlor in demselben Maße der adlige Personenverband an Kraft.

Die Herrschaftsauffassung der Peisistratiden können wir noch etwas näher bestimmen. Ihre Aktivität in Eleusis nämlich verfolgte mehr, als nur den Ruhm der Göttin und den Glanz der Tyrannen zu verbreiten. Peisistratos hat offensichtlich den Demeter-Kult durch die Betonung der Gestalt des Triptolemos, der bis dahin innerhalb des Kultes keine beherrschende Funktion besessen hatte, als des Getreidebringers aus seiner lokalen Verflechtung zu einem zentralen Kult ganz Attikas ausbauen und ihn darüber hinaus auch für andere griechische Städte, ja vielleicht für alle Griechen anziehend machen wollen, um durch die Verallgemeinerung und Aktualisierung des Kultes seine Herrschaft und damit auch die Stellung Athens zu stärken. Auch die sonstige Politik der Peisistratiden gegenüber Kulten und deren Festen ist eher in diesem herrschaftspolitischen Zusammenhang denn als Ausfluß volksnaher Gesinnung zu sehen. Hier ist vor allem an die Panathenäen als das zentrale Fest für die Burggöttin und an die Dionysien zu denken. Das sehr alte Panathenäenfest wurde bereits Mitte der sechziger Jahre, also schon vor der Tyrannis des Peisistratos, ausgebaut, doch erst von ihm und seinen Söhnen in den Mittelpunkt des städtischen religiösen Lebens gestellt. Zu diesem Fest, das in jedem Jahre, besonders aufwendig alle vier Jahre, gefeiert wurde und bei dem eine feierliche Prozession der Göttin Athena ein prächtiges, von Frauen der Stadt gewebtes Gewand (Peplos) auf die Burg brachte, versammelte sich die ganze Bürgerschaft um ihre Stadtgöttin. Noch deutlicher läßt sich an den Dionysien zeigen, wie stark das persönliche Interesse des Peisistratos an dem Kult war. Dionysos — durchaus kein sehr junger und auch kein der bäuerlichen Bevölkerung besonders verpflichteter Gott, wie man lange gemeint hat, sondern ein aristokratischer Gott wie die anderen auch und einer, der schon seit langem auch in Athen zu den wichtigsten Göttern der Landschaft gehört hat — wurde von Peisistratos am Südabhang der Akropolis ein besonderer heiliger Bezirk eingeräumt und ihm ein neues Fest, die Großen Städtischen Dionysien, mit musischen Agonen geweiht. An ihnen fand in den dreißiger Jahren des 6. Jahrhunderts die älteste Tragödienaufführung statt und sollte im 5. Jahrhundert die Tragödie ihre große Blüte erleben. Peisistratos hat für diesen Kult nicht einen der bereits in Athen bestehenden Dionysos-Kulte ausgebaut, sondern den

an der böotischen Grenze in Eleutherai verehrten Dionysos, zu dem er
von seiner Familientradition her ein besonders enges Verhältnis hatte
oder auch konstruierte, nach Athen holen lassen. Die Bedeutung, welche
die Athener wie deren Herrscher den genannten Festen zumaßen, können
wir heute deutlich an den prächtigen panathenäischen Preisamphoren und
an den Vasen ablesen, die seit ca. 540 in großer Zahl dionysische Motive,
seit dem letzten Drittel des Jahrhunderts auch den Triptolemos in seiner
veränderten Funktion zeigen. − Ist hier vor allem persönlicher Geltungs-
wille der Motor von Maßnahmen, die wir nicht als Religionspolitik miß-
verstehen dürfen, wird dies noch deutlicher in dem Bemühen der Peisistratiden, insbesondere des zweitgeborenen Sohnes des Peisistratos,
Hipparchos, einen Kreis von Dichtern an den Hof zu ziehen; vor allem
Anakreon und Simonides folgten diesem Ruf. Es ist dies selbstverständlich keine Kulturpolitik, sondern steht in einer adligen Tradition; die
lyrische Dichtung war ganz auf die Adelswelt bezogen, und sie diente den
Peisistratiden dazu, den ihrer Familie zukommenden Rang vor der griechischen (natürlich adligen) Öffentlichkeit darzustellen.
Maßnahmen, die zum Besten des einfachen Mannes, insbesondere
des Bauern getroffen wurden, wie die dem Peisistratos zugeschriebene
Einrichtung von Demenrichtern − sie wurden in die verschiedenen
Gegenden Attikas geschickt, um an Ort und Stelle Recht zu sprechen −,
erscheinen nach dem bisher Gesagten denn auch eher als Ausdruck
herrschaftlicher Fürsorge denn als „populare" Politik. Wie hier der Bauer,
der den weiten Weg nach Athen oft aus rein wirtschaftlichen Gründen
nicht auf sich nehmen kann, durch die Dezentralisierung der Justiz zu
seinem Recht kommt, steht das Herrscherhaus auch sonst für Gerechtigkeit und Frieden als den eigentlichen Zielen der Herrschaft ein. Und in
diesem Frieden nehmen nun, sei es mit oder ohne tatkräftige Unterstützung der Tyrannen, Handel und Handwerk einen großen Aufschwung.
Erst Peisistratos scheint für Athen, wenn nicht das Münzwesen überhaupt, so doch die einheitliche Münze mit dem Athena-Kopf auf der
Vorder- und der Eule auf der Rückseite eingeführt zu haben, welche die
alten Münzen mit ihren vielfältigen Emblemen, die sogenannten Wappen-
münzen, ablöste. Für ihren Erfolg im Außenhandel schlug nun die
solonische Gewichtsreform zu Buche, welche die athenische Münze im
Verhältnis zu den anderen wichtigsten Währungen konvertibel machte,
wie denn die ganze auf Handel und Handwerk gerichtete Komponente der
peisistratidischen Zeit so recht den Geist Solons atmet. Die Blüte von
Handel und Gewerbe können wir heute am besten an der künstlerisch
und technisch überlegenen attischen Keramik ablesen. Bereits in vorpeisi-
stratidischer Zeit, nämlich seit den sechziger Jahren des 6. Jahrhunderts,

beginnt die attische schwarzfigurige Malerei schnell die Produkte der
anderen griechischen Städte zu übertreffen, und noch unter den Peisistratiden setzt um 530 dann bereits die großartige rotfigurige Malerei ein.
Namen wie Exekias, Kleitias, der Schöpfer der berühmten Françoisvase
(heute in Florenz), und Amasis seien für viele Maler schwarzfiguriger
Vasen genannt. Die Vasenproduktion nimmt auch an Umfang gewaltig zu.
Es versteht sich, daß es bei dieser wirtschaftlichen Aktivität eine Opposition schwer haben mußte. Auch die Außenpolitik gewann an Kraft und
Gewicht. Sie war jetzt nicht mehr bedingt durch Adelsrivalitäten, die eine
politische Kontinuität nur bei seltenen Gelegenheiten zuließen, sondern
konzentrierte sich in der Person des Herrschers und erlaubte damit
räumlich und zeitlich großzügige Perspektiven. Diese waren naturgemäß
teils von ganz persönlichen Freundschaften oder auch von dem Bedürfnis
nach Absicherung der eigenen Herrschaft getragen, wie es etwa aus dem
Verhältnis zu den „Kollegen" in der Tyrannis, z. B. zu Lygdamis von
Naxos und Polykrates von Samos, letzterer eine der bedeutendsten
Tyrannengestalten der Zeit (538—522), oder gegenüber den thessalischen
Adligen sichtbar wird. Aber es vermochten sich an diesen Verbindungen
doch die Konturen einer ersten athenischen Außenpolitik, die den Namen
verdient, abzuzeichnen.

Sosehr die peisistratidische Tyrannis als eine persönliche Herrschaft
anzusehen ist, kann sie doch allein von dorther nicht charakterisiert
werden. Wenn Aristoteles den Peisistratos nach der Entwaffnung der
Bürger sagen läßt, sie sollten nur ihren Geschäften nachgehen und ihm
die Sorge für die Staatsgeschäfte überlassen, so ist dies nicht als ein
typisches Tyrannenwort zu interpretieren, das zur Demütigung noch den
Spott des Mächtigen gesellt; ebenso ist auch die Belassung des gesamten
von Solon eingerichteten Gesetzgebungswerkes und die Erhaltung der
staatlichen Institutionen nicht nur als eine billige Fassadenlegitimation
anzusehen. Es ist vielmehr gerade umgekehrt so, daß Peisistratos sich in
vielfältiger Weise auf das Werk Solons bezog. Das dürfte weniger damit
zusammenhängen, daß er die Gruppe, die Solon angesprochen hatte,
bevorzugte — er entzog ihr ja das gerade gewonnene politische Recht —,
und er wird auch wohl kaum ein persönliches Engagement für Solon
gehabt haben. Er kam vielmehr dahin durch seinen Kampf gegen den
Adel. Die Entmachtung des Adels erzwang geradezu die Bewahrung bzw.
die Erneuerung der politischen Ordnung Solons. Denn das Werk Solons
hatte, wie dargelegt wurde, jedenfalls formal keinen Bezug zur Adelswelt;
es vermochte ohne den Adel zu funktionieren, ja es war in ihm sogar die
Wendung zu einer völligen Loslösung vom Adel angelegt. Peisistratos
setzte sich mit der Anerkennung des solonischen Werkes gleichsam ins

gemachte Bett. Er brauchte nur hier und da zu korrigieren oder, einer persönlichen Neigung folgend, zu ergänzen; im Grunde lebte er von und aus dem Werk Solons. Nur in einem Punkt wich er von ihm ab, und das war allerdings das Kernstück des solonischen Staatsgedankens: Die politische Aktivität, der Solon so große Bedeutung zugemessen und die er so vielen zum ersten Male ermöglicht hatte, wurde beseitigt, oder richtiger: auf die Person des Tyrannen konzentriert. Im politischen Raum hat Peisistratos sich an die Stelle des Kollektivs gesetzt. Er tat damit im Grunde nichts anderes, als daß er die Stelle, die im solonischen Staat nicht funktioniert hatte, nämlich die Exekutive, mit seiner Person ausfüllte, dies zwar nicht formal, aber der Sache nach. Er erscheint in mancher Hinsicht dem nachschauenden Betrachter eher als Vormund einer noch unmündigen Gesellschaft denn als ein Tyrann. Und in der Tat, die Stadt blühte und gedieh unter den Peisistratiden nicht trotz des Fehlens des Politischen, sondern gerade weil es fehlte. Denn die Athener waren ja nicht fähig gewesen, den von Solon gezeichneten Rahmen des Politischen in einem gemeinathenischen Sinne auszufüllen. Peisistratos, der den politischen Bereich usurpierte, rettete damit in gewissem Sinne den Staat als ganzen. Der Umstand, daß unter den Peisistratiden das politische Element ausgeschaltet war, gibt der Tätigkeit des Peisistratos übrigens jene soziale Note, die heute vielfach als der eigentliche Zweck seiner Politik mißverstanden wird. Diese Note ist durchaus vorhanden; aber sie ist nicht Konsequenz eines selbständigen politischen Programms, sondern eine der Herrschaft, und es handelt sich also dabei nicht um Sozialpolitik, sondern um obrigkeitliche Fürsorge.

Für die Entwicklung der politischen Ordnung Athens kommt der peisistratidischen Tyrannis ein Gewicht zu, das nur schwer überschätzt werden kann. Vor allem blieb durch sie das solonische Werk − ohne dessen allerdings für das Werk unabdingliche politische Komponente − erhalten und wurde ihm in der langen Zeit der Herrschaft innerhalb der Gesellschaft soviel Boden bereitet, daß es als ein unentbehrlicher Bestandteil der Lebenswelt ganz allgemein angesehen werden konnte. Darüber hinaus hat die auf den persönlichen Herrscherglanz ausgerichtete Tyrannis in einem überaus hohen Maße die zum Teil geographisch abgelegenen und von unterschiedlichsten lokalen Traditionen beherrschten Landschaften Attikas in den Staat der Athener integriert. Hierzu haben einmal die neuen oder neu eingerichteten großen Feste, die alle Bewohner Attikas in Athen versammelten, hat ferner die Konzentration aller politischen Geschäfte beim Sitz des Tyrannen und schließlich besonders der Umstand beigetragen, daß die von den Tyrannen geschwächte oder teils auch beseitigte Macht der adligen Geschlechter gleichzeitig deren jeweils lokalen Einfluß minderte. Der Blick war auf die Stadt Athen als die allen wichtigste, ja einzige Zentrale im politischen wie im – mit dem Politischen unlöslich verknüpften – religiösen Bereich gerichtet. Das lokale Kolorit verschwand nicht, und es wurde auch nirgendwo bewußt ausgelöscht; es wurde lediglich seine Bedeutung schwächer. Den bei weitem nachdrücklichsten Einfluß übte die peisistratidische Tyrannis auf die Verfassungsentwicklung aber einfach dadurch aus, daß sie – mit Unterbrechungen in den Anfängen – über 50 Jahre hin die traditionellen politischen Kräfte, eben jene, gegen die Solon als neue politische Kraft die vermögenderen Bauern gesetzt hatte, suspendierte: Der Adel war zwar teils in Attika geblieben; aber er hatte ein halbes Jahrhundert lang kaum Anteil an der Politik gehabt. Hier waren Traditionen abgebrochen, an die nicht einfach wieder angeknüpft werden konnte. Die Enkel und Urenkel derjenigen, die im politischen Raum ganz auf die Geschlechter und deren Rivalitäten fixiert gewesen waren, vermochten nach den Peisistratiden dem Adel nicht mehr den Stellenwert zu geben, den er vor ihnen gehabt hatte.

Das Ende der Tyrannis kam nicht sehr plötzlich, und es wurde vor allem nicht von den Athenern herbeigeführt. Die Ursachen des Sturzes lagen in der peisistratidischen Herrschaftsform selbst begründet: Es war nicht ihre Blutrünstigkeit, die vielmehr fehlte, sondern es waren gerade die positiven Leistungen der Herrschaft, welche die Tyrannis auf die Länge hin zu Fall brachten. Die Erhaltung der auf sozialen Kontakt und auf das Politische ausgerichteten solonischen Gesetzgebung, die stärkere Integration der Bewohner Attikas und ihre Ausrichtung auf Athen mußten auf die Dauer den breiten Massen, insbesondere den durch Solon politisch mündig gewordenen Bauern, ein Bewußtsein von der Bedeutung des Politischen geben. Der Friede, der wirtschaftliche Aufschwung und der werdende Glanz der Stadt mochten allerdings zunächst wohl schwer ein Gefühl der Knechtung aufkommen lassen. Es wurde erst durch einige Vorkommnisse wach, oder richtiger: Vorkommnisse, die früher vielleicht keine politische Reaktion hervorgebracht hätten, erhielten jetzt ein anderes Gewicht. Schon die Entwaffnung der Athener, die nicht mit Beginn der Tyrannis durchgeführt worden zu sein scheint, mochte große Mißstimmung hervorgerufen haben. Als dann unter der Herrschaft der Söhne des Peisistratos aus ganz privaten Motiven einer der Tyrannen, Hipparchos, an den Panathenäen 514 ermordet wurde – ein jüngerer Bruder der Tyrannen, Thessalos, der sich in einen Harmodios verliebt hatte, war von diesem verschmäht worden und hatte daraufhin dessen Schwester schwer beleidigt; in Reaktion darauf planten Harmodios und dessen Freund Aristogeiton ein Attentat auf die Tyrannen; doch gelang es ihnen in der Aufregung nur, Hipparchos umzubringen –, veränderte sich das politische

. Klima. Hippias, der führende Kopf unter den Söhnen des Peisistratos, reagierte wohl härter, als es bei der Lage der Dinge richtig gewesen wäre. Die Spannungen wuchsen. Es war charakteristisch, daß es die Athener nach der langen politischen Enthaltsamkeit nicht fertigbrachten, von sich aus die Tyrannen zu vertreiben; sie benötigten auswärtige Hilfe. Diese brachten unter Vermittlung eines der von den Peisistratiden verbannten Geschlechter, nämlich der mächtigen Alkmeoniden, dann die Spartaner. Nach einem gescheiterten ersten Versuch gelang es schließlich dem Spartanerkönig Kleomenes, die Peisistratiden in der Burg einzuschließen und schließlich unter Gewährung freien Abzugs Athen zu befreien (510).

Nach der Vertreibung der Peisistratiden versuchten Adlige unter Führung des Isagoras, das alte Adelsregiment wiederherzustellen. Wie sie sich das nach dem langen Hiat der Tyrannis im einzelnen vorstellten, können wir nicht mehr erkennen. Aber es ist bezeichnend, daß sie zur Erreichung ihres Zieles Gewalt anwenden, sogar den König Kleomenes, der die Athener gerade vom Joch befreit hatte, als Steigbügelhalter benutzen und dann letztlich doch dem Widerstand der Athener weichen mußten: Kleomenes und Isagoras wurden in der Burg belagert und durften am Ende froh sein, daß sie freien Abzug bekamen. Die erzwungene politische Enthaltsamkeit unter der langen Tyrannenherrschaft wirkte sich, wie nun deutlich wurde, für den Gedanken der Restauration der Adelsordnung ungünstig aus. Die Athener waren fast 50 Jahre ohne den Adel ausgekommen, und sie hatten in dieser Zeit auch eine neue Vorstellung von Attika gewonnen, wonach, jedenfalls im politischen Bereich, alle Bürger mehr oder weniger gleich nebeneinanderstanden und nunmehr die Stadt Athen — und nicht der Sitz der einzelnen adligen Familien — den Mittelpunkt des politischen und religiösen Lebens bildete. Dieses erwachende Bewußtsein einer politischen Einheit hat offenbar unter dem Druck des Restaurationsversuchs des Isagoras bei vielen Athenern den Wunsch geweckt, sich gegen künftige Überraschungen von seiten der Vornehmen durch eine neue politische Organisation, in welcher der Adel keine Rolle mehr spielte, abzusichern. Für eine Neuordnung des Bürgerverbandes sprachen auch militärische Überlegungen. Das alte, auf dem adligen Personenverband ruhende Rekrutierungssystem war ineffektiv, und in ihm war der Adel, dessen Einfluß man gerade zurückdrängen wollte, allmächtig. Es galt demgegenüber die Masse der Schwerbewaffneten, das heißt die Angehörigen der drei Vermögensklassen, als Soldaten zu aktivieren und also eine Militärverfassung zu schaffen, in der die Athener entsprechend ihrer neuen Bewußtseinslage und in Übereinstimmung mit der neuen Kampfesweise in der Schlachtreihe untereinander gleich waren und in der auch ihre rein numerische Stärke aktiviert werden konnte. Die Notwendigkeit einer Neuordnung des Militärwesens, insbesondere der Erfassung und Aushebung der für den Dienst als Schwerbewaffnete Wehrfähigen, hatten nicht nur die Ereignisse nach der Vertreibung der Peisistratiden gezeigt, als man, mehr in lockeren Haufen und wie jeder gerade hinzukam, die Fronde unter Isagoras und seinen Helfern vertrieben hatte: Kleomenes kam nämlich rachedurstig mit dem Aufgebot des Peloponnesischen Bundes zurück, und etwa gleichzeitig mit ihm fielen die Nachbarn über Athen her; der Böotische Bund suchte Platää wiederzugewinnen, und die Chalkidier brachen von Osten in das attische Land ein. Nach dem Sturz der glanzvollen und mächtigen Tyrannis erschien allen Athen als ein politisches Vakuum, und die Adligen um Isagoras warteten nur auf die Niederlage, um in einem geschwächten Athen ihre alte Position wieder einnehmen zu können.

Nur wenige Jahre nach dem Sturz der Tyrannis hat der Alkmeonide Kleisthenes die fällige Reform geschaffen. Daß nur ein Vornehmer sie durchführen konnte, verstand sich von selbst. Die Masse wurde jetzt zwar mündig, aber sie hatte noch keinen Mund, durch den sie ihren Willen kundtun konnte; sie brauchte den adligen Sprecher. Kleisthenes hat denn auch die Reform nicht allein und gewiß nicht in erster Linie durchgeführt, um die politische Rolle der Hopliten zu stärken, sondern um sich gegenüber seinen adligen Rivalen, die ihn nach dem Sturz der Tyrannis so bedrängt hatten, mit einer neuen Gefolgschaft zu behaupten; Politik, auch Reformpolitik ist zu dieser Zeit noch immer unlösbar mit den Rivalitätskämpfen des Adels verbunden. Die von Kleisthenes durchgeführte Phylenreform veränderte die politische Organisation von Grund auf und wurde die Voraussetzung für die spätere demokratische Verfassung. Sie soll zunächst dargestellt und anschließend gewürdigt werden.

Die alte politische und militärische Organisation Attikas bestand aus vier Phylen, die als reine Personenverbände ursprünglich einmal „Stämme" gewesen sein dürften. Jede von ihnen war unterteilt in 3 Trittyen (d. h. Drittel) zu je vier Naukrarien. Insgesamt hatten die 4 Phylen also 12 Trittyen und 48 Naukrarien. Alle diese Einheiten waren Personenverbände. Aber da die einflußreichen Familien ihren Grundbesitz und ihre Kultstätten auf feste Gebiete konzentriert hatten, stellten diese Einteilungen gleichzeitig auch lokale Bezirke dar; der Bezugspunkt der Organisation blieb allerdings die Person, nicht die Lokalität. Kleisthenes legte demgegenüber seiner Ordnung das rein lokale Prinzip zugrunde. Dies wäre gewiß auch auf Grund der alten Ordnung möglich gewesen; aber damit hätte die Macht der Vornehmen wohl kaum gebrochen werden können. Daß dies jedoch das eigentliche Ziel des Kleisthenes war, zeigt seine Reform sehr deutlich. Er erfand nämlich ein ganz neues System, das die

alten Verbände völlig zerschnitt und damit, wie Aristoteles sagt, die
Bewohner Attikas „mischte".

Kleisthenes teilte ganz Attika zunächst in drei landschaftliche Bereiche,
die Stadt *(ásty)*, das Binnenland *(mesógeion)* und die Küste *(paralía)*.
Diese Bereiche waren keineswegs auch nur annähernd mit den Wohnsit-
zen von Händlern, Kleinbauern, Großbauern oder irgendwelchen anderen
Gruppierungen identisch. Mochten etwa auch in den großen Ebenen der
Stadt viele Großgrundbesitzer und im Binnenland mehr kleinere Bauern
wohnen als anderswo, waren die Bezirke doch zu groß und landschaftlich
zu sehr gegliedert, als daß sie eine soziale Schichtung hätten repräsentieren können. Jeden der drei Bereiche teilte Kleisthenes wiederum in 10
Trittyen und erloste dann je eine Trittys der drei Bereiche, um sie zu einer
neuen, nunmehr auf rein lokalem Prinzip ruhenden Phyle zu vereinigen.
Da die Phyle neuer Art sich aus einer städtischen Trittys, einer vom
Binnenland und einer von der Küste zusammensetzte, war sie im Prinzip
kein geographisch zusammenhängendes Gebilde, sondern bestand aus
drei oder, wenn gerade zwei Trittyen aneinandergrenzten, zwei räumlich
getrennten Gebieten. Entsprechend den jeweils 10 Trittyen eines jeden
landschaftlichen Bereiches gab es dann 10 Phylen. Damit war aber nur die
Dachorganisation eingerichtet worden. Das eigentliche Leben der Menschen spielte sich hingegen in den kleinen Städten und Dörfern Attikas,
den Demen *(dẽmos)*, ab. Diese wurden nun dergestalt auf die Trittyen
verteilt, daß jede Trittys eine ungefähr gleiche Anzahl erwachsener
Männer hatte. Da Kleisthenes bei der Einrichtung der Demen — es waren
insgesamt 139 — auf gewachsene Verhältnisse Rücksicht zu nehmen hatte,
waren die Demen verschieden groß und folglich die Anzahl der Demen
einer Trittys nicht einheitlich. Einige Trittyen bestanden aus einem
einzigen Demos, weil dieser sehr volkreich war, wie z. B. der Demos
Acharnai im nördlichen Binnenland; andere hatten verhältnismäßig viele
Demen, die an Demen reichste Trittys sogar neun (auch im Binnenland
gelegen).

Die neue Organisation vermochte nur zu wirken, wenn die Athener durch
sie auch v e r t r e t e n werden konnten; sie mußte in dieser Hinsicht die
Funktion der adligen Gesellschaft übernehmen, die bisher für Athen
gesprochen hatte. Die für die Vertretung maßgebende Einheit war nun die
Phyle. Da die Trittyen eine etwa gleiche Bürgerzahl hatten, vertraten auch
die aus je drei Trittyen aufgebauten 10 Phylen neuer Art ungefähr gleich
starke Personengruppen. Für den neuen Rat etwa, der aus 500 Personen
bestand, stellte jede Phyle 50 Mann; auf den größten Demos, Acharnai,
der mit einer Trittys identisch war, entfielen davon allein 22, auf manche
Demen anderer Trittyen nur 1 Mann. Da dies an sich schon komplizierte

System auf gewachsene Siedlungen Rücksicht zu nehmen hatte, war eine völlige Gleichheit nicht zu erreichen; aber die Gleichheit gab doch die Orientierung an, nach der alles gebaut wurde. Im reinen Schema sah das System einer Phyle folgendermaßen aus:

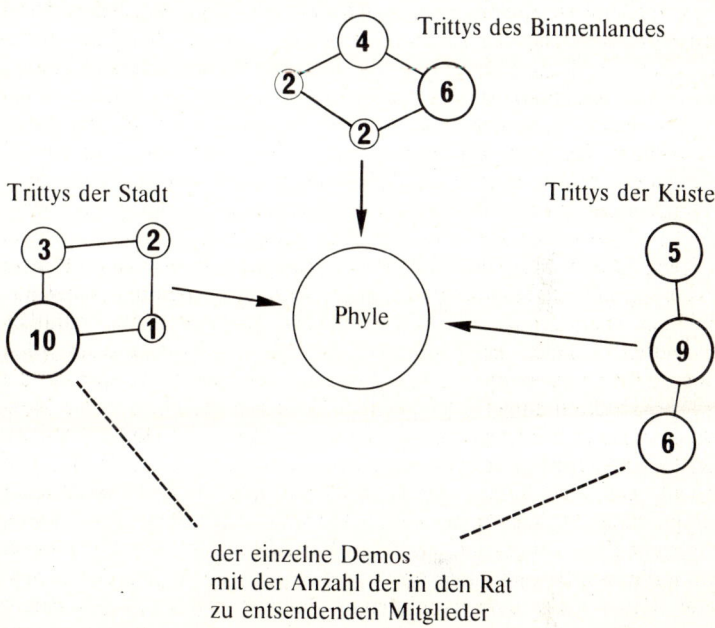

In diesem System bildete der Demos die demographische Grundeinheit, und das konnte auch nicht anders sein. Denn er war das gewachsene Siedlungszentrum, in dem der Athener sein Leben verbrachte. Er erhielt auch eine eigene Verwaltung mit Zuständigkeiten auf fiskalischem und sakralem Gebiet und eine eigene Verwaltungsspitze *(démarchos)*. Die Demen waren also kleine Selbstverwaltungseinheiten. In ihnen wurden auch die Demenlisten geführt; jeder Athener wurde künftig in ihnen registriert. Die Demenzugehörigkeit war erblich, blieb demnach auch erhalten, wenn jemand den Wohnort wechselte. Der Athener sollte nach dem Willen des Kleisthenes sich so weit als Genosse seines Demos fühlen, daß er sich forthin nach ihm benannte (z. B. Kimon Lakiades, d. i. Kimon aus dem Demos Lakiadai; die Bezeichnung des Demos hieß

*dēmotikón*). Er empfing also seine Identität durch den Demos so, wie der
Adlige die seine durch die Nennung des Vaternamens *(patronymikón)*
erhalten hatte. Nur der Adlige hatte ja im politischen Sinne Väter; für die
Masse, die sich für ihren persönlichen Bereich auch der Filiation bediente,
besaß das Patronymikon kein politisches Gewicht. Zwar blieb das Patronymikon weiterhin in Brauch, aber das Demotikon war nun maßgebend, und
es setzte sich durch.

Gegenüber dem Demos als dem Lebensraum der Bevölkerung war die
Phyle die Grundeinheit der politischen Vertretung. Durch die Mischung der drei landschaftlichen Bereiche vereinigte jede Phyle gleichsam
ganz Attika in sich. Nach Phylen wurden künftig die Beamten, die Strategen, der neue Rat, später auch die Richter bestimmt; sie bildeten die Basis
für jede Wahl und jede Losung. Die Phyle war, wie man sieht, eine lokale
Größe; aber sie war nicht eigentlich Wahlbezirk im modernen Sinne,
sondern eine Summe von Bezirken. Anders als in den gentilizischen
Phylen der alten Ordnung, wo die Phylengenossen durch uralte, gewachsene Bindungen zusammengehalten wurden, waren die neuen Phylengenossen ein aus allen Teilen Attikas gemischter Verband, und gerade diese
Mischung war das Prinzip der neuen Einheit.

Die Trittyen erscheinen demgegenüber nicht mit derselben „Körperlich-
keit" ausgerüstet wie die Demen und Phylen. Waren die letzteren als
Grundeinheit der Bevölkerung oder als politische Vertretung mit besonderer Funktion versehen und jederzeit sichtbar und in ihrer Wirkung
spürbar, traten die Trittyen als Organisationseinheiten weniger in den
Vordergrund (sie dienten aber u. a. als Aushebungsbezirke). Ihre Funktion bestand in erster Linie darin, die Mischung zu verwirklichen, und sie
waren daher vor allem Rechengrößen.

Die Wirkung der neuen Phylenordnung zeigte sich sofort in dem politischen Aufbau der Stadt. Die Beamten wurden künftig nach Phylen
gewählt, ebenso der neue Rat, in den jede Phyle 50 Mann entsandte und
der als Rat der Fünfhundert eine große Zukunft haben sollte. Vorerst
dürfte er nur die seit Solon bestehenden Kompetenzen des Rates der
Vierhundert übernommen haben; es scheint jedenfalls zunächst für ihn
keine weitere Konsequenz eingetreten zu sein als die, daß er sich der
Phylenreform anpaßte. Vor allem aber fügte man das Heerwesen in die
neue Ordnung ein. Jede Phyle stellte künftig ein Regiment (zunächst wohl
ca. 1 000 Mann) mit einem Strategen an der Spitze. Die 10 Strategen
wurden von der ganzen Volksversammlung, je einer aus jeder Phyle,
gewählt. Damit war die Organisation geschaffen, durch welche man
jederzeit die numerische Gesamtstärke des Heeres übersah und das Heer
schnell zusammenrufen konnte.

Von dieser Neuorganisation waren drei Gebiete ausgenommen worden, nämlich das Gebiet von Eleutherai im Westen, Oropos im Norden an der böotischen Grenze und die Insel Salamis. Sie waren seit jeher nur lose mit Attika verbunden gewesen, da die Bevölkerung als fremd angesehen wurde, und Oropos ging schließlich auch ganz verloren. – Die alte Phylenorganisation der Geschlechter ließ Kleisthenes überall unangetastet, und sie ist auch später nicht angerührt worden. Von Bedeutung blieb sie vor allem auf kultischem Gebiet. Aber durch den Verlust des politischen Gewichts starben doch große Bereiche dieser Ordnung ab.

Die politische Bedeutung der Reform liegt auf der Hand. Durch sie wurde zunächst die Macht des Adels völlig gebrochen. Die adlige Gesellschaft war künftig in dem politischen Aufbau der Stadt nicht mehr präsent, und es waren die tausendfachen Bindungen zwischen ihr und der athenischen Bevölkerung durch die neue lokale Einteilung überall zerrissen. Darüber hinaus schloß die neue Phylenordnung auf der Ebene der politischen Repräsentation jeden landschaftlichen Sondereinfluß aus; politische Sonderinteressen einer Gegend oder wirtschaftiche Sorgen einer anderen wurden von dem Aufbau des politischen Systems nicht nur nicht reflektiert, sondern geradezu paralysiert. Die Ausschaltung des landschaftlichen Sonderwillens sollte große Konsequenzen haben; denn sie erstickte von vornherein viele politische Themen. Die neue Ordnung war aber nicht nur zur Abwehr des alten politischen Kräftefeldes errichtet worden; sie hatte auch eine aufbauende, positive Seite. Durch sie erhielt Athen nämlich eine politische Repräsentation auf der Basis der Gleichheit der Athener (bei denen man zunächst gewiß nur an die Mitglieder der drei Klassen, die allein Kriegsdienst leisteten, zu denken hat) und eine schlagkräftige Armee, die nun eine Armee politisch gleichstehender Soldaten war. Äußerlich zeigte sich das letztere in der Phalanx. Aber die Gleichheit war den Athenern nun auch als ein abstrakter politischer Begriff bewußt geworden, und es wäre auch merkwürdig, wenn sie das nicht entdeckt hätten. Denn diese neue Organisation ist in allen ihren Gliedern von der Idee der Gleichheit durchdrungen. Der Begriff erscheint denn auch schon zur Zeit des Kleisthenes. Er wurde damals auf diejenigen bezogen, die in der Vorstellung der Athener dafür die Voraussetzung geschaffen hatten, nämlich auf die Tyrannenmörder Harmodios und Aristogeiton: Sie hätten Athen die Gleichheit des politischen Rechts gebracht. Der griechische Begriff heißt Isonomia (von *isos,* gleich, und *némein,* verteilen). Die Gleichheit, das *ison,* war die Grundidee der Demokratie, und daher sah eine spätere Zeit in Kleisthenes deren Begründer. Herodot sagt, daß Kleisthenes die 10 Phylen geschaffen und (damit) die Demokratie eingerichtet habe. Ein Demokrat war Kleisthenes zwar nicht; seine Reform diente der Abwehr der Adelsherrschaft, der Schaffung einer neuen politischen Repräsentation anstelle des Adels und der Reorganisation des Heeres zur Bannung einer von außen drohenden Gefahr. In ihren Konsequenzen aber war seine Reform mehr; in ihr lagen Möglichkeiten, die Kleisthenes weder gesehen noch beabsichtigt hatte, die vielmehr erst neue politische Bedingungen verwirklichen konnten.

Kleisthenes soll nach unserer Überlieferung auch das Scherbengericht über die Verbannung eines politisch zu einflußreichen Bürgers, den Ostrakismos, eingeführt haben (von *óstrakon,* Keramikscherbe. *Ostrakismós* bezieht sich, genaugenommen, auf das Urteil; das Verfahren, also die Abstimmung, heißt *ostrakophoria*). Danach sollte zu Beginn der zweiten Hälfte eines jeden Amtsjahres (in der 6. Prytanie, d. i. Amtsperiode des Rates, also im Januar unseres Kalenders) der Volksversammlung die Frage vorgelegt werden, ob eine Abstimmung mittels Scherben abgehalten werden solle. Wurde die Frage bejaht, stimmten die Athener in einer späteren Versammlung in der Weise ab, daß jeder auf eine Keramikscheibe, die ja das billigste Schreibmaterial war, einen Namen einritzte. Für die Beschlußfähigkeit war ein Quorum von 6 000 Stimmen erforderlich. Wurde es erreicht, entschied die relative Mehrheit, und es mußte also derjenige, auf den die meisten Stimmen gefallen waren, für 10 Jahre ohne Einbuße an Ansehen und Vermögen in die Verbannung gehen. Der erste erfolgreiche Ostrakismos fand erst 487, also 20 Jahre nach Kleisthenes, statt; er traf Hipparchos, einen Anhänger der Peisistratiden. In den folgenden Jahren wurden dann weitere bekannte Politiker ostrakisiert, unter ihnen der Alkmeonide Megakles, ein Neffe des Kleisthenes (486). Es ist nicht einfach, dem Grund für die Einrichtung dieses merkwürdigen Verfahrens, das die Straffolgen eines Gerichtsurteils hatte, ohne jedoch Gericht zu sein, auf die Spur zu kommen. Wenn es schon Kleisthenes geschaffen hat, dürfte es sich am ehesten gegen die Führer allzu mächtiger Adelscliquen gerichtet haben und hätte damit die Rückkehr der alten Bürgerzwiste verhindern sollen. Es wäre dann dieses „Gericht" ein Instrument zur Absicherung der gerade gewonnenen Harmonie auf der Grundlage der Gleichheit aller Bürger gewesen. Das würde gut zu Kleisthenes passen. Die Tyrannis, die von unserer Überlieferung als Ursache des Verfahrens genannt wird, dürfte damals kaum mehr als große Gefahr angesehen worden sein. Isagoras, nicht die vertriebenen Peisistratiden, war demnach der Anlaß für die Entstehung des Verfahrens. Es bleibt aber nicht ganz ausgeschlossen, daß es erst zu der Zeit, als es zum ersten Male erfolgreich angewandt wurde, geschaffen worden ist (s. u.).

Die weitere Entwicklung der inneren Ordnung Athens ist von der großen Auseinandersetzung mit den Persern nicht zu trennen. Der Prozeß des

Wandels wird nun nicht mehr von Kräften getragen, die aus der athenischen Gesellschaft selber kommen, sondern weitgehend von außenpolitischen Notwendigkeiten diktiert. Die Autonomie der Entwicklung hat
damit ein Ende. Ist der Anteil der Außenwelt an der Gestaltung der
Innenpolitik im späten 5. Jahrhundert klarer, können wir für den Anfang
dieses Jahrhunderts nicht immer erkennen, wo der eigentliche Antrieb zu
suchen ist.

Eine sehr wichtige Reform, die einen Grundsatz der späteren radikalen
Demokratie vorwegnimmt, erfolgte im Jahre 487/86, also zwischen den
beiden Perserkriegen. Sie sah vor, daß künftig die neun Archonten
und der Schreiber der Thesmotheten aus 500 (im 4. Jahrhundert 100) von
den Demen vorgewählten Kandidaten *(prókritoi)* gelost wurden. Die
große Anzahl der Kandidaten weist darauf hin, daß damals gleichzeitig der
Kreis der Bewerber auf die zweite Zensusklasse, die Hippeis, erweitert
wurde; denn die erste Klasse vermochte kaum in jedem Jahr 500 Kandidaten aufzustellen. Auch wenn der Losung noch eine Wahl vorgeschoben
ist, bedeutet diese Abänderung des herkömmlichen Verfahrens doch
einen großen Einschnitt. Die Besetzung der höchsten Beamtenstellen, vor
allem die des Archon, der dem Jahr den Namen gab, war künftig unter die
Beliebigkeit des Loses gestellt. Noch in den neunziger und frühen achtziger Jahren war der Kampf um politischen Einfluß mit dem Kampf um das
Archontat verbunden gewesen, und wir finden deswegen unter den
Archonten dieser Zeit bekannte Namen, wie Hipparchos (496/95), Themistokles (493/92) und Aristides (489/88); nach 487/86 änderte sich das. Die
Ursache für die Entmachtung des Archontats ist nicht leicht zu fassen. Die
Verbannungen mehrerer bekannter Politiker in den achtziger Jahren
verweisen auf starke Adelskämpfe. Themistokles, dessen Namen wir auf
den ältesten Ostraka finden, war damals eine der umstrittensten Persönlichkeiten. Bei den Auseinandersetzungen dürfte weniger eine wiederer-
wachende Tyrannenfurcht als die Richtung der Außenpolitik der Zeit die
entscheidende Rolle gespielt haben; denn es ging damals in dem Kampf
mit den Persern, der im Jahre 490 seinen ersten Höhepunkt hatte, und in
dem Krieg mit Aigina, der alten Konkurrentin Athens im Saronischen
Golf, um Lebensfragen der Athener. Es bleibt die Frage, wohin innerhalb
des Gefüges der politischen Ordnung sich nach der Entwertung des
Archontats die Macht verlagerte. Eine gewisse Schlüsselrolle wird schon
damals dem Kollegium der 10 Strategen zugekommen sein, die nach der
Phylenreform des Kleisthenes das Aufgebot kommandierten und auch
künftig von der Volksversammlung gewählt, nicht erlost wurden.
Die außenpolitische Komponente der Innenpolitik zeigt sich besonders
deutlich in der Frage des Flottenbaus. Beginnend wohl schon Ende der

neunziger Jahre, wird zunächst der Piräus als Kriegshafen ausgebaut, dann in den achtziger Jahren die Anzahl der Kriegsschiffe, der Trieren, erheblich vermehrt. Es scheinen in einem einzigen Anlauf anfangs mindestens 100 neue Trieren auf Stapel gelegt, in der Folge dann soviel dazu gebaut worden zu sein, daß die Athener bei der Ankunft des persischen Großkönigs in Griechenland über 200 Kriegsschiffe besaßen. Der große Initiator dieser Politik war Themistokles. Seine Gestalt ist aber bereits im letzten Drittel des 5. Jahrhunderts, aus dem wir die frühesten Nachrichten über ihn besitzen, so weit ins Heroische und Anekdotische verzerrt und überhöht worden, daß es kaum möglich ist, die Motive und einzelnen Abschnitte innerhalb des Flottenprogramms genau zu rekonstruieren. Anstelle von konkreten Daten wird uns der weit vorausschauende Staatsmann und Demokrat Themistokles vorgeführt, der die einfältigen Athener durch eine List zu dem von ihnen nicht erkannten eigenen Besten drängte. Hinter der Unfähigkeit, über Themistokles hinweg auf den politischen Hintergrund selbst zu schauen, verbirgt sich der gewaltige Eindruck, den dieser Mann hinterlassen haben muß. Es wird darum nicht ganz deutlich, ob der Krieg gegen Aigina oder die Persergefahr den Ausschlag für den großzügigen Flottenausbau gegeben hat; hat anfangs Aigina die wichtigere Rolle gespielt, ist doch der Entschluß für den weiteren Ausbau in der zweiten Hälfte der achtziger Jahre mit Sicherheit unter dem Eindruck der drohenden persischen Invasion gefaßt worden. Es bleibt ferner nicht nur die Entwicklung des Bauprogramms, sondern auch dessen Finanzierung undeutlich. Es scheint, daß die Ausgaben für die Flotte zumindest teilweise aus den Einnahmen neuerschlossener Silberminen im Gebiet von Laureion gedeckt worden sind. Wie immer die Schiffe nun finanziert wurden, technisch verlief der Bau so, daß jeweils für ein Schiff ein verantwortlicher Trierarch bestellt wurde, der sein Schiff für eine feste Summe aus öffentlichen Mitteln, zu denen er in aller Regel aus eigenem Vermögen noch hohe Beträge dazuzulegen hatte, baute und ausrüstete, die Mannschaft einübte und auch weiterhin als Schiffsführer fungierte; da er gewöhnlich keine seemännische Erfahrung besaß, ist er nicht als Kapitän in unserem Sinne anzusehen.

Die große Bedeutung des Flottenbaus für die innere Entwicklung Athens liegt darin, daß für die Schiffe viele Ruderer benötigt wurden; denn da in der Seeschlacht alles von der Wendigkeit der Schiffe abhing, mußten die Kriegsschiffe Ruderschiffe (Galeeren) sein. Jedes Schiff brauchte für die drei Ruderbänke 170 Ruderer, dazu gut 10 Mann seemännisches Personal. Staatssklaven, die man hätte heranziehen können, besaß die Stadt aber nur wenige, wie denn überhaupt die Zahl der Sklaven in Attika damals noch nicht sehr groß gewesen sein dürfte. Es kam hinzu, daß der Ruderer

im Grunde kein Sklave sein konnte; denn seine Tätigkeit galt eher als
Soldatendienst denn als reine Handarbeit zur Fortbewegung des Schiffes:
Es kämpften ja nicht die Deckmannschaften der Schiffe durch Schießen,
Entern und im Nahkampf miteinander, sondern man kämpfte durch
Rammen, setzte demnach das ganze Schiff als Waffe ein; die Ruderer
versahen also nicht den Dienst von Galeerensklaven, sondern sie lenkten
die Waffe selbst. Dieser Umstand brachte die eigentliche Schwierigkeit
einer großzügigen Flottenpolitik. Man brauchte eine sehr große Anzahl
von frei geborenen Männern zur Besetzung der Ruderbänke. Aber woher
sollten sie genommen werden? Es kamen da – abgesehen von Anwerbun-
gen und der Heranziehung von in Athen ansässigen Fremden – nur die
ärmeren Bürger Athens in Frage, also diejenigen, die von ihrem Vermögen her nicht in der Lage waren, sich für den klassischen Soldatendienst,
nämlich als Schwerbewaffnete für den Kampf in der Phalanx, selbst
auszurüsten. Die Schwerbewaffneten kamen für den Ruderdienst deswegen nicht in Betracht, weil sie – abgesehen davon, daß sie der Zahl nach
nicht genügten – für die Feldarmee benötigt wurden. So besetzten
vornehmlich Athener die Ruderbänke, die keiner der drei Vermögensklassen angehörten, also die Personen *infra classem,* die in Athen Theten
hießen. Mit dem Ruderdienst, der Militärdienst war, erwarben sie aber
nach damaligem Denken den Anspruch auf politische Rechte; denn
beides stand seit ältester Zeit in einem Kausalzusammenhang. Die
Verwirklichung des Anspruchs kam noch nicht sofort zum Tragen, teils,
weil die Flotte ja zur Abwehr einer drohenden Gefahr, nicht zu einer
Erweiterung der Schicht der politisch aktiven Bürger gebaut worden war
und man darum die inneren Konsequenzen vorerst gar nicht im Blick
hatte, teils auch, weil das Rudern ohne Zweifel zunächst noch nicht als ein
dem Kampf in der Schlachtreihe ebenbürtiger Dienst erachtet wurde. Erst
die größte und folgenreichste Schlacht dieses Jahrhunderts, Salamis, hob
das Ansehen des Ruderers so weit, daß man in ihm einen Kämpfer zu
sehen vermochte.
Durch die Flotte wurde Athen zur Großmacht, und nach den siegreichen
Schlachten gegen die Perser setzte die Stadt ihr in dem großen Krieg
gewonnenes Ansehen und ihre junge Marine dann für eine großangelegte
Bündnispolitik ein, die Hunderte von Städten der Ägäis und der Meerengen unter ihrer Führung gegen die Perser vereinte. In dieser Zeit war das
Denken und Streben der Athener von der äußeren Politik und von dem
dort gewonnenen Ruhm weitgehend absorbiert. Dem rückschauenden
Betrachter erscheint diese Periode als eine innenpolitisch ruhige Zeit, die
– wie durch einen Mißton – in den heute oft als „Umsturz" bezeichneten
Ereignissen des Jahres 462/61, die zur radikalen Demokratie führten, ein

jähes Ende fand. Nach Aristoteles hat in dieser Zeit zwischen 479 und 462 der Areopag, also der alte Adelsrat und seit Solon der Rat der ehemaligen Archonten, die Stadt verwaltet. Der Areopag, dem neben der Blutgerichtsbarkeit vor allem die Aufsicht über die Beamten zukam, mag dadurch, daß die Archonten wohl trotz der Schwächung des Amtes seit 487/86 zumeist noch dem Adel angehörten, auch ein höheres Ansehen besessen haben, als von seinen Zuständigkeiten her eigentlich zu erwarten war, zumal es nach der Entmachtung des Archontats sonst keine Institution gab, von der ein starker und kontinuierlicher politischer Wille hätte ausgehen können. Denn der seit Kleisthenes bestehende neue Rat der Fünfhundert war noch nicht in seine spätere Rolle hineingewachsen, auch wenn er neben der Funktion des alten Rates der Vierhundert bereits diese oder jene Aufgabe zusätzlich übernommen, vielleicht sogar schon die Volksbeschlüsse vorberaten haben sollte. Die Strategen ferner hatten zwar Gewicht — Kimon z. B., der Sohn des Marathon-Siegers Miltiades und der zu dieser Zeit bekannteste Politiker und Feldherr, nutzte dieses Amt zur Profilierung seiner Person —; aber gerade die Fähigsten unter ihnen waren meist mit irgendeiner der vielen militärischen Unternehmungen beschäftigt, wie eben auch gerade Kimon. So mag der Areopag in der verwirrenden außenpolitischen Konstellation dieser Zeit, in der die Athener aus einer eher provinziellen Vergangenheit in die große Politik hinaustraten und sozusagen die Welt entdeckten, an Gewicht gewonnen haben. Wenn Aristoteles ihn aber die gesamte Staatsverwaltung in Händen halten läßt, spielt dabei gewiß ein spätes politisches Urteil über den Areopag hinein: Die Kritiker der Demokratie sahen im nachhinein die Jahrzehnte vor den Ereignissen des Jahres 462/61, in dem der Areopag wichtiger Funktionen beraubt worden war, als eine Zeit gemäßigten politischen Klimas an, das insbesondere der Autorität dieser Versammlung zu verdanken gewesen sei; die Demokratie, die man bereits seit Kleisthenes für verwirklicht hielt, wäre damals noch so maßvoll gewesen, daß sie die Anerkennung aller finden konnte. Tatsächlich aber müssen wir zweifeln, ob die Vorstellung, daß man eine neue, mit keiner anderen vergleichbare politische Ordnung besaß, bei den Athenern vor 462/61 wirklich schon so allgemein war, daß wir selbst dann, wenn wir in dieser Zeit bereits alle wesentlichen Elemente der späteren Demokratie verwirklicht sehen würden, von „Demokratie" sprechen dürfen. Wir haben wohl eher die knapp zwanzig Jahre nach den großen Schlachten gegen die Perser als eine Periode des Übergangs anzusehen, in der die Veränderungen seit Kleisthenes, insbesondere die Hineinnahme ganz neuer Schichten in die politische Verantwortung, nur sehr allmählich wirksam wurden. Die unbemittelten und weniger vermögenden Athener wuchsen erst in langen Jahren, nämlich in dem Maße, wie sie seit den großen Perserschlachten Jahr um Jahr in der Flotte dienten und die Außenpolitik mitgestalteten, in ihre neue politische Rolle und in ein gewandeltes politisches Bewußtsein hinein. Am Ende dieses Prozesses war dann schließlich eine politische Atmosphäre geschaffen, in der es nur eines Anstoßes bedurfte, um die jetzt gestaute Dynamik zu befreien und damit die politische Ordnung qualitativ zu verändern. Ob das Ende dieser innenpolitisch eher beschaulichen Ära sehr plötzlich kam, wie die Alten glaubten und die Modernen es ihnen noch heute nachreden, sei dahingestellt. Das Jahr 462/61 hat ohne Zweifel wichtige Änderungen geschaffen, und es stand in der Tat auch der Areopag im Zentrum der Auseinandersetzungen. Aber ob Ephialtes, der damals einflußreichste Politiker unter den Gegnern Kimons, den Areopag „stürzte", um die Entscheidungen in die Hände der breiten Masse zu legen und sie damit zu politisieren, ist kaum zweifelsfrei nachzuweisen. War der „Sturz" des Areopags wirklich ein Akt demokratischer Politik, wie es dem rückschauenden Betrachter erscheinen mag? Es besteht allerdings gewiß kein Zweifel darüber, daß wir in den fünfziger und vierziger Jahren bereits von einer Radikalisierung der Verfassung und von einem allgemeinen Bewußtsein einer Herrschaft des Volkes bei den Athenern sprechen können, wohl aber darüber, ob dieser Wandel so punktuell gesehen werden kann und ob die radikale Demokratie das Ziel oder nicht eher eine Konsequenz der Entmachtung des Areopags gewesen ist. Der Areopag blieb auch nach 462/61 eine angesehene Behörde, vor allem auf Grund seiner Blutgerichtsbarkeit und einiger anderer wichtiger Kompetenzen. Aber was er vor den Ereignissen von 462/61 gewesen ist und er also in diesem Jahr aufgeben mußte, läßt sich lediglich einer vorsichtigen Interpretation dessen entnehmen, was wir für ihn vor diesem Datum an Kompetenz nachweisen können und was ihm in einer späteren, der entwickelten Demokratie feindlichen Epoche, vor allem im Jahre 404/3, zurückgegeben wurde. Mit einiger Sicherheit läßt sich da feststellen, daß der Areopag 462/61 die allgemeine Aufsicht über die Beamten, die er bei Verdacht von Unregelmäßigkeiten von sich aus oder auf Antrag von Privatpersonen belangen konnte, verloren hat. Erst seit dieser Zeit ist das Rechenschaftsverfahren, nunmehr systematisiert und vervollständigt, Sache von besonderen Beamten und der Geschworenengerichte. Damit wurde dem Rat die Kontrolle über die Exekutive entzogen und sie letztlich, in den Geschworenengerichten, auf die Masse der Athener übertragen. Später hat man das nicht mehr verstanden, wollte dem Datum von einem späten Verständnis dessen, was man an der Demokratie für wichtig hielt, mehr hinzufügen und hat dann gemeint, daß es vor allem um die Klage wegen Gesetzwidrigkeit, also den Verfassungsschutz im engeren

Sinne, gegangen sei, der dem Areopag als dem ehrwürdigen Wächter der Ordnung entzogen wurde. Aber die betreffende Klage begegnet uns in den Quellen erst gegen Ende des Jahrhunderts, und die Übertragung der Beamtenkontrolle auf die große Menge ist eine so einschneidende Maßnahme, daß sie für die Akzentuierung dieses Datums keine weitere Unterstützung benötigt: Die Demokratie ist vor allem durch die Auflösung derjenigen politischen Macht bestimmt, die seit der Adelszeit die Stadt gelenkt hatte, die der Beamten.

Schwieriger ist es, für die Reform ein Motiv zu finden. Die Außenpolitik, welche die Athener nun über 20 Jahre im Bann gehalten hatte, mag hineingespielt haben. Aber es ist weder klar, ob Ephialtes überhaupt ein innenpolitisches Programm hatte (etwa Demokratisierung), für das er eine günstige außenpolitische Konstellation nutzte (Abwesenheit des Spartafreundes Kimon in Messene), oder ob er vielleicht eher eine bestimmte Außenpolitik verfolgte (Seebund; Gegnerschaft zu Sparta), zu dessen Durchsetzung er innenpolitisch aktiv wurde (Beseitigung des spartanerfreundlichen Areopags als des damals ausschlaggebenden Machtfaktors). Alle Thesen müssen sich auf Wahrscheinlichkeitsannahmen stützen. Da das eigentliche politische Interesse damals in der Seebundspolitik lag, spricht manches dafür, daß das Motiv der Reform in der Außenpolitik zu suchen ist, und in der Tat ist kurz vor der Reform und noch in Abwesenheit Kimons das seit dem Perserkrieg mit Sparta bestehende Bündnis gekündigt worden (462). Doch die Art, wie Ephialtes sich durchzusetzen suchte, verweist auf das inzwischen veränderte innere Klima: Die totale Unterordnung der Exekutive unter die in den Geschworenengerichten richtenden Massen brachte die potentiell längst bereitliegenden Kräfte an die Oberfläche. Die folgenden Jahrzehnte sollten dann zeigen, daß mit dieser Reform mehr als nur eine außenpolitische Linie durchgesetzt worden war. Die politische Dynamik der Massen war geweckt.

Die 462/61 vervollständigte Abhängigkeit der Exekutive von Organen, in denen eine große Anzahl von Athenern (Rat, Geschworenengerichte) oder gar alle (Volksversammlung) saßen, leitete zur radikalen Demokratie über. Es ist bezeichnend, daß sich die Athener in den folgenden Jahrzehnten immer wieder um die Schwächung, ja Auflösung der exekutiven Gewalt bemühten. Schon 458/57 wurde das Archontat sogar den Zeugiten zugänglich gemacht, und sehr bald schon waren die meisten Beamten reine Losbeamte, wurden nur die Offiziere, Finanzbeamten, Gesandten und etliche Kultbeamte gewählt. Die Vorstellung von der Herrschaft der Menge bricht jetzt durch; die Konsequenzen der Seemachtspolitik, welche die Ärmeren zum Ruderdienst und damit latent zum politischen Mitspracherecht herangeführt hatte, wurden nunmehr gezogen. Ziemlich rasch und offensichtlich durch politische Führer, vor allem durch Perikles, gelenkt, vollendete sich der Ausbau dessen, was nun bald auch „Demokratie", also „Volksherrschaft", genannt wurde. An die Stelle der Exekutive rückte der Volksführer (Demagoge), der allein durch seine Autorität und seine Argumente das Volk lenkte; rednerisches Talent wurde so zu einem unverzichtbaren Teil der Politik. Manche Demagogen, wie Perikles, stützten sich auf das Strategenamt, da Seemachts- und Seebundspolitik eng mit dem demokratischen Gedanken verbunden waren; zogen doch bei jeder Ausfahrt der Flotte oder auch nur eines Teiles von ihr viele Tausende Athener in den Kampf und demonstrierten die Macht und den Glanz der Stadt. Mit der Beteiligung der Massen am politischen Geschäft stellte sich auch bald die Frage danach, wie der Arme, der von seiner Hände Arbeit lebte, denn überhaupt politisch tätig werden könnte. Die Idee der Zahlung von Tagegeldern (Diäten) kam auf, zunächst für die Richter, dann auch für die Ratsherren und anderen Beamten und schließlich sogar für den Besuch der Festlichkeiten zu Ehren der Stadtgötter (Theorika, Schaugelder). Das wachsende Bewußtsein von der eigenen Macht und dem ideellen wie materiellen Wert dieser Macht veranlaßte denn auch schon bald die Athener, die Demokratie personell abzugrenzen: Ein Gesetz vom Jahre 451/50 schränkte das athenische Bürgerrecht auf diejenigen ein, deren Vater und Mutter Athener waren. Mit dem Bewußtsein ihrer Exklusivität verrieten die Athener, daß sie ihre politische Ordnung als eine ihnen eigentümliche, mit keiner der vorhandenen vergleichbare und in jeder Hinsicht außergewöhnliche begriffen hatten.

## 2. Die Bedingungen für die Entstehung des demokratischen Gedankens

Die innenpolitische Entwicklung Athens, die in dem vorangehenden Kapitel dargelegt wurde, lehrt, welche besonderen Bedingungen des allgemeinen gesellschaftspolitischen Umfeldes und welche außenpolitischen Gegebenheiten dahin geführt haben, daß Athen in der zweiten Hälfte des 5. Jahrhunderts eine Demokratie wurde. Die erste, wenig überraschende, aber angesichts antiker wie auch moderner Ansichten zur Entwicklung der athenischen Demokratie wichtige Feststellung ist die, daß es keine politische Theorie gab, die als eine in sich selbst ruhende Kraft die Ausbildung einer demokratischen Verfassung getragen oder gefördert hätte. Die in der jüngeren Geschichte selbstverständliche Vorstellung, daß

gesellschaftliche Ordnungen insbesondere auch durch Ideen vorangetrieben werden, wird zu Unrecht der athenischen Geschichte des 6. und
5. Jahrhunderts unterstellt. Daß die Athener es später so sahen und Solon
für einen demokratischen Politiker hielten, der die neue Staatsform aus
eigenem Gestaltungswillen schuf, darf ihnen zugute gehalten werden, da
sie nicht entwicklungsgeschichtlich dachten und unter den besonderen
politischen Verhältnissen des 4. Jahrhunderts nach einer Figur suchten, in
der sie ihre Verfassung personalisieren und rechtfertigen konnten. Die
moderne Forschung hingegen ist, wenn sie dergleichen Behauptungen
aufstellt, verpflichtet, den allgemeinen Rahmen der Bedingungen zu
nennen, in dem eine neue und von den Athenern wie von allen Griechen
seit der Mitte des 5. Jahrhunderts auch als ganz andersartig empfundene
politische Idee sich zu bilden vermochte. Eine verfassungspolitische
Diskussion aber gibt es bis zur Mitte des 5. Jahrhunderts nicht. Die
Demokratie ist darum nicht das Produkt einer politischen Idee, sondern
der besonderen Umstände der athenischen Geschichte des 6. und 5. Jahrhunderts.

Es ist einer Überlegung über die Umstände, die zur Demokratie führten,
eine weitere Bemerkung vorauszuschicken. Diejenige politische Ordnung,
welche die Athener seit der zweiten Hälfte des 5. Jahrhunderts Demokratie nannten, entstand in Athen. Alle demokratischen Ordnungen außerhalb Athens sind unter dem Einfluß, nicht selten unter dem politischen Druck Athens eingeführt worden. Die Demokratie gehört nach
Athen; dort hat sie sich entwickelt, und nur dort haben wir also auch
nach den Bedingungen für diese besondere Form politischen Lebens zu
suchen.

Nun ist es aber gewiß nicht so, daß Athen eine ganz selbständige, gleichsam von den anderen griechischen Städten isolierte Entwicklung genommen hat. Für weite Strecken ihrer inneren Geschichte finden wir an
anderen Orten Parallelen, wie denn auch der erste große Schub, der zu
neuen Formen des politischen Denkens führte, aus einer gesellschaftlichen Krise kam, an der alle Griechen mehr oder weniger Anteil hatten:
Die Krise der Adelswelt. Sie erfaßte beinahe alle Bereiche des öffentlichen
und privaten Lebens, sowohl die Formen der politischen Willensgebung
als vor allem auch militärpolitische und wirtschaftliche Aspekte, die zu
einer allgemeinen Verschlechterung der sozialen Lage weiter Bevölkerungskreise führten; von letzterer nahm die Unruhe beinahe überall und
so auch in Athen ihren Ausgang. Aber die besondere Weise, in der die
Probleme in Athen angepackt und zu dem Versuch einer Lösung gebracht
wurden, ging dann doch über das hinaus, was wir — bei, zugegeben,
schlechter Information — über alle Vorgänge außerhalb Athens in dieser

Zeit wissen, und sie lag weniger in den besonderen, etwa gegenüber den meisten griechischen Städten andersartigen Voraussetzungen der Krise — sie dürften eher an manchen Orten ähnlich oder gar gleich gewesen sein — als in der Person dessen, dem in Athen die Bewältigung der Krise anvertraut worden war.

Solon war gewiß kein Mann, der aus seiner Zeit heraustrat und Athen zu neuen Ufern führen wollte; er war im Gegenteil fest in seiner Zeit verwurzelt und eher der älteren Zeit als einem neuen Geist verpflichtet. Aber seine Vorstellungen zur Überwindung der Krise waren doch sehr eigenwilliger Art. Er hatte, um das erneut herauszustellen, keine Idee von einer grundsätzlichen Umgestaltung der politischen Gesamtordnung; er dachte überhaupt nicht verfassungspolitisch, und er konnte das auch gar nicht; denn die Zeit war dafür noch lange nicht reif. Die politische Gesamtordnung sah er als eine feste Größe an. Er wollte sie nicht umformen, sondern die ins Wanken gebrachte Ordnung wieder ins Lot bringen, das heißt, in seiner Sprache, die Dysnomie oder Anomie (Unordnung) wieder zu einer Eunomie (Wohlordnung), die sie früher gewesen war, zurückführen. Angesichts der Heftigkeit der Auseinandersetzungen und der völlig festgefahrenen Situation, in der sich die Lager einander unversöhnlich gegenüberstanden, schien es Solon, der sich als Mittler zwischen den Parteiungen fühlte, geboten, zur Wiederherstellung der alten Ordnung feste Orientierungsmarken zu setzen, an die sich alle halten sollten. Die Versöhnung konnte nach Solon also nur durch eine aktive Stützung der Eunomie vollbracht werden; gute Worte und einen starken Schiedsrichter allein hielt er in dieser Situation für unzureichend. Er wollte die alte politische und soziale Ordnung im Prinzip also zwar nicht anrühren, jedoch bindende Markierungen schaffen, durch welche die Harmonie dauerhaft zu bestehen vermochte. Als eine Voraussetzung zur Lösung der Aufgabe erkannte er die Notwendigkeit, den verschuldeten, z. T. versklavten Bauern wieder die Verfügung über ihre Person und damit Freiheit und Freizügigkeit zurückzugeben; daß dies in besonders durchgreifender und umfassender Form geschah, machte diesen Teil seines Schiedsamtes besonders wichtig. Von fundamentaler Bedeutung wurde die weitergehende Idee, allen Wehrfähigen, soweit sie eine Rüstung stellen und damit als Schwerbewaffnete dienen konnten, das politische Recht zu geben. Diese Idee war nicht originell; wenn wir auf Sparta sehen, erscheint sie uns eher als von auswärts entlehnt. Das Besondere an der Solonischen Timokratie, wie wir diese Verbindung eines bestimmten Vermögens, das den Dienst in der Phalanx ermöglichte, mit dem politischen Recht nennen, war aber — anders als etwa in Sparta — der Umstand, daß dies ohne einen Umbruch der sozialen Ordnung geschah. Im Gegenteil sollten sich

jedenfalls nach dem Willen Solons die sozialen Verhältnisse der älteren
Zeit gerade in der neuen timokratischen Ordnung widerspiegeln; denn die
Einflußreichsten und Reichsten wurden in ihr in besonderer Weise
privilegiert. Damit war die innere Ordnung aber unter ein bestimmtes Ziel
gestellt: Es ging um das Mitspracherecht bei Entscheidungen für das
Gemeinwesen (politisches Recht), also um die Teilnahme am Willensbildungsprozeß durch die Wahl zu einem Amt und durch die Abstimmung
in der Volksversammlung; dies stand im Zentrum des politischen Gedankens. Einen Wandel der sozialen und ökonomischen Bedingungen hatte
Solon gar nicht im Visier. Für die Demokratie sollte das von nicht zu
unterschätzender Bedeutung werden. – Die Lösung der Krise durch Solon
hat noch in einem weiteren Punkt auf die künftige Entwicklung gewirkt,
und dieser ist vielleicht noch bedeutsamer. Die gesamte Gesetzgebung
Solons ist getragen von der Vorstellung der politischen Verantwortung des
einzelnen für die Stadt. In der Vorstellung Solons war eine dauerhafte
Versöhnung der durch innere Kämpfe zerrissenen Stadt nur durch die
Übernahme einer Verantwortlichkeit zu erreichen. Er hat das selbst
unmißverständlich ausgesprochen und dies vor allem auch in zahlreichen
Gesetzen für konkrete Lebensverhältnisse verankert. Wohl nichts atmet
mehr politische Atmosphäre als dieser Gedanke. Und dadurch, daß er
schließlich all dies in Gesetzen niederlegte, wies er auch den Nachfolgen-
den den Weg, wie das politische Leben, wenn es in Unordnung geraten
war, wieder in die angemessene Form gebracht werden konnte: Das
Gesetz, einst die unwandelbare, ungeschriebene und unveränderliche
Richtschnur des Verhaltens, aber durch Solon Instrument zur Bestimmung und Wandlung der Ordnung, lag nun als Mittel politischer Entscheidung bereit. Die Ordnung war verfügbar geworden.
Solons Werk enthält keinen einzigen jener Grundsätze, aus denen die
spätere Demokratie lebte, vor allem nicht den Gedanken der Gleichheit
des politischen Rechts, nicht die Ausschaltung des Gruppeninteresses,
nicht die Auflösung der starken Regierung zugunsten der Entscheidung
aller und was alles noch mehr aufzuzählen wäre. Mag man auch in diesem
oder jenem Satz seines Werkes den Anfang von etwas Neuem sehen,
dessen Vollendung wir dann am Ende des 5. Jahrhunderts vor uns haben
(man kann da an die Popularklage denken), so hat doch all dies nichts mit
Demokratie zu tun. Aber der Geist, in dem Solon sein Werk gestaltete –
und dies weist in der Tat in die Zukunft und hat schon damals Athen auch
von den Nachbarstädten geschieden –, aktivierte das innenpolitische
Klima, erzeugte die Vorstellung von der Teilhabe am Ganzen und legte
den Grund dafür, daß jeder sich für das politische Geschäft zuständig
fühlte.

Großes Gewicht hat für den besonderen Weg Athens auch die Tyrannis der Peisistratiden gehabt. Dabei geht es nicht um die Tyrannis als solche, die wir vielmehr aus vielen Städten als eine Konsequenz der Krise der Adelswelt kennen, sondern um die lange Dauer der Tyrannis und deren besondere Ausdrucksform. Die Dauer der Tyrannis verringerte den politischen Einfluß des Adels, ja sie machte die Rückkehr zu den Verhältnissen der Adelszeit unmöglich. Darüber hinaus aber führten die Peisistratiden durch ihren herrschaftlichen Geltungswillen Attika zu einer politischen, auf die Stadt Athen ausgerichteten Einheit, welche die auf viele landschaftliche Zentren sich stützende und aus ihnen lebende Adelswelt zusätzlich schwächte. Das politische Leben und die Götter Attikas, die mit dem öffentlichen Leben untrennbar verbunden waren, gehörten von nun an in die Stadt Athen. Es entspricht daher einer inneren Logik, wenn ein moderner Historiker die Phylenreform des Kleisthenes, die den Einfluß der jahrhundertealten Machtzentren der Adligen in Attika auf die Geschicke der Stadt endgültig zerstörte, als ein Werk der Peisistratiden angesehen hat. Diese Theorie ist allerdings mit Sicherheit nicht richtig; denn abgesehen von vielen anderen Einwänden, waren die Peisistratiden viel zu sehr der Adelswelt verbunden, als daß sie deren Grundlagen hätten völlig aufheben wollen. Aber der Gedanke steht ihnen, die im Kampf gegen den Adel emporgekommen waren, doch nicht ganz fern, und vor allem ist die Schwächung des Adels die, wenn nicht beabsichtigte, so doch nicht zu übersehende Konsequenz ihrer Herrschaft.

Es wurde für die weitere Entwicklung Athens entscheidend, daß der Adel nach der Vertreibung der Tyrannen politisch weder entmachtet noch gar moralisch abgewertet war. Solon hatte ihm sogar noch den zentralen Einfluß im politischen Leben gesichert, und die Tyrannis war von Adligen bekämpft, ja sogar vor allem durch sie beseitigt worden; jedenfalls mochten sich viele Adlige als die eigentlichen Retter der Stadt fühlen. Da man andererseits an die Zeit vor der Tyrannis nicht wieder anschließen konnte — so viele Adlige das auch gewollt und mit Isagoras sogar versucht hatten —, ergab sich für die nachpeisistratidische Zeit die besondere Konstellation, daß der Adlige der Sprecher eines größer gewordenen Kreises politisch Mündiger wurde. Die Schwerbewaffneten, in der Masse Bauern, waren nun zu ihrem politischen Recht gekommen; sie hatten es sich gegen Isagoras und Kleomenes, vor allem auch in den Kämpfen gegen die unmittelbar nach 510 in Attika einfallenden Nachbarn und schließlich, 20 Jahre später, auch bei Marathon gegen die Perser erstritten. Aber man war noch weit davon entfernt, daß jeder Beliebige als Sprecher aller hätte auftreten können, und es standen ja auch Adlige für dieses Geschäft bereit, die nicht nur ohne jeden Makel ihres politischen Prestiges waren, sondern sogar ruhmvoll für die Stadt gekämpft hatten. So führten Adlige die Stadt, zunächst Kleisthenes, der in seiner Phylenreform der letzten institutionellen Barriere der alten Adelsmacht, nämlich der gentilizischen Organisation der Athener, ihren politischen Einfluß nahm und damit die Konsequenz aus der Tyrannenzeit zog.

Mit dem adligen Führungsanspruch erneuerten sich aber zunächst die alten Rivalitäten; die Adelskämpfe lebten unter veränderten politischen Umständen wieder auf. Es wurde nun für die Zukunft Athens bestimmend, daß sich Widerstand dagegen erhob. Manches hat dazu beigetragen. Viele mochten sich an die schrecklichen Zeiten der Anarchie vor der Tyrannis erinnern; aber auch in der eigenen Zeit, unmittelbar nach der Vertreibung der Peisistratiden, hatten die Athener die Folgen solchen Zwistes erlebt. Dazu kam die geschwächte politische Position des Adels. Es stand nicht mehr soviel hinter ihm; der einzelne Adlige mochte sich auf seine Familie, vielleicht auch auf befreundete Personen stützen, aber er besaß keine große, ihm verpflichtete Gefolgschaft unter den Athenern, insbesondere den Bauern, mehr, die institutionell oder moralisch an ihn gebunden war. Er fand sich nun im Gegenteil einer zu Selbstbewußtsein gekommenen Masse militärisch erprobter Hopliten gegenüber. Schließlich kam hinzu, daß den Athenern seit Solon auch das Instrument in die Hand gegeben war, sich gegen ihnen unerwünschte politische Verhältnisse zu wehren: Es lag nunmehr in dem Gesetz die Möglichkeit bereit, den erwünschten Wandel auch institutionell durchzusetzen. So wurde in den Athenern der Wunsch übermächtig, gerade die herausragendsten Gestalten unter den sich bekämpfenden Politikern und mit ihnen die politische Macht als solche auszuschalten, und diesen Wunsch haben gerade die adligen Politiker selbst formuliert und durchgesetzt, um sich ihrer Gegner entledigen zu können. Sie wurden damit die Totengräber auch ihres eigenen Einflusses: Die Rivalität denkt nicht an die Konsequenzen für das persönliche Schicksal, wenn sie den Gegner ausschalten kann. Kleisthenes selber blieb auf Grund seines Anteils an den Ereignissen um die Vertreibung der Tyrannen und der Stabilisierung der Stadt noch unangefochten. Aber noch er selbst oder auch Spätere legten dann den Grund für die Entmachtung der politischen Führung. Der Ostrakismos und die Losung des Archontats (zunächst noch aus Vorgewählten) löste die in einer Person konzentrierte politische Macht auf. Beide Maßnahmen hatten, so verschieden sie sind, doch das gleiche Ziel: Der Ostrakismos räumte die jeweils bestimmte mächtige Persönlichkeit des politischen Lebens für die nächsten 10 Jahre aus dem Weg, die Losung des Archontats verhinderte im vorhinein, daß sich eine politisch einflußreiche und ehrgeizige Persönlichkeit darum bemühte, ihre Macht mit Hilfe des höchsten Amtes zu

2. Die Entstehung des demokratischen Gedankens 51

konsolidieren. Im Effekt wurde damit die Regierung der Stadt schwächer. Denn es war sowohl das Amt, von dem aus am ehesten Politik gemacht werden konnte und das aus eben diesem Grunde auch so sehr umkämpft gewesen war, dem Belieben des Loses anheimgestellt und damit entwertet worden als auch jede herausragende Persönlichkeit latent dem Verdikt der Verbannung unterstellt und dadurch „verdächtigt". Wer mächtig war, erschien damit als ein gewiß nicht moralisch minderwertiger, aber doch „gefährlicher" Mann; er stand nicht mehr mit dem in Übereinstimmung, was der Durchschnittsathener für politisch „richtig" hielt. Damit war die Basis gelegt für einen Grundgedanken der Demokratie, nämlich die Auflösung der zentralen Regierungsgewalt zugunsten einer Regierung aller. An der Vervollständigung dieses Grundgedankens haben die Athener weitergearbeitet. Als Ephialtes 462/61 dem Areopag die Kontrolle der Beamten nahm und auf die Geschworenengerichte und die Volksversammlung, also auf die Menge, übertrug, war der letzte Schritt in diese Richtung getan und nun jeder Beamte während des Amtes und nach dessen Niederlegung und also ununterbrochen der Aufsicht aller unterstellt. Kein Staat nach Athen ist so mit seiner Regierung umgegangen.

Vielleicht schon in dem Konflikt mit Ägina, deutlich erkennbar seit dem Zeitpunkt, als sich die persische Invasion unter Führung des Großkönigs abzeichnete, brach die äußere Politik in die Entwicklung der inneren ein. Durch den Entschluß, zur Abwehr der äußeren Gefahr eine große Flotte zu bauen, wurde eine neue Bevölkerungsgruppe, die wenig oder nichts Besitzenden, in den Militärdienst und damit zumindest latent auch in die politische Atmosphäre hineingezogen. Der Einfluß der Flottenpolitik auf die Ausbildung der politischen Ordnung zu einer Demokratie ist dem späteren Betrachter und war schon dem Athener zur Zeit des Perikles überdeutlich. Für die Generation der Teilnehmer am großen Perserkrieg sah es indessen nicht so aus. Die Konsequenzen der Flottenpolitik waren vor allem durch die ungeheure Gefahr, die von den Invasoren drohte, verdeckt; man wird die innenpolitische Komponente der militärpolitischen Maßnahmen gar nicht gesehen haben, auch nicht der Initiator dieser Politik, Themistokles. Zudem trennte den Schwerbewaffneten, der in der Phalanx stand und den der Ruhm Marathons umstrahlte, eine Welt von den Habenichtsen auf den Ruderbänken, die, anstatt ihr Leben mit Lanze und Schwert im Kampf Mann gegen Mann einzusetzen, sich mit ihren Armen auf den Ruderbänken mühten. Der Hoplit mochte sich gegenüber einem Ruderer wie ein Aristokrat vorgekommen sein. Aber nicht nur der Bau einer großen Flotte und auch nicht allein der legendäre Sieg bei Salamis über den Großkönig selbst, der dem Schlachtentheater vom Strand aus zugeschaut hatte und nach der Niederlage nach Persien zurückgekehrt, in den Augen der Athener „geflohen", war, politisierte die Rudermannschaften. Es war erst die außergewöhnlich aktive Seebundspolitik nach den großen Perserschlachten, die − als Konsequenz des Perserkrieges und der in ihm gewonnenen Seegeltung Athens − Jahr für Jahr athenische Flottengeschwader und mit ihnen bei jeder einzelnen Fahrt Tausende, manchmal vielleicht Zehntausend Athener in die weite Welt führte und sie, die zu 90% Theten und nur zu einem geringen Teil Angehörige der Zensusklassen waren, mit der großen Politik verband. Außenpolitik war Flottenpolitik geworden, und der innere Raum wurde in zunehmendem Maße von denjenigen beherrscht, die diese Politik im wörtlichen Sinne mit ihren Armen trugen. Es war am Ende nur ein Zündfunke vonnöten, der den Wandel eher deutlich machte, als daß er ihn vollzog.

Es darf bei einer Untersuchung der Ursachen für die Umgestaltung der athenischen Verfassung in eine Demokratie nicht vergessen werden, daß auch die räumliche Größe Attikas und die Menge seiner Bewohner diesen Prozeß mitbestimmt haben. Abgesehen von Sparta, das eine politische Ordnung sui generis hatte und zudem aus Gründen der Selbsterhaltung auf eine starre Bewahrung der einmal gefundenen Ordnung gerichtet war, gibt es keine griechische Stadt, die auch nur annähernd diesen Umfang hatte. Die relativ große Bevölkerungszahl gab der Stadt zunächst einmal die „Masse", ohne die sich die Vorstellung einer politischen Ordnung, in der die Menge herrscht, gar nicht ausbilden kann. Denn die Herrschaft der Menge, also Demo-kratie im Wortsinne, ist nur dann gegeben, wenn die Menge auch tatsächlich einen quantitativ relevanten politischen Faktor bildet, der in sich selber ruht, und das heißt: Sie muß ohne Bindung an bestimmte Personengruppen existieren. So wie die Aristokratie oder der König in sich selbst ruhende politische Größen sind, die als solche die politische Ordnung tragen, muß dies auch die Menge sein, wenn es denn eine Herrschaft der Menge sein soll. Obwohl die Athener nun ihre politischen Bindungen an den Adel ziemlich radikal gelöst hatten, waren damit doch nicht die vielen persönlichen Beziehungen und Abhängigkeiten der mannigfachsten Art unter den Bürgern (und darunter auch gegenüber Vornehmen und Reichen) aufgehoben. Aber während in jeder kleineren und auch mittelgroßen griechischen Stadt gerade wegen ihrer Kleinheit und Überschaubarkeit solche persönlichen Bande immer präsent waren und darum in jeder Entscheidung auf gesamtstädtischer Ebene nicht nur eine, sondern die tragende Rolle spielten, erlaubte die Größe Athens den Athenern, Entscheidungen ohne Rücksicht auf personelle Bindungen zu treffen. Jeder einzelne mochte seine besonderen persönlichen Verpflichtungen haben; aber auf der Ebene gesamtstädtischer Beschlüsse kamen sie nicht oder doch nicht in derselben Stärke wie in einer kleineren Stadt zum Tragen. Es war also möglich, daß die Menge unpersönlich, „rational", oder was man dafür hielt, entschied: Der Demos konnte in sich selber ruhen.

Die athenische Demokratie ist nicht das Produkt eines auf Herrschaft der Masse gerichteten Willens; es fehlt jede auf Demokratie gerichtete politische Theorie. Bis zu dem Zeitpunkt, mit dem wir (und die Athener) die „radikale" Demokratie beginnen lassen, kämpfte niemand um die Demokratie, und auch dieser Zeitpunkt selbst, der sogenannte Sturz des Areopags durch Ephialtes und seine Helfer, bedeutete keinen Durchbruch zur Demokratie: Ephialtes scheint es gar nicht um innenpolitische, sondern um außenpolitische Ziele gegangen zu sein. Manchen rückschau-enden Betrachter mag es verwundern, daß diejenige Staatsform, die wir heute wie schon die Athener als die allein wünschenswerte ansehen, als eine neue politische Ordnung nicht eher bewußt wurde, als bis sie – auf welche Weise auch immer – entstanden war und praktiziert wurde. Niemand wird zwar heute deswegen der teleologischen Sehweise des Aristoteles folgen wollen, der in seiner Schrift vom Staat der Athener die Demokratie als einen mit Solon einsetzenden, auf Demokratie gerichteten Entwicklungsprozeß begriff; aber er wird mit den Athenern Nachsicht haben, wenn sie schon sehr bald auf einen und schließlich sogar mehrere Staatsmänner als die Erfinder des demokratischen Gedankens hinwiesen. In die Verwunderung wird sich auch Zweifel mischen, ob diese großartige, ja vielleicht größte politische Idee ein Spiel zufälliger Kräfte gewesen sein kann, und es mag dem, der der hier vorgelegten Darstellung folgt, ange-sichts der Macht der Tyche bei der Bildung des demokratischen Gedan-kens auch ein wenig Resignation überkommen. Es steht dem Historiker schlecht an, hier beruhigen oder gar korrigieren zu wollen. Aber es ist, neben dem großen Zufall, den man etwa in der Art und Form der atheni-schen Tyrannis und in der Verknüpfung des Perserkrieges mit den inneren Auseinandersetzungen sehen kann, doch auch, wie die obigen Ausführungen darlegten, menschlicher Gestaltungswille am Werk gewe-sen, kein Wille zwar auf Demokratisierung, aber doch ein Wille auf Beteiligung der Menschen am politischen Geschehen, der intensiver gewesen sein dürfte als in jeder anderen griechischen Stadt. Er liegt einmal in der Person Solons. Solon war zwar Aristokrat und hatte kein Engage-ment für die Masse; die zukunftsträchtige Kraft seiner Tat liegt aber darin, daß er in einer heillos verworrenen inneren Situation, in der sich die beiden großen Gruppen, der Adel und die Bauern, voll Haß gegenüber-standen, das Werk der Versöhnung nicht in erster Linie in einem gesetz-geberischen oder institutionellen Zwang, sondern in der Erziehung der

Menschen zu einer gemeinsamen Verantwortung gesehen hat. Die
Politisierung der Masse — damals noch die grundbesitzenden Bauern, erst
später stellte sich der Unbemittelte neben sie — ist die geistige Tat Solons,
und ohne sie hätte es in Athen keine Demokratie gegeben. Sie ist eine
Kraft, welche die weitere Verfassungsentwicklung der Stadt begleitet,
zeitweise auch zurückgedrängt wird, aber im Spiel des Zufalls, der zu dem
historischen Ereignis führt, latent gegenwärtig bleibt. Noch ein Zweites ist
in diesem Zusammenhang zu nennen. Es wurde bemerkt, daß die Größe
der Landschaft Attika eine Bedingung der Demokratie ist. Große Landschaften, die wir als eine politische Einheit bezeichnen dürfen, hat es in
dieser Zeit in West- und Nordgriechenland indessen mehrere gegeben
(ich sehe hier von Sparta als einer politischen Größe eigener Art ab).
Attika aber unterscheidet sich von ihnen dadurch, daß diese Landschaft
eine Stadt blieb oder richtiger: sie dies durch die Peisistratiden und
Kleisthenes wurde. Dabei kommt dem Werk des Kleisthenes viel mehr
Gewicht zu. Denn die Peisistratiden schwächten zwar die lokalen Zentren
des Adels und richteten die Athener auf Athen als den einzigen politischen Mittelpunkt aus. Aber Kleisthenes bewirkte durch seine Phylenreform, daß diese politische Einheit dann auch eine Stadt, und das heißt:
eine die Menschen unmittelbar und auf einen einzelnen Punkt zusam-
menfassende politische Einheit war. Denn die besondere Form der
politischen Organisation der Bürgerschaft, die er schuf, stellte sicher, daß
jede noch so entfernte Ecke der Landschaft zu jeder Zeit in dem politischen Aufbau der Stadt präsent war, und mochte auch der ferner wohnende Athener nicht an allen Geschäften teilnehmen können, war doch
durch die besondere politische Organisation Attikas gesichert, daß jeder
einzelne zu jeder Zeit über alles informiert war und an allem inneren
Anteil hatte, was auf der Agora und der Pnyx, also im Rat, in der Volksversammlung und den Gerichten vor sich ging. Kleisthenes hat es verstanden, die große Landschaft in einer Polis zu konzentrieren: Attika war
Athen, und wenn Herodot sagt, daß Kleisthenes durch seine Phylenreform die Demokratie schuf, liegt in diesem Wort eine innere Wahrheit:
Ohne die Einheit von Landschaft und Stadt wäre eben jene politische
Dynamik der Masse unmöglich gewesen, die zur Demokratie führte und
dann mit ihr identisch wurde.

## 3. Die Entstehung des Begriffs „Demokratie" und der Beginn des verfassungspolitischen Denkens

Dem modernen Menschen ist das verfassungspolitische Denken so vertraut, daß er nicht nur jede politische Ordnung nach den ihm seit Jahrhunderten bereitliegenden Verfassungsbegriffen benennt, sondern er sich auch kaum noch vorstellen kann, daß zu irgendeiner Zeit jemals anders gedacht worden ist: Nicht wenige Historiker verwenden daher auch den Begriff der Demokratie schon für die Zeit, die der endgültigen Ausformung dieser Verfassung vorausgeht, also für das 6. und das frühe 5. Jahrhundert. Da das Wort heute viele, und darunter auch völlig unterschiedliche demokratische Staatsformen abdeckt und wir uns darum daran gewöhnt haben, zur Bezeichnung der jeweils gemeinten Form mit differenzierenden Zusätzen zu arbeiten (repräsentative Demokratie, soziale Demokratie, Volksdemokratie usw.), neigen manche auch dazu, in der Entwicklung zur Demokratie in Athen mehrere Stufen anzunehmen und diese durch entsprechende Adjektive anzuzeigen; man spricht dann in aller Regel von „gemäßigter" und „radikaler" Demokratie und interpretiert den Übergang von der einen zu der anderen Form als Demokratisierungsprozeß. Das haben die Athener, wie wir sahen (o. S. 13 f.), im nachhinein ebenso gemacht: Bereits gegen Ende des 5. Jahrhunderts, als die Demokratie ihre ersten schweren Belastungsproben hinter sich hatte, und vollends dann bei Aristoteles finden wir die Vorstellung der Entwicklung der Demokratie von schwachen Anfängen bis zu ihrem letzten Höhepunkt, und wie selbstverständlich wird mit diesem Gedanken den Athenern, vornehmlich ihren großen Staatsmännern, der Wille zur Ausgestaltung der politischen Ordnung in Richtung auf Demokratie und damit die Schaffung dieser Staatsform, die es bis dahin ja noch nicht gab, als eine schöpferische Tat unterstellt.

Demgegenüber haben wir festzuhalten, daß das Bewußtsein der Menschen davon, daß sie innerhalb ihrer Stadt oder ihres Stammes in besonderer und unterschiedlicher Art „verfaßt" sind, diese verschiedenen Verfassungen abstrakt benannt werden können und sogar die jeweils eigene Verfassung durch eine andere ausgetauscht werden kann, bei keinem Volk der älteren Zeit einfach vorausgesetzt werden darf, ja daß diese Art des Denkens bei den Griechen vielmehr gerade erst die Folge der Entstehung der Demokratie ist. Eine Reflexion auf die allgemeinen politischen Verhältnisse hat selbstverständlich auch in früher Zeit nicht ganz gefehlt. Es war etwa jeweils bewußt, daß es Abhängigkeitsverhältnisse der mannigfachsten Art gab oder die politische Macht in den Hän-

den eines einzelnen oder einer Gruppe lag. Aber man war noch nicht in
der Lage, die Träger der politischen Macht in einen abstrakten Rahmen
einzuordnen. Wurden die politischen Verhältnisse angesprochen, nannte
man den bestimmten König, z. B. Theseus, oder die jeweils üblichen
Bezeichnungen für die Gruppe, z. B. Eupatriden für den Adel, sprach
nicht von Monarchie oder Aristokratie. Die Begriffe Aristokratie und
Oligarchie sind spät; sie gehören erst der zweiten Hälfte des 5. Jahrhunderts an.

Eine eindringendere Reflexion auf die den Lebensverhältnissen zugrunde
liegende politische Ordnung konnte sich nur in einer Zeit großer innerer
Spannungen einstellen, in der die alten Bindungen fraglich geworden
waren und die Menschen nach neuen politischen Lösungen suchten. Das
war in Griechenland im 7. Jahrhundert der Fall, in dem die noch im
8. Jahrhundert festgefügte Adelswelt in eine schwere wirtschaftliche und
politische Krise geriet. Hier interessieren nicht die Ursachen dieses
Umbruchs, sondern dessen Konsequenzen für die Entwicklung des
politischen Denkens. Es werden nun zunächst die einander gegenüberstehenden Gruppen als solche erfaßt und benannt; eine Vielzahl von Bezeichnungen, die in ihrer moralischen Ausprägung ein direkter Reflex der
inneren Unruhe sind, entsteht und zeugt von der Erhitzung des innenpolitischen Klimas. Und es wird jetzt auch die politische Ordnung selbst
angesprochen. Dabei werden naturgemäß noch nicht die Machtverhältnisse im späteren, verfassungspolitischen Sinne abstrahiert, sondern wird
zunächst nur die Ordnung als solche erkannt: Die Unruhe und der innere
Hader rufen jetzt die Vorstellung hervor, daß die allgemeinen politischen
Verhältnisse sich in einer „schlechten Ordnung" oder „Unordnung"
*(dysnomia, anomia)* befinden und man wieder in eine „gute Ordnung"
*(eunomia)* zurückstreben muß. In diesen Bezeichnungen wird die Ordnung als eine Summe von noch nicht schriftlich fixierten, sondern als
Gewohnheit tradierten Normen *(nómos,* Pl. *nómoi)* gedacht. In Athen ist
diese Stufe des Denkens für uns in der Person Solons deutlich faßbar, der
in den uns überlieferten Fragmenten seiner Dichtungen die genannte
Begrifflichkeit verwendet.

Es war für die Entwicklung eines verfassungspolitischen Denkens nun
nicht unwesentlich, daß sich in vielen Städten dieser krisengeschüttelten
Zeit ein einzelner Adliger, im Kampf mit seinen Standesgenossen und
gestützt auf eine der Parteien oder auch auf eine Söldnertruppe, zum
Stadtherrn aufwarf und die dem Streit zugrunde liegenden Probleme aus
eigener Machtvollkommenheit zu lösen suchte. Der Wechsel von der
tradierten Ordnung zu einer Einmannherrschaft, die man Tyrannis
nannte, und — nach Vertreibung des Tyrannen durch seine Gegner — die

Wiederherstellung der alten Ordnung waren allen Griechen seit dem
7. Jahrhundert vertraute Vorgänge, und selbstverständlich begriff man den
neuen politischen Faktor, der als eine Art von politischer Alternative zu
der vielerorts im Chaos versinkenden alten Ordnung betrachtet und nicht
selten auch begrüßt worden ist, auch sehr schnell abstrakt als Tyrannis. Es
war übrigens möglich, diese Alleinherrschaft auch mit anderen Begriffen
zu bezeichnen, so u. a. mit *monarchia,* wie denn der Alleinherrscher
damals in sehr verschiedenen Formen auftreten und sogar ein Mann, der
von allen Bürgern zum Schiedsrichter und Versöhner gewählt worden
war, als Alleinherrscher angesehen werden konnte. Der Begriff Tyrannis,
der durchaus nicht überall einen schlechten Sinn haben mochte, setzte
sich aber durch. In Athen können wir erst mit der Vertreibung der Peisistratiden ein deutlich erweitertes politisches Bewußtsein erkennen. Da wir
über diese Zeit sehr schlecht orientiert sind, vermögen wir nur einige
Umrisse nachzuzeichnen. Soviel ist jedoch sicher, daß der politische
Neubeginn nach dem Sturz der Tyrannis mit dem Begriff der Isonomie
verbunden war. Das Wort ist eine künstliche Zusammensetzung aus *ison*
(gleich) und *nómos* (bzw. dem Verb *némein*) und drückt folglich Gleichheit
des Nomos oder gleichen Anteil am Nomos aus. Es ist dabei weniger an
die Gleichheit vor dem Gesetz zu denken, die jedenfalls theoretisch nicht
bestritten war, sondern, da es damals um Machtverteilungskämpfe ging, an
die politische Gleichberechtigung. Isonomie ist als ein politisches Schlagwort ganz offensichtlich von denjenigen geprägt worden, die seit Solon
und besonders in den Jahren nach dem Sturz der Tyrannis zu Selbstbewußtsein und Kraft gekommen waren, nämlich von den als Schwerbewaffnete dienenden Bürgern, die in der Phalanx die Hauptlast des Kampfes
trugen (Phalangiten, Hopliten), und es richtete sich gegen den Adel, der
nach der langen politischen Enthaltsamkeit der Tyrannenzeit wieder zu
Ansehen zu kommen suchte. Ihm gegenüber setzten sich die neuen
politischen Kräfte nun durch: Man erzwang sich das längst fällige politische Recht, das dem des Adligen gegenüber ebenbürtig (gleich) war. Die
Phylenreform des Kleisthenes hat die in dem Begriff Isonomie enthaltene
Vorstellung dann in praktische Politik umgesetzt. Das Wort begegnet uns
zuerst um 500; doch gehört der größere Teil der Belege der zweiten Hälfte
des 5. Jahrhunderts an. Zugleich oder doch nicht viel später mit *isonomía*
dürften die erst bei Herodot und Euripides überlieferten anderen Begriffe,
die von dem Adjektiv *ison* gebildet sind, aufgekommen sein, nämlich
*isēgoria* (gleiches Recht auf Rede), *isokratía* (Gleichheit der Macht) und
*isópsēphos* (gleiches Stimmrecht habend).
In dem Wort Isonomie haben die Athener eine Grundforderung der
neuen politischen Kräfte zur Bezeichnung der politischen Ordnung selbst

gemacht und sich damit in dem Begriff auch von ihrer alten Ordnung abgesetzt. Diese Distanzierung bedeutete aber keinen Umbruch des politischen Bewußtseins. Denn da sich der politische Gegner, die Adligen, mit den gegebenen Verhältnissen abfand, ferner auch in vielen anderen griechischen Städten sich die Hopliten als Bürgerschaft der Stadt etablierten und damit die innenpolitische Spannung – teils auch als Folge des von den Persern kommenden Druckes – in Athen und anderswo nachließ, verlor das Wort Isonomie viel von seiner Stoßkraft. Es bezeichnete das erreichte Ziel; der damit verbundene Wandel der Ordnung als einer neuen „Verfaßtheit" dürfte jedenfalls nicht sehr stark gewesen sein. Das wird auch darin deutlich, daß sich diese isonome Gesellschaft nicht von der tradierten Ordnung, also der Adelsherrschaft, sondern von der Tyrannis als der unerwünschten oder einfach als „Unordnung" bezeichneten absetzte. Das ist auch bis zum Ende des 5. Jahrhunderts so geblieben: Die Hoplitenpolis wie die spätere Demokratie sahen als ihren klassischen Gegner bis dahin die Tyrannis, nicht etwa die Aristokratie oder Oligarchie an.

Die entscheidenden Jahre zur Ausbildung dessen, was wir später die „radikale Demokratie" nennen, liegen in dem Jahrzehnt vor und nach den großen Schlachten gegen die Perser. Das Wort Demokratie begegnet uns aber erst in der zweiten Hälfte des 5. Jahrhunderts, nicht früher als 440/430. Auch wenn man unsere gerade für die Mitte des 5. Jahrhunderts sehr lückenhafte Überlieferung bedenkt und einen Spielraum von einigen Jahrzehnten läßt, ist doch das späte Auftreten des Wortes auffallend, indessen gewiß nicht zufällig. Denn da der Wille zu einer grundlegenden Neuorientierung der politischen Gesamtordnung fehlte, konnte die Entstehung eines Bewußtseins davon, daß man sowohl gegenüber der eigenen Vergangenheit als auch gegenüber den anderen griechischen Städten in einer besonderen politischen Ordnung lebte, eben dieser Ordnung nur folgen, nicht ihr vorausgehen. Es kam in Athen hinzu, daß die Außenpolitik, nämlich die Kämpfe gegen die Perser und die sich an sie anschließende Seebundspolitik, die Athener von jeder Reflexion auf den inneren Wandel zunächst ferngehalten oder sie doch in Grenzen gehalten hat. Die Neuheit der eigenen politischen Ordnung gegenüber der tradierten, ja ihre völlige Andersartigkeit ist vielleicht sogar den anderen Griechen, insbesondere den Athen feindlichen Städten eher aufgegangen als den Athenern selbst. Aber erst als überall und vor allem in Athen selbst der politische Umbruch klar bewußt geworden war, konnte sich allmählich ein verfassungspolitisches Denken einstellen. Allerdings war der Begriff der „Verfassung" zunächst noch an die in der politischen Realität als solcher erkannten, nämlich an die neue politische Form, die es allein in Athen gab, und an die tradierten Ordnungen, für welche die Gegner Athens zunächst noch den alten Begriff der Wohlordnung *(eunomia)* benutzten, gebunden. Andere verfassungspolitische Vorstellungen gab es noch nicht; denn die Tyrannis war ja die „Unordnung".

Seit die Athener ihre politische Ordnung als eine ganz neuartige erkannt hatten, begannen sie sie als „Demokratie" zu bezeichnen, also als eine Ordnung, in welcher der ganze Demos (anstatt nur die Adligen und Reichen) die politische Macht in Händen hielt. Das Wort setzte sich seit den 30er Jahren des 5. Jahrhunderts schnell durch, obwohl noch weitere Worte, die ganz offensichtlich schon Jahrzehnte vorher für die Herrschaft des Demos benutzt worden waren, weiter in Gebrauch blieben, wie *dēmos* oder auch *plēthos* (d. h. Menge).

Durch die Großmachtpolitik der Athener im Seebund und gegenüber den Spartanern wurde die Idee der neuen politischen Ordnung nicht nur überall bekannt, sondern weckte auch in vielen Städten den Wunsch, es den Athenern nachzutun. Es war natürlich, daß die nach Demokratie strebenden Kräfte vielerorts auf die Athener als die gegebenen Helfer ihrer Wünsche und Hoffnungen blickten, und diese sahen sofort ihre Chance, aus dem sich nun verbreitenden demokratischen Gedanken politisches Kapital zu ziehen: Sie stützten vor allem in ihrem Seebundsbereich überall dort die demokratischen Kräfte, wo die Bündnistreue auf dem Spiele stand, und sorgten gegebenenfalls für einen Umsturz der tradierten Ordnung zugunsten einer demokratischen Verfassung. Die Demokratie wurde auf diese Weise zu einem Exportartikel; sie war für die Athener ein Instrument zur Befestigung ihrer Herrschaft im Seebund geworden.

Die gewaltsame Übertragung der demokratischen Verfassung durch Athen hat das verfassungspolitische Denken außergewöhnlich gefördert, und dies nicht nur bei den Athenern, die sich ihrer Besonderheit und Einzigartigkeit immer stärker bewußt wurden, sondern auch bei allen anderen Griechen. Sie hat darüber hinaus dieses Denken auch weiter differenziert. Denn mit der oft gewaltsamen Übernahme der Demokratie stellte sich bei den Gegnern Athens der Wunsch ein, sie wieder zu beseitigen. Und es waren nicht nur die Adligen und Reichen, also alle diejenigen, die in den mit Demokratien versehenen Städten um ihren Einfluß und womöglich auch um ihr Vermögen gekommen waren, die so dachten. Auch dem Hauptgegner Athens, Sparta, das seit den späten 60er Jahren des 5. Jahrhunderts um seine politische Stellung unter den Griechen fürchten mußte, waren die überall sich bildenden Demokratien ein Dorn im Auge, da sie die an sich schon unerträgliche Macht der Athener noch zusätzlich stärkten. Die Spartaner ließen sich allerdings trotz der für sie ungünstiger gewordenen außenpolitischen Gesamtsituation nur sehr allmählich in den offenen Kampf gegen Athen hineinziehen, weil sie sich auf Grund der inneren Struktur ihrer Stadt nicht ohne Not außerhalb der Peloponnes militärisch engagierten. Das treibende Element waren hier aber gerade jene Städte – meist Mitglieder des Attischen Seebundes –, die sich von Athen zu lösen wünschten, aber selbst keine Kraft dazu hatten. Sparta, das unter allen Griechen einzige Gegengewicht gegen Athen – wer hätte sich sonst mit Athen messen wollen! –, wurde durch diese Konstellation auch zum verfassungspolitischen Gegenpol der Athener. Denn hatte eine Stadt, die von Athen abfiel, eine demokratische Verfassung besessen, wurde diese als Konsequenz des Abfalls sofort beseitigt und die alte Ordnung, die man vor der Demokratie gehabt hatte, wiederhergestellt. Die alte Ordnung gewann aber bei diesem Vorgang insofern an Gewicht und Konkretheit, als sie nun die der demokratischen Idee gegenübergestellte Verfassung wurde. Man hätte sie nach älterer Terminologie Eunomie nennen können. Aber unter dem Zwang, der demokratischen Verfassung eine andere entgegenzustellen, fanden die Gegner Athens für diese anti- oder nichtdemokratische Verfassung den Begriff der „Oligarchie". Das Wort besagte im Grunde nur, daß in dieser Verfassung nicht der ganze Demos, sondern lediglich ein Teil (meist war es eine durch feste Einkommensschranken nach unten abgegrenzte Schicht, wie es die Hopliten etwa auch gewesen waren) die politische Macht innehatte. Sparta war von seiner politischen Ordnung her an sich ganz und gar nicht geeignet, die Idee der Oligarchie zu vertreten; die Spartiaten bezeichneten sich im Gegenteil sogar als „die Gleichen", und nur der große zahlenmäßige Unterschied zwischen ihnen und den übrigen Bewohnern Lakoniens und Messeniens sowie sein Kriegerethos konnte es mit der Vorstellung von Oligarchie oder Aristokratie verbinden. Aber da Außenpolitik und innere Verfassung nunmehr unlöslich ineinander verschränkt waren, trat das durch die Benutzung der Demokratie als Herrschaftsinstrument in Zugzwang geratene Sparta Athen nun auch im verfassungspolitischen Sinne als Kontrahent gegenüber: Der Verfassungsdualismus wurde auf diese Weise zu einem konstitutiven Element griechischer Außenpolitik und zu einem selbstverständlichen Teil des allgemeinen politischen Denkens. Gleichzeitig damit verfielen aber die hinter den beiden Verfassungsformen stehenden politischen Ideen. Denn der Wandel von der einen zur anderen Verfassung hing nicht mehr von der verfassungspolitischen Dynamik der einzelnen Stadt, sondern allein von dem machtpolitischen Nutzen ab, den die Großmächte sich davon versprachen. Umgekehrt mußten die zahlreichen Städte, die zu schwach waren, um sich allein gegen eine Großmacht verteidigen zu können, ihre Außenpolitik nach der

Großmacht ausrichten, welche die eigene Verfassung vertrat, oder aber die herrschende Verfassung um des außenpolitischen Nutzens willen mit der anderen vertauschen. Man kann sich vorstellen, wie sehr eine jede griechische Stadt unter dem außen- und innenpolitischen Druck litt, ja manche geradezu in zwei sich in Todfeindschaft gegenüberliegende Lager zerrissen wurde.

Nachdem drei verschiedene Möglichkeiten politischer Organisation, nämlich Demokratie, Oligarchie und Tyrannis, bewußt geworden waren, hat der reflektierende Geist der Griechen sehr bald nach weiteren Formen gesucht bzw. hat die nun bekannten weiter differenziert. Denn da alle drei Verfassungen in der politischen Wirklichkeit umstritten waren, lag es nahe, sich eine jede Form in einer positiven und negativen Ausprägung zu denken, zumal für die Tyrannis, die von vornherein für alle ein verabscheuungswürdiger Typ geworden war, in dem Bild vom mythischen König ein positives Gegenstück bei der Hand lag. Schon in der ersten theoretischen Reflexion auf die möglichen Formen politischen Lebens, die wir kennen, die von Herodot fingierte Debatte der persischen Verschwörer gegen den Usurpator Gaumata über die beste Verfassung, haben wir die spätere, entwickelte Verfassungstypologie weitgehend vor uns. Charakteristischerweise sind hier die Demokratie (und die Kritik an ihr) und die Einzelherrschaft (in positiver und negativer Ausprägung) klar und durchsichtig beschrieben worden, während die Oligarchie, die als Verfassungsform ja eine eher künstliche Schöpfung war, ganz unvollkommen herausgearbeitet ist; sie war eben nur sehr bedingt ein in sich selbst ruhender Verfassungstyp. An der Verfassungsdebatte bei Herodot wird auch das Motiv deutlich, das weitergehenden Überlegungen über die Formen menschlichen Zusammenlebens Dynamik und Dauerhaftigkeit zu verleihen vermochte: die Suche nach der besten Verfassung. Die Philosophie hat sich dieses Gedankens sogleich bemächtigt, und in der „Politeia" Platons erreichte die Staatstheorie dann ihren ersten Höhepunkt.

Die Demokratie, die als die neue Verfassungsform das Verfassungsdenken und den Begriff der Verfassung *(politeia)* überhaupt erst hervorgebracht hat, ist noch in der zweiten Hälfte des 5. Jahrhunderts mehrfach Gegenstand theoretischer Überlegungen gewesen. Das, was uns darüber erhalten ist, dürfte nur einen Bruchteil dessen darstellen, was einmal vorhanden war. Abgesehen von der bereits genannten Verfassungsdebatte bei Herodot, in der die Demokratie in ihren wesentlichen Grundlagen treffend vorgeführt ist, besitzen wir eine anonyme Flugschrift über die Verfassung der Athener aus der Zeit um 430/425, welche die Demokratie, ohne sie ganz abzulehnen, von einem kritischen Standpunkt her beleuchtet (da sie im Corpus der Schriften Xenophons erhalten ist, erscheint sie in der modernen Literatur als pseudo-xenophontische Schrift), und die preisenden Darstellungen des demokratischen Gedankens durch Euripides (in den Hiketiden, 424 oder 421 aufgeführt) und Thukydides (Grabrede des Perikles, wohl erst nach dem Ende des Peloponnesischen Krieges, also nach 404, verfaßt). Die in diesen Schriften enthaltenen Charakterisierungen sind ein wichtiges Indiz dafür, was den Athenern gerade in den Anfängen und auf dem Höhepunkt der Demokratie an ihr wesentlich erschien.

Es verdient besonders auch vor dem Hintergrund modernen Denkens hervorgehoben zu werden, daß der Begriff der Freiheit, soweit wir sehen, gegenüber dem der Gleichheit ein sekundäres Element demokratischen Geistes gewesen zu sein scheint. Freiheit *(eleutheria)* wird werthaft zunächst als persönliche Freiheit begriffen, und als solche begegnet sie uns bei Solon, der für viele Bauern diese Grundbedingung politischen Handelns erst wiederhergestellt hat. Daß gegenüber der Tyrannis der Peisistratiden nicht die Freiheit das politische Schlagwort geworden ist, sondern die Tyrannenmörder als diejenigen gepriesen wurden, welche die Gleichheit brachten, mag nicht nur an unserer, zugegebenermaßen sehr schmalen Überlieferung über die Geschichte der Begriffe dieser Zeit liegen. Das Drängen nach politischer Gleichberechtigung mit der ehemals herrschenden Schicht, wofür das Schlagwort der Isonomie stand, hat den Gedanken, daß die Vertreibung der Tyrannen Freiheit bedeutete, ganz offensichtlich zunächst in den Hintergrund treten lassen, zumal die Tyrannis ja lange Zeit ganz gern geduldet worden war und die Athener sie nicht selbst beseitigt hatten. Es kam hinzu, daß unmittelbar nach dem Sturz der Tyrannis die Abwehr äußerer Feinde, zunächst der Nachbarn, dann der Perser, die Freiheitsproblematik überschattet hat: Freiheit bedeutete in diesen Jahrzehnten vor allem die Erhaltung der äußeren Selbständigkeit der Stadt. Die bald nach der Vertreibung der Tyrannen wieder aufflammenden Kämpfe der Adligen untereinander, die zur Einrichtung des Ostrakismos und zur Entmachtung des höchsten Amtes, des Archontats, geführt hatten, mögen mit der Furcht vor einem neuen Tyrannen – der Tyrann war ja früher aus solchen Fehden hervorgegangen – den Gedanken der Freiheit von Herrschaft neben den der Isonomie gestellt haben. Auch der persische Großkönig, welcher der gegebene Helfer des Tyrannen war – die Peisistratiden hofften, in seinem Gefolge nach Athen zurückzukehren –, dürfte dadurch, daß die Athener in seiner Person die Abwehr von äußerer zugleich als die von innerer Bedrohung verstehen konnten, die Hineinnahme des Freiheitsbegriffs in die Grundwerte der Demokratie gefördert haben. Sobald die Athener sich ihrer neuen politischen Verfassung bewußt geworden waren, haben sie jedenfalls die in ihr gewonnene Gleichheit des politischen Rechts auch als Freiheit verstanden: Die Herrschaft aller bedeutete ihnen, daß keiner Knecht, das heißt politisch abhängig war. So hat es bereits der Autor der pseudo-xenophontischen Schrift vom Staat der Athener formuliert, und so sagt es auch etwa gleichzeitig — in Abwehr gegenüber der Tyrannis — Theseus in den Hiketiden des Euripides.

# II. Sozialer und politischer Aufbau in der Demokratie

## 1. Die soziale Schichtung der Bevölkerung

Attika, dieser große, in die Ägäis hineinragende östliche Zipfel Mittelgriechenlands, ist eine geschlossene Landschaft, deren Grenzen nach Osten, Süden und Westen das Meer, nach Norden die Gebirgszüge des Kithairon und Parnes bilden. Der kleine Landstrich um Oropos im Norden, der jenseits des Parnes liegt, und die Insel Salamis gehörten bezeichnenderweise niemals im engeren Sinne zu Attika; Oropos war strittiger Besitz und ging später verloren. Nicht zuletzt auf Grund dieser landschaftlichen Geschlossenheit ist die politische Einheit Attikas niemals umstritten gewesen und hat sich die Stadt trotz mächtiger Grenznachbarn − die Insel Ägina, Megara auf dem Isthmos, die zeitweise in einem mächtigen Bund zusammengeschlossenen böotischen Städte sowie Chalkis und Eretria auf Euböa − stets behaupten können. Die Stadt Athen oder, wie man damals sagte, „ die Athener" waren mithin stets identisch mit dem Gebiet von Attika, der Begriff „Athen" oder „die Athener" die politische Bezeichnung für die Landschaft.

Athen/Attika umfaßte ohne Oropos 2 250 qkm (Oropos ca. 100 qkm; zum Vergleich: das Saarland hat 2 567 qkm; Kreta ist über dreimal so groß: 8 331 qkm) und war daher vom Umfang her die größte griechische Polis − wenn wir von Sparta absehen, das wegen seiner einmaligen politischen Struktur nur bedingt zum Vergleich herangezogen werden kann (Lakonien und Messenien waren zusammen etwa dreimal so groß wie Attika; doch eignete sich nur ein Bruchteil des Landes zum Anbau von Früchten). Die anderen Städte, die zugleich eine Landschaft bildeten, waren entweder kleiner, wie Argos und die Doris, oder sie zerfielen in mehrere politische Einheiten, wie Thessalien.

Attika war in sich wiederum reich gegliedert. Zum Teil recht schroffe Gebirgsmassive − der Hymettos steigt auf 1 027 m, das Pentelikon auf 1 109 m und das Parnes-Massiv im Norden gar auf 1 412 m − trennen fruchtbare und teils flache, teils auch leicht hügelige Ebenen voneinander. Siedlungszentren waren die vier größeren Ebenen, nämlich die Eleusini-

sche (Thriasische) Ebene um die Stadt Eleusis, der Salamis vorgelagert ist,
das Kephisos-Tal um Athen/Piräus, das die Athener als „die Ebene"
schlechthin *(to pedion)* bezeichneten (mit ca. 200 qkm die größte Ebene),
ferner das Mesogeion, d. h. Mittelland, das im Osten zwischen dem
Hymettos und den Erhebungen der Küste liegt, und schließlich die kleine
Küstenebene um Marathon im Norden. Zu den ebenen Gebieten sind
auch viele Landstriche der Küste zu zählen, die unter dem Namen Paralia
zusammengefaßt wurden. Obwohl die Binnengliederung nicht unerheblich war – die Eleusinische Ebene war z. B. von Gebirgen umgeben, das
Mesogeion mit dem zentralen Kephisos-Tal nur durch den verhältnismäßig schmalen Einschnitt zwischen Hymettos und Pentelikon bei
Pallene verbunden –, wissen wir von keinen politischen Sonderentwick-
lungen. Andererseits hat sie die Bedingung für das zähe Festhalten an
lokalen Traditionen geschaffen und auch insofern in die Politik der Stadt
hineingewirkt, als der Adel selbst in der Zeit der entwickelten Demokratie
seinen lokalen Einfluß bis zu einem nicht geringen Grade aufrechterhalten
konnte.
Die absolute Zahl der Bevölkerung Attikas ist für keine Periode des
antiken Athen auf uns gekommen. Wir besitzen lediglich für das 5. und
4. Jahrhundert einigermaßen verläßliche Angaben über die wehrfähige
Bevölkerung und müssen alles übrige aus einer großen Anzahl von
Einzelinformationen und mit Hilfe von Kombinationen, Vergleichszahlen
und Wahrscheinlichkeitsannahmen, welche die Ergebnisse stark belasten,
rekonstruieren. Die Nachrichten über die Anzahl der Wehrfähigen
entstammen meist der Kriegsgeschichte, die den Historikern oft Gelegenheit gibt, Angaben über Truppenstärken zu machen. In der Mitte des 5.
Jahrhunderts hatte Athen danach zwischen 30 000 und 50 000 wehrfähige
Bürger; in der Zeit der großen Perserschlachten dürften es kaum mehr als
30 000 gewesen sein, vor Ausbruch des Peloponnesischen Krieges etwas
mehr. In diesem Krieg verloren die Athener weit über die Hälfte, nach
pessimistischer Schätzung über $2/3$ ihrer Wehrfähigen. Von dem Tiefstand
im Jahre 403 läßt sich bis zum Ende des 4. Jahrhunderts wieder eine
Aufwärtsentwicklung der Bevölkerungszahlen feststellen. Aristophanes
spricht in seiner „Weibervolksversammlung" (Ekklesiazusen, 392 aufgeführt) wohl etwas übertreibend sogar von wieder über 30 000 Bürgern. Im
ganzen gesehen hat sich Athen von den Verlusten des Großen Krieges
aber niemals erholt. Unter den Wehrfähigen bilden die Schwerbewaffneten (Hopliten), die wegen der Selbstausrüstung Vermögen haben mußten
und also den drei Zensusklassen angehörten, eine besondere Gruppe.
Athen dürfte um 480 etwa 10 000–15 000, i. J. 432, also vor Ausbruch des
Peloponnesischen Krieges, höchstens 20 000 Hopliten besessen haben;

am Ende des Krieges ist diese Zahl auf unter 10 000 gesunken. Die nicht in der Phalanx dienenden Athener kamen für den Dienst in den attischen Grenzfestungen und auf der Mauer, für den auch die Rekruten und die älteren Jahrgänge der Hopliten herangezogen wurden, sowie für den Ruderdienst in der Flotte in Betracht. Man sieht, daß die Flotte, die für jedes Schiff 170 Ruderer benötigte, zur Bemannung der Schiffe nicht nur Athener einberufen konnte, sondern auf andere Bevölkerungskreise und auf Ausländer angewiesen war.

Es ist schwer, aus diesen Angaben auf die Zahl der bürgerlichen Gesamtbevölkerung zu schließen, da sich die Zahl der Frauen, Kinder und Alten wegen des Mangels geeigneter Angaben nur aus einer Multiplikation mit der Zahl der Wehrfähigen errechnen läßt. Die meisten Forscher verwenden hier den Multiplikator 3 (Ehemann, Ehefrau, 1 Kind). Danach hätte Athen in seiner besten Zeit, also in den vierziger und dreißiger Jahren des 5. Jahrhunderts, eine bürgerliche Bevölkerung von 100 000–120 000, höchstens 150 000 Personen gehabt.

Noch schwieriger ist es, die Zahl der Metöken, also der in Attika fest ansässigen Fremden, zu bestimmen, obwohl auch für sie die Aushebungszahlen der wehrdienstleistenden Personen dieser Gruppe etwas weiterhelfen. Die meisten Schätzungen schwanken zwischen 9 000–12 000, die gesamte Metökenbevölkerung entsprechend zwischen 25 000–35 000 Personen.

Die größte Unsicherheit besteht in der Berechnung der Anzahl der Sklaven. Denn es gibt keine verläßlichen Angaben darüber, und alle Berechnungen hängen davon ab, wie viele Sklaven man für die einzelnen Wirtschaftsbereiche ansetzt. Es ist nicht zu verkennen, daß manche Antworten von dem Bild, das sich der jeweilige Betrachter von dem Stand der wirtschaftlichen Entwicklung Athens gemacht hat, und bisweilen auch von deutlich ideologischen Prämissen abhängen. Ein Unsicherheitsfaktor liegt für alle Berechnungen in der mangelnden familiären Bindung des Sklaven, der oft, aber nicht immer, als reine Arbeitskraft erworben und ohne Familie ist. Gewisse Angaben über den Gesamtbedarf Attikas an Getreide legen es nahe, auch für die Zeit der stärksten Bevölkerung keinesfalls über eine Zahl von 80 000–120 000 Sklaven hinauszugehen. Aber gerade bei dieser Bevölkerungsgruppe müssen wir auch mit starken, von der jeweiligen politischen und wirtschaftlichen Lage abhängigen Schwankungen rechnen.

Die Gesamtzahl aller in Attika wohnenden Menschen hat nach den obigen Ausführungen auf dem Höhepunkt Athens Mitte des 5. Jahrhunderts etwa eine viertel Million betragen; in den Perserkriegen lag die Zahl deutlich niedriger, am Ende des Peloponnesischen Krieges dürfte sie weniger als die Hälfte betragen haben, um dann im 4. Jahrhundert wieder anzusteigen. Ein beträchtlicher Teil dieser Menschen lebte im Kephisos-Tal, vor allem in Athen und im Piräus, die noch nicht wie heute zu einer einzigen Siedlung zusammengewachsen waren. Da sich das blühende Handwerk, insbesondere das Töpferhandwerk, und das Handelsleben weitgehend in diesen Städten konzentrierten, ferner viele Wohlhabende, auch wenn sie in einem ferner liegenden Demos beheimatet waren, doch in einer der beiden Städte ein Haus besaßen, lebten hier nicht nur über-durchschnittlich viele Bürger, sondern vor allem die Masse der Metöken, die in Handel und Handwerk tätig, und viele Sklaven, die im Haushalt und in Manufakturen beschäftigt waren. Trotz alledem bewahrte das übrige Attika gegenüber Athen/Piräus seinen Einfluß, und da es ein bäuerliches, durch den Kleinbauern geprägtes Land war und blieb, bildete es immer ein Gegengewicht, das Stadt und Land in der Balance hielt.

Wenn im folgenden die einzelnen gesellschaftlichen Gruppen noch etwas näher besprochen werden sollen, genügen für die Gruppe der Bürger wenige Bemerkungen, da sie als die tragende Gruppe der Stadt in den anschließenden Kapiteln ausführlich behandelt werden wird. Hier sei nur soviel gesagt, daß unter den Bürgern alle diejenigen freien, in Attika wohnhaften Menschen zu verstehen sind, die politische Rechte besaßen und danach Politen genannt wurden. Diese Gruppe war solange, als zu ihr nur die Schwerbewaffneten gehörten, durch eine Vermögensgrenze, die zum Dienst in der Phalanx verpflichtete und berechtigte, von den anderen Bewohnern Attikas abgegrenzt; Bürger im engeren Sinne waren damals demnach die Angehörigen der drei Steuerklassen der Pentakosiomedimnoi (die 500 Scheffel Ertrag nachweisen konnten), der Reiter (Hippeis, 300 Scheffel) und der Zeugiten (150/200 Scheffel). Nachdem durch die Flottenpolitik der Perserkriege auch die Nichtbesitzenden auf den Schiffen als Soldaten (Ruderer) dienten, wuchsen auch sie schnell in den Verband der politisch Aktiven hinein. War der Umfang der Bürgerschaft also nun durch den Kreis aller derjenigen freien Personen bestimmt, die in einem Demos eingeschrieben waren, wurde 451/50 die Bürgerschaft dadurch noch schärfer gegenüber anderen Personenkreisen abgegrenzt, daß fortan nur als Bürger galt, wer in rechtsgültiger Ehe von einem Bürger und der Tochter eines Bürgers abstammte.

Neben den Politen bildeten die Metöken (wörtl.: Mitbewohner) eine besondere Gruppe. Sie waren in Attika fest ansässige Fremde, persönlich frei, aber ohne politische Rechte. Ihre Anzahl ist durch den wirtschaftlichen Aufschwung Athens, insbesondere auch durch die mit der Flottenrüstung zusammenhängenden Handwerkszweige, stark gewachsen. Bereits im 6. Jahrhundert hatte die offizielle Politik mehrfach Fremde ermuntert, sich in Attika niederzulassen; das Ziel war dabei vor allem gewesen, möglichst viele tüchtige Handwerker zu bekommen. Neben dem Handwerk war auch der Handel ein für Metöken typischer Berufszweig. Jeder Metöke gehörte, wie der Bürger, einem Demos an, in dem er in eine besondere Liste eingeschrieben wurde. Damit war er aber nicht Demos-Angehöriger im eigentlichen Sinne, also Demote geworden, führte auch nicht das Demotikon, das vielmehr Zeichen des Bürgers blieb, sondern war lediglich „in einem Demos wohnhaft". Die scharfe Trennung von den Bürgern zeigt sich auch darin, daß er eine Kopfsteuer, das Metoikion, zahlte, die zwar gering war – 12 Drachmen pro Kopf jährlich, eine alleinstehende Frau die Hälfte –, aber allein in der Art der Steuer, die kein Bürger zahlte, den Abhängigen und Fremden auswies. Wer die Steuer nicht entrichtete, wurde in die Sklaverei verkauft; auch dies ein deutlicher Hinweis auf den energischen Willen, die Gruppe der ansässigen Fremden von den Bürgern fernzuhalten und jede mögliche Vermengung mit ihr von vornherein zu unterbinden. Wie gegenüber den Bürgern, waren die Metöken auch von dem unteren Teil der sozialen Pyramide scharf geschieden. Sie wurden niemals als Sklaven, ebenfalls nicht als Abhängige angesehen, dies auch nicht im rein sozialen Sinne. Ebenso streng war die Trennung von den übrigen, sich nur vorübergehend in Athen aufhaltenden Fremden. Jeder Fremde, der sich über eine gewisse Zeit in Athen aufhielt, mußte seine Aufnahme unter die Metöken beantragen.

Daß der Metöke als Fremder angesehen wurde, zeigt sich auch deutlich in seiner Rechtsstellung. Als persönlich freier Mann genießt er zwar Rechtsschutz wie alle Bürger auch, und er ist ebenso voll rechtsfähig, das heißt, er kann sich vor Gericht selbst vertreten, ist in der Ausübung von Handel und Handwerk keinen Beschränkungen ausgesetzt, kann seinen religiösen Neigungen frei nachgehen und darf auch an den Kulten und Festen der Stadt teilnehmen. Aber jeder Metöke muß sich trotz dieser unabhängigen Stellung doch einen „Vorsteher" *(prostátēs)* genannten Bürger wählen, der ihm als eine Art Leumund bei der Eintragung in die Metökenliste assistiert und darüber hinaus als das Bindeglied zur Gemeinschaft der Politen angesehen wird. Er ist gegenüber den Bürgern ferner vor allem darin zurückgesetzt, daß er kein Eigentum an Grund und Boden erwerben darf, und dies besonders schließt ihn von den Bauern ab und unterstreicht seine Zugehörigkeit zu den Fremden.

Das Domizilrecht und der Rechtsschutz der Stadt legten den Metöken eine Reihe von besonderen Verpflichtungen auf. Neben dem Metoikion beteiligten sie sich an den außerordentlichen Umlagen für Kriegskosten *(eisphorá)* und an den Leiturgien, vor allem an der Choregie (Stellung eines Chores für ein öffentliches Fest). Darüber hinaus leisteten sie auch

Wehrdienst, wenn sie den geforderten Zensus hatten, auch als Hopliten. In aller Regel wurden sie aber nur als Wach- und Mauerbesatzungen in den Grenzfestungen Attikas und in Athen/Piräus, bei Feldzügen außerhalb Attikas nur gegen die unmittelbaren Nachbarn eingesetzt. Bei dem Mangel an Rudermannschaften wurden Metöken auch in der Flotte gebraucht, doch für diesen Dienst nicht verpflichtet, sondern meist besonders angeworben.

Die Metöken waren eine für die Stadt wichtige Personengruppe. Das blühende Wirtschaftsleben wurde zu einem beträchtlichen Teil von ihnen getragen, ja sie haben wohl für den Aufschwung im 5. Jahrhundert überhaupt erst den Grund gelegt. Athen, das durch seine Großmachtpolitik und seine besondere Verfassungsform auf die anderen Griechen zeitweise wie ein Magnet wirkte, hat aus allen Teilen der griechischen Welt gerade die unternehmungslustigen und fähigen Menschen an sich gezogen. Da die Metöken im allgemeinen nicht unbemittelt, viele sogar reich waren, bedeuteten sie für die Stadt auch eine gute Einnahmequelle, und deren Wehrfähigkeit wurde durch sie nicht unerheblich gestärkt. Trotz dieser bürgernahen Dienste ist es niemals zu einer Verschmelzung der Metöken mit den Bürgern gekommen. Das ist um so erstaunlicher, als es kein ausgesprochenes Standesbewußtsein der Metöken gab, aus dem heraus sich ein Gruppen- und Identitätsbewußtsein hätte bilden und stabilisierend wirken können. Das mangelnde Gruppenbewußtsein rührte zum einen daher, daß es vom sozialen Rang und vom Beruf her keine hohen Schranken zu den Bürgern gab; zum anderen wurde jedes Gruppendenken dadurch erstickt, daß für den Metöken der Bürger das Vorbild war, er also, wenn er überhaupt an den Wandel seines Status dachte, in den Bürgerstand hineinstrebte, und eine Alternative, wie etwa die soziale Aufwertung oder geistige Verinnerlichung des Metökendaseins, gar nicht im Blick hatte. Daß der soziale Aufstieg stets als einer in den Bürgerverband gesehen wurde, erkennen wir auch deutlich an den Privilegien, die den Metöken gewährt wurden und nach denen sie strebten. Es waren dies Vergünstigungen, die sie der Stellung eines Bürgers näherkommen ließen, so vor allem die völlige Gleichstellung in den steuerlichen und militärischen Leistungen (Isotelie), die auch die Befreiung von dem Metoikion einschloß. Da die Isotelie oft vergeben wurde, bildete sich eine besondere Gruppe von isotelen Metöken. Aber wie nah sie auch den Bürgern standen, Bürger wurden sie damit doch nie; vor allem von den politischen Rechten blieben sie ausgeschlossen. Und da auch die Verleihung des vollen Bürgerrechts an einen Metöken stets eine Ausnahme blieb, läßt sich nicht verkennen, daß es letztlich der Wille der Bürger war, der die Metöken als eine Gruppe erhielt: Das Bürgerrecht war ein Wert, an dem man andere — und mochten sie noch so nützliche Glieder der Gesellschaft sein — nicht ohne Not teilhaben ließ.

Das Institut der Sklaverei wird bereits in den frühesten uns faßbaren Quellen vorausgesetzt. Obwohl wiederholt ausgesprochen worden ist, daß der Sklave von Natur aus den anderen Menschen gleich sei — der Redner und Gorgias-Schüler Alkidamas aus der kleinasiatischen Äolis prägte ca. 361 den berühmten Satz, daß die Gottheit alle Menschen frei geboren werden läßt und die Natur niemanden zum Sklaven macht, und etwa zwei Generationen später hat Philemon, einer der großen Dichter der Neuen Komödie, diesen Gedanken in einigen wunderbaren Versen erneut ausgesprochen —, sind aus solcher Erkenntnis doch niemals praktische Konsequenzen für die Abschaffung der Sklaverei gezogen, ja dies nicht einmal ernsthaft erwogen worden. Die große Philosophie des 4. Jahrhunderts, insbesondere Aristoteles, hat für den Sklaven nicht nur nichts geleistet, sondern dadurch, daß sie die Sklaverei in angeborenen qualitativen Unterschieden der Sklaven zu den Freien begründet sah, eher noch zur Verfestigung der bestehenden Verhältnisse beigetragen.

Die Grundbedingung des Sklaven ist seine persönliche Unfreiheit: Er ist Eigentum seines Herrn, und es fehlt ihm darum die Verfügungsgewalt über seine Person, bzw. er hat sie nur durch seinen Herrn. In dem völligen Verlust der selbständigen Geschäftsfähigkeit, Ehefähigkeit und Freizügigkeit teilt der Sklave in Athen sein Schicksal mit allen Sklaven der antiken Welt. Die Hälfte seines Wertes verliert der Mensch an dem Tage, an dem er Sklave wird, sagte schon Homer. Auf der anderen Seite bleibt seine Zugehörigkeit zum menschlichen Geschlecht immer bewußt. Beide Aspekte, der des Eigentums und der der Menschlichkeit, sind in der Definition des Aristoteles, daß der Sklave ein „beseelter Besitz" sei, berücksichtigt, und beide sind auch diejenigen Faktoren, auf denen sich die Rechtsstellung des Sklaven gründet.

Im 5. und 4. Jahrhundert ist der Sklave zunächst von allen anderen Abhängigkeitsverhältnissen dadurch abgegrenzt, daß er Eigentum eines Herrn und also nicht Rechtssubjekt ist. Im Prinzip lebt, arbeitet und erwirbt er für den Herrn und ist insoweit nicht vom Hausvieh zu unterscheiden. Er heißt daher auch „Menschenfüßler" (andrápodon, das heißt ursprünglich: der menschliche Teil der Kriegsbeute); allerdings hat sich diese juristisch klare Definition gegenüber dem Worte doúlos, das die Zugehörigkeit des Sklaven zur Menschheit voraussetzt, nicht durchgesetzt. Die den Sklaven betreffenden athenischen Rechtssätze setzen die Grundbedingung, die mangelnde rechtliche Persönlichkeit, voraus und stellen im übrigen für die verschiedenen Lebens- und Tätigkeitsbereiche

Regeln auf, die zugleich dem Interesse des Eigentümers und der conditio humana des Sklaven gerecht werden, und also bestimmen sie, was der Sklave, obwohl Mensch, nicht darf, was der Eigentümer dem Sklaven, weil Mensch, nicht antun und was der Sklave in seiner Eigenschaft als Mensch leisten soll. Selbstverständlich hat der Sklave am politischen Leben keinerlei Anteil; er darf bei Androhung schwerer Strafe nicht einmal vor der Volksversammlung und dem Rat erscheinen; lediglich von den meisten Kulten und Festen ist er nicht ausgeschlossen. Er ist ferner nicht wehrfähig; nur in größter Not, wie vor der Arginusen-Schlacht, am Ende des Peloponnesischen Krieges, als es an Mannschaften für die Schiffe mangelte, wurden Sklaven eingestellt. Ihm fehlt weiter die Zeugnisfähigkeit; vor Gericht kann die Aussage eines Sklaven nur dann als Beweismittel dienen, wenn sie auf der Folter abgenommen worden ist. Weist dies deutlich auf die mangelnde rechtliche Persönlichkeit des Sklaven hin, ist seine menschliche Qualität aus den Bestimmungen ablesbar, daß die Tötung eines Sklaven zwar nicht als Mord, aber doch als Totschlag (worauf nur Verbannung, nicht der Tod stand) geahndet wird, der Sklave vor Mißhandlung von Fremden durch eine öffentliche Klage geschützt ist und er vor Mißhandlungen durch den eigenen Herrn Asylrecht in Heiligtümern und an Altären genießt.

Das Leben eines Sklaven war wesentlich von dem Charakter seines Herrn und von der Tätigkeit, die er ausüben mußte, bestimmt. Entsprechend der mannigfachen Arbeitsgebiete der Sklaven war ihre soziale Stellung äußerst unterschiedlich. Sie ist der wichtigste Grund dafür, daß es unter Sklaven keine Solidarität und ohne äußeren Anstoß auch keine Revolten gab. In der hier interessierenden Zeit kennen wir nicht einmal eine von Sklaven bevorzugte Religion. Das Ziel des Sklaven war das persönliche Wohlleben, der Aufstieg innerhalb der Sklavenschaft und, nur für wenige erreichbar, die Freilassung, alles dies Faktoren, die in dem Mitsklaven eher den Konkurrenten als den Genossen sehen mußten. Die Masse der Sklaven arbeitete in Athen als Handwerker, hier insbesondere im arbeitsteiligen Gewerbe, ferner als Bergwerksarbeiter und Hausgehilfen. Den Sklaven in den Silberbergwerken von Laureion ging es nicht immer besonders gut; die Arbeit war hart, die Aufstiegschancen gering. Am besten hatte es der Haussklave, der den Freien am nächsten stand, darum am meisten menschliche Wärme zu spüren bekam und auch die größten Aussichten auf Freilassung hatte, mochte er nun Verwalter, Diener, Koch, Lehrer oder Kindererzieher sein. Die Landwirtschaft beschäftigte in Athen zwar mehr Sklaven als in den meisten anderen griechischen Städten der Zeit, doch war sie keineswegs von Sklavenarbeit abhängig; der kleine, von einer Familie bestellte Hof blieb auch in der Zeit großer Sklavenzahlen die das attische Land beherrschende Betriebsform. Mit der von Seebunds- und Großmachtpolitik geförderten Wirtschaft stieg die Sklavenzahl besonders in den Ballungszentren von Athen/Piräus sehr an. Handel und Gewerbe beschäftigten jetzt zahlreiche Sklaven, und gerade diese lebten nicht selten verhältnismäßig frei. Viele waren als Handwerker, Händler oder in anderen Berufen selbständig tätig; sie lieferten ihren Verdienst entweder, nach Abzug der Selbstkosten, ganz oder zu einem bestimmten Prozentsatz an ihren Eigentümer ab und waren zur Durchführung ihrer Unternehmungen teils sogar beschränkt geschäftsfähig. Es versteht sich, daß es hier manche Möglichkeiten für ein etwas bequemeres und freizügigeres Leben gab. Andere wurden von ihren Herren vermietet und arbeiteten für Lohn. Sowohl die selbständig Arbeitenden als auch die Lohnsklaven unterschieden sich dabei nach Lebensstandard und sozialer Stellung oft kaum von Freien, wie denn nicht nur in Töpfereien und auf Baustellen, sondern sogar im Bergwerk Sklaven neben Freien und Metöken arbeiteten. Auch dem Äußeren nach unterschieden sich die meisten Sklaven nicht vom Freien, zumal es keine gesetzlichen Kleidervorschriften für Sklaven gab. Zwar galt ein bestimmtes Gewand aus Schafwolle als Sklavengewand, wie wir durch Aristophanes wissen; aber es war keine gesetzliche Sklaventracht und wurde auch von ärmeren Freien getragen. Gerade im wirtschaftlich aufstrebenden Athen verwischten sich die Unterschiede zwischen Sklaven und der ärmeren Bevölkerung und genossen viele Sklaven faktisch weitgehend Freizügigkeit. Die Größe der Stadt, welche die persönliche Kenntnis voneinander stark einschränkte, förderte dies. Naturgemäß erhoben sich dagegen auch kritische Stimmen. Aber es war gerade das Interesse der Sklavenbesitzer an gutem Profit, der einen allgemeinen Stimmungsumschwung zuungunsten der Sklaven verhinderte.

Die Athener besaßen auch Staatssklaven. Sie wurden als Amtsdiener oder Arbeiter bei Wegeausbesserungen, bei öffentlichen Baumaßnahmen und bei der Münzprägung beschäftigt oder verrichteten diejenigen staatlichen Dienste, die man den Bürgern nicht zumuten wollte, wie vor allem die Arbeit von Henkern, Folterknechten und Gefängniswärtern, aber auch die von Polizisten. Es gab sogar eine um 450 eingerichtete besondere Polizeitruppe von 300 Mann, die aus Skythen rekrutiert wurde; sie hatte für Ruhe und Ordnung zu sorgen und benutzte z. B. zur Herstellung der Ordnung bei Volksversammlungen auch die Peitsche. Das Bild von dem herrscherstolzen Bürger, der von Amts wegen die Hiebe eines Sklaven ertragen mußte, irritiert etwas; es wird dadurch wenig gemildert, daß der Staatssklave nur auf Befehl seiner (freien) Offiziere oder von Beamten handeln durfte.

Ein großer Teil, wenn nicht sogar die Mehrheit der Sklaven, war bereits im Sklavenstand geboren und kannte die Welt der Freiheit nicht. Die Sklavenkinder stellten ein großes Kontingent für den Nachwuchs ihres Standes. Die größte Quelle der Sklaverei war aber nach wie vor der Krieg, in dem Kriegsgefangene als Beute gewonnen und verkauft wurden, aber in verstärktem Maße auch der Handel, der seine Ware nicht nur aus der Kriegsbeute, sondern auch aus Seeräuberei, Sklavenjagden und — über Zwischenhändler — aus fernen Landen bezog. Die Stadt Chios soll als erste Sklaven von auswärts gekauft haben; in Athen war der Sklavenhandel im 5. und 4. Jahrhundert ein anerkannter Erwerbszweig. Ihrer Herkunft nach gab es unter den Sklaven trotz der vielen Kriege der Griechen untereinander verhältnismäßig wenig Griechen. Das lag einmal daran, daß der Loskauf von Gefangenen vor allem dem Griechen zugute kam, ferner er auch eine größere Chance auf Freilassung hatte. Die meisten Sklaven kamen aus dem Hinterland der Kolonisationsgebiete in Illyrien, Thrakien, Kleinasien und dem Schwarzmeergebiet, waren also Illyrer und Thraker vom Balkan, Skythen aus Südrußland, Kolcher aus dem westlichen Kaukasusgebiet sowie Bithyner, Paphlagonier, Lyder, Phryger und Karer aus dem kleinasiatischen Hinterland. Durch Handel und Krieg gab es auch Sklaven aus den Gebieten des persischen Großreiches, wie Iraner und Syrer, und sogar aus dem fernen Malta kamen sie.

Die Freilassung von Sklaven erfolgte in aller Regel formlos durch Willenserklärung oder Testament. Da aber — außer bei Freilassungen von Staats wegen, wie z. B. nach der Arginusenschlacht — die Stadt die Freilassung nicht garantierte (sie war ja in den Freilassungsakt nicht hineingenommen), sie in der Regel lediglich öffentlich vorgenommen wurde (im Theater, vor dem Gericht, vor dem für Freilassungsfragen zuständigen Beamten, dem Polemarchen), ergaben sich für den Freigelassenen manche Unsicherheiten; er konnte womöglich wieder als Sklave gefordert werden, was zwar weder üblich noch zulässig, aber doch eben möglich war. Gewöhnlich machte der Freigelassene mit seinem Freilasser besondere Freilassungsbedingungen aus, verpflichtete sich z. B. zu gewissen Dienstleistungen oder dazu, bis zum Tode seines Freilassers in dessen Haus zu wohnen und bestimmte Arbeiten zu verrichten. Die Auflagen erloschen mit dem Tode des Freilassers und waren nicht nur eine den Freigelassenen bedrückende Last, sondern sicherten ihm auch durch die ständige Leistung den neuerworbenen Stand. Diese Freilassung hieß von der Verpflichtung, den Dienst fortzusetzen, *paramoné* (wörtl.: das Dabeibleiben). Die Möglichkeit des Freikaufs aus vom Sklaven selbst erworbenen Mitteln ist für diese Zeit noch nicht überliefert, wohl hingegen für die zweite Hälfte des 4. Jahrhunderts der Loskauf aus einer Klubkasse *(éranos)*, in die sowohl Freie als auch Sklaven Beträge einzahlten. Ebenso kennen wir für diese Zeit schon die vor allem später in den Zentren großer Heiligtümer übliche Freilassungsform der Weihe an die Gottheit; sie gab sowohl durch die religiöse Autorität des Gottes als auch durch ihre inschriftliche Fixierung dem Freigelassenen mehr Sicherheit.

Der Freigelassene wurde mit der Freilassung nicht Bürger, sondern Fremder; die griechische Polis war weitaus exklusiver als etwa Rom, wo der Freigelassene unter die Hauskinder und damit unter die Bürger aufgenommen wurde. Als Fremdem stand dem Freigelassenen die Ortsansässigkeit zu, doch war er dem Metöken nachgestellt. Denn er zahlte zwar das Metoikion wie er, und mancher mochte sich als Metöke fühlen; aber alle Freigelassenen blieben an ihren Freilasser gebunden, den sie auch offiziell als ihren Patron (Prostates) anzuerkennen hatten, und die meisten von ihnen waren durch die umfangreichen Freilassungsbedingungen besonders hart an den Patron gefesselt, der sie bei Nichteinhaltung ihrer Pflichten mittels Privatklage auch wieder in den Sklavenstand zurückzubringen vermochte.

Die Gruppe der Freigelassenen war im Verhältnis zu der Menge der Sklaven in Athen nicht sehr groß, und folglich stellte sie unter den Bewohnern Attikas keine auffällige Minderheit dar. Vor allem dem freigelassenen Nichtgriechen mochte der ehemalige Status des Sklaven noch lange nachhängen; aber im allgemeinen war der soziale Makel nicht allzu fühlbar, wozu eben auch die geringe Anzahl der Freigelassenen beitrug. Eine andere Frage ist die, warum die Griechen und unter ihnen die Athener von der Möglichkeit der Freilassung so wenig Gebrauch gemacht haben, viel weniger jedenfalls als die Römer. Die verhältnismäßig großzügige Freilassungspolitik der Römer mag auch damit zusammenhängen, daß die Familie des Freigelassenen und dessen Nachkommen in die Clientel des Freilassers aufgenommen wurden und darum immer eine Bindung und damit eine Kontrolle erhalten blieb, ferner das über die Stadt Rom hinauswachsende römische Territorium den Blick für weitere Perspektiven öffnete. Die Engherzigkeit der Athener und anderen Griechen dürfte umgekehrt damit zusammenhängen, daß man in der Enge der Stadt die Freigelassenen, die als Fremde zumindest nach dem Tode des Freilassers unabhängig waren, nicht zu stark werden lassen wollte.

Keine griechische Stadt hatte — wenn wir von den Heloten Spartas, deren Status dem der athenischen Sklaven nicht vergleichbar ist, absehen — der absoluten Zahl nach so viele Sklaven wie Athen; nur wenige, wie vielleicht Korinth und Chios, besaßen eine auch nur relativ große Anzahl. Es verwundert daher nicht, wenn in der modernen Forschung und nicht nur

von marxistischer Seite die Frage gestellt worden ist, ob nicht die Wirtschaft Athens, ja ob nicht auch die demokratische Verfassung, unter der
die Sklavenzahl besonders stark zunahm, und die machtpolitische Stellung
Athens von der Arbeit der Sklaven abhing. Daß die Sklaven diejenigen
waren, welche die Arbeit machen sollten, hören wir jedenfalls u. a. öfter
auch bei Aristophanes, und das heißt, daß Aristophanes mit derlei Gedanken beim Publikum Resonanz fand. Konnte eine der politischen Grundideen der Demokratie, daß nämlich jeder Bürger seine politischen Rechte
auch ausüben können sollte und er darum für das politische Geschäft
bezahlt werden mußte, nicht nur dann verwirklicht werden, wenn der
Sklave die Arbeit auf dem Feld, in den Manufakturen und Bergwerken tat
und er also die Produkte schuf, damit der Bürger dem politischen Geschäft
nachzugehen vermochte? Konnte die gewaltige athenische Flotte, für
deren Bemannung man oft den letzten Mann brauchte, nicht nur deswegen in See stechen, weil es Sklavenhände gab, welche die lebensnot-
wendigen Produkte herstellten, und war darum nicht die athenische
Seebunds- und Großmachtpolitik auf die Sklaverei gegründet? Ist die
Frage so allgemein und umfassend gestellt, läßt sie sich widerlegen: Auf
jedem Arbeitsgebiet, ob nun in der Landwirtschaft, im Gewerbe oder im
Handel, wären die Athener mit wenigen Ausnahmen auch ohne Sklaven
ausgekommen, und in der Politik oder in Flotte und Heer waren schließlich niemals alle Athener und selbst in Notlagen auch lediglich der größte
Teil beschäftigt. Aber dieser Einwand ist doch nur bedingt richtig. Denn es
ist gewiß nicht danach zu fragen, ob Athen der klassische Sklavenhalter-
staat war, was sich eben leicht widerlegen läßt, sondern ob der Gesamtwert
der Sklavenarbeit so groß war, daß die Richtung der inneren wie äußeren
Politik von ihm nicht völlig unabhängig war. Man braucht nicht schon bis
zu dem Postulat einer Abhängigkeit der Politik von der Sklavenarbeit zu
gehen; für das Urteil über die athenische Demokratie und Außenpolitik ist
es schon wesentlich, wenn die Sklaverei auch nur ein Agens unter anderen
für die dynamische Entwicklung der Stadt gewesen wäre, etwa die Ausbildung der politischen Ordnung zu ihrer radikalen Form gefördert oder den
Wahn der Macht ermöglicht hätte. Ist es nämlich für die Demokratie
einerlei, wenn ein kleiner Töpfer oder ein Bauer, der zur Volksversammlung gehen wollte, dies ohne Schaden an seinem Betrieb tun konnte, weil
er einen Sklaven hatte? Spielt es keine Rolle, daß nicht die ganze, aber
doch ein beträchtlicher Prozentsatz der Arbeit von Sklaven getan wurde,
wenn die Mehrheit der Athener außer Landes war? Ist es unwichtig, daß
Vornehme und Wohlhabende sich gerade durch den Besitz von Sklaven
größere Vermögen und völlige persönliche Unabhängigkeit erwarben? Es
ist wohl kaum der Blick auf den einzelnen Berufszweig oder die einzelne,

besondere Situation, die bedenklich stimmt, sondern die Summe der Möglichkeiten, die durch den Tatbestand einer großen Anzahl von Sklaven in wichtigen Berufen gegeben ist.

Die athenische F r a u stand in einer rechtlichen Abhängigkeit zu einem Vormund, meist dem Vater oder Ehemann. Sie unterschied sich darin nicht von den Frauen anderer griechischer Städte und Stämme, doch war die rechtliche Unterordnung in Athen eher noch etwas strenger geregelt als anderenorts. Die Unterordnung zeigte sich einmal darin, daß Frauen grundsätzlich an keinen politischen Entscheidungen teilhatten; die „Weibervolksversammlung" (Ekklesiazusen) des Aristophanes, in der die Frauen die politischen Entschlüsse fassen, bestätigt durch ihre lustige Umkehrung nur die Regel. Die rechtliche Superiorität des Mannes ist aus privatrechtlichen, insbesondere erbrechtlichen Regelungen deutlich erkennbar: Die Frau vermochte den Ehemann nicht frei zu wählen, war nur durch ihren Vormund geschäftsfähig, vermochte folglich auch – außer vielleicht bei Blutprozessen – nicht selbst, sondern lediglich durch ihren Vormund oder durch schriftliche Erklärung vor Gericht auszusagen, war nicht erbberechtigt und konnte lediglich – bei Fehlen eines männlichen Erben – zur Erhaltung des Gutes in der Familie und zur Bewahrung der Familiensakra als Erbtochter (Interimserbin) das zu vererbende Gut an ihre Söhne weitergeben. Auf der anderen Seite war sie persönlich frei, mußte versorgt und für die Ehe mit einer Mitgift ausgerüstet werden, die der Ehemann bei Scheidung wieder zurückzugeben hatte, und genoß einen Klagschutz bei schlechter Behandlung. Von dieser rechtlichen Stellung ist das soziale Ansehen zu trennen. Daß die Frau in das Haus gehöre und dort den Webstuhl zu bedienen habe, ist ein gern verbreitetes Klischee, das die Modernen manchen griechischen Autoren nachreden und das soviel wert ist wie der moderne Spruch, daß die Frau an den Kochherd gehöre. Auch das ebenso verbreitete Vorurteil, daß im öffentlichen Leben Athens die Hetäre die Rolle der Frau übernommen habe, läßt sich bis in die Handbücher und Lexika hinein verfolgen. Daran ist gewiß soviel richtig, daß die Frau nicht dieselbe Freizügigkeit in der Öffentlichkeit besaß wie der Mann – was allerdings bis in die moderne Zeit hinein mehr oder weniger überall nicht anders gewesen ist –, daß sie an den sportlichen Wettkämpfen nicht teilnahm und sie auch an vielen Theateraufführungen nicht unter den Zuschauern sitzen durfte. Aber sie war keineswegs an das Haus gefesselt und spielte bei Kulten – und nicht nur solchen, die, wie die Thesmophorien, auf die Frau beschränkt waren – eine wichtige Rolle. Nach allem, was wir wissen, waren die Athenerinnen im Hinblick auf Bewegungsfreiheit in der Öffentlichkeit nicht schlechter gestellt als die Frauen anderswo, und man darf aus einer

rechtlich festeren Bindung nicht einfach auf das soziale Leben zurück-
schließen. Die Denkmäler, insbesondere die Vasen, die Komödie und die
Tragödie wissen von hohem Ansehen und Einfluß der Frau sowie von
einer innigen Beziehung der Geschlechter zu berichten. Weder die zu
einem zänkischen Weib verunstaltete Xanthippe, die Frau des Sokrates,
noch die zu einer geistvollen Halbweltdame ebenso verzerrte Aspasia, die
zweite Frau des Perikles, sind die Prototypen der Frau in Athen; aber es ist
bezeichnend, daß sich selbst in der Fachliteratur die Verzerrungen so
lange halten. Es ist eher das mangelnde Interesse an der athenischen Frau
als sozialem Typ denn die athenische Wirklichkeit, die das heutige
Klischee geschaffen hat.

Die attische Landschaft war sehr ungleich dicht besiedelt und die einzelnen Bevölkerungsgruppen nicht minder ungleich auf die verschiedenen
Landstriche verteilt. Athen stellte bereits im 6. Jahrhundert als politischer
und wirtschaftlicher Mittelpunkt einen Magneten für die umliegende
Bevölkerung und für fleißige Handwerker von auswärts dar, und vollends
seitdem der Piräus in den späten neunziger Jahren als neuer Kriegshafen
ausgebaut worden war und bald auch als Handelshafen den bisherigen
Haupthafen, das ungeschützte Phaleron, ablöste, gewann dieser Stadtkern
Attikas an Gewicht. Die athenische Machtpolitik nach den großen
Schlachten gegen die Perser ließ Stadt und Hafen ebenso weiterwachsen
wie die Ausbildung der Verfassung zu einer Demokratie, welche die
Anwesenheit vieler, bisweilen aller Bürger in Athen verlangte und damit
der Grund für ein ständiges Kommen und Gehen zwischen dem politischen Zentrum und selbst den entlegensten Dörfern Attikas wurde.
Obwohl Athen und der Piräus noch nicht zu der heutigen unförmigen
Steinmasse zusammengewachsen waren, sondern zwischen den beiden
städtischen Gebilden offenes Land lag − die Wegstrecke von der Agora in
Athen bis zum Hafen betrug etwa 8 km −, wurden Athen/Piräus doch
durch eine einzige Mauer zusammengefaßt und bildeten damit jedenfalls
fortifikatorisch eine Einheit. Zwischen 461 und 457 nämlich wurden von
der Stadtmauer Athens aus zwei Mauerschenkel gebaut, die bis an das
Meer reichten und also das politische Zentrum mit dem lebenswichtigen
Hafen verbanden. Der südliche Schenkel, die phalerische Mauer, erreichte südlich von Phaleron das Meer, die nördliche endete in dem
Befestigungswerk des Piräus; zwischen 450 und 445 wurde dann in kurzem
Abstand zu der nördlichen Mauer noch ein weiterer, südlicher Schenkel
gebaut, so daß Athen zusätzlich noch durch einen schmalen Mauerpaß
mit dem Piräus verbunden war. Dieses Mauerwerk, die beiden Stadtbefe-
stigungen zusammen mit den „Langen Mauern", war eines der größten

Bauwerke der Klassischen Zeit und sucht in der Geschichte des Mauer-
baus seinesgleichen. Der Raum zwischen den äußersten Mauerschenkeln
war so groß, daß die Landbevölkerung in Kriegszeiten hier vor dem
angreifenden Feind Zuflucht finden konnte.

War das Kephisos-Tal bereits in Archaischer Zeit dichter besiedelt als die
anderen Täler Attikas, geriet das Verhältnis von Stadt und Land
seit der Mitte des 5. Jahrhunderts gänzlich aus dem Gleichgewicht. Athen
und der Piräus waren nicht nur der Wohnsitz eines beträchtlichen Teiles
der athenischen Bürger — es dürften mindestens 30% aller Bürger dort
gewohnt haben —, sondern auch des größten Teiles der Metöken und
Sklaven. Da die letzteren einen prozentual bedeutend stärkeren Anteil an
der Stadtbevölkerung hatten — von beiden Gruppen dürften über 50% in
Athen/Piräus gewohnt haben, von den Metöken sicher deutlich über 50%
—, verschob sich in der Stadt zudem das Verhältnis von Bürgern zu
Nichtbürgern zuungunsten der ersteren. In den ärmeren Gegenden
Attikas mochte sich hingegen, gemessen an älteren Zeiten, wenig geändert
haben; die wirtschaftliche Blüte ging an ihnen vorüber, und es war hier an
den gegebenen Bedingungen auch kaum etwas zu ändern. Auch die weiter
abseits liegende kleine Ebene von Marathon blieb, wie heute auch, von
den Veränderungen relativ unberührt. Eleusis hingegen hatte stärkeren
Anteil an der allgemeinen Entwicklung, und besonders das Bergwerksge-
biet von Laureion war durch die zahlreichen hier beschäftigten Sklaven
und freien Lohnarbeiter eine dichter besiedelte Region.


## 2. Die politische Organisation Attikas


Die Gemeinschaft der athenischen Bürger bildete die Stadt Athen oder,
wie wir heute auch sagen, den athenischen Staat. Die staatlichen Organe
ruhten jedoch auf kleineren, sich selbst verwaltenden Organisationseinheiten, die als die Basis des städtischen/staatlichen Daseins anzusehen sind.
Zum Verständnis der politischen Verfassung Athens ist darum eine
genaue Kenntnis dieses Unterbaus erforderlich.

Die bürgerliche Organisation unterhalb der großen staatlichen Behörden
ist eine grundsätzlich doppelte; die eine ist ein reiner Personenverband,
die andere nach lokalem Prinzip aufgebaut. Die letztere ist von Kleisthenes geschaffen worden und war die Voraussetzung für die weitere demokratische Entwicklung. Sie ist o. S. 33 ff. im Zusammenhang der Entwicklungsgeschichte der athenischen Demokratie bereits dargestellt worden,
bedarf aber hier noch der Ergänzung durch einen systematischen Über-

blick, der die Funktion innerhalb der demokratischen Gesamtordnung beschreibt. Der auf persönlichen Bindungen aufbauende Zusammenschluß der Athener ist die ältere, der Adelszeit angehörige Organisationsform, der Kleisthenes durch seine Reform die politische Bedeutung nahm. Sie wurde jedoch von Kleisthenes nicht aufgehoben und hatte auch in der Zeit der Demokratie noch eine, wenn auch beschränkte, Bedeutung. Sie soll zuerst dargestellt werden. Die Grundeinheit der alten personalen Ordnung, die durch die Beziehungen und Abhängigkeiten von Personen (Adlige, Freie) zueinander bzw. untereinander bestimmt wird und also einen reinen Personenverband darstellt, ist die Phratrie. Die Phratrie ruht auf der Idee der Verwandtschaft, die allerdings in historischer Zeit eine fiktive ist, und ihre eigentliche Funktion besteht darin, den ganzen Stamm, die Phyle, mit den einzelnen Geschlechtern *(génos)* zu verbinden; denn jede Phratrie faßt mehrere Geschlechter zusammen, und alle Phratrien bilden den Stamm. In Athen gab es früher vier Stämme, deren Vorsteher noch in historischer Zeit Phylenkönige hießen. Die vier Stämme sind sehr wahrscheinlich in nach Phratrien geordneten Geschlechterverbänden in Attika eingewandert; allerdings dürfte die besondere Ausgestaltung des Phratrien- und Geschlechterwesens erst mit dem durch die Seßhaftwerdung sich verstärkenden Zwang zur staatlichen Organisation erfolgt, vieles, was wir für uralt halten, also erst später geschaffen worden sein. In der Adelszeit waren jedenfalls die Phratrien und Geschlechter diejenige Organisationsformen, durch welche die adligen Familien ihren beherrschenden Einfluß auf die freien und abhängigen Bewohner Attikas ausübten. Noch in der Zeit der Demokratie, als der nichtadlige Bürger dem Adligen gleichstand, hatte letzterer in der Phratrie großes Gewicht, wie denn in den Phratrien und Geschlechtern naturgemäß das aristokratische Prinzip der Abkunft sich seinen Einfluß am ehesten erhalten konnte. Aber mit der Zeit organisierten sich neben den adligen Geschlechtern auch nichtadlige Familien in besonderen Verbänden. Wurde schon auf diese Weise der Einfluß der Vornehmen geschwächt, verlor er weiter dadurch, daß der adlige Familienverband allmählich an Festigkeit verlor. So war die Phratrie schließlich mehr ein Verband von Personen, die durch die Tradition und die alten Kulte miteinander verbunden waren, als ein Verband straff organisierter Geschlechter, mochten auch noch so viele alte personale Bindungen vorhanden sein. Gegenüber den traditionellen und fiktiven Verbindungen unter den Mitgliedern einer Phratrie erhielt denn auch im Laufe der Zeit die tatsächliche Verwandtschaft ein immer größeres Gewicht und wurde sie, nicht die tatsächliche oder fiktive Tradition der Adelszeit, die Grundlage personenrechtlichen Denkens.

Jede Phratrie wurde von einem jährlich wechselnden Phratriarchos geleitet und hatte eine eigene Versammlung, die Agora, in der verbindliche Beschlüsse gefaßt werden konnten. Eine wesentliche Aufgabe der Phratrie bestand in der Wahrnehmung und Verwaltung religiöser Angelegenheiten, insbesondere in der Pflege des von allen Phratrien ausgeübten Kultes des Zeus Phratrios und der Athena Phratria. Obwohl reine Personenverbände, waren die Phratrien doch durch den Grundbesitz der ehemals herrschenden Adelsgeschlechter und durch die örtlich gebundenen Kulte auch mehr oder weniger fest abgegrenzte lokale Einheiten.

Neben der Sorge für die alten Lokalkulte lag die wichtigste Aufgabe der Phratrien in der Aufnahme und damit Anerkennung der Kinder von Bürgern und der Adoptierten. Diese aus dem adligen Personenverbandsstaat überkommene familienrechtliche Funktion war deswegen, weil sie ein Präjudiz für die spätere Aufnahme des erwachsenen Mannes in die Bürgerschaft war, auch für das demokratische Athen wesentlich. Es hat die Phratrie wohl nur deswegen behalten, weil die Aufnahmezeremonie an dem Hauptfest der Phratrien, den Apaturien, vorgenommen und von dieser heiligen Tradition nicht gelöst werden konnte; aber es spielte dabei gewiß auch eine Rolle, daß die Anerkennung von Kindern zunächst einmal als eine Sache der Familie bzw. der Verwandten und erst die Aufnahme des Erwachsenen in den Kreis der politisch Berechtigten als Sache der ganzen Stadt angesehen wurde (weswegen letztere dann auch nicht bei den Phratrien, sondern bei den Demen erfolgte). In der Zeremonie führte der Vater oder Vormund den etwa drei- oder vierjährigen Sohn ein; nach dem Bürgerrechtsgesetz vom Jahre 451/50, das die Bürgerschaft an die Abkunft eines Atheners und einer Athenerin band, wurde auch die reine Abstammung geprüft. Anschließend wurde der Knabe in das Phratrie-Register eingetragen; für das Mädchen genügte die Erklärung des Vaters, daß er es anerkenne und die bürgerliche Herkunft auch der Mutter gegeben sei. Das Verfahren bei der Adoption war im Prinzip dasselbe.

War die Phratrie eine absterbende, politisch nur noch für die Anerkennung der Kinder wichtige Organisation, bildete die Demenverfassung die Grundlage der staatlichen Organisation; sie bedarf darum einer breiteren Erörterung. Wie oben bereits bemerkt wurde, waren die Demen rein lokale Gebilde, die Kleisthenes in seine große Gebietsreform am Ende des 6. Jahrhunderts eingebaut hatte. Die Demen waren dabei als die unterste und kleinste Einheit einer Organisationspyramide errichtet worden, in der Phylen und Trittyen die oberen Einheiten bildeten: Eine Anzahl von Demen wurde zu einer Trittys und jeweils drei Trittyen aus landschaftlich verschiedenen Gebieten zu einer Phyle zusammengefaßt; zehn Phylen bildeten das Staatsganze. Obwohl die kleinste Einheit, war der Demos das Kernstück der Organisation, in dem die Bürger in einer lebendigen Gemeinschaft zusammenlebten, registriert sind und verwaltet wurden. Er entspricht etwa den Kreisen und kreisfreien Städten moderner Staaten. Phylen und besonders Trittyen haben demgegenüber den Charakter rein funktionaler, nur in der Idee existierender Bezirke, die den Bürger für das politische Geschäft auf gesamtstaatlicher Ebene organisieren sollen. Es werden im folgenden nacheinander Demos, Trittys und Phyle besprochen, dabei soll aber dem Demos, seiner Bedeutung entsprechend, größere Aufmerksamkeit geschenkt werden.

Der Demos besaß eine eigene Organisation, die in vielem der gesamtstaatlichen ähnlich, teilweise mit ihr deckungsgleich war; in eingeschränktem Maße ist daher der Demos ein Abbild der Stadt Athen. An der Spitze des Demos steht ein Demarchos, der von allen Demos-Angehörigen, den Demoten, gewählt, später erlost wird; lediglich der Demarchos des Piräus wird wegen seiner Bedeutung für die Sicherheit der Stadt aus allen Athenern von der Volksversammlung bestimmt. Der Demarchos ist der oberste Verwaltungschef, besitzt auch polizeiliche Aufgaben und sitzt der Gemeindeversammlung (Agora) vor. Letztere besteht aus allen erwachsenen Bürgern des Demos und faßt für den Bereich ihrer Zuständigkeit Beschlüsse; uns ist eine ganze Reihe von ihnen erhalten. Daneben gibt es für die verschiedenen Aufgaben des Demos eine Anzahl weiterer Beamter, die von der Gemeindeversammlung bestellt und wie die Beamten der Stadt bei der Bestellung geprüft und während sowie nach der Amtsperiode durch wieder andere Beamte kontrolliert werden.

Die Aufgaben des Demos betreffen teils die Verhältnisse des Demos selbst, wie kultische und finanzielle Fragen, teils sind sie politischer Natur und berühren die ganze Stadt. Unter den ersteren nimmt die Sorge für die verschiedenen, im Demos-Gebiet bestehenden Kulte, insbesondere für den Kult des jeweiligen Heroen des Demos, eine herausragende Rolle ein. Auch der Erhalt der demoseigenen Baulichkeiten gehört in diesen Aufgabenbereich; der Demos Piräus hatte sogar ein eigenes Theater. Der Demos besaß auch Vermögen, das, soweit es Grundbesitz war, verpachtet wurde. Die Einnahmen wurden in eine Tempel-Kasse, in aller Regel die des Demos-Heroen, eingezahlt, die hier, wie auch sonst, die Funktion einer öffentlichen Kasse hatte, und aus ihr wurden die Ausgaben des Demos, wie die Kosten des Kultes und die Aufstellung von Ehreninschriften, bestritten.

Die wichtigste politische Aufgabe des Demos bestand in der Aufnahme des Erwachsenen unter die Bürger und die Eintragung desselben in die Bürgerliste des Demos. Sie erfolgte mit dem vollendeten 18. Lebensjahr, und mit diesem Akt wurde der Athener vollberechtigtes Mitglied der

Bürgerschaft. Nachdem man die Ephebie eingerichtet hatte, in welcher der
Athener seinen zweijährigen Wehrdienst ableistete, wurde das politische
Recht aber erst nach Beendigung des Wehrdienstes aktiviert, so daß es
fortan zwei Listen gab, eine Bürgerliste für die 18jährigen und eine Liste
für den Besuch der Volksversammlung, in welche die nunmehr gerade
21jährigen nach Abschluß ihrer Ephebie eingetragen wurden.

Unter den Aufgaben, welche die ganze Stadt betrafen, ist die Auswahl von
Demoten für die Behörden der Stadt die bei weitem wichtigste: Aus jedem
Demos wurde eine feste Anzahl von Personen für den Rat, die zentrale
Behörde der Stadt, ferner im 5. Jahrhundert die dem Demos zustehende
Anzahl von Richtern für die Geschworenenhöfe erlost und wurden
schließlich für das Archontat Kandidaten vorgewählt, aus denen dann
phylenweise die Archonten erlost wurden. Auch sonst sind die Demen an
der Bestellung vor allem außerordentlicher Beamter beteiligt. Im 4. Jahrhundert geht ihr Einfluß auf die Zusammensetzung der Behörden allerdings zurück; gegen Ende des Jahrhunderts werden die Behörden in aller
Regel aus der Phyle ohne Rücksicht auf die Demen erlost, und den
letzteren bleibt mit wenigen Ausnahmen nur die Losung der Ratsherren.
— Abgesehen von der Beamten- und Richterbestellung ist der Demos
Hilfsorgan für zahlreiche Obliegenheiten, bei denen die Stadt die Unterstützung des Demos als die die Bürgerliste führende Behörde braucht. So
stellt er die Liste von Demoten für die Bemannung der Flotte auf, treibt
Forderungen der Stadt an Demenangehörige ein und hilft bei der Umlage
von Vermögenssteuern.

Die Rolle des Demos als ein Grundstein für den politischen Aufbau der
Stadt blieb während des 5. Jahrhunderts im großen ganzen bewahrt,
schwächte sich jedoch später ab. Offenbar war das Vertrauen in die
Leistungsfähigkeit des Demos nicht mehr so stark, wie etwa deutlich der
schließliche Verlust der Mitwirkung bei der Beamtenbestellung zeigt. Der
Grund hierfür ist wesentlich darin zu suchen, daß die Zugehörigkeit zu
einem Demos erblich war und also der Demote auch dann in seinem alten
Demos eingeschrieben blieb, wenn er an einen anderen Ort Attikas zog.
Mit der Zeit mußten die Verbindungen des abgewanderten Demoten aber
lockerer werden und dürfte sich der Demote dort, wo er tatsächlich
wohnte, besser ausgekannt haben als in seinem Heimatdemos. Es kam
hinzu, daß der Demote nach der Idee der Demenverfassung, wonach die
grundbesitzenden Bauern einer Gegend (neben den nichtbesitzenden
Freien) die Gemeinschaft der Demoten bildeten, nur in seinem Heimat-
demos Grundeigentum haben konnte. Wenn er nun wegzog und anderswo Grundbesitz erwarb, wurde ihm dies zwar gestattet, doch wurde er
damit nicht Demote des anderen Demos, sondern mußte wie ein Fremder

eine besondere Steuer zahlen. Damit gab es zwei Klassen von Bürgern in
den Demen: Demoten und im Demos nur Wohnhafte. Da aber auch die
letzteren im Demos lebten, sich u. U. besondere Verdienste schufen, gab
es andererseits wieder das Bedürfnis, solche Personen den Demoten
gleichzustellen; so wurden sie wie Demoten angesehen, ohne aber selbst
dann den anderen formal gleichzustehen. All dies trug zur weiteren
Differenzierung bei und hat das politische Gewicht der Demen nicht
gestärkt.

Die Trittyen waren an der Verwaltung und politischen Organisation der
Bürgerschaft kaum beteiligt. Ihre Funktion beruhte auf der Zusammenfas-
sung einer Reihe benachbarter Demen und auf der Verbindung dieser
Demen mit zwei weiteren Trittyen landschaftlich andersartiger Landstri-
che zu einer Phyle. Sie waren eher rechnerische Einheiten als lebendige
Bezirke. Das tritt auch darin hervor, daß sie keine ihnen eigenen Heroen-
Kulte besaßen, an die sich Opfer, Feste und eventuell auch Kassen für
Einnahmen und Ausgaben als Manifestationen wirklichen menschlichen
Zusammenlebens hätten anschließen können. Ihre Beteiligung an der
Verwaltung ist daher auch eine rein rechnerische, so, wenn sich die
ausgehobenen Flottenmannschaften nach Trittyen versammelten oder in
dem Ratsausschuß, der Prytanie, die Angehörigen derselben Trittys eine
Einheit bildeten.

Bedeutend wichtiger war die Phyle, was sich schon darin zeigt, daß sie
eigene Heroen und somit einen eigenen Kult und eine eigene Verwaltung
besaß. Die Phylenverwaltung bestand aus einem Dreimännerkollegium,
den Epimeleten, als Vorstand, ferner aus einem Kassenwart und der
Phylenversammlung, ebenfalls Agora genannt. Wir besitzen eine Anzahl
von Phylenbeschlüssen, aus denen wir über die Arbeit der Phyle manches
Wissenswerte erfahren. Abgesehen von den sie selbst betreffenden
Angelegenheiten war die Phyle auf drei Gebieten mit Aufgaben betraut,
welche die ganze Stadt betrafen. Einmal war sie die wichtigste Einheit für
die Bestellung der städtischen Behörden. Der Rat, die Beamten und
Geschworenen wurden phylenweise erlost, so daß z. B. jede Phyle 50 der
500 Ratsmitglieder und einen der neun Archonten stellte (die leer ausge-
hende Phyle bestellte den Schreiber der Thesmotheten). Nicht minder
wichtig war die Rolle der Phyle bei der Aushebung. Das Gesamtaufgebot
gliederte sich nämlich nach Phylen, die Schwerbewaffneten − ursprünglich bestand das Aufgebot einer jeden Phyle aus ca. 1 000 Schwerbewaffneten − ebenso wie die Reiter und Bogenschützen. Die dritte Aufgabe
betraf das Finanzwesen. Ein großer Teil der staatlichen Lasten wurde in
der Weise auf die reichen Bürger abgewälzt, daß von ihnen bestimmte
staatliche Leistungen auf eigene Kosten durchgeführt werden mußten.

Das als Leiturgie bezeichnete System wurde auf regelmäßig wiederkehrende (enkyklische) und auf außerordentliche Lasten angewandt (s. u. S. 206 f.). Die Phylen übertrugen nun insbesondere für drei größere Sachbereiche Leiturgien, nämlich für die Aufstellung, Ausrüstung und Einübung von Chören für lyrische und skenische Wettkämpfe (Choregie), für die Ausstattung und Einübung der an Fackelwettläufen beteiligten Personen (Gymnasiarchie) und für die Speisung der Phylenangehörigen (Hestiasis). Alle genannten Leistungen stehen im Zusammenhang mit öffentlichen Festen. Die außerordentlichen Leiturgien, für deren Zustandekommen die Phyle zu sorgen hatte, betrafen die Errichtung von Mauern und Gräben für die Stadtverteidigung und den Bau von Kriegsschiffen.

## 3. Die wirtschaftlichen Grundlagen

Die sozialen und politischen Verhältnisse Athens können nicht ohne die wirtschaftlichen Bedingungen gesehen werden, unter denen Athen stand, und dies nicht nur deswegen, weil die besonderen wirtschaftlichen Möglichkeiten Attikas das soziale und politische Leben beeinflußt haben, sondern auch, weil umgekehrt die Wirtschaft durch die besondere politische Verfassung der Stadt geprägt und verändert worden ist.
Bei der Betrachtung der allgemeinen wirtschaftlichen Verhältnisse Attikas hat man sich zu vergegenwärtigen, daß die hier zu beobachtenden Formen und Entwicklungen zu einem guten Teil sich in allen griechischen Städten mit mehr oder weniger starken Abwandlungen wiederfinden; Athen weist nur für bestimmte Bereiche und Einrichtungen besondere Formen auf und ragt durch das Volumen seiner Wirtschaftskraft heraus. Im folgenden sind die Parallelen zu anderen griechischen Staaten nicht im einzelnen aufgezeigt; doch ergeben sie sich in aller Regel daraus, daß die athenische Sonderentwicklung jeweils ausdrücklich gekennzeichnet ist.
Unser Wissen über die wirtschaftlichen Verhältnisse bei den Griechen in Klassischer Zeit setzt sich aus einer Unzahl von Einzeldaten aus Schriftstellern und Inschriften sowie aus einer sinngemäßen Interpretation von archäologischen Quellen und Münzen zusammen. Ein großer Teil dieses Materials stammt für die hier interessierenden Jahrhunderte aus Athen, so daß wir über die attische Wirtschaft des 5. und 4. Jahrhunderts besser unterrichtet sind als über die irgendeiner anderen Stadt. In Athen beginnt in der ersten Hälfte des 4. Jahrhunderts auch bereits die ökonomische

Literatur, die entweder vom philosophisch-theoretischen Standpunkt her nach idealen oder auch von der Praxis her nach den ökonomisch jeweils günstigsten Verhaltensmustern sucht und dabei nicht nur das Interesse des einzelnen, sondern immer auch und oft ausschließlich das Interesse der Stadt im Auge hat. Xenophon begegnet uns hier als der erste an Wirtschaft interessierte Schriftsteller und beweist hierdurch einmal mehr seine Vielseitigkeit und Weitsicht; doch dürfte er kaum der Erfinder dieses Literaturzweiges gewesen sein, wie denn dessen Anfänge bis auf Hesiod zurückverfolgt werden können.

Wer heute in das teils in eine Steinwüste verwandelte, teils kahle und baumlose Attika kommt, ahnt nicht, daß die Natur dieses Land zwar nicht mit allem, aber doch mit dem meisten zum Leben Notwendigen und darüber hinaus mit manch anderem in solchem Überfluß beschenkt hat, daß dies als eine wichtige Voraussetzung für den politischen Aufschwung Athens angesehen werden muß. Der größte Teil des Bodens ist allerdings nicht besonders fruchtbar, z. T. steinig und von geringer Schwere. In den Ebenen, die heute in dem Häusermeer kaum noch als solche kenntlich sind, gediehen die angebauten Produkte aber gut. So war das Land im ganzen reich an Getreide (fast ausschließlich Gerste) und lieferte ferner — neben Wein — auch Oliven und Feigen. Vor allem die Olivenkultur blühte und wuchs, so daß der Ölbaum ein Charakteristikum des Landes wurde. Da ferner das Land hinreichend Gemüse und das Meer Fisch zur Verfügung stellten und da genügend Weidefläche für Kleinvieh, vor allem für Ziegen und Schafe zur Verfügung stand, war die Stadt mit Lebensmitteln nicht schlecht versorgt. Von den beiden Grundnahrungsmitteln, Öl und Brot, wurde Öl sogar mehr produziert als verbraucht, und auch das Getreide hatte ursprünglich einmal genügt. Aus den Getreideabgaben an die Demeter von Eleusis, die uns für das Jahr 329/328 inschriftlich erhalten sind, können wir Rückschlüsse auf den Gesamtertrag des Landes ziehen. Er betrug in diesem Jahr etwa 225 000 hl, was bei sehr großzügiger Berechnung und bei der Annahme eines in Archaischer Zeit umfangreicheren Getreideanbaus für etwa 100 000 Menschen gereicht haben dürfte. Diese Menge wird die Bevölkerung des 8. und 7. Jahrhunderts noch ernährt haben; doch zeigt das Verbot der Ausfuhr von Getreide durch Solon i. J. 594, daß schon damals die Ernte kaum noch den Bedarf gedeckt hat. Im 5. Jahrhundert genügte die einheimische Produktion dann keinesfalls mehr zur Versorgung der stark angewachsenen Bevölkerung Attikas. — Neben den Früchten brachten die Bodenschätze des Landes den Athenern großen Reichtum, nämlich die Marmorbrüche vom Pentelikon und Hymettos und vor allem die Silbergruben von Laureion, die zeitweise unerschöpflich zu sein schienen und die ergiebigsten des griechischen

Mutterlandes waren. Das Silber von Laureion verschaffte den Athenern nicht nur regelmäßige Einnahmen, sondern war auch die Voraussetzung für eine durch die Reinheit des Korns in der ganzen Welt angesehene Münze; das spätere athenische Handelsimperium ist ohne das Silber von Laureion nicht vorstellbar. Da das Silber aus Bleiglanz (silberhaltigem Bleierz), in dem das Silber nur einen Bruchteil ausmachte, gewonnen wurde, war Athen auch überreich an Blei; doch galt dieses gegenüber dem Silber nur als Nebenprodukt. Für die Herstellung qualitätvoller Töpferwaren war es ferner von großer Bedeutung, daß es in Attika ausgezeichnete Tonerde gab.

Bei allem Reichtum fehlte jedoch manches. Am fühlbarsten war der Mangel an Kupfererzen und an Holz. Das erstere findet sich in Attika überhaupt nicht; Wälder hat es hingegen im Gegensatz zu heute in zunächst hinreichendem Maße gegeben, so daß Bau- und Brennholz vorhanden waren und auch die Produkte des lebenden Waldes, wie Honig und Beeren, nicht fehlten. Der Baumbestand nahm hingegen schnell ab. Dafür sorgte bereits damals die ausgedehnte Ziegenwirtschaft; denn die Ziege benagt besonders gern die jungen Bäume. Bei wachsender Bevölkerung verringerte auch die Köhlerei den Baumbestand. Aber selbst in der Zeit relativ guten Baumbestandes gab es doch wenig geschlossenen Wald mit Bäumen, deren Größe und Holzqualität sie zur Verarbeitung als Schiffsholz geeignet machten; die nächsten Lieferanten solcher Hölzer waren das Hinterland der ägäischen Nordküste und einige Gegenden Westkleinasiens sowie Zypern und der Libanon. Mit der Lebensmittelversorgung sah es, wie dargelegt, im ganzen gut aus. Wenn es wenig Rinder gab, muß man bedenken, daß Rindfleisch und Kuhmilch entbehrliche Nahrung waren; noch bis vor nicht allzu langer Zeit waren es Schaf und Ziege, welche die Bevölkerung mit Milch, Käse und Fleisch versorgten. Immer nachhaltiger spürte man hingegen die Lücke in der Getreideversorgung. Mit wachsender Bevölkerung, vor allem mit der im 5. Jahrhundert beinahe explosionsartigen Vermehrung der Sklaven wurde Athen von der Einfuhr großer Mengen von Getreide abhängig. Da auch andere Städte daran Mangel litten, mußte es oft von weither, so von den Ländern am Schwarzen Meer, von Ägypten und Sizilien herangeschafft werden, und das Leben großer Teile der Bevölkerung hing davon ab, daß die Schiffe von den oft durch natürliche und menschliche Gewalten gefährlichen Fahrten hinreichende Mengen der lebenswichtigen Nahrung heimbrachten.

Unter den verschiedenen Wirtschaftszweigen bildete die L a n d w i r t - s c h a f t auch in der Zeit der höchsten Blüte von Handel und Gewerbe stets die Grundlage des allgemeinen Wohlstandes. Der Bauer war bis zum

Peloponnesischen Krieg auch noch der typische Repräsentant der Bürgerschaft. Erst die Verwüstungen und Menschenverluste in diesem Krieg, in
dem zeitweise der größte Teil der Landbevölkerung zwischen den Langen
Mauern der Stadt zusammengepfercht war, brachten einen Wandel. Aber
selbst im 4. Jahrhundert hat die Stadtbevölkerung die des Umlandes nicht
übertroffen, und viele von denen, welche die überwiegende Zeit des
Jahres in der Stadt lebten, besaßen auch Land. Es scheint, daß noch im
4. Jahrhundert weniger als ein Drittel aller Bürger keinen Grundbesitz
hatte. Doch waren die meisten Höfe klein; ein Besitz von 20 ha dürfte
bereits über dem Durchschnitt gelegen haben. Die meisten Bauern
bewirtschafteten ihren Hof allein mit ihrer Familie. Der oft kärgliche
Boden eines durchschnittlichen Hofes erlaubte nicht, sich einen Sklaven
zu halten oder in der Erntezeit freie Lohnarbeiter einzustellen. Mit dem
Anbau von Getreide, mit Öl- und Obstbäumen, ferner mit einigem Kleinvieh versorgte der Bauer sich selbst und tauschte sich mit seinem Überschuß auf dem nächsten Markt die fehlenden Güter, wie Salz, Geräte und
Artikel des gehobenen Bedarfs, ein. In den Ebenen gab es größere Güter,
nicht selten auch Großgüter, die mit Sklaven und freien Arbeitern wirt-
schafteten oder Land verpachteten. Eine Großgüterwirtschaft römischen
Stils, in der auf großen Flächen nach rationellen Methoden produziert
wurde, finden wir in Attika hingegen nicht. Dazu waren die für die Landwirtschaft geeigneten Landstriche zu klein; kaum mehr als ein Drittel des
Bodens war für den Anbau geeignet und dieses Drittel zudem in viele
kleine Bereiche zerrissen. Der Agrarsektor war also kleinteiliger, und die
Betriebsformen waren gemischt. Der Kleinbauer aber überwog, und der
Sklave stellte darum kein die attische Landwirtschaft charakterisierendes
Element dar.

Die handwerklichen Berufe erlebten seit der peisistratidischen Zeit
einen großen Aufschwung und kamen in der Mitte des 5. Jahrhunderts zu
einem glanzvollen Höhepunkt. Der Aufstieg des Handwerks war teils
dadurch bedingt, daß breitere Schichten zu höherem Wohlstand kamen,
teils war er eine Konsequenz der sich entwickelnden athenischen Machtstellung. Es wirkte sich auch förderlich aus, daß sich dieser Berufszweig
zeitweise eines ausgesprochenen Wohlwollens der Stadt erfreute, die sich
von einem regen Handwerksgeist ein größeres Handelsvolumen erhoffen
mochte oder auch die Deckung ganz bestimmter Eigenbedürfnisse, wie
z. B. im Schiffsbau, erwartete. Athen zog daher auch viele auswärtige
Handwerker an, die aber nur im Ausnahmefall eingebürgert, in aller Regel
als Metöken, als solche aber gern aufgenommen wurden.

Die Erzeugnisse athenischen Handwerkerfleißes liegen uns in zahllosen
Funden vor, die an den Küsten des ganzen Mittelmeerraumes und auch

noch weit im Hinterland entdeckt wurden. Wir besitzen zum athenischen Handwerk ferner eine ganze Reihe von literarischen Nachrichten aus dem 5. und 4. Jahrhundert und wissen daher relativ gut über diesen Wirtschaftszweig Bescheid. Die teils hektische Entwicklung des Gewerbes hat manchen Gelehrten veranlaßt, von einer „industriellen Produktion" zu sprechen. Das ist hingegen sowohl von der Arbeitsweise und den Betriebsformen als auch von dem mit dem Erwerb verbundenen Ziel her nicht richtig. Zwar haben sich die Betriebe verhältnismäßig schnell spezialisiert; es gab Flötenhersteller, Bettgestellmacher, Lampenfabrikanten, Hersteller von Schuhen, ja sogar Zulieferbetriebe z. B. im Lederhandwerk. Auch können wir bisweilen eine Arbeitsteilung innerhalb eines Betriebes beobachten, indem etwa in einer Töpferei der eine die Tonerde mischte, der andere formte, der dritte malte. Auch haben viele Betriebe, wie die Schildfabrik des Redners Lysias, offensichtlich nicht nur auf Bestellung, sondern auch auf Vorrat gearbeitet. Aber der Betrieb blieb doch immer eine Einheit mit einer übersichtlichen Anzahl von Personen, die sich kannten, und es arbeitete der Eigentümer meist auch mit. Die Arbeitskraft war auf diese Weise selbst dann, wenn der Betrieb groß und die Arbeitsteilung weit vorangetrieben war, nicht so weit versachlicht, daß die Person dahinter zurücktrat, auch nicht die des Sklaven. Zudem waren die Betriebe, die in Athen auch Werkstatt *(ergastḗrion)* genannt wurden, meist klein, in aller Regel Familienbetriebe mit einigen Sklaven oder Lohnarbeitern. Betriebe mit 15–20 Arbeitern waren schon groß; über 100 Arbeiter hat kaum jemand beschäftigt. In der Schildwerkstatt des Redners Lysias und seines Bruders arbeiteten am Ende des 5. Jahrhunderts gegen 100 Personen, und sie ist schon der größte Betrieb, den wir kennen. Der Vater des Demosthenes hatte gut 30 Arbeiter in seiner Messerschmiede und weitere 20 in seiner Möbelwerkstatt, Timarchos, ein Parteigänger des Demosthenes, zwischen 15 und 20 Lederarbeiter. Die Vermögensverhältnisse des Vaters des Demosthenes zeigen auch, daß reiche Leute eher mehrere kleine oder mittelgroße Werkstätten mit gegebenenfalls unterschiedlicher Produktion als sehr große Betriebe besaßen, dies ein deutlicher Hinweis darauf, daß der große Betrieb nicht üblich, vielleicht betriebswirtschaftlich nicht rentabel war oder nicht für organisierbar gehalten wurde. Die Neigung zu kleineren Betriebsformen zeigt sich auch darin, daß reiche Athener vielfach Freigelassene oder Sklaven als Werkstattleiter einsetzten, die dem Eigentümer Rechnung legten oder auch in selbständiger Geschäftsleitung einen bestimmten Prozentsatz des Gewinns ablieferten.

Das Handwerk hat nicht nur die Bedürfnisse der Bevölkerung Attikas in jeder Hinsicht befriedigen können, sondern auch einen großen Teil seiner

Erzeugnisse exportiert. Die athenische Handelsbilanz war bei Produkten des Handwerks außergewöhnlich positiv. Die meisten Werkstätten befanden sich naturgemäß in Athen und im Piräus, und es konzentrierten sich, wie noch heute im Orient, die Handwerksbetriebe gleicher oder ähnlicher Art in bestimmten Straßen oder Vierteln, wie z. B. die Töpfer in dem nach ihnen benannten Quartier im Norden der Stadt beim Dipylon-Tor (Kerameikos, von *kéramos,* Tonerde, Tonkrug). Eine schwere Einbuße erlitt das Gewerbe im Peloponnesischen Krieg, in dem nicht nur der Handel stockte, sondern auch während der spartanischen Einfälle in Attika viele Sklavenarbeiter fortliefen, so in der letzten Phase des Krieges 20 000 Sklaven, unter ihnen viele Handwerker. Im 4. Jahrhundert haben sich indessen die Betriebe wieder erholen können.

Große wirtschaftliche Bedeutung hatten auch die B e r g w e r k e des Landes, nämlich die Marmorbrüche der sich östlich von Athen erhebenden Bergkette und die Silber/Blei-Gruben im Gebiet von Laureion. Allein letztere haben zeitweise wohl 25 000–30 000 Arbeiter beschäftigt. Obwohl es sich um eine ganz andere Arbeit handelt, war sie betriebswirtschaftlich nicht sehr viel anders als das Handwerk organisiert. Die Gruben, die der Stadt Athen gehörten, waren nämlich an viele kleine Pächter vergeben, die Schürfrechte also auf eine Vielzahl von Personen verteilt. Der Pächter wirtschaftete mit Sklaven und freien Lohnarbeitern, die hier — wie übrigens auch in den Handwerksbetrieben — durchaus nebeneinander arbeiteten. Die Arbeitskräfte konnte sich ein Pächter auch leihen, so daß er sich z. B. in einer Phase des Schürfens, in der der mögliche Ertrag noch ungewiß war, nicht mit dem Risiko einer vielleicht zu umfangreichen Sklavenschaft zu belasten brauchte. Es gab Athener, die ganze Herden von Sklaven besaßen, unter ihnen angesehene und als integre Personen betrachtete Männer, wie z. B. Hipponikos, ein Verwandter des Perikles, und Nikias, der berühmte Feldherr des Peloponnesischen Krieges, von denen der erstere 600, der andere 1 000 Sklaven an Grubenpächter verdingte. Für eine Bevorzugung des Sklaven als Bergwerksarbeiter sprach der Umstand, daß seine Arbeitskraft billiger war. Ein Unternehmer bezahlte für einen nicht besonders qualifizierten Mietsklaven dem Vermieter 1 Obolos pro Tag und hatte für dessen Unterhalt noch weitere 2 Obolen aufzuwenden; ein freier Lohnarbeiter kostete demgegenüber aber das Doppelte, also eine Drachme. Im 4. Jahrhundert sind die Sätze um ca. 50% gestiegen. Vorausgesetzt, daß die Lohnberechnungen richtig sind, hätte die Sklavenarbeit die freie Arbeit ersticken müssen. Wenn das nicht der Fall war, wird der Grund vor allem in dem Mangel an Sklaven für diejenigen Arbeitszweige, in denen sie mit den Freien konkurrierten, zu suchen sein.

Bei der Beurteilung des Stellenwerts von Handwerk und Bergbau im athenischen Wirtschaftsleben hat man zu bedenken, daß beide Erwerbszweige im Gegensatz zur Landwirtschaft in großem Umfang in den Händen von Fremden oder Sklaven ruhten. Ein beträchtlicher Teil der Handwerker und der größte Teil der Bergarbeiter waren Sklaven; darüber hinaus waren vielfach auch die Unternehmer Fremde, nämlich Metöken oder Freigelassene. Unter den Eigentümern von Handwerksbetrieben und den Pächtern von Gruben mögen mehrheitlich Athener gewesen sein; aber unter allen Beschäftigten dieses Wirtschaftsbereiches stellten sie eine Minderheit dar.

Schon in der ausgreifenden Außenpolitik der Peisistratiden, verstärkt dann seit dem Sieg über die Perser und in der Zeit der Seebundspolitik hat der Handel Athen geprägt. Dabei geht es sowohl um den Export der reichen und vielfältigen Landesprodukte aus Landwirtschaft, Handwerk und Bergbau als auch um die Einfuhr von Massengütern und Stückgut aus allen Ländern des Mittelmeerraumes. Schon den Schriftstellern der Mitte des Jahrhunderts erschien Athen als der Sammelplatz für alle Produkte der Welt, und dies sowohl in dem Sinne, daß die Athener den Reichtum der Welt genießen, als auch in dem weitergehenden Sinne, daß alle Menschen die Güter dieser Welt am bequemsten in Athen kaufen könnten. Athen als der Stapelplatz von Produkten aus der ganzen Welt, wohin alle Waren und Händler, sei es von Sizilien und Italien, sei es von Zypern und Ägypten oder auch vom Schwarzen Meer und Lydien zusammenströmten, war eine Vorstellung, in der sich der Stolz über die einzigartige Seegeltung der Stadt mit dem daraus fließenden Nutzen für sie und für den einzelnen verband. Welche Formen hatte dieser Handel, und wie war sein wirtschaftlicher Stellenwert?

Der athenische Handel war Seehandel; der Binnenhandel über Böotien und die Megaris war unbedeutend und auch durch die Feindschaft dieser Nachbarn stets gefährdet. Man hat sich aber vor der — durch die Seegeltung Athens nahegelegten — Annahme zu hüten, daß der Handel, wie vielfach im Römischen Kaiserreich und auch heute in Griechenland, in den Händen einzelner mächtiger Schiffahrtsgesellschaften lag, welche die Geschäfte mehr oder weniger bei sich konzentrierten. Es wurde das Seegeschäft im Gegenteil in aller Regel von dem einzelnen Schiffsbesitzer getragen, der auf eigene Rechnung Waren kaufte und absetzte. Die mangelnde Handelskonzentration hängt von vielerlei Faktoren ab, von denen der wichtigste die Unsicherheit des Überseehandels war. Die Schiffe waren klein, den Unbilden der Natur ausgesetzt und darüber hinaus immer gefährdet durch Seeräuber und kriegerische Verwicklungen. Zudem war der Absatz unsicher; es gab keine Börse, die Angebot und

Nachfrage geregelt hätte. Auch das Nachrichtenwesen war mangelhaft; der Schiffseigner war auf eigene Erfahrungen angewiesen und reiste in aller Regel los, ohne feste Bestellungen zu haben. Auch für die Rückfracht mußte er auf sein gutes Glück vertrauen. Weitere Unsicherheiten lagen in dem oft minderen Wert des Geldes, das ihm in der Ferne für seine Ware angeboten wurde und ihn darum oft geradezu zum Kauf von Rückfracht zwang, wollte er nicht mit schlechtem Geld heimkommen. Die schlechte Münze vieler Städte war in der Tat ein Problem. Athen, das peinlich auf das unverändert gute Korn seiner Münze achtete, bildete da eine rühmliche Ausnahme. Für den athenischen Händler schlug aber sein gutes athenisches Geld – abgesehen von dem mit ihm verbundenen guten Ruf der Stadt in aller Welt – nur zu Buch, wenn er einkaufte; beim Verkauf zwang ihm die fremde Stadt meist ihr eigenes Geld auf, so daß er es am liebsten auch dort gleich wieder loswurde. Eine weitere Beschwernis war die Rechtsunsicherheit im Ausland, wenn der Händler die Hilfe von Gerichten brauchte. Es gab zwar überall das Institut der Proxenie, das in etwa unseren Konsulaten vergleichbar ist, und mit einigen wenigen Städten hatte Athen sogar Rechtshilfeverträge abgeschlossen; und nirgendwo fehlte ein für ihn zuständiges Fremdengericht. Aber der Athener war doch in der Fremde auf ein größeres Wohlwollen angewiesen und konnte weniger hart auf sein Recht pochen als zu Hause, und oft genug haben die Fremdengerichte den Einheimischen begünstigt. Ein ganz allgemeines Hemmnis des Handels, das manchen reichen Mann von diesem Erwerbszweig zurückgehalten hat, lag auch darin, daß in der schlechten Jahreszeit, zwischen Oktober und April, die Handelsschiffahrt praktisch ruhte; das Risiko war bei ungünstiger Witterung für die kleinen Segelschiffe unabsehbar hoch. Die für die römischen Verhältnisse so typischen Seehandelssocietäten konnten sich auf diese Weise nicht bilden. Der Händler hatte noch etwas von dem Abenteurer und Glücksritter, und man mag ermessen, was es für ihn und alle am Handel beteiligten und von ihm profitierenden Menschen bedeutete, als Athen in seinem Seereich den Frieden der Meere propagierte und zeitweise auch verwirklicht hat.

Eine Barriere für die Ausbildung größerer Gesellschaften und für die Entwicklung des Handels überhaupt bildete ferner der Mangel an Kapital bei den Schiffseigentümern. Das Risiko des Transports und des Absatzes hat viele ruiniert und manches in der Entwicklung begriffene Handelshaus zurückgeworfen. Das Bargeld war immer knapp. Es kam hinzu, daß die Stadt gerade von ihren reicheren Bürgern, zu denen die Händler ja gehörten, hohe Abgaben forderte, und zwar nicht nur die handelsüblichen Steuern, wie Zölle, die man auf die Waren aufschlagen konnte, sondern vor allem die Übernahme staatlicher Leistungen (Leiturgien) auf eigene

Kosten, wie z. B. den Bau von Kriegsschiffen und die Stellung und
Einübung von Festchören, verlangte, die u. U. an der Substanz des
Vermögens zehrten. In Zeiten der Not nahm sich die Stadt sogar das
Recht, ihre reichen Bürger bis an die Grenze ihrer Leistungsfähigkeit zur
Deckung staatlicher Kosten heranzuziehen. Die Folge war, daß viele ihr
Vermögen verheimlichten, andere, die weniger besaßen, sich Geld leihen
mußten. So wurde der Kredit das eigentliche Kernstück des Seehandels.
Wenn überhaupt, dann war der Gläubiger der Gewinner des Handels;
denn er hatte zwar auch ein hohes Risiko, aber er konnte dem durch
entsprechende Zinsen — der normale Zinssatz betrug 12% — vorbeugen.
Es ist kein Zufall, daß die Seedarlehen, im Gegensatz zu den üblichen
Handelskontrakten, schriftlich waren; denn die Schriftlichkeit gab dem
Gläubiger größere Sicherheit, die er als der stärkere Partner in diesem
Geschäft durchsetzen konnte.
Entwickelten sich auch keine neuen, dem Umfang des Erwerbszweiges
angemessene Betriebsformen des Seehandels, war das Handelsvolumen
doch so groß, daß es die attische Wirtschaft erheblich beeinflußt hat. Der
Handelsplatz im Piräus (Emporion) und der Markt in Athen waren Anzie-
hungspunkte aller Bevölkerungskreise, ob sie nun an dem Handelsleben
im engeren Sinne teilhatten oder nicht. Man mochte das Gefühl haben, in
der Mitte der Welt zu leben, und man braucht nur die Komödien des
Aristophanes zu lesen, um an diesem Gefühl selbst teilzuhaben.
Es ist in der jüngeren Zeit viel über die Bedeutung der athenischen
E i n f u h r  u n d  A u s f u h r  diskutiert und das jeweilige Ergebnis auch in
den weiten Rahmen einer Entwicklung der antiken Wirtschaft gestellt
worden. In Anlehnung an moderne Gedanken hat man in Athen den
Prototyp eines auf Export ausgerichteten Industriestaates sehen wollen,
der feste Absatzmärkte hat oder sich neue sucht und der für seine Fertigwaren auf die Einfuhr von Rohstoffen angewiesen ist. Dem ist mit Hinweis
auf die relativ wenig entwickelten Formen des Handels widersprochen
worden, und in der Tat lassen unsere Zeugnisse nicht zu, in der aufblü-
henden Handelsmacht Athen einen gegenüber der älteren Zeit veränderten Wirtschaftstyp zu sehen, der vielleicht sogar so etwas wie eine neue
Stufe der wirtschaftlichen Entwicklung verkörpert und zu den modernen
Wirtschaftsformen der hellenistischen Zeit übergeleitet hätte. Das Volumen des Handels, nicht dessen Formen hatten sich geändert. Athen war
weder ein typischer Importeur von Rohstoffen — es führte selbst Roh-
stoffe, wie Blei und Marmor, sowie Massengüter der Landwirtschaft, wie
Öl und Wein, aus — noch einseitiger Exporteur von Fertigwaren; denn es
führte gewiß kaum weniger Stückgüter ein, als es verkaufte. Ein beträchtlicher Teil der Waren wurde zudem nur nach Athen gebracht, um dort an

andere Abnehmer weiterverkauft zu werden; die Stadt war also Handels-
und Umschlagplatz zugleich. Im ganzen gesehen, dürfte die athenische
Außenhandelsbilanz eher positiv gewesen sein. Wir können darüber
allerdings wenig wissen, weil es keine staatliche Aufsicht über die Geldbewegungen gab und ein etwaiger Überschuß oft verheimlicht wurde; aber
die Größe des Umsatzes dürfte doch zumindest in den Zeiten längeren
Friedens und ungeschmälerter Macht den Athenern Vorteile gebracht
haben. Größer aber war vielleicht noch der ideelle Nutzen, der darin
bestand, daß Athen für alle Welt ein Zentrum bildete, die Menschen
überall von dem wußten, was dort geschah, und das Ansehen der Stadt
durch die als eine Art Weltwährung anerkannte athenische Silbermünze
gefördert wurde.

Läßt sogar der Seehandel, der kräftigste Zweig des athenischen Wirtschaftslebens, keinen Vergleich mit modernen Verhältnissen zu, ist dies
erst recht nicht für die anderen Bereiche der Wirtschaft möglich. Es
entwickelte sich in Athen kein Geschäftsgeist, der den Gelderwerb um
seiner selbst willen betrieben, zu diesem Zweck neue Vertrags- und
Gesellschaftsformen und einen Berufsstand mit eigenem Ethos geschaffen
hätte. Auch das Geldgeschäft vermochte sich daher nur sehr bedingt
zu einem in sich selbst ruhenden, unabhängigen Gewerbe zu entfalten,
welches das Geld als ein Mittel der Vermögenssicherung oder -vermeh-
rung betrachtet und zu diesem Zweck Kreditgeschäfte betrieben und Geld
investiert hätte. Es gab überhaupt nur wenige Athener, die mit Geld
Geschäfte machten, und auch diese waren keine Bankkaufleute im
modernen Wortsinne. Denn die Geldgeschäfte liefen nicht über unper-
sönliche Anstalten, wie unsere Banken es sind, bei denen die Eigentümer
im Hintergrund bleiben, sondern waren Geschäfte unter Privaten, welche
die Trennung von persönlicher und geschäftlicher Sphäre noch gar nicht
vollzogen hatten. Schuldner und Gläubiger standen sich oft sehr nahe. Lag
das Motiv für die Verleihung von Geld daher vielfach im persönlichen
Bereich, verfolgte auch der Schuldner nur selten rein wirtschaftliche
Absichten, sondern nahm einen Kredit meist auf, um seinen sozialen
Status zu erhalten oder zu verbessern. Entsprechend wurden in der
Mehrzahl der uns aus dem 4. Jahrhundert bekannten Fälle pfandrecht-
liche Sicherungen auch nicht für Kredite vorgenommen, die dem Kauf
von Land oder Waren, sondern für solche, die der Absicherung des
sozialen Status, wie etwa der Sicherung des Vermögens eines Mündels
oder der Mitgift einer Frau gegenüber dem Vormund bzw. Ehemann,
dienten. Vor allem war auch das Immobiliengeschäft so gut wie völlig
unbekannt. Grund und Boden scheint nach athenischer (wie gemeingrie-
chischer) Mentalität nicht Gegenstand geschäftlicher Spekulation gewesen

zu sein; es fehlt im Griechischen sogar ein Wort für „Immobilien" oder „Makler". Das Land galt ganz offensichtlich als Fundament des bürgerlichen Daseins, wie es schon in der Adelszeit die unveräußerliche wirtschaftliche und gesellschaftliche Basis des adligen Geschlechts gewesen war, und stand darum im Prinzip nicht zur Disposition. Der Ausschluß aller Nichtbürger von dem Erwerb von Grund und Boden, der nur in wenigen Fällen durch besondere Privilegierung seitens der Volksversammlung aufgehoben wurde, spricht für sich. Die aristokratische Tradition wirkte hier wie in manchen anderen Bereichen ungebrochen in der Demokratie fort.

So macht denn das athenische Wirtschaftsleben des 5. und 4. Jahrhunderts den Eindruck von archaischer Schwerfälligkeit und Unbeweglichkeit, die selbst der große Aufschwung des Handwerks und die enormen Warenumsätze im Piräus nicht aufzubrechen vermochten. Barkauf und Kreditnahme zur Absicherung des sozialen Bereichs und ohne das Ziel der Gewinnmaximierung überwiegen; die Verkehrsformen ändern sich kaum. Der Durchschnittsathener ist auf Sicherheit aus; er scheint das Wirtschaftsleben eher als eine Last zu empfinden, von der er gern befreit wäre, um sich dem Dasein als Mensch und Bürger zu widmen; nicht von ungefähr überließen die Athener große Bereiche von Handwerk und Handel den Metöken und Freigelassenen. Das Gewicht der Tradition, die Fixierung des ökonomischen Denkens auf den bäuerlichen Kleinbetrieb, das Ideal des Rentners sowie das Gewicht der Fremden in Handel und Handwerk, das die Entstehung starker wirtschaftlicher Interessenverbände von Bürgern verhinderte, standen so einer Entfaltung der Wirtschaft im Wege, verminderten aber auch die Gefahr, daß die Gesellschaft an einem Wandel der wirtschaftlichen Bedingungen zerbrechen konnte. Selbstverständlich gab es Reiche und Arme, und die Reichen waren kaum weniger übermütig als anderswo. Aber sie waren nicht organisiert, und dadurch, daß das Land nicht Gegenstand von Spekulationen wurde, bewahrte die Gesellschaft ihren ursprünglichen bäuerlichen Charakter. Die kleinen Bauern wurden nicht von einer Klasse aggressiver Großgrundbesitzer verdrängt, und es bildete sich auf diese Weise kein Proletariat von Enteigneten. Vom Standpunkt der wirtschaftlichen Produktivität aus gesehen, war Athen unterentwickelt und blieb hinter den ihm durch seine Großmachtstellung gegebenen wirtschaftlichen Möglichkeiten zurück. Doch was dem Wirtschaftshistoriker als Mangel erscheinen könnte, wirkte sich im rein politischen Bereich vorteilhaft aus: Die wirtschaftliche Dynamik bildete keine Kraft eigener Art und vermochte darum auch nicht, aus sich heraus den gesellschaftlichen Grundkonsens zu zerstören. Die Entscheidungen in den Volksversammlungen sind von dem einzelnen gewiß nicht

immer ohne Rücksicht auf seine persönliche wirtschaftliche Lage getrof-
fen worden; doch es bildeten sich keine Interessengruppen, welche die
Abstimmenden in dauerhafte Fraktionen gespalten hätten. Es gab keine
„Parteien" der „Kapitalisten", der Tagelöhner oder der Kaufleute. Einer
Entscheidung zuzustimmen, sie abzulehnen oder die Teilnahme an einer
Abstimmung zu verweigern, wurde nicht durch das wirtschaftliche
Gruppeninteresse bestimmt.

Die vorangehenden Überlegungen können auch unsere Kenntnisse über
die Vermögensverteilung stützen. Reiche und Arme standen einander in Athen nicht, wie in manchen anderen griechischen Städten, in zwei
mehr oder weniger festen sozialen Gruppen gegenüber. Selbstverständlich
gab es auch in Athen eine Gruppe von sehr reichen Bürgern und Metöken; aber sie dürfte eher klein gewesen sein, und Gestalten wie Pasion (ca.
430–370), der es vom Sklaven über den Metökenstand schließlich zum
athenischen Bürger gebracht und mit Geldgeschäften und einer Schildfabrik ein sagenhaftes Vermögen erworben hatte, waren ohne Zweifel eine
Ausnahme. Es gab mit Sicherheit auch nicht wenige Tagelöhner, die von
Gelegenheitsarbeit lebten. Sie fanden nicht nur in der Glanzzeit Athens
meist eine Arbeit. Eine ungelernte Arbeitskraft konnte in den zwanziger
Jahren des 4. Jahrhunderts 2 bis $2^{1}/_{2}$ Drachmen pro Tag verdienen, wie wir
von Abrechnungen aus Eleusis wissen. Da im Jahre 363 der offenbar nicht
gering veranschlagte Lebensunterhalt einer dreiköpfigen Familie mit
jährlich 700 Drachmen angegeben wird (Dem. 27, 36), konnte der Tagelöhner mit seiner Familie existieren (im 5. Jahrhundert lag der Tagesverdienst, wie die Abrechnungen für den Bau des Erechtheions, 409/406,
zeigen, mit 1 bis $1^{1}/_{2}$ Drachmen niedriger, doch waren auch die Lebenshaltungskosten entsprechend geringer). Die Masse der Bürger aber
bestand aus kleinen Landbesitzern, und das Land war offensichtlich auf
eine breite Bevölkerungsschicht verteilt. Der größte Teil der Bürger und
selbstverständlich so gut wie alle Metöken waren wohl verhältnismäßig gut
situiert, hatte jedenfalls sein Auskommen, und eine gar nicht so kleine
Gruppe konnte als wohlhabend gelten. Es gab im 4. Jahrhundert immerhin 800 Personen, die ein Vermögen von mindestens 3 Talenten (1 Talent
= 60 Minen = 6 000 Drachmen), das für die Trierarchie geforderte Min-
destvermögen, aufweisen konnten, und noch einmal zusätzlich 400, die
zur *eisphorá,* einer außerordentlichen Vermögenssteuer, herangezogen
wurden und nicht sehr viel weniger gehabt haben dürften. Etwa 300 von
diesen ca. 1 200 Personen hatten sogar ein Vermögen von mehr als 10
Talenten und durften als reich gelten. Unterhalb dieser Gruppe stand eine
breite Mittelschicht von ca. 8 000 Athenern, die ein Vermögen von mindestens 200 Minen aufzuweisen vermochten. Von den etwa 21 000 Bürgern

des Jahres 321 gehörten demnach etwa 9 000 den mittleren und höheren
Einkommensklassen an. Allen, insbesondere den ganz Armen, brachte
ferner die politische Tätigkeit in der Volksversammlung, bei den Gerichten, im Rat, als Beamter und Soldat sowie das Theorikon einen nicht ganz
unbedeutenden Zugewinn. Diese Verhältnisse würden, sofern sie richtig
rekonstruiert sind, auch die relativ konservative Einstellung des Durch-
schnittsatheners gut erklären. Die radikale Demokratie hat selbst in sehr
spannungsgeladenen Zeiten nicht an eine Neuaufteilung des Bodens oder
an eine allgemeine Schuldentilgung gedacht; sie ist im Gegenteil zu allen
Zeiten betont für Recht und Tradition eingetreten. Allerdings war das
wirtschaftliche Interessedenken auch aus anderen Gründen kein Thema
für die Demokratie, worauf gleich noch etwas näher eingegangen werden
soll. Auch die verhältnismäßig breite Vermögensverteilung hat aber auf
jeden Fall dazu beigetragen, daß sich in Athen keine Interessengruppen
der Wirtschaft zu bilden vermochten und Einfluß auf die Politik gewan-
nen.
Die Gedanken zur Vermögensverteilung führen zu der Frage nach dem
V e r h ä l t n i s  d e s  S t a a t e s  z u r  W i r t s c h a f t  ganz allgemein. Vorab ist
festzuhalten, daß der Staat, und das heißt: die Bürgerschaft Athens, kein
fixiertes Verhältnis zur Wirtschaft hatte. „Wirtschaft" ist ihr als ein möglicher Gegenstand des Nachdenkens nicht einmal bewußt; sie ist in dem
heute üblichen allgemeinen, die verschiedenen Bereiche des Wirtschaftslebens und die Interessengruppen zusammenfassenden Sinne kein
Gegenstand von Politik, der von sich aus zu Aktivität angeregt hätte. Das
hat mannigfache Gründe. Einmal gibt es kein Budget, das von dem Zwang
zum Ausgleich von Einnahmen und Ausgaben über viele Jahre hinweg
auf wirtschaftliche Überlegungen hätte hinführen können; die Stadt hatte
ursprünglich überhaupt keine Einnahmen und beglich die notwendigen
Ausgaben durch die Belastung einzelner Personen. Als man später höhere
Ausgaben hatte, neigte man dazu, sie jeweils direkt mit bestimmten
Einnahmeposten (Leiturgien; Einnahmen aus den staatlichen Bergwerken
usw.) zu verbinden. Brauchte die Stadt mehr oder gar in einer Notsituation
sehr viel Geld, mußten die Bürger, insbesondere die Reichen, mit einem
guten Teil ihres Vermögens für ihre Stadt eintreten. Jacob Burckhardt hat
für diese Einstellung der antiken Stadt den Begriff der „ökonomischen
Tyrannis" geprägt. Der Gedanke, daß die Stadt ihre potentiellen Lastenträ-
ger schonen mußte, wurde nicht gefaßt. Es herrschte ein rein fiskalisches
Denken vor, das nur die Deckung des jeweiligen öffentlichen Geldbedarfs
im Auge hatte. Athen war in dieser Hinsicht unter den griechischen
Städten kein Sonderfall. Aber es ist auch nach Ausbildung der Demokratie, die doch eine ganz neue politische Ordnung war und darum auch ein

neues Verhältnis zur Wirtschaft und zum Geld hätte fassen können, von
der traditionellen Denkweise nicht abgewichen; ja ganz im Gegenteil hat
gerade die demokratische Staatsform dieses Denken noch gestärkt. Denn
die Demokratie hatte von der Phylenreform des Kleisthenes ihren Ausgang genommen, deren Grundgedanke gerade die „Mischung" der
verschiedenen sozialen Gruppen mit dem Ziele der politischen Gleichstellung aller Bürger gewesen war, und der Gedanke der Losung aller
Ämter und Richter, der diese Gleichheit sicherte und vervollkommnete,
hat weiterhin dafür gesorgt, daß die Interessen des einzelnen oder der
Gruppe jedenfalls auf der Ebene der Politik in der uniformen Masse der
Bürger erstickt wurden. Die rigorose Durchsetzung der politischen
Gleichheit schloß Wirtschafts- und Interessenpolitik so weit aus, daß das
Fehlen jeglicher wirtschaftspolitischer Aktivität als eine Bedingung der
Demokratie bezeichnet werden kann. Es kommt, worauf bereits hingewiesen wurde, hinzu, daß sich auch außerhalb oder neben der Gemeinschaft
der Bürger keine Interessengruppen zu bilden vermochten, weil die
wichtigeren Wirtschaftszweige, wie Handwerk, Bergbau und Handel, nicht
von den Bürgern dominiert oder doch von so vielen Fremden mitgetragen
wurden, daß sich keine Wirtschaftslobby von Bürgern gegen den demokratischen Gedanken zu bilden und durchzusetzen vermochte. Es spricht
für sich, daß es in der Handelsmetropole der Welt keinen ausgesprochenen Kaufmannsstand gab.
Das wirtschaftliche Denken war so wenig entwickelt, daß die Stadt auch
dort, wo sie selbst Eigentum hatte, nicht als Unternehmer auftrat. Die
riesigen und ergiebigen Bergwerke von Laureion, die Staatseigentum
waren, wurden an Private verpachtet. Und als Xenophon in der Mitte des
4. Jahrhunderts den Athenern zu einem radikalen Wandel in der Ausnüt-
zung der Gruben riet, geschah dies auch nicht, um der Stadt die Ausbeutung selbst in die Hände zu legen, sondern lediglich, um durch den
Ankauf von 10 000 Staatssklaven und deren Vermietung an die Grubenpächter die Rendite zu erhöhen. Und es ist bezeichnend, was Xenophon
mit diesem Geld geschehen lassen möchte: Es sollte an die Athener
verteilt werden. Es sollten folglich mit dem Geld nicht etwa notwendige
Ausgaben bestritten, sondern dem Bürger zu einer kleinen Rente verholfen werden. Im Grunde war Xenophon mit seinen Gedanken nicht
weitergekommen, als die Athener schon in Archaischer Zeit gewesen
waren, die ebenfalls mit den Einnahmen nichts Besseres anzufangen
gewußt hatten, als sie zu verteilen.
Es versteht sich, daß bei allem Desinteresse an Fragen der Wirtschaft diese
nicht einfach neben der Stadt, und das heißt: neben dem Verband der
politisch berechtigten Bürger stand. Denn zum einen gewann die Stadt

durch indirekte Steuern, vor allem durch die Zölle, große Summen; die 2%ige Steuer auf alle im Piräus ein- und ausgehenden Waren stellte einen der größten Einnahmeposten dar. Auch die am Markt erhobene Verkaufssteuer brachte nicht geringe Summen. Vor allem aber griff die Stadt dort in das Wirtschaftsleben ein, wo lebenswichtige Interessen der Bürgerschaft auf dem Spiele standen, wohlgemerkt: nicht Interessen einzelner oder von Gruppen, sondern solche der gesamten Bürgerschaft. Hierbei ging es in erster Linie um die Sicherung der Lebensmittelversorgung der Stadt. In der ersten ordentlichen Volksversammlung einer jeden Prytanie, d. h. zehnmal im Jahr, wurde in einem ein für alle Male festgesetzten Tagesordnungspunkt über das Getreidewesen verhandelt, und es sind zahlreiche Beschlüsse auf diesem Gebiet gefaßt worden, die nicht nur aktuelle Notlagen überbrücken, sondern auch für die Zukunft mögliche Engpässe verhindern wollten. So war gesetzlich festgelegt, daß $^2/_3$ allen im Piräus ankommenden Getreides in Athen verkauft werden mußten, daß kein in Athen ansässiger Schiffseigentümer Getreide anderswohin als nach Athen bringen und niemand mehr als 50 Körbe Getreide gleichzeitig einkaufen dürfe. Für die Durchsetzung dieser und zahlreicher anderer Bestimmungen sorgten 10 Getreidewärter (Sitophylakes), die in Athen und im Piräus den Markt beaufsichtigten, und 10 Hafenaufseher (Epimeleten des Emporions), die für die Einhaltung der Einfuhr- und Ausfuhrbestimmungen verantwortlich waren. Selbstverständlich wurden gegebenenfalls Getreidekonvois durch Kriegsschiffe in den Piräus geleitet oder auf den Haupthandelsrouten Flottendemonstrationen zur Einschüchterung von feindlichen Städten und Seeräubern unternommen.

Die staatliche Aufsicht über den Getreidemarkt, durch die die Stadt sich direkt in das Wirtschaftsgeschehen einschaltete, zeigt besonders kraß die Einstellung der Bürgerschaft zur Ökonomie. Die Ökonomie selbst war nicht Ausgangspunkt politischer Aktivität. Soweit der ökonomische Bereich von der Politik berührt wurde, waren ganz außerhalb dieses Bereiches liegende Zwänge dafür verantwortlich, und zwar in erster Linie das Bedürfnis nach Deckung öffentlicher Ausgaben und nach Versorgung der Bevölkerung mit Getreide und anderen für die Stadt lebenswichtigen Gütern (z. B. Materialien für den Schiffsbau, insbesondere Bauhölzern). Der Ausgleich der Bedürfnisse wurde dabei ohne Rücksicht auf die wirtschaftlichen Konsequenzen für den einzelnen oder für einzelne Gruppen betrieben, etwa ohne Rücksicht auf die Vernichtung einzelner oder vieler wirtschaftlicher Existenzen und auf die Blüte oder den Verfall ganzer Wirtschaftszweige.

Konnte auf Grund der sozialpolitischen Gegebenheiten Athen keine Wirtschaftspolitik im Interesse einzelner Bevölkerungsgruppen, sondern

lediglich zur Sicherung des Güterbedarfs der Stadt, insbesondere des
Bedarfs an Getreide für die gesamte Bevölkerung betreiben, ist doch diese
Versorgungspolitik auf manchen Gebieten weiter getrieben worden, als es
die begrenzten Ziele gefordert hätten, und so vermittelt Athen im 5. und
4. Jahrhundert bisweilen den Eindruck eines Wirtschaftsgiganten und
einer aggressiven Handelsmacht. Die erweiterte ökonomische Perspektive
entwickelte sich indessen nicht aus Veränderungen des innenpolitischen
Raumes, der ein Umdenken erzwungen hätte, sondern war eine Folge der
mannigfachen Möglichkeiten, die den Athenern ihre nach den Perserkriegen zugewachsene Stellung zur See gab und die in dem Maße umfangreicher und realisierbarer wurden, als der große Städtebund unter Führung
Athens sich in eine athenische Herrschaft verwandelte. Einmal im Besitz
eines weiten Untertanengebietes, konnte es dann nicht mehr allein um die
Getreideversorgung der Stadt gehen. Der Gedanke mag allenfalls den
Ausgangspunkt dafür gegeben haben, daß bald weite Zweige des Handels-
lebens im Seebund Gegenstand allgemeiner Beschlüsse wurden. Wie
diese Maßnahmen ihren Ursprung nicht in einem allgemeinen Interesse
oder Bewußtsein von „Wirtschaft" hatten, sondern dem Wandel der
außenpolitischen Machtverhältnisse verdankt wurden, erfolgten sie ohne
jede systematische Ordnung, waren abhängig von zufälligen Initiativen
und entwickelten sich auch nicht im Laufe der Jahrzehnte zu einer von
der Stadt getragenen Wirtschafts- und Handelspolitik. Aber immerhin
erhielt dieser Bereich, wenn nicht seinen wirtschaftspolitischen Unterbau,
so doch allein durch sein wachsendes Volumen ein gewisses Gewicht.
Schon sehr bald ist der Außenhandel offensichtlich aller bundesgenössischen Städte durch Athen weitgehend reglementiert worden. So wurde
z. B. den Städten der Insel Keos in der Zeit des Zweiten Seebundes
verboten, das dort abgebaute Zinnober (Mennig) an einen anderen Ort als
nach Athen zu liefern, und entsprechende Bestimmungen hat es bereits
im 5. Jahrhundert für viele oder sogar alle Bundesstädte gegeben. Daß die
Athener den gesamten Handel ihres Seebundes nach Bedarf dirigieren zu
dürfen glaubten, zeigt auch das folgenschwere „megarische Psephisma",
durch das Athen im Jahre 432 Megara das gesamte Seebundsgebiet für
den Handel sperrte und damit die Stadt an den Rand des Zusammen-
bruchs brachte. Dieser Beschluß, der eine späte Reaktion auf den schon
fast 15 Jahre zurückliegenden und längst vertraglich anerkannten Austritt
Megaras aus dem Seebund war, sollte den letzten Anstoß zum Peloponnesischen Krieg geben. Alle diese handelspolitischen Maßnahmen brachten den Athenern und den in Attika ansässigen Fremden große Vorteile,
verschafften zudem der Stadt zusätzliche Einnahmen aus Zöllen und
Marktgebühren und sicherten die Lebensmittel- und Rohstoffeinfuhren.

Trotzdem lagen die Anstöße für eine solche Politik weniger in einem
erwachenden ökonomischen Denken als vielmehr in der Herrschaftspolitik: Die Triebkräfte kamen aus dem Gedanken der Herrschaft und waren
nicht von den Interessen der Händler oder eines namenlosen Fiskus
gelenkt. So ist denn das megarische Psephisma ein Akt der Macht-, nicht
der Wirtschaftspolitik, und auch das berühmte Münzgesetz von 450/446,
das im gesamten Seebundsgebiet alle Einzelwährungen der Städte einfach
abschaffte und an ihrer Stelle die athenische Münze einführte – ein
ungeheuerlicher, bislang in der griechischen Geschichte in dieser Weise
nirgendwo vollzogener, weil dem Polis-Gedanken konträrer Akt der
Entmündigung freier Städte –, ist zunächst als ein herrschaftlicher Akt
anzusehen, der die Bundesgenossen wie in so vielem anderen, so auch im
Münzwesen an Athen heranführen sollte. Aber der Nutzen der Stadt ist
andererseits von der reinen Herrschaftspolitik schwer zu trennen. Von der
Sorge um den Schutz des Handels bzw. von einer handelsfreundlichen
Politik zeugen auch deutlich die uns für die Mitte des 4. Jahrhunderts
bekannten besonderen Bestimmungen für Klagen, die aus Handelsverträ-
gen resultierten. Vor allem die beschleunigte Abwicklung solcher Klagen,
die binnen Monatsfrist angenommen (wohl kaum auch schon erledigt)
sein mußten, sind als Privilegierung eines bestimmten Bereiches des
Rechts anzusehen.
Bei aller Aufmerksamkeit, welche die Athener in der Zeit der Demokratie
dem Handel schenkten, ist ihre den Handel und die Wirtschaft betreffende Politik kaum über die Sicherung der Versorgung der Stadt und die
Stärkung des Handelsvolumens hinausgekommen. „Wirtschaft" im modernen Sinne hatte man dabei nicht im Blick. Es ging um die Herrschaft
der Stadt und um die Sicherstellung ihrer Ressourcen, auch um den
reibungslosen Ablauf der Handelsgeschäfte, nicht um Gruppeninteressen
und Förderung bestimmter Wirtschaftszweige.

## 4. Heer und Flotte

Zum Wehrdienst war im Athen der entwickelten Demokratie jeder Bürger
verpflichtet; doch dienten wegen des Gebots der Selbstausrüstung zunächst nur die Angehörigen der drei Zensusklassen als Schwerbewaffnete
(Hopliten), die übrigen als Ruderer auf der Flotte oder als Leichtbewaff-

nete. Neben den Bürgern leisteten auch die Metöken Kriegsdienst, und
dies auch als Hopliten; ihr Einsatz war jedoch generell auf Besatzungsdienste in Attika und auf Kriege gegen Grenznachbarn beschränkt. Darüber hinaus wurden besonders für die Flotte Fremde, vor allem Personen
aus dem Bundesgenossengebiet, angeworben; manche Fremde meldeten
sich auch freiwillig. Sklaven hingegen wurden lediglich im äußersten
Notfall ins Heer eingereiht, zum ersten Male gegen Ende des Peloponnesischen Krieges.

Der athenische Bürger war vom vollendeten 18. bis zum 60. Lebensjahr
wehrpflichtig. Die beiden ersten Jahrgänge leisteten einen regulären
Wehrdienst als Rekruten ab, in dem sie in dem Gebrauch der Waffen
unterwiesen wurden. Diese im 5. Jahrhundert auch als *perípoloi,* dann
allgemein als Epheben benannten Jahrgänge unterstanden besonderen
Befehlshabern; sie mußten im ersten Jahr ohne Waffen das Kriegshandwerk üben und leisteten im zweiten Jahr, nachdem ihnen feierlich Schild
und Speer überreicht worden waren und sie den Fahneneid (Ephebeneid)
abgelegt hatten, Wachdienst in den Grenzfestungen. Die Ephebie ist
besonders seit der zweiten Hälfte des 4. Jahrhunderts ausgebaut und
später auch − zu Lasten der militärischen Ausbildung − im Sinne einer
kulturellen Erziehungsanstalt weiterentwickelt worden.

Zum Dienst als Schwerbewaffnete waren seit dem Ende des 5. Jahrhunderts auch die Unbemittelten zugelassen, denen dann − wie jedenfalls
zum Teil auch den Angehörigen der Klassen − die Ausrüstung aus dem
Zeughaus gestellt wurde. Die Hopliten waren in einer Liste (Katalog)
erfaßt und wurden entweder phylen- oder jahrgangsweise ausgehoben.
Naturgemäß zog man die älteren Jahrgänge nur im Notfall zum aktiven
Dienst heran und verwendete sie vornehmlich für Besatzungsdienste. Die
Phyle bildete auch für die Heeresverfassung die organisatorische Grundeinheit. Nach der Phylenreform des Kleisthenes stellte jede Phyle eine
Kampfeinheit (Taxis, Regiment), die zunächst einem Strategen, seit der
zweiten Hälfte des 5. Jahrhunderts dem Taxiarchos unterstellt war. Die
Stärke eines jeden Phylenaufgebots betrug um 500 ca. 1 000 Schwerbe-
waffnete, das Gesamtaufgebot also 10 000, kurz vor dem Peloponnesischen Krieg ca. 13 000 Mann.

Das athenische Heer war, wie alle Heere der griechischen Städte der
Klassischen Zeit, die Gemeinschaft der Bürger in Waffen. Solange die
Unbemittelten noch keinen Kriegsdienst leisteten, also in der ersten
Hälfte des 5. Jahrhunderts, war die Phalanx der Hopliten darum identisch
mit der Gesamtheit der politisch berechtigten Bürger (nach unserer
Terminologie: mit dem Staat der Athener). Bei Marathon etwa, wo das
gesamte Aufgebot kämpfte, stand also die ganze Stadt Athen in der

Schlachtreihe. Mit den Vorteilen eines Milizheeres, nämlich der ständigen Verfügbarkeit einer starken Truppe, der Einsatzbereitschaft der für die eigene Sache kämpfenden Soldaten und dem, wenn nicht kostenlosen, so doch verhältnismäßig billigen Unterhalt, teilte es dessen Nachteile: Der Soldat war kein routinierter Berufskämpfer, im Waffenhandwerk trotz der späteren Einrichtung einer Rekrutenausbildung in der Ephebie nur unvollkommen geübt und zu den auch in Athen besonders in Kriegszeiten angesetzten militärischen Übungen schon aus wirtschaftlichen Rücksichten nicht gern bereit. Als Milizen bezogen die Soldaten selbstverständlich keinen Sold im eigentlichen Wortsinn; vielmehr galt der auch dem Hopliten ausgezahlte Betrag als Entschädigung für entgangenen Arbeitsgewinn und war darüber hinaus für die nur zum Teil von städtischer Seite gestellte Verpflegung und u. U. für einen Diener, meist einen Sklaven, der das schwere Gepäck des Hopliten zu tragen half, bestimmt. Diese Geldsumme betrug 3—4 Obolen (zum Vergleich: der Tagesverdienst eines Handarbeiters 2—3 Obolen), zeitweise auch 1 Drachme (= 6 Obolen). Als auch die Theten zum Kriegsdienst herangezogen wurden, mußten gerade auch sie, die kein Vermögen hatten, selbst dann, wenn sie nur als Ruderer dienten, diesen Sold erhalten. Der Reiter, dessen Unkosten sehr viel höher lagen — er mußte u. a. auch ein Reservepferd unterhalten —, bekam den doppelten Betrag, dazu ein Futtergeld. Schon in der Zeit des Ersten Seebundes warben die Athener Ruderer und Leichtbewaffnete, darunter mit speziellen Waffen ausgerüstete Soldaten fremder Herkunft, an, so daß seitdem das alte Milizsystem durch das Söldnerwesen nicht unerheblich ergänzt wurde. Dies führte dann im 4. Jahrhundert, vor allem seit dem großen Heeresreformer Iphikrates, zu einer für das Bürgerheer nicht ungefährlichen Ausweitung des Söldnerwesens. Trotz allem ist bis zum Ende der griechischen Freiheit sowohl in Athen als auch in den anderen griechischen Städten der Milizgedanke das für die militärische Organisation grundlegende Prinzip geblieben.

Die Hopliten bildeten auch in der Zeit der größten Seerüstung die Basis der Armee, und dies nicht nur vom rein militärischen Gesichtspunkt her: bei allem Engagement der Ruderer auf den Kriegsschiffen konnten doch nur sie den Bürger in Waffen darstellen, und sie blieben auch in der Realität des Krieges das eigentliche Bollwerk der Stadt. Der Hoplit war mit Helm, Beinschienen und einem Panzer aus Leder oder Leinen, der meist mit Metallbeschlägen verstärkt war, ausgerüstet; seine Hauptwaffe war in der ganzen Klassischen Zeit der übermannshohe Spieß, also eine Stoßlanze, neben der dem kurzen, zum Hieb und Stich geeigneten Schwert lediglich der Wert einer Reservewaffe zukam. Die Phalanx bildete eine ununterbrochene Linie von Soldaten, deren Prinzip in der Deckung des

Nebenmannes (die rechte Seite des Hopliten wurde durch den Schild des rechten Nachbarn gedeckt) und in der Wucht der auf den Gegner anstürmenden Reihe lag. Selbst eine eiserne Disziplin aber dürfte eine so lange Linie kaum zusammengehalten haben, wenn es nicht innerhalb derselben eine Gliederung gegeben hätte, an der sich der einzelne beim Vormarsch und bei eventuellen Unordnungen hätte festhalten können. Diese Unterabteilung war im athenischen Heer der Lochos, eine etwa 300 Mann starke Einheit.

Neben den Hopliten besaßen die Athener auch eine R e i t e r e i. Sie wurde von kleinen Anfängen bis zur Mitte des 5. Jahrhunderts auf ein Korps von 1 000 Mann gebracht, das zwei Hipparchen (Reiterobristen) unterstand. Da auch die Reiterei phylenweise ausgehoben wurde, unterstanden jedem Hipparchos die Reiter von fünf Phylen; das einzelne Phylenaufgebot befehligte ein Phylarchos (Rittmeister). Da der Reiterdienst trotz des staatlichen Zuschusses kostspielig war, versahen ihn die Reicheren, vor allem die Angehörigen der ersten beiden Zensusklassen. Die Reiter wurden regelmäßig vom Rat, der auch Musterungsbehörde war, gemustert. Das von der Erinnerung an die Adelszeit genährte Ansehen des Reiterdienstes, ferner das in aller Regel nicht geringe Vermögen der Reiter und schließlich ihr im öffentlichen Leben, insbesondere auf Festzügen wie den Panathenäen glänzendes Auftreten schufen einen Korpsgeist, der auch institutionellen Niederschlag fand: Die Gesamtheit der Reiter bildete eine Körperschaft mit Beschlußfähigkeit. − Die Bewaffnung der Reiter bestand aus leichten Wurflanzen, gelegentlich auch einer Stoßlanze, und aus einem kurzen Schwert oder Dolch. Der militärische Wert der Reiterei war allerdings gering, da Steigbügel und Sattel unbekannt waren und der Reiter also, lediglich auf einer Wolldecke sitzend, bei Angriff und Verteidigung keine Durchschlagskraft besaß; er konnte allzuleicht vom Pferd fallen. Es kam hinzu, daß die athenische Reiterei, obwohl der Stolz der Stadt, nicht die allerbeste war; jedenfalls galten manche Städte bzw. Stämme, vor allem die Thessaler und Thebaner, als in dieser Kampfesgattung bedeutend erfahrener.

Nicht unwesentlich war auch die schon in dem großen Perserkrieg verwendete, dann besonders in der Seebundzeit weiter ausgebildete Truppe der B o g e n s c h ü t z e n (nach ihrer Hauptwaffe, dem Bogen, *tóxon,* Toxoten genannt). Diese Truppe war schließlich 1 600 Mann stark und wurde ebenfalls phylenweise ausgehoben. Sie wurde zeitweise nicht unerheblich aus Fremden, die diese Waffe besonders gut beherrschten, vor allem aus Thrakern, Skythen und Kretern, rekrutiert. Die berittenen Bogenschützen (Hippotoxen), deren Zahl 200 betrug, setzten sich gar überwiegend aus Fremden zusammen.

Die Bogenschützen zeigen bereits den Übergang zur eigentlichen Söldnertruppe an. Spezialeinheiten aus Leichtbewaffneten wurden zum
größten Teil aus Fremden zusammengestellt, und zwar alle drei Hauptbe-
reiche der leichtbewaffneten Truppe: Neben den Bogenschützen auch die
Speerwerfer (nach ihrer Spezialwaffe Akontisten genannt), die leichte,
z. T. mit einer Handschlinge versehene Speere verwendeten, und die
Schleuderer (nach ihrer Waffe: Sphendoneten), die Steine oder Bleikugeln
schleuderten. Da die Eignung zu diesen Spezialdiensten landschaftlich
unterschiedlich war, überwogen in den einzelnen Einheiten bestimmte
Nationalitäten, z. B. bei den Schleuderern die Kreter und Rhodier, bei den
Speerwerfern die Thraker und Akarnanen. – Iphikrates schuf Anfang des
4. Jahrhunderts aus Athenern und Fremden ein besonderes Korps von
Fußsoldaten, deren Bewaffnung schwerer als die der Leichtbewaffneten
und leichter als die der Hopliten war: Sie besaßen den leichten Rundschild
(*péltē*, danach Peltasten benannt) und den Wurfspeer, daneben aber Spieß,
Schwert und Harnisch. Diese Truppe sprengte sowohl durch ihre Misch-
bewaffnung als auch durch den Umstand, daß für ihre Aufstellung die
Zugehörigkeit zu bestimmten Stämmen nicht maßgeblich war, den
üblichen Rahmen der leichtbewaffneten Verbände. Obwohl nicht unwichtig, war ihr jedoch keine große Zukunft vergönnt.
Die Kommandoverhältnisse waren insoweit klar gegliedert, als den
Einsatz und die Aushebung der Truppe grundsätzlich die Volksversammlung bestimmte. Das Aufgebot befehligten die Strategen, später die
Taxiarchen als Truppenführer (Regimentskommandeure). Die Heeresli-
tung, also die strategische Führung, hatten einer oder mehrere, seltener
auch alle zehn Strategen inne; gegebenenfalls verlieh die Volksversammlung einem Strategen besondere Vollmachten, die zu eigenem Entschluß
berechtigten. Der athenische Feldherr war jedoch in seiner Entschlußfreudigkeit außergewöhnlich stark durch die ihm nach oder schon während
des Feldzuges stets drohende Rechenschaft vor dem Volk gebremst.
Selbst bei engster Fühlungnahme mit dem Rat, dem er Bericht zu erstat-
ten hatte, mußte er bei Fehlschlägen eine Anklage befürchten, die ihn mit
Tod oder Verbannung bedrohte. Manche Feldherren sind daher nach
einer Niederlage, ohne überhaupt die Reaktion des Volkes abzuwarten,
nicht mehr nach Athen zurückgekehrt. Da die Volksversammlung nicht
nur vor, sondern auch während eines Unternehmens die militärische
Operation lenkte, war es für eine verantwortliche Führung bisweilen
schwer, sich zwischen dem Volksbeschluß und den u. U. ganz offensichtlichen militärischen Notwendigkeiten hindurchzulavieren. Die für die
athenische Demokratie so typische Tendenz zur Schwächung der Regierung verschonte die militärische Führung nicht, auch wenn die Strategen

nicht gelost, sondern gewählt wurden und obwohl die militärische Situation oft eine größere Selbständigkeit der Amtsführung verlangte. Aber selbst erfolgreiche Feldherren, wie die Strategen der Schlacht bei den Arginusen (406), konnte das Strafgericht des Volkes treffen, wenn irgend etwas nicht so abgelaufen war, wie man es sich vorgestellt hatte, und der rückschauende Betrachter ist darum nicht wenig darüber erstaunt, daß die Athener angesichts dieser Kommandoverhältnisse so viele tüchtige Personen für das Strategenamt fanden und daß sie bei allen Pannen so viele bedeutende Siege errangen.

Die Kampfweise in der Schlacht war in ihrer Struktur einfach und für alle griechischen Städte gleich. Die beiden gegnerischen Phalangen unterschieden sich im Prinzip lediglich durch ihre Tiefe, die normalerweise 8 Mann, aber auch weniger oder mehr (3, 12, sogar 25) betrug, und durch ihre Länge voneinander, was beides wiederum vor allem von der Stärke des Aufgebots abhing. Die Strategie einer Schlacht erschöpfte sich in dem gleichzeitigen Gegeneinanderrennen der Schlachtreihen, und angesichts der gleichen Ausrüstung und Kampfweise wurde der Kampf durch die größere Tapferkeit, Geschicklichkeit, Erfahrung und Ausdauer entschieden; hier stand nicht der Feldherr, sondern der Krieger im Mittelpunkt. Nichtsdestoweniger gab es auch bei dieser Kampfesform, bei der nicht Taktik und Strategie, sondern die vorgegebene Formation selbst den Kampf bestimmte, schlachtenentscheidende Faktoren, die auch von den Kämpfenden bedacht wurden: Die Tiefe der Phalanx gab Wucht, die Länge die Möglichkeit, einen Flügel des Gegners zu umfassen. Ferner versuchten die Hopliten mancher Phalangen zusätzliche Kraft für den Zusammenprall dadurch zu gewinnen, daß sie das letzte Stück liefen (*drómos,* kaum mehr als 50 m); die Spartaner unterließen demgegenüber bewußt diesen Lauf, weil sie ihre Linie fester zusammenhalten und auf diese Weise ihre größere Übung im Nahkampf besser zur Geltung bringen wollten. Solche Schlachten verlangten ebenes Gelände, und alle Hoplitenschlachten fanden denn auch in Ebenen statt. Hier war kein Raum für Manöver um die bessere Ausgangsposition im Gelände. Man suchte vielmehr zum Messen der Kräfte in mehr oder weniger stillschweigendem gegenseitigen Einvernehmen den Kampfplatz. Bei dieser Kampfes- und Denkart war die Schlacht mit dem Zurückwerfen der gegnerischen Reihen entschieden. Verfolgungen fanden so gut wie niemals statt; es fehlten den schwergerüsteten Kämpfern nach einer Schlacht auch in aller Regel die physischen Kräfte dazu. So endete die Schlacht mit dem Aufstellen des Siegeszeichens *(tropaion)* auf dem Kampfplatz und der unter einem Waffenstillstand vollzogenen Beisetzung der Gefallenen. Leichte Truppen und die Reiterei hatten in der Schlacht nur untergeordnete Funktionen.

Die Reiterei zumal, die in makedonischer Zeit eine so wichtige Truppe werden sollte, besaß nur geringen taktischen Eigenwert; es gab keine Reiterschlachten bzw. Überflügelungen durch Reitereinheiten, wie sie uns z. B. aus dem 2. Punischen Krieg oder vor allem aus dem 18. Jahrhundert bekannt sind. Reiter und Leichtbewaffnete kämpften entweder gegeneinander oder einzeln gegen Hopliten, eröffneten bisweilen den Kampf und schützten die Hopliten. Ihre Funktion war durchaus sekundärer Natur, und dies galt unbeschadet der Tatsache, daß insbesondere den Leichtbewaffneten gelegentlich eine stärkere, in die Schlacht integrierte Rolle zugewiesen worden ist.

Die Entwicklung der Schlacht von dem einfachen Zusammenstoß der Fronten zu einer Schlachtentaktik, in der die planvolle, überlegte Aufstellung der Truppe deren bloße Kraft ergänzte, nahm ihren Ausgang von einer besonderen Eigentümlichkeit des Kampfes in der Phalanx. Da nämlich jeder Phalangit für seine offene rechte Seite den Schutz des Schildes seines rechten Nebenmannes suchte, verzog sich die Phalanx von selbst nach schräg rechts, so daß beim Zusammenprall die Fronten nicht gerade, sondern in etwas schräger Aufstellung und dazu mit jeweils die andere Phalanx überkragendem rechten Flügel standen. Die Folge war, daß meist die jeweiligen rechten Flügel siegten und bisweilen erst ein zweites Treffen der rechten Flügel, die beide unbesiegt waren, die Entscheidung brachte. In der Schlacht von Delion im Jahre 424 haben die Böoter gegenüber den Athenern aus dieser Eigenheit, die im Grunde ein „Fehler" war bzw. auf einem „fehlerhaften" Verhalten der Hopliten beruhte, eine besondere Taktik entwickelt. Sie verstärkten nämlich bewußt den an sich schon stärkeren rechten Flügel zusätzlich dadurch, daß sie ihn 25 Mann tief staffelten. Die Athener, die sich mit der üblichen Tiefe von 8 Mann begnügt hatten, wurden auf diese Weise auf ihrem linken Flügel verhältnismäßig schnell geschlagen und ihre Linie von dorther teilweise aufgerollt. Der geniale thebanische Feldherr Epaminondas hat dann diese Taktik weiterentwickelt, indem er in der Schlacht bei Leuktra gegen die Spartaner (371 v. Chr.) seinen l i n k e n Flügel stärkte (er war 50 Mann tief gegenüber 12 Mann bei den Spartanern!), ihn durch die Reiterei in der Flanke sicherte und ihm die Rolle des Angreifers gab, die bisher der rechte Flügel gehabt hatte.

Da der rechte Flügel der von der natürlichen Bewegung der Phalanx her schwer besiegbare Flügel war, entschied Epaminondas mit dem Sieg seines linken Flügels (bei hinhaltend kämpfendem rechten Flügel) über den feindlichen rechten Flügel die Schlacht. Diese Taktik wird als die der „schiefen Schlachtordnung" bezeichnet. Denn war man bisher trotz schräg nach rechts verzogener Schlachtreihe lediglich mit etwas im entgegenge-

setzten Uhrzeigersinn verdrehter Ordnung, aber frontal aufeinanderge-
troffen, stieß jetzt der linke, angreifende Flügel (bei zurückgehaltenem
rechten) in einem spitzen Winkel, also „schief", gegen den feindlichen
rechten Flügel. Mit Epaminondas begann die Schlachtentaktik im engeren
Sinne. Auch die großen athenischen Feldherren der ersten Hälfte des
4. Jahrhunderts haben manche taktischen Neuerungen geschaffen. So
baute Iphikrates die Leichtbewaffneten (Peltasten) zu einer besonderen
Waffengattung aus und gab ihnen eine wichtige Funktion in der Schlacht.
Im Prinzip aber blieb die Hoplitenphalanx das entscheidende Kampfinstrument und hat sich bis zum Ende der Klassischen Zeit, also bis auf

Schema der Schlacht
von Leuktra

Spartaner

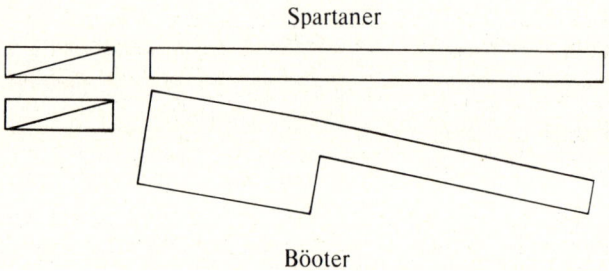

Böoter

die Hegemonie Makedoniens, an dem Charakter der Schlacht als eines
Gegeneinanderrennens der Schwerbewaffneten nichts geändert. Erst die
Makedonen haben tiefergreifende Veränderungen im Aufbau und in der
Kampfweise des Heeres geschaffen, durch die dann auch die Reiterei eine
tragende Rolle erhielt.
Die athenischen Hopliten begründeten ihren Ruhm durch die Schlacht
von Marathon, in der sie, allein auf sich gestellt, die persische Invasionsar-
mee geschlagen hatten, und sie erneuerten ihn bei Platää, wo sie mit den
verbündeten Griechen gemeinsam gegen die Perser kämpften. In der Zeit
der entwickelten Demokratie waren sie nicht immer so erfolgreich; schon
in der zweiten Hälfte des 5. Jahrhunderts mußten sie mehrere schwere
Niederlagen hinnehmen. Die athenische Phalanx war nicht nur der
spartanischen nicht ebenbürtig, was bei keinem Griechen als eine Schande
galt; sie war etwa auch den Böotern deutlich unterlegen, die die Athener in
zwei blutigen Schlachten — bei Koroneia (447) und Delion (424) — besie-
gen konnten. Wenn auch der Hoplit weiterhin das Fundament der Verteidigung blieb, sahen die Athener doch mehr und mehr in der Flotte das

eigentliche Instrument ihrer Militärpolitik, dies jedenfalls besonders dann, wenn diese offensiver Natur war.

Ein befestigtes Lager, dem die Römer einen großen Teil ihres Erfolges verdankten, haben die Griechen gewöhnlich nicht angelegt. Aber selbstverständlich wählte man für das Lagern einen geeigneten Platz, und es gab auch eine auf Gewohnheit beruhende Lagerordnung. Die Marschordnung war demgegenüber schärfer reglementiert, weil es bisweilen notwendig war, sich aus dem Marsch heraus zur Schlachtordnung zu entfalten. Wie sonst im Kriegshandwerk waren die Spartaner auch hierin am besten geübt.

Die Athener besaßen zum Schutz ihrer Küste und Landgrenzen eine Reihe von kleineren, mit einer ständigen Besatzung versehenen Festungen, in denen der zweite Jahrgang der Epheben (s. o.) oder die älteren Jahrgänge Dienst taten. In der Klassischen Zeit gab es acht solcher Festungen (Panakton, Oinoë, Phyle an der Landgrenze und Eleusis, Anaphlystos, Sunion, Thorikos, Rhamnus an der Küste). So waren nicht nur Athen und der Piräus jeweils für sich durch Mauern, und dazu beide Komplexe zusammen durch die Langen Mauern, sondern auch das attische Land gegen Einfälle von Land und See her gut gesichert.

Der militärische Stellenwert der athenischen Flotte war dem des Heeres im 5. und 4. Jahrhundert gleichrangig, zeitweise sogar deutlich übergeordnet.

Kriegsschiffe waren in der Antike stets Ruderschiffe, weil der Erfolg des Kampfes in erster Linie von der Beweglichkeit des Schiffes abhing. Zwar besaß jedes Kriegsschiff auch einen Mast und Segelwerk; doch wurde nur für die Fortbewegung auf längeren Strecken, niemals im Seekampf gesegelt. In der Schlacht wurde der Mast abgebaut und samt Takelage im Rumpf verstaut, um die Bewegung von Ruderern, seemännischem Personal und Soldaten nicht zu beeinträchtigen.

In der Klassischen Zeit besaßen die Athener die mit Abstand größte Flotte unter den Griechen. Noch im 6. Jahrhundert waren Korinth, die Insel Aigina, Samos und Milet die großen seefahrenden Städte gewesen, die auch starke Kriegsflotten unterhielten. In der Schlacht von Salamis im Jahre 480 hingegen stellten die Athener bereits knapp die Hälfte aller Schiffe der griechischen Bundesgenossen, nämlich 180 von insgesamt 378 Schiffen; die nach Athen stärksten Kontingente, nämlich die der Korinther und Aigineten, waren lediglich 40 bzw. 30 Schiffe stark. Die athenische Flotte war seit der Mitte der achtziger Jahre durch Themistokles gegen die Seeherrschaft der Aigineten im Saronischen Golf, vielleicht auch bereits von Anfang an, jedenfalls seit dem Vorabend des großen

Perserkrieges dann eindeutig gegen die Persergefahr systematisch vergrößert und nach den großen See-Erfolgen der Jahre 480/479 und der Befreiung der griechischen Städte auf den Inseln und an der Westküste Kleinasiens zum Aufbau eines hegemonialen Seebundes eingesetzt und weiterentwickelt worden. Die Flotte oder große Teile derselben liefen zeitweise Jahr für Jahr aus und bildeten die Grundlage der Macht und des Ansehens der Athener. Nach Ausbildungsstand, Erfahrung und Größe suchte sie ihresgleichen in der Welt. Am Anfang des Peloponnesischen Krieges zählte die athenische Flotte 300 Kriegsschiffe, und sie ist auch nach schwersten Verlusten immer wieder auf einen hohen Schiffsbestand gebracht worden. Obwohl die Flotte nach dem unglücklichen Ausgang dieses Krieges bis auf 12 Schiffe ausgeliefert werden mußte, erreichte sie doch bald erneut eine ansehnliche Stärke und konnte in der Mitte des 4. Jahrhunderts wieder 250–350 Einheiten aufweisen. Um die Schlagkraft der Flotte auf gleicher Höhe zu halten, wurden mehrmals Programme zu einem regelmäßigen Ersatz von älteren Schiffen entwickelt und bisweilen auch längere Zeit durchgehalten. So bauten die Athener vor den großen Perserschlachten, dann wieder auf Drängen des Perikles bei Beginn des Peloponnesischen Krieges und noch einmal in der Mitte des 4. Jahrhunderts jährlich 20, 15 bzw. 10 Schiffe dazu.

Die besondere Eigenart des griechischen Kriegsschiffes der Klassischen Zeit war das Ergebnis einer langen Entwicklung, in der menschliche Erfindungsgabe den militärischen Nutzen dieser Waffe so weit gebracht hatte, daß die Flotte zu einem kriegsentscheidenden Faktor werden konnte. Noch in der ersten Hälfte des 6. Jahrhunderts war das Kriegsschiff ein oben offenes Schiff, in dem die Ruderer auf einer Ebene und in einer Reihe entlang der Bordwand saßen und die Soldaten von der Mitte des Schiffes aus gegen die gegnerische Mannschaft kämpften oder auch überzuspringen versuchten. Die verschiedenen S c h i f f s t y p e n wurden nach der Anzahl der Ruderer (20, 30, 40, 50) benannt; der am häufigsten benutzte Typ war ein Fünfzigruderer (Pentekontere). Schon in der zweiten Hälfte des 6. Jahrhunderts begann sich ein völlig neuer Schiffstyp durchzusetzen, der durch ein kompliziertes System von mehreren Ruderreihen die Anzahl der Ruderer um ein Mehrfaches erhöht und damit die Kampfweise zur See revolutioniert hat: die T r i e r e (nach dem lateinischen Namen für Dreiruderer in der modernen Literatur auch Trireme genannt). Es scheint, daß das Samos der Zeit des Tyrannen Polykrates (538–522), dessen Flotte die Ägäis lange Jahre hindurch durch Seekrieg und Seeraub beherrscht hatte, für die Ausbildung dieses Schiffes zu dem wichtigsten Kriegsschiffstyp eine bedeutende Rolle gespielt hat; doch begann seine Entwicklungsgeschichte schon mehrere Generationen

früher. Die grundlegende Neuerung lag darin, daß bei der Triere alles auf
die Schnelligkeit und Manövrierfähigkeit abgestellt war und also in diesen
Eigenschaften − nicht mehr in der Zahl und Ausrüstung der mitgeführten
Soldaten − die Stärke des Schiffes lag. In Konsequenz dessen wurde die
militärische Leistung künftig von der Rudermannschaft, nicht mehr von
den auf Deck befindlichen Hopliten oder Bogenschützen erbracht. Da der
neue Schiffstyp und die von ihm diktierte Kampfweise nicht nur militärische Bedeutung, sondern auch einen nicht zu überschätzenden Einfluß
auf die soziale und politische Entwicklung der griechischen Städte, insbesondere aber Athens, gehabt haben, soll etwas ausführlicher auf ihn
eingegangen werden.

Die Triere ist ein 32−38 m langes und nur 4,50 m (mit Ausleger für die
Ruder 5,50−6 m) breites, zunächst nur mit Vorder- und Achterdeck, dann
mit einem um die Bordwand umlaufenden Deck versehenes Schiff, das
drei Reihen von Ruderern besaß. Da das Schiff wegen der drei Ruderreihen eine im Verhältnis zu seiner Größe hohe Bordwand haben mußte
(2,20 m) und geringen Tiefgang hatte (1 m), lag sein Schwerpunkt unverhältnismäßig hoch über dem Wasserspiegel, und darum war die Gefahr
des Kenterns immer groß. Das hohe, lange und schmale Schiff war besonders in schwerer See gefährdet; es war um des militärischen Nutzens
willen gleichsam an der Grenze zur Seeuntüchtigkeit gebaut worden.
Wenn die Triere trotzdem zwei Jahrhunderte hindurch der beherrschende
Kriegsschiffstyp blieb und noch über diese Zeit hinaus Bedeutung hatte,
lag das an seiner ungemeinen Kampfkraft während der Schlacht.

Der wichtigste Teil der Triere war das Ruderwerk. Damit die Bordwand
nicht zu hoch und die Ruder nicht zu lang wurden, haben die Ruderer
nicht in drei übereinanderliegenden Decks gesessen. Da keine genauen
Beschreibungen des Ruderwerks einer Triere auf uns gekommen sind und
auch keine Triere gefunden wurde, ist die genaue Anordnung der Reihen
noch heute ein Forschungsproblem. Man wird aber mit Sicherheit sagen
dürfen, daß die drei Reihen sowohl seitlich und nach vorn bzw. hinten als
auch in der Höhe (durch die Aufstellung eines gegenüber der Ruderbank
höheren Schemels und durch die Einrichtung eines zweiten Ruderdecks)
versetzt waren. Damit die drei Ruderreihen sich nicht störten, müssen
ferner für die oberste bzw. die beiden oberen Ruderreihen an der Bordwand Ausleger (Riemenkästen) angebracht worden sein. Diese stützten
zugleich die längeren Ruder der höheren Reihen (das längste Ruder maß
ca. 4 m) und ermöglichten durch die damit gewährte gleichmäßige Belastung einen ebenso gleichmäßigen Schlag aller Ruder. Die unterste (und
vielleicht auch die mittlere) Ruderreihe, die weder den Ausleger noch die
Bordwand als Ruderauflage benutzen konnte, bediente die Ruder mittels

Triere nach FOLEY/SOEDEL

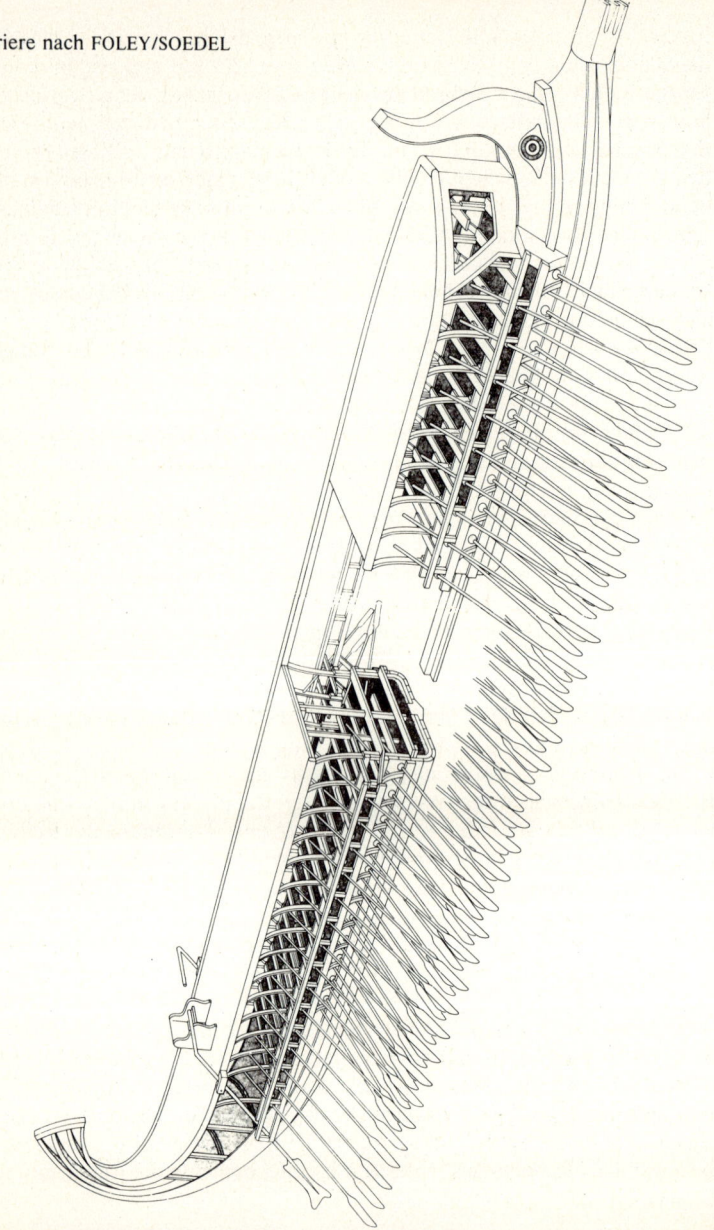

Trierenrelief von der Akropolis zu Athen

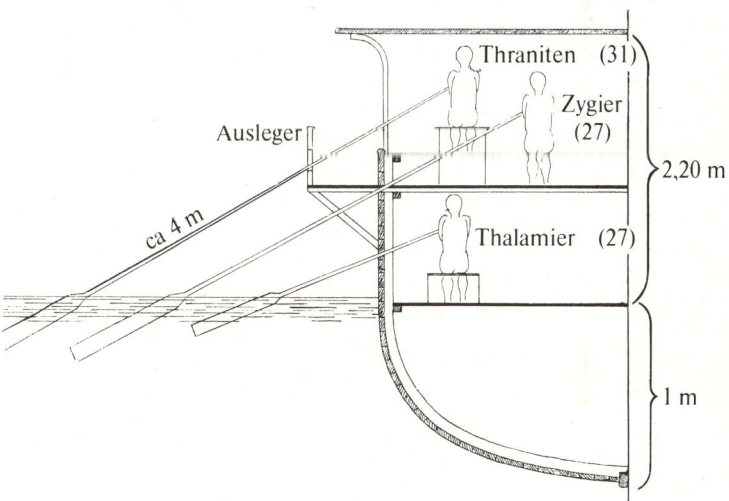

Querschnitt einer athenischen Triere mit dem Versuch einer Rekonstruktion der Anlage der Ruderreihen (nach KROMAYER/VEITH, **57,** Abb. 45)

Querschnitt einer athenischen Triere mit den Ruderreihen backbord und steuerbord (nach FOLEY/SOEDEL)

in der Bordwand angebrachter Luken, die bei schwerem Seegang ge-
schlossen werden konnten. Die Athener gaben den Ruderern der drei
Reihen verschiedene Namen, die − wenn auch umstrittene − Rückschlüsse auf ihre Aufstellung erlauben. Die Ruderer der obersten Reihe
hießen Thraniten („Schemelsitzer"), die mittlere Zygier („Banksitzer"), die
unterste Thalamier („der im Schiffsbauch an der Ruderluke Sitzende").
Die Anzahl der Ruderer betrug auf den athenischen Trieren ziemlich
einheitlich 170 Mann; die oberste Reihe hatte 62, die zweite und dritte je
54 Ruderer. Zur Rudermannschaft gehörten auch der für den Ruderschlag
verantwortliche Rudermeister *(keleustēs),* der nach dem Steuermann
*(kybernētēs)* der zweithöchste Offizier auf dem Schiff war, und ein Flötenbläser, der mit seinem Instrument für einen gleichmäßigen Schlag sorgte.

Die Schiffsmannschaft im engeren Sinne (Deckmannschaft) war klein.
Der Schiffsführer, der Trierarch, gehörte nicht zum seemännischen
Personal; unter seiner Leitung war das Schiff gebaut, ausgerüstet und die
Mannschaft eingeübt worden, und er ist somit eher als Bauherr, Verwal-
tungschef und Kommandeur in der Schlacht denn als Kapitän anzusehen.
Die navigatorische Leitung hatte der Steuermann inne. Ihm unterstand,
gleichsam als 2. Offizier, ein insbesondere für die Beobachtung der Wind-
und Wasserverhältnisse verantwortlicher Seemann auf dem Vorderdeck.
Zusammen mit einigen anderen, untergeordneten Chargen, vor allem
Matrosen für das Setzen der Segel, kam das seemännische Personal auf
10−12 Mann.
Bewaffnete Soldaten (Marineinfanteristen; die Griechen nannten sie
Epibaten, d. h. „die Dazugestiegenen") wurden auf den Trieren je nach
dem Einsatzzweck und den Vorstellungen der Feldherren von dem
Nutzen der zu verwendenden Taktik in unterschiedlicher Anzahl mitge-
führt. War die Flotte dazu ausersehen, Seeoperationen mit kurzfristigen
Landungen in feindlichem Gebiet zu verbinden, war die Anzahl der
Epibaten größer, als wenn in einer Seeschlacht mit der feindlichen Flotte
eine Entscheidung gesucht werden sollte. In älterer Zeit hatten die Epibaten auch im Seegefecht eine wichtige, zeitweise bestimmende Rolle
gespielt; denn damals war das Gefecht in erster Linie als ein Kampf der
gegnerischen Schiffsbesatzungen ausgetragen worden. Als man zu einer
anderen Kampfestaktik übergegangen war, in der das Schiff als Ganzes als
Waffe eingesetzt wurde (s. u.), benötigte man nur noch wenige Epibaten,
meist nur so viele, um beim Heranfahren die gegnerische Deck- und
Rudermannschaft durch Speere und Pfeile zu verunsichern oder womöglich zu dezimieren. Die Athener hatten noch bei Salamis 14 Hopliten und
4 Bogenschützen auf jeder ihrer Trieren gehabt; im späteren 5. Jahrhun-

dert gehörten in der Regel nur noch 10 Hopliten zum Stammpersonal einer Triere. Gelegentlich kehrte man aber auch „zur alten Kampfweise" zurück, wie denn überhaupt das jeweilige Operationsziel und die Phantasie des Strategen die Zusammensetzung der Mannschaft bis zu einem gewissen Grade bestimmt haben. Die Trieren dienten auch als Transportschiffe für das Übersetzen größerer Truppenverbände auf feindliches Gebiet. Meist benutzte man dafür Trieren von besonderer, für diese Dienste berechneter Bauart; sie waren selbstverständlich breiter und entsprechend langsamer. Solche „Soldatenschiffe" genannten Trieren vermochten etwa 100 Hopliten zu befördern; für die Reiterei benutzte man Spezialschiffe. Die für die Schlacht bestimmten schmalen Trieren, also nach unserem Sprachgebrauch die Linienschiffe, wurden demgegenüber „Schnellschiffe" genannt.

Von den ca. 200 Mann einer jeden Triere waren 170, das sind 85%, Ruderer. Die Athener verpflichteten für den Ruderdienst zunächst alle diejenigen, die sich nicht selbst als Schwerbewaffnete auszurüsten vermochten. Diese Gruppe war seit der Einführung der timokratischen Ordnung zu Solons Zeiten bereits dadurch negativ bestimmt worden, daß sie nicht zu den drei Vermögensklassen gehörte und also alle Personen unterhalb dieser Klassen *(infra classem)* umfaßte. In Athen hieß dieser Personenkreis Theten. Ihr politischer Aufstieg begann mit dem Bau von großen Flotten seit den Perserkriegen. Denn da mit dem militärischen Dienst, als welcher auch der Ruderdienst auf den Kriegsschiffen angesehen wurde, der Anspruch auf politische Mitsprache verbunden war, erwuchs den Theten bald ein ausgeprägtes politisches Bewußtsein; es führte noch nicht sofort in den Perserkriegen, aber doch in den Jahrzehnten nach der Schlacht von Salamis, als Athen seine Hegemonie über den Seebund ausbaute und zur führenden Seemacht der damaligen Welt wurde, zu der Hineinnahme der Theten in den Verband der politisch berechtigten Bürger und schließlich zu der Umformung der politischen Ordnung in eine „radikale" Demokratie. Daß die Ruderer das dynamische Element der politischen Entwicklung waren und die neue politische Ordnung, nämlich die Demokratie, vor allem von ihnen getragen wurde, war allen Athenern durchaus bewußt, und folglich schöpfte der ärmere Athener sein politisches Selbstbewußtsein gerade aus dem Ruderdienst. Die schwere körperliche Arbeit auf der Ruderbank konnte daher im nachhinein einen Athener mit Stolz erfüllen und in ideologischer Überhöhung als Dienst an der Demokratie erscheinen, die wiederum gleichbedeutend mit Freiheit war.

Es war hingegen ein nicht geringes Problem, für die Flotte immer genügend Ruderer aufzutreiben. In den Seeschlachten der Perserkriege, als unter dem Druck der militärischen Lage faktisch alle Athener in Heer und

Flotte eingereiht worden waren, mochte man noch auskommen; aber selbst damals dürften bereits Lücken aufgetreten sein. Als sich das Leben in Attika nach dem Abzug der Perser wieder normalisiert hatte, war es dann unmöglich, für die großen, teils 100 Schiffe und mehr betragenden Flotten, ja selbst für kleinere Kontingente von 40–60 Schiffen die Rudermannschaft in Attika zusammenzubekommen. Denn eine Flotte von 100 Schiffen benötigte 17 000, ein Geschwader von nur 40 Schiffen immerhin noch 6 800 Ruderer. Bei einer Gesamtzahl von 30 000 waffenfähigen Athenern, von denen zudem ca. 12 000–14 000 Hoplitendienst leisteten, konnten immer nur einige Tausend als Ruderer abgestellt werden. Die athenischen Ruderer besetzten soweit wie möglich die oberste Ruderreihe der Thraniten, welche die längsten Ruder hatten und darum besonders geschickt und erfahren sein mußten. Zur Auffüllung des Fehlbestandes stellte man schon sehr früh auch Metöken als Ruderer ein oder warb sie an. Außer Metöken standen in Attika dann nur noch die Sklaven als mögliches Rekrutierungsreservoir zur Verfügung. Von ihnen machten die Athener nur in äußerst dringenden Fällen, so bei der Expedition nach Sizilien und in den letzten Jahren des Peloponnesischen Krieges, Gebrauch. Das eigentliche Rekrutierungsgebiet für den Ruderdienst wurde das Ausland, und hier in erster Linie das Gebiet des Seebundes. Aus den bundesgenössischen Städten ließen sich zumindest in der Glanzzeit Athens schon wegen des Soldes viele zum Ruderdienst anwerben. Sold wurde selbstverständlich schon von Anfang an auch den athenischen Ruderern gezahlt, die wegen ihrer Armut für sich und ihre Familien auf eine Entlöhnung angewiesen waren. Der Sold betrug im 5. Jahrhundert 3 Obolen pro Tag, was das Existenzminimum einer kleinen Familie kaum sicherte, im 4. Jahrhundert 4 Obolen; gelegentlich wurden auch höhere Beträge gezahlt. Bei der Menge der benötigten Ruderer wird deutlich, daß jede Seeoperation viel Geld verschlang. Jede Triere kostete allein an Sold 100 Drachmen pro Tag, ein Geschwader von 60 Schiffen demnach pro Tag ein Talent. War eine Flotte von 120 Schiffen nur zwei Monate unterwegs, verbrauchte sie über ein Viertel der Seebundsbeiträge eines Jahres.

Die Triere ist als Schiffstyp Ausdruck einer völlig veränderten Art des Seekampfes. Dienten die schwerfälligeren Kriegsschiffe der älteren Zeit vor allem dazu, die Krieger aufzunehmen, die mit Speeren, Pfeilen und Schleudern die Soldaten des feindlichen Schiffes bekämpften und womöglich das Schiff enterten, war nun die schnelle Triere selbst das Kampfinstrument. Das ganze Schiff war die Waffe, die das feindliche Schiff entweder durch Rammen oder durch Absäbeln der Ruderreihen im Vorbeifahren gefechtsunfähig machte bzw. in den Grund bohrte. Zu diesem Zweck war die Triere mit einem unten spitz zulaufenden oder auch stumpferen Schiffsschnabel versehen, und der Erfolg hing von der Kraft der Rudermannschaft sowie ihrer Geschlossenheit und Reaktionsfähigkeit beim Manövrieren ab. Die Schnelligkeit des Schiffes — es schaffte 11–15 Knoten (= 21–30 km/h) und vermochte wahrscheinlich in einer halben Minute vom Stand zur Höchstgeschwindigkeit zu kommen —, die große Zahl der Ruderer und ihre Erfahrung waren die Konstituanten des Erfolges, und von ihnen ist die Erfahrung wohl am schwersten zu erwerben. Denn man hat zu bedenken, daß 170 Ruderer, von verschiedenen Sitzpositionen her und daher auch mit unterschiedlich langen Rudern ausgerüstet, alle im Gleichtakt ihre Ruder eintauchen und den Takt wechseln, bei schnellen Wendemanövern ferner die Reihen backbords und steuerbords getrennt arbeiten mußten; insbesondere von den drei jeweils gestaffelt und übereinander sitzenden Ruderern der drei Reihen, die auf dem engen Raum mit ihren Körpern beim Rudern fast aneinanderstießen, war verlangt, daß sie so gleichmäßig arbeiteten, daß ihre nahstehenden Ruder nicht aneinanderstießen und damit die Schnelligkeit des Schiffes herabsetzten oder es gar außer Kurs brachten. Wie wichtig das Training war, zeigte bereits die in die Anfänge der Trierenzeit gehörende Schlacht bei der Insel Lade im Jahre 494: Vor der Schlacht hatte der erfahrene Flottenführer, der Phoker Dionysios, die bunt zusammengewürfelten Schiffe der ionischen Städte üben lassen; doch verweigerten die durch die Übungen erschöpften und belästigten Ioner nach 7 Tagen das Exerzieren und mußten dies mit der schweren Niederlage büßen. Die Athener veranstalteten regelmäßig Probefahrten zum Einüben einer Mannschaft, und man lehrte Neulinge auch das Rudern an Geräten auf dem Trockenen; unter Perikles sind sogar in jedem Jahre 60 Trieren ausgefahren, um das Manövrieren im Verband zu exerzieren. Die langen Kriegszüge brachten darüber hinaus hinreichend Erfahrung, so daß selbst neu zusammengestellte Rudermannschaften ihr Handwerk beherrschten. Die Athener galten allen Griechen als glänzende Praktiker des Mannschaftsruderns, und auch die für die athenische Flotte im Ausland angeworbenen Ruderer werden ohne Zweifel gemäß ihrer Kraft und Geschicklichkeit eingestellt worden sein.

Wurde eine Seeschlacht an der Küste geführt, wie beim Kap Artemision und bei Salamis, spielte selbstverständlich die Beschaffenheit der Küste eine ausschlaggebende Rolle für die Kampfestaktik. Auf offener See stellten sich im Normalfall die Schiffe in einer langen Reihe parallel einander gegenüber auf (Dwarslinie); hatte man genug Schiffe, wurde ein Flügel über die feindliche Linie hinaus verlängert und halbkreisförmig vorgezogen; fühlte man sich schwächer, nahm man die Flügel zurück.

Dann stürmten die beiden Reihen wie Phalangen aufeinander los, und es kam darauf an, beim Durchfahren der feindlichen Linie die Ruderreihe eines Schiffes zu beschädigen und danach, wenn das Schiff wieder gewendet war, möglichst ein feindliches Schiff durch Rammstoß zu versenken. Die Geschlossenheit des Ruderschlags war ebenso kampfentscheidend wie ein schnelles Hineinnehmen und Wiederherausfahren der Ruder. Von entwickelterer Taktik zeugen die Bemühungen, Teile der feindlichen Flotte von der Hauptmacht zu trennen und mit überlegenen Streitkräften anzugreifen. Diese wie andere taktischen Überlegungen wirkten aber lediglich in der − allerdings oft schlachtentscheidenden − Eingangsphase des Kampfes. War das Eingangsmanöver vorüber, war eine zentrale Leitung schon wegen der Schwierigkeiten der Nachrichtenübermittlung nicht mehr möglich und daher der einzelne Schiffsführer auf sich selbst und die eventuell in Rufweite operierenden eigenen Schiffe gestellt.

Die ungewöhnliche Schnelligkeit und Kraft der Triere in der Schlacht soll nicht vergessen lassen, daß ihre Stoßkraft um den Preis der Seetüchtigkeit erkauft war. Das lange, schmale Schiff lag eigentlich nur beim schnellen Rudern gut im Wasser; es war hingegen ein miserables Segelschiff und einem schweren Unwetter kaum gewachsen. So vermochte nach der Schlacht bei den Arginusen (Sommer 406) die siegreiche athenische Flotte nicht einmal die Schiffbrüchigen ihrer eigenen im Kampf untergegangenen Schiffe zu bergen, was die darüber von Trauer und Wut aufgebrachten Athener dann − anstatt den ihnen wohlbekannten Schwächen ihrer Kriegsschiffe − den an dem Unglück ganz unschuldigen Strategen ankreideten und sie zum Tode verurteilten. Zahlreiche Schiffe, ja ganze Flotten gingen im Sturm unter. Nicht von ungefähr fanden viele Operationen in Küstennähe statt. Dies war auch schon deswegen geboten, weil man auf den schmalen Schiffen weder schlafen noch kochen konnte; darüber hinaus vertrugen die Schiffe längeres Ankern nicht und mußten, wenn irgend möglich, schon aus diesem Grunde abends an Land gezogen werden.

Bei allen Nachteilen blieb die Triere die gesamte Klassische Zeit hindurch das Kriegsschiff schlechthin, gegenüber dem sich erst nach ganz zögernden Anfängen in den ersten Jahrzehnten des 4. Jahrhunderts gegen Ende dieses Jahrhunderts, also bereits in hellenistischer Zeit, Schiffe mit vier und fünf, später dann mit noch mehr Ruderreihen durchsetzten. Da diese Schiffe viel mehr Ruderer haben mußten − die Quadrireme benötigte weit über 200, die Quinquereme knapp 300 Mann auf den Ruderbänken −, waren sie breiter, daher stabiler, aber trotz der vermehrten Rudermannschaft langsamer als die Triere. Das größere Schiff konnte jedoch nun viele Soldaten, auch Katapulte aufnehmen, und so entwickelte sich eine ganz andere Kampfweise zur See. Die großen Schiffe scheinen sich deswegen durchgesetzt zu haben, weil sie der Gefahr des Rammsporns in irgendeiner Weise (durch Katapulte?) Herr geworden waren. Auf die Dauer jedoch erwiesen sich diese immer größer und kampfkräftiger, aber damit auch schwerfälliger werdenden Schiffe gegenüber den leichteren und schnelleren als unterlegen. In der Schlacht von Actium, in der Kleopatra und Antonius mit den in der gesamten hellenistischen Zeit üblichen übergroßen Schiffen gegen die wendigeren des Octavian und seines Feldherrn Agrippa kämpften (31 v. Chr.), erlebte das große Kampfschiff seine Katastrophe. Da das Mittelmeer seitdem als ein befriedetes Meer gelten konnte, lebte das Seekriegswesen erst seit den Einbrüchen germanischer, mit kleineren Schiffen operierender Stämme im 3. Jahrhundert n. Chr. wieder auf.

Die Aufstellung und Instandhaltung einer so großen Flotte wie der athenischen verursachten Kosten in einer Höhe, die bis dahin keine Stadt auch nur annähernd zu bestreiten in der Lage gewesen war. Darüber hinaus wurden Organisationsvermögen und technisches Können verlangt, ohne die der Unterhalt einer Flotte nicht denkbar ist. Als die Flotte noch klein war, hatten besondere Personenverbände, die Naukrarien, für den Schiffsbau gesorgt. Mit dem Aufschwung des Flottenwesens unter Themistokles mußte man nach neuen Wegen suchen. Da der organisatorische Aufwand der Stadt gering gehalten werden mußte, benutzte man für den Schiffsbau die Leiturgie, das heißt, es wurden die reichen Bürger mit dem Bau und dem Unterhalt der Schiffe belastet. Die Leiturgie wurde in Athen wie in anderen griechischen Städten für die Besorgung einer ganzen Reihe öffentlicher Aufgaben verwendet; die für den Bau und Unterhalt von Schiffen übertragene Leiturgie hieß Trierarchie, und sie ist in ihrer besonderen Ausprägung eine rein athenische Einrichtung. Sie wurde schon für den Bau der ersten großen Flotte unter Themistokles verwendet. Damals wurde den 100 reichsten Athenern ein Talent gegeben und sie beauftragt, mit dieser Summe, zu der der einzelne gegebenenfalls noch einen etwaigen Fehlbetrag dazuzulegen hatte, je ein Schiff zu bauen und auszurüsten. Dieses System ist dann vervollkommnet worden. Der Zweck der Trierarchie lag später aber nicht mehr in erster Linie in dem Bau, sondern in dem Unterhalt der Schiffe. Ihrer Bedeutung wegen seien das Wesen und die Entwicklung der Einrichtung kurz beschrieben.
Den Schiffsrumpf und die Ausrüstungsgegenstände, wie Segel und Takelage, stellte die Stadt. Für den Trierarchen war es daher im Grunde von geringer Bedeutung, ob er nun ein neues oder ein über den Winter in einem Schiffshaus abgestelltes älteres Schiff zu versorgen hatte. Seine Leistung bestand darin, den Schiffsrumpf mit dem übernommenen Gerät

auszurüsten, letzteres u. U. zu vervollständigen, das dienstbereite Schiff
zu Wasser zu lassen, eine Mannschaft einzuüben und das Schiff für das
Jahr, in dem er die Trierarchie übernommen hatte, zu unterhalten; nach
dem Ende der Seeoperationen, wenn die Triere wieder in ein Schiffshaus
gebracht wurde, hatte er sie in ordentlichem Zustand abzuliefern. Für
Beschädigungen, die nicht durch Feindeinwirkung oder Sturm verursacht
worden waren, hatte er selbst aufzukommen. Im Laufe der Zeit kamen
manche anderen Leistungen hinzu. So übernahm der Trierarch die
Auszahlung des Soldes (nicht auch den Sold selbst) und warb schließlich
auch selbst die Mannschaft an. Selbstverständlich konnte er auch mehr,
als verlangt war, tun, etwa das gesamte Schiff aus eigener Tasche bezahlen; der Opferbereitschaft waren keine Grenzen gesetzt. Aber die Last der
Trierarchie war an sich schon groß genug; sie dürfte ein Talent pro Jahr
betragen haben.
Da die Trierarchie mit außergewöhnlich hohen Ausgaben verbunden war,
suchte man nach Wegen zur Entlastung des einzelnen von ihr Betroffenen. So wurde die Trierarchie auf ein Jahr begrenzt. Eine allgemeine
Erleichterung brachte auch eine Beschränkung der Anzahl der zu unter-
haltenden Schiffe: Zwar wurde der Umfang der Flotte nicht verringert,
aber doch nur für die jeweils für eine Operation zur See bestimmten
Schiffe, nicht mehr, wie im 5. Jahrhundert bis zum Ende des Peloponnesischen Krieges, für alle vorhandenen seetauglichen Schiffe ein Trierarch
bestellt. Die wichtigste Änderung aber bestand darin, daß sich zwei oder
seltener sogar drei Bürger eine Trierarchie teilen durften (Syntrierarchie).
Das war in der Zeit des ausgehenden Peloponnesischen Krieges eingeführt worden, als auch die Mittel der reichen Bürger erschöpft waren; doch
blieb die Trierarchie einzelner noch daneben bestehen. Im Jahre 357 hat
dann Periandros das System auf einen noch weiteren Kreis verteilt, indem
er die 1 200 (da nicht wenige von der Pflicht befreit wurden, tatsächlich
knapp 800) reichsten Bürger zur Trierarchie verpflichtete, diese in 20
Verbände (Symmorien) zu je 60 Personen gliederte und die jeweils in dem
Jahr für den Seedienst bestimmten Schiffe gleichmäßig auf diese Verbände verteilte. Der einzelne Verband bildete dann aus seiner Gruppe so
viele Unterabteilungen (Synteleis), wie er Schiffe übernommen hatte; die
Anzahl der Personen einer derartigen Unterabteilung schwankte natürlich
nach ihrem Vermögen (in der Regel 4–6). Diese Reform machte die
Trierarchie für den einzelnen erträglicher; waren in den ersten Jahren des
Peloponnesischen Krieges noch ca. 400 Personen zur Trierarchie verpflichtet worden, waren es jetzt bei etwa gleichbleibenden Gesamtkosten
etwa doppelt so viele.
Durch die Trierarchie waren die Organisation, der Unterhalt und die

Instandhaltung der gesamten Flotte auf die Schultern der Reichen gelegt. Der Stadt blieb — neben dem Geschäft der Auswahl derjenigen, die eine Trierarchie übernehmen sollten — nur noch die Aufgabe, die Schiffe nach Instandsetzung bzw. bei Ablieferung abzunehmen und gegebenenfalls säumige Trierarchen zur Rechenschaft zu ziehen. Darüber hinaus war sie lediglich für die in den Schiffshäusern eingemottete Flotte und für die Hafen- und Werftanlagen verantwortlich. Die drei Häfen des Piräus — die beiden kleineren, nur für Kriegsschiffe bestimmten Hafenbecken (Munichia und Zea) und der große Kantharos-Hafen im Westen der Halbinsel Akte, welcher der Handelshafen war und in dem die meisten Werften und Schiffshäuser standen — waren bereits zu Beginn des 5. Jahrhunderts ausgebaut worden; doch wurden die Anlagen während des ganzen 5. und 4. Jahrhunderts ständig erweitert und erneuert. Die Oberaufsicht über das Marinewesen lag beim Rat; die Schiffsbauten überwachte ein Kollegium von 10 „Trierenbauern" (Trieropoioi); die Verwaltung der liegenden Anlagen, insbesondere der Schiffshäuser, besorgten besondere Aufseher (im 5. Jahrhundert Neoroi, danach „Aufseher der Marineanlagen" genannt). Das gesamte Kriegshafengelände wurde von einer Sondereinheit scharf bewacht.

Die Macht Athens ruhte auf seiner Flotte. Von den großen Perserkriegen am Anfang des 5. Jahrhunderts bis zur Niederlage von Chaironeia gegen den Makedonenkönig Philipp (338) hatte sie Athen trotz schwerster Rückschläge eine herausragende Stellung unter den Griechen geschaffen und erhalten. Als nach dem Tod Alexanders des Großen die makedonische Herrschaft in Frage gestellt zu sein schien, rüstete sich die Stadt noch einmal, ihre alte Seegeltung wiederzugewinnen. Doch in der Seeschlacht von Amorgos unterlag die athenische Flotte dem Admiral des Antipatros, des makedonischen Reichsverwesers von Europa (322). Als Antipatros auch zu Lande Sieger geblieben war, erhielt die Makedonenpartei in der Stadt Oberhand, die unter makedonischem Druck die Demokratie durch eine timokratische Ordnung ersetzte und zugleich mit der Demokratie die Flottenpolitik aufgab. In die Festung Munichia im Piräus legte Antipatros eine Besatzung, und niemals mehr, auch nicht, als nach dem Abzug der Makedonen im Jahre 229 die Stadt von fremder Besatzung auf Dauer verschont blieb, ist sie zu politischer Bedeutung gekommen. Es ist bezeichnend, daß die Demokratie und die große Seepolitik zugleich verschwanden; sie hatten von Anfang an zusammengehört.

## 5. Stadt und Religion

Jede griechische Stadt war im politischen Sinne gleichbedeutend mit der Summe ihrer Bürger, und diese war gleichzeitig immer auch eine Kultgemeinschaft. An den städtischen Kulten nahmen jedoch nicht nur die politisch Berechtigten, sondern ebenso die Frauen, Fremden und sogar die Sklaven teil; den Bürgern kam allerdings bei der Durchführung der Kulte eine besondere Rolle zu. Wie es im öffentlichen Leben keine Trennung zwischen dem Weltlichen und dem Religiösen gab, durchdrang der Kult auch das gesamte private Leben, ja es wurden die verschiedenen privaten und öffentlichen Organisationseinheiten vielfach erst durch den Kult konstituiert, und ihre Vorsteher vertraten die in ihnen zu einer Gruppe vereinigten Menschen vor der Gottheit. So wurde für die Familie, das Geschlecht und den ganzen Staat das Opfer vom Hausvater, Geschlechtsoberhaupt und König vollzogen und bestanden die genannten Verbände vor allem auch durch den von ihrem Oberhaupt vollzogenen Kult. Insbesondere in der Adelszeit war der Geschlechterkult das die adligen Familien begründende und sie erhaltende Prinzip, und jemand gehörte nur insoweit zur adligen Gemeinschaft, als er an einem Geschlechterkult Anteil hatte. Die breite Masse der Bauern, Handwerker, Fremden und Sklaven, die als Nichtadlige keine eigenen Kulte besaßen, war in dieser Zeit nur indirekt, über die Geschlechterkulte, in die politische Organisation integriert. Nachdem Kleisthenes die Bürgerschaft in lokalen, von den alten gentilizischen Verbänden unabhängigen Bezirken organisiert hatte, verloren die traditionellen Kulte der Adelszeit an politischer Bedeutung, und manche verschwanden auch. Aber es blieb das Bedürfnis, die neuen Formen auch in den Götterkult zu integrieren, und so entstanden neben den alten neue, jetzt auf lokaler Ebene errichtete Kultgemeinschaften. Zum Teil in engem Anschluß an ältere Formen finden wir nun vor allem in den Demen und Phylen Kulte, welche die Bürger in die neuen Organisationsformen einpassen und gleichzeitig diesen Formen ihr institutionelles Gewicht geben sollten. In den Phylen wurden z. B. Heroen verehrt, die ihrer Phyle auch den Namen gaben.

Die griechische Religion ist eine Naturreligion; die Mächte der Natur und die im Menschen vermuteten Kräfte sind in ihr zu göttlichen Gewalten sublimiert. In der Klassischen Zeit hat diese Religion bereits eine sehr lange Geschichte hinter sich, und es ist uns heute kaum mehr möglich, in jedem Fall die einzelnen Schichten der Entwicklung voneinander zu trennen; nur selten vermögen wir die Geschichte einer Gottheit über die Zeit der Einwanderung hinaus sicher zu verfolgen. Überall, wo Griechen lebten, sind vorgriechische, rein mediterrane, zu einem nicht geringen Teil auch aus dem kleinasiatischen und thrakischen Raum stammende Gottheiten mit solchen, welche die einwandernden griechischen Stämme einst mitgebracht hatten, vermengt worden. Da die Griechen keine scharfen Trennungslinien zwischen dem menschlichen und dem göttlichen Bereich zogen, sind ferner zu allen Zeiten auch historische Personen in für uns schwer rekonstruierbarer Weise in das göttliche Pantheon aufgenommen worden, und so hat sich zwischen die mächtigeren göttlichen Gestalten eine Vielzahl von Klein- und Halbgöttern geschoben, die als Heroen oder niedere Götter in unendlich vielfältigen Formen das religiöse Leben mitbestimmten. Die Phantasie der Griechen machte dieses bunte Bild noch vielfältiger; bisweilen wurden Götter und Geschichten von Göttern sogar mehr oder weniger bewußt neu geformt, um etwa für eine neue Stadt einen besonderen religiösen Hintergrund oder eine besondere Legitimation zu schaffen. Die Durchdringung des gesamten Lebens mit immer neuen Varianten göttlicher Mächte hat bis in das 5. Jahrhundert hinein die Intensität der Religiosität durchaus nicht geschwächt; sie ist eher als Ausdruck tiefen religiösen Empfindens denn als religiöser Indifferentismus zu verstehen.

Ein wesentlicher Zug griechischer Religiosität ist deren l o k a l e  G e b u n - d e n h e i t . An zahlreichen natürlichen Örtlichkeiten, wie Quellen, Grotten und Bergen, an vorgeblichen oder tatsächlichen Gräbern oder auch an Orten ohne sichtlichen Bezug wurden Götter oder Heroen verehrt, und die Mannigfaltigkeit der Kultstätten korrespondiert mit der Buntheit der politischen Welt. Der Ursprung eines Kultes reicht meist in die Vorzeit, in die vorgriechische oder mykenische Welt, zurück. Gerade in jüngster Zeit sind durch die rege Ausgrabungstätigkeit viele Verbindungen hellenischer Gottheiten zur mykenischen Zeit festgestellt oder bestätigt worden. So geht z. B. der Kult der Athena auf der Akropolis auf eine minoisch-mykenische Schlangengöttin zurück, die im Herrscherpalast ihren Sitz gehabt hatte. Die Mykener, wie nach ihnen auch die Dorier und Nordwestgriechen, haben die bei ihrer Einwanderung mitgebrachten Gottheiten in vielfältiger, für uns nicht immer klar durchschaubarer Weise mit den Gottheiten, die sie vorfanden, verbunden. In diesem Prozeß der Verschmelzung waren die Kultorte feste Bezugspunkte; soweit nicht das Grab einer historischen oder als historisch gedachten Person den Anknüpfungspunkt für einen Heroenkult bot, sind so gut wie alle Kultorte uralte Stätten religiöser Verehrung.

Eine besondere Bedeutung hatte für alle Griechen der Heroenkult. Er ist von seinem Ursprung her Totenkult, nämlich die kultische Verehrung der Ahnen, und blühte folglich besonders in der Adelszeit; er zog gerade aus seinem konkreten historischen Bezug und der strengen lokalen Bindung sein Ansehen und seine Kraft. Wenn sich im Laufe der Zeit ein Kult dann aus seinen angestammten familiären Bindungen löste und verselbständigte, wurde es möglich, ihn u. U. mit anderen, älteren oder jüngeren Traditionen zu verbinden, ihn gegebenenfalls auch als religiösen Mittelpunkt neuer politischer Organisationsformen, wie der Demen und Phylen, zu benutzen und ihm so eine veränderte religiös-politische Bedeutung zu geben.

Wir können uns das religiöse Leben der griechischen Frühzeit kaum bunt genug vorstellen. Die Phase nach der Einwanderung der Dorier und Nordwestgriechen am Ende des 2. Jahrtausends (wie wohl auch die Phase der ersten griechischen Einwanderung am Anfang dieses Jahrtausends, als die Achäer und Ioner nach Griechenland kamen) war eine Zeit der politischen und damit gleichzeitig religiösen Zersplitterung der Stämme gewesen, und dies war ja auch gerade die Blütezeit der Adelswelt, in der das politische Gewicht bei dem einzelnen Geschlecht lag. Erst allmählich begannen die Griechen, sich auch wieder des sie Verbindenden stärker bewußt zu werden, und der bedeutsamste Ausdruck dieser geistig-politischen Entwicklung ist die Herausbildung einer göttlichen Welt, die von dem lokalen Bezug auch unabhängig gedacht werden konnte bzw. deren lokaler Bezug in dem Gedanken der olympischen Götterwelt abstrahiert wurde. Diese für ihr Zusammengehörigkeitsgefühl so folgenschwere Leistung verdankten die Griechen vor allem dem Epos, weswegen wir ja auch von den olympischen Göttern als von den homerischen sprechen. Außerhalb der Erzählungen vom Leben und Wirken der großen Göttergestalten (Mythos), die sich vor allem in den Epen und später in den Tragödien niederschlugen, also im praktischen Kultleben, mußten diese nunmehr als höher gedachten olympischen Götter aber doch mit festen Orten verbunden werden, und so sind manche lokalen Kleingötter im Zuge politischer Entwicklungen zu höherem Rang aufgestiegen, sei es zu der zentralen Gottheit eines für viele Stämme und Städte bedeutsamen Heiligtums, wie in Delphi, Olympia und auf Delos, sei es zu der Schutzgottheit einer Stadt. In Attika nahm in dem Maße, wie die Akropolis politisches Zentrum der Landschaft wurde, Athena den Platz der Stadtgottheit ein. Aus der mykenischen Hauptgottheit des Herrscherhauses, in dessen Palast auf der Akropolis sie verehrt wurde, wandelte sie sich im Zuge der politischen Schwächung des Königtums unter mancherlei Namen — als Pallas Athena (Pallas heißt „Mädchen"), als die jungfräuliche Athena (Athena Parthenos) oder als die „Stadtherrin" (Athena Polias) — zu der die ganze attische Landschaft beherrschenden Göttin. Mit dem Tempelbau und der Kultstatue, die überall in Griechenland zu dem

Aufbau zentraler Gottheiten viel beigetragen haben, erhielt die Stadtgöttin auch ihre sichtbare Höherstellung. Das alte hölzerne Kultbild *(xóanon)* wurde in dem neuen gewaltigen Tempel der perikleischen Zeit, dem Parthenon, durch die (ohne Basis) zehn Meter hohe Gold-Elfenbeinstatue der Athena des Pheidias (Gold und Elfenbein waren um einen Holzkern gelegt) ersetzt. Eine ebenfalls von Pheidias geschaffene weitere Kolossalstatue der Athena aus Erz (ca. 9 m hoch) stand im Freien zwischen der Rückfront des Parthenon-Tempels und den Propyläen auf der Akropolis. Sie war wie die Tempelstatue in aufrechter Haltung, aber neben dem Schild zusätzlich mit einer Lanze bewaffnet dargestellt und trug seit der hohen Kaiserzeit den Beinamen Promachos (die Vorkämpferin; andere Darstellungen dieses Typs zeigen die Göttin mit hocherhobenem Schild und geschwungener Lanze). Die vergoldete Lanzenspitze der in Bronze gearbeiteten Statue war das erste, was der von See heimkehrende Athener von seiner Stadt erblickte; ihr Funkeln konnte man bereits am Kap Sunion wahrnehmen.

Athena hat sich ihre Vorrangstellung in Attika erst erkämpfen müssen. Mit ihr konkurrierte anfangs vor allem noch P o s e i d o n , der auf der Akropolis eine uralte Kultstätte besaß, an der er zusammen mit Athena und Erechtheus, einer später zu einem mythischen König Athens umgeformten Gottheit, verehrt wurde. Diese wichtige, auch noch mit anderen göttlichen Wesen verbundene Stätte wurde in Klassischer Zeit von dem zwischen 421 und 406 erbauten Erechtheion überbaut; man zeigte dort u. a. den der Überlieferung nach von Athena selbst gepflanzten heiligen Ölbaum und das Dreizackmal, das Poseidon geschlagen haben soll. Das Nebeneinander der beiden Gottheiten haben die Griechen später in dem Mythos von dem Streit zwischen Athena und Poseidon um Attika rationalisiert. Neben Athena und Poseidon genoß an verschiedenen Stellen Attikas vor allem D i o n y s o s große Verehrung. Aber während die beiden ersteren von Anfang an auf der Burg, dem späteren politischen Zentrum, saßen und sich ihre religiöse Bedeutung für die ganze Landschaft daraus von selbst ergab, haben von den vielen lokalen Kultgottheiten Attikas doch nur diejenigen auch eine für alle Athener bedeutsamere Rolle gespielt, die auf irgendeine Weise ihren Weg in das politische Zentrum fanden, sei es, sie genossen schon früh ein über den lokalen Rahmen hinausgehendes Ansehen, sei es, einem Adligen gelang es, den von ihm bevorzugten Kult nach Athen zu ziehen. So ist Dionysos, der allerdings in der Stadt selbst wohl seit sehr alter Zeit eine Stätte der Verehrung besaß, dadurch zu einer zentralen Gottheit der ganzen Stadt geworden, daß der Tyrann Peisistratos dem lokalen Kult des Dionysos von Eleutherai ein gemeinattisches Fest in Athen widmete (die sogenannten „Städtischen"

Dionysien); die Artemis von Brauron an der Ostküste Attikas besaß sogar eine Dependance auf der Akropolis, die vielleicht ebenfalls Peisistratos eingerichtet hatte. – Für das öffentliche Leben waren ferner die Göttin Hestia und Zeus Herkeios von Gewicht, beide ursprünglich den häuslichen Herd und damit das Wohl der einzelnen Familien schützende Gottheiten, deren Funktion dann auf die ganze Stadt als ein symbolisches Haus übertragen wurde. Funktionalen Charakter haben auch die Markt- und Versammlungsgötter; die Volksversammlung auf der Pnyx etwa unterstand dem Schutz des Zeus Agoraios (von Agora: Markt, Versammlung), der in Klassischer Zeit dort einen Altar hatte.

Eine Sonderstellung nimmt das Heiligtum der Demeter in Eleusis ein. Demeter ist eine alte bäuerliche Fruchtbarkeitsgöttin, von der das Gedeihen der Ernte, insbesondere der Getreideernte, abhing; sie galt den Griechen als die Lehrerin des Getreideanbaus. Mit ihrem Kult in Eleusis waren schon in früher Zeit Mysterien verbunden gewesen, also eine Kultform, die durch den Ritus der Einweihung und durch die Geheimhaltung der in ihr vermittelten Lehre einen festeren Rahmen besaß. Die Griechen kannten eine ganze Reihe von Mysterienkulten; die eleusinischen gehörten zu den angesehensten in der ganzen griechischen Welt. Die Mysterien gaben dem Mysten – und dies haben wir durchaus als eine Besonderheit innerhalb des im übrigen ganz der Natur verhafteten religiösen Denkens der Griechen anzusehen – eine Jenseitsvorstellung, vermittelten ihm also das Wissen von einem Dasein nach dem Tod und darüber hinaus auch das Versprechen, durch die rituelle Weihe in der anderen Welt bevorzugt behandelt zu werden. Eleusis ist erst spät an die attische Landschaft angeschlossen worden; auch das benachbarte Megara hatte sich um das Heiligtum bemüht. Die Athener suchten den von allen Griechen so hoch geschätzten Kult dadurch fester an ihre Stadt zu binden, daß sie – außer daß sie den Besitz der Göttin verwalteten und deren Feste ausrichteten – der eleusinischen Demeter am Abhang der Akropolis eine Kultstätte stifteten und an dem Hauptfest der Göttin im Oktober eine große Prozession von der Stadt über die „Heilige Straße" bis nach Eleusis veranstalteten. Die Sonderstellung des Kultes fand u. a. darin ihren Niederschlag, daß die Mysterien, also der zentrale Teil des Kultes, stets dem eleusinischen Priestergeschlecht der Eumolpiden reserviert war. Die Mysterien waren in der Tat auch von ihrem Wesen her in den staatlichen Kult nicht voll zu integrieren. Denn sie sind Kulte von Menschen, die sich in völliger Freiheit zu einem besonderen religiösen Ziel zusammenschließen und ihren Charakter als eine Sondergemeinschaft durch einen Einweihungsakt, der den einzelnen Mysten von der Außenwelt abgrenzt, besonders herausstellen. Sie stehen damit den anderen Kulten, an denen alle Anteil haben, in einer gewissen Spannung gegenüber, und nicht nur den öffentlichen, sondern ebenso den Kulten der Familien, Geschlechter, Demen, Phylen und anderen Organisationsformen. Denn an allen diesen haben zwar nur bestimmte Personengruppen Anteil, doch ist mit ihnen kein Spezialwissen verbunden, und es werden vor allem diese Gruppen wie auch die Kultgemeinschaft des Gesamtstaates nicht durch den freien Willen des Menschen, sondern durch die sozialen und politischen Gemeinschaften gebildet, in die der einzelne hineingeboren wird.

Waren für die Mysterien mit ihrem geschlossenen Kreis von Kultgenossen, dem Geheimwissen und dem durch die besonderen Jenseitserwartungen erhöhten religiösen Empfinden die Priester ein bedeutsamer, wenn nicht gar konstitutiver Faktor des Kultes, verlangten alle anderen Kulte nicht den mit Spezialwissen und religiöser Autorität ausgerüsteten Priester. Weder die Athener noch die übrigen Griechen kannten einen besonderen Priesterstand. Die heilige Handlung vollzog die jeweils höchste Autorität der Kultgemeinschaft, also im Hause der Familienvater, im weiteren Rahmen des Geschlechts das adlige Oberhaupt, in der Stammesphyle der gewählte „Stammeskönig" und für die ganze Stadt ursprünglich der König, nach seiner Verdrängung an seiner Statt ein jährlich gewählter Beamter, der wegen der Bindung mancher Kulte an den Königsnamen den Beinamen „König" (basileús) trug (árchōn basileús), oder auch andere Beamte. War für einen sakralen Akt Fachwissen, z. B. Kenntnisse über die positive oder negative Beurteilung eines Opfers (Opferbeschau), verlangt, wurden die dafür kompetenten Personen befragt; doch gab ihnen das Wissen keine religiöse Autorität.

Eine sichtbare Ausprägung fand die Kultgemeinschaft der Athener in den großen Festen zu Ehren der zentralen Gottheiten, insbesondere in den Panathenäen für die Stadtgöttin und in den Städtischen Dionysien. Obwohl der athenische Festkalender über sie hinaus viele und z. T. auch viel ältere Feste aufwies, verkörperten diese beiden doch mehr als die anderen die politische Einheit Attikas, und um der Einheit dieser Landschaft willen waren sie ja auch von den Peisistratiden gegen den Widerstand der lokalen, um die einzelnen Kultstätten konzentrierten Gewalten des Adels geschaffen bzw. ausgebaut worden.

Die feste Verbindung von sakralem und öffentlichem Bereich zeigt sich weiter darin, daß alle Versammlungen und Behörden ihre Beratungen mit einem Gebet, in dem die wichtigsten Gottheiten auch namentlich genannt wurden, und einem Opfer begannen. Fiel das Opfer ungünstig aus, wurde die betreffende Handlung verschoben. An mindestens zwei der vier ordentlichen Volksversammlungen einer Prytanie wurden in einem ersten Tagesordnungspunkt alle anstehenden Fragen zu den Kulten der Stadt

erörtert. Da die Stadt für die Verwaltung und Instandhaltung der Tempel
sowie für die Wahrung des Tempelbesitzes verantwortlich war, hatte sie in
Wahrnehmung dieser Pflichten alljährlich eine Fülle von Aufgaben zu
bewältigen. Unter sie fiel selbstverständlich auch der Schutz der Götter
gegen Angriffe von Sakralverbrechern, mochten sie sich nun an dem
Eigentum einer Gottheit vergangen oder die Gottheit durch Schmähun-
gen oder auf andere Weise entwürdigt haben. Die Anklage wegen Gottlosigkeit (Asebie) konnte einem Verurteilten in besonders schweren Fällen
die Verbannung oder gar die Todesstrafe einbringen.

Die Einheit von staatlichem und sakralem Bereich wird ferner auch aus
dem Gebrauch des E i d e s für die mannigfaltigsten öffentlichen Geschäfte
deutlich. In dem Eid wurden zur Bekräftigung des damit gegebenen
Versprechens mehrere Schwurgötter, in aller Regel drei und unter ihnen
in Athen vor allem Zeus, Apollon und Demeter, angerufen und für den
Fall der Eidesübertretung eine Selbstverfluchung ausgesprochen. Durch
Eide verpflichteten sich die Bürger, Epheben, Richter, Ratsherren und
Beamten, bei Antritt ihres Dienstes und darüber hinaus bei mancherlei
Gelegenheiten des öffentlichen Lebens zur ordentlichen Erfüllung ihrer
Aufgaben. Selbstverständlich war der Eid als Beweismittel vor Gericht und
als Versicherung einer ordnungsgemäßen Pflichterfüllung auch im Privat-
leben gebräuchlich. Für die Demokratie jedoch war gerade die eidliche
Bindung des im Dienste der Stadt politisch tätigen Bürgers eine der
wesentlichen Stützen der gesamten Ordnung, und nicht zu Unrecht hat
der Redner Lykurg in seiner Rede gegen Leokrates im Jahre 331/330
gesagt, daß der Eid das sei, was die Demokratie zusammenhalte (§ 79).

## 6. Die politischen Organisationsformen

### a) Die Volksversammlung (ekklēsia)

Zusammensetzung, Ort, Zeit und Häufigkeit der Versammlungen

Die Volksversammlung ist in Athen nicht, wie es in Rom der Fall war, nur
eine unter anderen wichtigen Institutionen. Sie ist als die Gesamtheit aller
politisch berechtigten Athener mit dem athenischen Staat identisch. Aber
die Volksversammlung steht nicht nur stellvertretend für den Staat oder
die Stadt; sie ist auch gleichbedeutend mit der politischen Ordnung dieser
Stadt, der Demokratie. So läßt denn auch Aristophanes in den „Achar-

nern" (v. 618) den Lamachos das Volk als *demokratía* anrufen. Wir können nach moderner Terminologie die Volksversammlung als Souverän bezeichnen, und dieser Begriff hat in der Tat in dem griechischen Wort für die politische Stellung der Volksversammlung eine angemessene Entsprechung: Man sprach von dem Volk als dem Inhaber der Gewalt bzw. Entscheidungsgewalt *(dẽmos kýrios)*. Die Vorstellung, daß beim Volk bzw. bei der Menge *(plẽthos)* alle Gewalt liegt, können wir bereits in unseren ältesten Zeugnissen zur Demokratie, wie in der Verfassungsdebatte bei Herodot, deutlich greifen.

Zur Volksversammlung hatte jeder athenische Mann Zutritt, der mündig, also 18 Jahre alt und damit als Angehöriger eines Demos (Demote) in die dort geführte Liste der politisch Berechtigten eingetragen war. Auf Grund des Bürgerrechtsgesetzes von 451/50 mußte jeder Athener, der in diese Liste eingeschrieben werden wollte, nachweisen, daß sowohl sein Vater als auch seine Mutter Athener sind bzw. waren. Der Kreis der Bürger war damit für die Zukunft genau bestimmt und abgegrenzt. Seit die jungen Athener als Epheben vom 18. bis zum 20. Lebensjahr einen aktiven Wehrdienst von zwei Jahren ableisten mußten und sie in dieser Zeit meist in den Grenzfestungen lagen, konnten sie faktisch nicht an den Volksversammlungen teilnehmen und wurden daher auch erst nach ihrer Dienstzeit in die Liste der zur Volksversammlung Berechtigten eingetragen. — Die Frauen waren zwar Bürger, aber von der politischen Tätigkeit ausgeschlossen.

Von den 30 000—35 000 erwachsenen Bürgern in der Blütezeit der Demokratie besuchte selbstverständlich jeweils nur ein Bruchteil die Versammlungen. Die Athener hielten bereits eine Versammlung von 6 000 Personen für gleichbedeutend mit der Masse des Volkes ("Volk in Fülle"). Für bestimmte wichtige Abstimmungen, wie die über einen Ostrakismos (s. o. S. 32 f.) und gewisse Beschlüsse, die einen einzelnen Mann betrafen, war die Beschlußfähigkeit der Versammlung an die Anwesenheit mindestens dieser Zahl gebunden (Quorum).

Für die Zusammensetzung der Volksversammlung war von großem Gewicht, daß faktisch nicht alle Bevölkerungsgruppen relativ gleich stark vertreten waren. Die in der Stadt oder auch im Piräus Wohnenden waren naturgemäß überrepräsentiert. Aber nicht nur die großen Entfernungen hielten viele von dem Gang zur Volksversammlung ab; manche konnten nicht kommen, weil ihre Arbeit eine längere Abwesenheit nicht zuließ. So hat bereits Euripides in seinen „Hiketiden" um 424/421 ausgesprochen, daß der Bauer schon wegen seines Tagewerkes sich nicht um das politische Geschäft zu kümmern vermochte. Selbstverständlich war der Besuch vor allem auch von dem Gegenstand der Verhandlung und von den

besonderen Zeitumständen abhängig. In der Zeit des Peloponnesischen Krieges, als viele Bauern zwischen den Langen Mauern Schutz vor den Einfällen der Spartaner suchten, war z. B. die Bauernschaft in der Volksversammlung sehr stark vertreten; ein beabsichtigter Feldzug gegen Böotien mochte besonders Bürger aus den Gebieten an der böotischen Grenze nach Athen ziehen, und eine Debatte über den Ausbau der Flotte lockte ohne Zweifel viele Bewohner des Piräus dorthin. Aber gewöhnlich besuchten die Volksversammlung neben Bauern aus der Umgebung der Stadt und den sich zufällig in der Stadt Aufhaltenden vor allem Handwerker, Kaufleute und Händler, die in Athen wohnten. Ferner kamen in relativ großer Zahl die aus dem Arbeitsprozeß Ausgegliederten, also die Arbeitslosen und Alten. Als die Bürgerzahl durch die Verluste im Peloponnesischen Krieg stark zurückgegangen und nach dem Krieg auch vielen die Lust am Politisieren vergangen war, hatte man Mühe, die Versammlungen zu füllen. Erst dann dachte man daran, auch für den Besuch der Volksversammlung Tagegelder zu zahlen. Es wurde zunächst ein Obol angeboten; doch erst als 3 Obolen gezahlt wurden, ein Betrag, der etwa das Minimum an Lebenshaltungskosten für eine Kleinfamilie abdeckte, hatte man Erfolg (392 v. Chr.). Seit Tagegelder gezahlt wurden, dürfte die ärmere Bevölkerung weit in der Überzahl gewesen sein, wie denn auch schon vorher dieser Teil der Bürger eher die Mehrheit hatte. Der Reiche kam schon deswegen ungern, weil er in der Masse der Besucher nicht unter seinesgleichen saß. Die Kritiker der Demokratie, wie etwa Platon (Pol. 565 a), haben in der Volksversammlung den besitz- und bildungslosen Pöbel gesehen. Tatsächlich zeigen uns die Komödien des Aristophanes, und nicht nur sie, daß der politisch aktive Mann vielfach mit dem Ruderer auf der Flotte, der ja in aller Regel ein wenn nicht ganz armer, so doch nicht vermögender Mann war, gleichgesetzt wurde, und bei gewissen Themen, insbesondere solchen, welche die politische Ordnung selbst oder die Seebunds- bzw. Flottenpolitik betrafen, wird gewiß auch das, was wir heute wie schon die antiken Kritiker der Demokratie etwas geringschätzig „die breite Masse" nennen, das Übergewicht gehabt haben. Im 4. Jahrhundert, besonders seit der Mitte dieses Jahrhunderts, dürften, wie manche Hinweise bei den Rednern vermuten lassen, die Angehörigen der Mittelschicht stärker vertreten gewesen sein.
Die Volksversammlung trat ursprünglich auf dem Marktplatz (Agora) nördlich der Akropolis zusammen. Nachdem der Kreis der politisch Berechtigten größer und der Marktplatz zu eng geworden war, zogen die Athener auf den Nymphenhügel, wo sie auf einem Pnyx genannten Ort, einem sanft nach Südwesten abfallenden Halbrund im natürlichen Fels, tagten; die Pnyx, die zwischen 400 und 330 zweimal erweitert und zu

einem fast perfekten Theater-Halbrund ausgebaut wurde, faßte weit über
6 000, zuletzt wohl etwa 15 000 Menschen. Nicht selten versammelte man
sich auch im Dionysos-Theater am südlichen Akropolis-Abhang, und
gelegentlich, wie bei der Behandlung von Marineangelegenheiten, auch in
den beiden Theatern des Piräus. Der Versammlungsplatz wurde, wenn er
nicht schon durch den Theaterraum abgegrenzt war, genau abgesteckt.
Die Besucher saßen auf dem nackten Fels, später teilweise wohl auch auf
Holzbänken. Ordner sorgten dafür, daß nur Bürger den Platz betraten und
daß Ruhe und Ordnung herrschten. Die Versammlung, die stets fünf Tage
vorher mit Angabe des Verhandlungsgegenstandes angekündigt worden
war, begann morgens bei Sonnenaufgang und endete spätestens bei
Sonnenuntergang. Viele Versammlungen benötigten indessen nicht den
ganzen Tag.
Die Volksversammlung trat verhältnismäßig häufig zusammen. Es gab
allein 40 gesetzlich vorgeschriebene Sitzungen im Jahr. Da das Amtsjahr
entsprechend den 10 jeweils amtierenden Ratsausschüssen, den Prytanien
(s. u.), in zehn Teile gegliedert war, wurden die ordentlichen Versammlungen statt auf die 12 Monate des Kalenders auf die 10 Prytanien verteilt.
In jeder Prytanie mußten vier Versammlungen abgehalten werden, von
denen je eine besonders herausgehoben war und als eine Art Hauptversammlung galt. Von diesen gab es demnach alljährlich 10, und sie werden
in vordemokratischer Zeit einmal die einzigen gesetzlich vorgeschriebenen gewesen sein. Mit Ausnahme einiger weniger, durch den Verhand-
lungsgegenstand gekennzeichneter Versammlungen waren die Sitzungs-
termine innerhalb einer Prytanie nicht genau festgelegt. Für die ordentlichen Sitzungen gab es feste, nach Gegenständen gegliederte Tagesord-
nungen; über sie wird noch ausführlicher zu reden sein. Zu den ordentlichen traten die außerordentlichen, durch aktuelle Ereignisse der inneren
und äußeren Politik veranlaßten Versammlungen; ihre Zahl war nicht beschränkt. In kriegerischen Zeiten konnte der regelmäßige Besuch der
Volksversammlungen für den arbeitenden Bürger eine große Belastung
sein.

Willensbildung

Die Bedeutung einer jeden Versammlung innerhalb des politischen
Ganzen eines Staates bemißt sich nicht nur nach dem Umfang ihrer inhaltlichen Zuständigkeit, sondern vor allem auch nach dem Grad der Unabhängigkeit, in der sie diese wahrnimmt. Die Unabhängigkeit des Willens
aber ist an den Modalitäten des Verfahrens, nach denen die Entscheidungen ablaufen, und das heißt an den besonderen Formen des Willensbil-

dungsprozesses ablesbar. Im demokratischen Athen war die Volksversammlung die zentrale Institution. Der besondere Charakter und die
Intensität des demokratischen Gedankens müssen darum an den Normen,
nach denen dort die Verhandlungen abliefen, zu erkennen sein.
Die Unabhängigkeit des Willens einer Versammlung kann u. a. vor allem
auch an der Struktur des Vorsitzes dieser Versammlung abgelesen
werden. Die athenische Volksversammlung besaß kein eigenes Präsidium,
wie wir es von unseren Parlamenten her kennen. In der Zeit vor der
Losung und der durch sie bewirkten Schwächung des Archontats hat ohne
Zweifel der Archon, der dem Jahre den Namen gab *(árchōn epōnymos),* die
Volksversammlung einberufen und geleitet. Entsprechend seiner starken
Stellung dürfte auch das Gewicht der Volksversammlung damals gering
gewesen sein; vielleicht hat sie nicht einmal das Initiativrecht besessen. In
der entwickelten Demokratie wird der Vorsitz vom Rat gestellt. Dem Rat
stand jeweils für $^1/_{10}$ des Jahres ein geschäftsführender Ratsausschuß, die
Prytanie, vor, und sie war es, die mit ihrem täglich wechselnden Vorsitzenden, dem Epistates (das heißt „Vorsteher"), auch den Vorsitz in der
Volksversammlung übernahm. Die Volksversammlung hatte demnach,
wie die Prytanie, an jedem Tag einen anderen Präsidenten. Der Vorsitz im
Rat und in der Volksversammlung waren bei dieser Regelung in Personal-
union miteinander verbunden. Die Verbindung wurde aber zwischen
403/2 und 378/77 gelockert, als man jeden Tag für die anstehenden
Sitzungen des Volkes und Rates aus den neun jeweils nicht geschäftsführenden Prytanien neun Prohedroi (das heißt „Vorsitzer") erloste und
ihnen unter Leitung eines Epistates, der wiederum aus ihnen erlost wurde,
den Vorsitz gab. Durch diese Neuerung wurde zum einen die allgemeine
Geschäftsführung des Rates, die nach wie vor die Prytanie wahrnahm, von
dem Versammlungsvorsitz bei Volk und Rat und damit die Vorbereitung
der Anträge von der Leitung der Beratung über sie getrennt, zum anderen
die Kontinuität des Vorstandes von Volk und Rat, die wenigstens für
jeweils eine Prytanie, also $^1/_{10}$ des Jahres bestanden hatte, aufgelöst. Alle
diese Regelungen verraten das Bemühen darum, das Präsidium der
Volksversammlung schwach zu halten. Aber die Schwäche allein charakterisiert es nicht hinreichend. Die Reform zeigt nämlich deutlich, daß das
Volk selbst noch einem Vorsitzenden mißtraute, der täglich wechselte und
zudem aus einer Gruppe erlost wurde, die zehnmal im Jahre wechselte.
Das Mißtrauen wurde offensichtlich vor allem auch durch den Umstand
genährt, daß die Gruppe, die den Vorsitzenden stellte (und ihm auch
während der Verhandlungen zur Seite stand), eine geschlossene, die
Geschäftsführung des zweitwichtigsten Gremiums beherrschende
Gruppe, eben die Prytanie, war, die u. U. in sich eine, wenn auch kurze

## Verhältnis von Volksversammlung und Rat
## im 5. Jahrhundert

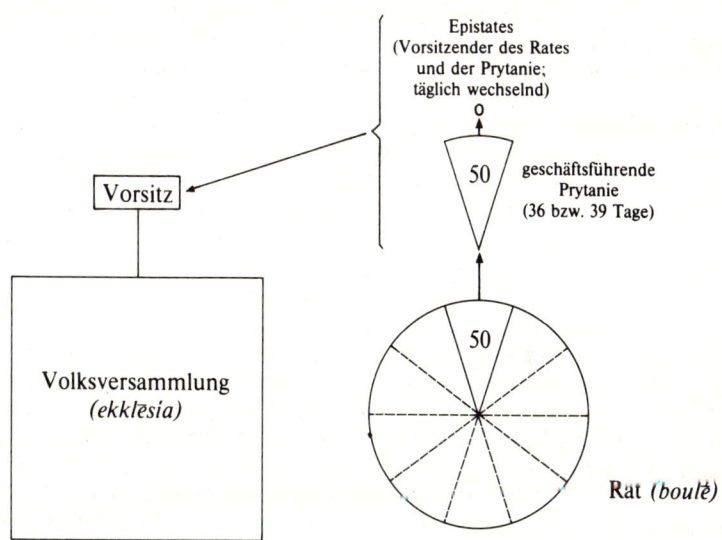

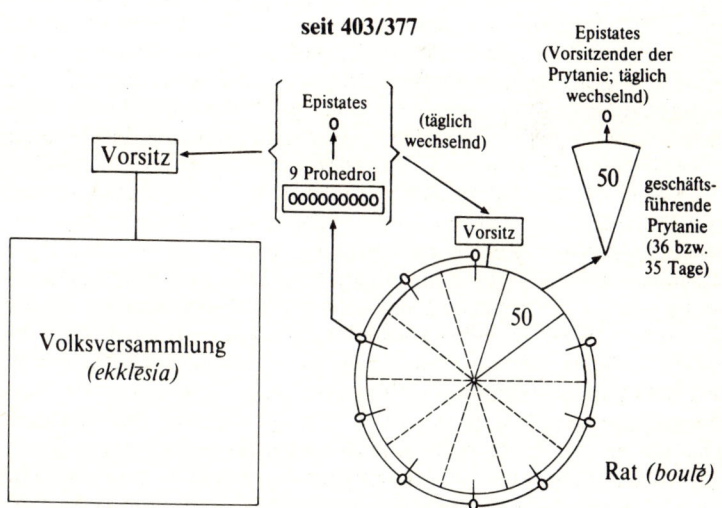

Kontinuität aufrechtzuerhalten vermochte. Das Ziel war demgegenüber die möglichst völlige Loslösung des Vorsitzenden in der Volksversammlung vom regierenden Ratsausschuß und damit die Verhinderung jeglicher Machtkonzentration beim Vorstand. Der Vorsitz konnte dann in der Tat seit der Reform kein Eigengewicht mehr haben, und das war selbstverständlich auch deren Sinn. Allerdings war der Einfluß der Prytanie, verglichen mit dem der Prohedroi, nicht sehr viel größer gewesen. Im Grunde waren alle Vorsitzenden und die sie unterstützenden Prytanen und Prohedroi nichts als ein Ebenbild derjenigen, die vor ihnen in der Versammlung saßen. Die Beklommenheit oder gar Angst eines solchen aus 50, später 450 Ratsleuten erlosten und für einen Tag an die Spitze der Demokratie gehobenen Mannes – der Epistates war ja eine Art Staatspräsident für einen Tag – vor der unruhigen und gelegentlich tobenden Masse, die Furcht, etwas verkehrt zu machen, und das Bemühen, es allen oder mindestens der Mehrheit recht zu tun, dürfte jede andere Regung unterdrückt haben. Natürlich mußte der Epistates bzw. mußten die Prytanen/Prohedroi verhindern, daß offensichtlich unsinnige Anträge überhaupt zur Debatte gestellt wurden; das Volk hätte eine andere Handlungsweise möglicherweise als Nichtachtung seiner Würde auffassen können. Auch mußte er darauf achten, daß er keine gesetzwidrigen Anträge annahm bzw. sie als solche kenntlich machte. Aber das waren keine Entscheidungen von Gewicht, und wenn sie es doch einmal waren, vermochten sie dem Vorsitzenden keinen Einfluß zu geben. Denn ihm fehlte wegen der doppelten Losung (erst zum Ratsmitglied, dann zum Epistates) nicht nur jede persönliche Autorität, sondern auch jede Amtsautorität, die wegen der besonderen Konstruktion des Vorsitzes so gering wie das „Amt" unbedeutend war: Insoweit der Vorsitzende von der Form seines „Amtes" her und der subjektiven Einstellung zu ihm nur irgendeiner aus der Masse war, hob sich seine Autorität in ihr auf. Der Vorsitzende der Volksversammlung war darum nicht nur schwach, er war, jedenfalls der Tendenz nach, ein Stück der Masse selbst, der er vorsaß. In der Frage des Vorsitzes der souveränen Versammlung wird, wie kaum irgendwo sonst in der politischen Ordnung Athens, der Wille der Menge deutlich, jede Form von Regierung oder lenkender Verwaltung von sich fernzuhalten und sich selbst als Menge/Masse die Unabhängigkeit der Entscheidung zu erhalten. Dieselbe Tendenz wird eine nähere Betrachtung des Willensbildungsprozesses zeigen.

Der Prozeß der Willensbildung in der athenischen Volksversammlung ist von zwei, mit ganz seltenen Ausnahmen streng durchgehaltenen Grundsätzen bestimmt, die in einer gewissen Spannung zueinander stehen. Der eine besagt, daß jeder Antrag im Rat vorberaten und dann dem Volk vorgelegt werden muß. Jeder Beschluß führt also über den Rat, und es ist demnach die Vorlage des Rates, das Probuleuma (das heißt „vorweg gegebener Ratschlag", „Vorbeschluß"), für jeden Volksbeschluß ein konstitutives Element. Der andere Grundsatz geht davon aus, daß jeder Athener die freie Initiative zu einem Antrag jeden Inhalts hat. Von diesen beiden Pfeilern der Entscheidungsfindung soll die folgende Darstellung ausgehen.

Die Kombination von Probuleuma des Rates und Initiativrecht eines jeden Bürgers brachte verschiedene Möglichkeiten, die von einem Antrag zur Abstimmung führten. Zunächst einmal konnte der Rat aus sich heraus einen Antrag einbringen, und dabei konnte er entweder einen bereits durchformulierten, abstimmungsbereiten Text vorlegen oder die Formulierung der Debatte in der Versammlung überlassen; gelegentlich formulierte er einen Antrag durch und schlug nur diesen oder jenen Punkt für eine Debatte vor. Enthielt das Probuleuma einen fertigen Antrag, wurde in einer Vorabstimmung *(procheirotonia)* darüber entschieden, ob man das Probuleuma annehmen wolle oder nicht; ging diese Abstimmung positiv aus, war das Probuleuma ohne weiteres rechtskräftig. Die Procheirotonie erleichterte die Abwicklung einer langen Tagesordnung erheblich, räumte aber dem Rat u. U. einen unverhältnismäßig großen Einfluß ein. Sie kam indessen offensichtlich häufig vor, und sie hat in der Tat die Debatte auch vor allem bei Routineangelegenheiten ohne Zweifel stark entlastet. Insofern die Procheirotonie die Volksversammlung für wichtigere Fragen funktionsfähig hielt, diente sie der Verwirklichung der demokratischen Idee; demgegenüber ist der mit ihr verbundene Machtgewinn des Rates von sekundärer Bedeutung. – Der Entscheidungsprozeß konnte aber trotz der Verbindlichkeit des Probuleumas für jeden Volksbeschluß nicht nur vom Rat in Gang gesetzt werden. Es war auch möglich, daß ein Bürger als Privatmann oder als Beamter (denn auch die Beamten durften nicht direkt an die Volksversammlung herantreten) eine schriftliche Bitte an den Rat richtete, in der Volksversammlung einen Antrag stellen zu dürfen. Schließlich war es auch gestattet, in der Volksversammlung selbst einen Antrag einzubringen, sei es im Anschluß an einen gerade besprochenen Gegenstand, sei es auch ohne jede Verbindung mit ihm; doch durfte ein so gestellter Antrag nicht in derselben Sitzung zur Abstimmung gebracht werden, sondern er mußte über den Rat laufen, der ihn bei der nächsten Sitzung mittels eines Probuleumas dem Volk vorlegte. Obwohl auf diese Weise die freie Antragsinitiative aller Bürger gesichert war, wäre das Gewicht des Rates zu groß gewesen, wenn das Probuleuma in der Volksversammlung nur hätte angenommen oder abgelehnt werden dürfen. Der freie Wille der Menge zeigte sich gerade auch darin, daß das Probuleuma in der Debatte reformiert, das heißt in einzelnen Punkten abgeändert oder/und mit Zusätzen versehen oder auch durch einen Gegenantrag (der aber zunächst einmal dem Rat zugeleitet werden mußte) ersetzt werden konnte. Das Volk war demnach zu jedem Zeitpunkt und bei jeder Form der Antragstellung Herr über seinen Willen; innerhalb des Entscheidungsprozesses hinderte es kein Zeitpunkt und keine vorgegebene Formulierung daran, sich den Gegenstand zu unterwerfen.

In der politischen Wirklichkeit ermöglichte das geschilderte Verfahren indessen manche Einflußnahme, welche die hinter den klaren Normen steckende Idee zwar nicht aufhob, aber doch einschränkte. Eine einflußreiche Persönlichkeit mochte sich eines oder mehrerer Ratsmitglieder als gefällige Antragsteller oder Befürworter von Probuleumata vergewissern. Da die Tagesordnung fünf Tage vorher durch Anschlag bekanntgemacht wurde, war es möglich, rechtzeitig Diskussionsredner zu bestellen, die Anträge befürworteten, Änderungen vorschlugen oder einfach nur störten. Der Rat konnte andererseits einen Antrag für unvernünftig erklären und ihn unterdrücken. Aber im ganzen gesehen, waren gerade seine Möglichkeiten begrenzt, und sie wurden durch die Reform von 378/77, die der geschäftsführenden Prytanie den Vorsitz in der Volksversammlung nahm, weiter eingeengt. Zudem war der Rat ja auch eine Masse von 500 Personen, und die Prytanie zählte immerhin noch 50 Mitglieder, unter denen angesichts ihrer Einsetzung durch das Los keine Einmütigkeit vorausgesetzt werden darf. So blieben die Entscheidungen den in der Versammlung selbst wirkenden Kräften überlassen, und sie lagen letztlich nicht in der Kraft der Institutionen (Rat, Prytanie, Vorsitz der Volksversammlung), sondern bei der Menge. Es ist daher nicht von ungefähr, wenn bei besonders wichtigen politischen Fragen, wie bei der Diskussion um den Frieden mit Philipp von Makedonien im Jahre 346 (Philokrates-Frieden), wohl gar kein ordentliches Probuleuma vorgelegt, sondern als dessen Surrogat lediglich das zur Debatte stehende Thema aufgerufen wurde, und es charakterisiert die politische Rolle der Masse nicht minder, wenn Aristophanes seine beiden ins Komische verzerrten, aber nichtsdestoweniger die Lebendigkeit des politischen Lebens atmenden Schilderungen zweier Volksversammlungen mit den Worten beginnen läßt: „Wer will das Wort ergreifen?" Der Wille des Bürgers war entscheidend, und ihn zu jeder Zeit formulieren und um seine Durchsetzung kämpfen zu können, ist eine Grundbedingung der Demokratie, die auch jedem Athener als die Basis der politischen Ordnung bewußt war. Redefreiheit *(parrhēsía)* und das jedem gleiche Recht auf Rede *(isēgoría)* sind daher gleichbedeutend mit Demokratie. Die älteste uns erhaltene Reflexion auf die demokratische Ordnung, die anonyme Schrift über den Staat der

Athener von ca. 430 v. Chr., bestimmt „das Reden" − und als Konsequenz der Rede die Teilhabe an Rat und Volksversammlung − als die Grundlage der politischen Tätigkeit. In der rückschauenden Betrachtung sahen die Athener die Redefreiheit nicht erst seit der Zeit des Ephialtes, sondern schon seit Kleisthenes verwirklicht, und sie haben den Anfang dieses freiheitlichen Lebensgefühls auch mit dem Zeitpunkt gleichgesetzt, als sie zum ersten Male, vor allen Griechen sichtbar, als eine Menge von Freien und Gleichen auftraten: Bei Marathon haben sich die Athener das Recht erkämpft, mit der Zunge zu streiten, sagt Aristophanes in den „Rittern" (v.782; 424 v. Chr.), und er spricht damit ohne Zweifel das aus, was alle seine Zuhörer dachten.

Eine wesentliche Bedingung für den ordnungsgemäßen Ablauf der Entscheidungsfindung war eine gute Disziplin der oft mehr als 6 000 Personen zählenden Versammlung. Die nicht selten lange Tagesordnung mit teils komplizierten oder lebenswichtigen Gegenständen hat es gewiß nicht leicht gemacht, eine über viele Stunden dauernde Debatte mit Konzentration und Besonnenheit zu verfolgen; in der Tat wissen wir von tumultuarischen Verhandlungen. Sie waren aber nicht die Regel, und wir haben im Gegenteil mit einer für heutige Verhältnisse schwer verständlichen Selbstdisziplin der Teilnehmer zu rechnen. Gab es doch einmal Störungen, hatte der Vorsitzende das Recht, die Störer zur Ordnung zu rufen und sie gegebenenfalls aus der Versammlung zu entfernen. Es stand ihm für diese Arbeit auch ein Ordnungsdienst zur Seite, der zunächst aus einer Truppe von skythischen Staatssklaven, später aus Bürgern bestand. Es war auch festgelegt, daß der Sprecher nicht schimpfen oder beleidigen, jeweils lediglich einmal zu demselben Gegenstand sprechen und insbesondere stets nur zu der gerade verhandelten Sache selbst Stellung nehmen, sein Rederecht also nicht zu Erörterungen, die abseits lagen, benutzen durfte. Einem von Einsicht, Sachkenntnis und Besonnenheit getragenen Verhandlungsablauf sollte auch die auf Solon zurückgeführte Vorschrift dienen, daß zuerst die über 50 Jahre alten Bürger zu befragen seien; spätestens in der Mitte des 4. Jahrhunderts hat man sich jedoch nicht mehr an sie gehalten, und es war auch wohl schwierig, das durchzusetzen.

Die Abstimmung erfolgte mittels Handheben (*cheirotonia,* von *cheir,* die Hand, und *ténein,* strecken); es entschied die einfache Mehrheit. Lag zu demselben Gegenstand nicht nur ein Antrag, der lediglich anzunehmen oder abzulehnen war, sondern lagen zwei oder noch mehr vor, mußte durchgestimmt, das heißt zwecks Mehrheitsfeststellung über jeden Antrag einzeln abgestimmt werden (*diacheirotonia*). Über einige Gegenstände wurde doppelt abgestimmt, indem zunächst nur die Frage gestellt wurde, ob man überhaupt den Gegenstand behandeln wolle, und, hatte man das bejaht, ihn dann in einer zweiten Volksversammlung endgültig entschied. So wurde z. B. beim Ostrakismos und bei der Bürgerrechtsverleihung verfahren. Eine geheime Abstimmung mit Stimmsteinen war nur üblich, wenn das persönliche Interesse eines einzelnen berührt war. Sie wurde beim Ostrakismos, bei der Verleihung des Bürgerrechts, bei Gewährung von Straferlaß und bei einigen gerichtlichen Urteilen angewandt, und allein bei ihr legten die Bürger ihren Stimmstein nach Phylen getrennt in Urnen. Bei allen anderen Abstimmungen saß jeder Athener, wie er kam oder wollte, und also war die Abstimmung stets eine der ganzen, ungeteilten Menge. Soweit man in Sitzblöcken saß − archäologische Untersuchungen des Felsenbodens auf der Pnyx haben gewisse Hinweise darauf gegeben, daß der Platz durch Markierungen gegliedert war −, dienten diese einer leichteren Auszählung der Stimmen durch den Vorstand.

Alle Volksbeschlüsse wurden vom Schreiber des Rates protokolliert und im Archiv aufbewahrt. Die Stellung des Schreibers war wegen des Vertrauens, das man in ihn setzen mußte, äußerst exponiert, und er wurde darum jedenfalls bis in die sechziger Jahre des 4. Jahrhunderts auch nicht erlost, sondern vom Rat oder der Volksversammlung gewählt. Die Beschlüsse wurden veröffentlicht, meist auf geweißten Holztafeln, manche auf Steinen. Aus der Eingangsformel der Volksbeschlüsse, die mit der Wendung beginnen „Rat und Volk haben beschlossen", wird die konstitutive Bedeutung deutlich, die der Mitwirkung des Rates zukommt. In dem Eingangssatz erscheinen ferner alle für den Beschluß besonders Verantwortlichen, nämlich die geschäftsführende Prytanie des Rates, unter welcher der Beschluß zustande gekommen war, und deren Vorsteher (später der Vorsteher der Prohedroi) sowie der Antragsteller und der protokollierende Schreiber.

Wenn man sich vergegenwärtigt, daß nicht die institutionalisierte Leitung der Volksversammlung, nämlich der Vorsitzende und die Prytanen bzw. Prohedroi oder der Rat, sondern die Menge das bestimmende Element für die Entscheidung war und blieb, erhält die Stellung des R e d n e r s , der in der Versammlung für die Menge formuliert und für die von ihm für gut geheißene Behandlung des Gegenstandes wirbt, besonderes Gewicht. Der jeweils Redende war rein äußerlich gegenüber den anderen Besuchern dadurch herausgehoben, daß er auf einem etwas erhöhten Platz, dem Rednerstein *(bēma),* stand und, wie bei gewissen Tätigkeiten die Priester und Beamten, einen Myrtenkranz trug. Seit dem ausgehenden 5. Jahrhundert nannten die Athener den häufiger auftretenden, eine bestimmte Politik vertretenden Redner D e m a g o g e *(dēmagōgós,* wörtlich „Volksführer"), wobei sie dieses Wort zunächst nicht pejorativ, sondern durchaus im neutralen Sinne gebrauchten. Woher gewann dieser Mann nun Autorität, so daß viele oder gar die Mehrheit seinem Rat folgten? Eine bestimmte Gruppe vertrat er nicht; das war ja gerade unerwünscht und dem Gedanken der Demokratie widersprechend. Selbst wenn hinter ihm einmal eine Interessengruppe, etwa eine Gruppe von Reichen oder ein Adelsclub stand, mußte er es daher besser verbergen. Der Redner mochte Spezialwissen haben und etwa dann, wenn es um einen Feldzug ging, auf seine Erfahrungen verweisen, die er früher als Soldat und vielleicht sogar als Feldherr erworben hatte; er mochte ferner besondere Kenntnisse in Fragen des Kultes oder auf dem Gebiet der Finanzen besitzen und diese herausstreichen. In der Tat legte die Versammlung auf gute und korrekte Informationen Gewicht und ließ sich bei Gelegenheit durch Strategen und andere Beamte, bei außenpolitischen Fragen auch durch Gesandte die näheren Details berichten. Aber als Fachmann sprach der Redner im Prinzip nicht; sein Fachwissen trat lediglich als sekundäres Element zu seiner Überzeugungskraft hinzu. Es ist oft behauptet worden, daß in diesem Vakuum politischer Macht in der Volksversammlung das Kollegium der Strategen oder ein Stratege Macht an sich gezogen habe, weil die Strategie unter den wenigen verbliebenen Wahlämtern das größte Ansehen hatte, und man hat dabei stets auf Perikles verwiesen, der dieses Amt viele Male und lange Zeit auch ohne Unterbrechung innegehabt hatte. Aber Perikles hat nicht mit Hilfe des Strategenamtes regiert und Autorität gewonnen, sondern er wurde so oft Stratege, weil er bei den Athenern so lange Zeit hindurch Autorität hatte, und er ist auch schon dadurch, daß er mit den Anfängen der Demokratie verbunden ist, eine ganz exzeptionelle Figur, die für die Stellung des Redners untypisch ist. In einem Punkte nur läßt er sich neben die anderen stellen. Er war ein hervorragender, wahrscheinlich sogar der beste Redner seiner Zeit, dessen Kunst darin bestand, aus dem Stegreif heraus zu sprechen und zu überzeugen. Die Fähigkeit, reden zu können, das heißt, die richtigen Worte für die richtige Sache zu finden, sachlich vernünftig erscheinende Vorschläge machen und die Stimmung der Masse sowie deren Vorwissen oder Vorurteile richtig einschätzen zu können, waren in der Tat eine Vorbedingung für den Vortrag vor dem Volk. Darüber hinaus mußte der Redner auch ein gutes, kräftiges Organ haben; manche Redner, wie Demosthenes, mußten sich dies erst durch langes Training erarbeiten. Ein Mann mit leiser Stimme, stotternder Rede und dem Jargon des kleinen Mannes wurde selbst und gerade von seinesgleichen ausgelacht. So versteht es sich, daß nicht jeder auf den Rednerstein trat und es weitgehend sogar immer dieselben waren, die dazu den Mut aufbrachten. In den Anfängen der Demokratie taten sich auf diesem Gebiet selbstverständlich vor allem Angehörige des Adels,

wie Perikles und Thukydides, des Melesias Sohn, und reiche Männer, wie
Nikias, hervor. Auch ein angesehener Feldherr konnte auf Gehör hoffen,
wie jener Demosthenes, der im Peloponnesischen Krieg im Felde Bedeu-
tendes geleistet hat; Nikias, ein nicht minder geschickter General, ist bei
Gelegenheit sogar direkt aufgefordert worden, einen militärischen Lage-
bericht vor der Volksversammlung und daraufhin einen Ratschlag zu
geben (dem man — es ging um die Expedition nach Sizilien im Jahre 415 —
dann aber nicht folgte). Die Menge verfolgte indessen die Adligen und
Reichen auch mit Mißtrauen, und zumal nach dem oligarchischen Umsturz von 411 waren Adel und Reichtum nicht immer mehr eine gute
Empfehlung.

Sowohl wegen des wachsenden Mißtrauens gegen die Adligen und
Reichen als auch unter dem Druck des großen Krieges, dessen Lasten die
Masse trug, kam schon vor 411 ein anderer Typ von Rednern auf, den als
erster in verhältnismäßig reiner Form Kleon (gestorben 422), nach ihm
Hyperbolos (ostrakisiert ca. 417), Kleophon (hingerichtet 404) und viele
andere vertraten. Sie waren meist Handwerker, besaßen einen eigenen
Betrieb — Kleon hatte eine Gerberei, Hyperbolos stellte Lampen, Kleophon Leiern her — und konnten, ohne sehr wohlhabend zu sein, als
finanziell unabhängig gelten. Sie besaßen indessen keine Autorität auf
Grund von Herkommen, Reichtum, Bildung und Wissen, und sie hatten
oft auch keine gewinnende persönliche Ausstrahlung; sie erwarben
Autorität dadurch, daß sie es verstanden, die jeweilige Stimmung des
Volkes in die Form einer politischen Meinung zu bringen, die sie dann als
die ihre ausgaben. Sie taten das alle ohne ein schlechtes Gewissen, weil sie
sich mit dem Volk eins fühlten und ihnen der Mangel an eigener Meinung
und Verantwortung meist gar nicht bewußt war. Sie verkörperten die
Stimmung, Laune, Emotion des Volkes oder was sie gerade dafür hielten.
Viele von denjenigen Bürgern, die sich von der Masse nicht einfach
mitreißen ließen, sahen in diesen Männern, die zwischen der Stimmung
des Volkes und ihrer eigenen keinen Unterschied zu machen schienen,
„Radikale". Und obwohl die Radikalität dieser Leute meist gar nicht darauf
zielte, eine extrem demokratische Position, sondern eher die jeweiligen
Wünsche der Mehrheit, die nicht im Sinne demokratischer Ideologie
„radikal" zu sein brauchten, durchzusetzen, konnte der Stil politischer
Entscheidung in der nachperikleischen Zeit allen besonnenen Bürgern
Angst machen. Beherrschten nämlich solche Männer die Versammlung,
und in der Zeit des ausgehenden Peloponnesischen Krieges war das
zeitweise der Fall, war jede vernünftige Planung der Politik unmöglich und
konnte die Stadt in die schwersten Krisen, ja Katastrophen geführt
werden. Die sizilische Expedition gilt als eines der Unternehmen, in das

Athen durch eine von Stimmungen beherrschte und durch Einpeitscher hochgebrachte Menge getrieben wurde, obwohl die Maßlosigkeit, ja der Wahnsinn der dahinterstehenden Politik offenkundig war. Was diese Art von Politik auch für auswärtige Staaten bedeuten konnte, lehrt ein anderer Fall: Als in der Volksversammlung die Frage diskutiert wurde, in welcher Form die Bewohner der Stadt Mytilene/Lesbos, die vom Seebund abgefallen und dann von Athen niedergezwungen worden war (427), bestraft werden sollten, forderte Kleon die Hinrichtung aller männlichen Einwohner von Mytilene und setzte dies auch durch; doch am nächsten Tag kamen den Athenern Bedenken, und es gelang den Gegnern Kleons, in einer schnell neu einberufenen Volksversammlung zu erreichen, daß nur die wirklich Schuldigen (deren Zahl auch noch über eintausend lag) getötet wurden. Die Mytilenäer entkamen nur dadurch dem Untergang, daß das Schiff mit der Todesnachricht für alle von dem am folgenden Tag hinterhergesandten Schiff mit dem milderen Urteil noch gerade rechtzeitig eingeholt wurde. Es überrascht wenig, wenn die Kritik, insbesondere die politische Komödie, diese Verhältnisse heftig geißelte. Aristophanes hat in so gut wie allen seinen Komödien, vor allem aber in den beiden gegen Kleon gerichteten Stücken – in den „Babyloniern", 426 v. Chr., seinem ersten, uns nicht erhaltenen Werk, und in den „Rittern", 424 v. Chr. – die Redner als Schmeichler, Betrüger und Verführer vorgestellt und ihnen Herrschsucht vorgeworfen. Die Demagogen dieser Jahrzehnte sind von Aristophanes und anderen Kritikern aber ohne Zweifel im negativen Sinne überzeichnet worden; hinter manchen Aktionen eines Kleon und Kleophon mochte, für uns heute schwer noch erkennbar, eine vernünftige, auch vielleicht eigenständige politische Idee stecken. Aber die mangelnde Distanz dieser Männer zu den Massen und damit auch ihre innere Abhängigkeit von deren Launen war gegeben, und sie machte die Politik in kritischen Situationen unberechenbar. Aber wie problematisch der Demagoge auch immer gewesen sein mag, wer sollte in einer politischen Ordnung, in der die zentrale Regierung bewußt ausgeschaltet und alle Beamten zu kleinen Funktionären geworden waren, die Meinung des Volkes in Worte fassen, wenn nicht einer, der sich traute, in der Volksversammlung aufzustehen und zu sprechen? Der Redner war für den Augenblick seiner Rede der Kopf der Menge, der die Stimmung so oder so interpretieren und formen, der gegebenenfalls beschwichtigen konnte und dem man, selbst dem übel Beleumdeten, persönliches Verantwortungsgefühl nicht oder doch nur sehr selten einfach absprechen darf. Auch Aristophanes weiß sehr genau von der Bedeutung, ja der Unentbehrlichkeit des Redners, weil er selbst die Leichtgläubigkeit und Wankelmütigkeit des Volkes erfahren hat. Der Redner bietet immer die Chance, eine

richtungslos gewordene Menge zu korrigieren, und vor allem: Es gibt zu
ihm in Athen keine Alternative. Ist daher Aristophanes und anderen
Kritikern, unter ihnen vor allem Thukydides, darum auch die Abhängigkeit des Volkes von dem Demagogen klar und wissen sie alle davon, daß
der Demagoge wie ein Vormund, ja wie ein Herr des Volkes wirken und
großen Schaden anrichten kann, wird doch von niemandem, auch nicht
von den beiden Genannten, die Institution des Redners als solche abgelehnt und geht es nur darum, den guten Redner, der das Vernünftige rät,
zu suchen.

In dem Maße, wie die Vermögenden als Redner zurücktraten oder sie
doch nicht mehr allein als Sprecher auftraten, wurde das Reden zu einem
Beruf, der den nun oft nicht mehr vermögenden Mann auch ernähren
mußte. Die Rednertätigkeit erforderte zudem viel Zeit und den Besitz von
Kenntnissen über die politische Gesamtordnung und über die aktuellen
Vorgänge, die wiederum auch nur durch ständigen Umgang mit politischen Fragen erworben werden konnten. Der Typ des professionellen
Redners begegnet uns vor allem seit dem Beginn des 4. Jahrhunderts. Wie
der „Redenschreiber" (Logograph) bei Privat- und Strafprozessen, der für
die Prozeßparteien gegen Honorar Reden schrieb, verfertigten auch manche Redner, die in der Volksversammlung zu politischen Fragen Stellung
nahmen, gegen Bezahlung Reden, nur daß sie – umgekehrt wie die Logographen, die deswegen, weil die Prozeßparteien vor Gericht ihre Stellung-
nahmen selbst vortragen mußten, nicht in der Öffentlichkeit auftraten –
die von ihnen verfaßten Reden als die eigene Ansicht selbst vortrugen und
die wahrhaft Interessierten oft aus gutem Grund hinter den Kulissen blieben. Die Annahme von Honoraren hat die Demokratie mit der uns heute
etwas banal klingenden Einschränkung, daß die Rede stets den Vorteil des
Volkes im Auge haben solle, geduldet. Wollte sich das Volk nicht ganz in
die Hände der Reichen geben, war die Toleranz in der Honorarfrage aber
notwendig. Gegen radikalere oder leicht beeinflußbare Personen sicherte
man sich lediglich dadurch ab, daß von dem „Sprecher" Grundeigentum
in Attika und der Nachweis ehelicher Kinder verlangt wurde. Sowohl diese
Bestimmung als auch die Duldung der finanziellen Honorierung und
schließlich die unausgesprochene, aber darum nicht weniger anerkannte
Forderung, daß der Redner in der Redekunst ausgebildet sein mußte,
ließen seine berufsmäßige Stellung immer schärfer hervortreten, und es
war gleichzeitig damit einem Kreis fähiger Bürger aus den wenig besitzenden Schichten die Möglichkeit des politischen Aufstiegs gegeben. Sehr
viele unter ihnen waren nicht einfach nur der lange Arm irgendwelcher
Interessenten, sondern verfolgten eine selbständige Politik, und manche
von ihnen, wie Aischines und Hypereides, aber vor allem Demosthenes,

gehörten zu den führenden Persönlichkeiten ihrer Zeit. Weil sie durch
Honorare oder auch durch eigenes Vermögen finanziell abgesichert
waren, konnten sie sich ganz der Politik hingeben und waren so weit
unabhängig, daß sie, wie übrigens gelegentlich schon die Redner des
5. Jahrhunderts, gegen die immer einflußreicher werdenden Reichen
aufzutreten in der Lage waren. Ganz unproblematisch war das Redner-
wesen dieser Zeit hingegen nicht. Denn zum einen war es dem Redner
vom System her erlaubt, seine Tätigkeit rein geschäftsmäßig zu betreiben
und also jedem, der dafür bezahlte, zu dienen — bezeichnenderweise war
in dieser Zeit der Vorwurf der Bestechlichkeit immer schnell zur Hand
und angesichts der Honorierung der Redetätigkeit auch oft schwer zu
widerlegen; zum anderen wurde die Zahl derjenigen, die Politik machten,
auf eine geringe Anzahl von ausgebildeten Rednern beschränkt.

Und dies letztere war für die Demokratie besonders gefährlich. Denn mit
dem Berufspolitiker verkümmerte die politische Energie der Masse;
künftig fühlte sich nicht mehr jedermann wie selbstverständlich zur
Initiative aufgerufen, und es ging auf diese Weise der demokratische Geist
verloren, von dem der Aufstieg Athens im 5. Jahrhundert getragen
gewesen war. Auch die griechische Sprache enthüllt die veränderte
Gesinnung: Das Wort für die sich politisch betätigenden Bürger *(politeuómenoi)*, das sich früher ganz selbstverständlich auf alle Athener bezogen
hatte, verkürzt sich zur Zeit des Demosthenes immer mehr auf die
Berufsredner. Demosthenes selbst, der einer von den Berufspolitikern
war, hat diesen Zustand gesehen und beklagt; aber zu seiner Zeit war die
Entwicklung nicht mehr rückgängig zu machen. In der Tat war der neue
Rednertyp auch nicht durch die Energie und den Ehrgeiz einzelner
Politiker, sondern als die Konsequenz einer veränderten Einstellung des
Bürgers zur aktiven politischen Tätigkeit entstanden: Die Masse der
Bürger hielt sich mehr und mehr zurück und ließ sich gern von anderen
vertreten. Bis zu einem nicht geringen Grade hat das allerdings auch schon
für die ältere Zeit gegolten. Nicht jeder Athener fühlte sich aufgerufen, das
Wort in der Versammlung zu ergreifen. Die meisten folgten der Autorität
einzelner Politiker, und die persönlichen Verbindungen, die jeder hatte,
spielten dabei zu jeder Zeit eine sehr große Rolle. Die Neigung zur
Personalisierung der Politik bildete sich demnach nicht erst in der Spätzeit
der Demokratie, sondern nahm als Folge einer zunehmenden Passivität
der Bürger lediglich noch zu.

Die Wandlung des Sprechers in der Volksversammlung zum Berufspolitiker wie auch die oft sehr harte Kritik des 5. Jahrhunderts an den Demagogen, die uns bei Aristophanes und Thukydides begegnet, soll nicht
vergessen lassen, daß die Demokratie von ihrer eigenen Idee her den

Demagogen verlangte und ihn ohne den Verzicht auf einen ihrer tragenden Grundsätze, nämlich die Abwehr einer starken Regierungsgewalt, gar
nicht entbehren konnte. Tatsächlich waren es denn auch vor allem die
Redner, die Athen zu der Höhe seiner politischen Macht geführt und die
Stadt nach der Katastrophe erneut zu großem Ansehen gebracht haben,
und sie haben all dies erreicht, ohne die Stadt mit schweren inneren
Unruhen zu belasten, von denen alle anderen griechischen Städte so
gequält wurden. Dies letztere vor allem ist eine kaum zu unterschätzende
Leistung. Denn es erforderte Zurückhaltung, Maß und Einsicht, vor allem
aber eine relative Toleranz gegenüber den politisch Andersdenkenden
und den Vermögenden. Die Athener haben von den Anfängen der
Demokratie bis zu der makedonischen Herrschaft, also rund 150 Jahre
hindurch, nur zwei Umstürze erlebt, die von 411 und 404, und bei beiden
haben die am Ende siegreichen Demokraten die oligarchischen Drahtzie-
her nicht mit blutiger Rache, sondern in dem gesetzlich für politische
Delikte vorgeschriebenen Rahmen verfolgt. Wem verdankten die Athener
diese Einstellung, wenn nicht denen, die ihnen in der Volksversammlung
Ratschläge erteilten und Anträge stellten?

Gegenstand der Beschlüsse

Die Frage nach der Zuständigkeit der Volksversammlung kann man mit
dem Satz abtun, daß die Volksversammlung als Souverän über alles
beschließen kann, was sie will, und dabei auf Zeugnisse in unseren
Quellen verweisen, die ebendies aussprechen. Aber mit dieser Antwort,
die gar nicht einmal falsch ist, ist nichts geklärt. Denn sie gibt keine
Auskunft darüber, über was die Athener tatsächlich in ihren Versammlungen diskutierten, was sie der politischen Erörterung für wert hielten
und was sie überhaupt nicht behandelten, weil es nicht üblich war oder
von ihnen als möglicher Gegenstand einer Verhandlung gar nicht erkannt
wurde.
Was den Athenern der wesentliche Inhalt politischer Tätigkeit war,
können wir deutlich an den gesetzlich vorgeschriebenen Tagesordnun-
gen für die ordentlichen Volksversammlungen ablesen. Von den vier
ordentlichen Versammlungen einer Prytanie waren für eine, die als
Hauptversammlung gelten kann, vier feste Tagesordnungspunkte vorgesehen. Im ersten wurde die Frage gestellt, ob die Beamten ihr Amt gut
verwaltet hätten; wurde das für einen Beamten verneint, mußte dieser
sofort von seinem Amt abtreten und sich vor einem Geschworenengericht
verantworten. Da der Tagesordnungspunkt für diejenigen Beamten, die
nicht genannt wurden, eine Bestätigung in ihrem Amt bedeutete, erschien

das Verfahren den Athenern als eine erneute Wahl und wurde auch so genannt *(epicheirotonia,* „Zusatzwahl", „Nachwahl"). Im zweiten Punkt ging es um die Frage, ob die Stadt hinreichend mit Getreide versorgt und alles das Getreidewesen Betreffende gut geregelt war. Daran anschließend wurden Fragen der Verteidigung erörtert und in einem vierten Punkt schließlich Gelegenheit gegeben, Anklagen wegen schwerer politischer Verbrechen einzubringen. In diesen vier Punkten treten uns deutlich zwei Problemkreise vor Augen: Es geht einmal um die Sicherung der Demokratie gegen den unredlichen oder politisch unzuverlässigen Beamten oder (bei der Anklage) Privatmann, zum anderen um den Schutz der Stadt vor dem Landesfeind und vor Versorgungsmängeln. Es sind denn auch diese Themen, die uns auch außerhalb der Hauptversammlungen am häufigsten begegnen: Die Außenpolitik und die Absicherung der politischen Ordnung haben die Athener als den zentralen Inhalt von Politik angesehen.

Von den anderen drei ordentlichen Versammlungen einer Prytanie war eine der Annahme und Verhandlung von Bittgesuchen einzelner Bürger, die private, aber auch öffentliche Gegenstände betrafen, vorbehalten. Hier wurde den Klagen und Beschwerden des einzelnen Bürgers Raum gegeben und der Tatsache Rechnung getragen, daß die Stadt, und das heißt die Volksversammlung, auch für die Nöte des einzelnen zuständig war; es konnte bei so einer Verhandlung u. a. auch Gnade vor Recht gestellt, etwa eine Strafe oder eine öffentliche Geldschuld erlassen werden, womit das Volk sich als wahrer Souverän, der allein gegen das Recht Milde walten lassen darf, zu erkennen gab. Die beiden restlichen Versammlungen waren für Gegenstände jeglicher Art reserviert, doch mußten sie nach drei inhaltlichen Gesichtspunkten hintereinander verhandelt werden, zuerst alle Fragen, die den Kult betrafen, dann alle auswärtigen und zuletzt alle anderen profanen Angelegenheiten. Während die genannten Themen regelmäßig in jeder Prytanie wiederaufgenommen wurden — also innerhalb eines Jahres in insgesamt 10 Hauptversammlungen, 10 Versammlungen für Bittgesuche und 20 Versammlungen mit gemischten, aber nach drei Gesichtspunkten geordneten Gegenständen —, fanden andere regelmäßig wiederkehrende Versammlungen nur einmal im Jahr statt, wie z. B. diejenigen zur Wahl der Strategen gewöhnlich im März.

Von den genannten Themen seien noch einmal diejenigen besonders herausgehoben, welche die Strafjustiz betreffen. Bei der Entgegennahme und Behandlung von Anklagen tritt das Volk als Richter auf, und dies in doppelter Weise, einmal als Richter gegenüber Beamten, denen vorgeworfen wird, ihr Amt nicht ordentlich verwaltet zu haben, zum anderen gegenüber Beamten und Privatleuten, die einer Gesetzwidrigkeit beschuldigt werden. Das richtende Volk fällt dabei meist nicht selbst das Urteil, wie regelmäßig nicht bei Vorwürfen gegen Beamte, die in einer der Hauptversammlungen erhoben werden; es nimmt hier lediglich die Anklage an und verweist dann die Untersuchung an ein Geschworenengericht von 501 oder mehr Personen. Bei manchen Anklagen, wie bei der wegen gesetzwidriger Handlungen, enthält der Beschluß der Volksversammlung auf Überweisung an ein anderes Gericht jedoch ein Präjudiz, dies jedenfalls dann, wenn die Volksversammlung die Annahme der Anklage auch hätte ablehnen können. Unter den von der Volksversammlung zu behandelnden, eventuell auch abschließend zu entscheidenden Anklagen verdienen ihrem Gegenstand nach zwei besondere Aufmerksamkeit, die sich auch durch eine besondere Klageform auszeichnen. Die eine ist die sogenannte E i s a n g e l i e − K l a g e (*eisangelia* heißt eigentlich „Anzeige"), die schwere Vergehen gegen die Stadt (Hochverrat, Umsturz der politischen Ordnung, gemeingefährliche Täuschung des Volkes durch Redner) betraf und schriftlich in der obengenannten Hauptversammlung der Prytanie oder jederzeit beim Rat eingereicht werden mußte. Die unmittelbare Zuständigkeit der Volksversammlung ist durch den politischen Charakter der Anklagen ohne weiteres verständlich. Die Straftatbestände waren bunt und sind im 5. Jahrhundert begrifflich noch nicht genau abgegrenzt gewesen. Im 4. Jahrhundert, vielleicht schon bald nach der Wiederherstellung der Demokratie im Jahre 403, sind die Tatbestände dann schärfer gefaßt worden, und seitdem hat die Volksversammlung auch nur noch selten selbst entschieden, sondern die Sache meist gleich an ein Geschworenengericht weitergeleitet. Richtete sich diese politische Justiz gegen den offenen oder arglistigen Angriff von Staatsfeinden, sollte die andere hier zu nennende Anklage, die in der Volksversammlung angenommen wurde, die Stadt gegen die Einbringung gesetzwidriger Anträge schützen; hier geht es also um Verfassungsschutz im engeren Sinne. Diese „S c h r i f t k l a g e   w e g e n   V e r f a s s u n g s w i d r i g k e i t" ist uns zuerst für das Jahr 415 überliefert, aber sicher schon früher, vielleicht im Zusammenhang mit den Unruhen unter Ephialtes, die zur Radikalisierung der Demokratie führten (462/61), geschaffen worden. Sie konnte jeder Bürger in der Volksversammlung oder im Rat gegen jedes Gesetz und jeden Gesetzesantrag erheben, den er für gesetzwidrig hielt. Die Anklage selbst wurde vor einem Geschworenengericht verhandelt; aber schon die Ankündigung in der Volksversammlung und im Rat, daß man die Anklage erheben wolle, suspendierte die Abstimmung über den kritisierten Antrag bzw., wenn die Abstimmung bereits erfolgt war, die Rechtsgültigkeit des Gesetzes. Die Anklage konnte sich nicht nur gegen einen etwaigen gesetzwidrigen Inhalt, sondern auch gegen ein etwaiges gesetzwidriges Verfahren bei der Antragstellung richten. Diese Schriftklage wurde als eines der Bollwerke der Demokratie angesehen. Über sie wird dort, wo das Problem des Verfassungsschutzes in der Demokratie näher untersucht wird, ausführlicher zu reden sein.

So wichtig die richtende Tätigkeit der Volksversammlung auch war, stand sie doch nicht im Mittelpunkt der Zuständigkeiten und wurde zudem in immer stärkerem Maße an die Geschworenengerichte überwiesen; seit der Mitte des 4. Jahrhunderts richtete das Volk sogar nur noch in Ausnahmefällen. Die Außen- und Sicherheitspolitik war und blieb darum das Kernstück dessen, was vor dem Volk verhandelt wurde. Daneben ging es vor allem um die Belange einzelner, z. B. um Straferlaß oder Bürgerrechtsverleihung. Auch über Einnahmen und Ausgaben wurde verhandelt; doch stellte die Bewilligung von Geldern und deren Verwendung keine reguläre, gesetzlich für bestimmte Versammlungen vorgeschriebene Thematik dar und war schon gar nicht, wie in den modernen Demokratien, Basis und Ausgangspunkt der Kompetenz. Dieser uns heute merkwürdig anmutende Umstand ist aus der Geschichte der athenischen Demokratie zu erklären, in der es zunächst und vor allem um die Gleichheit des politischen Rechts gegangen und die Finanzierung staatlicher Leistungen anfangs deswegen nicht als Problem bewußt geworden war, weil der Krieg von den sich selbst ausrüstenden Bürgern getragen, die Beamtenstellen von den Wohlhabenden und Reichen, die kein Salär verlangten, besetzt und etwaige andere Leistungen ebenfalls von den Wohlhabenden durch Leiturgien übernommen worden waren. Das Geldbedürfnis der Demokratie entwickelte sich erst allmählich und ist zudem gerade in den ersten Jahrzehnten ihres Bestehens zu einem nicht geringen Teil von den Matrikelbeiträgen der Bundesgenossen abgedeckt worden, was wiederum eine grundsätzliche Regelung des Komplexes entbehrlich zu machen schien. Ein Budgetdenken konnte sich auf diese Weise nicht entwickeln; aber immerhin läßt sich zeigen, daß die Athener nach einem Ausgleich von Einnahmen und Ausgaben strebten. Das gesamte Finanzwesen ist in einem besonderen Kapitel dargestellt (u. S. 201 ff.), und es genügt daher hier der Hinweis, daß die Volksversammlung oftmals mit der Regelung der Finanzen befaßt und ihr seit der Mitte des 4. Jahrhunderts sogar in einer bestimmten Versammlung des Jahres eine Abrechnung aller Einkünfte vorgelegt wurde. Bei plötzlichem Geldbedarf hat das Volk natürlich auch über die Aufnahme von Krediten bei Tempeln, insbesondere bei der Göttin Athena, diskutiert und entschieden.

Bei den bisher vorgestellten Zuständigkeiten der Volksversammlung ging

es durchweg um Beschlüsse über aktuelle politische Ereignisse, durch die
bestimmte Situationen der Tagespolitik bewältigt, z. B. ein Feldzug, die
Einfuhr von Getreide oder die Verleihung des Bürgerrechts an einen
einzelnen beschlossen wurde. Es war hingegen noch nicht die Rede von
der Gesetzgebungstätigkeit der Volksversammlung, also von denjenigen
Beschlüssen, die nicht lediglich eine vorübergehende Situation (Krieg,
Bündnis, Getreidemangel) bewältigen oder einen einzelnen ehren, unterstützen oder auch strafen, sondern immer geltende Normen als Teil der
allgemeinen Lebensordnung aller aufstellen wollen. Die Athener haben
den grundsätzlichen Unterschied zwischen situationsbedingten und
normativen Volksbeschlüssen klar gesehen und begrifflich gekennzeichnet: Der normative Beschluß wurde Nomos genannt, jeder andere
hieß Psephisma (das heißt „durch Abstimmung herbeigeführter Beschluß"). Für die Gesetzgebung haben die Athener ein besonderes
Verfahren entwickelt, das auf ihr Verhältnis zum gesetzten Recht ein
klares Licht wirft.

## Das Gesetzgebungsverfahren (Nomothesie)

Der Nomos bzw. die Nomoi als die Summe der gesamten sozialen und
politischen Lebensordnung erschienen in ältester Zeit dem Zugriff
menschlicher Satzung entzogen. Als die Krise der Adelswelt im 7. und
6. Jahrhundert das Bedürfnis nach Korrektur übermächtig werden ließ,
wurde die Reform der Ordnung Schiedsrichtern anvertraut, die als über
der Stadt und ihren Organen stehend gedacht waren. In Athen hatte Solon
diese Aufgabe übernommen (594 v. Chr.). Da er in besonders umfassender Weise die geltende Ordnung reformiert, ja ganz neue Bereiche
menschlichen Lebens unter die als Satzung bewußte staatliche Ordnung
gezogen hatte, erhielten die Athener durch ihn wohl stärker als die
Bewohner anderer Städte eine Vorstellung von der Verfügbarkeit der
Ordnung. Die Umformung und Erweiterung des staatlichen Bereichs
durch die peisistratidische Tyrannis und die nach deren Sturz einsetzenden Bemühungen um eine Erneuerung und Stärkung der bürgerlichen
Gemeinschaft haben das Gefühl von der Machbarkeit der menschlichen
Lebensverhältnisse ohne Zweifel weiter gestärkt. In dieser Zeit hat die
Volksversammlung als das oberste Organ des politischen Willens gewiß
ohne Reflexion auf die Problematik, die in der Verfügungsgewalt über die
eigene Ordnung liegt, die großen Gesetze, die zur Demokratie führten,
beschlossen, wie z. B. das Gesetz über die Einrichtung des Ostrakismos
(Ende des 6. oder Anfang des 5. Jahrhunderts), das über die Losung des

Archontats aus Vorgewählten (487/86) und das über das Rechenschaftsverfahren der Beamten (462/61). Obwohl zwischen dem Nomos als dem
allgemeinen, auf Dauer geltenden Gebot oder Verbot und dem situationsbedingten Beschluß durchaus unterschieden wurde, gab es keine getrennten Entscheidungsverfahren; vielmehr wurde über eine Änderung oder
Erweiterung des Nomos wie über jeden anderen Antrag durch Mehrheits-
beschluß in der Volksversammlung abgestimmt. In der zweiten Hälfte des
5. Jahrhunderts modifizierten die Athener das Verfahren insoweit, als sie
sich für die Gesetzgebung der Hilfe von „Aufzeichner" *(syngrapheis)*
genannten Männern bedienten, die einzeln oder als Mitglieder einer
Kommission von der Volksversammlung mit der Vorlage eines Gesetzes
über eine bestimmte Angelegenheit betraut wurden und nach Beratung
ihren Entwurf über den Rat an die Volksversammlung leiteten. Mit der
Einsetzung dieser Zwischeninstanz war dem Gesetzgebungsverfahren
eine erhöhte Aufmerksamkeit geschenkt. Es sind unseres Wissens jedoch
weder alle normativen Beschlüsse in dieser Weise behandelt worden,
noch beschränkte sich dieses Verfahren auf sie; es wurden offensichtlich
auch Gegenstände aktueller Art duroh Syngrapheis erledigt. Eine Voraussetzung für die scharfe Trennung des Gesetzgebungsverfahrens von der
Beschlußfassung über situationsbedingte Gegenstände brachte erst die
revolutionäre Situation von 404/3. Hatte man bei dem Umsturz von 411
und zunächst auch noch 404 für die Reformierung der Verfassung im
oligarchischen Sinne mit Syngrapheis gearbeitet, brachte das Problem der
Restauration der Demokratie nach 403 das Bedürfnis nach einer Überprüfung der gesamten Ordnung hervor. Die Athener empfanden die Situation
des Jahres 403 offensichtlich als einen neuen Anfang, bei dem sie sich
nach den inneren Wirren der vorangegangenen Jahre ihrer eigenen
Ordnung förmlich versichern wollten und dabei in stärkerem Maße als
früher alles, was zu dieser gehörte und also Nomos war, als zusammenge-
hörig betrachteten. Es wurde jedenfalls für das normative Gesetz wohl
schon bald nach 403 ein besonderes Gesetzgebungsverfahren eingeführt,
die Nomothesie (das heißt „Gesetzgebung").
Das neue Gesetzgebungsverfahren ging davon aus, daß der Bürger für die
Änderung bzw. Ergänzung der Gesetze selbst die Initiative ergriff. Da dies
offensichtlich nicht immer vorausgesetzt werden konnte, wurde er auf das
Problem direkt angesprochen. Das geschah einmal dadurch, daß der
Volksversammlung in der ersten Versammlung eines jeden Jahres, am
11. Hekatombaion (etwa Ende Juli), die Frage vorgelegt wurde, ob die
bestehenden Gesetze genügten oder nicht, und danach die einzelnen
Gruppen von Gesetzen, also alle, die sich auf den Rat, alle, die sich auf die
Archonten bezogen usw., nacheinander durchgegangen wurden. War die

Frage für ein oder mehrere Gesetze verneint worden, wurde sofort der Rat
angewiesen, für die 4. ordentliche Versammlung derselben Prytanie ein
Probuleuma über die Einsetzung von „Gesetzgebern" (Nomotheten)
einzubringen. Zur Zeit des Aischines, also in der Mitte des 4. Jahrhunderts, sind die Bürger auf etwaige Unstimmigkeiten der Gesetze noch
ausdrücklich durch die Thesmotheten hingewiesen worden, die alljährlich
die Gesetze auf Widersprüche oder andere Unzulänglichkeiten zu über-
prüfen und auf etwaige Mängel durch die Publikation der betreffenden
Gesetzespartien aufmerksam zu machen hatten. War die Einsetzung von
Nomotheten zur Korrektur eines Gesetzes beschlossen worden, setzte das
Volk 501 oder 1 001 Bürger aus der Liste der Geschworenen als „Gesetzgeber" (Nomotheten) ein, wählte gleichzeitig mehrere Anwälte als Verteri-
diger der Gesetze *(sýndikoi, synēgoroi)* und ließ dann diese Kommissionen
bzw. Gerichte in einem förmlichen Verfahren, in dem die Antragsteller
auf Änderung eines Gesetzes als Ankläger und die vom Volk gewählten
Anwälte als Verteidiger auftraten, über das zur Debatte stehende Gesetz
abstimmen. Bei der Abstimmung wurde zuerst über die alte, dann über
die beantragte neue Fassung abgestimmt; es entschied die absolute
Mehrheit. Der Beschluß der Nomotheten hatte Gesetzeskraft, bedurfte
also nicht der Bestätigung durch die Volksversammlung. Er konnte zwar
durch eine öffentliche Klage, welche die beschlossene Änderung als für
das Volk unzweckmäßig, schädlich oder im Widerspruch zu anderen
Gesetzen stehend hinstellte, angefochten werden; aber im Prinzip war die
Nomothesie ein von der Volksversammlung unabhängiges Gesetzgebungsverfahren. Es hat die Volksversammlung als ein gesetzgebendes
Organ gewiß nicht ersetzt; vor allem n e u e Gesetze dürften weiterhin vor
sie gebracht und von ihr entschieden worden sein. Die Nomothesie war
also vornehmlich ein Verfahren zur Überprüfung und Verbesserung der
bestehenden Ordnung. Aber insofern jedes neue Gesetz bei der nächsten
ersten Versammlung des Jahres zu der gegebenen Ordnung gehörte, war
es auch sofort dem Nomothesie-Verfahren unterworfen.
Im Nomothesie-Verfahren zeigt sich das Bedürfnis der Athener nach
einer starken Absicherung der allgemeinen politischen und sozialen
Lebensordnung. Die unaufhörliche Überprüfung hatte nicht den Sinn,
immer zu ändern und zu reformieren, sondern wollte gerade umgekehrt
das Gegebene im Bewußtsein der Masse ständig neu verankern und es
durch ein förmliches Verfahren, das wie ein Gerichtsverfahren ablief, vor
dem Zugriff durch politisch Unzuverlässige oder durch Emotionen der
Masse in der Volksversammlung schützen. Die Nomothesie ist daher als
eine Institution aufzufassen, welche die gegebene Ordnung bewahren
möchte. Aber sie legt gleichzeitig doch auch Zeugnis davon ab, daß die

Gesamtordnung — bei Wahrung ihres politischen Grundgedankens — als verfügbar gedacht wurde.

Die Nomothesie zeigt noch ein Weiteres: Die Athener haben offensichtlich die Übertragung des Gesetzgebungsverfahrens von der Volksversammlung auf ein Geschworenengericht von 501 oder mehr Personen für unbedenklich gehalten. Sie mögen dabei den in der Nomothesie steckenden Rechtsschutz besonders hoch gewertet haben. Was immer der Grund war: Man sah in der Einrichtung der Nomothesie keine „Entmachtung des Souveräns". Unser von scharf definierten Begriffen und Institutionen geprägter Sinn kann das nur schwer begreifen, und es wird den modernen Menschen noch mehr verwirren, wenn er sieht, daß die Nomotheten im 4. Jahrhundert nicht nur über generelle Normen, sondern auch über situationsbedingte Sachfragen, wie z. B. über Maßnahmen zur Beseitigung falscher bzw. minderwertiger Münzen oder die Ergänzung von Kultgerät entschieden haben und folglich die entsprechenden Beschlüsse *nómoi* waren wie die allgemeinen privatrechtlichen und öffentlichrechtlichen Normen auch. An dieser nach unserem Gefühl etwas laxen Auffassung von der verfassungspolitischen Bedeutung einer angemessenen Verteilung von Sachkompetenz, wonach viele, wenn nicht die meisten Themen für Beschlüsse der Volksversammlung auch von den Nomotheten entschieden werden konnten, kann man zum einen ablesen, daß die Athener die Nomotheten als das Volk in einem anderen Aggregatzustand ansahen, sie jedenfalls keinen qualitativen (wenn auch selbstverständlich institutionellen) Unterschied zwischen ihnen und der Volksversammlung machten. Zum anderen haben sie den Rang von Sachfragen nicht so starr wie wir nach generellen und situationsbedingten Gegenständen abgestuft. Der Rang einer Sache ergab sich oft erst aus der Situation; man dachte im ganzen pragmatischer und vermied es, die Erledigung von Sachfragen in den starren Rahmen eines begrifflichen Systems einzuzwängen.

## b) Der Rat (boulḗ)

Der Rat ist diejenige Behörde, welche die Volksversammlung, und das heißt den Souverän, funktionsfähig machen soll: Der Volksbeschluß bedarf der Initiative des Rates. Neben dieser wichtigsten Aufgabe des Vermittlers zwischen dem Souverän und den mannigfaltigen Gegenständen der Politik beaufsichtigt und kontrolliert der Rat die zahlreichen Beamten. Für eine ganze Reihe von Aufgaben ist er auch selbst zuständig und entscheidet über die dabei zu treffenden Maßnahmen in eigener Verantwortung. Obwohl der Rat trotz dieser selbständigen Aufgaben eher eine dienende Behörde ist, kann er — zwar nicht von seiner politischen Bedeutung, aber — von dem organisatorischen Aufbau der demokratischen Staatsordnung her als das Zentrum des Staates angesehen werden. Denn anders als die Volksversammlung und die Geschworenengerichte, die nur für den bestimmten Fall einer Entscheidungsfindung zusammentreten, ist er eine ständig tagende Behörde und diejenige Instanz, die bei allen Fragen von öffentlichem Interesse von den Beamten, den Privatleuten und Fremden angegangen wird. Die demokratische Willensbildung wird — außer für die meisten Gerichtssitzungen — von ihm eingeleitet und koordiniert. In seiner Eigenschaft als Vermittler zwischen dem Volk einerseits und den Bürgern und Auswärtigen andererseits sowie als Aufsichtsorgan über die Beamtenschaft vertritt er die Regierung bzw. das, was die Demokratie von ihr gelassen hat. Daher führt sein jeweiliger, täglich wechselnder Vorsitzender auch das Staatssiegel und die Schlüssel für die Gebäude und Tempel, in denen das Archiv und die Kasse der Stadt aufbewahrt werden.

## Areopag und Rat der Fünfhundert *(boulē)*

In Klassischer Zeit wird unter dem Rat schlechthin *(boulē)* immer die aus 500 Mitgliedern bestehende (deswegen bisweilen auch „die Fünfhundert" genannte) und aus Personen aller Bezirke Attikas gleichmäßig zusammengesetzte Behörde verstanden. Dieser Rat ist erst zusammen mit der Phylenreform des Kleisthenes kurz vor 500 v. Chr. ins Leben getreten (s. o. S. 33 ff.). Vielleicht hat er in einem Rat von 400 Personen, den Solon geschaffen haben soll, einen Vorläufer gehabt; doch hätte ein solcher Rat neben einer ganz anderen Zusammensetzung auch völlig andere Aufgaben besessen (s. o. S. 20).

Neben dem Rat der Fünfhundert blieb der alte Rat aus der Adelszeit weiter bestehen, der deswegen, weil er für seine Gerichtssitzungen auf dem Areopag-Hügel westlich der Akropolis tagte, „der Rat vom Areopag", kurz Areopag, hieß. Er war längst kein Adelsrat mehr, sondern eine Versammlung der gewesenen Archonten, zu denen zunächst nur die höchste Schätzungsklasse, bis zur Mitte des 5. Jahrhunderts alle Bürger mit Hoplitenzensus und schließlich alle Athener gelost werden konnten. Mit seiner Entmachtung im Jahre 462/61 (s. o. S. 43 f.) verlor der Areopag jede politische Bedeutung, genoß aber sowohl wegen seines Alters als auch deswegen, weil ihm ein Teil der Gerichtsbarkeit über kriminelle Delikttatbestände, auf die die Todesstrafe stand, gelassen worden war, hohes Ansehen. Er urteilte über Mord, insbesondere Giftmord, ferner über Körperverletzung mit Tötungsabsicht und gefährliche

Brandstiftung. Daneben waren ihm manche sakrale Obliegenheiten, wie die Sorge um die heiligen Ölbäume, geblieben. Der Areopag versammelte sich unter Vorsitz des Archon Basileus zur Gerichtssitzung auf dem Areopag-Hügel; für die Erledigung seiner sonstigen Aufgaben tagte er im Amtslokal des Archon Basileus, in der „Königshalle" an der Nordwestecke der Agora.

## Zusammensetzung des Rates; Ort und Zeit der Sitzungen

Der Rat setzte sich aus je 50 Angehörigen der zehn Phylen zusammen. Da jede Phyle aus drei landschaftlich verschiedenen Bezirken, den Trittyen, bestand und jeder Trittys wiederum eine Anzahl von Demen mit insgesamt etwa gleicher Bevölkerungszahl zugewiesen war (zu dem System s. o. S. 33 ff.), repräsentierten die 500 Ratsmitglieder alle Wohngebiete Attikas im Verhältnis zu der Dichte der Bevölkerung. Da später viele Athener den Wohnsitz ohne Aufgabe ihres alten Demos wechselten, verschob sich das ursprünglich gewiß ziemlich richtige Verhältnis zugunsten oder zuungunsten dieses oder jenes Demos, doch ging niemals die hinter dem System stehende Absicht nach einer möglichst genauen Repräsentation aller Teile Attikas verloren. Der Bezug des Rates auf die Phylenreform hatte weiterhin zur Folge, daß es im Rat keine Interessengruppen bestimmter Bevölkerungskreise gab, sondern die Idee seiner Zusammensetzung in dem demokratischen Ideal der Gleichheit lag, das die soziale und ökonomische Ungleichheit der Athener zugunsten des rein politischen Aspekts außer acht ließ. Diese Idee wurde ferner dadurch weiter abgesichert, daß alle Ratsmitglieder aus den Kandidaten, die sich meldeten, erlost wurden. Zur Losung durften sich nur Bürger melden, die das 30. Lebensjahr vollendet hatten.

Das Ideal eines aus Gleichen und aus allen Bezirken gleichmäßig zusammengesetzten Rates wurde durch die politische Wirklichkeit relativiert. Es gab keinen Zwang zum Dienst im Rat, und da die Ratstätigkeit zeitraubend war – der Rat tagte beinahe täglich –, scheuten alle das Amt, die durch ihre Arbeit festgehalten und also selbst durch Zahlung eines guten Tagegeldes nicht ohne großen wirtschaftlichen Schaden über längere Zeit abkömmlich waren. Auch weit entfernt Wohnende wird die Ratstätigkeit nicht angezogen haben, ebenso nicht die sehr Reichen, die als einfaches Ratsmitglied nicht viel Einfluß hatten. Es dürften wiederum vor allem die Bewohner Athens und seiner Umgebung, die etwas vermögenden, besonders die aus dem Arbeitsprozeß ausgegliederten, also die älteren Athener überrepräsentiert gewesen sein, aber auch die ärmeren Bürger für den der nicht geringe Tagessold Bedeutung haben mochte, nicht gefehlt haben. Im

ganzen gesehen ist es wohl nicht immer leicht gewesen, stets eine so große
Anzahl von Kandidaten zu haben, daß 500 Personen und weitere 500 als
deren Ersatzmänner – denn auch die mußten gestellt werden – erlost
werden konnten. Wenn auch, wie wir zufällig wissen, im Jahre 330 ein
Jahrgang Epheben der Hoplitenklasse 500 Mann betrug und also im
30. Lebensjahr doch wohl 400 von ihnen für den Ratsdienst zur Verfügung
gestanden haben, kamen diese nicht alle als Kandidaten in Frage; denn
viele wollten gar nicht Ratsherr werden, andere konnten wegen der
Entfernungen oder aus arbeitstechnischen Gründen nicht kandidieren,
selbst wenn sie es gewollt hätten. So mag denn eine nicht geringe Anzahl
gerade auch aus der wenig vermögenden oder nichts besitzenden Gruppe
der Theten gekommen sein. Eine Erleichterung brachte die vielleicht
nicht schon bei der Einrichtung des Rates, sondern erst nach einem
offenbar gewordenen Kandidatenmangel eingeführte Bestimmung, daß
jeder Athener zweimal Ratsmitglied werden durfte. Nach Ausweis unserer
allerdings dürftigen Zeugnisse kam die zweimalige Mitgliedschaft allerdings relativ selten vor; der Redner Demosthenes z. B. war zweimal
Ratsmitglied. Damit aus der zweimaligen Mitgliedschaft kein gegenüber
den anderen Mitgliedern erhöhter politischer Einfluß erwuchs, durfte man
nicht in aufeinanderfolgenden Jahren Ratsherr sein. Die starke Beanspru-
chung brachte es mit sich, daß jedenfalls in der Mitte des 4. Jahrhunderts
der Besuch des Rates zeitweise recht flau war.
Jeder zum Ratsmitglied erloste Bürger mußte sich vor Antritt des Dienstes
der Prüfung seiner Qualifikation *(dokimasia)* unterziehen, die der voran-
gehende Rat vornahm; seit dem 4. Jahrhundert konnte gegen das Urteil
des Rates bei einem Geschworenengericht Berufung eingelegt werden.
Bei den Prüfungen wurde neben den gesetzlichen Voraussetzungen für
die Mitgliedschaft im Rat, wie Bürgerstatus, Alter und Freiheit von
jeglicher Staatsschuld, auch der allgemeine Lebenswandel untersucht;
jeder Bürger konnte hier seine Bedenken geltend machen.
Der Rat war eine Behörde *(archē),* das einzelne Ratsmitglied aber, obwohl
es den Myrtenkranz des Beamten und Priesters trug, deswegen nicht
schon Beamter im strengen Sinne des Wortes. Denn der Ratsherr besaß
keine für den Beamten typische Anordnungsbefugnis und entsprechende
Verantwortlichkeit, sondern stimmte im Kollektiv ab und konnte folglich
für Beschlüsse, denen er u. U. gar nicht zugestimmt hatte, auch nicht zur
Rechenschaft gezogen werden. Er war andererseits auch nicht einfach
Privatmann. Seine Zwischenstellung zeigte sich u. a. bei der Diskussion
über die Amtsführung des Rates, die anfangs noch der alte Rat selbst, seit
der Mitte des 4. Jahrhunderts der neue Rat auf die Tagesordnung der
Volksversammlung setzte. Die Debatte war keine Rechenschaft im

eigentlichen Sinne; es wurde dem scheidenden Rat bei guter Amtsführung lediglich ein goldener Ehrenkranz überreicht. Der in dieser Verhandlung liegende Charakter der Prüfung trat aber darin zutage, daß bei Versagung der Ehrung der ganze Rat vor dem Volk getadelt war und ferner in der Diskussion u. U. auch konkrete Vorwürfe gegen einzelne Ratsherren erhoben worden waren, die dann auch einem ordentlichen Rechenschaftsverfahren unterzogen werden konnten. So ein Verfahren gegen ein Ratsmitglied erfolgte jedoch immer aufgrund einer bestimmten Handlung, nicht allein aufgrund der Mitgliedschaft im Rat. Soweit aber Ratsmitglieder während des Geschäftsjahres besondere Aufträge und damit Anordnungsbefugnis und individuelle Verantwortung erhalten hatten, waren sie selbstverständlich automatisch rechenschaftspflichtig. Beim Rat zeigt sich besonders deutlich der fließende Übergang vom Beamten- zum Bürgerstatus; man konnte das Ratsmitglied als Beamten sehen, aber man konnte auch davon absehen.

Jeder Ratsherr erhielt eine Aufwandsentschädigung von einer Drachme (einschl. Verpflegungsgeld) pro Sitzungstag. Er war für die Dauer seiner Tätigkeit vom Militärdienst befreit und saß im Theater auf für ihn reservierten Ehrenplätzen.

Der Rat trat außer an Festen und Tagen mit schlechter Vorbedeutung täglich zusammen. Da das Jahr etwa 60 Festtage hatte, gab es rund 300 Sitzungen im Jahr. Die Sitzungen waren im Prinzip öffentlich; doch konnte der Rat bei Bedarf den Ausschluß der Öffentlichkeit beschließen. Das Publikum war bei den Sitzungen vom Rat durch Schranken getrennt. Man tagte im eigens für den Rat erbauten Rathaus *(bouleutērion)* an der Südwestseite des Marktplatzes. Wohl noch in kleisthenischer Zeit wurde ein älterer Bau durch ein überdachtes Gebäude ersetzt. Als gegen Ende des 5. Jahrhunderts das Urkundenmaterial so angewachsen war, daß man ein vergrößertes Archiv benötigte, wurde dieser Bau Archiv, und der Rat zog in einen anliegenden Neubau, in dem die Ratsherren in einem theaterartigen Halbrund saßen. Der geschäftsführende Ratsausschuß, die Prytanie, von der gleich zu reden sein wird, tagte in einem benachbarten Rundbau, der Tholos (auch Skias) genannt wurde. Bei bestimmten Gelegenheiten wurde der Rat an anderen Orten zusammengerufen, so bei Flottenfragen im Piräus.

Geschäftsgang

Das besondere Problem des Rates liegt darin, daß er, der die Volksversammlung zu politischer Entscheidung aktivieren soll, ein großes Maß von Initiative entfalten muß, aber daran durch die große Zahl seiner Mitglieder

eher gehindert wird. Er soll die Anstöße zu politischen Entscheidungen
bei sich sammeln und an die Volksversammlung, an Beamte und Gerichte
weitergeben; aber wenn für diese Aufgabe 500 Personen immer gleichzeitig tätig sein wollen, kann kaum eine Anregung zustande kommen oder
wird doch das politische Geschäft außergewöhnlich schwerfällig. Der Rat,
der gerade wegen seiner wichtigen Funktion nach demokratischer Doktrin
möglichst viele Mitglieder haben mußte, bedurfte, um wirklich geschäftsfähig zu sein, eines Vorsitzes und eines geschäftsführenden Ausschusses.
Da Vorsitz und Ausschuß andererseits nicht den Gedanken, daß die
Entscheidungen dieser Behörde von einer Masse von Fünfhundert
getragen werden sollten, gefährden durften, ist die besondere Art ihres
Aufbaus ein Musterbeispiel demokratischen Organisationswillens.

Der Rat gliederte sich entsprechend seiner Zusammensetzung aus 10
Phylen in 10 Teile; jedes dieser Teile bestand demnach aus den 50 Ratsleuten einer Phyle. Jeweils ein Teil wurde nun für $^1/_{10}$ des Jahres zum geschäftsführenden Ausschuß, der Prytanie *(prytaneia)*, bestellt; die 50 Mitglieder des Ausschusses hießen Prytanen *(prytáneis)*. Da Kleisthenes ein
(mit dem Kalenderjahr nicht übereinstimmendes) Amtsjahr von 360 und
in Schaltjahren von 390 Tagen eingerichtet hatte, amtierte jede Prytanie 36
bzw. 39 Tage. Seit 408/7 glich man jedoch das Amtsjahr des Rates dem
athenischen Mondjahr an, das 354 bzw. 384 Tage hatte; von da an amtier-
ten die ersten vier Prytanien 36, die folgenden sechs 35 Tage (in Schaltjahren 39 bzw. 38 Tage) und begann künftig auch die erste Prytanie mit dem
Beginn des bürgerlichen Jahres, dem 1. Hekatombaion (ca. Ende Juli). Die
Prytanen sollten jedermann jederzeit zur Verfügung stehen und besaßen
zu diesem Zweck ein eigenes Amtslokal, die Tholos, in dem sie auch
gemeinsam aßen. Ein Drittel der Prytanen mußte sogar nicht nur tagsüber,
sondern auch nachts ständig in dem Amtslokal anwesend sein. Die
Prytanie ist sowohl durch diese ständige Verfügbarkeit als auch dadurch
ausgezeichnet, daß sie als Körperschaft, also gemeinsam handelt.

Auch die Prytanie bedurfte, obwohl erheblich kleiner als der Rat, noch
eines Vorsitzes, um geschäftsfähig zu sein. Der Vorsitzende hieß
„Vorsteher" *(epistátēs)* und wurde aus der geschäftsführenden Prytanie
täglich ausgelost. Als Vorsteher der Prytanie war er selbstverständlich
gleichzeitig auch Vorsteher des gesamten Rates. Nach 403/2 und vor
378/77 ist der Vorsitz im Sinne einer weitergehenden Demokratisierung
erheblich geschwächt worden. Künftig wurden für jede Ratssitzung und
für jede Volksversammlung aus den jeweils nicht geschäftsführenden
neun Phylenabteilungen des Rates je ein *próhedros* genannter „Vorsitzer"
und aus den neun Prohedroi wiederum ein Vorsitzender (Epistates)
ausgelost. Seitdem war die Geschäftsführung der Prytanie von der Leitung

der Sitzungen der Volksversammlung und des Gesamtrates getrennt. Es durfte niemand mehr als einmal im Jahr Epistates und auch nur einmal in der Prytanie Prohedros sein. Die Tendenz der Reform ist klar: Es sollte jeder besondere politische Einfluß, der sich aus der Einheit des Vorsitzes von Rat und Volksversammlung und aus der Kontinuität der vorsitzenden Gruppe (Prytanie) möglicherweise bilden konnte, im vorhinein verhindert werden. Es sollten der Vorsitzende und die ihm als Helfer beigegebenen Prohedroi reine Handlanger sein, die gleichsam automatisch das, was auf Grund des Gesetzes und des Herkommens zur Aktivierung der Volksversammlung zu tun war, erledigten; erforderte die Situation einmal eine Eigeninitiative, teilte das, was richtig war, dem jeweils zur Aktion aufgerufenen Epistates bzw. Prohedros, den ja nicht sein Ansehen oder Spezialwissen, sondern der Zufall des Loses an seinen Platz gestellt hatte, sozusagen das kollektive Gewissen mit. Die Neigung, das individuelle zugunsten des kollektiven Denkens zu unterdrücken, zeigte sich ferner darin, daß seit 410/9 auch die Sitzordnung des Rates erlost wurde: Jeder Ratsherr loste sich am Anfang des Jahres einen Buchstaben, der auf dem Sitz stand, den er einzunehmen hatte. Gleichgesinnte, die sich während der Debatten hätten zusammentun können, wurden somit getrennt.

Nach der Trennung der Geschäftsführung der Prytanie von dem Vorsitz in der Volksversammlung (und im Rat) blieb den Prytanen noch die Aufstellung der Tagesordnung und die Einladung zur Volksversammlung, und vor allem blieben sie − und das war ja ihre Hauptaufgabe − die Behörde, an die sich Beamte, Privatleute und Fremde, vor allem die Gesandten fremder Staaten mit ihren Anliegen wandten, die auch von sich aus Beamte, Privatleute und Fremde vorlud, um dann die sich daraus ergebenden Fragen zunächst an den Rat und, soweit dieser nicht selbst entscheiden konnte, an die beiden großen demokratischen Entscheidungsinstitutionen, die Volksversammlung und die Geschworenengerichte, weiterzuleiten. Die Prytanie und durch sie der Rat waren die Vermittler der Politik, und wenn auch diese Gremien durch ihren zahlenmäßigen Umfang und durch ihre besondere Organisationsform keinen oder nur einen geringen individuellen oder gruppenbezogenen Willen besaßen und ja auch gerade nicht besitzen sollten, stellten sie doch diejenige Behörde dar, die das souveräne Volk entscheidungsfähig machte. Sie ist, wenn nicht Regierung, so doch das, was in der athenischen Demokratie an Regierung möglich war. Sosehr die Demokratie auch den individuellen Willen im Rat auszuschalten wünschte, damit aus dem Vermittler nicht ein Herr würde, hat sie ihn doch gleichzeitig gegenüber den anderen Beamten und der Masse der Bürger unabhängig gehalten: Abgesehen von den Strategen, die jederzeit im Rat Anträge stellen durften, konnten nur Ratsmitglieder etwas vor den

Rat bringen. Der Rat wurde also nicht durch die Anträge anderer lahmge-
legt oder in seiner Entscheidung gelenkt. In dieser Regelung, die nicht nur
dem Rat als ganzem, sondern jedem einzelnen Mitglied das Ermessen
gibt, Anregungen anzunehmen oder abzulehnen, liegt eine große Macht.
Ohne dieses Ermessen aber kann kein Staat funktionsfähig sein, und die
Athener mußten darum die Behörde mit dieser Macht ausrüsten. Aber sie
verfolgten sie deshalb auch mit großem Mißtrauen und bemühten sich, die
Gefahr dadurch zu bannen, daß sie den Rat durch besonders ausgeklü-
gelte Verfahrensformen an einer eigenständigen Politik hinderten.
Der Rat setzte neben dem Hauptausschuß, der Prytanie, auch eine Reihe
weiterer A u s s c h ü s s e ein, die besondere, feste Aufgaben, für die der Rat
zuständig war, erledigten. Da der Rat sowohl für den militärischen als auch
für den zivilen Bereich eine musternde und prüfende Behörde war, ihm
insbesondere die Sorge um die Marineangelegenheiten und die Überwachung der Beamten oblag, wurden solche Ausschüsse vor allem für diese
Aufgaben regelmäßig aufgestellt. Es gab einen Ausschuß von 10 Mann für
die Erneuerung der Flotte, einen weiteren für die Beaufsichtigung der im
Hafen liegenden Schiffe und der Marineanlagen, ferner einen Ausschuß
von 10 Mann für die Überprüfung der Rechnungen der Beamten und
einen weiteren für die allgemeine Aufsicht über sie und schließlich
Ausschüsse für Feste und Opfer.

Politische Funktion

Die politische Funktion des Rates bestand darin, den Souverän entscheidungsfähig zu machen. In Athen hatte in älterer Zeit das Kollegium der
Archonten diese Aufgabe wahrgenommen, und nach ihrer Entmachtung
hat der Rat sie allmählich an sich gezogen. Die oberste Exekutive, welche
die Entscheidungen des Volkes anregte und ausführte, ist also von einer
Beamtengruppe auf eine vielköpfige Körperschaft übertragen worden, die
nur sehr beschränkt den Status eines Amtes besaß, ja ihrem Wesen nach
dem ungegliederten Volk näherstand als dem Amt. Wie dem obersten
Beamten neben der Einleitung und Durchführung von Entscheidungen
des Volkes noch weitere Aufgaben zugekommen waren, welche die
Lenkung des Staates nun einmal überall mit sich bringt, hatte auch der Rat
eine große Anzahl von Pflichten, welche die allgemeine Staatsverwaltung
betrafen. Es handelt sich dabei vornehmlich um die Prüfung und Überwachung der Beamten und Amtskandidaten, die Entgegennahme von
Anzeigen, Bitten und Berichten sowie um die allgemeine Aufsicht und

eventuell auch Verwaltung der Finanzen und Liegenschaften der Stadt. Diese vielfältigen Geschäfte erledigte der Rat teils selbst, teils verwies er sie an den Souverän oder auch an zuständige Beamte.

In der Rolle desjenigen, der dem Souverän die Entscheidungen vorlegte, deren Ausführung überwachte und darüber hinaus überall als kontrollierende und initiierende Behörde auftrat, erfüllte der Rat weitgehend die Aufgaben einer Regierung. Die in dem Begriff „Regierung" liegende Bedeutung einer selbständig lenkenden Spitze, die nicht nur Politik einleitet und deren Ausführung überwacht, sondern auch verantwortlich mitdenkt und anregt, wird man aber dem Rat nicht zuweisen dürfen. Daran hindert nicht nur sein Umfang, der eher den Gedanken an „Volk" denn an „Regierung" aufkommen läßt, sondern auch seine Organisation und Arbeitsweise, die im vorigen Abschnitt dargestellt wurde. In ihm war jede Blockbildung bewußt und konsequent ausgeschaltet worden: Die Losung und die gleichmäßige Berücksichtigung aller lokalen Bezirke erstickten jede Interessenbildung im Keim und machten aus dem Rat ein Abbild der gesamten Bürgerschaft. Der jährliche Wechsel der Ratsmitglieder und die Bestimmung, daß jeder Athener höchstens zweimal (aber nicht in aufeinanderfolgenden Jahren) Ratsherr sein durfte, verstärkte den Eindruck, daß der Ratsherr sich von den jeweils nicht im Rat sitzenden Athenern so gut wie nicht unterschied. Die Erfahrung, welche die Ratsherren besaßen, war kaum größer als die der anderen Athener, von denen zudem sehr viele, ja die meisten bereits einmal Ratsherr gewesen waren. Die Ratsherren waren auch nicht durch die Solidarität der kollegialen Gemeinschaft herausgehoben, die gemeinhin alle etablierten Versammlungen und sogar die nach politischer Weltanschauung so unterschiedlichen Abgeordneten unserer modernen Parlamente von allen anderen Bürgern abgrenzt. Der Rat hatte demnach ein denkbar geringes korporatives Gewicht. Er erscheint uns eher wie ein mit Aufgaben gefütterter Automat denn wie eine verantwortliche Behörde. Trotz seines geringen institutionellen Eigengewichts arbeiteten die Athener immerfort daran, ihn weiter zu schwächen; ihr Mißtrauen gegenüber dieser Behörde blieb stets wach. Wie an dem Wandel in der Organisation des Vorsitzes gezeigt wurde (o. S. 156 f.) und auch an anderen Reformen der Ratsverfassung, wie an der des Schreiberamtes, nachgewiesen werden kann, ist der Rat mehrere Male im Sinne einer perfekteren Demokratisierung umgestaltet worden. Darüber hinaus wurden ihm nach und nach auch etliche Aufgaben abgenommen oder beschnitten. So ist z. B. die Strafgerichtsbarkeit des Rates, die in der Mitte des 5. Jahrhunderts in gewissen Fällen noch die Verhängung der Todesstrafe eingeschlossen zu haben scheint, auf die Volksversammlung bzw. die Geschworenengerichte übergegangen. Die letzteren haben nicht nur allein noch Todesurteile fällen dürfen, sondern wurden für viele Urteile, wie für Geldstrafen bis zu einem Maximum von 500 Drachmen, für die der Rat abschließend zuständig gewesen war, zur Berufungsinstanz.

Der Rat war seinem eigentlichen Wesen nach Regierung, und es war seine Regierungsfunktion unentbehrlich, sollte der Wille des Volkes überhaupt Gestalt bekommen. Aber gerade weil das so war, mußte er schwach gehalten und sein Wille soweit als möglich mit dem der großen Menge gleichgesetzt werden. Denn „Regierung" durfte es in einer Demokratie nicht geben, für die der Widerspruch gegen „Regierung" eine ihrer tragenden Ideen war: Der Souverän, also die Volksversammlung und die Volksgerichte, sollte regieren, sollte selbständig und stark sein. Die Athener haben es jedoch fertiggebracht, den um eines starken Souveräns willen bewußt schwach gehaltenen Rat dennoch als eine Behörde zu erhalten und auszubauen, welche die von ihrem Wesen her zur Exekutive unfähige Masse zur Aktion befähigte. Dem demokratischen Ideal entsprach ein Rat, der funktionierte wie eine reine Maschine, ohne Eigenwillen und ohne Autorität. Tatsächlich war der Rat mehr; sowohl der Zwang der Umstände, der vom Rat bei Gelegenheit Initiative und den Entschluß zur Auswahl und Gewichtung der anstehenden Themen verlangte, als auch das einer jeden Institution innewohnende Schwergewicht haben ihm ein zeitweilig nicht unerhebliches politisches Gewicht gegeben. Aber es bedeutete schon viel, wenn er dem Ideal nur nahekam. Denn nichts ist schwieriger, als einer Institution die in ihr liegende Neigung zur Verselbständigung, Stärkung und Konsolidierung zu nehmen oder zu beschneiden. Die Ratsverfassung ist ein Kunstprodukt der Demokratie, die sowohl die Begabung der Athener bezeugt, ihre politischen Ideen in angemessene rechtliche Formen zu kleiden, als auch die Bedeutung solcher Organisationsformen für die Stabilität der demokratischen Verfassung beweist: Die Organisationsformen sind nicht lediglich ein formaler Rahmen, sondern sie sind konstitutiver Bestandteil der Demokratie selbst.

Da der Rat als diejenige Behörde, die dem Souverän Anträge zur Entscheidung vorlegte, die den Staatsapparat kontrollierte und von allen Bürgern Anträge und Berichte entgegennahm, für alle denkbaren Gegenstände politischen Handelns zuständig war, kann man seine Bedeutung nicht von den konkreten Zuständigkeiten her erfassen. Wenn er auf einem Gebiet selbst entschied, auf einem anderen sogar besonders umfassend, auf einem weiteren schließlich so gut wie überhaupt nicht tätig war, sondern hier Beamte ohne die Hilfe des Rates arbeiteten, hatte das teils sachliche, in der Mehrheit der Fälle dagegen eher historische Gründe, und man beließ es dabei, weil der Gedanke einer systematischen Ordnung den Athenern fremd war und keine Notwendigkeit zu einer Änderung zwang.

Das wichtigste Geschäft des Rates lag ohne Zweifel darin, daß er das Volk versammelte und ihm Anträge vorlegte. Jeder Antrag ging über den Rat, und diese probuleutische Tätigkeit war das Kernstück des politischen Entscheidungsprozesses. Da über sie im vorigen Kapitel ausführlich gesprochen worden ist, genügt hier der Hinweis.

Von großer Bedeutung ist auch die Arbeit des Rates auf dem Gebiet der Rechtspflege. Es liefen bei weitem nicht alle, ja auf einigen Rechtsgebieten sogar nur sehr wenige Klagen oder Anklagen über den Rat; die meisten Klagen wurden direkt vor die Vorsitzenden der Gerichtshöfe oder an Schiedsrichter gebracht. Der Rat war vielmehr vor allem dort zuständig, wo das staatliche Interesse besonders angesprochen und nicht durch besondere Gesetze die Einleitung einer Strafverfolgung geregelt war. So verhängte er Ordnungsstrafen gegenüber Beamten, was ihm als der beaufsichtigenden Behörde zukam, und nahm vor allem Anzeigen und Strafanträge politischer Straftaten entgegen. Er durfte auch die beschuldigten Straftäter verhaften; doch ist dieses Recht später eingeschränkt worden.

Eine weitere wichtige Aufgabe lag in der Beratung und Beaufsichtigung der Beamten. Sie ging so weit, daß man von einer Mitverwaltung des Rates sprechen kann. Die gesamte Beamtenschaft war auf den Rat als die beaufsichtigende und kontrollierende Behörde ausgerichtet. Das ist besonders an den zwei Ratsausschüssen ablesbar, von denen der eine in jeder Prytanie die Rechnungen der Beamten prüfte (die Prüfer hießen *logistai*, „Rechnungsprüfer"), der andere die Rechnungslegung für das ganze Jahr entgegennahm (sie hießen *euthynoi*, „Rechenschaftsbeamte"). Der Rat prüfte ferner die Qualifikation künftiger Amtsträger, nämlich die der erlosten Ratsmitglieder des nächsten Jahres und der Archonten (Dokimasie).

Auch im militärischen Bereich war der Rat prüfend und beaufsichtigend tätig. Von ihm wurden die Reiter gemustert, aber vor allem vielerlei Aufsichtspflichten gegenüber der Flotte wahrgenommen. So überwachte ein Ausschuß die Herstellung von Schiffsrümpfen, wurden vom Rat die Schiffe gegebenenfalls den einzelnen Trierarchen zugewiesen, half er bei der Aushebung der Mannschaften für die Flotte und den die Ausfahrt der Flotte begleitenden Geschäften mit.

Auch an der Außenpolitik wirkte der Rat mit, indem er Gesandte empfing, Berichte entgegennahm usw.; doch entschied er hier in aller Regel nicht selbständig, sondern gab seine oder die Ansichten anderer in Form von Probuleumata an die Volksversammlung weiter. In den auswärtigen Angelegenheiten repräsentierte der Rat den Staat der Athener; er beschwor zum Beispiel Verträge mit anderen Städten, doch entschied über sie selbstverständlich die Volksversammlung. Auch in den Fragen des Kultes war der Rat meist nur Vermittler; die allgemeine Aufsicht über die Verwaltung der Heiligtümer und deren Schätze übte er indessen routinemäßig in eigener Regie aus.

Der Rat ist die Mitte aller staatlichen Geschäfte. Von ihm wird zu staatlicher Aktion angeregt, und zu ihm tragen Athener und Fremde ihre Anliegen, Wünsche und Berichte. Nicht weniges erledigt er selbst, aber alle wichtigeren Geschäfte verweist er an den Souverän, die Volksversammlung oder die Volksgerichte. Der Rat ist darum das Zentrum der staatlichen Geschäftigkeit; aber er ist kein Zentrum der Macht.

## c) Die Geschworenengerichte (dikastēria)

### Problemstellung – Begriff

In seiner Schrift über den Staat der Athener stellt Aristoteles Solon als den Begründer der Demokratie vor und führt unter den drei wichtigsten demokratischen Einrichtungen, die von diesem geschaffen worden seien, die Berufung an die Geschworenengerichte als dasjenige demokratische Element an, durch das die Menge die meiste Macht gewonnen habe, und er unterstreicht diese Interpretation mit der einem Regelsatz gleichstehenden Feststellung: „Denn wenn das Volk *(dēmos)* Herr ist über den Stimmstein (bei der Abstimmung im Gericht), ist es Herr über die staatliche Ordnung" *(AP 9, 1)*. Wie Aristoteles dachten bereits die Athener in der zweiten Hälfte des 5. Jahrhunderts. Die Komödien des Aristophanes sind voll von Wendungen, die in die gleiche Richtung weisen; so kämpft etwa in den „Wespen" der Chor der Richter für die Freiheit und Macht der großen Menge (666 f. u. pass.). Die moderne Forschung ist sich darüber einig, daß die Geschworenengerichte in der uns aus späterer Zeit vertrauten Form noch nicht in die Zeit Solons gehören. Es ist allerdings heute kaum mehr möglich, die genaue Geschichte dieser Gerichte zu rekonstruieren. Aber es scheint, daß ihre endgültige Ausbildung der letzte oder einer der letzten Schritte zur radikalen Demokratie gewesen ist; auf jeden Fall ist die Dynamik, das heißt die umfangreiche, in alle Bereiche des Prozeßwesens hineingreifende Tätigkeit der Geschworenengerichte erst der zweiten Hälfte des 5. Jahrhunderts und damit der entwickelten Demokratie zuzuweisen.

Gehören nach dem Bewußtsein der Athener Demokratie und Geschworenengerichte zusammen, stellt sich sogleich die Frage nach ihrem Verhältnis zum Volk bzw. zur Volksversammlung, dem Souverän des Staates. Wodurch wurden die Volksgerichte zum Prototyp der demokratischen Idee? Was machte aus dem Richter in ihnen den klassischen Demokraten? Eine vorläufige Antwort wird am Ende dieses Abschnittes versucht werden; eine tiefergehende Interpretation kann jedoch nur eine Analyse der Gerichte innerhalb des staatlichen Ganzen ergeben, die einem späteren Kapitel vorbehalten ist (s. u. S. 313 ff.).

In der griechischen Sprache heißen die Geschworenengerichte, soweit nicht noch der ältere Begriff Heliaia, d. i. „Versammlung", für sie verwendet wird, schlicht „Gericht"/„Gerichtshöfe" *(dikastḗria),* der einzelne Geschworene „Heliast" *(hēliastḗs)* oder „Richter" *(dikastḗs).* Die deutschen Übertragungen „Geschworenengerichte" und „Volksgerichte" treffen die Sache nur unvollkommen. „Volksgericht" ist heute vor allem ein politisches Kampfwort; auch wenn man es ohne jede ideologische Färbung benutzt und darunter einfach ein Gericht von Menschen aus dem Volk versteht, können sich leicht Mißverständnisse einstellen. Denn der Gegensatz zu Volk kann von der Entwicklung der modernen Rechtssysteme her heute nur der juristisch ausgebildete Berufsrichter sein, und gerade diese Assoziation ist ungriechisch: Bei den Griechen und also auch in Athen gab es den Berufsrichter nicht. Die Richter der Dikasterien sind aber auch keine Geschworenen im heutigen Sinne. Denn wenn die Geschworenen der modernen Schwurgerichte als unabhängige Geschworenenbank allein, also ohne Berufsrichter entscheiden (wie bis 1924 im Deutschen Reich), stimmen sie lediglich über die Schuldfrage ab und sind nicht Richter im eigentlichen Sinne, weil das Urteil mit der Strafsentenz von Berufsrichtern gefällt wird; sind sie aber Richter im eigentlichen Sinne und entscheiden also in dem Schlußurteil über Schuld und Strafe (wie heute in der Bundesrepublik die Schöffen), richten sie nicht allein, sondern zusammen mit Berufsrichtern. Die Richter der athenischen Dikasterien aber entscheiden als ein selbständiges Richtergremium ohne jede „fachliche" Hilfe über Schuld und Strafe; sie sind Laienrichter, aber als solche Richter im vollen Sinne des Wortes. Ich habe, soweit ich nicht das griechische Wort verwende, den Begriff „Geschworenengericht" vorgezogen, weil er die auch für die Athen richtige Vorstellung enthält, daß in ihm nichtbeamtete Laienrichter urteilen. Wenn man sich als Gegensatz zu Laie nicht den professionellen Juristen, sondern den (nichtprofessionellen) Beamten denkt, kommt man den athenischen Verhältnissen ganz nahe.

Die Bedeutung der Geschworenengerichte innerhalb der Demokratie kann nicht ohne eine umfassende Kenntnis des gesamten athenischen Rechtssystems, nicht nur der Prozeßverfahren, sondern auch des materiellen Rechts und der Rechtsanschauung der Zeit, begriffen werden. Es müssen darum zum besseren Verständnis der teils schwierigen Fragen der Rechts- und Prozeßordnung einige wichtige, die Geschworenengerichte betreffenden Besonderheiten vorweg dargestellt werden.

## Das Gerichtswesen des 5. und 4. Jahrhunderts

Bei Rechtsstreitigkeiten dachten die Athener — wie übrigens auch die Römer — stärker vom Prozeßverfahren als vom materiellen Recht her; der Kläger oder Ankläger hatte zur Durchsetzung seines Anspruchs zunächst eine bestimmte Prozeßkategorie vor Augen, z. B. den Prozeß für Mord, die Klage wegen Diebstahls oder wegen Schädigung, nicht in erster Linie die abstrakte Norm des materiellen Rechts, die uns heute in den Paragraphen unserer Gesetzbücher zuerst in den Sinn kommt. Wenn auch die Verfahrensformen der Prozesse sich nicht sehr unterschieden, war doch der Rechtsuchende durch die ihm vertraute prozessuale Gliederung des ganzen Rechtssystems zunächst an die bestimmten Gerichte verwiesen, die sich jeweils mit der besonderen Klage befaßten. Der Klagegegenstand präjudizierte also das besondere Gericht, und es war etwa der Mordprozeß beim Areopag, die Klage wegen der Mitgift beim Archon Eponymos und die Anklage wegen Gottlosigkeit beim Archon Basileus anhängig zu machen. Wie im modernen Recht waren die Klagen grob in private und öffentliche gegliedert; für die letztere sagte man auch „Schriftklage", doch war die schriftliche Fixierung der Klage ebenfalls bei Privatprozessen vorgeschrieben. Die Bereiche des Privat- und Strafrechts deckten sich durchaus nicht mit unseren heutigen Vorstellungen. So gehörte der einfache Diebstahl zu den Privatklagen, wenn er auch durch die Buße als eine im öffentlichen Interesse geschärfte Privatklage anzusehen ist; ebenso führten die schweren Kriminalverbrechen, wie der Mord, nicht zu öffentlichen Prozessen. Das Kriterium der Unterscheidung bildete die Klageberechtigung: Eine Privatklage durften nur der oder die unmittelbar Interessierten, bei Mord z. B. die nächsten Verwandten, anstrengen, die öffentliche Klage konnte hingegen jeder Athener erheben (Popularklage). Die öffentlichen Klagen schied man weiterhin in solche, für die das Strafmaß durch Gesetz oder Vereinbarung feststand, und solche, für die die Richter das Strafmaß erst festsetzen mußten.

In dem sich seit der Frühzeit nur sehr allmählich entfaltenden Gerichtswesen hatten die verschiedenen Beamten und Behörden ihre bestimmten Aufgaben erhalten und waren auch neue Beamte für neue Zuständigkeiten geschaffen worden. In dem Prozeß der Wandlung Athens zu einer Demokratie wurde nun den Geschworenengerichten ein immer größerer Anteil an der gesamten, privaten wie öffentlichen, Gerichtstätigkeit eingeräumt. Der Weg, auf dem die Dikasterien die Masse der Prozesse an sich zogen, war die Berufung. Das bereits mit Solon einsetzende Berufungswesen rückte das Geschworenengericht, das diese Berufungsinstanz zumindest seit dem 5. Jahrhundert wurde, in das Zentrum, demgegenüber die früher selbständig urteilenden Beamten und anderen Gerichtsbehörden, wie der Rat, zu erstinstanzlichen Behörden absanken und damit an Gewicht verloren. Manche Prozesse wurden auch bereits in erster Instanz von den Geschworenengerichten erledigt. Da es von ihnen keine Berufung gab, wurden sie für immer weitere, schließlich für beinahe alle Rechtsstreitigkeiten die letzte, vielfach auch die erste und letzte Instanz zugleich. Abgesehen von einigen nicht unwichtigen Prozessen, wie etwa den Klagen wegen Mord und schwerer Brandstiftung, die dem ehrwürdigen Areopag verblieben, haben die Beamten und anderen Behörden schließlich nur Bagatellsachen, deren Prozeßwert unter 10 Drachmen lag, selbständig erledigen können, und die Tendenz ging durchaus in die Richtung, den Geschworenengerichten immer mehr, der Idee nach alle Rechtshändel zuzuweisen. Schon im 5. Jahrhundert erzwang die Überlastung der Geschworenengerichte, zumindest bei den meisten Privatprozessen, auf das erstinstanzliche Urteil zu verzichten. Es wurde eine neue Kategorie von öffentlichen, aber in freiwilliger Übereinkunft der Prozeßparteien gewählten Richtern aus den älteren Bürgern (Diäteten) eingerichtet, vor die bald so gut wie alle Privatklagen kamen. Aber natürlich war von ihnen Berufung an das Geschworenengericht zulässig.

Die Geschichte des athenischen Prozeßwesens läuft auf die Monopolisierung aller Prozesse bei den Geschworenengerichten hinaus. Alle Änderungen des athenischen Gerichtssystems zielen in monotonem Einerlei auf die Stärkung dieser Gerichte. Was den anderen Gerichtsbehörden bleibt, erscheint von untergeordneter Art, hat zuleitende oder entlastende Funktion.

## Zusammensetzung und Organisation der Geschworenengerichte

Richter konnte in Athen jeder über 30 Jahre alte Bürger sein. Im 4. Jahrhundert wurden alljährlich alle diejenigen, die sich für das Richteramt meldeten, zum Richter bestellt und vereidigt. Im 5. Jahrhundert war die Anzahl der zum Richteramt Berechtigten und zu seiner tatsächlichen Ausübung auch Willigen so groß, daß aus der Menge der Bewerber jährlich 6 000 Personen als Richterkollegium, aus dem die Gerichte

zusammengestellt wurden, erlost werden konnten; die Losung erfolgte
selbstverständlich unter gleichmäßiger Berücksichtigung aller zehn Phylen. Da die Zahl von 6 000 Bürgern als die Gesamtheit der Athener
angesehen wurde (s. o. S. 103), repräsentierten die jeweils aktiven Richter
auch im 5. Jahrhundert der ideellen Vorstellung nach alle Athener. Im
Verhältnis zur tatsächlichen Bürgerzahl stellten die 6 000 Richter indessen
nur einen Bruchteil dar, im 5. Jahrhundert etwa den fünften, im folgenden
Jahrhundert den vierten Teil, und auch dieser Teil erfaßte nicht alle
Bevölkerungsgruppen so gleichmäßig, daß er die soziale Gliederung der
Athener widergespiegelt hätte. Denn die Tätigkeit als Richter erforderte
sehr viel Zeit, und es überwogen daher unter den Richtern die aus dem
Arbeitsprozeß Ausgegliederten, und unter ihnen selbstverständlich vor
allem die Bewohner der Stadt Athen. In den „Wespen" des Aristophanes
(422 aufgeführt), in denen die Kritik an dem Richterwesen das Haupt-
thema bildet, ist bezeichnenderweise der Chor der Richter ein Chor von
Alten. Darüber hinaus werden die Richter insbesondere aus kritischer
Sicht gern als Männer aus dem einfachen Volk gesehen; Aristophanes
setzt sie öfter mit den Ruderern der Kriegsschiffe, also den Theten, gleich.
Aristoteles (AP 27, 4) sieht die Ursache dafür, daß sich eher die breite
Masse als die Vornehmen zum Richter losen ließ, in der bereits von
Perikles eingeführten Zahlung von Diäten. Sie betrugen zunächst 2
Obolen und wurden von Kleon im Peloponnesischen Krieg auf 3 Obolen,
also die den Lebensunterhalt einer Person voll deckende Summe, erhöht;
die Kosten für die Richter waren erheblich; nach Aristophanes (Wespen
661 ff.) betrugen sie 150 Talente im Jahr. In der Tat dürfte die Richter-
schaft sich mehrheitlich aus unbemittelten Städtern rekrutiert haben, und
unter diesen haben wohl wiederum die älteren Jahrgänge überwogen.
Gewisse Hinweise bei den Rednern erlauben indessen die Annahme, daß
in der Mitte des 4. Jahrhunderts auch nicht wenige Wohlhabende, vielleicht sogar eine größere Anzahl aus dem „Mittelstand" unter den Richtern gesessen hat.

Über die öffentliche Stellung der Richter haben sich schon die
Athener selbst, vor allem Redner und Philosophen, Gedanken gemacht.
Der Anstoß zu derlei Überlegungen kam daher, daß der Richter bis zum
Ende des 6. Jahrhunderts Beamter − z. B. Archon − und das Gericht eine
amtliche Behörde *(archē)* gewesen, der Richter der Dikasterien aber
offensichtlich kein Beamter, aber auch kein Privatmann war. Der mangelnde Beamtenstatus ergab sich sowohl aus der Vermassung des Gerichts
als auch daraus, daß dem Richter des Geschworenengerichts keine
weiteren Amtsaufgaben und auch keine Vollzugsgewalt zukam. Seine
Mittelstellung haben die Alten bereits konstatiert; doch hatten sie bei der

Erörterung des Problems nicht die begrifflichen Skrupel, die wir heute haben, und bezeichnenderweise erörterten die Fragen vor allem Platon und Aristoteles, also Philosophen, und auch sie nur beiläufig. Die Stellung des Richters wie auch die des Ratsherrn, die ähnliche Probleme aufwirft, wurde durch die Feststellung faktischer Konsequenzen des Richteramtes, die dessen Besonderheit heraushoben, eher umschrieben als definiert. Wenn hier trotzdem eine Überlegung über den Status des Richters angestellt wird, dann nicht, um eine von den Griechen offensichtlich nicht entbehrte Definition nachzuliefern, sondern um etwas über den Charakter des Richters und seine Stellung innerhalb des staatlichen Ganzen zu gewinnen. Entsprechende Hinweise lassen sich aus den zahlreichen, kritischen oder lobenden, Bemerkungen über das Richterwesen oder den Richter in Athen entnehmen, und hier überwiegt die Vorstellung, daß der Richter nicht nur Macht hat und seine Stellung der einer unabhängigen Behörde entspricht, sondern auch niemandem über sein Tun rechenschaftspflichtig ist (Aristoph., Wespen 587). Rechenschaft aber muß jede Amtsperson in Athen ablegen; die Rechnungslegung der Beamten ist sogar eine für die Demokratie typische Einrichtung. Wer von ihr befreit ist, gilt als Herr im Staat, und eben das sind die Richter: Sie repräsentieren das Volk von Athen. Die Befreiung von der Rechenschaft und die in ihr liegende Verbindung zum souveränen Volk zeigt aber noch ein anderes, nämlich daß der Richter als einzelner keine meßbare Funktion hat: Er ist Richter nur innerhalb der Masse, mit der er richtet.

Die Menge der Richter wurde auf eine Anzahl von G e r i c h t s h ö f e n verteilt. Wir kennen die genaue Zahl der Höfe nicht; doch dürften es etwa zehn gewesen sein. Die Gerichtshöfe tagten unter Vorsitz eines Beamten, in aller Regel desjenigen, der in älterer Zeit einmal die Zuständigkeit für die in dem betreffenden Gerichtshof verhandelten Klagen besessen hatte. Daraus ergibt sich, daß die verschiedenen Streitgegenstände den einzelnen Gerichtshof bestimmten. Der vorsitzende Beamte und der vor ihm verhandelte Gegenstand war meist auch mit einem festen Ort verbunden. So leiteten die Thesmotheten, die früher einmal die obersten Gerichtsbeamten gewesen waren, ihren Gerichtshof in einem Gebäude am Ostrand des Marktes, das Heliaia hieß, also in älterer Zeit einmal das Versammlungsgebäude aller Richter gewesen war. Vor diesem Gerichtshof fanden die meisten öffentlichen Klagen statt. Auch die meisten anderen Gerichtsstätten lagen am Markt. Gerichtssitzungen konnten an allen Tagen, die nicht Festtag oder aus anderen Gründen für die Abhaltung öffentlicher Geschäfte untauglich waren, abgehalten werden; selbst eine Volksversammlung war kein Hinderungsgrund, doch wurden solche Interessenkollisionen schon wegen der Menge der Richter, die dann von dem Besuch einer Volksversammlung ausgeschlossen worden wäre, vermieden. Es konnten selbstverständlich auch mehrere Gerichtshöfe gleichzeitig tagen. Angesichts der Flut der vor den Dikasterien verhandelten Prozesse, die zudem eher zu- als abnahm, bedeutete die Richtertätigkeit eine große zeitliche Belastung für den Athener; Aristophanes errechnet, etwas übertreibend, 300 Gerichtstage, an denen bei Gericht verhandelt werden konnte (Wespen 661 ff.).

Die einzelnen Gerichtshöfe waren von unterschiedlicher Größe. Für die öffentlichen Prozesse wurden jeweils 500 Richter bestimmt, und dies kann als die Normalzahl eines Dikasterions angesehen werden. Bei besonders wichtigen öffentlichen Prozessen wurden mehrere solcher Einheiten von 500 zusammengezogen, so daß dann 1 000, 1 500 oder noch mehr Richter tagten. Es kam auch vor, daß alle 6 000 Richter zu einem einzigen Gerichtshof zusammentraten; doch ist uns das nur für einen einzigen Fall überliefert. Für Privatprozesse begnügte man sich mit einem Kollegium von 200 oder 400 Richtern. Zur Herstellung einer ungleichen Anzahl von Richtern wurde zeitweise ein Richter mehr in das Kollegium erlost, so daß die Anzahl dann 201, 401 usw. betrug; notwendig war dies nicht, weil bei Stimmengleichheit Freispruch erfolgte und also dieser Fall geregelt war.

Innerhalb der Organisation der Geschworenengerichte kommt dem Problem der Verteilung der Richter auf die Gerichtshöfe die größte Bedeutung zu. Denn die Zusammensetzung des einzelnen Gerichts ist u. U. ein Präjudiz für das Urteil; die Masse allein sicherte die Unparteilichkeit noch nicht: Das Dikasterion repräsentierte zwar das Volk von Athen, aber es war doch faktisch eine Auswahl aus ihm, und um die Bestimmung dieser Auswahl ging es bei jeder Etablierung eines einzelnen Gerichtshofes. Wie beim Rat, offenbart sich auch bei den Geschworenengerichten die demokratische Idee ganz besonders in den Modalitäten der Bestellung. Auf sie haben die Athener nun in der Tat ein scharfes Augenmerk gerichtet, und da sie wie kaum etwas anderes die athenische Demokratie charakterisieren, sollen sie und ihre Entwicklung trotz ihrer teils schwierigen Formen vorgestellt werden.

## Die Verteilung der Richter auf die Gerichtshöfe

Das System der Zuweisung der Richter an die einzelnen Geschworenenhöfe hatte zum Ziel, die Richter in möglichst gerechter Weise auf die jeweils anstehenden Prozesse zu verteilen; insbesondere sollte die Bevölkerung aller Gebiete Attikas angemessen beteiligt und jeder Versuch der Beeinflussung oder gar Bestechung verhindert werden. Das erstere wurde durch die gleichmäßige Berücksichtigung der zehn Phylen, das letztere durch ein ausgeklügeltes System von Losungen erreicht. Der Verteilungsmechanismus wurde wegen schlechter Erfahrungen mehrfach Veränderungen unterworfen, die alle von dem Willen zeugen, bei der Besetzung der Gerichtshöfe von vornherein jeden Mißbrauch des Richteramtes auszuschalten. Wir können drei Entwicklungsphasen erkennen. Aus der Schrift des Aristoteles über den Staat der Athener sind wir besonders genau über das Verfahren unterrichtet, das in der Zeit des Demosthenes üblich war. Auch für das Verfahren der ersten Hälfte des 4. Jahrhunderts sind wir vergleichsweise gut unterrichtet. Am schwierigsten ist es, die Verhältnisse in der Anfangsphase der Geschworenengerichte, also in der zweiten Hälfte des 5. Jahrhunderts, zu überblicken.

Richter waren in Athen alle, die sich bei den Archonten für das Richteramt meldeten. Besonders in der Glanzzeit der Demokratie dürfte die Anzahl der potentiell Interessierten die Zahl der tatsächlich Benötigten so weit überstiegen haben, daß eine Maximalzahl aus den sich Meldenden erlost wurde. Es weisen einige Angaben deutlich darauf hin, daß es diese Zahl gab und sie 6 000 Personen betrug. Die am Anfang des Amtsjahres erlosten bzw. (später) sich nur meldenden Richter wurden nun so auf 10 Richtersektionen verteilt, daß in jeder von ihnen alle Phylen gleichmäßig vertreten waren; die 10 Sektionen erhielten die Buchstaben Alpha bis Kappa. Diese Sektionen sind dann jeweils für das ganze Jahr einer festen Gerichtsstätte, die von einem bestimmten Beamten geleitet wurde, zugewiesen worden, also etwa eine Sektion dem Archon Eponymos, eine andere dem Archon Basileus, eine weitere dem Gericht der Thesmotheten usw. Da jedes Gericht damals in aller Regel 501 Richter hatte, jede Sektion aber 600 potentielle Richter besaß, war die geforderte Anzahl stets gesichert; diejenigen aus der Sektion, die jeweils für einen bestimmten Prozeß richten sollten, wurden ohne Zweifel aus den 600 zur Verfügung stehenden Sektionsmitgliedern erlost.

Dieses Verfahren, das jeder Sektion eine feste Gerichtsstätte zuwies, war übersichtlich; aber es hatte den Nachteil, daß dieselben Richter ein Jahr lang stets gleiche Prozeßgegenstände, die ja von der bestimmten Gerichtsstätte abhängig waren, aburteilten, z. B. eine Sektion stets für alle wichtigen Strafklagen, die bei den Thesmotheten anhängig gemacht wurden, zuständig war. Dieser Umstand hatte zur Folge, daß den Richtern die jeweilige Prozeßmaterie, die an ihrem Gericht anhängig gemacht wurde, im voraus vertraut war (die Sache war ihnen bereits von der Annahme der Klage durch den Archon, möglicherweise auch von einem erstinstanzlichen Verfahren her bekannt) und sie sich ein Vorurteil bilden, Intrigen spinnen und eventuell sich sogar bestechen lassen konnten. Ferner störte

bei dieser Prozedur auch, daß das Richterkollegium durch die verhältnismäßig gleiche Prozeßmaterie fachkundig wurde und damit seinem Wesen
nach nicht mehr ein Ausschuß des Volkes war. Zudem benötigte man für
dieses System alle 6 000 Richter, da ja jede Sektion jederzeit zur Verfügung stehen mußte. Unregelmäßigkeiten, vor allem aber die schweren
Menschenverluste im Peloponnesischen Krieg, führten jedenfalls dazu,
daß nach dem Krieg und der Wiederherstellung der Demokratie, also nach
404/3, eine einschneidende Reform stattfand. Es wurden die 10 Sektionen
beibehalten; aber künftig durfte sich der Richter in mehrere Sektionen
eintragen lassen, so daß, falls eine Sektion nicht die genügende Anzahl
von Richtern aufbrachte, aus anderen Sektionen Ersatzleute zur Verfügung standen. Außerdem wurden für Privatprozesse kleinere Gerichtshöfe
von 201 und 401 Richtern eingerichtet. Damit war dafür gesorgt, daß alle
anstehenden Prozesse eine hinreichende Anzahl von Richtern erhielten.
Gleichzeitig aber wurde das alte System der festen Verbindung der
Sektionen mit einzelnen Gerichtsstätten aufgegeben und künftig den
Sektionen erst an dem Prozeßtag die Gerichtsstätte zugelost. Durch die
tägliche Losung war jede Möglichkeit, sich für den anstehenden Prozeß zu
präparieren, sich u. U. gar bestechen zu lassen, ausgeschlossen und
darüber hinaus das Richterkollegium wieder ein Ausschuß aus dem Volk,
nicht mehr ein Fachgremium, zu dem es der Tendenz nach früher geworden war. Aus dieser Reform ergab sich schnell eine weitere: Da die
Verbindung von Sektion und Gerichtsstätte aufgegeben worden war,
brauchten die Richter künftig nicht mehr am Anfang eines jeden Jahres
erneut den Sektionen zugelost zu werden; denn der Gerichtshof stand ja
noch nicht fest. So kam es dann dahin, daß jeder Athener, der einmal in
eine Richtersektion gelost worden war, für sein ganzes Leben in dieser
blieb. Es mußten künftig nur noch diejenigen in eine Sektion gelost
werden, die noch niemals Richter gewesen waren, also die neu in den
Kreis der Bürger eintretenden Epheben und Neubürger. Es ist zu dieser
Zeit auch sicher aufgegeben worden, in jedem Jahr zunächst 6 000 Athener zu Richtern zu bestimmen; man hatte ja jetzt Mühe, jedes Jahr eine so
große Anzahl zusammenzubekommen. Außerdem war dies bei der
lebenslänglichen Zuweisung an eine Sektion auch unnötig: Künftig wurde
eben dann, wenn sich in einem Jahr für eine Sektion mehr als 600 meldeten, jeweils die benötigte Zahl ausgelost. Meist werden sich aber weniger
gemeldet haben, und man mußte aus den anderen, für den jeweiligen Tag
nicht benötigten Sektionen Ersatzleute heranziehen.
Dieses Verfahren hat etliche Jahrzehnte gegolten. In der Mitte des
4. Jahrhunderts ging man dann zu jenem über, das uns Aristoteles mitteilt.
Die wichtigste Neuerung war die, daß die Phyle jetzt wieder das entschei-

dende Kriterium der Auswahl bildete. Offenbar war bei dem älteren System die Phylenzugehörigkeit nicht immer angemessen berücksichtigt worden. Jetzt wurden die Richter — ohne Aufgabe des Sektionssystems — aus den Phylen erlost; die Sektion, der ein Athener lebenslänglich angehörte, blieb jedoch weiterhin die Einheit, die den Gerichtshof bildete, und dieser wurde wie früher täglich ausgelost. Das im einzelnen sehr geschachtelte Verfahren, in dem mehrere Losungen hintereinandergeschaltet sind, ist ein schönes Beispiel für den Willen, alle Athener gleichmäßig am Richteramt zu beteiligen und jedes Sonderinteresse im vorhinein zu beseitigen. Es war indessen so arbeitsaufwendig, daß man zur Bewältigung dieses ja beinahe täglich zu leistenden Geschäftes sich der Hilfe von Losmaschinen bediente, von denen etliche auf der Agora in Athen gefunden worden sind.

Das Verfahren zur Bestimmung der Richter und zur Auslosung der Gerichtsstätte wurde von den Thesmotheten geleitet und fand auf dem Marktplatz, wahrscheinlich in dem Heliaia genannten Gebäude an der Ostseite des Marktes statt. An ein und demselben Tag wurden entweder nur private oder öffentliche Prozesse verhandelt. Das einzelne Geschworenengericht, das einer Gerichtsstätte zugelost war, konnte hintereinander mehrere, vielleicht vier private Klagen, aber durfte nur eine öffentliche erledigen. Jeder Prozeß mußte an dem Tag, an dem er begonnen worden war, auch abgeschlossen werden; das war schon deswegen notwendig, weil angesichts der täglichen Auslosung der Gerichtsstätten sonst jeden Tag andere Richter demselben Prozeß vorgesessen hätten. Für manche öffentliche Klagen wurden mehrere Sektionen zu einem Geschworenengericht zusammengezogen; so sind z. B. Fragen des Bürgerrechts, Klagen wegen falschen Zeugnisses und die Entlastung der Beamten im Rechenschaftsverfahren vor 500, Eisangelie-Klagen, die ja Hochverrat, Umsturz der inneren Ordnung und Täuschung des Volkes betrafen, jedoch regelmäßig vor mehr Richtern (1 000, 1 500, 2 000 und 2 500) verhandelt worden; die gesetzgebenden Kommissionen der Nomotheten (s. o. S. 148 ff.) bestanden meist aus 1 000 Richtern.

Prozeßablauf

In dem Prozeßwesen Athens wirkt das alte Selbsthilfeverfahren noch nach; es hat sich, wie das materielle Recht auch, aus seiner archaischen Bindung nicht oder nur unvollkommen gelöst: Der Prozeß, die *dikē,* soll seiner Natur nach vor allem den Zugriff des Geschädigten ermöglichen, der früher selbst und eigenmächtig vollstreckt hatte, jetzt — nach Ladung des Gegners — beim zuständigen Beamten um einen solchen Zugriff nachsucht. Ist ihm durch das Urteil der Zugriff gewährt, vollstreckt er beim Privatprozeß das Urteil selbst, soweit er es nicht allein kann, unter Zuhilfenahme von Beamten. Der Staat oder richtiger: die Athener exekutieren also im Prinzip nicht ihr Urteil, sondern entscheiden lediglich über die Zulässigkeit der Vollstreckung und garantieren diese. Im Prinzip ist es auch beim öffentlichen Prozeß so, nur daß hier an die Stelle des geschädigten Privatmannes alle Athener rücken: Eine öffentliche Klage/Anklage kann jeder Athener erheben. Die Vollstreckung liegt allerdings angesichts der Natur der hier verhandelten Straftatbestände bei den Beamten.

Das Gewicht der Privatinitiative im Prozeßverfahren hat weiterhin zur Folge, daß der von der Partei erhobene Klaganspruch vom Gericht nicht verändert werden kann. Das Gericht antwortet in seinem Urteil lediglich auf das Klagebegehren; es reformiert das Begehren nicht und entwickelt folglich keine eigene Ansicht zu der von den Parteien vorgetragenen Rechtslage des Falles: Das Gericht ist ganz passiv; es hört nur zu. Es sind darum auch die Parteien, welche die Gesetze vortragen und die Beweismittel vorlegen, auf Grund derer gerichtet werden soll. Das Gericht ist also nicht, wie der Prätor in Rom, an der Gestaltung der Rechtsgrundlage für die strittige Sache beteiligt. Auf Grund welcher Rechtssätze gestritten werden soll, bestimmen die Parteien, und die Richter können der vorgelegten Rechts- und Beweislage nur zustimmen oder nicht. Selbst die Einschätzung der Entschädigungssumme, Buße oder Kapitalstrafe, die nicht durch Parteienübereinkunft, durch Gesetz oder Volksbeschluß im vorhinein festgelegt worden sind, nehmen die Parteien vor: Das Gericht kann nur unter den Vorschlägen der Parteien auswählen. Dieser starre Formalismus erzwang z. B. im Prozeß des Sokrates die − von dem störrischen Alten in Kauf genommene − Hinrichtung: Das Gericht konnte nur zwischen der vom Ankläger geforderten Todesstrafe und der von Sokrates vorgeschlagenen lächerlichen Buße von 30 Minen wählen − und entschied sich angesichts der in der Geringfügigkeit der Buße liegenden Provokation für die erstere (hätte Sokrates als Alternative die Verbannung genannt, dürfte das Gericht auf die mildere Strafe plädiert haben). Die mangelnde Prozeßinitiative von seiten der Richter und Beamten zeigt sich auch darin, daß es bei öffentlichen Prozessen keinen von Staats wegen erstellten Anwalt gibt; in die Lücke tritt „jedermann", das heißt, jeder Athener, der will, kann in diesen Prozessen Anklage erheben.

Nach diesen allgemeineren Vorbemerkungen soll im folgenden der Ablauf des Prozesses, der im Prinzip für alle privaten wie öffentlichen Prozesse der gleiche war, dargestellt werden.

Jeder Prozeß begann damit, daß die streitenden Parteien vor dem Beamten, der für die entsprechende Prozeßmaterie zuständig war, erschienen und ihre Klage bzw. Gegenrede vorbrachten. Die Aufgabe des Beamten bestand in diesem Verfahrensteil lediglich darin, den Prozeß vorzubereiten, und also erörterte er den Hergang des anhängigen Tatbestandes und die Beweiserhebung und forderte die Parteien zur eidlichen Bekräftigung ihrer schriftlich fixierten Prozeßbehauptungen auf. Dieser einleitende Teil sollte den Prozeß selbst entlasten. Er hieß nach der Haupttätigkeit des Beamten in ihm „Befragung" (*anákrisis*).

Der Beamte, vor dem die Sache anhängig gemacht worden war, saß auch dem Geschworenengericht vor, in dem sie verhandelt wurde. Das Gericht tagte in einem abgeschlossenen, in aller Regel aber nicht gedeckten Raum. Das Publikum war durch Schranken von den Richtern und Parteien getrennt. Der vorsitzende Beamte saß auf einem erhöhten Tribunal *(bēma)*, von dem aus auch die Redner und Zeugen sprachen. In demosthenischer Zeit hatten die Parteien ebenfalls erhöhte Bühnen. Die Richter saßen auf Holzbänken; ein steinerner Tisch diente der Auszählung der Stimmen.

Hatte der vorsitzende Beamte die Sitzung durch die Verlesung der Klageschrift und der Antwort auf sie eröffnet, hielten der Kläger und darauf der Beklagte ihre Reden. Bisweilen zogen die Beklagten, selten die Kläger, von ihnen gewählte Freunde und andere Fürsprecher *(synēgoroi, sýndikoi)* als Beistand hinzu. Bisweilen sprach der Beklagte nur die einleitenden Sätze und ließ den Hauptteil einen oder auch mehrere einflußreiche und redegewandte Helfer vortragen, oder er überließ dem bzw. den letzteren besonders wichtige Partien der Argumentation und ein Schlußwort. Für Unmündige, Frauen, Sklaven und Metöken sprach der Vormund bzw. Eigentümer oder Patron. Da die Parteien bzw. deren Beistand meist weder rechtskundig noch wortgewandt waren, bedienten sie sich oft der Hilfe von gewerbsmäßigen Verfassern von Gerichtsreden (Logographen), deren Produkte sie auswendig lernten und selbst vortrugen. In den Reden waren die Gesetze und Volksbeschlüsse, auf die man seinen Rechtsstandpunkt stützte, sowie die Beweismittel, insbesondere die Zeugenaussagen, durch die man die Tatsachenbehauptungen belegte, enthalten. Im 5. Jahrhundert machten die Zeugen ihre Aussagen noch selbst und wurden danach von den Parteien förmlich verhört; seit dem Anfang des 4. Jahrhunderts beschränkte man sich darauf, die Aussagen zu verlesen und sie von den anwesenden Zeugen bestätigen zu lassen. Ebenso wurde seitdem auf die Vereidigung der Zeugen verzichtet. Die Zeugen waren bei ihrer Aussage gesetzlich an das gebunden, was sie selbst gesehen oder in Erfahrung gebracht hatten; die Auslassungen eines Dritten durften sie nur berücksichtigen, wenn dieser verstorben war. In allen privaten und in den meisten, wenn nicht allen öffentlichen Prozessen durfte jede Partei nach den beiden Reden einmal auf den Vortrag der Gegenseite antworten. Für alle Reden und Repliken war ein bestimmtes Zeitmaß festgesetzt, das nach Gießeinheiten der Wasseruhr berechnet wurde.

Der Parteienvernehmung schloß sich sogleich die Abstimmung an; eine Debatte der Richter untereinander gab es nicht. Die Abstimmung stellte das Eigentumsrecht bzw. die Schuldfrage fest und folgte den Anträgen der Parteien (s. o.). Sie war geheim; als Stimmsteine verwendete man Muschelschalen oder Kieselsteine, die in Urnen für negative und positive Stimmen geworfen wurden. Seit dem 4. Jahrhundert erhielt der Richter zur besseren Geheimhaltung der Stimmabgabe zwei kleine Bronzescheiben, von denen die verurteilende durchbohrt war, die freisprechende nicht; sie wurden in Urnen für „gültig" und „ungültig" geworfen und konnten dabei mit den Händen gegen fremde Neugier verdeckt werden. Es entschied die einfache Mehrheit; Stimmengleichheit führte zum Freispruch des Beklagten.

Da das ganz auf die private Initiative abgestellte Prozeßwesen in Athen besonders bei den öffentlichen Klagen und Anklagen, bei denen sich jeder in die Angelegenheit des Nächsten mischen durfte, zu einer unerträglichen Aufblähung der Prozeßtätigkeit führen konnte, waren dem Ankläger gewisse Barrieren aufgerichtet, die ihn zu einem verantwortungsvollen Handeln zwingen sollten. Hatte ein Kläger in einem öffentlichen Prozeß nämlich weniger als ein Fünftel der Stimmen erhalten, mußte er 1 000 Drachmen Strafe zahlen und durfte künftig keine Klagen derselben Art mehr anstellen. Bei manchen Privatklagen hatte der Kläger bei demselben Ausgang der Abstimmung eine Buße *(epibolía)* in der Höhe von einem Sechstel der Summe zu zahlen, die der strittige Gegenstand wert war.

Eine Wiederaufnahme desselben Verfahrens war lediglich gestattet, wenn in einem anderen Prozeß nachgewiesen worden war, daß die Gegenseite falsche Tatsachenbehauptungen aufgestellt hatte.

Der Prozeß vor dem Geschworenengericht, insbesondere die für ihn typische Initiative der Parteien nicht nur zum Prozeß, sondern auch zur Gestaltung des Prozesses selbst wirft die Frage nach der Rolle auf, die in dem Prozeß dem Recht zugewiesen wurde. Vertraten die Parteien das Recht oder die Richter? Welche Kräfte wirkten bei der Urteilsfindung außerdem noch mit? Gab es außer dem positiven Recht des Gesetzes und Volksbeschlusses noch weitere Rechtsquellen? Diesen Fragen soll im folgenden Abschnitt nachgegangen werden.

Faktoren der Urteilsbildung

Jeder Richter leistete vor Antritt seines Amtes einen Eid, daß er sein Urteil auf Grund der allgemeinen Gesetze *(nómoi)* und der Beschlüsse von Volk und Rat fällen werde. Konnte er das überhaupt bei der passiven Rolle, die er im Prozeß spielte? Und falls es möglich war, tat er es auch? Fühlte er sich nicht vielleicht eher als ein über dem Parteienstreit und dem Recht stehender Richter, der den Nutzen des Staates oder den ihm richtig erscheinenden politischen Standpunkt eines Redners dem von den Parteien vorgetragenen Rechtsstandpunkt vorziehen mußte oder durfte? Schon bei Aristophanes, besonders in den gegen Kleon gerichteten „Rittern" (424 v. Chr.), können wir häufig den Vorwurf lesen, daß die Heliasten mit den Demagogen zusammenarbeiten und aus Neid oder Gier gern die Reichen verurteilen. Und mit unverhohlener Schärfe im Ton sagt der Autor der um 430 zu datierenden Schrift vom Staat der Athener (Ps.-Xenophon), ein Kritiker der Demokratie, daß das Volk in den Gerichten nicht so sehr das Recht *(díkaion)* als seinen eigenen Nutzen *(symphéron)* im Auge habe (1, 13).

Auf den ersten Blick scheint in der Tat das Recht in Athen einen schweren Stand zu haben. In dem Prozeßgang ist die Rechtsmaterie in einen starren Formalismus eingezwängt. Nur die Parteien dürfen das Recht zitieren; das Gericht kann lediglich von der Rechtsdarstellung der Parteien her urteilen. Das Gericht ist weiterhin auch darin ganz unbeweglich, daß es das Vorgetragene nicht frei abwägen kann, sondern der einen oder der anderen Darstellung der Parteien folgen muß. Die Starrheit des Rechtssystems zeigt sich ferner auch darin, daß zur Urteilsbildung allein das p o s i t i v e Recht *(nómoi)* und die sie ergänzenden Beschlüsse von Volk und Rat als die e i n z i g e R e c h t s q u e l l e, welche die Athener kannten, herangezogen und von den Parteien zitiert werden durften. Die Gewohnheit hat in Athen wie in fast allen griechischen Staaten nicht die Bedeutung eines subsidiären Rechts, und auch die Rechtsprechung besitzt – anders als bei den Römern und in den modernen Rechtssystemen – eben auf Grund der rein positiven Gesetzesauslegung keine rechtsbildende Kraft. Ebenso wurden die Handlungsmuster sozialen und ethischen Verhaltens, die sogenannten „ungeschriebenen Gesetze", die heute in das Urteil einfließen, in Athen nicht berücksichtigt, ja ihre Anwendung wurde sogar spätestens seit 403/2 durch Gesetz ausdrücklich verboten. Manche Gelehrte haben geglaubt, daß das Recht durch das Prinzip der Billigkeit ergänzt, also dem normativen Recht eine ausgleichende Gerechtigkeit beigegeben worden sei; als Vermittler des Gedankens der Gerechtigkeit werden neben Gorgias, dem großen Begründer der Rhetorik, vor allem die

Philosophen genannt. Aber das ist mit Sicherheit falsch. Sowohl die Philosophen als auch die Dichter haben ohne jede Einschränkung die Gültigkeit der athenischen Gesetze anerkannt und den Gesetzesgehorsam gepredigt. So hat Sokrates bekanntlich das von ihm als unrichtig empfundene Gesetz, nach dem er verurteilt worden war, nichtsdestoweniger respektiert und um des Gehorsams gegenüber diesem Gesetz willen die ihm angebotene Flucht aus dem Gefängnis unterlassen, und Platon und Aristoteles, die das Problem des möglichen Gegensatzes zwischen positiver Norm und der Gerechtigkeit durchaus gesehen haben, wollten das Recht ihrer Zeit doch nicht durch eine Gerechtigkeitslehre bessern. Soweit Philosophen oder andere Autoren Erwägungen der Gerechtigkeit oder Billigkeit anstellten, dienten sie rein philosophischen Überlegungen, insbesondere der Darstellung eines Erziehungsideals, das die städtische Rechtsordnung ganz unberührt ließ; Platon und Aristoteles haben sich in keiner ihrer Schriften als Reformer des in ihrer Stadt geltenden Rechts aufgespielt. Der Sinn des Rechts, auf den sie in ihren Gedankengebäuden zielen, ist von moralischen und politischen Wertvorstellungen getragen, die von der Rechtswirklichkeit der Stadt, in der sie lebten, absehen. In der athenischen Rechtspraxis, beim Kampf um das Recht vor den Geschworenen, steht hingegen die Sinnfrage nicht zur Debatte; die Rechtssätze werden nicht im Hinblick auf den Zweck im Recht interpretiert und ausgelegt. Sie werden lediglich zitiert, und die Schnur der Rechtsanwendung ist die Übereinstimmung der behaupteten Tatsachen mit dem Gesetzestext.

Es herrschte demnach ein ausgesprochener Gesetzespositivismus bei den Athenern. Der Positivismus — das Wort ist ja heute durch die politische Ideologie übel beleumdet — braucht deswegen nicht schon zu einer Urteilspraxis zu führen, in der die Verbindung mit der Realität und der Gerechtigkeitssinn verlorengegangen waren. Aber es fehlte doch die geistige Durchdringung der Rechtsmaterie und das aus der Beschäftigung mit ihr sich ergebende Interesse, das Recht als einen in sich ruhenden Bereich menschlichen Daseins zu durchdenken. Denn das positive Recht hatte neben den Parteien, die nach ihm griffen, keinen Adressaten. Der Beamte oder Richter konnte dieser nicht sein, weil sie im Prozeßgang nicht innerhalb des Rechtsstreits agierten, sondern lediglich auf die Parteienvorträge reagierten, und einen außerhalb von Parteien, Richtern und Beamten stehenden Kreis, der am Recht interessiert gewesen wäre, gab es nicht. Es fehlte folglich jede Rechtsliteratur und damit das, was die Römer Jurisprudenz nannten. Den Juristen gab es in Athen ebensowenig wie in den anderen griechischen Städten. Aber es gab den Redenschreiber (Logographen), den wir so gut aus den uns erhaltenen Prozeßreden des späten 5. und vor allem des 4. Jahrhunderts kennen. War er vielleicht ein Ersatz?

Der Schreiber der Prozeßreden hatte nun von allen am Prozeßleben Beteiligten gewiß das geringste Interesse am Recht. Dazu war er weder von seiner Herkunft noch von dem Gegenstand seiner Arbeit her geeignet. Was seine Person anbetrifft, so war er ein womöglich gebildeter, auf jeden Fall geistig beweglicher, aber dabei doch völlig unselbständiger Mann, der lediglich im Auftrage anderer für ein Honorar Reden schrieb. Die Abhängigkeit vom Geld, die ihn zur Übernahme auch ungelegener oder sogar gegen seine innere Überzeugung stehender Aufträge zwang, wog dabei ebenso schwer wie der Umstand, daß er vor Gericht nicht selbst auftrat; an letzterem hinderte ihn sowohl die Vorschrift, daß die Prozeßbeteiligten selbst oder unbezahlte Helfer, meist Freunde, sprechen sollten, als auch die Annahme eines Honorars, das den Auftritt vor Gericht ausschloß. Der Logograph stand darum immer im Hintergrund, hatte nicht die Chance, seine Rednerbegabung und seine Gedanken vor einer Öffentlichkeit vorzutragen, mit ihnen zu glänzen und vielleicht durch bestimmte von ihm vertretene Prinzipien sich einen Namen zu machen. Und der Gegenstand seiner Arbeit konnte das Recht als einen selbständigen Wert auch nicht fördern. Da der Logograph von seiner beruflichen Situation her in erster Linie den Erfolg vor Augen haben mußte, ging es ihm eher um die Durchsetzung des Anspruchs seines Auftraggebers durch Überredung als darum, von der Rechtslage her überzeugen zu wollen, dies besonders dann, wenn der Anspruch seines Geldgebers rechtlich nicht gut abgesichert war. Er mußte die Rechtssätze herausstreichen, die ihm vorteilhaft erschienen, andere unterdrücken, mußte, falls er in Bedrängnis war, die rechtliche Lage verschleiern können und durfte in Notlagen auch vor der schlichten Rechtsverdrehung nicht zurückscheuen. Die schöne, richtige und einprägsame Wortwahl mußte ihm ebenso wichtig sein wie die Kunst des Schmeichelns, des Erweckens von Mitleid oder von Empörung. Es traf sich, daß die Kunst des Redens als eine Kunst des Überredens gerade in jener Zeit ihre Anfänge hatte, als die Demokratie ins Leben trat, und diese Kunst, die Rhetorik, ist dann durch die Demokratie, in erster Linie durch den Zwang, vor Gericht und vor der Volksversammlung argumentieren zu müssen, schnell zur höchsten Blüte gekommen. Auf die Rhetorik als einer formalen Schulung war der Logograph am ehesten angewiesen. Das Recht hatte an ihm keine Stütze.

Der Durchsetzung des Rechts standen noch andere Hindernisse im Wege. Es wurde in der Beweisführung das Recht nicht nur verzerrt und zurechtgebogen. Die Parteien versuchten zur Stärkung ihrer Position, auch Beweismittel nichtrechtlicher Natur vorzubringen. Das war zwar ausdrücklich verboten; spätestens seit 403/2 durften „ungeschriebene Gesetze", also sittliche und soziale Verhaltensmuster, vor Gericht nicht mehr als Beweismittel vorgebracht werden. Das Verbot wurde indessen dadurch umgangen, daß das persönliche und gegebenenfalls politische Leben des Klägers bzw. Beklagten durchleuchtet, die Person auf Grund geltender Verhaltensnormen abgewertet oder aufgewertet und auf diese Weise eine unter Umständen schwache Rechtsposition gestützt wurde. Kaum ein Redner verzichtete auf die möglichst wirkungsvolle Charakterisierung der angegriffenen bzw. verteidigten Person als Teil seiner Beweisführung. Der Richter mußte bei dieser Argumentationstechnik, so scheint es, von Emotionen und sachfremden Argumenten so bewegt und in den Plädoyers hin- und hergerissen werden, daß das Recht nur geringe Chancen hatte, sich durchzusetzen.

Die dargelegten Voraussetzungen für die Urteilspraxis in Athen geben ein düsteres Bild. Und doch ist in Athen das Recht nicht durch Rhetorik und Politik oder durch den starren Positivismus unterdrückt worden, jedenfalls nicht oder nicht sehr viel mehr als heutzutage. Athen ist eher das Musterbeispiel für ein funktionierendes System des reinen Gesetzespositivismus. Es ist nämlich unübersehbar, daß die Parteien wie die Richter in diesem System von Gesetzen dachten, daß sie sich nach den Gesetzen richteten und die zutreffenden Gesetze zitierten. Es ist nicht einfach, dies angemessen zu begründen. Aber die Basis dieser Einstellung gab ohne Zweifel das Bewußtsein, von einer dichten Ordnung umgeben zu sein, von der ein jeder abhängig war und die ihm Sicherheit gab. Aber das Rechtsbewußtsein allein hätte nicht genügt, wenn es nicht durch die Gewißheit ergänzt worden wäre, daß diese Rechtsordnung nicht nur allen auferlegt sei, sondern sie auch von allen getragen wurde: Der Gesetzeskodex wurde laufend ergänzt; in jeder ersten Prytanie eines Jahres wurde an die Volksversammlung die Frage nach einer Korrektur oder Ergänzung der Gesetze gerichtet. Nicht nur das private, auch das öffentliche Leben war auf Gesetze gestellt. Kein antiker Staat hat wie Athen eine solche beinahe manische Neigung gekannt, die gesamte Lebensordnung auf Gesetze zu gründen. Jeder Athener besaß darum eine ungefähre Vorstellung von der positiven Regelung der meisten Lebensbereiche, und hatte er sie nicht, so durfte er hoffen, daß bei einem Prozeß die Parteien seine Wissenslücke füllten. Mißbrauch des Gesetzes war möglich, aber die personale Dichte auch wiederum so groß, daß der Rechtsbeuger seine Bestrafung erwarten durfte, und wenn dies auch nicht in allen Fällen so war, mochte doch die Furcht davor die am Prozeß Beteiligten vor den gröbsten Verstößen zurückhalten. Auf offensichtlichen Mißbrauch waren schwere Strafen gesetzt; so stand auf die Zitierung nicht existierender Gesetze die Todesstrafe (Dem. 24, 26). Die Härte der Strafe ist bezeichnend; sie weist deutlich auf die Mängel der Rechtspraxis: Die Strafe ersetzt die fehlende administrative Kontrolle und die unzureichende Rechtskenntnis der Laien-Richter; aber hinter ihr steht auch der Wille, trotz aller Unzulänglichkeiten das Gesetz durchzusetzen. Und dieses Gesetz hatte alle Bereiche des Lebens, die als der staatlichen Rechtssetzung zugänglich galten, in ein Raster normativen Rechts eingebettet, und gerade diese Situation, die eine Lebensbedingung aller Athener war, zwang etwa einen Logographen, der eine schlechte Beweislage mit allerlei Verschleierungstaktiken zu vertuschen suchte, vor den Richtern, und das heißt vor allen Athenern, doch so zu argumentieren, daß bei allen der Eindruck von einer subjektiv ehrlichen Rechtsüberzeugung entstand. Auch wenn er außerrechtliche Argumente, also etwa Gesittung und politische Gesinnung ins Spiel brachte, durfte er daher nicht das Gesetz als die Grundlage seiner Beweisführung verlassen, sondern mußte solche Gedanken an das positive Gesetz anschließen, indem er z. B. dessen politische Seite hervorhob oder ihm einen moralischen Sinn unterstellte. Mit rhetorischen Tricks allein kam man vor den Richtern nicht aus; die positive Ordnung mußte aus allen Argumentationen durchscheinen. Denn jeder Redner, der vor Gericht einen Sachverhalt vertrat oder bestritt, hatte sich stets zu vergegenwärtigen, daß die gesamte Gesetzesordnung nicht nur allen jedenfalls in Umrissen bekannt war, sondern auch von allen vertreten wurde: Das Volk war Gesetzgeber und Richter zugleich; das Recht war die ihm eigene Ordnung und der Mißbrauch oder die Nichtachtung daher immer ein Akt gegen den Souverän.

## Politische Bedeutung

Aristophanes läßt in seinem der Kritik an den Geschworenengerichten gewidmeten Stück, den „Wespen", diejenige Figur, die den klassischen Typus des athenischen Richters verkörpert, einen von herzhafter Komik getragenen Preis auf die Allmacht des Richters sprechen (548–630). Bei allem Bemühen, die politische Bedeutung der Geschworenengerichte herauszustreichen, hat es der Dichter hier doch nicht darauf abgestellt, deren Macht über das Recht aufzuzeigen; die Unabhängigkeit der Gesetze setzt er vielmehr durchweg voraus und beschränkt sich darauf, die überstarke Macht der Richter in der Ausübung des Rechts offenzulegen, die sich in der beinahe schrankenlosen Zuständigkeit der Gerichte, in der strengen Anwendung, bisweilen auch in der willkürlichen Auslegung und gelegentlich sogar in der Beugung des Rechts äußert. Erheblich schärfer als Aristophanes formuliert der Autor der Schrift über den Staat der Athener um 430 (Ps.-Xenophon), wenn er sagt, daß die Gerichte

— er nennt sie: das Volk *(dḗmos)* — in Athen die Bedeutung des allgemeinen Gesetzes *(nómos)* haben (1, 18). Beide Autoren aber vermitteln die Vorstellung eines nicht nur sehr großen, sondern auch politisch nicht angemessenen, tendenziell den Rahmen sprengenden Einflusses der Richter, und beide, auch Aristophanes, identifizieren dabei direkt oder indirekt die Richter mit dem Volk von Athen oder mit den für die Demokratie besonders engagierten Bürgern. Entsprechende Gedanken mit z. T. noch deutlicheren Formulierungen finden wir bei den Rednern und Philosophen des 4. Jahrhunderts. Den Stimmstein des Richters im Geschworenengericht nennt Lysias in einem Privatprozeß am Anfang des Jahrhunderts „die größte Macht im Staate", und ein anderer Redner, Deinarchos, tituliert in der Rede gegen Demosthenes im Jahre 324 die Richter schlicht als „Herren über alles" (106). In der Form korrekter, aber in der Sache gleich urteilt Aristoteles in seiner Schrift vom Staate der Athener; in der radikalen Demokratie, meint er, verwaltet „das Volk alles durch seine Beschlüsse und durch die Geschworenengerichte, in denen es die Macht hat" (41, 2). Das Bild des richtenden Volkes, das Herr über das Gesetz oder doch wenigstens Herr über dessen Anwendung ist, wird weiter ergänzt durch das der prozeßwütigen Athener: Mit Spott karikiert Aristophanes zu wiederholten Malen, daß die typische Tätigkeit des Volkes das Richten für drei Obolen pro Tag sei (z. B. „Ritter", 50 f.), und die Prozeßwut der Athener ist in unseren Quellen sogar zu einem Gemeinplatz geworden. In den „Vögeln" (414 v. Chr.) läßt Aristophanes seine phantastische Geschichte ihren Ausgang von der Flucht zweier Bürger aus Athen nehmen, welche die Prozeßlust der Athener vertrieb (v. 27–48), und wie die Kritiker in Athen dachte man erst recht bei den anderen Griechen (Thuk. 1, 77, 1). Es ist auch die Prozeßlust, die gerade den Außenstehenden, also den Kritikern der Demokratie und den Fremden, den Eindruck von Vielgeschäftigkeit *(polypragmosýnē)* der Athener vermittelte. Die Unruhe, die Neigung zu Veränderungen und die hektische Betriebsamkeit im demokratischen Athen, die diesem Personenkreis Sorge, ja Angst machte, wurde vor allem auf die Tätigkeit der Geschworenengerichte zurückgeführt, in denen täglich Hunderte, bisweilen Tausende urteilten und eine unaufhörliche Bewegung im öffentlichen Bereich erzeugten.

Laiengerichte gab es auch in anderen griechischen Städten. Aber in keiner Stadt ist das Gerichtswesen in einer so umfassenden Weise auf sie konzentriert worden wie in Athen, und nirgendwo ist gleichzeitig das richtende Gremium in solcher Vermassung aufgetreten wie dort. Das antike Urteil über den Umfang und die Macht der Dikasterien kann der moderne Interpret bestätigen: Der Idee nach sollen alle Athener über alles urteilen; in der Praxis urteilen möglichst viele Athener über so viel wie möglich.

Die Bedeutung der Geschworenengerichte wirft verschiedene Probleme auf. Eines liegt in der Frage nach dem Verhältnis zwischen den Geschworenengerichten und der Volksversammlung. Beide Institutionen werden von den Zeitgenossen bisweilen in eins gesetzt: Die Gerichte sind der Demos. Sie sind es natürlich nicht in einem formellen Sinne; denn formell ist das Volk als Ganzes nur in der Volksversammlung erkennbar. Auf eine faktische Identität weisen indessen nicht nur der Umfang der Tätigkeit und die Vermassung des Gerichts. Auch der Umstand, daß das Urteil der Geschworenengerichte von der Volksversammlung nicht abgeändert werden kann, daß sogar umgekehrt die Gerichte bei der Klage wegen Verfassungswidrigkeit Volksbeschlüsse umstürzen oder Anträgen, die dieser Klage unterworfen wurden, die Kraft von Volksbeschlüssen verschaffen können (auf die Bestätigung des inkriminierten Antrags durch die Volksversammlung verzichtete man in diesem besonderen Fall), unterstützen den Eindruck von Gleichrangigkeit. Die Richter sind also nicht die „dritte Gewalt", die um der Kontrolle willen als Gegengewicht gegen die Legislative eingesetzt ist; die Gewaltenteilung ist in Athen unbekannt und die große Masse der Richter darum entweder (der Idee nach) das Volk oder ein Ausschuß desselben. Die Vorstellung der Identität mit dem Volk ist weiter darin enthalten, daß die Gesamtzahl der Richter auf 6 000 festgelegt und damit der Zahl gleichgesetzt ist, die in der Volksversammlung als das ganze Volk gilt (s. o. S. 129). Das Volk ist mithin in zwei staatlichen Institutionen präsent; es vermag in zweierlei Gestalt aufzutreten. Der Dichotomie der Herrschaftsausübung entsprechen notwendigerweise auch zwei verschiedene Formen der Entscheidungsfindung ein und desselben Herrschers. Das hat normalerweise das politische Leben wenig gestört, und tatsächlich war der Gegenstand der Verhandlungen bei Gericht ja meist auch ein anderer als in der Volksversammlung. Aber bisweilen deckte er sich eben auch, und dies war gerade dann der Fall, wenn die Politik strittig war. Schon Aristophanes schildert in seinen Komödien, besonders in den „Rittern", die Demagogen als Politiker, die ebenso routiniert die Gerichte wie die Volksversammlung in den Dienst ihrer Politik stellen. In der Tat waren die Eisangelie-Klagen und die Klagen wegen Verfassungswidrigkeit politische Klagen, durch die eine bestimmte Politik entschieden werden konnte. Die bekannteste Klage dieses Charakters ist die des Aischines gegen den Antragsteller eines Gesetzes, das die öffentliche Ehrung des Demosthenes mit einem goldenen Kranz wegen dessen Verdienste um den Mauerbau vorsah und angeblich nicht den bestehenden Gesetzen entsprach; tatsächlich ging es in diesem 330 ausgefochtenen Streit um die Entscheidung über die Grundlinien der damaligen Politik, nämlich darum, ob man der von Aischines vertretenen makedonenfreundlichen oder der von Demosthenes verkörperten Politik der Unabhängigkeit Athens folgen solle.

Ein anderes Problem, das die Geschworenengerichte stellen, liegt in dem Verhältnis dieser Gerichte zum Recht. Die Richterqualifikation lag in dem Bürgerstatus; es wurden von dem Richter keine Rechtskenntnisse verlangt, und in der Regel war er rechtsunkundig. Der durchschnittliche Richter wurde erst im Laufe des Jahres, in dem er zum ersten Male richtete, und danach in seinem weiteren Leben, in dem er wieder und wieder richtete, mit der Rechtsmaterie allmählich vertraut; aber auch dann sorgte er sich nicht selbst um den Erwerb von Wissen, sondern ließ es sich jeweils von den Parteien vortragen. Bestenfalls hatte er am Ende seines Lebens von diesem und jenem Gegenstand eine Ahnung, aber nicht einmal das konnte bei der Natur dieses Gerichtssystems als ein besonderer Vorzug gelten; denn Rechtskenntnis war für den Richter nicht notwendig und das Streben nach Wissen auf diesem Gebiet keine politische Tugend. Die Konsequenz war eine doppelte: Zum einen vermochte sich das Recht auf diese Weise nicht zu einem selbständigen geistigen Bereich zu entwickeln. Es mochten die bestehenden Gesetze noch so zahlreich sein und von Jahr zu Jahr durch das später perfektionierte Gesetzgebungsverfahren noch so sinnreich ergänzt werden (s. o. S. 148 ff.): Es konnten sich keine tragenden Ideen bilden, nach denen das Recht gebaut wurde, ebenso kein fruchtbarer Streit um den richtigen Weg des Rechts, mithin auch keine Rechtsliteratur und kein Juristenstand entstehen, in dem Gedanken dieser Art einen sicheren Hort hatten. Denn eine Masse ist unfähig, Träger rechtstheoretischer und rechtspolitischer Ideen zu werden. Von der auf vielen Gebieten so wirksamen geistigen Kraft der Athener hat darum das Recht nicht profitiert. Es gab nicht ein einziges Handbuch des Rechts und keine Rechtsschulen in Athen. Das Recht war kein selbständiger geistiger Bereich wie die Mathematik, die Geographie, die Rhetorik, Philosophie und Politik; es war identisch mit den Gesetzessammlungen und als solches lediglich Zulieferer für andere Bereiche, insbesondere für die Politik. Auf Grund dieses Sachverhalts konnte sich das Recht nicht zu einer höheren Entwicklungsstufe fortbilden. Es erstarrte in seinen teils noch archaischen Formen. Zwar fand das Volk als Gesetzgeber viele Wege, das alte Recht den veränderten Verhältnissen anzupassen; aber es hat in diesem Prozeß des allmählichen Wandels doch nicht das starre Gewand der Frühzeit aufgebrochen.

Das Verhältnis von Geschworenengericht und Recht brachte eine weitere, viel folgenschwerere Problematik hervor. Wenn die Richter das Volk waren und sie sich als solches fühlten, konnte sich leicht die Grenze zwischen dem Richten und dem Gesetzemachen verwischen: Bei der Identität von Richter und Volk konnte ein Richter das Gesetz doch gar nicht übertreten! Er war demnach in seinem Urteil gegebenenfalls frei, ungebunden und souverän. Nun hat dies allerdings in Athen niemand so formuliert. Mag man auch die eine oder andere Wendung unserer Gewährsleute in dieser Richtung interpretieren, wurden doch die aus solchen Formulierungen möglichen Konsequenzen von keinem Athener gezogen. Die politische Leidenschaft mochte diesen oder jenen zu einem solchen Ausspruch führen, und es mochte im praktischen Gerichtsleben in der Tat das Gesetz einmal unbeachtet geblieben sein. Typisch war dies für die athenischen Gerichte nicht. Die mögliche Gefahr einer Herrschaft über das Gesetz war jedoch bewußt; sie wurde u. a. durch den Hinweis auf die Unverantwortlichkeit des Richters signalisiert (z. B. Aristophanes, Wespen 587), der durchaus kritisch zu verstehen ist. Das Problem ist vielschichtig und bedarf einer besonderen Überlegung. Es wird daher in einem weiteren Zusammenhang, der verschiedene Aspekte aufnimmt, näher behandelt werden (u. S. 313 ff.).

### d) Die Beamten

Es werden zunächst die allgemeinen, für die athenische Demokratie typischen Merkmale der Beamtenschaft, anschließend die wichtigsten Beamten im einzelnen behandelt. Diejenigen Strukturelemente der Beamtenschaft, die in dem Kapitel über die Verfahrensformen zur Sicherung des demokratischen Gedankens besonders hervorgehoben und beschrieben sind, wie die Besoldung, Losung usw. (u. S. 217 ff.), werden zur Vermeidung von Wiederholungen hier nur kurz gestreift.

Der Begriff des Beamten

Aristoteles hat in dem 6., dem Wesen der Organisation von Demokratie und Oligarchie gewidmeten Buch seiner „Politik" dem Beamten in der Demokratie besondere Aufmerksamkeit geschenkt. Da er als das Ziel einer jeden Demokratie die Freiheit erkannt und dieser als ihr Wesensmerkmal die Gleichheit zugeordnet hat, sieht er das die Beamtenschaft einer Demokratie konstituierende Prinzip in dem „Reihumgehen" von Regieren und Regiertwerden. Aus diesem Grundgedanken heraus bestimmt Aristoteles dann das Wesen des Beamten in der Demokratie im einzelnen, nämlich daß er aus allen Bürgern genommen und mit wenigen

Ausnahmen durch das Los bestellt wird, er ferner dasselbe Amt möglichst
nur einmal und dazu möglichst kurze Zeit bekleiden sollte (1317 b). In
diesen Überlegungen hat Aristoteles die Beamten der Demokratie weitgehend in der Menge der Bürger aufgehen lassen: Die Idee der Demokratie
verlangt, daß der Bürger sich überhaupt nicht regieren läßt; die politische
Wirklichkeit erzwingt indessen die Regierung, taucht sie aber durch den
möglichst schnellen Wechsel vieler Losämter in die ganze Bürgerschaft
ein. Diese Gedanken enthüllen zugleich die Schwierigkeit, die jeder hat,
wenn er den athenischen Beamten beschreiben soll. Er ist schwer von den
anderen, „nur" politisch aktiven Bürgern abzugrenzen. Denn in jedem
Jahr sind, wenn nicht alle, so doch sehr viele oder sogar die meisten
Athener in irgendeiner Weise im politischen Bereich als Richter, Ratsherr,
Besucher der Volksversammlung oder eben als Funktionsträger tätig, der
irgendwelche, oft nur kurzfristige und unwichtige Aufgaben zu erledigen
hat. Aristoteles hat das Problem selbst gesehen und kommt an anderer
Stelle der „Politik" auch ausdrücklich darauf zu sprechen (1299 a). In der
für ihn typischen Neigung zur Gliederung und Definition macht er hier
den Versuch, den Beamten zu bestimmen und ihn von denjenigen
Bürgern, die Geschäfte geringeren Gewichts wahrnehmen, abzugrenzen.
Er findet die Lösung darin, daß der Beamte in öffentlichen Dingen raten,
entscheiden und befehlen darf, und insbesondere das letztere zeichne ihn
aus. Moderne Historiker haben andere Kriterien zusammengestellt, so
etwa die, daß der Beamte über 30 Jahre alt, durch Wahl oder Los bestellt,
im Dokimasie-Verfahren geprüft, mindestens eine Zeit von 30 Tagen im
Amt und schließlich rechenschaftspflichtig sein muß. Derartige Definitio-
nen erwecken schon durch ihren umfangreichen Kriterienkatalog Mißtrauen, und sie haben denn auch ihre Schwierigkeiten. Der Dokimasie
z. B. waren viele unterworfen, welche die übrigen Kriterien nicht erfüllten,
die Altersbestimmung ist strittig und die Forderung nach der 30-Tage-
Frist zumindest willkürlich. Der Begriff „Amt" *(archē)*, mit dem die Tätigkeit der offiziellen Geschäftsträger in Athen bezeichnet wurde, hatte ganz
offensichtlich nicht die Schärfe, welche die antike und moderne Staatstheorie vermißt, und dies ist kaum ein Zufall. Der athenische Demokrat
hatte zwar eine Vorstellung von einem Amt: Die großen Ämter der
Vergangenheit, wie der Archon und der Polemarchos, gaben ihm noch in
dem wenigen, was die Demokratie von ihnen gelassen hatte, eine Idee
davon, und selbstverständlich vor allem auch die Strategen. Aber die
Vermassung der Beamtenschaft und die Einrichtung kleiner und kleinster
Geschäftsbereiche hatte doch die Arbeit der Inhaber öffentlicher Funktionen demjenigen politischen Tätigkeitsfeld, in dem sich der Durchschnittsbürger durch den Besuch von Volksversammlungen, gegebenenfalls als

Ratsherr, Richter oder auch nur Zuhörer gemeinhin und ohne besonderen Auftrag bewegte, weitgehend angenähert; und selbst wenn er eine genaue Vorstellung von dem Wesen und den Aufgaben des Ratsherrn, des Richters und der einzelnen Beamten hatte, vermochte er doch nicht oder nur mühsam, den institutionellen Charakter dieser verschiedenen Stellungen scharf voneinander abzugrenzen. Aber es bestand für ihn auch nicht das Bedürfnis danach. Die politische Wirklichkeit verlangte die Bestimmung der jeweiligen Aufgabe, die jemand übernahm, nicht die Abgrenzung des Aufgabenträgers von den anderen Bürgern, die vielmehr gerade verschwommen und im Hinblick auf die demokratische Grundidee eher unangebracht war.

Die allgemeinen Grundlagen der Beamtenschaft

Angesichts des fließenden Übergangs zwischen Bürger und Beamten versteht es sich von selbst, daß im Prinzip alle Bürger zur Übernahme eines Amtes befähigt waren. Die Bestimmungen über die Qualifikation für ein Amt sind darum auch nicht als Einschränkungen dieses Grundsatzes zu verstehen; denn sie betreffen lediglich die Feststellung des bürgerlichen Status oder besondere Voraussetzungen für einige Ämter, wie z. B. den Nachweis von Vermögen, die von ihrer Natur her nicht alle Bürger erfüllen können. Alle mit dem Bürgerstatus zusammenhängenden Fragen werden in einer offiziellen Anhörung des gelosten oder gewählten Kandidaten, in der Dokimasie, geprüft (s. u. S. 225 ff.). In ihr muß der Kandidat seine bürgerliche Abstammung von beiden Elternteilen, seine durch keine Verurteilung geschmälerte bürgerliche Existenz, die Teilnahme an dem Staatskult des Apollon Patroos und Zeus Herkeios sowie den Besitz einer Familiengrabstätte belegen. In der Dokimasie konnte unter Umständen auch die allgemeine Lebensführung des Kandidaten zur Sprache kommen, so vor allem, ob er seinen Pflichten gegenüber den Eltern nachgekommen und die von ihm geforderten Feldzüge mitgemacht habe. Es scheint für alle Ämter auch ein Mindestalter von 30 Jahren, das für die Ratsherren und Geschworenen festgesetzt war, gefordert worden zu sein. Wenn das so ist, war in Athen jede öffentliche Tätigkeit, die mit der Übernahme irgendeiner speziellen Funktion verbunden war, an dieses Mindestalter gebunden und nur der Besuch der Volksversammlung auch den jüngeren mündigen Bürgern gestattet worden. – Für einzelne Ämter galten Sonderbestimmungen, die sich aus dem besonderen Charakter des Amtes ergaben. Die wichtigsten Finanzbeamten, die 10 Schatzmeister der Göttin (Athena), wurden aus der höchsten Schatzungsklasse, den Pentakosiomedimnen, gelost, dies natürlich deswegen, damit die Stadt sich bei

Verfehlungen gegebenenfalls an ihrem Vermögen schadlos halten konnte. Für das Archontat war seit 457/56 nur noch der Zensus der dritten Vermögensklasse, der Zeugitenzensus, gefordert, und dies noch bis in die Zeit des Aristoteles. Anders als bei den Schatzmeistern, deren Vermögen gleichsam ein Pfand ihrer ordentlichen Geschäftsführung war, wurde jedoch bei der Prüfung der Qualifikation für das Archontat (und eventuell noch für andere Ämter, die den Zeugitenzensus verlangten) die Zugehörigkeit zu der verlangten Vermögensklasse nicht weiter überprüft; nach Aristoteles (AP 7, 4) sagte kein Kandidat bei der Dokimasie, daß er keiner der drei Zensusklassen angehörte und also Thete war. Danach ist mit Ausnahme der hohen Finanzämter für alle Ämter die Zugehörigkeit zu einer Zensusklasse als Qualifikation faktisch aufgegeben worden. Für die Kandidatur zum Strategenamt bedeutete die Forderung nach Grundbesitz in Attika und nach in rechtmäßiger Ehe gezeugten Kindern eine weniger scharfe Einschränkung, band den Kandidaten aber an die seit alters her staatstragende Mittelschicht, schuf einige Sicherheiten für das Wohlverhalten und hielt Randexistenzen von dem Amt fern.

Die Zahl der Ämter war hoch. Aristoteles spricht für das 4. Jahrhundert von 700 Beamten, nicht eingerechnet die außerhalb Athens im athenischen Herrschaftsgebiet tätigen Amtspersonen und die Träger kleiner und kleinster Funktionen, die den Begriff des Beamten nicht verdienen. Wenn wir zu den 700 Beamten die 500 Ratsherren hinzuzählen, hatten im 4. Jahrhundert ca. 5% aller Bürger in jedem Jahr einen Beamtenposten inne, unter den über Dreißigjährigen waren es sogar 8% und bei Berücksichtigung auch der Bürger, die kleinere Geschäfte übernommen hatten, noch mehr. Kein anderer antiker und auch kein moderner Staat hat sich einen solchen Aufwand an Beamten geleistet.

Ein Amt durfte grundsätzlich nur ein Jahr lang verwaltet werden. Diese Amtsdauer galt für viele kleinere Geschäftsbereiche allerdings nicht. So übten Gesandte, die Architekten öffentlicher Gebäude, die Aufseher von Mauer- und Schiffsbauten und vor allem viele für Opferhandlungen bestellte Bürger ihr Amt nur bis zur Erledigung ihrer Aufgabe aus, und das konnte bisweilen weniger als ein Monat sein. Einige wenige Geschäftsträger im Bereich des Kult- und Finanzwesens wurden auch für mehrere, meist vier Jahre bestellt. Bei allen diesen Tätigkeiten handelt es sich aber um außerordentliche Aufgaben; für die ordentlichen Funktionen galt durchgehend die Jahresfrist.

Es war ferner untersagt, in einem Jahr zwei ordentliche Ämter zugleich zu versehen; das Verbot der Kumulation von Ämtern blieb lediglich für kleinere, außerordentliche Geschäftskreise, wie etwa das des Gesandten, unbeachtet. Die Kontinuation von Ämtern war praktisch schon deswegen nicht möglich, weil sich niemand vor der Rechenschaftslegung, die nach Niederlegung des Amtes erfolgte, für ein neues Amt bewerben durfte. Desgleichen war die Iteration von zivilen Ämtern strikt untersagt; nur Ratsherr konnte man zweimal werden, weil wegen der Größe des Rates sonst kaum in jedem Jahr genügend Kandidaten zur Verfügung gestanden hätten. Militärische Ämter durften hingegen öfter übernommen werden, und tatsächlich ist auch das höchste Militäramt, die Strategie, von denselben Personen oft und sogar in aufeinanderfolgenden Jahren bekleidet worden. Perikles war seit 443 15 Jahre lang ununterbrochen Stratege, Phokion hat es seit 365/64 sogar auf 45 Strategien gebracht.

Die Beamten wurden in vordemokratischer Zeit durch Wahl bestellt; das demokratische Prinzip der Bestellung des Beamten ist hingegen die Losung. Als im Jahre 487/86 für die höchsten Beamten, die 9 Archonten, die Losung eingeführt wurde − damals noch in der maßvollen Form der Losung aus einer Gruppe vorher gewählter Personen *(prókritoi)* −, bedeutete die dadurch bewirkte Schwächung der ursprünglich starken Beamtengewalt einen wesentlichen Schritt zur Demokratisierung der Verfassung. Nach dem Durchbruch zur demokratischen Staatsform in der Mitte des 5. Jahrhunderts ist dann für alle bestehenden und neu hinzutretenden Beamtenstellen des zivilen Bereichs durchweg die Losung eingeführt worden. Die Losung erfolgte im 4. Jahrhundert für alle Beamten an einem einzigen Tag unter der Leitung der Thesmotheten im Theseion (im südöstlichen Teil der Agora gelegen; der heute Theseion genannte, gut erhaltene dorische Tempel an der Westseite der Agora wurde schon seit dem 15. Jahrhundert fälschlich auf Theseus bezogen; er war höchstwahrscheinlich dem Hephaistos geweiht). Auch die Archonten, für die zunächst noch die aus Wahl und Los gemischte Form der Bestellung beibehalten worden war, wurden seit 457/56 zu reinen Losbeamten; da man in ihrem Fall an dem Gedanken festhielt, daß sie aus einem vorher bestimmten Personenkreis gelost werden sollten, bestand der Wandel darin, daß auch dieser Personenkreis gelost wurde und somit nun zwei Losungen hintereinandergeschaltet wurden. − Für eine ganze Reihe von Beamten hielt man jedoch aus sachlichen Gründen an der Wahl fest. Vor allem alle militärischen Chargen, insbesondere die Strategen, wurden gewählt; denn auch der eifrigste Demokrat wollte sein Leben nicht jedem Beliebigen, sondern nur dem Mann anvertrauen, der durch sein persönliches Ansehen und durch Fachkenntnisse für ein gutes Gelingen des kriegerischen Unternehmens eine gewisse Garantie gab. Auch die Wahlbeamten des zivilen Bereiches betreuten Aufgaben, die ein besonderes Maß an Vertrauen und/oder Spezialkenntnisse verlangten. So ist der Schreiber des Rates jedenfalls noch bis in die sechziger Jahre des 4. Jahrhunderts gewählt worden, ebenso die Architekten und Aufseher für den Bau der Kriegsschiffe und die hohen Finanzbeamten, die seit der Mitte des 4. Jahrhunderts den Finanzsektor leiteten. Auch zahlreiche kleinere Beamte und Geschäftsträger, wie die Gesandten, Aufseher von Bauten und Kultbeamte, deren Spezialwissen sich schon meist aus der Art ihres Auftrags ergab, wurden gewählt. Die Wahl erfolgte selbstverständlich durch die Volksversammlung, bei einigen wenigen Beamten, wie den Aufsehern für den Bau von Kriegsschiffen, durch den Rat. Die Volksversammlung wählte durch Handaufheben; es entschied die Mehrheit der abgegebenen Stimmen. Die Wahlzeit lag in der 7. Prytanie, also etwa im März, so daß bis zum Amtsantritt im Juli/August reichlich Zeit für die Prüfung der Kandidaten verblieb.

Ein wichtiges Prinzip demokratischer Amtsführung lag auch in der durchweg eingehaltenen Kollegialität des Amtes; abgesehen von vielen außerordentlichen Beamten und kleineren Funktionsträgern hat die Demokratie stets daran festgehalten, daß Amtsgeschäfte von einem Gremium gleichrangiger Personen zu führen seien. Damit wie in allen übrigen Institutionen (Rat, Heer), so auch in den Beamtenkollegien alle attischen Landschaften möglichst gleichmäßig vertreten waren, bildete die Grundlage ihrer Bestellung die Phyleneinteilung, und folglich bemaß sich die zahlenmäßige Stärke der Kollegien auch nach der Zahl der Phylen. Die meisten Kollegien bestanden daher aus 10 Personen (von ihnen oft 5 für die Stadt Athen, 5 für den Piräus bestimmt), aber auch aus 20 oder 30, seltener aus 5 Personen; in letzterem Fall erlosten jeweils zwei Phylen einen Beamten. Die Beamtenkollegien bestellten sich einen Vorsitzenden, der entweder die gesamte Amtszeit über Obmann war oder aber unter den Kollegen wechselte. Trotzdem blieb im Kollegium grundsätzlich die Gleichrangigkeit gewahrt, und es waren auch alle Kollegen, sofern sie gemeinsam gehandelt hatten, gemeinsam für ihre Geschäftsführung verantwortlich. Die Einzelbeamten der älteren Zeit, die in die Demokratie hinübergenommen worden waren, wie vor allem der Archon *(epónymos)*, der Basileus und der Polemarchos, bewahrten auch gegenüber der Forderung nach Kollegialität ihre Sonderstellung; doch wirkte sich der neue Grundsatz insofern auf sie aus, als ihnen je zwei Beisitzer zur Seite gestellt wurden, die durch die Dokimasie und Rechenschaftsablegung, die auch von ihnen verlangt wurde, eine amtsähnliche Qualifikation und damit eine dem Kollegen angenäherte Stellung erhielten. Die vor allem mit der Reorganisation und Verwaltung des Finanzwesens betrauten Einzelbeamten der zweiten Hälfte des 4. Jahrhunderts hingegen sprengten den Rahmen demokratischer Amtsführung und gehören daher eher in eine Darstellung der Krise der Demokratie als in die der Demokratie selbst.

Mit Ausnahme weniger Spezialbeamter, wie z. B. der Schatzmeister der Göttin, deren Amtsdauer an das Hauptfest der Athena, die Panathenäen, und der vielen Geschäftsträger, deren Amtstätigkeit an die kurze Zeit ihrer Aufgabe gebunden war, traten die Beamten ihr Amt mit dem Beginn des athenischen Jahres, dem 1. Hekatombaion (etwa Ende Juli), an. Bei A m t s a n t r i t t hatten sie einen Eid zu leisten, der sie auf die ordentliche Durchführung ihrer Dienstgeschäfte, insbesondere auf die Beachtung der allgemeinen und der in ihren Tätigkeitsbereich fallenden besonderen Gesetze verpflichtete. Jeder Beamte bzw. jedes Kollegium hatte, soweit es sich nicht um außerordentliche Beamte oder um Geschäftsträger kleiner und vorübergehender Aufgaben handelte, ein eigenes, festes Amtslokal, in dem die Mitglieder des Kollegiums gewöhnlich auch gemeinsam speisten. Als Kennzeichen seiner gegenüber den anderen Bürgern herausgehobenen Stellung und als Zeichen der Würde trug der Beamte einen Myrtenkranz.

Viele, aber sicher nicht alle Beamten wurden besoldet; doch war der S o l d keine Entlohnung für geleistete Dienste, sondern ein Entgelt zur Begleichung der mit dem Amt unmittelbar zusammenhängenden Unkosten, insbesondere zum Ausgleich des Verdienstausfalls und der durch die Trennung von der Familie erhöhten Unterhaltskosten. So erhielten die 9 Archonten in der Zeit des Aristoteles 4 Obolen täglich, was gewiß nur gerade das Notwendigste abdeckte, andere, insbesondere die außerhalb Attikas tätigen Geschäftsträger, 1 Drachme. Viele Beamte aber haben anscheinend nicht einmal dieses Kostgeld erhalten. Vor allem die großen Wahlämter, wie die Strategie, wurden niemals entlohnt. Das mit ihnen verbundene Ansehen verbot die Bezahlung und hebt sie darum auch aus der demokratischen Ordnung etwas heraus.

Die demokratischen Grundideen werden besonders deutlich aus der Art, in welcher die K o m p e t e n z der verschiedenen Beamten in der Demokratie gestaltet wurde und sich entwickelte. Die älteren großen Ämter, vor allem die 9 Archonten, verloren nach und nach jede selbständige Entscheidungsgewalt; es blieben ihnen viele kleine, vielfach sakrale Funktionen, und von der Gerichtsbarkeit, die ganz in ihren Händen gelegen hatte, behielten sie lediglich die formale Einleitung des Verfahrens und den Vorsitz im Prozeß selbst. Viele wichtige Funktionen wurden ihnen auch einfach genommen, wie z. B. dem Polemarchos seine zentrale Aufgabe, die militärische Befehlsgewalt, gänzlich entzogen wurde. Soweit wir die Entwicklung der einzelnen Beamtenkategorien verfolgen können, ist sie durch die zunehmende Schwächung der Beamtengewalt gekennzeichnet. So verlieren etwa die als Nachfolger des Polemarchos geschaffenen 10 Strategen im Laufe des 4. Jahrhunderts das Recht auf die Verhängung der

Todesstrafe im Felde, das sie im späten 5. Jahrhundert noch gehabt hatten. Auch dürfen die Beamten Ordnungsstrafen nur noch in begrenzter Höhe auferlegen, und es wird durch die Möglichkeit der Appellation an ein Geschworenengericht der Summe, bis zu der sie solche Strafen weiterhin verhängen können, der Charakter einer selbständigen Polizeistrafe genommen. Die Aufgaben, die den älteren Beamten abgenommen wurden, und die zahlreichen neuen Aufgaben gingen auf ein Heer von Beamtenkollegien mit kleinem und kleinstem Geschäftsbereich über. Diese Beamten sind vor allem durch die Begrenztheit der Aufgabe gekennzeichnet, die etwa nur die Erledigung einer bestimmten Opferhandlung oder die Aufsicht über eine ganz bestimmte Baumaßnahme betreffen konnte. Die Spezialisierung von Ämtern ist in Athen so weit wie in keinem antiken Staat vorher und nachher getrieben worden. Nicht minder charakterisiert die Beamtenschaft, daß kein Beamter einen direkten Zugang zum Souverän, der Volksversammlung, besaß, sondern lediglich mit dem Rat verhandeln durfte, der dann gegebenenfalls die Sache an das Volk weitergab.

### Kontrolle des Beamten

|  | regelmäßige | auf Antrag erfolgende Kontrollen |
|---|---|---|
| vor Antritt des Amtes | Überprüfung der Qualifikation (*Dokimasie*) |  |
|  | allgemeine und ständige Aufsicht durch den *Rat* | *jeder Athener* kann jederzeit beim Rat gegen jeden Beamten Klage erheben |
| während der Amtszeit | in jeder Prytanie, d. h. zehnmal im Jahr, Abstimmung in der *Volksversammlung* über die ordentliche Amtsführung (Epicheirotonie) | scharfe Kontrollen der *Kollegen* untereinander (kollektive Haftung) |
| nach der Amtszeit | Rechnungslegung über die anvertrauten Gelder bei den *Logistai* | Prüfung der allgemeinen Amtsführung durch die *Euthynoi* |

Jeder Athener, der ein öffentliches Geschäft verwaltete, hatte ferner nach Erledigung seines Auftrags Rechenschaft *(eúthyna)* über sein Amt abzulegen. Die Rechnungslegung betraf sowohl die anvertrauten Gelder als auch die allgemeine Geschäftsführung, und sie erfaßte ohne Ausnahme alle Geschäftsträger, also auch etwa Priester und Gesandte, die vielleicht nur kurze Zeit tätig gewesen waren. Die Beamten und übrigen Inhaber öffentlicher Aufträge wurden auch während ihres Amtes beaufsichtigt; es gab sogar in einer der ordentlichen Volksversammlungen einer jeden Prytanie einen feststehenden Tagesordnungspunkt, der sich mit der Amtsführung der Beamten befaßte und jedem Athener die Möglichkeit einräumte, Beschwerden vorzubringen. Ebenso kontrollierte der Rat alle von den zahlreichen Geschäftsträgern ausgeübten Tätigkeiten. Aber erst die Rechenschaft am Ende des Amtes bzw. Auftrages brachte die volle Entlastung, und bevor sie nicht abgelegt worden war, durfte der Rechenschaftspflichtige weder Attika verlassen noch über sein Vermögen verfügen. Die Rechnungslegung erfolgte im 4. Jahrhundert getrennt nach denjenigen Geschäften, die mit der Verwaltung von Geldern zu tun hatten, und der übrigen Amtsführung. Die erste besorgte die Behörde der Logistai („Rechnungsprüfer"), die jeden einzelnen überprüfte; die endgültige Entlastung sprach dann ein Geschworenengericht aus. Die allgemeine Amtsführung wurde von „Euthynoi" genannten Rechenschaftsbeamten kontrolliert; doch erfolgte diese lediglich auf Antrag. Im 5. Jahrhundert sind beide Geschäftsbereiche wohl zusammen geprüft worden. Der Beamte haftete mit seiner Person und seinem ganzen Vermögen für seine Amtsführung.

Die Verantwortlichkeit für die im öffentlichen Dienst ausgeübte Tätigkeit ist eines der wesentlichen Kennzeichen der Demokratie. Sie unterwarf alle Geschäftsträger den Gerichten als der letzten über die Amtsführung entscheidenden Instanz und schränkte damit ihre Eigeninitiative ein oder erstickte sie auch gänzlich. Für die Athener war die Freiheit von der Rechnungslegung gleichbedeutend mit Herrschaft, und folglich waren nur das Volk und die Richter (Aristoph., Wespen 586 f.), deren Gleichstellung mit dem Volk sich darin besonders deutlich zeigt, nicht rechenschaftspflichtig. Der einzelne hingegen, der die Überprüfung der von ihm im öffentlichen Interesse vollzogenen Handlungen ablehnte, galt als Tyrann.

## Der Charakter von Amt und Verwaltung

In kaum einem Bereich tritt das Wesen der Demokratie deutlicher hervor als in dem Charakter von Amt und Verwaltung. Bis zum Anfang des 5. Jahrhunderts hatten die 9 Archonten und unter ihnen vor allem der

Archon, nach dem das Jahr benannt wurde, eine zentrale Stellung in der
Stadt gehabt. In ihren Händen hatte die allgemeine Staatsführung, also die
Festlegung und Ausführung der Politik, ferner die Kriegführung, die
Aufsicht über das Sakralwesen und die Rechtsprechung gelegen. Wir
dürfen das Archontat der vordemokratischen Zeit als die Regierung der
Stadt ansehen, die durch den Areopag als die Versammlung der ehemaligen Archonten eher kontrolliert als gelenkt worden war. In der Demokratie besaßen die Archonten demgegenüber so gut wie keinen Einfluß mehr.
Ihre einst kompakten Zuständigkeiten waren auf zahlreiche Beamte
verteilt worden, ihnen selbst nur viele kleine Zuständigkeiten meist
repräsentativer oder formeller Natur geblieben. Die umfangreichen
staatlichen Aufgaben, die als Konsequenz der Demokratie im Laufe der
Zeit hinzugekommen waren, übernahmen neue Beamte, und sie alle
übten ihre Tätigkeit nicht mehr allein, sondern innerhalb von Kollegien
aus, in denen der einzelne an den Willen des Kollektivs gebunden war.
Die große Menge der (ohne den Rat) ca. 700 Beamten wechselte zudem
jährlich, und gerade dieser Wechsel, der immer andere Bürger zu Ämtern
oder zu anderen Ämtern, als sie bisher innegehabt hatten, führte, erweckt
den Eindruck, daß im Verlauf einer Reihe von Jahren mehr oder weniger
alle Athener an der Verwaltung beteiligt waren. Die abwechselnde Übernahme der Ämter, die weiterhin auch durch das Verbot, dasselbe Amt
mehr als einmal bekleiden zu dürfen, abgesichert war, haben die Athener
selbst als ein tragendes Prinzip der Demokratie angesehen und in dem
Begriff des „Reihumgehens" verdichtet.
Die Ämter sind nicht lediglich dadurch charakterisiert, daß der Idee nach
alle an ihnen teilhaben; sie sind vor allem auch dadurch bestimmt, daß sie
weder einzeln noch in ihrer Summe die Regierung verkörpern. Zwar war
der Beamte durch ein äußeres Rangabzeichen, den Myrtenkranz, vor den
nichtbeamteten Mitbürgern ausgezeichnet und in der Ausübung seiner
Amtspflicht gegen Ungehorsam, Beleidigung und körperliche Angriffe
besonders geschützt; wer sich derlei zuschulden kommen ließ, konnte mit
Geldstrafen, in schweren Fällen auch mit dem Entzug der bürgerlichen
Rechte (Atimie) bestraft werden. Aber der Beamte besaß weder auf Grund
seines Amtes noch seiner individuellen Persönlichkeit irgendeine nennenswerte Autorität, und hatte er sie im Einzelfall doch, besaß er sie
durchaus gegen den Sinn, der der Gestaltung des Beamtenwesens in der
Demokratie zugrunde lag. Das persönliche Element sollte die fast totale
Anwendung des Prinzips der Losung auslöschen und hat es auch getan.
Das Los verstreute die Ämter unter beliebige Athener, und wenn es auch
nicht zu jedem Zeitpunkt unter allen, sondern nur unter denen die Entscheidung fällte, die sich jeweils als Kandidat für ein Amt gemeldet hatten,

bleibt sein Sinn doch immer auf die Entpersönlichung des Amtes gerichtet. Die Kleinheit, die Kollegialität und Jährlichkeit des Amtes verhinderten darüber hinaus, daß der Inhaber eines Amtes von den ihm übertragenen Aufgaben her zu Einfluß kam. Insbesondere die geringfügigen Kompetenzen führten zu einer Spezialisierung, die den einzelnen Beamten innerhalb der gesamten Beamtenschaft isolierte und ihn an das beaufsichtigende und kontrollierende Organ, den Rat, verwies; die verschiedenen Sparten von Beamten hatten kaum Verbindung zueinander. Die Masse der auf kleine und kleinste Aufgabenkreise beschränkten Funktionsträger stand demnach beziehungslos nebeneinander; es gab keine Über- und Unterordnung (mit Ausnahme von manchen Bereichen der militärischen Exekutive) und keine Karriere. Es konnte folglich von den Beamten oder einzelnen Gruppen unter ihnen keine Dynamik ausgehen. Sie waren durch ihre Masse, ihre Spezialisierung und Isolierung zugleich gelähmt.

Zu den durch die besondere Form des Amtes selbst gegebenen Kontrollen, welche die Möglichkeit des Einflusses und der Eigeninitiative auf ein Minimum beschränkten (Intraorgankontrolle), kam noch die von außen über die Amtsinhaber gesetzte Aufsicht (Interorgankontrolle), die von einzelnen Rechenschaftsbeamten, von der Volksversammlung und vor allem vom Rat als dem zunächst für die Kontrolle der Beamten zuständigen Gremium ausgeübt wurde. Die Rechenschaft, die der Beamte während seines Amtes und nach diesem abzulegen hatte, band ihn mit eisernem Griff an die Masse bzw. deren Repräsentanten, den Rat, und erstickte jede Eigenwilligkeit schon im Ansatz.

Der Typ des athenischen Beamten ist daher nicht lediglich durch sein Amt gekennzeichnet, das ihn klein und einflußlos machte, sondern vor allem auch durch die Summe der Faktoren, die jede noch mögliche Einflußnahme oder den Mißbrauch des Amtes verhindern sollten. Schon die Eignungsprüfung vor Antritt des Amtes (Dokimasie), insbesondere aber die ständigen Überwachungen während des Amtes verhinderten, daß sich irgend jemand als Kandidat aufstellen ließ, der nicht zur völligen Unterordnung unter die Normen, auf Grund derer er tätig sein sollte, bereit war; es trat niemand zu einem Amt an, der sich nicht von vornherein als ein Rädchen im großen Getriebe fühlte.

Der Umstand, daß das Amt nicht mehr die auf einen kleinen Personenkreis beschränkte Fähigkeit zur Bewältigung umfangreicher öffentlicher Aufgaben, sondern nur noch die Durchführung sehr begrenzter, übersichtlicher Einzelaufgaben erforderte, hielt einerseits die Ämter klein, schuf aber andererseits auch die Voraussetzung dafür, daß jeder Athener von seinen intellektuellen Möglichkeiten her jedes Amt zu übernehmen imstande war. Die Demokratisierung der Exekutive war so möglich

geworden, und auch deren Effektivität durch die Konzentration auf eine
begrenzte Aufgabe bis zu einem gewissen Grade gesichert. Vor unwilligen
oder geschäftsunfähigen Personen war man schon durch die der Amtsübernahme vorausgehende Dokimasie geschützt, da sich kaum jemand als
Kandidat gemeldet haben dürfte, der nicht von seinen Fähigkeiten her das
von ihm Geforderte auch zu leisten vermochte, und drängte sich doch
einmal jemand trotz offensichtlicher Mängel der Person vor, war die
Chance nicht sehr hoch, daß er die Hürde der Kontrolle nahm. War somit
im Rahmen der durch die demokratische Grundidee gesteckten Bedingungen einerseits eine ordentliche Amtsführung gesichert, konnten
andererseits von dieser Beamtenschaft auch keine besonderen Anregungen ausgehen. Es herrschte unter den Beamten im ganzen ein Klima der
Passivität und Anpassung. Wir können das auch an den Wahlen bzw.
Kandidatenaufstellungen ablesen. Weder bei den Losungen, die an einem
einzigen Tag vorgenommen wurden, noch bei den Wahlen der Strategen
und hohen Finanzbeamten scheint es trotz gelegentlicher Versuche der
Einflußnahme zu großen Streitigkeiten gekommen zu sein. Der Kampf
um das Amt, der die Archaische Zeit gekennzeichnet hatte, lohnte sich
nicht mehr. Die Politik wurde nicht von den Beamten bestimmt; es konnte
nicht einmal Initiative von ihnen ausgehen: Die Beamten waren reine
Verwaltungsträger. Sie erscheinen uns heute eher entpolitisiert und der
ganze Beamtenapparat als ein rein ausführender Mechanismus. In der Tat
waren die Entscheidungen über die politische Richtung und die Ausführung der Politik in der Demokratie scharf voneinander geschieden. Das
Volk machte die Politik; die Beamten waren nichts als seine Diener, die im
Interesse einer unverfälschten Ausführung der gefällten Entscheidungen
scharf kontrolliert werden mußten. Da das Volk zur Aufsicht über die
Beamten nicht oder nur bedingt fähig war, traten hier der Rat und, durch
dessen Vermittlung, auch die Gerichte an seine Stelle.
Von der Bedeutungslosigkeit der Beamten bilden nur die hohen militäri-
schen Chargen, besonders die Strategen, und einige Finanzbeamte eine
Ausnahme. Über die Stellung der letzteren wird in dem Kapitel über das
Finanzwesen gesondert gehandelt werden. Die Strategen haben durch das
Gewicht ihrer in der gesamten Klassischen Zeit zentralen Aufgabe der
Heerführung in der Tat eine Sonderrolle. Aber abgesehen von dem
Umstand, daß seit der Mitte des 4. Jahrhunderts auch die militärischen
Ämter an Einfluß einbüßten, war der General in Athen durch die ständige
Drohung der Anklage in den Willen der Masse eingebunden. Niemandem
brachten die Athener größeres Mißtrauen entgegen als ihren Feldherren.
Für eine Anklage war noch nicht einmal immer Ungehorsam notwendig;
oft genügte es, erfolglos zu sein, und eine Verurteilung brachte meist Tod

oder Verbannung. Die Konsequenz der Kontrolle war weder hier noch bei den übrigen Beamten immer die Durchsetzung der von dem Beamten verletzten Norm; sie war oft nur Ausdruck der Unzufriedenheit mit dem, was von dem Beamten erreicht war, oder auch die Folge einer besonderen, von der jeweiligen Situation abhängigen Stimmung. Die Kontrollen scheinen darum nicht immer dem Recht und der Gerechtigkeit zu dienen. Bisweilen vermitteln sie den Eindruck des Terrors der Menge über die Ausführenden, der von der Masse der Beamten nur deswegen nicht so unmittelbar empfunden wurde, weil von ihm in erster Linie die hohen Amtsträger – diejenigen, die, weil nicht erlost, gleichsam außerhalb der demokratischen Idee standen – betroffen waren.

## Die einzelnen Ämter

In älterer Zeit waren alle wesentlichen staatlichen Funktionen von den 9 Archonten wahrgenommen worden; von ihnen hatte der Archon, der schon durch das Fehlen jedes spezialisierenden Zusatzes sich als der ranghöchste und ursprünglich einmal einzige Beamte auswies, die nominelle Oberleitung besessen und unter ihm der (Archon) Basileus den sakralen, der (Archon) Polemarchos den militärischen und die 6 Thesmotheten den jurisdiktionellen Bereich selbständig geleitet. Nachdem die Archonten 487/86 zunächst noch aus Vorgewählten erlost, seit der zweiten Hälfte des 5. Jahrhunderts dann auch die Kandidaten für die Vorwahl durch das Los bestimmt wurden, verlor das Amt seine politische Bedeutung, und es wurde zusätzlich noch dadurch geschwächt, daß die wichtigsten Kompetenzen allmählich auf andere Gremien oder Beamte übergingen oder eingeschränkt wurden. So übernahm der Rat vom Archon die allgemeine Oberaufsicht über die Verwaltung und die nominelle Staatsleitung, das Strategenkollegium vom Polemarchos die militärischen Funktionen und die Geschworenengerichte von allen Archonten die Jurisdiktion, von der diese lediglich die Voruntersuchung und den Vorsitz im Prozeß behielten. Das Archontat hatte sich demnach in der Demokratie zu einem noch angesehenen, aber gänzlich einflußlosen Amt entwickelt. Bis 457/56 war es auch der niedrigsten der drei Zensusklassen, den Zeugiten, zugänglich gemacht worden, wurde aber faktisch sogar von Theten bekleidet. Eine Erinnerung an die einstige Bedeutung erhielt sich darin, daß die Archonten zweimal, im Rat und in einem Dikasterion, auf ihre Qualifikation hin überprüft wurden.

Die ehemals zentrale Stellung des Archon ist daran zu erkennen, daß er weiterhin dem Jahr seinen Namen gab; Archon eponymos wird er hingegen erst in der Kaiserzeit genannt. Auch der Umstand, daß er den bedeutenderen Festen und Wettkämpfen, die nicht seit alters her vom Basileus geleitet wurden, insbesondere den neu hinzugekommenen Festen vorstand, weist auf seine frühere Bedeutung hin. So stand er den großen (Städtischen) Dionysien vor und hatte als solcher u. a. die Aufgabe, den reicheren Athenern die Aufstellung der zunächst drei, dann fünf Chöre für die Tragödien und Komödien (Choregie) aufzuerlegen. Neben den sakralen Verpflichtungen stand als zweiter wichtiger Tätigkeitsbereich des Archon eponymos die Sorge um familienrechtliche und erbrechtliche Fragen. Sie umfaßt die Fürsorge für alle Schwachen und Verlassenen, insbesondere für Waisen, Erbtöchter und Witwen, die schwanger zurückgelassen worden waren; sie alle schützte er vor Übervorteilung und Kränkung. Auch Fragen der Vormundschaft und Adoption gingen an den Archon, ebenso der Schutz von altersschwachen Personen. Obwohl der Archon nicht für das gesamte Familienrecht zuständig war, sondern vornehmlich das, was schon seit alters her von ihm entschieden worden war, auch in der Demokratie vor seinen Richterstuhl gehörte, erschien er doch durch die mannigfachen Kompetenzen auf diesem Gebiet den Athenern als der Hüter der Familie. Es versteht sich, daß der Archon bei den meisten Prozessen und selbstverständlich bei allen Strafklagen lediglich die Voruntersuchung in eigener Regie führte, er in der Hauptverhandlung dagegen nur Vorsitzender eines Geschworenengerichts war.

Der Basileus hatte als Nachfolger des Königs im sakralen Bereich alle alten Opferhandlungen zu verrichten; er leitete auch die älteren Feste und beaufsichtigte die heiligen Bezirke der Stadt. Als die oberste Verwaltungsinstanz im sakralen Bereich schlichtete er ferner die Streitigkeiten von Priestern untereinander, soweit sie sakrale Gegenstände betrafen, und verpachtete das Grundvermögen der Götter. In das Rampenlicht des städtischen Lebens rückte er vor allem durch die ihm verbliebenen jurisdiktionellen Kompetenzen. Er saß nämlich weiterhin dem alten Adelsrat, dem Areopag, und also auch den vor diesem Rat geführten Prozessen vor, und ebenfalls wurden alle Anklagen wegen Gottlosigkeit *(asebía)*, unter die jede Art von sakralem Delikt fallen konnte, sowie sämtliche Tötungsdelikte unter seiner Leitung verhandelt. Insbesondere hinter der Asebie-Klage konnte sich seit der zweiten Hälfte des 5. Jahrhunderts auch eine politische Klage verbergen. Da der Basileus indes lediglich den Verhandlungsvorsitz hatte, war seine Einflußmöglichkeit bei diesen Prozessen begrenzt.

Der Polemarchos hatte in der Demokratie keinerlei militärische Funktion mehr; an ihm ist die Demontage des Archontats besonders deutlich zu erkennen. An seine alte Aufgabe erinnert neben seinem Titel noch der Umstand, daß er in Kriegszeiten die alljährliche Feier zu Ehren der

Gefallenen, auf der auch eine Rede gehalten wurde (Epitaphios, d. i. „Rede auf die Gefallenen"), leitete. Daß sein Tätigkeitsfeld einst außerhalb der Landesgrenzen gelegen hatte, zeigt auch noch seine Hauptaufgabe, die Fremdengerichtsbarkeit. Sie umfaßte alle Prozesse unter Metöken und Freigelassenen sowie die von Bürgern gegen Metöken (aber nicht umgekehrt), betraf aber nur die Einleitung des Verfahrens; für die übrigen Fremden war er in älterer Zeit nur sehr beschränkt, später überhaupt nicht mehr zuständig. Die vor dem Polemarchos geführten bzw. vorbereiteten Prozesse waren fast ausschließlich Privatprozesse und betrafen vor allem Personenstandsangelegenheiten. Die bei ihm wie auch bei den anderen Archonten oft verwirrenden Zuständigkeitsabgrenzungen, die jeder Systematik entbehren, sind allein von der historischen Entwicklung her zu verstehen, im Verlauf deren dem Beamten dieses übertragen, anderes wieder genommen worden war.

Den Thesmotheten blieb als den ehemaligen Gerichtsherren in der Demokratie die Oberleitung der Rechtspflege. Als solche setzten sie für alle Prozesse die Gerichtstage fest, bestimmten die Anzahl und u. U. die Größe der von den einzelnen Beamten jeweils angeforderten Gerichtshöfe und wickelten das schwierige Geschäft der Verteilung der Richter auf sie (s. o. S. 168 ff.) ab. Entsprechend ihrer Bedeutung in der Rechtspflege lag auch die Einleitung und der Vorsitz bei den meisten „öffentlichen Klagen" (das sind die Klagen von öffentlichem Interesse) in ihren Händen.

Neben den Thesmotheten finden wir in der Demokratie noch eine ganze Reihe von anderen Beamten in der Rechtspflege tätig. Unter ihnen nehmen die „Elfmänner" wegen der Schwere der von ihnen verhängten Strafe, der Todesstrafe, einen besonderen Rang ein. Sie waren zuständig für die Aburteilung aller Verbrecher, die bei einem todeswürdigen Delikt auf frischer Tat ertappt wurden. Ursprünglich hatten die „Elfmänner" selbst das Urteil gefällt; in der Demokratie behielten sie lediglich noch den Vorsitz des mit der Tat befaßten Geschworenengerichts. Als den mit der Verhängung der Todesstrafe besonders befaßten Beamten oblag ihnen auch der Vollzug der Todesstrafe sowie die Leitung des Gefängnisses, das in Athen, wo man keine Gefängnisstrafen kannte, lediglich Untersuchungsgefängnis war.

Für den Durchschnittsbürger waren jedoch diejenigen Prozesse wichtiger, in denen die privaten, insbesondere vermögensrechtlichen Streitigkeiten verhandelt wurden, und entsprechend fiel die Mehrzahl der Klagen den dafür zuständigen Behörden zu, und das waren vor allem zwei Gruppen von Richtern. Da sind zunächst die seit der Mitte des 5. Jahrhunderts in den verschiedenen Landschaften Attikas richtenden 30 Demenrichter, die nach 403 von den „Vierzig" abgelöst wurden. Diese „Vierzig" wurden aus den 10 Phylen gelost und bildeten 10 Gerichte, die aus jeweils vier derselben Phyle zugehörigen Richtern bestanden. Vor sie kamen so gut wie alle vermögensrechtlichen Streitigkeiten. Die „Vierzig" entschieden bei Klagen mit einem Streitwert unter 10 Drachmen selbst; bei höherem Streitwert verwiesen sie die Sache an Diäteten genannte Schiedsrichter. Diese Richtergruppe bildeten alle Bürger, die im 60. Lebensjahr standen. Hatte der Diätet seinen Spruch verkündet, mußten ihn die Parteien sogleich annehmen; konnten sie sich auf die Annahme des Urteils nicht einigen, ging die Sache an ein Geschworenengericht, das dann in letzter Instanz entschied.

Wurde die Masse der Privatprozesse von den „Vierzig" und den Diäteten erledigt, lagen doch viele Prozesse in den Händen von Beamten, die aus irgendwelchen, meist sich aus der älteren Entwicklung des betreffenden Amtes ergebenden Gründen für die zur Verhandlung anstehende Sache eigens zuständig waren; und daneben gab es noch einige Prozeßkategorien, für die man wieder besondere Beamte eingesetzt hatte. Zu letzteren gehörten vor allem auch die uns im 4. Jahrhundert bekannten fünf Schnellrichter für Klagen, die binnen eines Monats angenommen werden mußten. Diese *eisagōgeis* (das heißt: Einleiter) genannten Richter brachten die Sache an ein Geschworenengericht und standen ihm auch vor. Anfangs betrafen diese „Monatsklagen" nur vermögensrechtliche Fragen; später wurde die Klage auf mannigfache Gegenstände ausgedehnt, und es konnte etwa auch eine Körperverletzung vor diesem Gericht verhandelt werden. – Nicht Richter, sondern Justizbeamte müssen wir diejenigen Personen nennen, die mit der Einziehung der von den Behörden verhängten Geldstrafen beauftragt waren (Gerichtsvollzieher); sie hießen Praktores.

In einer Stadt von der Größe und der wirtschaftlichen Kraft Athens hatte die polizeiliche Aufsicht und Kontrolle über das städtische Leben besonderes Gewicht. Mit dem Gedanken der Ordnung und Sicherheit verband sich für die Athener wie für die Bewohner aller anderen griechischen Städte auch die Sorge um die Versorgung der Bevölkerung mit einer hinreichenden Menge von Brotgetreide und mit sauberem Wasser (*trophē*, Ernährung). Unter den nicht wenigen Beamten dieses Bereichs ragen die Astynomen und die Agoranomen heraus. Beide Beamtengremien bildeten ein Kollegium von jeweils 10 Personen, von denen fünf für den Bereich der Stadt Athen, fünf für den des Piräus zuständig waren. Die Astynomen sorgten für die Reinhaltung der Straßen und die Einhaltung der baupolizeilichen Vorschriften; neben ihnen war vielleicht schon im 5., sicher dann im 4. Jahrhundert eine speziell für den Straßenbau zuständige Behörde, die fünf *hodopoioi* (d. h. „Wegebauer"), tätig. Die Agoranomen hatten die allgemeine Aufsicht über den Markt; sie sorgten für die Aufrechterhaltung der Ordnung, zogen die Marktabgaben ein und überprüften die Maße und Gewichte. Das letztere wurde in der ersten Hälfte des 4. Jahrhunderts besonderen Eichbeamten, den Metronomen, auch sie je fünf für Athen und fünf für den Piräus, übertragen. Die Sorge für hinreichend Getreide und Wasser hatten ursprünglich die Agoranomen gehabt. Als dann in den Jahren nach dem Zusammenbruch der athenischen Herrschaft gegen Ende des 5. und zu Beginn des 4. Jahrhunderts die Engpässe in der Ernährung immer bedrohlicher wurden, haben die Athener eine besondere Behörde für die Getreideversorgung geschaffen. Es waren dies die anfangs 10 − fünf für Athen, fünf für den Piräus −, gegen Ende des Jahrhunderts auf 35 Personen angewachsenen „Getreideaufseher" *(sitophýlakes)*. Ihre Aufgabe bestand darin, für die Beachtung der Gesetze über den Getreidehandel, insbesondere der über den Stapel- und Verkaufszwang des im Piräus ankommenden Getreides und über die Beschränkung der Ankäufe durch die Kleinhändler zu sorgen und den Höchstpreis für Getreide festzusetzen. Gegen Ende des 4. Jahrhunderts übernahmen sie auch die Aufsicht über die Verarbeitungsprodukte des Getreides und überwachten also zusätzlich die Preise für Mehl und Brot. Es zeugt von den anhaltenden Schwierigkeiten der Lebensmittelversorgung, wenn in der Mitte des 4. Jahrhunderts die Aufsicht über den Getreidehafen, das Emporion, und die mit ihr verbundene Sorge um die Einhaltung der Ein- und Ausfuhrgesetze den Sitophylakes genommen und auf ein besonderes Kollegium, die „Aufseher über das Emporion" *(epimelḗtai tou emporiou)*, übertragen wurde. − Für die öffentlichen Brunnen und Wasserleitungen war bereits im 5. Jahrhundert ein Brunnenaufseher zuständig.

Von größter Bedeutung war naturgemäß die Einziehung und Verwaltung der mannigfachen Steuern und anderen Abgaben sowie die ordnungsgemäße Verteilung und Überprüfung der Ausgaben. Entsprechend zahlreich waren die mit diesen Geschäften betrauten Beamten. Aber da das gesamte Finanzwesen im nächsten Kapitel dargestellt ist und dort auch die Finanzbeamten behandelt worden sind, sei hier lediglich auf die dortigen Ausführungen verwiesen (u. S. 208 ff.).

Eine große Anzahl von Athenern hatte Aufgaben im kultischen Bereich zu erledigen. Denn abgesehen von den Priestern und Priesterinnen wurden viele Opfer von eigens dafür von der Stadt bestellten Personen vollzogen, und es war auch die Stadt, welche die zunächst wohl von den Priestern selbst verwalteten Heiligtümer beaufsichtigte. Die hier tätigen Personen waren teils ein Jahr, teils über eine Reihe von Jahren, öfter aber auch nur sehr kurze Zeit tätig. Die in aller Regel lediglich für die Erledi-

gung eines bestimmten Auftrags ernannten Personen waren reine Geschäftsträger. Die meisten der im kultischen Bereich tätigen Personen
wurden für den Vollzug bestimmter Opfer bestellt *(hieropoioí,* das heißt
Opferer), und es endete ihr Auftrag gleichzeitig mit der Erfüllung dieser
Aufgabe. Eine andere Gruppe waren die Gesandten *(theōroí),* die als
offizielle Vertreter der Stadt zu den alljährlichen oder periodisch gefeier-
ten Festen der großen panhellenischen Heiligtümer nach Delos, Olympia,
Delphi, Nemea und an den Isthmos reisten. Für den Bau oder die Ausbes-
serung der Heiligtümer wurden jeweils Sonderkommissionen gebildet; in
der Zeit des Aristoteles gab es sogar eine zentrale Behörde für die Instandhaltung der Heiligtümer. Zahlreich waren auch die Kommissionen,
welche die allgemeine Verwaltung der Heiligtümer besorgten, insbesondere die den Tempeln gehörigen Kassen abrechneten.
Große Sorgfalt haben die Athener selbstverständlich der H e e r e s - u n d
F l o t t e n v e r w a l t u n g gewidmet. Das zentrale Kommando über Heer
und Flotte lag in den Händen von 10 Strategen, die vom Volk einzeln oder
in Gruppen mit den anstehenden kriegerischen Unternehmungen betraut
wurden. In der Mitte des 4. Jahrhunderts bürgerte es sich ein, einzelnen
Strategen für die ganze Amtszeit feste Aufgabenkreise zu übertragen;
gegen Ende des Jahrhunderts gab es bereits fünf solcher speziellen Zuständigkeiten, so daß nur noch fünf Strategen zur freien Disposition
standen. Neben dem militärischen Kommando selbst oblag den Strategen
auch die Durchführung der Aushebungen, und sie führten bei militärischen Vergehen, wie z. B. bei Desertion und Kriegsdienstverweigerung,
auch den Vorsitz in den betreffenden Prozessen; für sie wurden die
Geschworenen nicht wie bei den anderen Prozessen aus allen Athenern,
sondern lediglich aus den Männern erlost, die an dem zur Debatte stehenden Feldzug teilgenommen hatten. Die Strategen wurden, wie alle anderen Offiziere auch, nicht erlost, sondern gewählt, und für sie galt ebenfalls
nicht das Verbot der Wiederwahl. Seit dem Ende des 4. Jahrhunderts
entfiel für die Strategenwahl auch der Zwang, bei der Kandidatenaufstel-
lung alle 10 Phylen zu berücksichtigen. Man wählte seitdem, vielleicht
wegen des Mangels geeigneter Kandidaten, die Strategen aus allen Athenern.
Unter den Strategen führten Taxiarchen genannte Offiziere das Aufgebot
der schwerbewaffneten Fußsoldaten, Hipparchen und Phylarchen die
Reiter der 10 Phylen. Von ihnen und von den Flottenoffizieren ist im
Zusammenhang der Darstellung des athenischen Heeres- und Flottenwesens bereits gesprochen worden (S. 102 ff.), und es kann darum hier auf
das dort Ausgeführte verwiesen werden.

*e) Das Finanzwesen der Stadt*

Grundlagen

Manche Bereiche des staatlichen Lebens sind selbst bei grundsätzlich verschiedener Verfassungsform doch gleich oder ähnlich organisiert, wie etwa das Kriegswesen oder der Götterkult bei dem Wechsel von einer oligarchischen zu einer demokratischen Regierungsform keiner oder nur geringfügiger Änderungen der diesen Bereichen zugrunde liegenden Organisationsprinzipien bedürfen. Andere Gebiete staatlicher Tätigkeit sind hingegen so eng mit der jeweiligen politischen Grundordnung verbunden, daß sie deren Wesen in ihrem formalen Aufbau widerspiegeln und darum auch eine Änderung dieser Ordnung nicht unbeschadet überdauern. Das öffentliche Finanzwesen gehört zu den letzteren, und wir könnten daher erwarten, daß es in der Demokratie durchaus anders als in vordemokratischer Zeit beschaffen war und wir in dem Wandel der Formen den Geist der Demokratie besonders klar erkennen können.

Wie die meisten griechischen Städte war auch Athen in Archaischer Zeit ein Adelsstaat, in dem die für die Gemeinschaft notwendigen finanziellen Leistungen von den Adligen erbracht wurden und also eine Finanzverwaltung nicht erforderlich war. Die Ämter wurden ehrenamtlich übernommen und folglich die mit ihnen verbundenen Kosten, wie Hilfspersonal, Aufwendungen für Reisen und sakrale Opfer, von den Amtsinhabern selbst getragen. Auch für das Kriegswesen benötigte die Stadt zu dieser Zeit keine Einnahmen, da der Adlige sich selbst ausrüstete, und ebenso entfielen alle öffentlichen Aufwendungen für die Versorgung unbemittelter und in Not geratener Menschen, die hier wie in allen patriarchalischen Gesellschaftsformen vielmehr von den Familien- und Geschlechterhäuptern getragen wurden. In Athen fehlte somit zunächst völlig derjenige öffentliche Bereich, den wir „die Finanzen" nennen, und die Stadt besaß folglich auch keine öffentliche Kasse. Lediglich die Tempel hatten Kassen, die durch Abgaben und Spenden der Besucher sowie durch die Verpachtung tempeleigenen Landes gefüllt und für die laufenden Ausgaben, für den Ausbau oder zur Verschönerung der Tempelanlagen verwendet wurden. Benötigte man einmal eine größere Summe, die der einzelne Adlige nicht bezahlen konnte oder wollte, lieh man sie sich daher von einem Tempel, meist von dem der Hauptgöttin Athena auf der Burg, und zahlte den Kredit mit einem sehr mäßigen Zinssatz wieder zurück. Schon in der Zeit der Aristokratie wurde die Benutzung der Tempel als Geldgeber zu einer so selbstverständlichen Praxis, daß die Tempelkassen wie öffentliche Kassen behandelt und demzufolge auch Beamte für die

Verwaltung der Tempelgelder bestellt wurden. Dadurch wurde in Attika eine Sonderpolitik der Tempel mit Hilfe des bei ihnen angesammelten Kapitals, wie sie das Heiligtum von Delphi betrieb, verhindert, aber andererseits auch eine bei veränderten Bedingungen angemessene Entwicklung des öffentlichen Finanzwesens abgeschnitten. Denn die bloße Existenz von Tempelkassen und die durch sie gegebene bequeme Möglichkeit der Kreditnahme mußte eine Reform, die etwaigen Veränderungen der allgemeinen Finanzlage Rechnung getragen hätte, unnötig erscheinen lassen. Ein Umdenken schien um so weniger notwendig zu sein, als die meisten außerordentlichen Ausgaben, und unter ihnen auch solche, die der Stadt im Zuge ihres politischen Ausbaus allmählich neu hinzuwuchsen, durch die direkte Übertragung der entsprechenden Lasten auf die Adligen beglichen wurden; diese „Leiturgie" genannte Form der Finanzierung traf alle Adligen in einer angemessenen Reihenfolge, und sie wurde z. B. für den Schiffsbau und für die Bereitstellung von Chören der skenischen Aufführungen angewandt. Das System der Leiturgie entsprach aristokratischem Denken, wonach der Vornehme das Staatswesen trägt, und war darum in der älteren Zeit das angemessene Instrument zur Bewältigung neu entstehender ordentlicher oder außerordentlicher Ausgaben. Die Vorstellung einer zentralen öffentlichen Kasse und Finanzverwaltung war dieser Zeit so fern, daß man nicht einmal mit den Geldern, die der Stadt als außerordentliche Einnahme zuflossen, von Staats wegen etwas anzufangen wußte. Als die Athener durch die auf städtischem Grund und Boden gelegenen Silbergruben von Laureion zu viel Geld kamen, fiel ihnen zu diesem Silbersegen nichts Besseres ein, als ihn an die Bürger zu verteilen. Andere ordentliche staatliche Einnahmen, wie Handelszölle oder Marktabgaben, waren so gering, daß sie sich mit diesem System vertrugen; sie konnte der einzelne adlige Beamte mit seinem Gesinde nach Maßgabe des Adelsrates verwalten. Und die aus Strafgeldern einkommenden Summen gingen zum größten Teil an eine Gottheit, verschwanden also in den Tempelkassen. War trotzdem einmal Geld vorhanden, das nicht sofort ausgegeben wurde, boten sich ebendiese Kassen als Verwahrer an, und so bildete sich die Gewohnheit, daß dort nicht nur der Privatmann, sondern auch die Stadt Deposite hatte.

Die Demokratie schuf auf dem Finanzsektor demgegenüber völlig veränderte Bedingungen. Mit ihr entfiel vor allem die Grundlage, auf der bis dahin die Finanzierung staatlicher Leistungen geruht hatte: der ökonomisch unabhängige und leistungsfähige Adlige. Die Ämter wurden jetzt auch von weniger vermögenden Bürgern verwaltet, und es mußten darum nicht nur die mit dem Amt verbundenen Kosten (z. B. Geld für Opfertiere oder Gesandtenreisen), sondern gegebenenfalls auch der

Unterhalt des Amtsinhabers selbst von der Stadt vergütet werden. Da die Demokratie nicht nur den Wohlhabenden, sondern gerade auch den Armen die Ausübung der politischen Rechte ermöglichen wollte, wurden künftig nicht nur für die Übernahme von Ämtern, sondern auch für die Tätigkeit als Ratsherr und Richter, für den Besuch von Theaterveranstaltungen und schließlich sogar für den der Volksversammlungen Diäten gezahlt. Noch viel höher waren diejenigen Beträge, die künftig für den Kriegsdienst bereitgestellt werden mußten. Denn das Gebot der Selbstausrüstung konnte unter den neuen politischen Verhältnissen, unter denen auch die armen Leute dienen sollten, keine absolute Geltung mehr haben. Vor allem verschlang die Flotte große Summen, und sie war, weil mit der Demokratie auf das engste verbunden, selbst für kurze Zeit nicht aus dem Ausgabenetat zu streichen. Es war mithin nicht nur der Sold für Schwerbewaffnete, Leichtbewaffnete, Reiter und Schiffsmannschaften, sondern auch das Kriegsgerät einschließlich der Kriegsschiffe zu finanzieren. Viel Geld erforderte schließlich der Neubau der Akropolis und vieler anderer Bauwerke, unter ihnen vor allem der Langen Mauern zwischen Athen und dem Piräus sowie der Hafenanlagen. So wuchs der Geldbedarf der Demokratie von zwei Seiten her in eine für damalige Verhältnisse schwindelhafte Höhe. Zum einen stand mit dem Wechsel der politischen Ordnung die einst führende Schicht der Adligen für die Finanzierung der gesamten öffentlichen Bedürfnisse nicht mehr zur Verfügung, zum anderen war der Geldbedarf der Demokratie um ein Vielfaches höher als der des aristokratischen Regiments.

Aber nicht nur der wachsende Geldbedarf der Demokratie hat das Finanzwesen der Stadt so stark verändert. Der Bedarf brachte nämlich nun von sich aus die Notwendigkeit der Organisation der Einnahmen und Ausgaben hervor, und dies sowohl wegen der gegenüber früher veränderten Größenordnung der benötigten Mittel als auch deswegen, weil die Leistungen nun von einer großen Anzahl von kleinen Beamten verwaltet werden mußten: Mit der Beseitigung der alten Regierungsform, in der der Adlige alles selbst erledigt hatte, war der durch die persönliche Leistung des Adligen eher verdeckte Finanzsektor gleichsam in den öffentlichen Raum eingetreten, war seitdem als ein besonderer Bereich staatlicher Aufgaben überhaupt erst sichtbar geworden. Er verlangte nun für die Einnahmen und Ausgaben, die bis dahin, weil im adligen Haushalt eingeschlossen, als öffentliche Posten nicht erkennbar gewesen waren, eine Organisation, das heißt die Verwaltung der Gelder und die Kontrolle der mit ihr befaßten Personen. Die Finanzverwaltung wuchs den Athenern erst als eine Folge der Demokratie zu. Wie sind sie mit diesem ganz neuartigen Problem fertig geworden? Zur Beantwortung der Frage müssen zunächst die Einnahmen und Ausgaben sowie daran anschließend die Verwaltung der Gelder in der Demokratie dargelegt werden.

## Einnahmen und Ausgaben

Da der Gedanke der Besteuerung in der frühen und hohen Adelszeit noch nicht vorhanden war, bestanden die Einnahmen der Stadt zunächst ausschließlich aus der Nutzung des städtischen Vermögens und aus Strafgeldern. Die Stadt besaß nur wenig Land; Grundstücke, die durch Konfiskation auf Grund von Strafurteilen in das Eigentum der Stadt übergegangen waren, wurden in aller Regel sogleich wieder verkauft. Weit wichtiger waren die Silbergruben von Laureion, die ausnahmslos der Stadt gehörten. Alle Einnahmen aus städtischem Eigentum wurden in Ermangelung einer Finanzbürokratie an Private verpachtet, die Gruben z. B. für eine feste Pachtsumme auf drei Jahre, gelegentlich, wie bei der Neuerschließung von Gruben, auch für längere Zeit. Von den Strafgeldern ging ein Bruchteil, in aller Regel ein Zehntel, bei manchen Geldbußen auch die gesamte Strafsumme an eine Gottheit. Die Einnahmen aus Verpachtung städtischer Vermögenswerte und aus Strafgeldern, zu denen noch die bisweilen nicht geringen Erlöse aus dem Verkauf des Vermögens Verurteilter hinzukamen, bildeten auch in der Demokratie einen wichtigen Posten im Gesamtetat der Stadt, zumal jedenfalls die Pachtgelder eine verhältnismäßig feste Summe darstellten, mit der man in jedem Jahr rechnen konnte. Angesichts des wachsenden Geldbedarfs in demokratischer Zeit genügten diese Einnahmen jedoch bei weitem nicht zur Deckung der Ausgaben, und man mußte daher zur Ergänzung der traditionellen Einnahmequellen sich etwas Neues einfallen lassen.

Die neue Einnahmequelle beruhte auf dem Gedanken der Besteuerung aller Bürger. Die Tyrannen waren die ersten gewesen, die in etlichen Städten Griechenlands eine allgemeine Abgabe eingeführt hatten, die entweder vom Einkommen (Einkommensteuer) oder von der Personenzahl (Kopfsteuer) errechnet worden war. Auch den Athenern war in der Zeit der peisistratidischen Tyrannis eine zehnprozentige Einkommensteuer auferlegt worden; doch wurde diese als „Tyrannensteuer" in Verruf gekommene Abgabe nach der Vertreibung des letzten Tyrannen abgeschafft und später nicht wieder erhoben. Die Demokratie kannte demzufolge keine Einkommen-, ebenso keine Gewerbesteuer, ja, sie kannte — wohl auch in Reaktion auf die Tyrannen — überhaupt keine regelmäßig erhobene direkte Besteuerung der Bürger; lediglich die Gruppe der Metöken zahlte eine direkte Regelsteuer, das Metoikion (eine Kopfsteuer), deren Erlös übrigens nicht unbeträchtlich war. Die nunmehr

eingeführte Steuer war vielmehr eine Vermögensteuer *(eisphorá),* die als
eine außerordentliche Abgabe lediglich bei Bedarf erhoben wurde.
Aus der älteren Zeit wissen wir über die Form der Umlage und den Kreis
der zu ihr Verpflichteten so gut wie nichts. Im Peloponnesischen Krieg
haben vielleicht die drei solonischen Zensusklassen der Pentakosiomedimnoi, Hippeis und Zeugiten den organisatorischen Rahmen für die
Erhebung der Steuer gebildet, und die Steuerpflicht war auf diese Gruppen beschränkt; die Theten blieben demnach steuerfrei. 378/77 wurde das
Besteuerungssystem geändert. Man gab die Zensusklassen als Rahmen
der Steuereinziehung auf, bestimmte eine verhältnismäßig kleine Anzahl
von Bürgern, nämlich 1 200, als für die *eisphorá* steuerpflichtig und
verteilte sie auf 20 Steuerverbände (Symmorien) zu je 60 Mann. Die
Steuer bestand in der Abgabe eines bestimmten Prozentsatzes des Vermögens, der bei jeder Umlage besonders festgesetzt wurde, meist aber 1 oder
2% des steuerpflichtigen Vermögens ausmachte. Der Steuerpflichtige
schätzte sich selbst ein. Das gesamte zur *eisphorá* herangezogene Vermögen betrug z. Z. des Demosthenes ca. 6 000 Talente; die 1%ige *eisphorá*
brachte demnach ca. 60 Talente (bei ca. 400 Talenten aus den ordentlichen
Einnahmen). In diesem System war die Steuerlast auf einen noch kleineren Kreis von Personen verteilt als vorher. Außer den Bürgern zahlten
auch die Metöken die *eisphorá,* und zwar eine höhere, nämlich 6%ige
Steuer (nicht ein Sechstel der jeweils aufzubringenden Gesamtsumme,
wie die meisten Gelehrten meinen). Die *eisphorá* wurde nur in Kriegszeiten erhoben und zeigt schon durch den Anlaß ihrer Erhebung, daß der
Krieg die größte finanzielle Belastung war: In der Demokratie wurde der
Krieg nicht mehr in erster Linie durch die Selbstausrüstung des Bürgers,
sondern durch eine allgemeine Besteuerung finanziert.
Eine wichtige Einnahmequelle war der im Piräus auf alle ein- und ausge-
führten Waren gelegte Zoll von $^1/_{50}$ des Warenwertes, der, wie die Berg-
werkskonzessionen, aber nur auf jeweils ein Jahr verpachtet wurde. Ferner
gab es eine Verkaufssteuer für die zum Markt gebrachten Waren, deren
Höhe nach den verschiedenen Waren abgestuft war, und eine ebensolche
Steuer für alle Käufe und Pachtungen von Staatsbesitz.
Alle diese Einnahmen haben der Demokratie bei sparsamer Haushaltspo-
litik wohl in Friedenszeiten ein Auskommen gesichert, genügten aber
keineswegs der Großmachtpolitik des 5. Jahrhunderts. So wurden denn
auch mehr und mehr die Matrikelbeiträge der Seebundstaaten
*(phóros)* zur wichtigsten Einnahmequelle, die in dem Maße, wie die
Athener den Seebund zu einer Herrschaft ausbauten, ihren ursprünglichen Charakter als Beitrag zur Kriegführung gegen die Perser verloren
und zu einer Tributzahlung von Untertanen wurden. Sowohl die dadurch

vollzogene Verschmelzung der bundesgenössischen Beiträge mit den athenischen Einnahmen als auch vor allem deren Höhe — der *phóros* überstieg bereits in den Anfängen des Seebundes mit 460 Talenten die Gesamtsumme aller übrigen Einnahmen und machte nach der Erhöhung der Beiträge im Jahre 425 schon mehr als das Doppelte aus — veränderten das athenische Finanzwesen grundlegend, machten es aber auch vom Seebund abhängig. Bei der Umstellung der Matrikelbeiträge von einer direkten Abgabe auf einen 5%igen Zoll von allen bei den Bundesstädten ein- und ausgehenden Waren im Jahre 413 erhöhte sich die Einnahme aus dem Seebund noch einmal um ein beträchtliches. Die Bundeskasse, denen die „Schatzbeamten der Griechen" *(hellēnotamiai)* vorstanden, wurde nun zur Hauptkasse der Stadt. Mit dem Zusammenbruch des athenischen Seereiches entfiel der *phóros,* und es wurde auch die Kasse der Hellenotamiai aufgelöst. Seitdem waren die Athener wieder auf ihre eigenen Einnahmen angewiesen, und da der Bedarf der Demokratie nicht unbeschränkt zurückgeschraubt werden konnte, weil viele Ausgaben eine Konsequenz der politischen Verfassung waren, begannen jetzt die großen Finanzmiseren und die Reformen, durch die man die Einnahmen dem jeweiligen Bedarf anzupassen suchte.

Zu den Einnahmen sind auch die Leistungen zu zählen, die wohlhabende Privatleute für bestimmte staatliche Aufgaben übernehmen mußten. Diese L e i t u r g i e *(leitourgia* = öffentliche Dienstleistung) genannte Verpflichtung war gemeingriechisch und bezog sich in einem allgemeineren Sinne auf jeden Dienst, den ein Bürger für seine Stadt leistete, mochte er nun mit finanziellen Aufwendungen verbunden sein oder nicht. Im engeren Sinne meinte er ganz bestimmte finanzielle Leistungen, vor allem die Kosten von religiösen Festen und die militärische Ausrüstung betreffende Leistungen, die dem zur Leiturgie Verpflichteten oft nicht unerhebliche Lasten aufbürdeten. Die Leiturgien waren teils regelmäßige, jährliche bzw. in periodischen Abständen wiederkehrende (enkyklische), teils außerordentliche Belastungen. Die ersteren dienten der Sicherung religiöser Feste und umfaßten in Athen vor allem die Aufstellung und Einübung von Chören für die Aufführungen (Choregie), die Übernahme der Kosten für die Fackelwettläufe (Gymnasiarchie) und die Speisung der Phylengenossen an bestimmten Festen der Stadt (Hestiasis) sowie die Leitung der Gesandtschaft zu dem alljährlichen Apollonfest auf Delos (Architheorie); außerordentliche Leiturgien waren insbesondere die Ausrüstung und Leitung eines Kriegsschiffes (Trierarchie; s. o. S. 119 ff.) und seit dem 4. Jahrhundert auch die Vorauszahlung der außerordentlichen Kriegssteuer (*proeisphorá;* vgl. o. S. 204 f.). Die Leiturgien waren in der Adelszeit und vielleicht auch noch im beginnenden 5. Jahrhundert freiwillige

Leistungen gewesen; in der Demokratie wurden sie zu einer Sondersteuer für die Vermögenden. Der Kreis der zu ihr Verpflichteten richtete sich nach einem Mindesteinkommen. Die Übernahme von Leiturgien erfolgte in einer geordneten und gerechten Reihenfolge, und zwischen jeder lag in aller Regel ein Jahr; zwei Leiturgien gleichzeitig brauchte niemand zu übernehmen. Eine Befreiung von der Leiturgie wurde ausschließlich auf Grund gesetzlicher Ausnahmeregelungen gestattet, wie sie z. B. den Archonten und den minderjährigen Waisen eingeräumt wurden. Darüber hinaus konnte ein Bürger sich der Leistung nur dann entziehen, wenn er einen Mitbürger benennen konnte, der seiner Meinung nach zur Übernahme der Leistung eher verpflichtet war; übernahm der so Benannte darauf nicht von sich aus die Leiturgie, mußten beide ihre Vermögensverhältnisse offenlegen und einem Gericht die Entscheidung überlassen *(antidosis)*. Die Belastungen waren für die reicheren Bürger zeitweise sehr hoch. Allein für die Ausrichtung der religiösen Feste mußten in der Mitte des 4. Jahrhunderts jährlich knapp hundert Leiturgien übertragen werden, in Jahren größerer religiöser Aktivität sogar fast 120. Jede Leiturgie erforderte zudem nicht unbeträchtliche Mittel; die Kosten für einen einzigen Chor beliefen sich z. B. auf 1 500—5 000 Drachmen (zum Vergleich: der Tageslohn eines ungelernten Arbeiters betrug 2—2$^{1}$/$_{2}$ Drachmen). Die Stadt nahm indessen auf die besondere finanzielle Situation des einzelnen oder die allgemeine schlechte wirtschaftliche Gesamtsituation, welche die Erfüllung der Verpflichtungen gelegentlich zusätzlich erschweren mochte, keine Rücksicht. Athen wie alle griechischen Städte verlangten von dem wohlhabenden Teil der Bürgerschaft eine für heutige Verhältnisse nicht leicht verständliche, weil bis an die Grenze der Leistungsfähigkeit gehende Unterstützung der Stadt.

Unter den Ausgaben nahmen die Kosten für Heer und Flotte den weitaus größten Teil ein. In Kriegszeiten verschlang das Militär durch Soldzahlungen und militärische Ausrüstung Summen, die oft die ordentlichen Jahreseinnahmen weit überstiegen; allein der Unterhalt einer Flotte von 100 Trieren kostete monatlich 50 Talente. Aber auch in Friedenszeiten waren regelmäßige Militärkosten zu bestreiten, wie der Unterhalt der Kriegsschiffe, die Ergänzung von Schiffen und Ausrüstung, das Futtergeld für die Reiter und berittenen Bogenschützen sowie der Sold für die Bogenschützen und die skythische Polizeitruppe, die beide stehende Truppen waren. Der zweitwichtigste Ausgabeposten waren die den Ratsherren, Richtern, Festbesuchern, später auch den Besuchern der Volksversammlungen und einem Teil der Beamten gezahlten Tagegelder (Diäten), auf die unten S. 233 ff. näher eingegangen ist. Obwohl die Tagegelder für die Besucher der Feste und Volksversammlungen nicht gering waren (jeweils ca. 30 Talente jährlich), überstiegen die der Richter diese gewiß um das Doppelte; demgegenüber fielen die Aufwendungen für die Ratsherren und Beamten nicht so stark ins Gewicht. Nächst den genannten Ausgaben standen die Kosten für die Instandhaltung und den Neubau von Tempeln und anderen öffentlichen Gebäuden. In der perikleischen Zeit hat der Neubau der Gebäude auf der Akropolis bedeutend mehr gekostet als das Sechzigstel, das der Athena von den Matrikelbeiträgen der Bundesgenossen *(phóros)* zustand, und erforderte also Zuschüsse. Ebenso konnten die Aufwendungen für die Opfer, sakralen Feste und die bei ihnen verteilten Preise bei weitem nicht alle durch Leiturgien gedeckt werden; die von Jahr zu Jahr bewilligten Summen für die einzelnen Opfer und Feste waren erheblich, und an ihnen konnte gegebenenfalls wenig gespart werden. Ferner kosteten die Bewilligung von Ehrengaben, die Anfertigung von Inschriften und manche anderen kleineren Aufwendungen Geld, von denen nur noch das Unterstützungsgeld von zwei Obolen (Diobelie) genannt sei, das im 4. Jahrhundert bedürftigen Bürgern, insbesondere Invaliden, gezahlt wurde.

Die Verwaltung der Gelder

Eine Finanzverwaltung im modernen Sinne, die, zentral gelenkt und mit einer Gerichtsbarkeit ausgerüstet, die fälligen Einnahmen und Ausgaben besorgt hätte, kannten die Athener nicht. Sie hatten zwar zahlreiche Finanzbeamte, doch bildeten diese keine zusammenhängende Verwaltung, sondern waren in viele voneinander unabhängige Kollegien mit meist kleinen und übersichtlichen Aufgaben gegliedert. Da sie zudem vom Rat und anderen Kontrollinstanzen scharf überwacht wurden, verkörperten sie den Typ des demokratischen Beamten, der in einem eng begrenzten Bereich ohne Eigeninitiative und also als rein ausführendes Organ seinen Pflichten nachkam, besonders klar.

Alle Finanzbeamten lassen sich grob in zwei Kategorien einteilen. Die einen waren Verwalter von Kassen, für die sie neben der allgemeinen Sorge für die Sicherheit der anvertrauten Gelder auch Einzahlungen entgegennahmen und Auszahlungen leisteten; die anderen waren ausschließlich für den Einzug und die Ausgabe von Geldern zuständig. Zunächst zu ersteren.

Die wohl ältesten K a s s e n b e a m t e n sind die „Schatzmeister der Göttin" (Athena) und die der übrigen Götter; die letzteren wurden 434 zu dem Kollegium der „Schatzmeister der anderen Götter" zusammengefaßt; kurze Zeit, von 406/05–386/85, waren beide Kollegien auch miteinander vereinigt. Beide Gremien besorgten neben der Einziehung der für die

Götter fälligen Gelder — die Athena erhielt u. a. $^1/_{60}$ der Matrikelbeiträge der Bundesgenossen — vor allem die Verwaltung der Kasse und übrigen Wertgegenstände (Weihgeschenke). Neben den Tempelkassen gab es zumindest seit dem Anfang des 5. Jahrhunderts auch eine staatliche Kasse unter Leitung von „Kolakreten" genannten Beamten, welche die allmählich anwachsenden Einkünfte der Stadt verwalteten, und mit der Gründung des Seebundes traten die als Bundesbeamte fungierenden 10 „Schatzmeister der Hellenen" (Hellenotamiai) hinzu, deren Kasse zunächst in Delos, seit 454 in Athen stand. Diese Bundeskasse hatte die mit Abstand größten Einnahmen; doch galt nicht sie, sondern die Kasse der Göttin als die zentrale Kasse der Stadt. Die Kasse der Kolakreten wurde im Jahre 411 mit der der Hellenotamiai vereinigt, und diese vereinigte Kasse verschwand mit dem Zusammenbruch des Seebundes am Ende des Peloponnesischen Krieges. Von den vier großen Kassen waren somit im Jahre 404 nur die beiden Tempelkassen übriggeblieben. Neben ihnen stand jedoch eine Anzahl kleinerer Kassen unter eigenen Kassenführern, die einzelnen Gremien für deren besondere Geldbedürfnisse zugeordnet waren. So hatte die Volksversammlung seit dem Anfang des 4. Jahrhunderts eine Kasse „der 10 Talente", aus der die Kosten für die Veröffentlichung der Volksbeschlüsse, Reisekosten für Gesandte, Ehrenkränze für verdiente Personen und andere, sich aus Volksbeschlüssen ergebende Kosten, später auch Ausgaben für Marineangelegenheiten bestritten wurden. Auch der Rat, die Marktbeamten (Agoranomen) und manche andere Behörde besaßen solche Kassen. Manche dieser Kassen, wie die „der 10 Talente", lagen übrigens aus Sicherheitsgründen auf der Burg in der Tempelkasse der Göttin.

Unter den anderen Finanzbeamten waren zwei Gremien besonders wichtig. Die „Einnehmer" (Apodekten) genannten Beamten zogen alle fälligen Gelder, darunter auch die Tribute der Bundesgenossen ein und verteilten sie noch am selben Tag nach der Maßgabe der Volksbeschlüsse auf die Kassen der verschiedenen Behörden. Etwaige Überschüsse wurden, sofern nicht über sie besonders verfügt wurde, bei der Kasse der Burggöttin deponiert. Die zweite hier zu nennende Gruppe waren die „Verkäufer" (Poleten), die in Anwesenheit und unter strenger Kontrolle des Rates die indirekten Steuern, die Zölle und die Schürfrechte in den Silberminen von Laureion verpachteten, die Aufträge für öffentliche Bauten vergaben und das Vermögen der zum Tode Verurteilten und Verbannten verkauften. Nicht nur für sie, sondern für alle Beamten, die mit Geldern zu tun hatten, war der Rat die zentrale Behörde, die während des Amtsjahres alle Vorgänge kontrollierte und gegebenenfalls aufeinander abstimmte.

Als nach dem Abfall der wichtigsten Bundesgenossen des Zweiten Attischen Seebundes und dem mißlungenen Versuch, sie gewaltsam in den Bund zurückzubringen (Bundesgenossenkrieg, 357−355), die athenischen Staatsfinanzen zusammenbrachen, schufen die Athener zu deren Sanierung zwei zentrale Finanzbehörden, die Schaugeld- *(theōrikón)* und Kriegskassenverwaltung *(stratiōtikón)*. Die Namen der Behörden zeigen, daß sie für die beiden größten Ausgabenposten (Diäten für den Besuch der Feste; Militärausgaben) zu sorgen hatten, aber ihr Einfluß ging weit über diese Aufgaben hinaus. Sollten ursprünglich lediglich alle Überschüsse aus den staatlichen Einnahmen zur Sicherung der Wehrfähigkeit und des Kultlebens in diesen Kassen gesammelt und verwaltet werden, kontrollierten deren Vorsteher teils faktisch, teils auch durch Sondervollmachten bald einen großen Teil des gesamten Finanzwesens. Es kam hinzu, daß fähige Männer die Finanzpolitik der Stadt leiteten und entweder selbst oder durch Strohmänner den beiden zentralen Finanzämtern vorstanden, so Eubulos von 354−350 (und wohl auch noch später) dem *theōrikón,* Lykurgos von 338−327 dem vierjährigen Sonderamt „zur Verwaltung der Gelder" (der Titel ist strittig); da im Laufe der Zeit noch weitere Kompetenzen hinzutraten, vermochte insbesondere Lykurgos in alle finanziellen Vorgänge einzugreifen. Sowohl die umfassende Kompetenz als auch die Aufgabe der Annuität für manche dieser Ämter zeigen, daß die Finanzreform die durch die Demokratie gesetzten Maße sprengte. Die Finanzmisere der Demokratie hat, wie sich hier zeigt, den starken Mann und mit ihm die „Regierung" wieder zurückgeholt, und wenn man auch versuchte, die alten Formen, so gut es ging, zu wahren, leiteten diese außerordentlichen Finanzressorts doch schon zu den zentralen Ämtern der Zeit nach dem Sturz der Demokratie durch die Makedonen über.

Das System der Ausgabendeckung

Das System der Kassen und Ämter sagt lediglich etwas über den Einzug, die Ausgabe und die Verwahrung der öffentlichen Gelder aus. Wie aber wurden nun die immer wiederkehrenden und die außerordentlichen Ausgaben verteilt und etwaige Defizite ausgeglichen; wer organisierte und dirigierte den Fluß der Gelder? Die Vorstellung von einem Jahreshaushalt mit der Forderung des Ausgleichs von Einnahmen und Ausgaben war unbekannt; es gab keine zentrale Vorsorge für die Gesamtfinanzierung des öffentlichen Bedarfs. Es fehlte auch der zentrale Finanzminister, und ihn durfte es mit Rücksicht auf die demokratische Grundidee, nach der eine zentrale Regierung gerade unerwünscht war, ja auch nicht geben.

Die athenische Demokratie ist mit dem Problem, wie ohne Haushalt und ohne zentral gelenkte Finanzbürokratie die Ausgaben abgedeckt und mit den Einnahmen ausgeglichen werden könnten, durch ein System nebeneinanderstehender Praktiken ganz gut zurechtgekommen. Die erste und wichtigste dieser Praktiken war, feste Ausgaben mit festen Einnahmen zu verbinden. Das wird besonders deutlich an den Leiturgien, durch die seit alters her eine Reihe von sehr hohen Ausgaben des militärischen und sakralen Bereichs abgedeckt wurden (s. o. S. 206); die Einnahmequelle ist hier der wohlhabende Bürger, dem die Verpflichtung aufgebürdet wird. Diese Praxis ist später dahin erweitert worden, daß für feste Ausgabeposten eine feste Summe Geldes für ein Jahr bereitgestellt wurde. So hatte die Volksversammlung für ihre Bedürfnisse (Anfertigung von Inschriftenstelen für Volksbeschlüsse, Ehrenkränze usw.) eine Kasse von 10 Talenten; ebenso besaßen etwa auch der Rat, die Instandhalter der Heiligtümer und viele Opferpriester solche, z. T. kleine und kleinste Kassen, über welche die mit der Verwaltung dieser Gelder beauftragten Beamten am Ende ihres Amtsjahres Rechnung legen mußten. Wir können dieses Finanzsystem erst im 4. Jahrhundert genauer verfolgen, aber doch bereits im 5. die Tendenz der Verbindung von Einnahme und Ausgabe deutlich erkennen. In der Regel gaben dabei die „Einnehmer", die selbst ohne Kasse waren, die von ihnen eingezogenen Gelder gleich an die Kassen einzelner Behörden weiter. War die Deckung der fixen Ausgaben so einigermaßen organisiert, blieb doch die Frage, wie unvorhergesehene Kosten zu finanzieren seien. Für sie wurde im Prinzip nach demselben Muster wie für die festen Ausgaben gesorgt: Sie wurden durch (jeweils von der Volksversammlung beschlossene) außerordentliche Einnahmen, vor allem durch die *eisphorá,* also die außerordentlich erhobene Vermögensteuer, abgedeckt. „Geld ist dann da, wenn es wirklich gebraucht wird, früher nicht", beschreibt Demosthenes im Jahre 354 mit eindrucksvoller Klarheit diese Praxis der Geldbeschaffung (14, 26). Als geschmeidiges Gelenkstück zwischen diesen beiden recht starren Systemen fungierten die Tempelkassen. Bei Engpässen der Finanzierung dienten sie, die z. T. hohe eigene Einnahmen hatten, als Kreditanstalt. Da die Tempelkassen wie öffentliche Kassen behandelt und verwaltet wurden, erfolgte die Rückzahlung nach den Möglichkeiten der öffentlichen Hand, gegebenenfalls auch überhaupt nicht. Umgekehrt wurden auch eventuelle Überschüsse bei diesen Kassen verwahrt, sei es als jederzeit verfügbare, sei es als für bestimmte Zwecke zurückgestellte Reserve, wie der Reservefonds von 1 000 Talenten, der durch einen Beschluß des Jahres 431 nur bei dem Erscheinen einer feindlichen Flotte vor dem Piräus angegriffen werden durfte.

Die Tempelkassen vermochten die Starre des Systems nicht ganz aufzuheben, und auch der Rat, der den Fluß der Gelder und deren Verwaltung überwachte, konnte trotz seiner Übersicht über den gesamten Finanzsektor nicht immer einen reibungslosen Ablauf garantieren. Denn war auch so das Notwendigste organisiert, blieb doch immer das Problem der Deckung bei Engpässen. Zu der für diesen Fall in dem System vorgesehenen Praxis der Umlage einer außerordentlichen Steuer *(eisphorá)* konnte man nicht zur Deckung jedes kleinen Finanzloches greifen; sie war ja auch nur für militärische Notlagen gedacht, und manche Engpässe entstanden zudem nicht aus einem allgemeinen Mangel an Geld, sondern weil viele ordentliche Einnahmen, wie z. B. die Pachtgelder aus Staatsvermögen, zu festen Terminen eingingen, die sich nicht mit dem Jahresanfang oder dem Zeitpunkt des besonderen Bedarfs deckten. So konnte es passieren, daß bisweilen manche Opferpriester keine Gelder zugewiesen erhielten oder, wenn die Kasse der Volksversammlung erschöpft war, Versammlungen ausfielen bzw. die aus Volksbeschlüssen resultierenden Ausgaben aufgeschoben wurden; oft ging man dazu über, kurzfristig die fehlenden Gelder bei anderen Kassen oder bei den „Einnehmern" auszuleihen. Das sind in unseren Augen Provisorien; aber da sie in Athen für die ordnungsgemäße Finanzierung der öffentlichen Ausgaben unentbehrlich waren, müssen wir in ihnen eher einen konstitutiven Bestandteil des gesamten Finanzsystems sehen. Bei aller Unbeweglichkeit und aller scheinbaren Unübersichtlichkeit der eher nebeneinanderstehenden als ineinandergreifenden Zuständigkeiten ist es erstaunlich, daß das öffentliche Finanzwesen der Demokratie recht gut funktioniert hat. Veruntreuungen hielten sich in Grenzen; die zahlreichen uns überlieferten Anklagen wegen Unterschlagung von Geldern sind eher Ausdruck einer wirksamen Kontrolle als etwaiger Mängel des Systems. Die Oberaufsicht des Rates dürfte viel zu der relativ guten Finanzverwaltung beigetragen haben, aber auch die übersichtlichen Verhältnisse der direkten Demokratie, in denen die Zuständigkeiten auf dem Finanzsektor und die Geldbewegungen infolge der Vertrautheit mit den Gegenständen und der persönlichen Nähe zu den Verwaltern der Gelder durchschaubar blieben.

## Das Finanzwesen in der Demokratie

Gegenüber der vordemokratischen Zeit hatten sich die Bedingungen, unter denen das Finanzwesen stand, grundlegend geändert; vor allem war der Geldbedarf der öffentlichen Hand um ein Mehrfaches gestiegen und war die Schicht von Vornehmen, die bis dahin die Hauptlast in mehr oder weniger persönlicher Regie übernommen hatte, entmachtet worden. Die jedem Athener offensichtlichen Veränderungen hätten eigentlich zu einer durchgreifenden Finanzreform oder sogar zu der ersten Grundlegung eines durchdachten Finanzsystems führen müssen, welche die aristokratisch-patriarchalische Finanzpraxis durch eine gegliederte Finanzbürokratie und eine wirksame Kontrolle der für die öffentlichen Gelder zuständigen Beamten ersetzte. Sie kam indessen nicht zustande, und in der Tat mußte jeder Ansatz in dieser Richtung an der Abneigung der Demokratie gegen jede Konzentration von Macht scheitern. Denn der allmächtige Finanzminister hätte die auf einen Mann zugespitzte Machtfülle der früheren Zeit wieder zurückgebracht. Anstelle eines Durchbruchs zu neuen Organisationsformen wurden daher die alten Ansätze lediglich weiter ausgebaut: Die Leiturgien, Tempelkassen und das System der Verbindung von Einnahmen mit Ausgaben wurden erweitert und statt einer zentralen Finanzverwaltung gerade deren Gegenteil eingerichtet: eine Fülle von nebeneinanderstehenden Zuständigkeiten, die durch den Rat nur mühsam miteinander in Einklang gebracht werden konnten. Die Starre des Finanzsystems steht in der Demokratie in einer deutlichen Spannung zu der erhöhten Bedeutung, welche die öffentlichen Mittel in ihr hatten: Die Diäten und die Flotte, um nur die beiden wichtigsten Ausgabeposten zu nennen, sind unverzichtbare Bestandteile der Demokratie, und sie erforderten jedes Jahr hohe Summen. Es liegt auf der Hand, daß selbst bei guter Verwaltung der Gelder — und es wurde schon darauf hingewiesen, daß wir im allgemeinen von dieser Voraussetzung ausgehen dürfen — die nötigen Summen nicht immer rechtzeitig zur Verfügung standen und sich sogar große Finanzierungslücken auftaten, die durch eine außerordentliche Besteuerung der Reichen *(eisphorá)* oder auf irgendeine andere Weise, und darunter auch durch gezielte Anklagen gegen wohlhabende Bürger und Metöken, auf deren Vermögen man es abgesehen hatte, gedeckt werden mußten. Seit dem Anfang des 4. Jahrhunderts ging man sogar dazu über, zunächst in Kriegszeiten, dann auch bei Getreideteuerung und anderen akuten Finanznöten der Stadt, öffentlich zu Spenden (Geld, Waffenlieferungen, leiturgische Leistungen) aufzurufen; trotz grundsätzlicher Freiwilligkeit standen die Reichen dabei unter dem Druck der Erwartungen und Hoffnungen, welche die ärmeren Bürger an den Aufruf knüpften. Die weitgehende Zentralisierung der Finanzen in einem außerordentlichen, von fähigen Politikern geleiteten Amt seit der Mitte des 4. Jahrhunderts, durch die der öffentliche Haushalt ganz offensichtlich saniert werden konnte, zeigt, daß die zentrale Finanzbürokratie mehr vermochte als die zersplitterte Finanzverwaltung der Demokratie; wenn nicht Korruption, so hat doch das träge und in seinen einzelnen Zweigen isolierte System die vorhandenen Geldquellen nicht voll ausschöpfen können. Das zentrale Finanzamt aber ist ein Widerspruch gegen die Demokratie, und so bleibt die Feststellung, daß die Demokratie mit ihrem Finanzsystem zwar einigermaßen zu leben vermochte, es aber schwer hatte, außerordentliche Belastungen zu finanzieren, und sie darum gern, vielleicht zu gern auf den bequemen Ausweg der Finanzierung ihrer Defizite durch die Matrikelbeiträge der Bundesgenossen ausgewichen ist.

Die absoluten Zahlen der eingenommenen und ausgegebenen Gelder können uns wegen der gegenüber heute schwer vergleichbaren Preis- und Wertverhältnisse nur nach einem eingehenden Studium der Details etwas sagen. Die auf uns gekommenen Zahlen über die Gesamteinnahmen und -ausgaben sprechen aber dann für sich, wenn sie die Höhe der Defizite oder das Verhältnis der städtischen Einnahmen zu den von der Stadt eingezogenen Matrikelbeiträgen der Bundesgenossen nennen oder einzelne bestimmte Ausgabeposten aufschlüsseln. Im ersten Jahr des Peloponnesischen Krieges (431 v. Chr.) beliefen sich die Gesamteinnahmen auf ca. 1 000 Talente, von denen 400 aus städtischen, 600 aus bundesgenössischen Zahlungen stammten. Diese Summe stieg im Laufe des Krieges durch eine Erhöhung der bundesgenössischen Zahlungen auf bis zu 1 500 Talente an, um dann nach dem Krieg stark abzusinken; erst durch die Konzentrierung des Finanzwesens in außerordentlichen Ämtern seit der Mitte des 4. Jahrhunderts kam man wieder annähernd auf die alte Höhe der Einnahmen. In Kriegszeiten deckten die Einnahmen die Ausgaben nicht. Jedes Kriegsjahr erforderte allein für militärische Zwecke 1 300 Talente und mehr; dazu kamen die anderen Ausgaben, unter denen die Diäten am Ende des 5. Jahrhunderts etwa 200 Talente jährlich ausgemacht haben dürften. Zu einer Schatzbildung konnte es bei diesen Verhältnissen allenfalls in Friedenszeiten kommen; bei der außenpolitischen Anspannung Athens während der gesamten Klassischen Zeit war im Gegenteil die Finanznot die Regel. Anleihen bei den Tempelkassen und außerordentliche Umlagen *(eisphorai)* mußten die Löcher decken. Die außergewöhnliche Belastung der Athener macht auch das – angesichts der spärlichen und teilweise mehrdeutigen Angaben allerdings mit viel Unsicherheit behaftete – Verhältnis des gesamten Volksvermögens zu den der Stadt zur Verfügung stehenden Geldern deutlich. Das Volksvermögen der Stadt Athen betrug in der Zeit vor Ausbruch des Peloponnesischen Krieges nach höchster Schätzung 30–40 000 Talente; in dieser Zeit lagen in dem Staatsschatz auf der Burg ca. 6 000 (431 v. Chr.), in der besten Zeit sogar 9 700 Talente (vor 437 v. Chr.). Die Bauten auf der Akropolis und der Krieg zehrten den Schatz schnell auf; aber die Zahlen zeigen deutlich, mit welchen Einsätzen die Stadt ihre Kriege führte und was ein verlorener Krieg für ihr Wirtschaftsleben bedeutete. Es ist denn auch die im Vergleich zu der Summe aller wirtschaftlichen Güter bedenkliche Ausgabefreudigkeit der Athener, die von so vielen Historikern und unter ihnen auch von dem Begründer einer wissenschaftlich betriebenen griechischen Geschichte und Kenner der athenischen Finanzen, August Böckh, als die Ursache für die Unterdrückung der Bundesgenossen und damit letztlich für den Untergang der Freiheit angesehen wurde. Ob die Demokratie indessen wirklich an der Frage der Finanzierung der demokratischen und hegemonialen Politik gescheitert ist, soll in einem anderen Zusammenhang gesondert erörtert werden (u. S. 275 ff., 359 f.).

# III. Verfahrensformen zur Sicherung der demokratischen Idee

In diesem Kapitel sollen einige Verfahrensformen der Demokratie, von denen in den obigen Ausführungen schon die Rede war, noch einmal herausgestellt werden, weil sie für die demokratische Idee der Athener besonders bezeichnend sind. Es handelt sich um das Losverfahren, die Prüfung der gewählten oder gelosten Beamten, die Rechnungslegung während und nach dem Amt sowie um das System der Verteilung von Tagegeldern für die Tätigkeit im öffentlichen Dienst. Mit Ausnahme der Verteilung von Tagegeldern sind die genannten Verfahren schon in vordemokratischer Zeit bekannt, doch wurden sie erst in der Demokratie zur Absicherung des demokratischen Gedankens voll entwickelt und können seitdem als für sie typische Einrichtungen gelten.

## 1. Losung

Bereits in den ältesten Quellen zur Demokratie wird die Losung als ein für sie typisches Verfahren bezeichnet. So hat Herodot in seiner Analyse der demokratischen Staatsform — neben der Rechenschaftspflicht der Beamten und der Beschlußkompetenz des Volkes — die Losung zu den Fundamenten der Demokratie gezählt, und denselben Wert geben ihr Platon und Aristoteles. Sie haben dabei vor allem die Losung der Ämter, aber auch die der Ratsherren und Richter im Auge, und sie messen dieser Bestellungsform eine größere Bedeutung für die Demokratie zu als etwa der — in aller Regel jährlichen — Rotation der Ämter. Denn diese verteilt durch den schnellen Umlauf die Ämter zwar auf möglichst viele Bürger und dient auf diese Weise auch einer breiten Streuung der öffentlichen Funktionen und damit der politischen Gleichheit aller Bürger; aber insofern sich diese Gleichheit immer auf diejenigen bezieht, die jeweils zu dem Kreis der Bürger gehören, gilt sie auch in Aristokratien und Oligarchien als politischer Wert, und entsprechend ist das Rotationsprinzip auch in diesen Verfassungsformen üblich und für sie typisch. Das Losverfahren ist hingegen in dem Bewußtsein der Athener fest als eine demokratische Einrichtung verankert, welcher der andere mögliche Bestellungsmodus, nämlich die Wahl (von der Ernennung sei hier abgesehen) als eine

oligarchische Form geradezu gegenübergestellt wird, und also muß es
ihnen mehr bedeutet haben als nur die Garantie für eine möglichst breite
Verteilung der Ämter, die auch in Oligarchien erwünscht ist.

Ein Blick auf die Entwicklungsgeschichte des Losverfahrens in
Athen bestätigt dessen politische Bedeutung. War es in älterer Zeit
insbesondere für die Bestellung von Priestern und anderen Funktionären
des sakralen Bereichs, wo das Los die Rolle des göttlichen Zeichens
innehatte, üblich, wurde es zugleich mit den ersten Reformen, die auf die
Demokratie hinführten, für die wichtigsten Ämter eingeführt und dann in
der entwickelten Demokratie auf die meisten Ämter ausgedehnt sowie in
seinen Formen perfektioniert. Kleisthenes nämlich ließ die Mitglieder des
neuen, demokratischen Rates von Anfang an durch das Los bestellen, und
nicht viel später (487/86) wurden dann auch die Archonten erlost. Dies
letztere bedeutete die Entmachtung der Regierung und ist ohne Zweifel
auch eben mit diesem Ziel ins Werk gesetzt worden (s. o. S. 39).
Damals ging man allerdings nicht schon so weit, die Archonten aus allen
Athenern zu losen, sondern verband Wahl und Losung in der Weise
miteinander, daß in einem ersten Verfahren 500 (im 4. Jahrhundert 100)
Kandidaten, die zudem noch der ersten oder vielleicht schon den beiden
ersten Schätzungsklassen angehören mußten, gewählt (*prókritoi*, Vorge-
wählte) und aus ihnen dann in einem zweiten Verfahren die Archonten
erlost wurden (später sind auch die 500 bzw. 100 Kandidaten erlost
worden, und es gab seitdem für die Archontenwahl zwei Losvorgänge). In
der folgenden Zeit sind die meisten neuen Ämter gleich als Losämter
eingerichtet und auch viele der schon bestehenden Wahlämter in Losämter umgewandelt worden. Die Losung der Beamten war in der Vorstellung der Athener so fest mit der Demokratie verbunden, daß sie zugleich
mit ihr stand und fiel. So wurde bei dem oligarchischen Putsch von 411
und unter der Herrschaft der Dreißig 404/3 die Losung beseitigt und
umgekehrt nach der Wiederherstellung der Demokratie sofort wieder
eingeführt.

Ob ein Amt Losamt werden oder Wahlamt bleiben sollte, war in der
entwickelten Demokratie nicht von dem Belieben der Parteiungen oder
von dem Gewicht der Tradition abhängig, sondern war eine Frage des
Grundsatzes. Danach sollten alle Ämter Losämter sein und nur diejenigen
davon ausgenommen werden, die spezielle Erfahrung und Kenntnisse
erforderten. Daß es hier um das Verhältnis von Regel und Ausnahme
geht, wird auch nicht durch gelegentliche Abweichungen, bei denen es
trotz der Entbehrlichkeit von besonderen Fähigkeiten bei der traditionellen Wahl blieb, widerlegt; denn die allgemeine Tendenz zugunsten der
Losung ist eindeutig. Es sind daher im folgenden nicht die Losämter

aufzuzählen, die vielmehr die Regel sind, sondern die Wahlämter, welche die Ausnahme bilden. Zu ihnen gehörten vor allem sämtliche militärischen Beamten, insbesondere die Strategen und Hipparchen, deren Bestellung selbst nach der Meinung extremer Demokraten von der Befähigung zu dem Amt abhängen sollte, ferner die Vorsteher und Erzieher der Epheben, also der militärischen Jungmannschaft, weiter der Ratsschreiber, etliche Festbeamte, Opferpriester und andere Funktionäre des sakralen Bereichs, schließlich Architekten und Kommissionen zur Überwachung von Bauten sowie die Verwalter der Seebundskasse (Hellenotamiai) und die Vorsteher der großen Finanzämter der zweiten Hälfte des 4. Jahrhunderts; letztere stehen allerdings bereits weitgehend jenseits der Demokratie im engeren Sinne (s. o. S. 210), wie denn gegen Ende dieses Jahrhunderts die Wahl als Bestellungsmodus vordringt und damit den politischen Wandel signalisiert.

Der Charakter und die Bedeutung der Losung für die Demokratie wird auch aus dem Losverfahren deutlich. Zunächst einmal erfolgte die Losung unter Berücksichtigung aller lokalen Bezirke Attikas, wodurch das Übergewicht der beiden Siedlungszentren Athen/Piräus, wenn nicht ausgeschlossen, so doch wesentlich eingeschränkt wurde. Man loste entweder nach Phylen (z. B. im 4. Jahrhundert bei der Archontenbestellung) oder nach Demen (z. B. bei der Buleutenbestellung). Hatten sich nicht genügend Kandidaten eines lokalen Bezirks für die zu erlosenden Ämter gemeldet, füllten Kandidaten anderer Bezirke die Lücke; das ist zumindest für die Bestellung der Ratsmitglieder, für die manche Demen nicht immer ihre oder ihren Kandidaten aufzustellen vermochten, sicher belegt. Der gelegentliche Kandidatenmangel verweist auf ein weiteres Prinzip: Die Kandidatur war freiwillig; es gab keinen Zwang zur Übernahme einer öffentlichen Tätigkeit. Die Verzerrungen, die sich daraus für die lokale und soziale Repräsentation der politisch Berechtigten ergaben, zeigen, daß auch die Losung und die Rotation der Ämter, mochten sie noch so perfektioniert sein, die Dissonanz von politischer Idee und Wirklichkeit nicht völlig zu überbrücken vermochten.

Die Losung selbst war anfangs ein sehr einfacher Vorgang. Sie erforderte selbstverständlich aus der Natur des Verfahrens die persönliche Anwesenheit des Bewerbers. Die Kandidaten versammelten sich auf der Agora, wo alle Losungen vorgenommen wurden, und zogen, getrennt nach lokalen Bezirken, ein Los in Form einer Bohne („Bohnenlos") aus einem Gefäß, in dem so viele weiße und schwarze Bohnen lagen, wie es Kandidaten gab. Die Anzahl der weißen Bohnen entsprach der Zahl der zu besetzenden Amtsstellen; wer eine weiße Bohne gezogen hatte, war gewählt. Dieses Verfahren ließ hingegen manche Manipulationen des Vorsitzenden oder

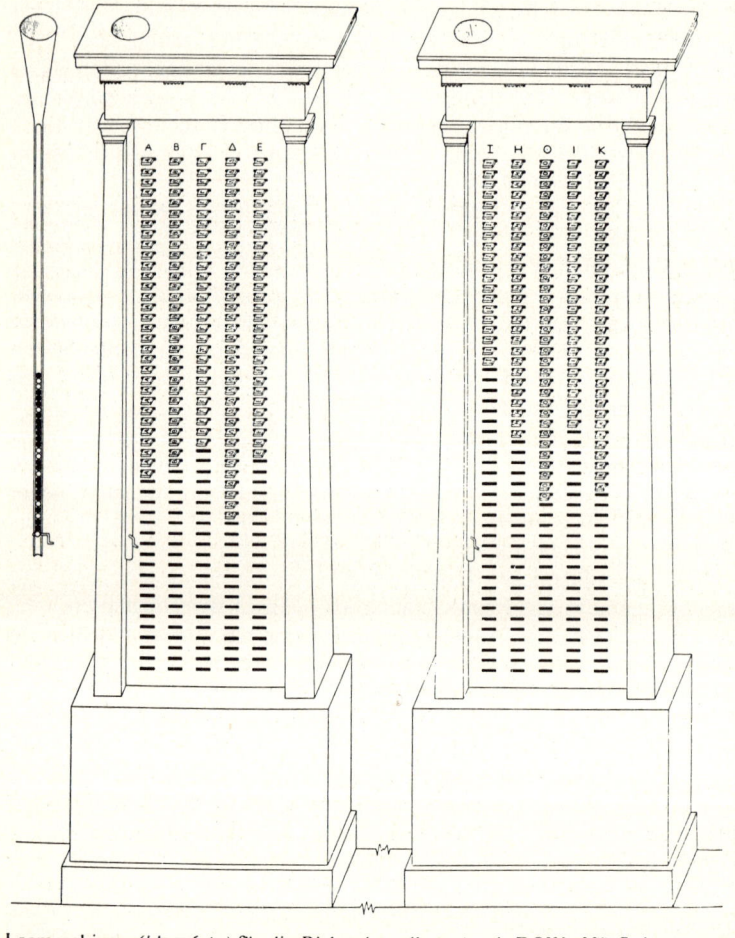

Losmaschinen *(klērōtēria)* für die Richterbestellung (nach DOW, *339*, S. 1)

Alle Athener waren im 4. Jahrhundert auf Lebenszeit in eine von 10 Richterabteilungen eingegliedert, welche die Buchstaben A — K (was den griechischen Zahlzeichen für 1 — 10 entspricht) trugen. Die Richter wurden täglich für alle Prozesse, die an dem betreffenden Tag anstanden und am selben Tag auch beendet werden mußten, in einem einzigen Verfahren ausgelost. Da die einzelnen Gerichtshöfe mindestens 201 Personen, bei Strafprozessen 501 — 1 501 und mehr Mitglieder hatten, war die Anzahl der jeweils für einen Tag zu ernennenden Richter sehr hoch. — Losungsvorgang: Auf Grund der Zahl und Art der anstehenden Prozesse setzte der dem gesamten Losvorgang vorsitzende Beamte, ein Thesmothet, die Gesamtzahl der zu losenden Richter fest. Wer sich für den Tag als Richter zur Verfügung stellen wollte, begab sich morgens auf die Agora zu dem Losungsplatz, wo für jede der 10 Phylen 10 Kästen aufgestellt worden waren, welche die Nummern der 10 Richterabteilungen trugen. Die Kandidaten begaben sich nun jeweils zu den Kästen ihrer Phyle und warfen ihre viereckige Ausweismarke, die ihren Namen, ihre Phyle und die Nummer ihrer Richterabteilung trug, in den Kasten mit ihrer Nummer. Außer diesen 10 Kästen waren für jede Phyle 2 Losmaschinen aufgestellt, wie sie auf S. 220 abgebildet sind. Der Vorsitzende des Verfahrens zog nun aus jedem Kasten eine Ausweismarke und wies dem Inhaber dieser Marke die Aufgabe zu, jeweils aus „seinem" (d. h. mit seiner Abteilungsnummer identischen) Kasten die Ausweismarken zu greifen und mit ihnen eine vertikale Reihe einer Losmaschine zu bestecken. Damit die Marken besser hafteten, waren die Schlitze der Losmaschinen schräg nach unten in den Stein eingemeißelt worden. Das Bestecken erfolgte in der Reihenfolge der Nummern A — K, so daß zuerst der „Einstecker" des Kastens A, dann der des Kastens B usw. tätig wurde. Nachdem alle Marken in die Maschinen gesteckt worden waren, folgte der eigentliche Losvorgang. Der Vorsitzende füllte den Trichter der Tube, die seitlich an der Maschine angebracht war, mit weißen und schwarzen Würfeln, später Kugeln, die bis an das Ende der Tube rutschten, wo sie an der Tubenöffnung durch einen Haken festgehalten wurden. Die weißen Kugeln entsprachen der Zahl der jeweils benötigten Richter. Darauf wurde der Verriegelungsmechanismus für je eine Kugel geöffnet. Fiel als erste eine weiße heraus, waren die Inhaber aller Ausweismarken der ersten horizontalen Reihe gewählt; fiel eine schwarze heraus, waren die Inhaber dieser Reihe durchgefallen, und so ging es die horizontalen Reihen herunter fort, bis alle weißen Kugeln erschienen und also die erforderliche Richterzahl bestimmt war. Dieser Vorgang erfolgte in den Eingangsräumen aller 10 Phylen, so daß insgesamt 100 Kästen mit 100 „Einsteckern" gebraucht wurden und beim Losvorgang 20 Losmaschinen arbeiteten. Nur auf diese Weise war es möglich, daß an jedem Tag die große Zahl der Richter in verhältnismäßig kurzer Zeit bestimmt und trotzdem der Grundsatz gewahrt werden konnte, daß jeder Einfluß auf den Vorgang der Auswahl ausgeschaltet blieb und alle Phylen und Richterabteilungen gleichmäßig berücksichtigt wurden. — Nach der Richterbestellung schloß sich ein weiterer Losvorgang an, durch den die nun erlosten Richter ihren Gerichtshof zugewiesen erhielten. Es sollte demnach nicht nur kein Athener vorher wissen, ob er an einem bestimmten Tag Richter sein würde; auch der, der zum Richter erlost worden war, konnte sich nicht den Prozeß aussuchen, in dem er tätig werden sollte.

der Losenden zu, und es war zudem für die Losung großer Gremien, wie der Geschworenenhöfe mit ihren 200, 400, ja 500 oder 1 000 Richtern und des 500köpfigen Rates, zu langwierig und unübersichtlich. Es zeugt von der Bedeutung, die die Athener der Losung beimaßen, daß sie darum das Verfahren in einem auch für heutige Verhältnisse erstaunlichen Umfang rationalisierten und perfektionierten. Die Schnelligkeit und Übersichtlichkeit des Verfahrens sowie der Schutz gegen Unregelmäßigkeiten oder Irrtümer wurden vor allem durch die Erfindung von Losmaschinen (*klērotéria*) erreicht, die anfangs wohl aus Holz, später aus Marmor in mannigfachen Ausfertigungen, die dem jeweils zu erlosenden Gremium angepaßt waren, angefertigt wurden. Für die Erlosung der Richter hat uns Aristoteles in seiner Schrift vom „Staat der Athener" eine genaue Darstellung des komplizierten Verfahrens gegeben, und etliche Fragmente von Losmaschinen, die auf der Agora in Athen gefunden worden sind, lassen sich mit dem aristotelischen Bericht verbinden. In der Abb. S. 220 sind auf der Grundlage der Funde und des aristotelischen Textes zwei Losmaschinen, wie sie für die Richterbestellung benutzt wurden, dargestellt und in dem Begleittext ihre Benutzung erklärt.

Die Athener konzentrierten die Losungen für die Beamten und den Rat auf einen oder mehrere Tage am Ende des Amtsjahres; die Gerichtshöfe wurden selbstverständlich an dem Tag erlost, an dem sie zusammentraten, also an den meisten Tagen des Jahres und oft mehrere an ein und demselben Tag. Die Menge der Losungen machte den Athener mit dem Verfahren, das uns so kompliziert erscheint, tatsächlich aber verhältnismäßig einfach und leichtverständlich war, gut vertraut. Sowohl die Menge als auch die Tendenz nach Erweiterung und Vervollkommnung der Losungen geben aber auch einen Hinweis darauf, für wie wichtig und für die Demokratie nützlich die Losung angesehen wurde. In der Tat wurden nicht nur die im öffentlichen Leben tätigen Bürger durch das Los für ein Amt, den Ratsherren- oder Geschworenensitz ausgelost; das Los ersetzte auch die mannigfachsten Entscheidungen anderer Art. So wurde für den gesamten Rat die Sitzordnung erlost; man erloste auch die Reihenfolge, in der die 10 Prytanien des Rates die Geschäftsleitung übernahmen, ferner das dem Ratsausschuß vorsitzende Gremium der Prohedroi und den täglich wechselnden Vorsteher (Epistates) dieses Gremiums. Bei manchen Verfahren wurden sogar mehrere Losungen hintereinander- bzw. ineinandergeschachtelt. So sind schon im 5. Jahrhundert auch die von den Phylen vorgewählten Kandidaten *(prókritoi)*, aus denen die Archonten gelost wurden, ebenfalls erlost und also eine Losung hinter die andere gesetzt worden, anstatt daß man bei dem Entschluß, das Archontat zu einem reinen Losamt zu machen, auf die Vorwahl ganz verzichtet hätte. Bei der

Richterbestellung ferner wurden die Losmaschinen durch erloste Männer mit den Identitätsmarken der Bewerber gefüttert, die sie, wie es der Zufall gab, aus einem Kasten nahmen, und erst dann von der Maschine die Geschworenen bestimmt (s. Abb. mit Erklärung); hier ist vor dem eigentlichen Losvorgang die Reihenfolge der Ausweismarken noch einmal durch den Zufall gemischt und sind damit etwaige Manipulationen noch schwerer gemacht worden. Bei dieser und allen anderen Losungen wurde der Wille von Menschen durch den blinden Mechanismus des Loses ersetzt. Was bedeutet dies für die Demokratie? Welchen S i n n oder welches Z i e l verbanden die Athener damit?

In älterer Zeit war das Los ein Mittel zur Feststellung des göttlichen Willens gewesen, und im religiösen Bereich ist es auch in jüngerer Zeit noch als Gottesurteil verwendet worden. Im profanen Bereich hingegen steht hinter seiner Anwendung, auch wenn in dem Sinne von Zufall (týchē) oder Schicksal gegebenenfalls ein stark abgeschwächtes religiöses Element mitspielen mochte, von Anfang an ein konkreter politischer Gedanke: die Ausschaltung der persönlichen Autorität aus der Regierung. Die mit der Losung verbundene politische Absicht beherrschte bereits die Anwendung des Loses für die Bestellung der Archonten im Jahre 487/86, in der das Los bewußt als Instrument zur Schwächung einer althergebrachten Institution eingesetzt wurde. Der gleiche Gedanke steht hinter der nur wenige Jahre vorher durchgesetzten Phylenordnung des Kleisthenes, die durch die Zusammenfassung von jeweils verschiedenen Landschaften zu zehn lokalen Phylen jegliches ökonomische Sonderinteresse aufhob und damit die Beamten und Ratsmitglieder, die nach diesen neuen lokalen Einheiten bestellt wurden, „gleichschaltete". Der Sinn der Losung liegt in Athen immer darin, persönliche Autorität aufzuheben bzw. ihr Entstehen im vorhinein zu verhindern. Es ist klar, daß die Athener mit dieser Absicht gegen allzu ehrgeizige, möglicherweise sogar nach der Tyrannis strebende Häupter der großen aristokratischen Familien zielten, gegen die sie während und nach der Vertreibung der Peisistratiden, also gerade in diesen Jahrzehnten der Reformen im Kampf lagen. Die Losung als ein demokratisches Prinzip ist ein Produkt des Ringens mit dem politisch aktiven Teil des Adels um eine isonome Gesellschaft.

In der weiteren Entwicklung Athens zu einer Demokratie wurden andere alte Ämter in Losämter umgewandelt und neue gleich als solche eingerichtet. Soviel Wahlämter auch blieben, war doch die hinter der Demokratie stehende Idee auf das Losverfahren ausgerichtet, und gleichzeitig damit verloren die einst angesehenen Ämter an Ansehen und Attraktivität. Mit dem Verlust der Amtsautorität ging Hand in Hand die Auflösung der einst kompakten Zuständigkeiten der zentralen Ämter und die Schaffung immer neuer kleiner und kleinster Zuständigkeitskreise, die das Amt zu einer Funktion degradierten. Man könnte sich fragen und hat es auch getan, ob die Losung wirklich die Ursache für die Entwicklung zum kleinen Amt oder nicht eher deren Folge gewesen und also das kleine Amt dem Prinzip der Losung vorausgegangen sei. Man könnte sich ja vorstellen, daß erst die Menge der unwichtigen Funktionen den Gedanken hervorgebracht hat, daß sich die Wahl nicht mehr lohne. Nun wird man diese Frage kaum so stellen dürfen. Denn zum einen steht fest, daß die Losung als politisches Instrument zur Schwächung des Amtes am Anfang der Entwicklung steht und also auch die Folgezeit von der politischen Konzeption geprägt gewesen sein muß, daß die Losung ein demokratischer Wert sei. Andererseits hat die Vermassung der Ämter und die Masse der für sie anstehenden Bewerber zu der weiteren Zersplitterung der Zuständigkeiten und der Schaffung kleinster Funktionen viel beigetragen, und somit haben die sich aus der Losung für die Ämterstruktur ergebenden Konsequenzen ihrerseits ein Eigengewicht entwickelt und auf die Beschleunigung der einmal eingeschlagenen Richtung gewirkt. Es kam hinzu, daß das Amt, das nicht mehr auf den Fähigen, sondern auf jeden Beliebigen und also in gleicher Weise auf Fähige und Unfähige fiel, in dem Maße, wie sich die Losung weiter durchsetzte, dem Leistungsstand seiner potentiellen Inhaber immer weniger entsprach und von daher eine Verminderung der mit einem Amt verbundenen Aufgaben und deren Anpassung an das intellektuelle Durchschnittsniveau nahelag. So wirkte die Idee der quantitativen Gleichheit, die jeden Amtsbewerber zu seinem Recht kommen lassen wollte, nun ihrerseits auf eine weitere Aufsplitterung der Amtsaufgaben und dadurch auf die Ausdehnung des Losprinzips. Das Problem der Dissonanz von den durch das Amt gestellten Anforderungen und dem Leistungsvermögen seiner Inhaber ergibt sich nicht erst uns heute, sondern wurde bereits in Athen erbittert diskutiert. Unter anderen hat auch Sokrates das Losprinzip kritisiert, weil es bestimmte, mit fachlichen und charakterlichen Fähigkeiten verbundene Aufgaben jedem Beliebigen übertrug und dadurch der Gemeinschaft großen Schaden zufügen konnte. Gerade die Abwehr dieser Kritik dürfte zu einer noch stärkeren Beschränkung der durch das Amt übertragenen Funktion geführt haben, so daß die von dem Amtsinhaber geforderte Leistung eher unter dem Durchschnitt lag und der eventuell doch angerichtete Schaden klein blieb.

Der Grundsatz der Losung wirft Licht auf den Charakter des demokratischen Gedankens in Athen. Denn so sehr er durch die Beschränkung der Macht der an der Regierung Beteiligten einem heutigen Verständnis von Demokratie begegnet, befremdet er doch gleichzeitig durch den Umfang seiner Anwendung. Denn es wird durch den allseitigen Gebrauch der Losung nicht nur jede potentielle persönliche Autorität und jeder Machtmißbrauch ausgeschaltet; es wird auch der Wille des Souveräns eingeschränkt: Die Menge kann bei Anwendung des Losverfahrens nicht durch Mehrheitsentscheid den Mann ihrer Wahl bestimmen, und desgleichen werden viele andere Einzelentscheidungen, wie die Bestimmung der Reihenfolge, in der über irgendwelche Personen, Gruppen oder Gremien abgestimmt werden soll, vom Los getroffen. Die Menge hatte durch das Prinzip der Losung zwar für sich gesorgt − das Los konnte jeden Beliebigen aus dem Demos treffen −, aber in diesem „Für-sich-Sorgen" hatte sie auch ein für alle Mal ihren Willen begrenzt. Das, was nach Umfang und Bedeutung heute das wichtigste Geschäft in der Demokratie darstellt, die Wahl von Personen, sahen die Athener nicht als einen demokratischen Wert an. Gewählt wurde nur, wenn es aus sachlichen Gründen unausweichlich war, und das heißt: gegen den Sinn der hinter der politischen Ordnung stehenden Idee. Man wird die athenische Demokratie nicht verstehen können, wenn man nicht begreift, daß den Athenern die Ausschaltung der persönlichen Autorität wichtiger war als die Möglichkeit, ihnen erwünschte Personen zu wählen und unerwünschte abzulehnen oder abzuwählen. Die durch das Los gegebene quantitative Gleichheit hatte für sie einen höheren Rang als die Qualifikation der Person.

## 2. Überprüfung der Person beim Eintritt in den öffentlichen Dienst (Dokimasie)

Jeder Beamte, dessen Amtszeit länger als 30 Tage währte, mußte sich, ob gewählt oder erlost, nach der Wahl bzw. Losung einer Prüfung seiner Person unterziehen. Die prüfende Behörde war für die Ratsherren der alte Rat, für die übrigen Beamten ein Geschworenengericht unter Leitung eines Thesmotheten; die neun Archonten wurden als einzige sowohl vom Rat als auch von einem Geschworenengericht überprüft. Das Verfahren heißt *dokimasia* („Prüfung"), die Zurückweisung des Kandidaten *apodokimázein* („abqualifizieren"). Den Abgewiesenen traf weiter keine Strafe oder anderer Rechtsnachteil, doch war sein Ansehen naturgemäß stark angeschlagen.

Das V e r f a h r e n ist uns von Aristoteles in seiner Schrift vom Staat der Athener für die Archonten beschrieben worden und lief nach Ausweis anderer Quellen für alle Beamten in denselben Formen ab. Der Prüfling wurde vom Vorsitzenden der Prüfungskommission, also vom Epistates, wenn der Rat, und von einem Thesmotheten, wenn ein Geschworenenge-

richt prüfte, gefragt, ob er über drei Generationen von des Vaters und der
Mutter Seite her athenischer Bürger sei, ob er den Kult des Apollon
Patroos und Zeus Herkeios, der traditionellen Familiengötter, ausübe, ob
er eine Familiengrabstätte habe, seine Eltern gut behandelt, seine Steuern
gezahlt und die von ihm verlangten Feldzüge mitgemacht habe. Bei
manchen Beamtengruppen wurden zusätzlich die von dem Amtsinhaber
geforderten speziellen Voraussetzungen, wie bei den Strategen die Forderung nach Grundbesitz in Attika und Kindern aus einer gesetzlichen Ehe,
überprüft. Der Prüfling mußte seine Antworten durch Zeugen bestätigen
lassen. War dies geschehen, richtete der Vorsitzende an alle Anwesenden
die Frage, ob jemand gegen den Prüfling als Ankläger auftreten wolle.
Geschah das nicht, wurde abgestimmt, im Rat offen durch Handaufheben,
im Geschworenengericht geheim. In letzterem hatte früher einmal ein
einziger Richter für alle die Stimme abgegeben; in aristotelischer Zeit
wurde jedoch durchgestimmt. Waren die Antworten nicht befriedigend
oder trat ein Ankläger auf, wurden die Vorwürfe in einem förmlichen,
dem Prozeß analogen Verfahren, in dem der Ankläger und der Angeklagte
reguläre Plädoyers hielten, untersucht. Das Urteil des Geschworenengerichts war selbstverständlich endgültig, in einer älteren Phase auch das
des Rates. Später, wahrscheinlich in der zweiten Hälfte des 5. Jahrhunderts, wurde gegen den Spruch des Rates Berufung an ein Geschworenengericht zugelassen. Uns sind in dem Corpus der Reden des Lysias drei
Anklagen und eine Verteidigung im Dokimasieverfahren erhalten. Die
Dokimasie mußte vor dem Amtsantritt abgeschlossen sein. Erst nach ihr
leistete der Beamte seinen Amtseid.
Den besonderen Charakter der Prüfung erhellen die Fragen, die dabei
gestellt wurden. Bei ihnen geht es zum einen um die Feststellung der
bürgerlichen Abkunft, welche die selbstverständliche Voraussetzung für
die Übernahme eines Amtes war. Auch die Fragen nach dem Apollon-
bzw. Zeus-Kult sowie nach der Erbgrabstätte, welche die langjährige
Ansässigkeit einer Familie auf attischem Boden belegten, dienten der
Identitätsfeststellung. Zum anderen wurde nach der Erfüllung der wichtigsten bürgerlichen Pflichten gefragt, nämlich nach der Zahlung der Steuern
und der Ableistung des militärischen Dienstes. Da auf die Versäumung
dieser Pflichten, also auf Schulden gegenüber der öffentlichen Hand und
auf unentschuldigtes Fernbleiben von Feldzügen, der Verlust der bürgerlichen Rechte (Atimie) stand, war diese Frage gleichzeitig eine nach dem
Vollbesitz der bürgerlichen Rechte. Die Erforschung des Verhältnisses zu
den Eltern endlich zeigt, daß die Sorgepflicht der Kinder gegenüber den
Eltern in Athen nicht dem rein moralischen Bereich zugehörte, sondern
öffentliche Pflicht war, deren Verletzung ebenfalls mit Atimie bestraft

wurde. Man hat gemeint, daß alle diese Fragen nur auf die Feststellung
von konkreten Tatbeständen zielten und man darüber hinaus das persönliche Leben des Prüflings nicht weiter habe durchleuchten wollen. Dagegen spricht aber nicht nur das ausdrückliche Zeugnis des Lysias, daß man
in der Dokimasie über das ganze Leben Rechenschaft ablegen müsse
(16, 9), sondern auch die Frage nach dem Verhältnis zu den Eltern, das
von seiner Natur her nicht oder doch nicht allein durch Tatsachenbehauptungen beschrieben werden kann, und vor allem die Ausführungen in den
uns erhaltenen Reden zu Dokimasie-Klagen selbst. In ihnen geht es stets
um die ganze Person und das ganze Leben des Prüflings; eine Grenze
zwischen dem privaten und dem öffentlichen Bereich wird dabei nicht
sichtbar. Es wird in Verteidigungsreden vor allem immer wieder herausgestellt, welchen guten Bürgersinn der angehende Funktionsträger in seinem
Leben gezeigt, wie sehr sein Herz für die Demokratie geschlagen und er in
kritischen Stunden seine richtige politische Gesinnung unter Beweis
gestellt habe; in Anklagereden bemühte man sich selbstverständlich um
den Beweis des Gegenteils. Es geht meist gerade nicht um die Feststellung
von Tatbeständen, sondern um die Darlegung einer Gesinnung. War
der Prüfling ein guter Demokrat? War er ein politisch aktiver Mensch oder
vielleicht eher ein Querulant? Im rein persönlichen Bereich geht es
ebenfalls weniger um den Beweis von Tatsachenbehauptungen als um die
Zeichnung von Charakteren: Der sorgende Familienvater, der gute Bruder
oder Sohn, der maßvoll lebende Bürger, der wenig auffällt, ein Gleicher
unter Gleichen, der mutige Streiter in der Schlachtordnung ist die erwünschte Figur; der Egoist und Verschwender, der arrogante Geck und
Saufkumpan, der Drückeberger und illoyale Bürger das Gegenbild. Es
spielt für die Interpretation der Reden selbstverständlich eine Rolle, daß
allgemeine Redewendungen oft Ersatz für eine mangelnde Basis von
Anklage oder Verteidigung sind und gerade sie die Schwächen der jeweiligen Position verschleiern wollen. Aber die breiten und immer wiederholten Formulierungen in der angegebenen Richtung zeigen doch, daß in der
forensischen Wirklichkeit so argumentiert werden konnte, daß die Ratsherren bzw. Richter als für solche Gedanken empfänglich angesehen
werden konnten und nach ihnen auch geurteilt wurde.
Die Dokimasie war mehr als nur eine Überprüfung der Identität und der
nachweisbaren Pflichten eines Bürgers, der ein Amt antreten wollte. In ihr
konnte das ganze Leben ausgebreitet werden, und es ist bezeichnend, daß
dabei wie bei einer Strafklage jeder Bürger mit einer Anklage auftreten
durfte (Popularklage). Die Menge der potentiellen Ankläger und die gewiß
nicht geringe Anzahl von Zeugen, die von Anklage und Verteidigung
gegebenenfalls aufzubieten waren, lassen ahnen, wie viele Bürger in einer

Dokimasie mitwirken und wie vielfältig die jeweils behandelten Gegenstände sein konnten. Ankläger, welche die Antworten des Prüflings mit konkreten Tatsachenbehauptungen zu widerlegen trachteten, und solche, denen es unter Vorschiebung vager Behauptungen eigentlich auf die Offenlegung einer politischen Gesinnung ankam, eine ähnlich argumentierende Verteidigung, Beweiszeugen und Leumundszeugen traten nacheinander auf. Wenn man ferner bedenkt, daß die Verhandlung in der Öffentlichkeit vor einem Richtergremium von 500 Personen geführt wurde, ermißt man das Ausmaß der Politisierung der im öffentlichen Dienst tätigen Personen.

Es fällt uns, die wir dazu neigen, in den liberalen Schutzrechten einen höheren Wert als in der aktiven Mitgestaltung des politischen Lebens zu sehen, nicht sehr leicht, die Form und den Inhalt der Dokimasie mit unserer Vorstellung von Demokratie zu vereinbaren; sie mag manchen als unangemessene Schnüffelei, unter Umständen sogar als Terror einer Volksjustiz totalitärer Provenienz erscheinen. Die Athener sahen das nicht so; wir besitzen keine grundsätzliche Kritik an der Dokimasie. Die persönliche Nähe der unmittelbaren Demokratie, aber auch die mangelnde Erfahrung mit einem Terrorregime moderner Prägung ließen diese Überprüfungen, die so gut wie jeder Athener einmal, viele mehrere Male und nicht wenige viele Male in ihrem Leben über sich ergehen lassen mußten, nicht als eine Zumutung oder gar Demütigung erscheinen. Die allermeisten Verfahren sind auch gewiß ohne jeden Widerspruch über die Bühne gegangen; die Masse der in jedem Jahr anstehenden Dokimasie-Verfahren läßt eine andere Annahme gar nicht zu. Es stellt sich jedoch die Frage, was die Athener mit dem Verfahren letztlich bezweckten. Sein Sinn liegt naturgemäß einmal in der Feststellung der bürgerlichen Identität und des durch keine Atimie eingeschränkten Bürgerrechts. Aber der Aufwand der ganzen Prozedur — man denke auch an die doppelte Dokimasie der Archonten! — rechtfertigt dies allein noch nicht. Ein Rückblick auf die Geschichte der Dokimasie kann zu einer Beantwortung der Sinnfrage beitragen. Wir wissen über die Entwicklung des Verfahrens nicht viel; doch verweist die doppelte Prüfungskommission für die Dokimasie der Archonten darauf, daß der Rat, vor dem zuerst geprüft wird und der mit großer Sicherheit eine ältere Institution als das Geschworenengericht ist, einmal die einzige Prüfungskommission gewesen ist; als später die Geschworenengerichte eingerichtet wurden, ist dann vom Rat (für die Ratsherren) eine Berufung ermöglicht und daneben (für die Archonten) eine zweite Dokimasie eingerichtet worden. Man möchte daher die Einrichtung der Dokimasie gern mit Kleisthenes, der auch den neuen Rat schuf, verbinden und erhielte für Kleisthenes auch ein Motiv: Die Vermassung des öffentlichen Dienstes, zuerst sichtbar an den Ratsherren, mag in einer Zeit, die noch ganz in aristokratischen Traditionen dachte, eine Barriere für ungeeignete politische Funktionäre wünschenswert gemacht haben. Da die mangelnde Eignung in der Regel aber nicht die Identität einer Person oder konkrete Pflichtversäumnisse betraf — solche Mängel hätten ja a limine von der Bewerbung abgehalten—, ging es gewiß von Anfang an vor allem auch um die Überprüfung von Charakter und intellektuellen Mindestvoraussetzungen. Es versteht sich, daß der eigentliche Effekt der Dokimasie dann darin lag, daß sich ungeeignete Personen gar nicht erst einfanden oder, wenn sie doch zu einem Amt drängten, von Verwandten oder Freunden zurückgehalten wurden. Die Dokimasie wäre danach von Anfang an eine Konsequenz der Vermassung der Exekutive gewesen, welche die in jeder Gesellschaft vorhandenen Personen mit geistigen und charakterlichen Schwächen vom öffentlichen Dienst fernhalten sollte. Ein weiterer Grund, der ebenfalls zu Kleisthenes passen würde, liegt in der Überprüfung der politischen Zuverlässigkeit: Die isonome, demokratische Gesellschaft wünschte den gesinnungstüchtigen Demokraten und angepaßten Bürger in die Ämter zu bringen, da nur er die Erhaltung der politischen Ordnung garantierte.

Neben den Beamten und Ratsherren mußten auch andere Personengruppen sich einem Dokimasie-Verfahren unterziehen, nämlich die Reiterdienst leistenden Athener, die Empfänger von Unterstützungsgeld, die berufsmäßigen Redner und seit der Einrichtung der Ephebie auch die Epheben. Bei den Reitern ging es vor allem um die Frage ihrer körperlichen Tauglichkeit und finanziellen Leistungsfähigkeit, bei den Unterstützungsempfängern um den Nachweis der Gebrechlichkeit und bei den Rednern um Qualifikationen, wie sie auch den Beamten abverlangt wurden; die Epheben wurden ausschließlich auf ihr für den Eintritt in die Ephebie gefordertes Alter von 18 Jahren hin überprüft. Die Dokimasie der Redner, die wir erst seit der Mitte des 4. Jahrhunderts kennen, ist naturgemäß in erster Linie ein Politikum und darum in einem noch stärkeren Maße als die der Beamten mit Behauptungen und Vorwürfen überlagert, die mehr die allgemeine politische Gesinnung als die Voraussetzungen und Pflichten des Bürgerstatus betreffen. Die Dokimasie der Reiter, Unterstützungsempfänger und Epheben nahm der Rat vor, die der Redner ein Gerichtshof.

## 3. Rechenschaft

Bereits in der ältesten uns erhaltenen Diskussion über die Vor- und
Nachteile von Verfassungen bei Herodot ist unter den Grundsätzen,
durch welche die Demokratie bestimmt wird, die Rechenschaftspflicht des
Beamten genannt. Wie sie ein Zeichen der Demokratie ist, bedeutet ihr
Fehlen die Tyrannis. Rechenschaft *(eúthyna,* das heißt eigentlich: das
Gerademachen) legen in Athen alle Personen ab, die im öffentlichen
Bereich tätig gewesen sind, also in erster Linie die Beamten und der Rat
der Fünfhundert, aber auch Gesandte, Priester und Priesterinnen, die im
öffentlichen Auftrag opfern oder den sakralen Bereich verwalten, ferner
alle Funktionäre mit außerordentlichem Auftrag und überhaupt jeder, der
über 30 Tage lang irgendwelche öffentlichen Gelder verwaltet hat. Von
allen im öffentlichen Dienst Tätigen sind allein die Richter von der
Rechenschaft befreit; sie werden sogar ausdrücklich als nicht rechenschaftspflichtig bezeichnet. Daran ist zu erkennen, daß sie mit den Besuchern der Volksversammlung, die selbstverständlich ebenfalls keine
Rechenschaft ablegen, gleichzusetzen, und das heißt nach moderner
Terminologie, als Souverän anzusehen sind.
Die Rechenschaft erfolgt in dem Monat nach der Niederlegung des
Amtes, soweit die Tätigkeit mit dem Amtsjahr zusammenlief, also im
Hekatombaion (Juli / August). Die Beamten und Funktionäre wurden
gemeinsam mit den Kollegen geprüft, mit denen sie zusammengearbeitet
hatten, doch haftete niemand für die Verfehlungen eines Kollegen. Vor
Ablegung der Rechenschaft durfte man nicht ins Ausland reisen, nicht
über sein Vermögen durch Schenkung, Weihung an eine Gottheit,
Testament oder auf andere Weise verfügen, kein neues Amt übernehmen
oder eine Ehrung entgegennehmen, dies alles, um die gegebenenfalls
fällige Buße zu sichern oder nicht die Überprüfung durch eine vorwegge-
nommene Ehrung zu präjudizieren. Wer sich der Rechenschaftslegung
entzog, hatte mit einer besonderen, eigens für dieses Delikt geschaffenen
Klage zu rechnen, die ihn mit schweren Strafen bedrohte. – Die im
folgenden beschriebenen Verfahren haben im wesentlichen seit der Mitte
des 5. Jahrhunderts bestanden, sind jedoch zunehmend perfektioniert
worden; das Euthynie-Verfahren gehört in der hier beschriebenen Form
wohl erst dem 4. Jahrhundert an.
Die Rechenschaftslegung erfolgte in z w e i deutlich voneinander geschie-
denen E t a p p e n. In der ersten und wichtigeren hatte der abgetretene
Beamte vor den sogenannten L o g i s t e n ("Abrechnern", von *lógos,*
Rechnung, Rechenschaft) über die ihm anvertrauten Gelder Rechnung zu

legen. Die Logisten, zunächst 30, im 4. Jahrhundert 10 Beamte mit 10 Helfern *(synégoroi)*, die aus dem ganzen Volk erloste Beamte waren, stützten sich bei ihrem Geschäft auf die Tätigkeit einer Ratskommission von 10 Mann, die ebenfalls Logisten hießen und bereits während des Jahres in jeder Prytanie die Rechnungen der Beamten, die Gelder verwalteten, überprüft hatten. Ohne sie hätten die Logisten, welche die abgetretenen Beamten prüften, angesichts der großen Zahl der in jedem Jahr anstehenden Prüfungen kaum eine ordentliche Kontrolle garantieren können. Die Logisten selbst waren keine Richter. Sie prüften die Belege, befragten die Rechenschaftspflichtigen *(anákrisis,* Befragung) und verwiesen dann die Sache, mochten sie nun Anlaß zu einer Klage gefunden haben oder nicht, an ein Geschworenengericht von 501 Richtern. In ihm führten sie selbst den Vorsitz, und ihre Helfer traten gegebenenfalls als Ankläger auf. Schon bei der Voruntersuchung und dann wieder in der Gerichtsverhandlung wurden durch Herold alle Athener, die Einwände gegen die Amtsführung der gerade zur Entlastung anstehenden Beamten hatten, aufgefordert, diese vorzubringen; die Rechenschaftsklage zählte also zu den Popularklagen. Etwaige Verfehlungen wurden mit Geldstrafen belegt. Bei Unterschlagungen und Bestechungen betrug die Strafe das Zehnfache der unterschlagenen oder als Bestechung angenommenen Summe, für nur widerrechtlich oder mißbräuchlich verwendete Gelder wurde der einfache Ersatz gefordert. Waren schwere Vergehen, die nicht mehr mit Bußgeldern geahndet werden konnten, zum Vorschein gekommen, trat eine Eisangelie-Klage an die Stelle des Rechenschaftsverfahrens.

Die zweite Stufe der Rechenschaft war 10 Rechenschaftsbeamten des Rates, den Euthynoi, und deren 20 Helfern anvertraut: jeder Euthynos war für die Beamten einer Phyle zuständig. Diese Stufe der Rechenschaftslegung betraf die allgemeine Amtsführung und trat nicht, wie die Rechenschaft vor den Logisten, automatisch, sondern lediglich auf Antrag eines Bürgers ein. Denn während der Umgang mit Geldern die Rechnungsprüfung unter allen Umständen erzwang, konnte dies nicht für die allgemeine Amtsführung gelten. Die Euthynoi, die schon während der ganzen Ratsperiode die Tätigkeit aller Beamten und Funktionäre überwacht hatten, saßen nach Abschluß des von den Logisten geleiteten Rechenschaftsverfahrens drei Tage lang während der Marktzeit an einer bestimmten Stelle des Marktplatzes, um Klagen entgegenzunehmen. Es wurden hier vor allem Klagen wegen Bestechung, Amtsmißbrauch, Verrat oder Nichtbeachtung von Gesetzen vorgebracht. Die Euthynoi durften Klagen, die ihnen nichtig oder ganz unbegründet erschienen, abweisen; die Flut der Prozesse wäre wegen der Neigung der Menschen, ihren Unmut an den Beamten auszulassen oder private Querelen in ihre Klagen

einzubringen, anders kaum einzudämmen gewesen. Hielten sie eine Klage
für stichhaltig, verwiesen sie Privatsachen an die „Vierzigmänner" (s. o.
S. 198, öffentliche Sachen an einen Gerichtshof. – Für manche Ämter
waren Sonderregelungen notwendig, vor allem für die Strategen, die im
Gegensatz zu den zivilen Beamten sich wiederwählen, ja Amt an Amt
anschließen konnten und bei dem Übergang von einem zum anderen
Amtsjahr oft nicht in Athen waren. Sie haben nichtsdestoweniger jährlich
über die von ihnen verwalteten Gelder Rechnung legen müssen; die
allgemeine Rechenschaft *(eúthyna)* wurde dagegen nur einmal, nämlich
nach dem letzten Amt, abgelegt.

Die Rechenschaftspflicht ist die für die athenische Demokratie typische
Form der Beamtenkontrolle. An ihr ist einerseits bemerkenswert, daß
jeder kleine Funktionär ihr unterworfen ist, andererseits die Vielförmig-
keit, in der sie erscheint. Denn mit den genannten Formen sind bisher nur
die Rechenschaftsverfahren im eigentlichen Sinne, nämlich diejenigen,
die während und insbesondere nach dem Amt den Amtsinhaber entlasten, genannt worden. Eine nicht minder wirkungsvolle und oft genutzte
Möglichkeit der Beamtenkontrolle liegt aber auch in der ständigen Aufforderung an die Athener, Unregelmäßigkeiten der Amtsführung zur Anzeige zu bringen. Es wurde bereits vermerkt, daß bei der Rechnungslegung vor den Logisten und Euthynoi, ferner auch während des förmlichen Prozesses der Entlastung im Gerichtshof alle Athener ausdrücklich
aufgerufen wurden, etwaige Beschwerden vorzutragen. Der Aufruf zur Be-
schwerdeführung ist zusätzlich dadurch fest in den geschäftlichen Ablauf
des Amtsjahres eingebettet worden, daß in der ersten Volksversammlung
einer jeden Prytanie und also zehnmal im Jahr dem Volk die Frage vorgelegt wurde, ob die Beamten ihr Amt gut verwaltet hätten; wurde Kritik laut
und ging die Abstimmung zuungunsten des Beamten – oft waren es
naturgemäß Strategen – aus, wurde der Betreffende sofort seines Amtes
enthoben und vor Gericht gestellt. Neben diesem eigens zur Klageerhebung eingerichteten Verfahren war es selbstverständlich jedem Athener
zu jeder Zeit unbenommen, jeden Beamten anzuklagen. Die wichtigste
Klage war hier die Eisangelie, die vor allem bei schweren Verbrechen
gegen die Stadt, wie Verrat, Bestechung und Täuschung des Volkes,
erhoben wurde. Da alle diese das Gemeinwohl betreffenden Klagen von
jedermann angestrengt werden konnten (Popularklage) und zudem im
Fall einer Verurteilung dem Ankläger, der die Sache angezeigt und
vertreten hatte, ein Teil des eingezogenen Vermögens des Delinquenten
zustand, wurden viele Beamte und unter ihnen besonders die mit wichtigen Aufträgen beschäftigten vor Gericht gezogen. Da das Anzeigegeschäft
zeitweise berufsmäßig betrieben wurde – man nannte die Berufsankläger

abwertend „Sykophanten" —, war es nicht ungefährlich, ein wichtiger Beamter zu sein.

Der Beamte war eingezwängt in ein engmaschiges Netz von Kontrollen, das ihn während der gesamten Amtszeit fest an Auftrag und Gesetz band. Kontrolle bedeuteten die Rechenschaftsverfahren im engeren Sinne ebenso wie die Klagen, die von jedermann zu jeder Zeit erhoben werden konnten. Zwar sind die letzteren nicht im formalen Sinne, aber doch faktisch Rechenschaft, und tatsächlich ist in den außerhalb der besonderen Rechenschaftsverfahren erhobenen Klagen auch der Begriff „Rechenschaft" oft verwendet worden. Und es war in der Tat für die Sache selbst auch gleichgültig, ob jemand etwa während einer Voruntersuchung der Logisten oder außerhalb des Verfahrens Anklage erhob. Die Rechenschaftsverfahren im engeren Sinne, die Klageerhebung gegen Beamte außerhalb dieser Verfahren und die Möglichkeit der Klageerhebung für alle Bürger (Popularklage mit dem aus ihr geborenen Exzeß, der Sykophantie) bilden eine Einheit, die in ihren verschiedenen Formen alle für die Demokratie typisch sind; sie wurden von ihren Gegnern gehaßt, bei Umstürzen beseitigt und auch von ihren Anhängern nicht immer geliebt, aber als Bollwerke der Demokratie stets hochgehalten. Es ist nicht von ungefähr, daß das Kernstück der Beamtenkontrolle, die Überwachung durch formalisierte Verfahren, nicht nur zugleich mit der Demokratie geboren wurde, sondern sogar den Auftakt bildete, durch den die isonome Gesellschaft der Hopliten (Isonomie) sich zur demokratischen Gesellschaft wandelte: Die sogenannte „Revolution des Ephialtes" war im wesentlichen die Übertragung der Beamtenkontrolle vom Areopag auf das Volk, nämlich auf die oben beschriebenen Rechenschaftsverfahren, in denen Beamte, der Rat und die Geschworenengerichte zusammenwirkten (vgl. o. S. 43 f.). Die Rechenschaftspflicht erscheint so als die Konsequenz eines der Grundgedanken der Demokratie: der Schwächung der Regierung zugunsten einer Entscheidung durch alle.

### 4. Entgelt für die Tätigkeit im öffentlichen Dienst (Sold, Diäten)

Ein Entgelt für die der Stadt geleisteten Dienste war in aristokratischer Zeit unbekannt. Sowohl die Tätigkeit als Beamter oder Priester als auch der Militärdienst waren unentgeltliche Leistungen gewesen, die der Adlige auf Grund seines höheren sozialen Prestiges und im Wettstreit mit seinen

Standesgenossen erfüllt hatte. Nachdem der Grundsatz der politischen Gleichheit für alle Athener durchgesetzt worden war, änderte sich an der Vorstellung, daß alle politisch Berechtigten auch alle Leistungen zu erbringen hatten, im Prinzip zwar nichts: Die Demokraten traten in das Erbe der Aristokratie ein und gingen daran, das gesamte politische Geschäft auf die verbreiterte Basis der politisch Berechtigten zu übertragen. An der Verwirklichung des Grundsatzes hinderte indessen die Armut vieler Athener. Bei weitem nicht alle konnten ihre Arbeit im Stich lassen, um dem politischen Geschäft nachzugehen. Der Gefahr, daß auch nach dem Durchbruch zur Demokratie die Politik eine Sache der Reichen bleiben würde, wurden sich die Athener schnell bewußt, und es zeugt von der Lebendigkeit der demokratischen Idee, daß sie ihr energisch entgegentraten. Dies geschah in doppelter Weise. Zum einen suchten sie sich die politische Tätigkeit als einen hohen Wert begreiflich zu machen. Thukydides läßt Perikles in seiner berühmten Rede auf die im ersten Jahr des Peloponnesischen Krieges Gefallenen sagen, daß allein die Athener einen Bürger, der sich im politischen Raum nicht engagierte, nicht etwa nur für untätig, sondern für nutzlos hielten. Die politische Abstinenz war zwar möglich — auch diese Möglichkeit galt bezeichnenderweise als ein Stück demokratischer Freiheit —, aber sie war im Sinne der demokratischen Ideologie unerwünscht. Man predigte jedoch nicht nur eine politische Moral, man wollte auch ihre faktische Ausübung ermöglichen. Das war nur durch die Gewährung eines Entgelts zu erreichen, das die Mindestkosten eines Unbemittelten, daß heißt den Unterhalt für eine Kleinfamilie, abdeckte. Es ist bezeichnend, daß die Idee solcher Zahlungen bereits in dem Augenblick verwirklicht wurde, in dem die Demokratie sich vollendete und die Demokraten sich der Besonderheit der neuen politischen Ordnung bewußt wurden, nämlich bald nach dem Sturz des Areopags durch die „Revolution" des Ephialtes (462/61). Es war Perikles, der die ersten Zahlungen, nämlich die für die Richter und Ratsherren, wohl auch schon für etliche Beamte einführte. Sie sind dann später durch die Zahlungen für den Besuch der Feste *(theōriká)* und der Volksversammlung ergänzt worden. Vor der Besoldung aller dieser politischen Tätigkeiten ist jedoch bereits der Militärdienst honoriert worden, und dies schon vor dem Abschluß des Demokratisierungsprozesses. Denn in dem großen Perserkrieg, welcher der Demokratie unmittelbar vorausging, hat man nicht nur die in der Phalanx kämpfenden Hopliten auf eine hohe Zahl bringen und Verluste möglichst vollständig ersetzen müssen, sondern benötigte auch die Massen der Armen für den Dienst in der Flotte. Der in der Demokratie selbstverständliche Soldatenlohn ist darum einige Jahrzehnte älter als die entwickelte Demokratie.

Die Bezahlung der politischen Tätigkeit hat bei den Griechen stets als eine spezifisch demokratische Einrichtung gegolten. Bei den beiden oligarchischen Umstürzen von 411 und 404 in Athen sind denn auch die Zahlungen sofort eingestellt, nach Wiederherstellung der Demokratie ebenso prompt wiederaufgenommen worden. Die Entlohnung der Soldaten und der im zivilen oder sakralen Bereich tätigen Bürger wurde mit demselben Begriff, *misthós* (Lohn, Sold), bezeichnet. Die Zahlung erfolgte tageweise und wurde nur für die wirklich ausgeübte Tätigkeit geleistet: Ein Ratsherr, der bei einer Sitzung nicht anwesend war, empfing keinen Sold; und der Richter konnte erst unmittelbar vor der Abstimmung eine Diäten-Marke *(sýmbolon)* entgegennehmen, die er dann nach der Sitzung einlöste. Auch ein Beamter ist nur für die Zeit seiner Aktivität bezahlt worden; die Archonten waren wohl die einzigen, die jeden Tag des Jahres, und die Prytanen die einzigen, die jeden Tag ihrer 35- bzw. 36tägigen Amtsperiode Sold und also eine Art Jahres- bzw. Monatsgehalt erhielten. Niemand durfte doppelten Lohn, z. B. gleichzeitig als Richter und Ratsherr, annehmen. Den Tagessatz bekam der Berechtigte ohne Rücksicht auf seine Vermögensverhältnisse. Die Einführung der Entlohnung ging von den besonderen Tätigkeitsbereichen (dem Richten, Raten, Verwalten in den Gerichten, im Rat und als Beamter usw.) aus. Im folgenden sollen zunächst die Zahlungen für die einzelnen Bereiche vorgestellt, darauf der Gesamtumfang der „Diäten", wie sie heute nach moderner Gewohnheit auch genannt werden, und abschließend die Kritik an ihnen gewürdigt werden.

Der Soldatensold ist uns erst für die zweite Hälfte des 5. Jahrhunderts genauer bekannt. Er wurde seit der Mitte des Jahrhunderts allen im Feld und auf der Flotte dienenden Bürgern ausgezahlt und betrug im späten 5. und im 4. Jahrhundert 4 Obolen (einschließlich Verpflegungsgeld), selten mehr; der Ruderer erhielt 3 Obolen, gelegentlich auch das Doppelte. Der Betrag entsprach dem Tageslohn eines Handarbeiters, und wenn das Soldatendasein auch als „Vierobolenleben" bezeichnet wird, äußert sich darin ein Urteil über die schlechte Bezahlung einer Tätigkeit (später auch Beruf), die einen Mann über längere Zeit unter nicht nur gefährlichen, sondern auch ärmlichen Bedingungen vom bürgerlichen Leben fernhielt. Im 4. Jahrhundert ist die Bezahlung teils schlechter gewesen. Man hat dabei noch zu berücksichtigen, daß der Soldat mit dem Geld nicht nur sein Leben fristen mußte, sondern u. U. auch eine Familie zu ernähren hatte. Ein besserer Sold aber war wegen der großen Summe, welche die Stadt selbst bei dieser geringen Entlohnung für einen Feldzug auszugeben hatte, nicht möglich.

Der Richtersold (Heliastensold) galt als Kernstück des gesamten

Diätensystems und folglich auch der Demokratie überhaupt. Perikles hat ihn eingeführt. Nach seiner Beseitigung durch die Oligarchen im Jahre 411 ist er nach deren Sturz wahrscheinlich zunächst einige Jahre als Diobelie (zu ihr s. u.) und erst nach 403 in alter Weise weitergezahlt worden. Er betrug zunächst 2 Obolen, wurde von Kleon 425 auf 3 Obolen erhöht, was dem Unterhalt einer Kleinfamilie entsprach, und in dieser Höhe bis zum Ende der Demokratie im Jahre 322 beibehalten.

Über die den Ratsherren und Beamten geleisteten Zahlungen sind wir nur lückenhaft unterrichtet. Die Ratsherren haben wohl zugleich mit den Richtern, also bald nach 462/61, Sold erhalten. Er war höher als der der Richter, nämlich 5 Obolen; dazu kam für die Mitglieder des geschäftsführenden Ausschusses des Rates, die Prytanen, noch ein Obol an Verpflegungsgeld hinzu, weil sie sich den ganzen Tag im Ratsgebäude zur Verfügung halten mußten. − Unsere Kenntnisse über den Beamtensold sind so unzureichend, daß manche ihn als eine generelle Einrichtung abstreiten. Das ist aber kaum richtig. Mit Sicherheit sind jedenfalls neben einigen wenigen kleineren Beamten und Priestern die Archonten entlohnt worden; sie erhielten sogar 4 Obolen, doch hatten sie von diesem Geld zwei Hilfsbeamte, einen Herold und einen Flötenbläser, zu beköstigen. Ferner erhielten auch die Gesandten Sold.

Für den Besuch der Volksversammlungen sind erst spät, nämlich einige Jahre nach der Wiederherstellung der Demokratie im Jahre 403, Zahlungen geleistet worden (Ekklesiastensold). In der modernen Forschung gilt die Einführung dieser für die Stadt nicht ganz billigen Diäten bald nach dem außenpolitischen Zusammenbruch als Beweis dafür, daß die Demokratie von den Seebundszahlungen unabhängig und also finanziell selbständig war. Als Grund für die Einführung des Ekklesiastensoldes nennt Aristoteles die schwachen Besucherzahlen. In der Tat dürfte nach dem unglücklichen Ausgang des Peloponnesischen Krieges und den inneren Spannungen, die ihm folgten, das Interesse an Politik bei vielen Athenern erlahmt und es schwer geworden sein, insbesondere für die Abstimmungen, die ein Quorum von 6 000 Stimmen erforderten, eine beschlußfähige Versammlung zusammenzubringen. Zunächst wurde 1 Obol gezahlt, dann, als diese Summe nicht den gewünschten Erfolg brachte, wurden zwei und schließlich (wahrscheinlich 395/94) 3 Obolen gegeben. Die sinkende Kraft der demokratischen Idee ist daran zu erkennen, daß man in aristotelischer Zeit sogar 6 Obolen, also 1 Drachme, für die ordentlichen Sitzungen der Prytanie sogar 9 Obolen zahlte. Wegen der Höhe der für den Ekklesiastensold erforderlichen Mittel wurde für jede Versammlung nur eine bestimmte Summe, wohl derjenige Betrag, der für das Quorum von 6 000 Stimmen ausreichte, ausgeworfen; wer zu spät kam, erhielt keine Diäten-Marke mehr und mußte, sofern er dann noch Lust hatte, seine bürgerliche Aktivität gratis einsetzen.

Die Einführung des Soldes für den Besuch von Festveranstaltungen (*theōrikón,* Schaugeld) wird ebenfalls Perikles zugeschrieben, dürfte hingegen wohl erst zu Beginn oder gar in der Mitte des 4. Jahrhunderts eingeführt worden sein. Es bleibt dabei unklar, ob sein Zweck stärker in der Versorgung der ärmeren Bevölkerung oder in dem Wunsch gelegen hat, allen Athenern den Besuch der zentralen Theaterveranstaltungen, für die jedenfalls in der Mitte des 4. Jahrhunderts ein Eintrittsgeld erhoben wurde, zu ermöglichen. Der Sold betrug 2 Obolen für einen Tag, das sind 1 Drachme allein für die dreitägigen Tragödienaufführungen der Dionysien, sofern auch für die Panathenäen gezahlt wurde, dieselbe Summe noch einmal; zumindest zeitweise scheinen sogar jährlich pro Person mindestens 5 Drachmen gezahlt worden zu sein. Auch wenn das Geld nur die bedürftigen Bürger erhalten haben sollten, belastete es die Staatskasse nach dem endgültigen Zusammenbruch der athenischen Seebundspolitik in der Mitte des 4. Jahrhunderts so stark, daß man zur Finanzierung des Theorikon eine besondere Behörde schuf und gesetzlich festlegte, daß alle Überschüsse, sofern sie nicht für militärische Zwecke verwandt werden mußten, dem Theorikon zugute kommen sollten. Es sieht so aus, als ob das Theorikon aus einer Notsituation heraus entstand und seine Zahlung sich zu einem Anspruch entwickelt hat, in dem soziale und politische Motive unentwirrbar ineinander verschlungen waren. Nicht alle Gelder, die in die Kasse des Theorikon flossen, wurden als Tagegeld an die Bürger ausgezahlt. Es wurden auch öffentliche Arbeiten und in Kriegszeiten Militärausgaben daraus bestritten. Der zentrale Aspekt der Kasse dürfte indessen jedenfalls ursprünglich in der Versorgung der Bürger gelegen haben und, im ganzen gesehen, auch durchgehalten worden sein.

Es ist nicht leicht, von den genannten Zahlungen, insbesondere vom Richtersold und vom Theorikon, die sogenannte Diobelie, also den Zwei-Obolen-Sold, zu scheiden. Sie wurde nachweislich von dem einflußreichen Demagogen Kleophon nach dem Sturz der Oligarchie 410 eingeführt und sollte jedem Athener zukommen, der nicht gerade Soldatenlöhnung erhielt. Sie wäre danach eine Art Staatsrente für alle Athener gewesen, die ihnen in der Not dieser Jahre, als die Spartaner das offene Land in Attika beherrschten, den Kauf von Lebensmitteln auf dem städtischen Markt, der über See versorgt wurde, ermöglichte. Wahrscheinlich haben jene Athener, die als Richter, Ratsherr oder Beamter Sold bezogen, die Diobelie nicht erhalten, und es gingen demnach zumindest alle Diäten, die 2 Obolen betrugen, in der Diobelie auf.

Über die Gesamthöhe der Aufwendungen und die sich daraus ergeben-

den Konsequenzen für den Gesamthaushalt der Demokratie lassen unsere
Quellen keine völlig gesicherten Erkenntnisse zu; doch ist es noch mög-
lich, den ungefähren Rahmen zu bestimmen, in dem sich die Zahlen
bewegten. Zunächst ist festzuhalten, daß die Neigung zur Erhöhung der
Zahlungen und zur Erweiterung des gesamten Zahlungssystems – wenn
man von den Perioden politischen Umsturzes oder vorübergehender
Notlagen, in denen nichts oder weniger gezahlt wurde, absieht – im Laufe
der Zeit zunahm: Der Richtersold z. B. wurde erhöht, für den Besuch von
Volksversammlungen eine Besoldung neu eingeführt und die für das
Theorikon benötigten Geldmittel besonders abgesichert. Die Erhöhung
der Tagessätze und Erweiterungen des Diätensystems scheinen dabei, wie
gesagt, ohne Rücksicht auf die außenpolitische Situation erfolgt und die
Demokratie also auf dem finanzpolitischen Sektor von auswärtigen
Tributen unabhängig gewesen zu sein. Da Athen im 4. Jahrhundert jedoch
oft mit großen finanziellen Schwierigkeiten zu kämpfen hatte, wird man
eher sagen müssen, daß die Athener den Kosten für die Soldzahlungen
eine Priorität gegenüber anderen Ausgabeposten eingeräumt und sie trotz
anderer unverzichtbarer Leistungen, wie z. B. für Heer und Flotte, auch in
Zeiten großer außenpolitischer Schwäche an den Diäten festgehalten
haben, auch wohl recht und schlecht über die Runden gekommen sind,
dies allerdings nach dem Bundesgenossenkrieg von 357–355, der dem
Zweiten Seebund den Todesstoß versetzte, um den Preis der Errichtung
außerordentlicher, die Idee der Demokratie gefährdender Finanzämter
(s. o. S. 210).
Die absoluten Summen der für die Soldzahlungen aufgewendeten Gelder
sind schwer zu bestimmen. Für die Richter sollen nach einer Angabe des
Aristophanes (Wespen 661 ff.) jährlich 150 Talente aufgewendet worden
sein. Aber hier hat Aristophanes einfach für sämtliche 6 000 potentiellen
Richter 300 Verhandlungstage angesetzt, während weder an jedem Tag
alle 6 000 gebraucht wurden, noch an 300 Tagen im Jahr gerichtet worden
ist. Die Hälfte dieser Summe ist schon ein hoher Ansatz. Dazu mögen für
Rat und Beamte knapp 50 Talente gekommen sein, für das Theorikon
nach einer schon von Böckh angestellten, aber eher überhöhten Berechnung zwischen 30 und 90 Talente. Die Leistungen für den Besuch der
Volksversammlungen sind schwer einzuschätzen; aber es sind wohl
mindestens 40 Talente gewesen. Alles in allem macht das knapp 200
Talente bei Einnahmen der Stadt von 400 Talenten (ohne Tribute der
Bündner) in guten, von 130 Talenten in sehr schlechten Zeiten. Niemand
wird selbst dann, wenn die Summe aller Soldleistungen erheblich niedriger anzusetzen ist, diesen Haushaltsposten geringschätzen. Er war ökonomisch äußerst bedenklich, aber politisch unverzichtbar.

Das politische Gewicht der verschiedenen Soldzahlungen war unterschiedlich hoch. Der Richtersold wird in allen Quellen als ein besonderes Charakteristikum der Demokratie angesehen, und der Eindruck, den die an den meisten Tagen des Jahres zu den Gerichtssitzungen strömenden Athener hinterließen, hat dieses Urteil ohne Zweifel mitgeprägt. Der ganze Demos erscheint Aristophanes wie ein einziger Richter, das Richten ein Fundament der demokratischen Idee, und in der Tat tritt darin die Vorstellung von der Regierung und der Herrschaft aller über alle am deutlichsten hervor. Auch der Ratsherrensold, der einem breiten Kreis von Bürgern die allgemeine Aufsicht über die Beamten und die Regie über die Versammlungen des Volkes sicherte, hatte deswegen großes Gewicht, weil durch ihn der verbleibende und nicht weiter auflösbare Teil der Regierungsgewalt in der Hand aller blieb. Das Schaugeld scheint demgegenüber stärker mit dem Gedanken der Versorgung von Unbemittelten verbunden, jedenfalls seine politische Rolle nicht so deutlich gewesen zu sein.

Ganz unabhängig von der politischen Bedeutung der Soldzahlungen war indessen deren Gewicht für den einzelnen Bürger. Für ihn ging es nicht nur um die Demonstration demokratischer Gesinnung, sondern auch darum, was der Sold ihm brachte und in welchem Umfang ihn der mit ihm verbundene Dienst belastete. Denn die politische Tätigkeit war freiwillig und darum die Bevorzugung dieser und der Verzicht auf jene Aktivität oft von anderen als politischen Interessen bestimmt. Die richterliche Tätigkeit hatte nun ohne Zweifel die größte Anziehungskraft, und dies aus mehreren Gründen. Sie konnte man beliebig oft ausüben, bedeutete darum für Personen, die keine Arbeit hatten oder aus Altersgründen von ihr freigestellt waren, einen erheblichen Gewinn und vermochte unter Umständen sogar eine fehlende wirtschaftliche Existenzbasis zu ersetzen. Der Dienst war ferner nicht schwer, verschaffte darüber hinaus Ansehen und vermittelte ein Gefühl von Macht. Wenn uns Aristophanes in den „Wespen" glauben machen will, daß das ganze Volk fast jeden Tag zu Gericht sitzt, geht das gewiß nicht ganz an der Wahrheit vorbei. Schließlich hatte man als Richter auch die Freiheit, an einem Tag zu kommen, an einem anderen fernzubleiben; denn die Prozesse wurden alle an demselben Tag abgeschlossen, an dem sie begonnen hatten. Das Richten war eine Tätigkeit für einen einzelnen Tag, und so konnte jeder sie nach Belieben in seine persönlichen Geschäfte eingliedern. Der Ratsherr hatte es demgegenüber schwerer. Zumal wenn er dem geschäftsführenden Ausschuß (Prytanie) angehörte, war er den ganzen Tag an das Rathaus gebunden, das er nicht verlassen durfte, und auch in den Prytanien, in denen er nur ein gewöhnlicher Ratsherr war, fanden viele Sitzungen statt und war die Verantwortung groß, so daß selbst der doppelte Lohn, den der Ratssitz einbrachte, für einen Handwerker oder Kaufmann keine Zugkraft haben mochte und sogar der Arbeitslose sich wohl gern nach einer Alternative umgesehen hat. Wenn der Athener allein die Mitgliedschaft im Rat zweimal in seinem Leben innehaben durfte, ist diese Ausnahmeregelung nicht nur durch die große Zahl der in jedem Jahr benötigten Ratsherren, sondern auch in der zögernden Bewerbung für dieses Amt begründet. Der Ekklesiastensold muß wiederum eher wie der Richtersold beurteilt werden. Allerdings konnte man ihn nicht so häufig beziehen wie diesen, und man mußte für ihn einen großen Teil des Tages in der prallen Sonne auf der Pnyx sitzen. Auch ein Beamter war u. U. sehr beschäftigt; jedenfalls war seine Anwesenheit von der jeweiligen Aufgabe abhängig, die nicht immer genau im voraus zu berechnen war, die oft ständige Aufmerksamkeit verlangte und den Amtsinhaber auch dann, wenn nicht jeden Tag etwas zu tun war, das ganze Jahr hindurch in Atem halten konnte. So war die politisch wichtigste Soldzahlung, der Richtersold, gleichzeitig auch die von allen begehrteste, und in dieser Hinsicht deckten sich Idee und Wirklichkeit der Demokratie.

Nicht nur wegen der Höhe der Summen, sondern auch deswegen, weil die Soldzahlungen einen großen Teil der Athener zum Kostgänger der Stadt machten, ist das gesamte Diätensystem schon im 5. Jahrhundert der heftigsten Kritik ausgesetzt gewesen. Man hat dabei zwei Gruppen von Kritikern zu unterscheiden. Die einen sind die politischen Gegner der Demokratie, nämlich die Oligarchen und ihre Sympathisanten. Sie haben den Politikern, welche die Diäten einführten oder sich für sie einsetzten, unlautere Motive unterstellt; so soll Perikles sich durch sie ein Gegengewicht gegen die Freigebigkeit seines politischen Gegners Kimon, der zu den reichsten Athenern gehörte, haben schaffen wollen. Diese Unterstellung entlarvt sich ebenso als politische Polemik wie die von Xenophon dem Theramenes in den Mund gelegte Behauptung, daß die Massen für den Sold ihre politische Meinung an die Demokraten verkauften. Wichtiger als die oligarchische Propaganda sind die Äußerungen von Komödiendichtern, vor allem des Aristophanes, die vor dem demokratisch gesonnenen Publikum sprechen. Ihre kritischen Bemerkungen erfolgen auf dem Boden der Demokratie und betreffen entweder Auswüchse oder wollen ohne grundsätzliche Ablehnung des Prinzips dessen Konsequenzen karikieren. Diese Kritiker irritiert offensichtlich einmal die große Zahl der im politischen Dienst bezahlten Athener, zum anderen, und das ist zumindest ebenso wichtig, die von der Sache her nicht immer durchsichtige Motivation, um derentwillen der (bezahlte) Dienst so gern auf sich genommen wird: Der ganze Demos, wird übertreibend gesagt, ist als

Richter für 3 Obolen pro Tag tätig; die Athener sind darum ein „Dreioboleuvolk" und tagaus, tagein damit beschäftigt, diesen Lohn aufzulesen. Aber tun sie dies um der hinter der Diätenzahlung stehenden Idee, daß alle nicht nur politische Rechte haben, sondern sie auch ausüben können sollen, oder um des Geldes willen? Wenn man das erstere anzunehmen bereit ist, welchen Stellenwert hat dann bei der Masse der Athener das Geld, das als Motiv für die politische Tätigkeit ja unter allen Umständen mitspielt? Das Mißtrauen, daß sich die Gewichte mit der Zeit verschieben, schließlich sogar das Geld das größere Gewicht haben könnte, ist immer da und hat die kritischen Äußerungen auch von Demokraten bestimmt. Hinter ihnen steht der angstvolle Zweifel, ob der Sold seinen demokratischen Sinn erfüllt oder nicht vielleicht ein Gegner der Demokratie wie Platon recht hat, der das Tagegeld für den Besuch der Volksversammlungen spöttisch den Honig nennt, der das Volk sich versammeln läßt (Pol. 565 a).

# IV. Die Grundlagen des demokratischen Gedankens

## 1. Gleichheit

Das Schlüsselwort der athenischen Demokratie ist die ‚Gleichheit‘. Sie hat, je nachdem, von wo sie betrachtet wird, verschiedene Aspekte. Sie tritt auf als politische Gleichberechtigung, als Redefreiheit, als Mehrheitswille, als Negation einer starken Regierung und in noch manchem anderen Gewand. Im folgenden werden die einzelnen Erscheinungsweisen getrennt abgehandelt. Man hat sich aber stets zu vergegenwärtigen, daß die verschiedenen Ausdrucksformen alle Ausfluß desselben Grundgedankens sind.

### a) Gleichheit als politische Gleichberechtigung

Die Demokratie ist nicht das Produkt einer geistigen Auseinandersetzung um die beste Verfassung; erst als sie da war, hat man versucht, ihre Besonderheit durch abstraktere Überlegungen zu bestimmen. Das innere Wesen und die politische Bedeutung der demokratischen Verfassung ist gar erst im 4. Jahrhundert durch die große Philosophie diskutiert und in einer umfassenden Theorie bewertet worden. Da dem modernen Staat eine lange Diskussion um die angemessene Form menschlichen Zusammenlebens, an der sich die bedeutendsten Geister des 17. und 18. Jahrhunderts beteiligt haben, vorausgegangen ist, können wir das heute schwer begreifen; aber es ist nichtsdestoweniger durch die Entstehungsgeschichte der athenischen Demokratie klar belegt (s. o. S. 45 ff.). Nun hat es auch in Athen schon im 6. Jahrhundert gewiß nicht an Überlegungen gefehlt, wie man die gegebenen politischen Verhältnisse bessern könnte. Aber dabei war es doch nicht darum gegangen, zu der gegebenen Ordnung eine Alternative zu finden und also die Tradition umzustürzen, sondern darum, die durch aristokratischen Übermut und tyrannische Willkür in Unordnung geratene Welt wieder ins Lot zu bringen. Das Besondere an diesem Akt der Neuordnung lag darum nicht in dem Wunsch, die politische Ordnung ihrer Qualität nach zu ändern, sondern darin, daß an ihr eine gegenüber der Adelszeit viel breitere Schicht der attischen Bevölkerung beteiligt werden sollte: Seit dem Beginn des 6. Jahrhunderts waren

die grundbesitzenden Bauern als Hopliten zu politischem Ansehen und zu
Selbstbewußtsein gekommen, und in den Perserkriegen, in denen nicht
nur die Bauern, sondern durch den Ruderdienst auf den Kriegsschiffen
auch die ärmeren Athener große militärische Leistungen vollbracht
hatten, wurde bei der engen Verflechtung von Waffenfähigkeit und politischem Recht der Anspruch nunmehr aller in Attika ansässigen Menschen
auf Teilhabe am politischen Leben begründet. Der Widerstand gegen die
adligen Geschlechter und die Tyrannis sowie die im Kriege den nichtadligen Athenern abverlangten Leistungen hatten die Frage nach der Erweiterung des Kreises der politisch Berechtigten aufgeworfen und die Diskussion um die innere Ordnung in Bewegung gebracht. Ideologen und
Weltverbesserer hatten in dieser Welt keinen Platz. Wer sich darum heute
Gedanken darüber machen will, was denn die neue Ordnung, die als eine
neue, der traditionellen Ordnung gegenübertretende in Athen erst sehr
allmählich bewußt wurde, in den Augen der Athener war und was sie von
den bis dahin bekannten Staatsformen unterschied, kann nicht von einer
antiken Theorie-Diskussion ausgehen, die es eben nicht gab, sondern muß
sich zunächst an die Äußerungen athenischer Politiker, Historiker und
Literaten halten, die in die Frühzeit der Demokratie gehören, und dann
zusehen, ob die in ihnen ausgesprochenen Gedanken bis zum Ende der
Demokratie, also bis auf die Zeit der makedonischen Vorherrschaft am
Ende des 4. Jahrhunderts, durchgehalten worden sind, oder ob sie sich
vielleicht schon gewandelt haben.

Alle frühen Versuche der Athener, die demokratische Verfassung von
allgemeineren Gesichtspunkten her zu bestimmen, stellen zwei Kernpunkte in den Mittelpunkt. Zum einen sprechen sie davon, daß in der
Demokratie bzw. Isonomie, wie sie Herodot nennt, die Menge, die
Vielen oder die Masse *(dẽmos, plẽthos, polloi)* herrsche. Der Mengenbe-
griff wird dabei als große Zahl, also rein quantitativ verstanden, wie denn
nicht nur Aristoteles, sondern auch etwa Lysias (20, 13) und viele andere
als das die Demokratie konstituierende Prinzip die Zahl nennen. Wir
spüren zunächst noch keine die Herrschaft der Masse legitimierenden
Gedanken (dazu s. u. S. 256 ff.). Es wird lediglich der Tatbestand selbst
hingestellt oder, wie Herodot es tut, die Legitimation in den Begriff der
Masse selbst gelegt: „In der Masse liegt das Ganze des Staates" (3, 80, 6).
Der andere Gedanke, der uns bereits in allen frühen Äußerungen zur
Demokratie begegnet, ist der der Gleichheit der Bürger. Der Begriff tritt
auf als „Gleichverteilung" *(isonomia)* und steht als solcher für die neue
Ordnung als ganze, oder als „Gleichheit" *(isótẽs)* bzw. „ gleich" *(ison)*. Die
Gleichheit bezieht sich auf die Menge, die herrscht, und an ihr haben
Arme und Reiche ohne Unterschied des Standes und der Bildung Anteil;

dies letztere ist den Sprechern so wichtig, daß sie es, wie z. B. Thukydides (2, 37, 1 f.) und Euripides (Hiket. 406 ff.), aber ebenso die Kritiker der Demokratie, wie z. B. der „Alte Oligarch" in seinem Pamphlet aus der Frühphase des Peloponnesischen Krieges (1, 4 f.), immer wieder besonders hervorheben. Die Gleichheit, an der alle Athener Anteil haben, wird von allen antiken Autoren als die Grundidee der Demokratie betrachtet, und sie wird schließlich als ein so unverlierbarer Teil derselben angesehen, daß man sie ohne tiefere naturrechtliche Theorie einfach als dem Bürger von Natur mitgegeben hinstellt. Ist also der Personenkreis, auf den sich die Gleichheit bezieht, klar, bleibt noch zu bestimmen, was sie inhaltlich bedeutet: In welcher Weise bzw. in welchen Bereichen menschlichen Zusammenlebens sind die Athener gleich?

Schon der Umstand, daß die Entstehung der athenischen Demokratie von keiner theoretischen Diskussion begleitet worden ist, gibt einen Hinweis darauf, daß der hier erscheinende Gleichheitsbegriff nicht vom Naturrecht geprägt worden ist. Auch als später manche Literaten und Philosophen ihn so verstehen konnten, hat er doch als solcher in die politische Diskussion niemals Eingang gefunden. Das ist wohl nicht nur deswegen nicht geschehen, weil sonst der Status der in Attika ansässigen Fremden und der Sklaven hätte berührt werden müssen, sondern vor allem, weil der politische Ausgangspunkt ein völlig anderer gewesen ist. Die isonome Gesellschaft wurde geboren durch das Erlebnis militärischer Leistung, die anfangs im Hoplitenheer, später durch den Ruderdienst auf der rigorosen Gleichheit aller beruhte: Der Hoplit lebte ebenso wie der Ruderer auf den Kriegsschiffen im wahrsten Sinne des Wortes von der Gleichheit aller zugleich mit ihm Dienenden; die Disziplinierung der Soldaten war die Voraussetzung ihrer völlig gleichartigen Tätigkeit. Und das aus diesem Dienst resultierende Selbstbewußtsein richtete sich gegen das Unrecht der herrschenden Adligen, die vor allem in der Rechtsprechung ihre Vorrangstellung mißbrauchten, und gegen den Tyrannen, der die Hopliten ebenso wie die Adligen aus dem politischen Raum verdrängt hatte. Die Forderung nach Gleichheit mußte sich auf diesen Hintergrund beziehen, und sie hatte folglich zwei Kernpunkte: Zum einen sollte das Recht für alle in gleicher Weise gelten. Zwar hatte es in der Adelszeit und unter den Tyrannen kein Klassenrecht im modernen Sinne gegeben; das Recht galt für alle gleich. Aber es war doch faktisch im Interesse einer Gruppe, nämlich der Adligen, genutzt, es waren „schiefe" Urteile gefällt und die nichtadligen Athener also durch die mißbräuchliche Anwendung des Rechts unterdrückt worden. Wir erfahren aus unseren frühen Quellen sowohl die Empörung der Bauern über das ihnen angetane Unrecht als auch später, als sich die Gesellschaft der Gleichen politisch organisiert hatte, die aus diesem Unrecht geborene Forderung nach einem gleichen Recht für alle, die als ein Stück der neuen politischen Ordnung angesehen wurde. Herodot ebenso wie Euripides, und letzterer in besonders klarer Weise, stellen die Gesetze *(nómoi)* als einen allen gemeinsamen Besitz vor, dem gegenüber der Tyrann den *nómos* wie etwas ihm allein Eigenes in seiner Hand hält. Aber die Gleichheit vor dem Gesetz ist doch nur eine, und nicht einmal die der demokratischen Idee eigentümliche Seite. Sie ist nur eine Voraussetzung der neuen Ordnung; sie charakterisiert aber diese selbst nicht. Gleichheit als das die Demokratie konstituierende Prinzip meint vielmehr die Beteiligung aller am öffentlichen Leben, also die politische Gleichberechtigung. Alle Überlegungen zu dem, was die Demokratie ausmacht, führen zu diesem Ziel: In der Demokratie geht es darum, daß alle Pläne und Beschlüsse gemeinsam gefaßt werden. Dies wird aber nicht abstrakt in einem „Recht auf die Gesetzgebung" oder „Recht auf Beschlußfassung", sondern als eine Teilhabe am Beraten und Reden gedacht. Es geht um die Mitsprache in Rat und Volksversammlung, um das Mitreden-Können, und erst in zweiter Linie, als Konsequenz der Mitsprache, auch um den Beschluß des so Besprochenen. Dies zeigt erneut, wie wenig Theorie, die das Prinzip in konkrete Rechte gegossen hätte, hinter diesem Aufbruch zur Demokratie steckt und in welchem Umfang vielmehr die traditionelle Denkweise der aristokratischen Vergangenheit dahintersteht. Auch in der Adelszeit war es darum gegangen, wer im Rate mitreden durfte; der Beschluß, über den ohne Zweifel meist gar nicht formell abgestimmt worden war, ergab sich aus der Diskussion, durch die die Mehrheitsverhältnisse auf Grund vor allem der Stellungnahme der angesehensten Männer auch ohne Abstimmung klar waren. So ist die Freiheit der Rede in der Versammlung, die *isēgoría,* das Kernstück der Demokratie, und sie ist es immer geblieben. Das Wichtigste für die Stadt ist, sagt Eupolis, ein begabter Komödiendichter und Altersgenosse des Aristophanes, im Jahre 424, die Isegorie (fr. 291), und Demokratie heißt s p r e c h e n  z u  k ö n n e n ,  w e n n  u n d  w a n n  e i n e r  w i l l .

Bevor ich die Isegorie näher bestimme sowie die sich an sie anlehnenden politischen Ideen und deren weitere Entwicklung erörtere, sei zum besseren Verständnis der athenischen Situation die Gleichheitsdiskussion in der Neuzeit vergleichend herangezogen. Obwohl die theoretische Durchdringung der Materie in der Frühen Neuzeit, insbesondere die naturrechtliche Begründung der Gleichheitsidee, einen Vergleich erschwert, können die jeweils verschiedenen inhaltlichen Bestimmungen doch zu einer Verdeutlichung der athenischen Situation beitragen. Da ist zunächst festzuhalten, daß die Gleichheit als „Gleichheit vor dem Gesetz" auch in der frühneuzeitlichen Diskussion eine bedeutende Rolle spielte, und sie stand etwa auch in der Frühphase der Französischen Revolution im Zentrum der politischen Forderungen. Desgleichen hat in der Neuzeit die politische Gleichberechtigung im Sinne des athenischen *ison* ein Kernstück der politischen Theorie gebildet, und sie ist ebenfalls, um bei dem Beispiel der Französischen Revolution zu bleiben, schon in der ersten Stunde der Revolution gefordert und in einer späteren Phase (1791–1793) zugunsten der breiten Schichten der Kleinbürger erweitert worden. Aber der naturrechtliche Ansatz gab der Entwicklung doch eine ganz andere Stoßrichtung. Die Vorstellung, daß alle Menschen untereinander gleichen Wert und gleiches Recht haben und die Verwirklichung des Gleichheitsprinzips lediglich durch die jeweils besonderen historischen Umstände, in der die Menschen leben, gehemmt würde (und diese je nach dem Standpunkt des Sprechers darum berücksichtigt oder geändert werden müßten), zwang alle Diskussion um die Gleichheit zu einer Auseinandersetzung mit den gegebenen Verhältnissen, die denen der Theorie eben nicht entsprachen, und zu der Forderung nach einer Korrektur dieser Verhältnisse im Sinne der Theorie. Bei dieser Sachlage mußte die Besserung der sozialen Lage im Sinne des Gleichheitssatzes das Zentrum der Gedanken werden und der Gleichheitsgedanke die Funktion einer sozialen Integration der Ungleichen in die Gesellschaft erhalten. Die Gleichheitsforderung wurde damit zu einem kritischen Begriff, an dem die Staaten gemessen und durch den die bestehenden Legitimationsvorstellungen bestritten wurden. Am Ende mußte die Gleichwertigkeit der Menschen auch zu der Forderung nach gleichem Besitz bzw. zu Kollektiveigentum führen, weil anders die so inhaltlich radikalisierte Gleichheitsforderung nicht erreicht werden konnte (Babeuf).

All dies läßt sich in Athen nicht aufzeigen. Es fehlt gerade das, woran die moderne Entwicklung der Gleichheitsdiskussion sich entzündet und fortentwickelt hat: Die sozial-emanzipatorische Komponente der Gleichheitsvorstellung. Es geht nicht um den Aufbruch zu neuen Ufern, nicht um die Beseitigung der tradierten Ordnungsvorstellungen zugunsten einer neuen Gesellschaft. Der Gegner der zur politischen Mitbestimmung aufstrebenden Schicht, zunächst die zur Ausrüstung als Schwerbewaffnete Fähigen, dann alle freien Athener, soll zwar entmachtet werden – der Tyrann wird vertrieben, und die Häupter der aristokratischen Familien verlieren ihren bestimmenden Einfluß –; aber die politischen Ziele und die moralische Wertwelt der einst herrschenden Personen werden in diesem Prozeß der Umwandlung des politischen Kräftefeldes nicht mitzerstört. Im Gegenteil wachsen die neuen Kräfte in die Vorstellungen der alten hinein, übernehmen und verteidigen sie, als ob sie die ihren wären. Das Ethos der alten Zeit erfährt naturgemäß durch die Vermassung des politischen Raumes manche Veränderung oder Schwächung; aber die Ideale ändern sich im Prinzip nicht. Es wird nicht die alte Ordnung zerstört, sondern die Masse bemächtigt sich ihrer. Dies zeigt sich nicht nur in der Einstellung des Demokraten zur geistigen und moralischen Tradition sowie zu den allgemeinen Zielen der Politik, die keinen Bruch aufweisen, sondern auch in der ungebrochenen Wertschätzung der alten Familien, die im demokratischen Athen noch lange die bevorzugten Wortführer blieben. Die Athener haben den Zusammenhang ihrer neuen politischen Ordnung mit der Vergangenheit nicht verstohlen oder gar verschämt zu vertuschen gesucht, sondern ihn umgekehrt gerade betont und bewußt herausgestellt: Wie der Adlige sich durch die Nennung des Vaternamens *(patronymikón)* als Angehöriger eines alten Geschlechtes und somit als politisch Privilegierter vorstellte, taten es nun alle Athener durch die Hinzufügung ihres Wohnbezirks *(dẽmos)* zu ihrem Namen *(dẽmotikón)*, und die Gruppenbezeichnungen und schmückenden Beiworte für die Adligen, wie „wohlgeboren", „tüchtig" und „edel", bezog man nun auf alle Bürger, die ihren Pflichten ordentlich nachkamen. Auch wurde der Vollzug des Kultes des Zeus Herkeios und des Apollon Patroos, der einst nur den aristokratischen Familien zugekommen war, nun allen Athenern offiziell auferlegt, und ebenso wurden seit Kleisthenes die adligen „Bruderschaften" (Phratrien, s. o. S. 79 f.) allen Athenern geöffnet. Die neuen politischen Kräfte hatten die alte Welt nicht aufgehoben, sondern sie in sich aufgenommen. Der Übergang von der Aristokratie zur Demokratie ist durch die Erweiterung des Kreises der politisch Berechtigten, nicht durch eine soziale Revolution gekennzeichnet.

## b) Freiheit der Rede (Isegorie)

Von ganz Hellas sei die Freiheit des Redens in Athen am größten, läßt Platon, ganz gewiß kein Freund der Demokratie, Gorgias sagen (461 e), und in den „Fröschen" des Aristophanes (405 aufgeführt) prahlt Euripides mit seiner demokratischen Gesinnung, weil er in seinen Dramen Frauen, Männer, Alte und Sklaven habe sprechen lassen (948 ff.). Die Möglichkeit der freien Rede für alle Bürger (nicht natürlich für Frauen und Sklaven, die in dem Zitat aus den „Fröschen" lediglich übertreibend hinzugefügt sind) bedeutete den Athenern in der Tat das Kernstück der Demokratie. Denn die politische Gleichberechtigung erschien ihnen weniger als ein konkretes Recht auf etwas, etwa als Recht auf die Teilnahme an der Volksversammlung, denn als Mitwirkung am Beraten und Diskutieren. Das Recht auf Teilnahme an den demokratischen Institutionen und den Abstimmungen in diesen wurde eher als selbstverständliche Konsequenz der Redefreiheit, nicht umgekehrt als deren Voraussetzung verstanden. Das Reden in Rat und Versammlung galt als eine ausgesprochen positiv bewertete Tätigkeit; sie gehörte zu den Grundelementen demokratischen Lebens: Das Wort muß der Tat vorausgehen; die Tat verlangt die Überlegung, Erörterung und Belehrung in der Versammlung. Thukydides läßt dies Perikles in seinem Preis auf die Demokratie betont herausstellen (2, 40, 2 f.), und in demselben Sinne sagt Diodotos in dem Rededuell mit Kleon bei demselben Autor, daß die Worte die Lehrer der Taten seien (3, 42, 2). Nicht die schweigende Zustimmung, sondern das Räsonieren war wichtig, und also bezog sich der Isegorie-Begriff nicht allein auf das Reden in den institutionalisierten Versammlungen, wie in der Volksversammlung und im Rat, sondern umfaßte alle Gelegenheiten politischer Diskussion, mochte es auf dem Marktplatz, in den Vereinen, auf den Sportplätzen oder wo auch immer sein, und es schloß ebenfalls die Aussagen der Dichter, Philosophen und Gelehrten ein. Die Komödiendichter durften ungestraft die Demokratie und deren herausragende Vertreter bis an die Grenze des Erträglichen karikieren, und dies sogar in Zeiten schwerster äußerer und innerer Bedrängnis; Platon und Aristoteles konnten ihre Abneigung gegen die herrschende politische Ordnung offen aussprechen und ein Anhänger aristokratisch/oligarchischer Tradition ungestraft Pamphlete gegen die Demokratie herausbringen, wie uns eines in der ps.-xenophontischen Schrift vom Staat der Athener erhalten ist. Verglichen mit den Lebensformen in aristokratischen Gesellschaften oder gar mit den starren Verhaltensnormen in Sparta, deren Wertvorstellungen den Geist an die Tradition banden und der Phantasie enge Grenzen setzten, erschien allen Besuchern Athens das dortige Leben von einzigartiger Liberalität geprägt zu sein. Insbesondere Intellektuelle und unter ihnen vor allem die kritischen Geister wußten dieses „Alles-sagen-können" (*parrhēsía*, von *pan*, alles, und *rhēsis*, Sprechen), wie man die Redefreiheit bald auch zu nennen pflegte, wohl zu schätzen, und nicht von ungefähr wurde Athen die zweite Heimat ungezählter Freigeister. Der Kyniker Diogenes aus Sinope am Schwarzen Meer, der die Bedürfnislosigkeit für die Voraussetzung eines tugendhaften Lebens ansah, seine Lehre auch selbst in die Tat umsetzte und darum aus der Gesellschaft ausgestiegen war, nannte die Parrhesie das Schönste, was es unter Menschen gäbe, und er, der sie wie kaum ein anderer in Anspruch nahm, hatte guten Grund, sie zu preisen. Für alle freizügig denkenden Menschen mußte das demokratische Athen in der Tat die Geburtsstätte und die bleibende Heimstatt der freien Rede sein. Die Athener ertrugen sogar die Verspottung ihrer eigenen Verfassung, ja selbst Gottlosigkeiten und Obszönitäten. Der Idee nach durfte jeder Bürger reden, der dies wünschte, und sagen, was er wollte; doch unterlag faktisch beides, der Personenkreis, der in der Öffentlichkeit sprach, und der Inhalt dessen, was gesagt wurde, gewissen Einschränkungen. Der Personenkreis ist, um zunächst von ihm zu sprechen, allerdings niemals ausdrücklich eingegrenzt worden: Zu Beginn jeder Volksversammlung richtete der Herold an alle Athener die Aufforderung, sich zu Wort zu melden: „Wer will sprechen?" (Aristoph. Acharn. 45; vgl. Eurip. Hiket. 438 f.). Viele hielt indessen nicht nur ihre Schüchternheit zurück, sondern auch ihre Unfähigkeit, die anstehende Sache klar zu beschreiben und in sprachlich angemessener Form vorzutragen. Kann man diese Unzulänglichkeiten der menschlichen Natur, die zu allen Zeiten gelten, nur bedingt als Einschränkungen der Redefreiheit ansehen, können die Dinge anders liegen, wenn auf Grund der ungleichen Fähigkeiten und auch wegen der Notwendigkeit, die Diskussion nicht durch ungeübte Redner über Gebühr hinzuziehen, dann nur noch die rhetorisch Begabten sprechen und mit zunehmender Verfeinerung der Ausbildung die Zahl der Sprecher immer kleiner wird. Das Problem war bereits im 5. Jahrhundert bewußt, und es ist Kleon, der biedere Mann aus dem Volk, der bei Thukydides als Kritiker dieser Verhältnisse auftritt. Wenn nämlich von vornherein zwar nicht feststand, wer reden durfte, was einer Aufhebung der Isegorie gleichgekommen wäre, aber doch nach subjektiver Einschätzung aller klar war, wer dafür n i c h t in Frage kam, und wenn die als Redner Ungceigneten die weitaus meisten Bürger waren, bestand die Gefahr, daß die Masse in Lethargie und Passivität versank. Es mußte nicht schon so weit kommen wie in der Mitte des 4. Jahrhunderts, als die einzelnen Steuerverbände der Vermögenderen jeweils ihre bestimmten Redner, Helfer und Claqueure in der Volksversammlung hatten und also die Rednerrollen schon vor Beginn der Versammlung auf ein für alle (oder viele) Male festgesetzt waren: Hier hatte jedenfalls für gewisse Themen der Beratung die Isegorie als die Möglichkeit der Rede für alle ihr Ende gefunden. Die Gefahren waren auch ohne eine so rigorose Rollenverteilung groß genug. Die große Anzahl der Versammlungen, die Trägheit der Masse und die Gewohnheit, seine Ansichten mit bestimmten Personen zu verbinden, mochten eine bisweilen nicht geringe Passivität erzeugen, die von der Idee, die der Isegorie zugrunde lag, sehr abstach. Bei allen diesen mehr von der Natur als von dem Willen der Menschen abhängigen Einschränkungen ist die Möglichkeit der freien Rede doch zu keiner Zeit durch soziale oder ökonomische Bedingungen, unter denen die athenische Gesellschaft stand, gehemmt oder gestört worden. Mochten die meisten Armen mehr Hemmungen haben zu sprechen als die Reichen und Vornehmen, wurden die Athener doch nicht durch feste soziale, wirtschaftliche oder politische Bindungen oder durch den Korpsgeist

festgefügter Gruppen an der Ausübung der Isegorie gehindert. Ein Kaufmann hatte auf keinen Händlerstand Rücksicht zu nehmen, ein Offizier
oder einfacher Soldat war an keinen militärischen Comment gebunden,
der ihn von den anderen Bürgern getrennt hätte; es gab auch keine
Priesterkaste oder Beamtenschaft, die besondere Interessen vertreten
hätten. Beamte und Soldaten waren sie alle in gleicher Weise, alle opferten
denselben Staatsgöttern und tolerierten darüber hinaus jegliche religiöse
Richtung der Zeit. Die Bürger waren nicht in Gruppen, Verbänden und
Konfessionen organisiert und voneinander abgeschottet. Es gab Reiche
und Vornehme, und insbesondere die letzteren mochten in ihren Clubs
(Hetärien) ein gewisses Eigenleben führen. Aber sie stellten keine Interessengruppe dar, waren auch nur bedingt eine Opposition, und am wenigsten bedeuteten sie eine Beschränkung der Redefreiheit; denn gegen die
Vornehmen und Reichen hatte man sich die Isegorie erkämpft und hielt
sie ihnen gegenüber bewußt aufrecht.

Schwerer mögen die inhaltlichen Einschränkungen der Isegorie
wiegen. Das meiste, was hier genannt werden könnte, beeinträchtigte
indessen die Grundidee nicht oder nur in sehr geringem Maße. Die vielge-
nannte und gescholtene Beschneidung der Redefreiheit der Komödiendichter, wohl 440/39 ausgesprochen, hat sich nicht lange gehalten, und sie
ist das einzige Maulkorbgesetz, das wir kennen. Die Verbote, die allge-
meinmenschliche Grundsätze oder auch lediglich die Regeln des guten
Geschmacks schützen wollten, wie z. B. das schon Solon zugeschriebene
und später revidierte Gesetz, daß man Toten nichts Böses nachsagen und
Lebende jedenfalls nicht an heiligen Orten, vor Gericht, bei Behörden und
festlichen Wettkämpfen schmähen dürfe, sind ebenfalls nicht als Einschränkungen der Redefreiheit aufzufassen. Wenn sich ferner das Volk im
Laufe der Zeit eine ganze Reihe von Selbstbeschränkungen auferlegte, die
dem Schutz der bestehenden Ordnung dienten, ist dies ebenfalls nur
bedingt als Einschränkung der Redefreiheit aufzufassen. Hierher gehört
z. B. das Verbot, Anträge auf Änderung oder Abschaffung der bestehenden politischen Ordnung, auf Erlaß von Staatsschulden, auf die anderwei-
tige Verwendung bestimmter Gelder oder auf die Kündigung bestimmter
Verträge mit anderen Staaten zu stellen. Der Schutzcharakter dieser
Bestimmungen ist evident, ebenso deren Rechtfertigung. Die Redefreiheit
durfte nicht die innere und äußere Sicherheit der Stadt untergraben. In
Athen waren diese Verbote zudem keine absoluten Barrieren. Wer gegen
das Verbot Anträge einbringen wollte, konnte vorher bei der Volksversammlung gefahrlos einen Antrag auf Straflosigkeit stellen, und wenn die
allgemeine politische Lage nicht übermäßig gespannt war, konnte er es
sogar riskieren, auch ohne die ausdrückliche Indemnität ein normwidriges

Gesetz zu beantragen. Er setzte sich damit zwar der Gefahr aus, wegen Gesetzwidrigkeit belangt zu werden (s. o. S. 146); aber wenn sich kein Ankläger fand, ging die Sache eben durch, und wurde man wider Erwarten doch angeklagt, war nach der Gerichtspraxis in Athen eher ein Freispruch als eine Verurteilung zu erwarten. Der Redner Antiphon rühmte sich, 75mal wegen eines gesetzwidrigen Antrages angeklagt und stets freigesprochen worden zu sein. Das Volk ließ seinen Willen auch durch von ihm selbst gesetzte Normen nicht binden.

Weder das Gesetz noch die ausdrücklichen Verbote, bestimmte Themen anzusprechen, bildeten eine unüberschreitbare Barriere für die Freiheit der Rede, wenn auch deren Diskussion vielfach mit einem gewissen persönlichen, aber nicht immer unberechenbaren Risiko verbunden war. Die Rede war in Athen demnach wirklich frei. So sicher das nach den vorangehenden Überlegungen gesagt werden darf, will dies doch nicht so recht zu dem im Grunde konservativen Geist der athenischen Demokratie passen, und es lassen sich auch einige Vorkommnisse anführen, die darauf verweisen können, daß das freie Reden und Denken in manchen Bereichen des öffentlichen Lebens bei härtester Strafe ausgeschlossen war. Die Sicherheit der politischen Ordnung, haben wir gesehen, war ganz offensichtlich kein solcher tabuisierter Bereich, ebenso nicht der Bereich von Außenpolitik und Verteidigung. Anders, scheint es, steht es mit dem der Religion und der Erziehung. In den ersten Jahren des Peloponnesischen Krieges setzte ein gewisser Diopeithes, ein Orakelausleger, in der Volksversammlung ein Gesetz durch, daß jeder, der nicht an die Götter glaube oder von überirdischen Dingen handele, mit einer Strafklage bedroht werden könne. Das Gesetz zielte auf Anaxagoras, der eine neue Weltentstehungslehre vertrat und ein Freund des Perikles war. Anaxagoras wich einer Anklage durch den Überwechsel nach Lampsakos aus. Ein noch berühmteres Opfer des Gesetzes wurde Sokrates, dem Gottlosigkeit, die Einführung neuer Geister und die Verführung der Jugend vorgeworfen wurden. Sein Prozeß und Tod sind oft als das Musterbeispiel für die Engherzigkeit, ja für die Unterdrückung von Rede- und Gedankenfreiheit im demokratischen Athen angeführt worden. Indessen wurde bereits darauf hingewiesen, daß die bitteren Konsequenzen der Anklage gegen Sokrates, nämlich dessen Hinrichtung, von den Athenern wohl gar nicht beabsichtigt, sie vielmehr von Sokrates provoziert worden waren. So wie man im Falle des Anaxagoras zufrieden gewesen war, daß er sich durch Flucht der Anklage entzogen hatte, hätte auch Sokrates sich gewiß mit Billigung fast aller Athener in die freiwillige Verbannung begeben können, bis vielleicht einmal die Wogen sich wieder geglättet haben würden. Zudem sind beide Ereignisse auf dem Hintergrund der besonderen politischen Situation zu sehen. Diopeithes stellte seinen Antrag in den ersten Jahren des Peloponnesischen Krieges, sehr wahrscheinlich in der schweren Zeit der Pest, der ein Viertel der gesamten Bevölkerung Attikas zum Opfer fiel, und der Prozeß des Sokrates war noch überschattet von der Niederlage in ebendiesem Krieg und von dem politischen Umsturz von 404/3. In solchen Zeiten suchen die Menschen nach den Ursachen des Unglücks und nach Schuldigen. Selbstsicherheit und Selbstvertrauen, die in glücklicheren Zeiten sogar schwerwiegendere Dinge zu übersehen gestatten, wichen der Unsicherheit; die Athener glaubten, in dem Geschehen das Wirken rächender Gottheiten zu sehen. In dieser Situation boten sich die Schuldigen wie von selbst an: Die Philosophen bzw., wie man damals sagte, die Sophisten waren die Übeltäter, die mit der Infragestellung alles Überkommenen, mit ihrer Kritik an der Existenz von Göttern und ihren geistreichen Formulierungen überall Zulauf und insbesondere unter den vornehmen jungen Leuten begeisterte Anhänger oder doch wenigstens interessierte Zuhörer fanden. Seit der Mitte des 5. Jahrhunderts, etwa zugleich mit der Vollendung der Demokratie, waren diese „Lehrer der Weisheit" aufgetreten und war die „Es-ist-ja-alles-relativ-Philosophie" in Mode gekommen. Die Götter und die elterliche Erziehung im Sinne der Anerkennung der alten Traditionen und darunter auch der demokratischen Lebensanschauung schienen in Frage gestellt zu werden. Der Übermut und die Freizügigkeit der jungen Leute hatten bereits im Jahr 415, als vor der Ausfahrt der Flotte nach Sizilien nachts viele Hermesstatuen mutwillig beschädigt und mit den heiligen Mysterien Frevel getrieben worden waren, viele Athener erschreckt und ein grausames Strafgericht provoziert. Wenn die Athener, aufgerüttelt durch Vorkommnisse wie diese, Religion und Moral als die Garanten von Sicherheit und Ordnung verteidigen zu müssen glaubten und einige Sophisten als die vermeintlich Schuldigen aburteilten, dürfen wir darin nicht eine grundsätzliche Einschränkung der Rede- und Gedankenfreiheit sehen. Es zeigt sich darin lediglich, daß sie unter dem Druck schwerer Belastungen empfindlicher reagierten. Doch die angeführten Beispiele beweisen auch, daß es in Athen selbst in solcher Lage zu keinem völligen Bruch mit der demokratischen Tradition kam. Denn man begnügte sich damit, Exempel zu statuieren, und ließ sogar denen, an denen man ein Exempel statuieren wollte, noch Spielraum zum Rückzug. Selbst im Falle des Sokrates, der trotzig und verletzend diesen Spielraum ausschlug, waren viele seiner Richter für einen Freispruch; er wurde mit 281 gegen 220 Stimmen für schuldig erklärt, und 201 von den 501 Richtern sprachen sich in der auf den Urteilsspruch folgenden Abstimmung über die Festsetzung des Strafmaßes gegen die Todesstrafe aus. Das Urteil über Sokrates war kein Akt geistigen Terrors. Die Anklage war vielmehr das Symptom einer allgemeinen Verunsicherung und, verglichen mit einer normalen Situation, nach Form und Inhalt sicher übertrieben, vielleicht sogar – trotz des Gesetzes des Diopeithes, das die formale Urteilsbasis bildete – auf dem Hintergrund der Gerichtspraxis ungerecht, auf jeden Fall ungewöhnlich. Die Hinrichtung war dagegen eine von Sokrates selbst zumindest mitverschuldete Panne. Wir haben eher Anlaß, darüber zu staunen, mit welcher Beharrlichkeit die Athener selbst in größter Notlage an ihren politischen Grundsätzen festhielten, als die Demokratie an gelegentlichen Fehlleistungen oder auch ungerechten Richtersprüchen zu messen.

Können die genannten Anklagen wegen Gottlosigkeit bzw. Verführung der Jugend nicht als grundsätzliche Einschränkungen der Redefreiheit gelten, haben die Athener doch der freien Rede in politischen Versammlungen gewisse, durch die Sache gegebene Grenzen gesetzt. Denn die politische Rede ist nicht nur Ausdruck eines demokratischen Lebensgefühls, das an keinen Ort und keine Gelegenheit gebunden ist, sondern dient auch der demokratischen Entscheidungsfindung, die sowohl einen geordneten, formalen Rahmen, in dem sie ablaufen kann, als auch eine Atmosphäre der Offenheit und des Vertrauens benötigt, in der allein vernünftige und für alle nützliche Beschlüsse gefaßt werden können: Die Redefreiheit darf von ihrer Bestimmung als Mittel der politischen Mitbestimmung her nicht die notwendige Entscheidung verhindern oder eine die Gemeinschaft der Bürger schädigende Entscheidung fördern. Es war daher den Athenern etwa selbstverständlich, daß in der Diskussion Disziplin gewahrt wurde, daß nicht der ganz junge oder der in der zur Debatte stehenden Angelegenheit ganz unerfahrene Mann reden durfte. Verhaltenszwänge dieser Art waren nicht alle normiert, sondern wurden teils erst bei Gelegenheit durch die Reaktion der Versammlung selbst erzwungen. Manches war hingegen auch gesetzlich geregelt worden, wie z. B. die verständliche Vorschrift, die alle mit dem Verlust der bürgerlichen Rechte Bestraften von der Diskussion ausschloß, und das Verbot der Schmähung zeigen. Die für unser Gefühl nichtsdestoweniger recht harten Wortgefechte schlossen indessen die persönliche Verunglimpfung des Gegners durchaus nicht aus; es war lediglich der Gebrauch bestimmter Wörter bzw. Redewendungen untersagt. Das Verbot unterstreicht den Willen, die Rededuelle in einen Rahmen zu stellen, der beachtet werden mußte. Den Athenern erschien es vor allem wichtig, daß diejenigen, die sich zum Raten und zur Antragstellung in der Versammlung aufgerufen fühlten, auch das der Sache jeweils Angemessene und Richtige sagten, und das heißt: daß sie mit Überlegung und Verantwortungsgefühl sprachen. Bei dem mangelhaften Informationsstand der meisten Versammlungsteilnehmer und ihrer Unerfahrenheit in den behandelten Materien war man im allgemeinen auf den guten Willen und die Redlichkeit der Redner angewiesen. Da dies naturgemäß gerade bei wichtigen und strittigen Fragen oft nicht vorausgesetzt werden konnte, war das Mißtrauen vielfach groß, und es wuchs, wenn ein Beschluß, wie z. B. ein militärisches Unternehmen, sich im nachhinein als falsch und schädlich erwiesen hatte. In solchen Fällen wurde den Rednern, die zu dem Antrag geraten hatten, oft Unredlichkeit vorgeworfen. Der Vorwurf ist eine Konsequenz der mangelnden Möglichkeiten der Diskussion und inhaltlichen Abklärung in Massenversammlungen und also strukturell bedingt. Aber dieser „Fehler" der direkten Demokratie sollte durch Vorwürfe dieser Art gerade wieder wettgemacht werden; sie sind das Korrelativ jenes Fehlers. Die Athener wußten natürlich von ihm, und so ist es nicht von ungefähr, wenn die „Täuschung des Volkes" sogar zu einem formellen Delikttatbestand werden konnte, der durch eine besondere Klage bei der Volksversammlung anhängig zu machen war. Der erste uns bekannte Fall einer solchen Klage gehört in die Frühphase der Demokratie. Es ist die Klage gegen den Sieger von Marathon, Miltiades, im Jahre 489; Miltiades hatte die Athener zu einer Expedition gegen Paros überredet und wurde nach deren Scheitern wegen Betruges angeklagt und zu einer hohen Geldstrafe verurteilt. Auch die Ankläger der Feldherren des Jahres 406, die, obwohl in der Seeschlacht bei den Arginusen siegreich, doch die Rettung der athenischen Schiffbrüchigen versäumt haben sollten, wurden unter derselben Beschuldigung belangt, weil sie in der damals von Wut und Trauer erfüllten Stimmung unter Außerachtlassung grundlegender Rechte die Verurteilung und Hinrichtung der Angeklagten durchgesetzt hatten. Da die Täuschung des Volkes auf verschiedene Weise und von verschiedenen Personengruppen erfolgen konnte, verbarg sich dasselbe Delikt zeitweise hinter verschiedenen Begriffen des Strafrechts, und es änderte sich im Laufe der Zeit auch seine prozessuale Behandlung. Es konnte sich gegen die Redner oder Strategen, die mit der vorgeschlagenen Politik gescheitert waren, oder auch gegen Ankläger, die der Verleumdung (Sykophantie) bezichtigt wurden, richten, und es konnte der Delikttatbestand als „Betrug" *(apáte),* als diesem gleichkommende „übermäßige Versprechungen" oder, wenn der materielle Eigennutz im Vordergrund stand, auch als „Bestechung" formuliert werden. Allen diesen Klageformen und Deliktkategorien gemeinsam ist das Bestreben, das Volk vor unbesonnenen und allzu ehrgeizigen Politikern zu schützen und jeden Antragsteller zu gutüberlegten und wohlfundierten Vorschlägen anzuhalten.

c) Die Herrschaft der Masse. Kritik und Rechtfertigung

Da die Demokratie in Athen sich nicht aus einer Diskussion um die beste
Verfassung oder aus einem langen Kampf der Volksmassen um eine
Besserstellung ihrer sozialen Position entwickelt hatte, fehlte ihr zunächst
jede ideologische Begründung, insbesondere auch eine Rechtfertigung für
ihr Fundament, die Herrschaft des Volkes. Gedanken dieser Art blieben
auch dann, als allen bewußt geworden war, daß man in einer ganz neuen,
den anderen Griechen unbekannten politischen Ordnung lebte, deswegen
lange aus, weil die Masse durch die Teilhabe am militärischen Dienst,
zunächst als Hopliten, dann auch als Ruderer auf der Flotte, in den
politischen Raum aufgestiegen war. Die schweren Perserkriege und die
sich an sie anschließenden Kämpfe um die Erweiterung und den Erhalt
des Seebundes, in denen sich die neuen Bürgersoldaten bewährten, haben
zunächst auch wohl den Gedanken an eine Rechtfertigung der neuen
politischen Verhältnisse gar nicht aufkommen lassen; der glänzende
Erfolg der athenischen Heere und Flotten sowie die gewaltige Macht-
erweiterung sprachen für sich. Erst eine Zeit, in der sich die Demokratie
etabliert hatte, die politischen Organisationsformen im Sinne der demokratischen Grundidee vervollständigt, in den Augen der Reichen und Vornehmen „radikalisiert" worden waren und zudem die Dauerhaftigkeit der
neuen Ordnung bewußt geworden war, schuf die Voraussetzung für eine
gedankliche Auseinandersetzung mit den neuen politischen Verhältnissen. Naturgemäß ging die Diskussion von denjenigen aus, welche die
Demokratie an die Seite gedrängt hatte, also von den Vornehmen und
Reichen. Da sie durchaus sahen und auch freimütig anerkannten, daß der
Nutzen der Stadt und der außenpolitische Erfolg vor allem der neuen
Staatsform zu verdanken waren, befanden sie sich in ihrem Urteil über die
Demokratie in einem Zwiespalt. Es ließ sich das neue System nicht
einfach in Bausch und Bogen verurteilen; aber es war dann doch gerade
dessen Fundament, nämlich die politische Gleichberechtigung und damit
der Gedanke der Herrschaft durch alle, was Kritik fand.

Da Solon als der Vater der Demokratie galt, haben die Athener später
auch die Kritik an ihr bereits in diese frühe Zeit vorverlegt. Sie setzt an
dem Solon zugeschriebenen Ausspruch an, Gleichheit führe zu keinem
Streit. Dieses Wort sei von den damals streitenden Gruppen jeweils
verschieden verstanden worden, wurde gesagt; die Reichen hätten geglaubt, daß die Gleichheit nach Herkunft, Ansehen und Leistung, die
Armen hingegen, daß sie nach Maß und Zahl zugeteilt würde. Es geht hier
also um den inhaltlichen Bezug der Gleichheit, darum, worin
denn die Gleichheit bzw. Ungleichheit ihren Grund habe. Für uns wird

diese Kritik zuerst greifbar in dem bereits öfter zitierten Pamphlet eines
Oligarchen aus der Zeit um 430 v. Chr. Obwohl der Autor durchaus auch
von den Vorteilen der neuen Ordnung zu berichten weiß, richten sich
seine Einwände gerade gegen die Massenherrschaft: In der Masse besäßen
die Armen die Mehrheit, und diese seien ohne Wissen und Bildung, ohne
Selbstdisziplin und von gemeiner Gesinnung, ferner ohne Verantwortungsgefühl und bestechlich, und all dies habe seinen Grund eben vor
allem in der Mittellosigkeit der großen Menge. Mit größter Verachtung
spricht etwa auch Theramenes, ein Mann der oligarchischen Opposition in
Athen, bei Xenophon (Hellen. 2, 3, 48) davon, daß die Demokratie von
ihren Verfechtern erst dann für gut befunden würde, wenn sogar die
Sklaven und die Ärmsten, welche die Stadt für eine Drachme verkaufen
würden, an der Herrschaft Anteil erhalten hätten. Armut disqualifizierte
danach den Bürger. In der kritischen Reflexion begegnet uns manches aus
dem Vokabular der aristokratischen Vergangenheit, das hier der neuen
Situation angepaßt wird. In der Demokratie herrscht jeder Beliebige, nicht
der durch Moral und Fähigkeit Ausgezeichnete, heißt es. Insofern die
Reichen und Vornehmen eine Minderheit sind und als solche keinen
besonderen Schutz genießen, wird schließlich die Demokratie sogar als
eine Klassenherrschaft der Armen über die Wohlhabenden verstanden.
Ihren Höhepunkt und gleichzeitig ihre schärfste gedankliche Durchbil-
dung erfährt die Kritik in der Philosophie. Weist Platon die Teilnahme
aller an der Herrschaft, die nach ihm ja nur den im Sinne seiner Philosophie Verständigen zukommt, schon wegen des mangelnden Sachverstandes der Masse zurück, wird von Aristoteles, der diesen Standpunkt
grundsätzlich teilt, die Kritik in einen systematischen Rahmen gestellt: Die
Demokratie hat danach die Gleichheit ausschließlich auf die Zahl abgestellt, die als abstrakte Größe keinen inhaltlichen Bezug und also auch aus
sich heraus keine Rechtfertigung für Herrschaft enthält. Der Solon
zugesprochene Ausspruch enthüllt sich hier als eine leere Phrase, die das
eigentliche Problem durch eine Scheinlogik unterdrückt.
Was in Athen an Argumenten für die Herrschaft der Masse vorgebracht
wird, bezieht sich auf diese Einwände. Die Rechtfertigung der Demokratie
folgt demnach der Kritik, nicht umgekehrt, und das kann angesichts des
Umstandes, daß der Demokratie in Athen keine Diskussion um eine neue
Staatsform und also auch keine Rechtfertigungslehre vorausgegangen war,
auch gar nicht anders sein. Was wir an Argumenten hören, ist nicht eben
viel. Da wird zunächst der nicht gerade durchschlagende, aber geschickt
auf einen common sense anspielende Gedanke vorgetragen, daß jeder
Mensch Urteilsfähigkeit habe. Wir finden ihn von Thukydides bis hin zu
Isokrates; letzterer drückt ihn so aus, daß die Menge zwar ärmer, aber im

übrigen nicht schlechter sei. Die Allgemeinheit des Anspruchs verdeckt das Problem eher, als daß sie es löst. Überzeugender sind demgegenüber diejenigen Gedanken, die in dem Beschluß der Masse den Querschnitt der möglichen Meinungen sehen, in dem alle Seiten des jeweiligen Problems beachtet, die Vielzahl der Meinungen aber ausgeglichen, insbesondere die extremen oder exzentrischen Ansichten aufgehoben sind. Das Volk ist in dieser Vorstellung das Ganze, die Vornehmen und Reichen nur ein Teil; die letzteren sind danach zwar die besseren Verwalter der öffentlichen Gelder und unter Umständen auch verständiger im Rat, aber der beste Urteilsfinder ist allein auf Grund seiner Menge das Volk, und somit findet zwischen dem Ganzen und seinen Teilen ohne Verletzung des Gleichheitsprinzips ein Ausgleich statt. Diese Gedanken von dem Volk als dem Ganzen, dem der einzelne und die Gruppen als dessen Teile gegenüberstehen, läßt etwa Thukydides den Syrakusaner Athenagoras aussprechen, und sie werden u. a. auch von Aristoteles zur Rechtfertigung der Demokratie herangezogen. Die Summe der Menschen und ihre Fähigkeiten und Charaktere, meint Aristoteles, können für das richtige Urteil mehr vermögen als die der Reichen allein, die ja nur ein Teil des Ganzen sind, und er erläutert den Gedanken an mehreren Beispielen des täglichen Lebens, so an dem Festmahl, das besser ist, wenn viele zu ihm beigetragen haben, als wenn es von einem einzigen angerichtet worden ist. Daß die Masse als solche ein positiver Wert für die Urteilsfindung ist, sucht Aristoteles ferner auch durch die Behauptung zu stützen, daß eine Vielzahl von Menschen nicht so leicht zu verderben sei wie ein einzelner oder eine kleine Gruppe, und dies sowohl deswegen, weil die Menge an Einfluß und materiellem Gewinn nicht ebenso interessiert sei wie der einzelne oder eine Gruppe, als auch, weil die Masse selbst das verhindere: „Wie eine größere Menge Wasser, so ist auch die Volksmenge schwerer zu verderben als die wenigen" (Pol. 1286 a 32 f.), und mit demselben Argument kann selbst ein harter Kritiker der Demokratie, wie der Autor der ps.-xenophontischen Schrift vom Staat der Athener, eine typisch demokratische Einrichtung, nämlich das Geschworenengericht mit seinen Massen von Richtern verteidigen: Weil eine größere Anzahl von Richtern schwerer zu bestechen sei als eine geringe, seien in einer demokratischen Gerichtsordnung auch die Urteile gerechter (3, 7).

Die Gedanken über die Urteilsfähigkeit der Masse mögen aus der Erfahrung mit der Regierungspraxis von Aristokraten und Tyrannen, die ihr Eigeninteresse für das der ganzen Stadt ausgegeben und damit die politische Entscheidungsgewalt zu ihren Gunsten mißbraucht hatten, entstanden sein. Es fällt auf, daß sie von Personen ausgesprochen wurden, die alle oligarchische Neigungen verspürten oder doch zumindest keine Verfechter der ‚radikalen' Demokratie waren. Wenn diese hier nicht die demokratischen Argumente abwehren, sondern sie mit einem zustimmenden Kommentar wiedergeben, tun sie das wohl auch deshalb, weil sie, die in Athen lebten, die Volksversammlung als die zentrale politische Institution nicht völlig abwerten konnten. Aber der eigentliche Grund, den demokratischen Standpunkt einzunehmen, dürfte darin zu suchen sein, daß sie als politische Denker den Mißbrauch der Entscheidungsgewalt durch Tyrannen und Oligarchen ebenso scharf verurteilten wie die Demokraten. Vielleicht haben sie zumindest zeitweilig in der Entscheidung durch alle einen diskutablen Ausweg aus der Aporie gesehen, wie bei der Durchsetzung politischer Entscheidungen der Egoismus von Individuen und Gruppen möglichst begrenzt werden könnte. Aber so ehrlich das jeweils auch gemeint gewesen sein mag, es blieb doch nur ein Räsonnement mit begrenztem Argumentationswert, und es änderte nichts an der Grundanschauung aller dieser Autoren, daß die Urteilsfähigkeit im Prinzip an Tugend und Bildung gebunden sei, und letztlich haben sie, insbesondere der anonyme Autor der Schrift vom Staat der Athener und Aristoteles, auch die Herrschaft der Masse für eine Herrschaft der Interessen gehalten, nämlich für die Herrschaft einer Mehrheit von Armen über eine Minderheit von Reichen.

Wurde die Demokratie als eine Herrschaft der Masse verteidigt, ist sie, wie man sieht, auch gegenüber einer harten Kritik nicht mit sozialpolitischen oder gar naturrechtlichen Argumenten gerechtfertigt worden. Es vermochten sich folglich in der Abwehr solcher Kritik auch keine neuartigen Vorstellungen über die Legitimation der Volksherrschaft zu bilden, die den rein politischen Gleichheitsbegriff erweitert, etwa den Gedanken der sozialen und ökonomischen Gleichstellung in ihn aufgenommen und damit den Inhalt der demokratischen Idee qualitativ verändert hätten. Der Gleichheitsgedanke entwickelte in Athen aus sich heraus keine Dynamik. Die Vertreter der Demokratie suchten nach keinen neuen Begründungen für die neue Verfassung, sondern beriefen sich, wenn sie sich überhaupt zur Rechtfertigung aufgerufen fühlten, unverändert auf den gesunden Menschenverstand der Menge und auf die Vorstellung von dem Volk als dem Ganzen, von dem die Reichen nur ein Teil sind.

d) Identität von Herrschen und Beherrschtwerden (Freiheit und Herrschaft)

In allen frühen Überlegungen, die in Athen zum Wesen der Demokratie angestellt wurden, ist Demokratie nicht nur als eine Herrschaft der Mehrheit bewußt gewesen, sondern zugleich auch als Freiheit

verstanden worden; dabei wurden Freiheit und Demokratie durchaus als
synonyme Begriffe behandelt. Entsprechende Formulierungen finden wir
schon bei dem Autor der ps.-xenophontischen Schrift vom Staat der
Athener (1, 8) und in den „Schutzflehenden" des Euripides (403 ff.; vgl.
352 f.). Da aber die Demokratie zunächst und vor allem durch die Gleichheit bestimmt ist, steht die Vorstellung von der Herrschaft der Mehrheit,
in der ja eine Minderheit aus der Gesellschaft der Gleichen der Mehrheit
unterworfen ist, in einer gewissen Spannung zur Freiheit und bedarf einer
besonderen Interpretation, um mit letzterer in Einklang zu kommen. Daß
unter der Herrschaft der Gleichen (oder genauer: der politisch Gleichberechtigten) alle frei sind, wird denn auch schon früh, so in der genannten
Stelle bei Euripides, damit begründet, daß die Ämter und also die Regierung von allen, von arm und reich, in jährlichem Wechsel und also in
gleicher Weise getragen werden. Der Zugang aller zu den Ämtern und
deren breite Verteilung auf jährlich Viele, der Idee nach Alle, sichert in
der Vorstellung der Athener die Regierung durch Alle. Da es keine
Regierung ohne die Ausführung des von der Regierung Befohlenen und
also ohne Gehorsam gibt, sind alle Athener die Regierung und die Regierten zugleich. Aristoteles hat dies in dem Kapitel seiner Politik, das den
Grundlagen der Demokratie gewidmet ist, abstrakt ausgesprochen: „Die
Grundlage der demokratischen Verfassung ist die Freiheit . . . Zur Freiheit
aber gehört zum einen, daß das Herrschen und Beherrschtwerden reihum
geht. Das demokratische Recht *(dikaion)* ist nämlich die Gleichheit nach
der Zahl, nicht nach dem Ansehen, und wo dies als Recht gilt, da muß die
Menge *(plēthos)* die entscheidende Gewalt haben und muß das, was der
Mehrheit gut dünkt, auch das Endziel *(télos)* und das Recht sein" (1317 a
40–1317 b 7). Daß diese Worte nicht nur philosophische Reflexion,
sondern Teil des lebendigen politischen Bewußtseins sind, davon zeugen
die Aussagen der Dichter, Redner und Historiker des 5. und 4. Jahrhunderts: Die Freiheit ist eine Bestimmung der Gleichheit, und die Herrschaft
ist in dieser Identität aufgehoben. Freiheit erscheint dabei durchaus als ein
aus der Gleichheit abgeleiteter und also als sekundärer Begriff: Die
Gleichheit bestimmt die Demokratie von ihrem Wesen her, nicht die
Freiheit, und von der historischen Entwicklung her gesehen stand in der
Tat auch die Gleichheit am Anfang der Entwicklung. Aber die Freiheit,
welche die Gleichheit hervorgebracht hat, ist doch schon früh zum Charakteristikum der Demokratie geworden und wird bei schlagwortartiger
Charakterisierung der Demokratie sehr schnell das bestimmende Wort, zu
dem als Gegensatz der Begriff der Knechtschaft/Sklaverei *(douleía)* tritt.
„Das Volk", sagt der oligarchische Autor der ps.-xenophontischen Schrift
vom Staat der Athener um 430, „will nicht in einem wohlgeordneten Staat

Knecht sein, sondern will frei sein und herrschen. Um eine schlechte
politische Ordnung sorgt es sich dabei nicht. Was Du nämlich für eine
Mißwirtschaft halten könntest, daraus gerade schöpft das Volk seine Kraft
und ist frei" (1, 8). Freiheit schien als der der Demokratie eigentümliche
Begriff auch deshalb besser geeignet zu sein als Gleichheit *(isótēs)* oder
politische Gleichberechtigung *(isonomía)*, weil sie als ein Begriff, der einen
Zustand umschreibt, ein weiteres Feld von Verhaltensmustern und
Zuständlichkeiten umfaßt als der auf einen ganz bestimmten zwischen-
menschlichen oder gar institutionellen Bezug ausgerichtete Begriff der
Gleichheit. Es kommt hinzu, daß die unter der Herrschaft der Gleichen
sich langsam ändernden Lebensumstände, die gegenüber der älteren Zeit
der großen Menge mehr Spielraum gaben oder zu geben schienen, schon
bald ebenfalls als Freiheit verstanden wurden. So ließ sich unter dem
Stichwort Freiheit mehr von dem einfangen, was die Athener an ihrer
Verfassung schätzten und gegenüber den anderen politischen Ordnungen,
nämlich gegenüber Oligarchie und Tyrannis, verteidigten, und so wurde
„Freiheit" das demokratische Schlagwort der Zukunft und trat „Gleichheit" als scheinbarer Teilbegriff der Freiheit dahinter zurück. Historisch
wie auch sachlich ist das falsch; aber wann hätte sich schon die Begriffs-
geschichte nach der Logik der von den Menschen benutzten politischen
Schlagworte gerichtet.
Ein kurzer Rückblick auf die Entstehungsgeschichte der Demokratie in
Athen wird bekräftigen, daß die soeben entwickelten Gedanken tatsächlich die Vorstellungen der Athener über ihre politische Ordnung treffen
und eine lebendige Wirklichkeit wiedergeben. Die politische Gleichheit ist
von den Schwerbewaffneten, später von allen freien Athenern im Kampf
gegen die Adligen und Reichen durchgesetzt worden. Da es in diesem
Kampf allein um das politische Mitspracherecht, nicht auch um Gleichheit
auf sozialem oder ökonomischem Gebiet ging, wurde nicht die soziale
Existenz der Adligen und Reichen, sondern ausschließlich deren politischer Führungsanspruch in Frage gestellt; es ging also um die Entschei-
dungsbefugnis im Rat und um die Verwaltung der verschiedenen staatli-
chen Aufgaben, die künftig von allen wahrgenommen werden sollten. Die
Geschichte der Demokratie ist daher die des Kampfes um die von den
Adligen / Reichen besetzten Institutionen der Regierung, die Stück um
Stück der Masse zugänglich gemacht und im Zuge dieser allgemeinen
Öffnung zersplittert und entmachtet wurde: Die Auflösung der Regie-
rungsgewalt stand am Ende des Kampfes, und sie war gleichbedeutend mit
Demokratie. Die Aufsplitterung des Archontats, die Schwächung des alten
Adelsrates, des Areopags, und die Schaffung eines neuen Rates, der in
allem den Willen nach der Identität der Regierenden mit den Regierten

widerspiegelte, sind Etappen der Demokratisierung. Von der Geschichte der Demokratie her gesehen ist die Identität von Regieren und Regiertwerden, von Herrschaft und Gehorsam in der Tat das Kernstück des demokratischen Selbstverständnisses in Athen, und Freiheit als die Abwesenheit von Herrschaft wesentlich mit ihr verbunden.

Der von dem Grundbegriff der Demokratie, der Isonomie, weiter ausgreifende Begriff der Freiheit nahm schnell ganz neue und mit seinem Ursprung schließlich kaum noch zu verbindende Elemente auf. Ein Aspekt bezog sich auf den individuellen Spielraum, der jetzt vergrößert erschien; auf ihn wird weiter unten eingegangen werden (S. 270 ff.). Ein ganz anderer verband den innenpolitischen mit dem außenpolitischen Raum: Bei Thukydides sind mehrfach die durch die demokratische Verfassung gegebene Freiheit und die Herrschaft über ein großes Untertanengebiet, den Seebund, unvermittelt als zusammengehörige und aufeinander bezogene Wertvorstellungen zusammengestellt worden. Dieser Aspekt soll indessen nicht hier, sondern in den Überlegungen über das Verhältnis des demokratischen Athen zu seiner Außenpolitik behandelt werden (u. S. 279 ff.).

### e) Soziale und ökonomische Gleichheitsvorstellungen

Der Gleichheitsbegriff der Athener gehört der rein politischen Sphäre an und entwickelte aus sich heraus keine Dynamik, die ihn und damit die Basis der politischen Gesamtordnung verändert hätte. Gedanken auf eine Veränderung der sozialen Situation in Richtung auf einen allgemeinen Ausgleich der Besitzverhältnisse haben allerdings in Athen nicht völlig gefehlt, doch waren sie lange vor der Demokratie in der großen sozialen Krise des 7. und 6. Jahrhunderts angestellt worden. Es war dabei neben der Forderung nach Aufhebung der Schulden vor allem um die Neuverteilung des Bodens gegangen; in Athen war Solon bei seinem Werk der Versöhnung am Anfang des 6. Jahrhunderts mit solchen Forderungen konfrontiert worden und hatte sie energisch zurückgewiesen. Es waren diese Gedanken auch gar nicht aus der Idee nach einer Neuschöpfung des Staates erwachsen, sondern sie sind als der Versuch zu verstehen, eine Krise durch den Rückgriff auf die uralte Zeit der Landnahme, die gerade im 7. und 6. Jahrhundert durch die große Kolonisationsbewegung der Griechen in Ost und West wieder aufgelebt war, zu bewältigen. Die Forderung nach Neuaufteilung des Bodens zielte demnach auf die Regeneration der bestehenden Verhältnisse auf der Basis eines neuen Anfangs, und der Gedanke begegnet uns daher in diesen Jahrhunderten überall, wo es Griechen gibt, häufiger, und dies sowohl im Kolonisations-

gebiet als auch in den krisengeschüttelten Staaten des Mutterlandes. In
Athen verschwindet er mit der Konsolidierung des solonischen Staatsbaus
und der Entwicklung der Stadt zu einer Demokratie und taucht übrigens
nach dem 5. Jahrhundert auch außerhalb Athens nur noch gelegentlich
auf, so wenn in den syrakusanischen Machtkämpfen um Oligarchie und
Demokratie ein Vertreter der letzteren unter Berufung auf die Gleichheit
die neue Verteilung des Bodens verlangte, „weil die Gleichheit die Wurzel
der Freiheit und die Armut für die Besitzlosen die Wurzel der Knecht-
schaft sei" (Plut. Dion 37, 5).
Die Einbeziehung des ökonomischen Bereiches in die Gleichheitsidee war
den Athenern indessen auch im 5. und 4. Jahrhundert kein völlig unbe-
kannter Gedanke. Er wurde allerdings zu dieser Zeit nicht mehr als eine
reale politische Möglichkeit diskutiert, sondern allein von der Komödie
und der Philosophie aufgegriffen, und es ging dabei charakteristischerweise auch nicht um eine Umverteilung des Besitzes, sondern um die
Kollektivierung allen Eigentums, des mobilen ebenso wie des immobilen,
und darüber hinaus um den gemeinschaftlichen Besitz der Frauen und
Kinder sowie um die Gemeinschaft der Erziehung. Platon konstruierte
diesen radikalen Kommunismus für die Gruppe der „Wächter" seines
Idealstaates, die auf diese Weise die Unveränderlichkeit und Dauerhaftigkeit des Staatswesens garantieren sollten; Aristophanes hat ihn in seiner
392 aufgeführten „Weibervolksversammlung" (Ekklesiazusen) als lustiges
Gegenbild zu der von den Frauen kritisierten Männergesellschaft benutzt.
Parodistischen Charakter hat auch die Darstellung einer übermäßig auf
Gleichheit ausgerichteten Gesellschaft bei Platon, in der jeder dem
anderen, so auch etwa der Beamte dem Untergebenen, der Untergebene
dem Beamten, der Vater dem Sohn, der Sohn dem Vater, die Frauen den
Männern, der Lehrer seinen Schülern usw. gleich sein möchten und
dadurch die gesamte politische und sittliche Ordnung zusammenstürzt.
Sowohl die Überspitzung der Gleichheitsvorstellung als auch deren
Beschränkung auf Parodie und ideale Theorie zeigen die Wirklichkeits-
ferne der Gedanken. Weder der Komödiendichter noch der Philosoph
denken hier ernsthaft an eine Realisierung ihrer Gedanken oder knüpfen
mit ihnen an reale politische Vorstellungen an; sie existieren eben nur in
ihrer Phantasie. Wenn ein Philosoph wie Aristoteles überhaupt einmal
den Gedanken der Aufteilung des Vermögens der Reichen als eine
Möglichkeit des wirklichen politischen Lebens erörtert, tut er es nur, um
ihn zurückzuweisen und die gegebenen Verhältnisse wirtschaftlicher
Ungleichheit als die richtigen hinzustellen: Eine Aufteilung des Vermögens der Reichen, sagt Aristoteles in seiner „Politik" (1281 a 14–21), wäre
in der Demokratie zwar kein Unrecht, weil das Volk die oberste Gewalt

habe; aber da das Recht den Staat nicht zugrunde richten könne und der
Staat durch einen derartigen Beschluß zerstört würde, sei so ein Beschluß
dennoch Unrecht. Die Möglichkeit der Umverteilung des Vermögens im
Sinne eines ökonomischen Gleichheitsprinzips wird hier durch den
einfachen Hinweis auf die Unrechtmäßigkeit der Sache abgebogen, und
dies ist wohl kaum ein dem Aristoteles eigener Gedanke, sondern der
Reflex eines allgemeinen Bewußtseins, das derartige Spekulationen aus
dem Bereich der gesellschaftlichen Wirklichkeit verbannte. Der Gedanke
einer Umverteilung des Vermögens bildete sich in den griechischen
Städten überhaupt nur dann, wenn bei einem Verfassungsumsturz das
Vermögen der getöteten oder verbannten Oligarchen zur Disposition
stand; aber in aller Regel ging es dann nicht um eine grundsätzliche
Neuaufteilung des Vermögens, sondern um die Konfiskation der Besitz-
tümer des politischen Gegners zugunsten der Staatskasse.

Man wird sich wundern, warum die geistig so beweglichen Athener das,
was scheinbar so nahe lag, nicht verwirklicht haben, zumal der Gedanke
der sozialen und wirtschaftlichen Gleichheit, wie Aristophanes zeigt, auch
den breiten Massen nicht unbekannt gewesen sein konnte. Eine Erweiterung des Gleichheitsgedankens auf den sozialen Sektor verhinderte
indessen vor allem gerade die Radikalität der politischen Gleichstellung
selbst. Bereits in ihren frühesten Anfängen ist die Gleichheit gegenüber
dem sozialen und ökonomischen Raum abgeschottet worden. Die Phylenreform des Kleisthenes, durch die die verschiedenen Gruppen der Athener in den staatlichen Gremien „gemischt“ wurden, schloß den sozialen
Bezug ausdrücklich aus (s. o. S. 33 ff.). Und daß sich auch in der Zukunft
dergleichen Vorstellungen nicht entwickeln konnten, dafür sorgten
mancherlei Umstände. Einmal wurden die Reichen durch Steuern und
Leiturgien in ungewöhnlichem Ausmaße zur Finanzierung der städtischen Aufgaben herangezogen. Ferner konnten die ärmeren Leute auch
in den Gerichten gegenüber den Reichen Dampf ablassen, wie uns dies
denn auch Aristophanes in seinen „Wespen“ so anschaulich schildert.
Ebenso geben Klagen aus oligarchischen Kreisen, die mit angeblich
ungerechten Urteilen gegenüber den Reichen hadern, einen Hinweis
darauf, daß man sich bisweilen an den Vermögenden abreagierte. Solange
Athen Herr über ein großes Seebundsgebiet war, wirkten selbstverständlich auch die umfangreichen Tributzahlungen stabilisierend auf die
gesellschaftlichen Verhältnisse. Das Spannungsfeld zwischen arm und
reich war vorhanden; aber es wurde nicht, wie in so vielen anderen
griechischen Städten, politisch virulent. Die Demokratie selbst und die
Herrschaft über ein Untertanengebiet waren die Ursachen für ein sozial
mildes oder wenigstens erträgliches Klima. Daß Athen in den 150 Jahren

lebendiger Demokratie nur zwei schwere innere Krisen und auch diese nur unter dem Druck schwerster äußerer Belastung erlebte (411 und 404/3), spricht für sich.


## 2. Die Verwirklichung der Gleichheit in der politischen Praxis

Die Gleichheit war in Athen nicht lediglich eine Idee, die als fernes Ziel vor Augen stand, sondern sie war politische Wirklichkeit, und dies bereits seit den Anfängen der Demokratie: Idee und Wirklichkeit sind in ihr zu keiner Zeit auseinandergetreten. Der Verwirklichung des Gleichheitsgedankens diente bereits die Reform der lokalen Gliederung der Bürgerschaft durch Kleisthenes (Phylenreform), die am Anfang der Demokratie stand. Da alle Gremien der Stadt (Rat, Geschworenenhöfe, Beamtenkollegien) von diesen neuen lokalen Einheiten (Demos, Trittys, Phyle) bestellt wurden, erhielten alle Landesteile und damit die verschiedenen, durch die jeweilige Landschaft geprägten Bevölkerungsgruppen einen angemessenen Anteil am politischen Leben; gleichzeitig erschienen die Interessengegensätze durch die „Mischung" der Gruppen, die nun in jeder Institution gegenwärtig waren, aufgehoben (s. o. S. 33 ff.). Nun ist jedoch den Athenern sehr bald deutlich geworden, daß der Verwirklichung des Gleichheitsprinzips trotz dieser Reform noch große Hindernisse entgegenstanden. Sie lagen zum einen darin, daß einzelne Personen oder Gruppen sich gegen das Prinzip sträubten und es zu durchbrechen suchten. Es waren dies nur zum geringsten Teil grundsätzliche Gegner des demokratischen Gedankens, wie manche Aristokraten und Angehörige exklusiver Klubs, und auch Gruppen mit spezifischer Interessenidentität, wie z. B. Berufsgruppen, gehörten nicht zu den Widersachern. Es handelt sich bei ihnen vielmehr meist um Personen, die sich selbst durchaus als Demokraten fühlten, aber deren persönliches Interesse oder deren Kritik an einer bestimmten Sache – einem Prozeß, einem Volksentscheid usw. – sie dahin brachte, sich an einem Entscheidungsprozeß besonders eifrig zu beteiligen und möglichst viele Gleichgesinnte heranzuziehen. Die Trägheit der Masse konnte hier dahin führen, daß manche Entscheidungen von Personen, die ihren eigenen anstatt den Nutzen aller Bürger im Auge hatten, unverhältnismäßig stark beeinflußt wurden. Zum anderen wurde das Prinzip durch die objektiven Bedingungen, unter denen der einzelne Bürger lebte, gefährdet. Der Arme konnte schon deswegen, weil er für

seinen Unterhalt und eventuell noch für den seiner Familie zu sorgen
hatte, nicht zu jedem Zeitpunkt politisch tätig werden. Erst recht war der
fernab Wohnende behindert, und dies nicht nur, wenn er arm war; auch
der gutsituierte Mann, z. B. ein selbständiger Bauer, der das Reisegeld
hätte aufbringen können, konnte aus arbeitstechnischen Gründen, etwa
weil die Feldbestellung ihn zurückhielt, nicht zu jeder Zeit nach Athen
kommen. Die Athener haben diese Probleme gesehen und ihnen abzuhelfen gesucht. Sie haben für keinen Bereich ihrer politischen Ordnung
mehr Energie aufgewandt als dafür, allen Bürgern die politische Tätigkeit
zu ermöglichen und an ihr alle möglichst gleichmäßig zu beteiligen. Die
Verwirklichung dieses Gedankens und seine im Laufe der Jahrzehnte
erzielte Verbesserung und Absicherung bedeutete nicht nur die Festigung
irgendeines Teilbereiches der Demokratie; sie war gleichbedeutend mit
der Demokratie selbst.
Die Verwirklichung der Gleichheit wurde mittels sehr verschiedener
Instrumente erreicht. Sie sollen im folgenden durchgemustert werden. Da
manche von ihnen in dem Kapitel über die Verfahrensformen zur Sicherung der demokratischen Idee (o. S. 217 ff.) bereits ausführlich vorgestellt
worden sind, genügt für sie ein kurzer Hinweis.
An erster Stelle sind hier die institutionalisierten Mechanismen zu
nennen, unter ihnen vor allem die bereits erwähnte Phylenreform des
Kleisthenes und die Losung. Sie dienten alle der Ausschaltung von
Sonderinteressen. Die neue lokale Gliederung der Bürgerschaft war
geschaffen worden, um den Einfluß politischer und wirtschaftlicher
Interessengruppen (Adlige, Großgrundbesitzer, Kleinbauern usw.) sowie
des einzelnen übermächtigen Adligen (Tyrann) aus dem politischen
Entscheidungsprozeß auszuschalten, und dieses Ziel wurde dadurch
erreicht, daß künftig der Rat, die Beamten und Richter nach den lokalen
Bezirken bestimmt, ebenso die Heeresverbände nach ihnen aufgestellt
und also alle staatlichen Funktionen ohne Ansehen von Besitz und
Herkunft übertragen wurden. Da die sozialen und wirtschaftlichen
Verhältnisse der Bürger durch die Reform nicht berührt wurden, war die
Gleichheit rein politischer Natur; sie hat den sozialen und wirtschaftlichen
Sektor ausdrücklich ausgeklammert. Die Losung, der nach und nach die
Ratsherren, Geschworenen und – mit Ausnahme des Militärs und etlicher
Funktionäre von Finanz- und Kultangelegenheiten – alle Beamten
unterworfen waren, ergänzte und vervollständigte die durch die Phylenre-
form begründete Idee: Das Losprinzip verhinderte die Bildung von
Interessengruppen in der Verwaltung der Stadt.
Phylenreform und Losung allein hätten jedoch kaum die erwünschte
Wirkung gehabt, wenn nicht gleichzeitig mit ihnen die Vermassung der

Funktionäre im Rat, in den Geschworenenhöfen und Beamtenkollegien sowie deren Besoldung durchgesetzt worden wäre. Denn ohne diese Maßnahmen wäre der Kreis der politisch Tätigen auf diejenigen beschränkt worden, die zum politischen Geschäft bereit und von ihrer wirtschaftlichen Stellung her dazu fähig waren. Die Möglichkeit der politischen Aktivität allein mag ein liberales politisches Klima schaffen; aber sie beseitigt nicht die Lethargie und überwindet noch weniger die materiellen Barrieren. Die Voraussetzung für die ständige Beteiligung eines großen Teils der Bürger an den politischen Geschäften schuf erst die Vermassung der staatlichen Funktionen, die durch die Vervielfältigung der Gremien und die hohe Zahl der darin tätigen Personen erreicht wurde; allein 1 200 Ratsherren und Beamte wurden jährlich gebraucht, und beinahe jeden Tag mußten mehrere Geschworenenhöfe mit 200—500 oder gar 1 500 und mehr Richtern besetzt werden. Aber auch die Vermassung der Funktionen allein hätte kaum so viele Athener in den politischen Raum gezogen. Es kam noch hinzu, daß der Athener alle Ämter (außer den militärischen) nur einmal, die Ratsherrenwürde zweimal bekleiden und nur Richter beliebig oft werden durfte. So brachte der Zwang, alle Stellen besetzen zu müssen, und die jeweils relativ begrenzte Aufgabe, die auch dem Vielbeschäftigten und dem wenig Selbstbewußten oder gar Gehemmten die Amtsübernahme erleichterte, mehr oder weniger alle in das politische Geschäft. Darüber hinaus ermöglichte die Bezahlung der politischen Tätigkeit es auch denjenigen, die auf den täglichen Verdienst von ihrer Hände Arbeit angewiesen waren, politisch aktiv zu sein, und wenn auch nicht alle kommen konnten, weil die Art ihrer Arbeit sie nicht zu jeder Zeit fortließ oder die gezahlten Diäten im Verhältnis zu ihrem Einkommen zu niedrig waren, so war doch die Zahl derer, die auf diese Weise zusätzlich politisch tätig werden konnten, gewiß nicht ganz gering. Die Athener haben sich zwar nicht dazu verstehen können, sich selbst zu der politischen Tätigkeit zu zwingen; dem stand ihr gerade durch die Demokratie erworbenes Gefühl für die persönliche Unabhängigkeit entgegen. Aber sie haben alles getan, den institutionellen Rahmen der Demokratie so zu gestalten, daß die staatlichen Geschäfte nicht in die Hand weniger gerieten, sondern in der Hand möglichst vieler blieben, und sie haben dafür gesorgt, daß die Barrieren, die den einzelnen von seinen persönlichen Verhältnissen her behinderten, möglichst niedriggehalten wurden. Die Leistung, die nichtsdestoweniger besonders der arme und scheue Bürger für die Teilnahme am politischen Geschäft zu erbringen hatte, mochte sie nun in dem Verzicht auf besseren Gewinn oder nur in dem Einsatz von Zeit und Energie bestehen, war auf jeden Fall in der Regel nicht sehr hoch, und sie dürfte in der Blüte der Demokratie durch

den Schwung des neuen politischen Lebens, durch den Stolz auf die
Weltstellung der Stadt und, wenn nicht dadurch, so doch gewiß durch
das Interesse an vielen aktuellen politischen Fragen, vor allem solchen,
die, wie der Krieg, in das Leben jedes einzelnen eingriffen, ausgeglichen
worden sein.

Das Gleichheitsprinzip wurde zusätzlich durch eine Reihe von besonderen K l a g e f o r m e n gegen Verfälschung und Verwässerung a b g e s i -
c h e r t . Denn mochte es durch die Institutionen und Verfahrensnormen
der Bürgerschaft noch so gut geschützt sein, war es doch möglich, daß ein
geschickter Mann Mittel und Wege fand, seine eigenen Interessen oder
die einer Gruppe durchzusetzen. Das konnte besonders in der Volksversammlung geschehen, wo die Menge ungeschieden, das heißt, nicht
gefiltert durch den Zwang zur Berücksichtigung aller lokalen Bezirke,
urteilte. Stimmungen bzw. Stimmungsmache konnten hier, wo der
Souverän entschied, u. U. zu gefährlichen Kurzschlüssen führen. Am
meisten fürchtete man, daß sich ein einzelner Mann mit Hilfe einer
übertölpelten Volksversammlung oder einzelner Bevölkerungsgruppen
zum Herrn der Stadt aufschwingen oder doch einen unverhältnismäßig
großen Einfluß erringen könnte. Die Peisistratiden standen als warnendes
Beispiel immer vor Augen. So schuf man zur Vermeidung solcher Gefahren schon in den Anfängen der Demokratie ein besonderes Verfahren:
den Ostrakismos (vgl. o. S. 38). Durch dieses alljährliche, bis gegen
Ende des 5. Jahrhunderts geltende „Gericht" war es den Athenern möglich, nicht nur den potentiellen Tyrannen, sondern den jeweils einflußreichsten Bürger, mochte er ein noch so guter Demokrat sein, für 10 Jahre
in die Verbannung zu schicken. Daneben wurde eine Reihe von Klageformen geschaffen, durch die Gesetzesbrecher, Hochverräter und Volksbe-
trüger abgeurteilt werden konnten, unter ihnen am wichtigsten die
Eisangelie-Klage, die bei schweren Vergehen gegen die Stadt eingebracht
wurde, und die Klage wegen Verfassungswidrigkeit, die den Antragsteller
von normwidrigen Volksbeschlüssen mit schwerer Strafe bedrohte (o.
S. 145 f.). Die Effektivität der Klageform war insbesondere dadurch gegeben, daß sie anzustrengen jedem Bürger freistand (Popularklage). Wer immer sich über die breite Masse zu erheben und deren politische Ordnung
anzugreifen suchte oder auch nur den Anschein erweckte, als ob er
dergleichen im Schilde führte, konnte durch eine Klage von jedermann in
die Schranken gewiesen werden.

So haben die Athener alles getan, damit alle Bürger ihr politisches Recht
nicht nur besaßen, sondern es auch ausüben konnten. Durch das System
der Diäten wurden, soweit möglich, materielle Hinderungsgründe beiseite
geräumt; die Berücksichtigung aller lokalen Bezirke bei der Besetzung der

Gremien, die Losung und das für die meisten Gremien (außer den Geschworenenhöfen und dem Rat) geltende radikale Verbot der Iteration des Amtes sicherten eine möglichst breite Verteilung der Funktionen und verhinderten die Bildung von Interessencliquen. Der Wille der Athener, die Gleichheit praktisch durchzusetzen, ist überall spürbar. Er zeigt sich in dem Ausbau der Besoldung ebenso wie in der Verfeinerung der Losverfahren, bei der Regelung wichtiger Organisationsformen ebenso wie im kleinsten Detail. Ob es sich um die Auslosung der täglich erforderlichen Anzahl von Richtern (o. S. 168 ff.) oder nur um die Sitzordnung im Rat, um die Bestimmung der Archonten (o. S. 218) oder nur darum handelte, wer die Ausweismarken der Richter in die Losmaschinen stecken durfte (o. S. 221), immer geht es um die Verwirklichung des Gleichheitsprinzips, darum, daß nicht einer oder eine Gruppe, sondern möglichst viele, der Idee nach alle Athener raten, richten und entscheiden.

Das Bestreben, die Hindernisse für die Wahrnehmung der politischen Rechte beiseite zu räumen und möglichst breite Kreise in den politischen Raum hineinzuziehen, zeigt deutlich, welchen Stellenwert für die Athener das politische Engagement hatte. Diese uneingeschränkte positive Einstellung zur Aktivität des Bürgers hat schließlich sogar dazu geführt, dem politischen Engagement zumindest in innenpolitisch kritischen Zeiten der Stadt den Rang eines g e s e t z l i c h e n  G e b o t e s zu geben. Man verknüpfte dabei das Gebot mit Solon, in dem die Athener nicht nur den großen Gesetzgeber, sondern auch den Schöpfer der Demokratie sahen. Solon soll danach gesetzlich festgelegt haben, daß jeder Athener, der bei einem Aufruhr *(stásis)* in der Stadt nicht zu den Waffen greife und Partei nehme, seiner bürgerlichen Rechte verlustig gehen solle (sog. Stasis-Gesetz). Das Gesetz, das die politische Tätigkeit als einen Wert voraussetzt, gehört gewiß nicht in die solonische Zeit, in der das politische Bewußtsein der großen Masse erst ganz allmählich zu erwachen begann. Es ist indessen nicht nur die Datierung zu bezweifeln, sondern das Gesetz überhaupt in Frage zu stellen, und dies vor allem deswegen, weil das gesetzliche Gebot schlechthin undurchführbar war. Wie wollte man es, noch dazu in Zeiten innerer Unruhe, auf die es doch gerade zielte, durchsetzen? Das Gesetz zeugt hingegen von dem Gewicht, den der hinter ihm stehende Gedanke in der Zeit, als man es konstruierte (wohl 4. Jahrhundert) hatte, und es ist auch nicht ungeschickt mit Solon verbunden, der in seiner umfangreichen Gesetzgebung dem Bürger das Gefühl der Verantwortlichkeit für das ganze Staatswesen zu vermitteln versucht hatte. In der Tat war der Gedanke, daß der Athener bei innerem Zwist Partei zu nehmen hatte, zwar nicht als Gesetz, aber doch als positiv bewertete Handlungsmaxime am Beginn des 4. Jahrhunderts den Athenern deutlich bewußt; er konnte sogar vor Gericht als eine Maxime demokratischer Gesinnung herausgestellt und in der forensischen Argumentation zugunsten bzw. zuungunsten einer Prozeßpartei verwendet werden. Die Forderung nach Parteinahme ist dabei, auch wenn sie von den Rednern in die förmliche Gesetzessprache gekleidet wurde, als ethische Norm zu verstehen, die aber von den Richtern für die Urteilsfindung gegebenenfalls nicht weniger berücksichtigt werden mochte als das förmliche Gesetz. Die Forderung nach Parteinahme haben wir a fortiori als Forderung nach politischer Tätigkeit überhaupt anzusehen, und das „Stasis-Gesetz" ist somit Symbol für die positive Einstellung des Atheners zur politischen Tätigkeit ganz allgemein.

### 3. Freiheit als neues Lebensgefühl

Vor Beginn der großen Seeschlacht bei Syrakus, die das Schicksal der Athener auf Sizilien besiegeln sollte (413), erinnerte der athenische Feldherr Nikias, so schreibt Thukydides, seine Kapitäne an ihre Heimatstadt, um die es in dieser Schlacht ging, und stellte sie ihnen vor Augen als die freieste Stadt, in der jeder ohne Zwang sein Leben selbst einrichten könne. Das Wesen der athenischen Demokratie hat Thukydides hier in der Freiheit der Lebensgestaltung durch den einzelnen gesehen und mit einigen wenigen treffenden Worten ausgedrückt, was er breiter schon in der Grabrede des Perikles, die von ihm als ideale Skizze der freiheitlichen athenischen Demokratie konzipiert ist, ausgeführt hatte. „Jeder kann tun, was ihm gefällt", heißt die Maxime. Sie wird indessen von Thukydides nicht als zügelloser Individualismus oder Egoismus aufgefaßt, sondern ist kompensiert durch eine freiwillige Unterordnung unter die geschriebenen und ungeschriebenen Gesetze der Stadt. Die Freiheit in der Demokratie hat danach eine doppelte Seite: Sie gestattet dem einzelnen ein freies Ausleben seiner Persönlichkeit und bindet ihn gleichzeitig an das Kollektiv. Aristoteles hat dieses zweigesichtige Wesen der demokratischen Freiheit in eine klassische Formel gebracht. Die Freiheit, sagt er, ist das Ziel einer jeden Demokratie, und diese sei zum einen durch die Gleichheit und also dadurch definiert, daß das Regieren und Regiertwerden reihum gehe und der Beschluß der Mehrheit das Recht setze, zum anderen dadurch, daß jeder leben könne, wie er will. Die Spannung zwischen den verschiedenen Ausprägungen der Freiheit — hier die

Geltung des Mehrheitswillens, dort die freie Selbstgestaltung des Lebens — wird von ihm nicht ganz gelöst. In der Tat erscheint die Einheit von Freizügigkeit und Anerkennung des Mehrheitsbeschlusses durch alle eher ein Postulat bzw. Ideal zu sein, als die Lebenswirklichkeit wiederzugeben. Aber es bleibt hervorzuheben, daß den Athenern diese beiden durchaus verschiedenen Formen von Freiheit, mochten sie in der politischen Wirklichkeit nun harmonisch zusammenklingen oder nicht, als Wesensmerkmale der Demokratie bewußt waren. Die Gleichheit und der in ihr enthaltene Grundsatz, daß das Gesetz von allen gemacht und ihm zugleich von allen Gehorsam entgegengebracht wird, gilt zwar als das erste Fundament der Demokratie und Freiheit; daneben aber steht jene andere Freiheit, die den Athenern nicht weniger ein Charakteristikum ihrer Verfassung war. In der Demokratie lebt jeder, „wie er wünscht", hat auch Euripides in einem seiner Dramen gesagt, und ebenso, allerdings in negativen Wendungen, formulierten es die Kritiker. Das größte Gut der Demokratie, sagt Platon in seinem „Staat", ist die Unersättlichkeit der Freiheit.

Die Freiheit, die jedem erlaubt, zu leben, wie er will, ist leichter in einer Lobrede auf die Demokratie zu preisen als in der Lebenswirklichkeit festzumachen. Anders als die Freiheit, die aus der Gleichheit erwuchs, konnte man bei ihr nicht auf Institutionen verweisen, wo sie konkret erkennbar wurde, oder ihre Ursprünge mit einem Reformer wie etwa Kleisthenes verbinden, der stellvertretend für die Einführung des Gleichheitsprinzips stehen konnte. Sie war niemals wie die Gleichheit eine politische Forderung gewesen. Die Athener und mit ihnen die anderen Griechen stellten vielmehr erst im nachhinein fest, daß es sie gab, und lobten oder kritisierten sie je nach politischem Standpunkt. Da sie nicht an einer politischen Forderung, die es eben nicht gab, gemessen, sondern an den faktischen Verhältnissen abgelesen wurde, war und ist es nicht leicht zu sagen, was es mit ihr auf sich hatte. Sie wurde gewonnen aus einer Betrachtung des athenischen Lebens in der Demokratie, und die verschiedensten Bereiche dieses Lebens lieferten die Bausteine für das ideale Bild. Man darf vermuten, daß für den Gedanken der Freiheit der Lebensgestaltung auch bedeutsam war, daß die Athener in der Volksversammlung und als Geschworene in den Gerichten über die Gestaltung des eigenen Lebensraumes und ihre Aktivitäten innerhalb der von ihnen gesetzten Ordnung selbst bestimmten. Mag dergleichen auch mitschwingen, ist doch gerade der Kern der Vorstellung, wie die begriffliche Formulierung der Quellen deutlich zeigt, nicht auf die Beschlüsse und Aktivitäten der Gemeinschaft, sondern auf das Handeln und Wollen des einzelnen gerichtet. Der Gedanke gewann seine Kraft aus dem privaten Lebensbereich, der zwar nicht überall scharf von dem öffentlichen zu scheiden ist, in dem aber auch dort, wo er den letzteren berührt, der einzelne und seine persönlichen Wünsche und Gefühle im Vordergrund stehen. Die Blüte des Wirtschaftslebens mit der Vielfalt der Erwerbsmöglichkeiten, der fast grenzenlose Handelsraum und die magnetische Anziehungskraft der Stadt für Fremde haben hier ohne Zweifel die Phantasie besonders angeregt. Die bunte Menge der Menschen aus aller Welt, der wachsende Reichtum der Stadt und die aus den fernsten Gegenden in den Piräus gebrachten Waren der mannigfachsten Art waren Beweis für die Offenheit der Gesellschaft ebenso wie die prächtigen religiösen Feste und Spiele, die unter den Griechen ihresgleichen suchten. Auch mit der geistigen Kraft Athens vermochte sich keine andere Stadt zu messen; Athen war der anerkannte Mittelpunkt für Poesie und Wissenschaft unter den Griechen. Von daher maßen sich die Athener einen höheren Grad von Bildung zu und glaubten, für ganz Hellas ein Vorbild zu sein. Mit dieser Erweiterung der Möglichkeiten und des Horizontes verband sich eine neue Lebensart und entwickelte sich ein Lebensgefühl, das sich von dem anderer Gesellschaften abhob. Dazu gehörte eine gewisse Großzügigkeit in der Beurteilung der Gewohnheiten und Anschauungen anderer, ferner auch Lebensfreude, die manchen Gram vergessen ließ, sowie ein offenes Wesen, das jeder Heimlichtuerei selbst gegenüber Fremden abgeneigt war. Thukydides hat in der Grabrede des Perikles diese Gedanken in klassischer Weise formuliert, und dabei sprach er aus, was die meisten Athener dachten. Das demokratische Athen hat in der Vorstellung der Athener eine besondere, gegenüber den anderen Griechen unterschiedliche Art der Lebensauffassung. Die Form der Verfassung und diese Lebensart gehörten zusammen. Da diese unendlichen Möglichkeiten für Aktivitäten und die aus ihnen entspringenden neuen Lebens- und Denkformen erst mit der Demokratie entstanden waren, hielten die Athener sie, die nicht anders denn positiv gewertet werden konnten, auch für gewollt, nicht nur für ein Ergebnis schwer durchschaubarer Entwicklungen: Die Athener waren danach selbst die Schöpfer des neuen Lebensgefühls.

Es ist leicht zu erkennen, daß die einzelnen Züge dieser Lebensanschauung auf dem Hintergrund einer anderen, gegensätzlichen Welt gewonnen wurden. Das lebendigste, weil gegenwärtige Gegenbild lieferte Sparta, und auch Thukydides hat diese Stadt als Folie zur Demonstration des Lebens im demokratischen Athen genommen. Die starre spartanische Lebensordnung *(kósmos)* mit ihrer rigorosen Unterordnung des Individuums unter die unerbittliche Regel, die Eingliederung schon des kleinen Kindes in ein Erziehungssystem, das den absoluten Vorrang des Kollektivs über die Einzelperson lehrte, und die Allgegenwart des Gesetzes mit seiner totalen

Kontrolle mußten in der Zeit des athenisch-spartanischen Antagonismus, also seit ca. 460 und damit seit den Anfängen der entwickelten Demokratie, der gegebene Gegenpol sein. Aus ihm erhielt die demokratische Freiheit ihre scharfen Züge, und sie bestimmte sich also mindestens ebenso stark aus ihrem Gegenbild wie aus ihrem eigenen Wesen. Neben Sparta trug auch die eigene Vergangenheit zu dem Bild der Freiheit bei, vor allem die Tyrannis, der eigentliche Feind der Demokratie, aber auch die Zeit aristokratischer Herrschaft. Bespitzelung und Besteuerung, Willkür und Unterdrückung mochten den Athenern aus der Erinnerung an alte Zeiten oder aus den zur Topik erstarrten Klischees, die man sich in demokratischer Zeit von ihnen machte, die Gegenwart als Zeit der freien Selbstbestimmung erscheinen lassen, und in einer Verbindung von Gegenwärtigem mit Vergangenem wurde dann Sparta zum Fortsetzer der alten Übel.

Die Gleichheit war ein politischer Wert, der überall in der demokratischen Ordnung in Institutionen verwirklicht war. Die Freiheit, „leben zu können, wie einer will", war hingegen nicht institutionell abgesichert und nirgendwo konkret greifbar; Athen kannte keine Freiheitsrechte, die säuberlich den Freiraum des Individuums von den Ansprüchen des Staates abgegrenzt hätten. Diese Freiheit konstituierte nicht ein Katalog von Individualrechten; sie war vielmehr die Konsequenz der Beseitigung einer starken Regierung oder, wie die Athener sagten, der Beseitigung der Herrschaft, welche die Athener von Vormundschaft befreit und sie mündig gemacht hatte. Das neue, freiheitliche Lebensgefühl ging hervor aus der Vorstellung, daß die Demokratie nicht nur allen Athenern insgesamt, sondern auch jedem einzelnen von ihnen ungeahnte Möglichkeiten der Lebenserfüllung geschaffen hatte, und sie hatte folglich auch keinen eigenständigen Ursprung, sondern war mit dem ersten Aspekt von Freiheit, der Gleichheit, fest verbunden. Aus ebendiesem Grund konnten sich die beiden Ausprägungen der Freiheit auch nicht widersprechen. Der Wunsch des einzelnen, sich ausleben zu können, fand nicht — wie heute in dem Verhältnis der Individualrechte zum Gesetz — eine feste Schranke in den Gesetzen der Athener, und umgekehrt konnte dieser Wunsch auch nicht mittels Gesetzes eingeklagt werden. Diese Freiheit war eher ein Gefühl, eine positive Erwartung oder optimistische Lebenseinstellung, als daß aus ihr konkrete Ergebnisse erwartet werden konnten; sie war ein anderer Ausdruck für die neue demokratische Verfassung, in der die alten Herrschaftsformen durch die Regierung aller ersetzt worden waren und dadurch eine unbehinderte Lebensweise möglich geworden schien. Da beide Formen von Freiheit aufeinander bezogen und die eine aus der anderen herleitbar war, kann Perikles bei Thukydides auch ausdrücklich

auf die gleichzeitige Gültigkeit beider hinweisen: Der Athener ist persönlich frei und erkennt trotzdem das Gesetz an, und dies nicht aus Furcht
vor dem Gesetz, sondern aus freiem Willen: In der Demokratie hebt sich
die Antinomie von freiem Handeln und Gesetzesgehorsam auf.

Man könnte sich fragen, ob die Freiheit, sein Leben selbst zu bestimmen
und sich auszuleben, wirklich für alle galt und wo für diejenigen, für die sie
galt, die gegebenen Grenzen lagen. Doch diese Frage kann man so nicht
stellen. Denn da es sich bei dieser Form von Freiheit nicht, wie dargelegt,
um bestimmbare Rechte, sondern lediglich um ein durch die Abwesenheit
von (nichtdemokratischer) Herrschaft hervorgebrachtes Gefühl von
Selbstbestimmung, Mündigkeit und Stolz über die Stellung des demokratischen Athen in der Welt handelte, sind die Grenzen seiner Gültigkeit
unbestimmt. Der Teilnehmer an einer Volksversammlung, der erfolgreiche Händler und der siegreiche Kombattant eines Feldzuges mochten es
haben, diejenigen, die auf der Schattenseite des Lebens standen, mochten
es niemals erfahren, und auf jeden Fall stellte sich ein entsprechendes Gefühl bei Betrachtung der Außenwelt und der Vergangenheit eher ein, als
wenn man es nur an den eigenen, gegenwärtigen Belangen maß. Doch wie
immer es damit steht, es gab dieses Gefühl, freier zu leben als andere, und
es scheint, daß es sich nicht verloren hat. Es ist daher die andere Frage
eher berechtigt, nämlich warum nicht in der politischen Wirklichkeit,
anders als im Idealbild des Thukydides, der erste und wichtigste Aspekt
der Freiheit, nämlich die Gleichheit und also die Herrschaft der zahlenmäßigen Mehrheit, dieses stolze Lebensgefühl erstickt hat. Kann nicht die
Herrschaft des Mehrheitsprinzips in einer Demokratie, die keine Schutz-
garantien für einen individuellen Freiraum kennt, ein ebenso harter Herr
sein wie der Tyrann? Ist sie nicht ein Tyrann? Die Athener haben nicht so
gedacht, und es ist nicht einfach, dafür die Gründe aufzuspüren, weil sie
nicht der positiven Ordnung, sondern dem praktischen Umgang mit ihr
entnommen werden müssen. Sie sollen nicht hier, sondern dort, wo die
Praxis des politischen Lebens breiter erörtert wird, behandelt werden.

# V. Ziele der Politik

## 1. Mangelnde Bestimmtheit des politischen Zieles

Antike wie moderne Darstellungen sind erfüllt von Bewunderung über die
Kraft und Unternehmungslust der Athener und werden nicht müde, über
ihre zahllosen Aktivitäten, Debatten und Beschlüsse in den Versammlungen zu berichten; aber sie stellen keine Überlegungen an über die damit
verfolgten allgemeinen Ziele. Man spricht heute gelegentlich von den
Bauten des Perikles als einer Maßnahme der Arbeitsbeschaffung, von dem
Machtstreben der Athener und ihrem Tyrannenhaß; aber nur sehr gelegentlich macht ein Forscher sich darüber Gedanken, ob hinter solchen
Willensbekundungen eine der Demokratie adäquate allgemeine politische
Richtung steckt, ob es zumindest politische Prioritäten oder Ansätze dazu
gegeben habe. Die Schweigsamkeit der Interpreten ist nicht zufällig, sie
spiegelt den Umstand wider, daß die Demokratie nicht das Ziel eines
langen Kampfes gewesen ist, in dem um sie gerungen, sie gerechtfertigt
und theoretisch untermauert worden wäre. Sie hatte sich durch besondere
innere und äußere Bedingungen aus der Isonomie der kleisthenischen
Zeit entwickelt und wurde als eine neue politische Verfassung erst wirklich
bewußt, als man sie bereits praktizierte. Die Rechtfertigung der spezifisch
athenischen Form der Isonomie erfolgte nachträglich, und sie war, wie
dargelegt wurde (257 f.), recht kümmerlich, was wohl nur bedeuten kann,
daß man sie für entbehrlich hielt. Den Athenern fehlte demnach das, was
für den heute politisch Tätigen so selbstverständlich ist: das politische
Programm. Der moderne Mensch denkt ausschließlich in Programmen;
ohne sie ist er orientierungslos. Der Athener weiß nichts von vorgegebe-
nen politischen Leitlinien.
Man könnte sich dabei beruhigen, daß es im Hinblick auf das Ziel der
Politik im demokratischen Athen nicht anders bestellt war als in der
aristokratischen Zeit der Stadt oder als in anderen griechischen Städten,
die von Aristokraten oder Oligarchen gelenkt wurden. Die allgemeine
politische Ordnung lag in ihnen fest; sie wurde überhaupt nur bedingt für
verfügbar gehalten, und man fühlte sich in der Tradition geborgen. Waren
die Verhältnisse im Innern aber mehr oder weniger dauerhaft geregelt,
ging es vor allem noch darum, das Gegebene zu exekutieren und zu

erhalten, und blieb für eine weitergehende Aktivität nur die Außenpolitik
übrig, in der man Pläne verfolgen konnte oder auf die anderer Städte
reagieren mußte. Aber einmal davon abgesehen, ob in den aristokratisch
und oligarchisch regierten Städten der Binnenraum wirklich so inaktiv
war, wie es auf den ersten Blick erscheint, will doch dieses Ergebnis wenig
zu der Vielgeschäftigkeit im demokratischen Athen, von der wir soviel
hören, passen, und es will uns auch nicht einleuchten, daß die Athener
ihre neue, zündende politische Idee ausschließlich auf die formale Organisation der Herrschaft der Gleichen, und das heißt: allein auf die Regierungsform beschränkt haben sollen, sie also mit dem bloßen Macht-
erwerb schon saturiert waren und mit der gewonnenen Macht nichts
weiter anzufangen wußten, als ein Herrschaftsgebiet zu errichten. Haben
die Demokraten also im Binnenraum Athens ihre Macht nicht im Interesse der großen Mehrheit, des *pléthos,* genutzt? Gab es keine „demokratische Politik" im eigentlichen Sinne? Überall dort, wo wir in den Quellen
dergleichen erwarten, wird oft sehr allgemein von dem Nutzen *(symphéron)* der Stadt gesprochen. Ob nun in der Volksversammlung, im Rat oder
bei Prozessen, man wird nicht müde, seinen Diskussionsbeitrag oder sein
Plädoyer mit dem Hinweis darauf zu stützen, daß das Vorgeschlagene der
Stadt nütze oder doch zumindest nicht schade, und dabei wird der Nutzen
oft in einem Atemzug mit Gerechtigkeit und Gesetzlichkeit genannt.
Darüber hinaus wird gelegentlich der Nutzen der Stadt weiter dadurch
bestimmt, daß er höher stehe als der Vorteil des einzelnen; aber da die
Stadt allen Bürgern gemeinsam gehöre, so fährt man fort, sei in dem
Nutzen der Stadt auch der des einzelnen enthalten. Die Sophisten und die
von ihnen beeinflußten Schriftsteller haben den Nutzen der Stadt sogar
gegenüber Recht und Gesittung verabsolutiert, wofür der Melier-Dialog
bei Thukydides, in dem die Vernichtung der grundlos überfallenen Insel
Melos mit dem Recht des Stärkeren legitimiert wird, der eindrucksvollste
Beleg ist. Indessen beherrscht das sophistische, absolut gesetzte Utilitäts-
prinzip nicht die politische Praxis; in ihr geht es vielmehr um das jeweils
innerhalb der geltenden Rechtsordnung für die Stadt Vorteilhafte.
Der Hinweis auf den Nutzen als das gängige Argument für die Richtigkeit einer öffentlich geäußerten Meinung löst nicht das Problem, sondern
enthüllt vielmehr die Aporie, die jeder moderne Mensch hat, wenn er
nach Leitlinien des politischen Verhaltens in Athen sucht. Der Utilitätsge-
danke scheint einer Präzisierung allgemeinerer politischer Ideen eher aus
dem Wege gehen zu wollen, oder er verweist darauf, daß es dergleichen
eben nicht gab. Immerhin aber gibt doch die immer wieder zu beobachtende Verbindung des Nutzens mit dem, was gerecht und Gesetz ist,
einen Fingerzeig, der uns weiterführen kann. Denn wenn die Athener

auch kein politisches Programm besaßen, waren sie sich doch in einem
Punkt völlig einig, nämlich darüber, daß die bestehende politische Ordnung erhalten werden sollte: Der Schutz der Demokratie vor Auflösung,
insbesondere vor dem stets gefürchteten Usurpator, dem Tyrannen, war
allen etwas Selbstverständliches, und dies in einem Maße, daß er — wie
auch heute — weniger als Programm denn als Voraussetzung allen politischen Lebens aufgefaßt wurde. Die Furcht vor einem Umsturz hat die
Athener dahin gebracht, über die Sicherung der demokratischen Verfassung besonders nachzudenken und sich Mechanismen auszudenken, die
möglichst im vorhinein jeden hochverräterischen Versuch ersticken
sollten. Der „Verfassungsschutz" war ein immer gegenwärtiges politisches
Aufgabenfeld. Wenn man so will, ist er, wenn nicht ein Programm, so
doch ein beständiger Punkt politischer Sorge in den ansonsten bunten
Aktivitäten der Athener und soll darum unten S. 285 ff. besonders behandelt werden.
Der Gedanke an das Recht als Gegenstand allgemeinerer politischer
Überlegungen bringt uns noch einen Schritt weiter. Die politische Ordnung umfaßte nur einen Teil des gesetzten Rechts. Die Masse der Rechtsordnung betraf das Privat- und Verfahrensrecht, das indessen nicht von
einem (in aller Regel heute höher bewerteten) Verfassungsrecht geschieden war. Der Rechtsgedanke bezog sich daher auf die gesamte Rechtsordnung, und also richtete sich auch der Schutz auf das gesamte Rechtssystem. Dabei bedeutete Schutz nicht lediglich die Verhinderung oder
Ahndung von mißbräuchlicher Anwendung des Gesetzes, sondern in
erster Linie die Erhaltung des Bestehenden. Die regelmäßige Anfrage in
der Volksversammlung, ob die Gesetze genügten oder nicht, hieß nicht,
daß die Athener sich ständig darüber Gedanken machten, was zu verändern wäre. Wie das Gesetzgebungsverfahren des 4. Jahrhunderts
deutlich zeigt (s. o. S. 148 ff.), ging es vielmehr um die Selbstvergewisserung der Rechtsordnung, in der der Wahrung der überkommenen Gesetze
Vorrang vor der Abschaffung oder Korrektur eingeräumt war. Obwohl in
dem genannten Gesetzgebungsverfahren ein bequemes Instrument zur
Verwirklichung weitgehender Veränderungen zur Hand war, wurde es
doch in diesem Sinne nicht genutzt, und wir kennen auch nur ganz
wenige, alles andere als revolutionäre neue Gesetze aus demokratischer
Zeit. Die Athener waren keine Neuerer. So selbstverständlich dies einem
mit den athenischen und überhaupt griechischen Verhältnissen Vertrauten ist, muß es doch betont werden, weil nach heutiger Vorstellung mit
Demokratie Wandel und „Fortschritt" verbunden wird. Die Athener
waren, wie alle Griechen, im Hinblick auf die Gestaltung ihrer allgemeinen Lebensverhältnisse und in ihrer Lebensanschauung traditionsgebun-

den, nach unserer Terminologie „konservativ". Die Tradition war ein
Wert; wer eine Einrichtung oder Gewohnheit besonders gut legitimieren
wollte, versuchte ihr ein möglichst hohes Alter zu geben. Über diese
Einstellung zu den gegebenen Verhältnissen wurde indessen nicht weiter
reflektiert, weswegen hinter ihr auch kein politischer Wille vermutet
werden darf. Ein Wille war lediglich mit der demokratischen Verfassung,
die als etwas spezifisch Athenisches empfunden wurde, verbunden. War
dann wenigstens hier ein politischer Wille am Werk, der auf einen Ausbau
und eine Fortentwicklung gezielt hätte?

Der in allen Darstellungen und auch in dieser verwendete Begriff der
„radikalen" bzw. entwickelten Demokratie könnte dahin führen zu vermuten, daß die Radikalisierung der Demokratie eine für die Athener
denkbare, ja vielleicht zwangsläufige politische Forderung gewesen ist.
Nun wurde in dem Kapitel über die Entwicklung der Demokratie bereits
ausgeführt, daß derjenige Vorgang, den wir und auch bereits die Athener
selbst als „Radikalisierung" einer bis dahin gemäßigten Demokratie
ansprachen, nämlich die sog. „Revolution des Ephialtes" von 462/61, im
Grunde nicht die Radikalisierung der Demokratie, sondern die Herausbildung der Demokratie selbst bedeutete, gegenüber der der vorige Zustand
eher als verdeckte Demokratie oder auch Isonomie anzusprechen ist, und
es wurde desgleichen vermerkt, daß dieser Umbruch eher von einer
außenpolitischen Konstellation verursacht worden war, als daß er die
Konsequenz innenpolitischen, womöglich von theoretischen Überlegungen geleiteten Drucks gewesen wäre. Was den Athenern Demokratie
bedeutete, schloß gerade das unter Ephialtes und seinen Mitstreitern
Erreichte ein, also insbesondere den Übergang der Beamtenkontrolle von
dem Areópag auf den Rat und die Gerichte sowie die Steigerung der
Bedeutung der Gerichte. Nach diesem Zeitpunkt ist es zu keiner weiteren
inhaltlichen Ausgestaltung der Demokratie gekommen. Die Verfahrens-
weisen wurden zwar verfeinert und ausgebaut, die demokratischen
Grundideen durch Losung, Diätenzahlungen und Beamtenkontrollen
schärfer gesichert; aber es wurde das politische Denken nicht durch neue,
den bisherigen Rahmen erweiternde oder gar sprengende Ideen verändert.
Die Tradition behielt ihren Wert, und die wirtschaftlichen und sozialen
Strukturen blieben unangetastet. Nachdem die neue politische Form
einmal gewonnen war, wurde sie lediglich ausgebaut. Sofern man hierin
mehr als nur die Sicherung des Bestehenden sehen will und also in
Beschlüssen wie dem Kallias-Dekret vom Jahre 434/33, durch das das
Finanzwesen in weiten Teilen neu organisiert wurde, eine politische Idee
vermuten möchte, kann man hinter ihnen ein Ziel der Politik erkennen.
Aber dieses Ziel ist dann auf die Korrektur des Bestehenden, nicht auf die

an neuen Ideen orientierte Gestaltung der Zukunft gerichtet gewesen. Man wollte konsolidieren, nicht reformieren.

Neben dem Rechtsschutz und dem Ausbau der bestehenden Ordnung wird heute gern die soziale Fürsorge als ein Bereich gesehen, den die Demokratie, wenn nicht entdeckt, so doch mit besonderer Aufmerksamkeit behandelt hat. Nun ist es nicht sehr einfach zu sagen, ob die verschiedenen Maßnahmen, die hier genannt werden, wirklich als eine soziale Hilfe oder gar Sozialpolitik interpretiert werden können. Manches müssen wir in der Tat so verstehen, anderes, für das sich auch andere Erklärungsmöglichkeiten anbieten, wird oft wohl nur deshalb für Sozialpolitik gehalten, weil man heute in dem wirtschaftlichen Egoismus die erste Triebfeder des Handelns erkennt und nicht versteht, warum eine Masse, die herrscht, nicht in erster Linie für sich selbst, und das heißt: für ihren eigenen materiellen Vorteil sorgen sollte. Da eine Beantwortung der Frage nicht einfach ist und weitergehende Überlegungen verlangt, soll sie im folgenden Abschnitt gesondert untersucht werden. Es sei hier lediglich schon vorausgeschickt, daß wir bei allen Anstrengungen in dieser Richtung doch von einer demokratischen, das heißt der athenischen Demokratie eigentümlichen Sozialpolitik nur sehr bedingt sprechen können.

Bleibt die Außenpolitik. Auf diesem Feld waren die Athener nun in der Tat rastlos tätig, und ihre Unternehmungen erfolgten auch planvoll, hatten ein Ziel und ein Ergebnis: Der gewaltige Seebund umfaßte Hunderte von Städten und erstreckte sich über große Teile der griechischen Welt; er wurde seit der Mitte des 5. Jahrhunderts konsequent zu einer Herrschaft ausgebaut und war für damalige Verhältnisse gut durchorganisiert. Daß die Seebundspolitik den Athenern aus dem Herzen gesprochen war, zeigt vor allem der unermüdliche Einsatz der Massen in den Feldzügen selbst; aber es wurde auch ausgesprochen. „Freiheit und die Herrschaft über andere", sagt Thukydides (3, 45, 6), „ist das Größte", sowohl für den Armen, den stärker die Not treibt, als auch für den Reichen, dessen Motive in seiner Gier und seinem Hochmut liegen, und in der letzten Rede, die dieser Historiker Perikles halten läßt, der sogenannten Vermächtnisrede, werden die Größe und Macht Athens unverhohlen als politischer Wert an sich vorgestellt, die keiner ethischen Legitimation bedürfen. Wir lesen derlei Gedanken nicht allein bei Thukydides, dessen Formulierungen man sophistische Einflüsse unterstellen und auf diese Weise relativieren könnte. Auch Aristophanes singt das Loblied der athenischen Herrschaft, und selbst als karikiertes Zerrbild zeugt es noch von dem Vorhandensein dieses Gefühls des Stolzes der Menge über das Untertanengebiet. Wenn Aristophanes in seinen „Rittern" das Volk als

den Herrscher über den ganzen Erdkreis und als König der Hellenen
vorstellt, weiß er, daß die Menge dies hören will.

In der Außenpolitik agierten die Athener mit großer Beständigkeit,
Intensität und Zielstrebigkeit. Ist das Ziel, nämlich die Herrschaft, klar,
sind doch die Motive nicht ebenso durchsichtig. Ging es um die Macht als
solche, oder hatte man vor allem die materiellen Vorteile des Machtge-
winns im Auge? Nun dürfen wir mit großer Sicherheit voraussetzen, daß
der Seebund in seinen Anfängen vor allem eine Konsequenz der in den
Perserkriegen erworbenen Seegeltung Athens war und die Dauerhaftigkeit
des außenpolitischen Erfolges in der Fähigkeit lag, eine große Anzahl von
Schiffen zu bemannen, und in der Bereitschaft der großen Menge, die
Belastungen der militärischen Unternehmungen über eine lange Zeit hin
auf sich zu nehmen. Ohne Zweifel spielte bei dieser Bereitschaft zunächst
das gewachsene Selbstgefühl der Athener mit, der Wille, sich besonders
gegenüber Sparta als führende Stadt durchzusetzen, ferner auch Übermut
und Besitzerstolz. Die Athener erfuhren jetzt erst ihre Kraft und die durch
die Hineinnahme auch der Ärmsten in den Bürgerverband gewachsenen
Möglichkeiten. Die junge Demokratie fühlte sich stark und entdeckte den
Raum der Politik neu, und dieser lag zunächst einmal auf militärischem
Gebiet. Aber schon bald dürfte auch der materielle Gewinn, der den
Athenern als Konsequenz der Herrschaft zuwuchs, bewußt und eine
eigenständige Triebkraft für die militärischen Unternehmungen und die
Gestaltung der Herrschaft geworden sein. Wurden darum Umfang und
Form der Außenpolitik von den Wünschen der Menge nach Gewinn
abhängig? Wechselte das Ziel der Politik, und ging es den Athenern
nunmehr um ihre wirtschaftliche Besserstellung bzw. um den Ausbau der
Demokratie mittels der Finanzkraft der Untertanen? Richtete sich die
Außenpolitik damit nun nach der innenpolitischen Dynamik, oder war
vielmehr, wie neuerdings angenommen wird, umgekehrt die Innenpolitik
weiterhin nur eine Funktion der Außenpolitik, folgte also der im Binnenraum Athens wirkende Wille den äußeren Unternehmungen und besaßen
letztere ein Eigengewicht, das stärker war als ein auf die Gestaltung der
eigenen Lebensverhältnisse gerichteter Wille? Die Fragen machen klar,
daß das Ziel der Politik im Unbestimmten bleibt oder doch mehrere
Antworten zuläßt. Ob die Herrschaft oder der materielle Gewinn im
Vordergrund stand, ist kaum zu beantworten; es läßt sich lediglich sagen,
daß das Gewinnstreben nicht fehlte. Ob ferner bei dem Gewinn der
Wunsch nach persönlicher Versorgung oder Bereicherung oder nach einer
intensiveren Praktizierung der demokratischen Ideen überwog, ist ebenso
eher eine Frage des Standpunktes, als daß hier eine grundsätzliche Entscheidung möglich wäre. Eine genauere Analyse dessen, was die Demo-

kratie dem Athener an materiellem Gewinn brachte, soll im folgenden die
Fragen noch präzisieren, ohne daß damit eine Lösung des Problems
erwartet werden darf.

## 2. Versorgung und wirtschaftliche Besserstellung der Bevölkerung

Leistung und Ansehen sind in der Demokratie auch dem Armen nicht
versagt, läßt Thukydides seinen Perikles sagen (2, 37, 1) und zielt damit auf
das Kernstück der demokratischen Idee: die Gleichheit. Da indessen von
den besonderen Entstehungsbedingungen der Demokratie her die soziale
und ökonomische Gleichheit ausdrücklich in der politischen Repräsentation der Bürgerschaft nicht enthalten sein sollte, hat Thukydides/Perikles
bei diesem Wort wohl kaum an wirtschaftliche oder sozialpolitische
Aktivitäten der ärmeren Bürger gedacht. Worin aber können dann auch
die Armen politisch etwas leisten? Eine Antwort auf die Frage kann uns
nur eine Durchmusterung der Beschlüsse der politischen Institutionen,
insbesondere der Volksversammlung geben. Wenn man von ihnen alle
Aktivität, die den Schutz der politischen Ordnung und den Ausbau der
Verfassung betreffen, sowie gelegentliche Ehrungen von Bürgern und
Auswärtigen außer Betracht läßt, behandeln die meisten verbleibenden
Beschlüsse Fragen der äußeren Politik (Verträge, Gesandtschaften,
Seebundsfragen, militärische Unternehmungen), und eine ganze Reihe
von Historikern hält darum auch die Außenpolitik für das primäre, ja
nahezu ausschließliche Feld politischer Betätigung in der Demokratie.
Eine Sozialpolitik hat es danach in Athen nicht gegeben. Aber so einfach
liegen die Dinge doch wohl nicht. Denn wenn auch die politische Organisation die sozialen Verhältnisse nicht widerspiegelt, konnte sie dennoch
niemand einfach vergessen, wenn er in die Volksversammlung, zum Rat
oder zur Gerichtssitzung ging. Im Gegenteil wurde in Athen die Ungleichheit des Besitzes — wie auch die der Bildung — genau beachtet, und es ist
von den Athenern selbst oft bemerkt worden, daß die Mehrheit in der
Demokratie gerade von den Armen gebildet wurde; die Philosophie hat
Armut und Reichtum sogar als entscheidendes Kriterium für die Bestimmung von demokratischen und oligarchischen Verfassungen genommen. Wenn daher der ökonomische Bereich in dem politischen Aufbau
der Demokratie auch nicht erkennbar war und also etwa der soziale Status
eines Mannes bei der Bestimmung von Ratsherren, Beamten und Rich-

tern unberücksichtigt blieb, muß man dennoch wohl davon ausgehen, daß alle Bürger, mochten sie nun gerade Funktionär sein oder nicht, bei Initiativen und Abstimmungen von ihrer sozialen Lage mehr oder weniger bewußt beeinflußt wurden. Bei Entscheidungen, die den wirtschaftlichen Bereich berührten, müssen wir darum immer ein teils waches, teils auch verdrängtes Empfinden für den Nutzen, den der einzelne aus ihnen ziehen konnte, voraussetzen, und in der Tat wird das denn auch oft genug ausdrücklich ausgesprochen. „Das Volk baut für sich Gymnasien und Bäder", vermerkt höhnisch der oligarchische Kritiker in seiner Schrift vom Staat der Athener (2, 10), und Aristophanes läßt in den „Rittern" (1350 ff.) eine seiner Gestalten ausrufen, wenn von zwei Rednern in der Volksversammlung der eine den Bau neuer Schiffe (und also Krieg), der andere die Beschaffung von Geld für den Geschworenensold vorschlägt, laufen alle dem letzteren hinterher. Zahlreich sind auch die Bemerkungen über die Gier der Athener nach dem Geld ihrer Bundesgenossen. Die Außenpolitik ruhte nicht in sich selbst; sie hatte eine sozialpolitische Komponente.
Der materielle Nutzen der außenpolitischen Unternehmungen war in der Tat für alle Athener, ob arm oder reich, sehr hoch. Denn die Athener benutzten die aus ihrem Seebund eingehenden Matrikelbeiträge, welche die meisten Bundesgenossen ihnen anstelle eines an sich fälligen militärischen Kontingents zahlten, nicht nur zur Anschaffung von Kriegsgerät und zur Finanzierung von kriegerischen Unternehmungen, sondern auch zur Deckung inneren Bedarfs; manche Bedürfnisse wurden durch die großen Geldmengen, die nach Athen flossen, leichter befriedigt, andere sogar erst geweckt. So wäre der großzügige Ausbau des Diätenwesens und damit das Programm der Verwirklichung der demokratischen Gleichheit in der politischen Praxis ohne das sichere Finanzpolster der Bundesgelder gewiß nicht so schnell in Gang gekommen und hätte der Ausbau der Akropolis weder so schnell noch so aufwendig unternommen werden können. Die Zuschüsse haben sich zwar in Grenzen gehalten und die Bundeskasse offensichtlich nicht übermäßig belastet; die Bauten auf der Akropolis z. B. wurden durchaus nicht allein aus Bundesmitteln finanziert, ja es scheinen aus ihnen — abgesehen von dem Sechzigstel, das der Göttin Athena seit 454/53 zustand — überhaupt keine regelmäßigen Zahlungen für nichtmilitärische Ausgaben geleistet worden zu sein. Aber allein das Vorhandensein einer so reichen Kasse zur Verfügung der Volksversammlung und die Möglichkeit des gelegentlichen Zugriffs mußte die Ausgabefreudigkeit für mancherlei Projekte, die dem einzelnen Athener Vorteile brachten, beflügeln, aber vor allem: Das gesamte Rüstungswesen und die Feldzüge wurden über diese Kasse abgerechnet und aus ihr so der Bau von Kriegsschiffen und Marineanlagen sowie deren Unterhaltung, die

Kosten für den Unterhalt der Reiterei und der Sold für Soldaten, Matrosen und Ruderer, mochten sie nun zu Feldzügen, zu Übungsfahrten oder zur Durchführung von Verwaltungsaufgaben ausreisen, bezahlt. Noch viel höher war der indirekte Nutzen, der den Athenern aus ihrer Herrschaft zufloß. Zum einen kam der Soldatensold zum weitaus größten Teil den Athenern zugute. Vor allem aber profitierten die Handwerker, Händler und Arbeiter in Athen von den umfangreichen Rüstungsmaßnahmen, insbesondere von dem Flottenbau, aber auch von dem Bau des übrigen Kriegsgeräts, der Werften, Schiffshäuser, Mauern usw. Die Blüte der athenischen Wirtschaft hatte nicht zuletzt in diesen Aufträgen ihren Grund. Dazu kamen weitere Einkünfte durch die Konzentration der Seebundsverwaltung und der bundesgenössischen Gerichtsbarkeit für schwere Strafdelikte, Streitigkeiten der Städte untereinander und Beschwerden über den auferlegten Matrikelbeitrag in Athen. Hierbei zogen alle Athener wegen der anfallenden Prozeßflut aus dem Richtersold Gewinn und erhielten darüber hinaus etliche Berufsgruppen, insbesondere die Gastronomen, Hoteliers und Lebensmittelhändler, durch den Zustrom der Reisenden einen zusätzlichen Verdienst.

Gerade vielen ärmeren Athenern gab die Seeherrschaft noch einen weiteren Gewinn. Seit der Mitte des 5. Jahrhunderts ging Athen nämlich dazu über, einen Teil des Bodens von Bündnern, die abgefallen und wieder in die athenische Botmäßigkeit zurückgeführt worden waren, einzuziehen und an Athener zu verteilen. Die auf dem Territorium solcher Bundesstädte angesiedelten Bürger erhielten eine beschränkte Selbstverwaltung, blieben aber Athener und also der Volksversammlung in Athen unterstellt. Viele Siedler verpachteten ihr Grundstück an Einheimische. Die so annektierten Gebiete hießen Kleruchien (von *kléros,* das durch das Los zugeteilte Grundstück, und *échein,* haben, erhalten, also Landgutbesitzer). Auf Naxos, Andros, in Chalkis und Eretria auf Euböa, auf Skyros und vielen anderen Orten entstanden solche athenischen Siedlungen, durch die gegen 430 ca. 10 000 Athener versorgt worden waren. Nach der Niederlage von 404 mußten die Kleruchien natürlich wieder geräumt werden; doch haben die Athener später, in der Zeit ihres Zweiten Seebundes, diese Politik, wenn auch in beschränkterem Umfang, fortgesetzt.

Wie bei den Kleruchien hat man auch bei den übrigen Vorteilen, die den Athenern aus ihrer Herrschaft zuflossen, zu bedenken, daß sie nach der Niederlage von 404 zunächst entfielen und später, wenn überhaupt, dann nur in sehr viel geringerem Umfang wieder auflebten. Die Athener konnten ihrer Seebundspolitik im 4. Jahrhundert nur dadurch einigen Erfolg bescheren, daß sie sich von ihrer harten Finanzpolitik des 5. Jahr-

hunderts distanzierten und den Bündnern darüber hinaus innere Autonomie und Mitbestimmung für Bundesangelegenheiten zusicherten.
Die vorangehenden Ausführungen zeigen, daß die Athener ihre Herrschaft im Seebund jedenfalls zum Teil für soziale Zwecke nutzten. Da aber
für die einzelnen Maßnahmen jeweils verschiedene Motive hineinspiel-
ten, ist es nicht immer leicht zu sagen, was die vorherrschende Absicht
gewesen ist. Bei der Anlage von Kleruchien dürfte der Wunsch nach
Versorgung besitzloser Athener im Vordergrund gestanden haben,
obwohl der Aspekt der Beaufsichtigung gerade der unsicheren Bundesgenossen — Kolonisten dienten als Hopliten und waren jederzeit abwehrbe-
reit — gewiß nicht geringzuachten ist. Weniger eindeutig ist die Frage zu
beantworten, ob die Baumaßnahmen insbesondere der perikleischen Zeit
primär als ein Arbeitsbeschaffungsprogramm anzusehen sind oder ob die
Athener durch den glanzvollen Ausbau der Akropolis allen Griechen die
führende Rolle ihrer Stadt sinnlich vor Augen führen wollten. Gegen die
letztere Ansicht mag man einwenden, daß die künstlerische Vollkommen-
heit der Bauten das moderne Urteil im vorhinein dafür eingenommen hat,
in ihnen eine Demonstration der Macht und Größe Athens zu sehen; aber
man sollte nicht vergessen, daß schon die Griechen der perikleischen Zeit
die Qualität der Bauten wohl einzuschätzen wußten. Eine eindeutige
Entscheidung ist schwer; doch darf man gewiß soviel sagen, daß die
Beschaffung von Arbeit zumindest ein sehr wichtiger Gesichtspunkt für
das aufwendige Programm gewesen sein dürfte.
Ganz zweifelsfrei ist der soziale Aspekt bei der Gewährung von Unterhalt
für die Angehörigen von Gefallenen und für Behinderte. Die Sorge galt
nur den wirklich Bedürftigen, schloß aber bei den Hinterbliebenen z. B.
auch die Eltern ein. Der arbeitsunfähige Kriegsversehrte erhielt ebenfalls
eine Pension, im 4. Jahrhundert auch alle gebrechlichen Personen, die
keine unterhaltspflichtigen Angehörigen hatten, arbeitsunfähig waren und
weniger als 300, später 200 Drachmen besaßen. Das Unterstützungsgeld
der letzteren betrug Anfang des 4. Jahrhunderts 1, gegen dessen Ende
2 Obolen täglich, war also ein karges Existenzminimum. Die Berechtigung
für den Unterhalt wurde vom Rat regelmäßig überprüft; für die Kriegsversehrten und Hinterbliebenen von Gefallenen sorgte der Polemarchos
gemeinsam mit dem Rat. Diese Unterhaltspflichten soll bereits Solon und
im Falle der Kriegsversehrten Peisistratos eingeführt haben. Da indessen
in der Aristokratie die adlige Familie sowohl für die eigenen Angehörigen
als auch für die von ihnen Abhängigen sorgte, gehört eine entsprechende
Gesetzgebung frühestens in die Zeit nach dem Zusammenbruch der
Adelsherrschaft, als die ärmeren Bürger Wehrdienst leisteten, aber im
Unglück nicht mehr auf die Hilfe eines adligen Herrn rechnen konnten.

Die genannten staatlichen Verpflichtungen dürften daher nicht älter als das späte 6. Jahrhundert und lediglich zur Erlangung einer ehrwürdigen Autorität auf Solon bezogen worden sein. — In Zeiten großer Not hat die Stadt auch breiteren Kreisen der Bevölkerung Unterhaltsgelder gezahlt, so im Jahre 480, als Attika vor den anrückenden Persern evakuiert wurde, allen Athenern, und in den ersten Jahren des Peloponnesischen Krieges vielen von den Bauern, die vor den Spartanern sich hinter die athenischen Mauern geflüchtet hatten. Vielleicht ist die o. S. 237 behandelte Diobelie, die im ausgehenden Peloponnesischen Krieg einem nicht geringen Teil der Bevölkerung gezahlt wurde, auch ein Unterstützungsgeld gewesen.

Unter die sozialen Maßnahmen der Demokratie sind auch die Bemühungen um eine Sicherstellung der Versorgung Athens mit Getreide zu rechnen. Sie kostete die Athener zunächst kein oder doch nicht sehr viel Geld. Die Verteilung kostenlosen oder verbilligten Getreides gehört erst der hellenistischen Zeit an. In Athen sind in Klassischer Zeit lediglich Getreidespenden auswärtiger Fürsten verteilt, im 4. Jahrhundert gelegentlich auch die Reichen zu solchen Spenden angehalten worden *(epidóseis)*. Die umfangreiche Gesetzgebung des 5. und 4. Jahrhunderts über das Getreidewesen, durch die eine intensive Kontrolle des Marktes aufgebaut und an die wechselnden Verhältnisse angepaßt wurde, ist jedoch auch bereits als eine Sozialpolitik zu begreifen, die ohne den Einsatz zusätzlicher Mittel, einzig durch den Aufbau eines Überwachungsapparates, ihr Ziel ansteuert.

### 3. Schutz der politischen Ordnung (Verfassungsschutz)

Die Sicherung der politischen Ordnung gegen Angriffe von inneren Gegnern fällt heute unter den Begriff des Verfassungsschutzes. Die geschriebene Verfassung kannte indessen die Antike nicht; doch war in Athen wie anderenorts selbstverständlich bewußt, welche Normen des Rechts oder der Gewohnheit für den Erhalt der gegebenen politischen Ordnung unverzichtbar waren, und das Bemühen um ihren Schutz hat auch Formen hervorgebracht, die den unsrigen vergleichbar sind. Alle Schutzvorkehrungen lassen sich heute grob in drei Gruppen gliedern. Einmal wird von den in einem Staat zusammengeschlossenen Menschen die ausdrückliche Zustimmung zur politischen Grundordnung verlangt, welche die Bereitwilligkeit zum aktiven Eintreten für sie sichern soll; zum andern wird die Verletzung der Grundordnung durch die Schaffung besonderer Delikttatbestände (Hochverrat usw.) und Prozeßverfahren strafrechtlich geahndet, und schließlich sollen präventive Sicherungen, die in das Normengefüge eingebaut worden sind, mögliche Verfassungsbrüche im vorhinein unterbinden (z. B. heute die Zweidrittelmehrheit; Verbot der Abschaffung der Grundrechte). Auch in Athen finden wir diese drei Formen des Rechtsschutzes wieder.

Den Athenern konnte sich das Bedürfnis nach einer Absicherung der demokratischen Verfassung naturgemäß erst einstellen, als ihnen die Demokratie als eine besondere, ihrer Stadt eigentümliche Verfassung bewußt geworden war, und auch dann haben der Elan des Aufbaus und die erstaunlichen außenpolitischen Erfolge in der ersten Hälfte des 5. Jahrhunderts den Gedanken an eine Gefährdung und infolgedessen an die Notwendigkeit einer institutionellen Absicherung der Verfassung zunächst wohl kaum aufkommen lassen. Aber da die Idee der Gleichheit des politischen Rechts gerade aus dem Sturz der peisistratidischen Tyrannis ihre Kraft und Legitimation erhalten hatte, war doch von Anfang an jeder nach Einfluß und Macht strebende Adlige und überhaupt jeder starke Mann gleichsam von der Entstehungsgeschichte der Demokratie her deren klassischer Gegner und ist dies auch immer geblieben. So überrascht es denn nicht, wenn wir schon sehr bald nach dem Sturz des letzten Peisistratiden im Jahre 510 das Streben nach der Tyrannis und die damit verbundene „Auflösung der Volksherrschaft" gebrandmarkt und die Bürger, vor allem die mit wichtigen politischen Geschäften beauftragten, eidlich auf die Abwehr der Tyrannis verpflichtet sehen. Die Ratsherren haben wahrscheinlich bereits Ende des 6. Jahrhunderts einen solchen Eid geleistet, und auch im Geschworeneneid gab es eine entsprechende Klausel. Neben den Eiden gab es Gesetze gegen die Tyrannis. Im Jahre 410, nach dem Zusammenbruch des oligarchischen Putsches, hat ein gewisser Demophantos ein Gesetz gegen die „Auflösung der Volksherrschaft" beantragt, durch das auch alle Athener eidlich zum aktiven Eintreten für die Demokratie verpflichtet wurden, und 336 hat Eukrates ein ähnliches Gesetz eingebracht. Die Deklaration der Tyrannis als des eigentlichen Gegners der Demokratie korrespondiert mit der für die athenische Demokratie typischen Abwehr einer starken Regierungsgewalt. Der Gedanke der Schwächung, ja Auflösung der Regierungsgewalt zugunsten der Idee einer Regierung durch alle ist – als Ausfluß der Gleichheitsidee – sogar zu der tragenden Idee der Demokratie geworden und darum das Feindbild des Tyrannen gleichsam in der demokratischen Grundidee fest verankert. Die Stadtgöttin Athena ist, sagt Aristophanes in den „Thesmophoriazusen" (1143 f.), eine Tyrannenhasserin. Die Gesetze

und Eide gegen die Tyrannis sind ein Aufruf an alle, die Feinde der
Demokratie aufzuspüren und vor Gericht zu ziehen, und damit die
Voraussetzung für die Wirksamkeit der zweiten der obengenannten
Vorkehrungen zum Schutz der Ordnung, der Bestrafung des Rechts-
brechers.

Da die Athener wie alle Griechen das Institut der Staatsanwaltschaft und
also die staatliche Verbrechensverfolgung nicht kannten, war die Stadt für
die Aufspürung von Verfassungsfeinden auf die Mitwirkung und
Wachsamkeit der Bürger angewiesen. Es war also jedermann aufgerufen,
wegen etwaiger Verletzungen der öffentlichen Ordnung Anklage zu
erheben (Popularklage). Um Rechtsbrüche wirksam bekämpfen zu können, hatten die Athener besondere Verfahren eingerichtet. Das eine war
die Eisangelie-Klage; sie wurde über den Rat bei der Volksversammlung
eingereicht, die entweder selbst entschied oder (nach ca. 355 stets) den
Prozeß an ein Geschworenengericht verwies. Die Klage erfaßte alle
Delikttatbestände von öffentlichem Interesse, so den Umsturz der Demokratie, Landes- und Hochverrat, Täuschung des Volkes durch die Redner,
aber auch Amtsvergehen. Der schuldig Gesprochene mußte mit der
Todesstrafe rechnen. Ein anderes Verfahren zeigt noch deutlicher seinen
Charakter als Instrument des Verfassungsschutzes. Es ist die Anklage
wegen eines rechtswidrigen Antrags, die jeder Athener gegen jeden
Gesetzesantrag einbringen konnte (Paranomie-Klage). Sie ist schon bald
nach dem Durchbruch zur Demokratie im Jahre 462 eingerichtet und stets
als deren Bollwerk angesehen worden. Die Klage wurde vor einem
Geschworenengericht verfochten und konnte sich sowohl gegen die
rechtswidrige Form eines Antrags – also z. B. gegen einen ohne Probuleuma eingebrachten Antrag – als auch gegen seinen rechtswidrigen
Inhalt richten, und sie war sowohl gegen den Antrag als auch gegen den
bereits gefaßten Beschluß möglich. Ferner war der Antrag ebenso wie das
bereits gefaßte Gesetz schon in dem Augenblick, in dem der Kläger eidlich
versicherte, daß er eine Klage wegen Rechtswidrigkeit erheben werde,
bis zum Urteil über die Klage suspendiert. Eine Verurteilung zog
oft hohe Geldbußen, in schweren Fällen auch die Todesstrafe nach
sich. In der Bundesrepublik haben wir heute ein Gegenstück zu dieser
Klage in der Verfassungsbeschwerde; auch sie kann jedermann gegen
jedes Gesetz anstrengen, doch hat die Beschwerde heute keinen Suspen-
siveffekt.

Die Klage wegen Rechtswidrigkeit enthält bereits den Gedanken der
präventiven Sicherung, weil in ihr vor allem die beabsichtigte
Rechtsverletzung verhindert werden soll. Aber insofern bei ihr die
prophylaktische Sicherung nicht automatisch eintritt – es mußte sich ja

ein Kläger finden, und fand er sich nicht, wurde über den Antrag, mochte er nun rechtswidrig sein oder nicht, abgestimmt –, ist sie keine echte Präventive. Aber auch sie haben die Athener gekannt, und es ist hier vor allem an zwei Einrichtungen zu denken. Da sie beide bereits in einem anderen Zusammenhang ausführlich erörtert wurden, genügt hier ein kurzer Hinweis. Zum einen handelt es sich um das Probuleuma, also die Ratsvorlage, die für jeden Beschlußantrag in der Volksversammlung unumgänglich war: Die Volksversammlung durfte nichts beschließen, was nicht im Rat vorberaten und ihr vom Rat förmlich vorgelegt worden war (o. S. 134 ff.). Da, wie gezeigt wurde, der Rat gegenüber der Volksversammlung eine rein dienende Rolle hatte oder doch haben sollte, steckt in dem Probuleuma jedenfalls nach der mit ihm verfolgten Absicht keine politische Einflußnahme. Der mit ihm verfolgte Zweck liegt einzig darin, den Willen zu kanalisieren und dabei Zeit zu gewinnen, um etwaige schädliche, insbesondere demokratiefeindliche Absichten offenlegen und die Verteidiger der Demokratie auf den Plan rufen zu können. Die andere Präventive ist auch in das Gesetzgebungsverfahren eingebaut, oder richtiger: Sie ist mit dem Gesetzgebungsverfahren, der Nomothesie, wie es nach 404/3 eingerichtet worden ist, identisch (s. o. S. 148 ff.); das Verfahren des 5. Jahrhunderts kennen wir nicht, doch dürfte es in wichtigen Punkten dem späteren entsprechen. Die Nomothesie regelte in einem förmlichen Verfahren die Änderung oder Ergänzung der normativen Gesetze, einerlei, ob sie die politische Ordnung betrafen oder nicht; sie erfaßt folglich das gesamte Normengefüge. Obwohl die Rechtsordnung hier nicht, wie heute das Verfassungsrecht, durch eine qualifizierte Mehrheit geschützt war, ist durch den Zwang, die Neuerung in einem förmlichen Prozeßverfahren vor einem besonderen Gerichtshof begründen und gleichzeitig das abzuändernde Gesetz verteidigen zu müssen, ein bremsender Effekt erreicht worden, dessen Wirkung der einer qualifizierten Mehrheit nahekommt.

Daß die genannten Verfahren zum Schutz der politischen Grundordnung eingerichtet worden sind, liegt auf der Hand. Wie wirksam war nun ihr Schutz, und welchen Charakter trägt er? Seinem Charakter nach beruht der Verfassungsschutz in Athen auf drei Faktoren. Der eine Faktor liegt in der zeitlichen Verzögerung eines Gesetzesantrags, der Zeit zur Besinnung und eventuell zum Widerstand geben soll. Er ist auch Teil unseres modernen Rechtsschutzes; doch wissen wir seinen Schutzwert nur noch schwer einzuschätzen. Für Athen ist sein Wert hingegen leicht erkennbar; denn Athen war eine unmittelbare, durch keine repräsentativen Organe gefilterte Demokratie, in der alle Ereignisse, Stimmungen und Emotionen direkt auf die jederzeit zur Beschlußfassung bereite Menge einzuwirken vermochten. Niemand wußte besser von diesen Schwächen als die Athener selbst; sie mißtrauten ihrer eigenen Entschlußfreudigkeit oder, da die Masse geneigt ist, ihre Schwächen zu personalisieren, richtiger: Sie mißtraute den antragstellenden Rednern, die für die Fehlentscheidungen der Menge geradestehen mußten. Der oft erhobene Vorwurf der Täuschung des Volkes ist der Sache nach nichts anderes als das Eingeständnis dieser Schwäche, die in dem Zwang zur unmittelbaren Entscheidung durch alle liegt. Der Verzögerungseffekt wird sowohl durch das Probuleuma als auch durch das Nomothesieverfahren und die Anklage wegen Gesetzeswidrigkeit erreicht. − Der zweite Schutzfaktor liegt in der persönlichen Haftung desjenigen, der die Ordnung verletzen will bzw., soweit er dies eigentlich nicht vorhat, der doch leichtfertig mit ihr umgeht. Denn bei allen Anträgen vor dem Volk haftet der Antragsteller persönlich für die Übereinstimmung seines Antrags mit dem gesetzten Recht, und dies nicht nur im Prozeßverfahren wegen Rechtswidrigkeit eines Antrags, sondern auch im Nomothesieverfahren. Wird er verurteilt, hat er mit schweren Strafen zu rechnen. − Der dritte Schutzfaktor liegt darin, daß die Entscheidung über eine Klage wegen Verstoßes gegen die Rechtsordnung bzw. (bei der Nomothesie) sogar über einen Gesetzesantrag nicht vom Volk, sondern von einem unabhängigen und in letzter Instanz entscheidenden Richtergremium getroffen wird. Das ist in dem Verfahren wegen Rechtswidrigkeit und bei der Nomothesie immer und im Eisangelie-Verfahren meistens, seit ca. 355 auch bei ihm ständig der Fall. Man hat hier von einem Zweikammersystem gesprochen und z. B. in dem Geschworenengericht der Nomothesie die zweite Kammer gesehen. Aber das ist gewiß nicht richtig; das Geschworenengericht ist keine nach einem anderen Prinzip zusammengesetzte Versammlung, die eben auf Grund ihres andersartigen Aufbaus eine wirksame Kontrolle der ersten Kammer darstellt. Die Athener faßten die großen, 501, 1001 und mehr zählenden Gerichtshöfe eher als das richtende Volk selbst auf, als das Volk gleichsam in einem anderen Aggregatzustand (s. o. S. 181 f.). Die Übertragung der Entscheidung auf einen Gerichtshof dürfte vielmehr deswegen erfolgt sein, weil in ihm nur über 30 Jahre alte Männer saßen, die zudem in feste Verfahrensregeln eingebunden waren und also hier die Besinnlichkeit, das Maß und die Urteilskraft einen besseren Hort hatten als in der oft von Leidenschaft zerrissenen Volksversammlung.

Es ist in der modernen Literatur oft gesagt worden, daß die Wirkung der Schutzmaßnahmen in Athen gering war, weil alle Anträge, gegen die trotz ihrer offensichtlichen Rechtswidrigkeit keine Klage eingereicht wurde, Gesetzeskraft erhielten, wenn ihnen zugestimmt wurde, und man verweist dann gern auf die Ereignisse vom Sommer 411, als die Volksversammlung dem Druck oligarchischer Umstürzler nachgab und zuerst die Aufhebung des Prozeßverfahrens wegen Rechtswidrigkeit, also des Bollwerkes des Verfassungsschutzes, dann die Umwandlung der Demokratie in eine oligarchische Staatsform beschloß und damit sich selbst auflöste (Thuk. 8,66 f.). Aber es gibt keine absolute Sicherung gegen den Umsturz. Jede politische Ordnung ruht zunächst in der Zustimmung der überwiegenden Mehrheit ihrer Bürger; der Verfassungsschutz kann nichts anderes leisten, als diese Mehrheit vor einem überraschenden Angriff zu sichern. Geht die Mehrheit verloren, hilft kein institutionalisierter Schutz, weder damals noch heute. Im Jahre 411 waren den Athenern nach den verheerenden militärischen Niederlagen und der Auflösung ihres Herrschaftsgebietes der Mut und das Vertrauen in ihre politische Ordnung genommen.

Man darf nicht vergessen, daß ein wirksamer, vielleicht der wirksamste Rechtsschutz in der ausgesprochen konservativen Haltung des Atheners gegenüber dem überlieferten Rechtsgut lag. Diese Wertschätzung des einmal gesetzten Rechts betraf das gesamte Normengefüge, schloß also Privat-, Straf- und Prozeßrecht ein. In ihr war auch die öffentliche Ordnung aufgehoben, die also als Rechtssatzung geachtet, nicht lediglich durch den politischen Willen der Bürger geschützt wurde. Aber diese innere Einstellung ist nicht Verfassungsschutz, sondern die Voraussetzung von deren Wirksamkeit, und sie soll in einem späteren Kapitel, wo das Verhältnis der Demokratie zum Recht allgemein erörtert wird, behandelt werden (u. S. 313 ff.).

## 4. Zusammenfassung

Alle Überlegungen zum Ziel der Politik im demokratischen Athen müssen davon ausgehen, daß die Demokratie von ihrer Entstehungsgeschichte her kein auf die Zukunft gerichtetes politisches Programm kannte; bei der Schaffung der neuen Ordnung war es um politische Gleichberechtigung, nicht um eine soziale Besserstellung der Athener gegangen. Die gegebenen sozialen Verhältnisse wurden nicht in Frage gestellt, vielmehr umgekehrt die Tradition als Wert geachtet. Die Adelszeit war nach Meinung der Athener eine Zeit der politischen Zurückstellung, nicht des sozialen Unrechts gewesen. Soweit der Arme und Minderbemittelte damals hatte leiden müssen, hatte der Grund dafür, meinte man, in dem Mißbrauch der an sich guten Ordnung durch die Herrschenden gelegen. War der Mißbrauch beseitigt, mußte die alte Ordnung wieder in ihr Recht treten. Diese Einstellung gilt für alle Griechen; aber sie gilt eben auch für die Demokratie in Athen, die auf Grund ihrer neuen, einmaligen Verfassung nach moderner Einschätzung die Möglichkeit zu einem völligen Umbruch auch des sozialen Gefüges gehabt hätte.

Angesichts dieser Prämisse richtete sich die Politik zunächst vor allem auf die Sicherung und gegebenenfalls Korrektur des Bestehenden. Es ging um den Schutz der Demokratie vor Umsturz, insbesondere vor dem Tyrannen, um Schutz gegen die Hoch- und Landesverräter, gegen jeden, der an den tragenden Pfeilern der Demokratie rüttelte; es ging ferner um die gelegentliche Ergänzung oder Änderung eines Gesetzes, um die Anpassung an neue Situationen mittels der Schaffung neuer Gesetze und um den Ausbau der demokratischen Organisationsformen im Sinne der einmal gefundenen politischen Ideen; es ging schließlich um Belohnungen der guten Demokraten.

Durch den Wegfall des Schutzes, den der Adel seinen Abhängigen als eine Konsequenz des patriarchalischen Gedankens gewährt hatte, waren der Demokratie auch einige soziale Pflichten zugewachsen. Die Opfer des Krieges und die Behinderten wurden versorgt; der gesamten Bevölkerung wurde die Belieferung des Marktes mit einer hinreichenden Menge von Getreide garantiert. Vor allem aber brachte die athenische Herrschaft über ein großes Untertanengebiet zumindest im 5. Jahrhundert, im 4. Jahrhundert nur noch in eingeschränktem Maße materiellen Gewinn und sozialen Aufstieg. In zahlreichen Kleruchien wurden besitzlose Athener mit Land versorgt; die Rüstungswirtschaft, Feldzüge und Baumaßnahmen, die ganz oder teilweise mit den Steuern der Untertanen finanziert wurden, schufen Arbeit und Gewinn. Die Diäten, eine Konsequenz der demokratischen Idee, brachten so gut wie allen Athenern ein Zubrot und den Ärmsten unter ihnen das Existenzminimum. Dies alles war allerdings zum wenigsten eine in sich selbst ruhende Sozialpolitik; es war meist mit der äußeren Politik verbunden und hier zum größten Teil nur eine Folge dieser Politik, nicht ihre erklärte Absicht. Der Umfang und die Vielfalt des Nutzens läßt indessen nicht zu, den sozialen Aspekt ausschließlich als Nebenprodukt der Herrschaftspolitik zu sehen. Der materielle Nutzen war meist mit im Spiel, bisweilen sogar der primäre Zweck. Die Versorgung der Ärmsten, der Profit der Handwerker, Händler und Arbeiter und die Bereicherung aller an den Untertanen waren daher immer gegenwärtige Triebkräfte athenischer Politik, auch wenn dies aus dem Ziel der jeweiligen Unternehmung rein äußerlich nicht erkennbar war. Die Außenpolitik ist vor allem auch von hierher bestimmt.

Sehr viel schärfer läßt sich in der Außen- und Militärpolitik der Athener

ein Ziel ausmachen. Die Demokratie fiel zeitlich mit der Schaffung des
Seebundes unter Athens Führung zusammen. Da die neue Führungsrolle
durch die Flotte erreicht worden war, muß die Herrschaft im Seebund
sogar als eine Konsequenz der Demokratie angesehen werden; Demokratie und Flotte sind zusammengehörige Begriffe. Es ist nun nicht zu
übersehen, daß alle Athener, ob Demokraten oder ihre Kritiker, zunächst
die führende Stellung im Seebund, später auch die Herrschaft in ihm
gewollt haben. Der Herrschaftswille betraf sowohl die Ausschaltung der
Selbstbestimmung aller Bundesgenossen als auch die Nutzung der
Matrikelbeiträge zur freien Verfügung der Athener. Perikles hat letzteres
gegenüber seinen Kritikern frei bekannt und mit dem Hinweis auf den
Schutz vor den Persern und den Frieden der Meere, den die Athener
garantierten, begründet. Man wird dabei zu bedenken haben, was Thukydides öfter ausgesprochen hat, daß die Athener ohne große Gefahr für ihre
Stadt aus ihrer einmal gewonnenen Position gar nicht herauskommen
konnten, selbst wenn sie es gewollt hätten. Aber dies war nach allem, was
wir an Äußerungen kennen, nur eine Rechtfertigung gegenüber den
Wankenden oder den Ausländern. Die Athener wollten die Herrschaft um
ihrer selbst willen. Den materiellen Nutzen nahmen sie gern mit, und er
hat gelegentlich ihr Handeln bestimmt. Aber der Herrschaftswille stand
über ihm; um seinetwillen haben sie die größten Beschwernisse und
Leiden auf sich genommen. Die *philotimía,* der politische Ehrgeiz, war ein
konstitutives Element der athenischen Demokratie, und beides, Herrschaftswille und Demokratie, gehören nicht zufällig zusammen. Der
Ehrgeiz hat seinen Grund in der Kraft und Vielfältigkeit, welche die
Entdeckung des politischen Raumes als eines Tätigkeitsfeldes für alle
hervorgebracht hatte. Nicht nur die Gewährung der politischen Gleichheit, auch ihre praktische Verwirklichung gehörte in Athen zur demokratischen Idee, und sie schuf ein Klima intensivster Anspannung, die sich in
fast ununterbrochenen außenpolitischen, vor allem militärischen Unternehmungen entlud. Wenn die Athener in ihrer Außen- und Herrschaftspolitik bis zur Absurdität und mit unbegreiflicher Risikobereitschaft das
Äußerste zu erreichen suchten, taten sie es weniger aus Hochmut als aus
einem Gefühl solidarischer Stärke, das ihnen einen Anspruch auf das
jeweils Gewünschte zu geben schien.

# VI. Form und Intensität der politischen Praxis

## 1. Das politische Engagement der Athener

Die demokratischen Institutionen und die mit ihnen verbundenen Organisationsformen, die ihre Grundideen schützen und sichern sollen, bilden das Gerüst der Verfassung, in dem das praktische politische Leben und die verschiedenen Entscheidungsprozesse in der Volksversammlung, im Rat und in den Gerichten ablaufen. Die politische Praxis, nach modernem Sprachgebrauch: die Verfassungswirklichkeit, muß zeigen, ob die Demokratie im Sinne ihrer Idee verwirklicht wurde und welche Motive die Athener — über die Verteidigung der politischen Gleichheit hinaus — bei ihrem politischen Handeln bewegten. Die Verfassung selbst spiegelt lediglich eine Möglichkeit der Verwirklichung wider; auf die politische Praxis aber können viele Faktoren einwirken, welche die idealen Ordnungsvorstellungen verdrängen und verändern können. Wie sah der demokratische Alltag aus und was bestimmte das Handeln der Athener?
Der Idee nach sollten alle Athener nicht nur gleiche politische Rechte, sondern auch die Möglichkeit haben, sie auszuüben (s. o. S. 265 ff.). Ein Blick auf den politischen Alltag lehrt, daß diese Idee ganz offenbar gezündet hat. Die Lust der Athener zu raten, zu entscheiden und zu urteilen, schien keine Grenzen zu kennen; sie schienen vor politischer Energie zu bersten und hatten besonders am Richteramt großen Gefallen gefunden. Die Stadt war erfüllt von politischer Betriebsamkeit; jeden Tag strömten Tausende zu irgendwelchen Sitzungen. Vor allem die an solche Aktivität nicht gewöhnten Ausländer, aber auch die Athener selbst haben diese Geschäftigkeit beobachtet, sie als die Verwirklichung des Ideals gepriesen, gelegentlich belächelt und zunehmend auch kritisiert. Für diesen politischen Eifer wird alsbald der Begriff *polypragmosýne,* d. i. Vielgeschäftigkeit, gebräuchlich und demgegenüber der politisch Untätige *(aprágmōn)* gebrandmarkt. Ist *polypragmosýne* zunächst ein politischer Wertbegriff, den z. B. Perikles bei Thukydides gegenüber der politischen Lethargie als ein Charakteristikum der Demokratie herausstreicht (2, 40, 2), kann die Kritik dann die Geschäftigkeit auch negativ, die politische Enthaltsamkeit positiv bewerten, die erstere etwa Streitsucht, die letztere Vernunft nennen. Da die Vielgeschäftigkeit eine Konsequenz der Demokratie ist,

tritt der Aktive in aller Regel als Demokrat, der Passive gelegentlich als schlechter Demokrat oder gar als Antidemokrat auf. Insbesondere die Außenpolitik, die das wichtigste Thema aller Politik der Athener war und am tiefsten in das Leben des einzelnen eingriff, führte zu einer mehrschichtigen Bewertung der politischen Aktivität; denn die dynamische Machtpolitik war im Ausland und bei Gelegenheit auch in Athen umstritten. So vermochte dann das Gegensatzpaar „tätig" und „untätig" zum Synonym von „Kriegstreiberei" und „Friedensliebe" zu werden und war je nach Standpunkt der Aktivere ein eifriger demokratischer Politiker oder ein politischer Phantast, der Zurückhaltende ein friedliebender Mensch oder ein selbstsüchtiger Egoist.

Wie immer man die Geschäftigkeit der Athener werten will, man hat zunächst den Sachverhalt als solchen festzuhalten: Die politische Aktivität ist ein Teil der demokratischen Gesinnung, und es ist bezeichnend, daß am Ende des 4. Jahrhunderts, zugleich mit dem Ende einer Demokratie, die den Namen noch verdiente, auch die Begriffe für die politische Aktivität und Inaktivität aus dem öffentlichen Leben verschwanden. Die Athener besaßen also das, was wir heute als Gemeinsinn bezeichnen, und sie besaßen ihn ganz selbstverständlich, sozusagen als Teil ihres politischen Daseins; Gemeinschaftsgeist war kein Thema der politischen Erziehung. Was brachte die Athener nun dahin, über eine so lange Zeit eine Spannung aufrechtzuerhalten, die von dem einzelnen sehr viel persönliches Engagement, auch materielle Opfer und nicht selten sogar den Einsatz des Lebens verlangte? Es ist beobachtet worden, daß die Athener wie alle Griechen, sofern man einmal von Sparta als von einem Sonderfall absieht, aus ihrer aristokratischen Vergangenheit wenig Gemeinschaftsgefühl mitbrachten; die Ziele des Adligen waren zunächst mit der eigenen Familie und dem eigenen Besitz verbunden; die Polis galt nur als Wert, soweit sie für den einzelnen Garantien des Schutzes bot. Die Athener scheinen auch hierin wie in so vielem anderen (vgl. o. S. 246) Erben der aristokratischen Lebensart gewesen zu sein, daß sie die persönlichen Bindungen und Lebensziele sehr hoch einschätzten. Nicht von ungefähr gehörte zum demokratischen Ideal auch der Gedanke des Sichausleben. Die gefühlsmäßige Bindung an die Gemeinschaft aller Athener ist von der Tradition her also nicht besonders ausgeprägt; es fehlte die uns aus der nationalstaatlichen Tradition so vertraute Vorstellung der Liebe zum Vaterland bis ins 4. Jahrhundert hinein fast ganz, und als sich später Gedanken dieser Art einstellten, wurden sie doch nie zu einer die Stadt tragenden geistigen Kraft. Gerade auf dem Hintergrund der Tradition will uns die Aktivität der Athener besonders erstaunlich erscheinen. Das Gefühl der inneren, von Emotionen geleiteten Bindung an den

Gemeindegenossen sprach offensichtlich wenig mit, wenn sich der Athener politisch betätigte. Der Gemeinschaftssinn konnte auch nicht institutionell gebunden, etwa in einer sittlichen Staatsidee überhöht werden. Denn es fehlte in Athen wie bei allen Griechen die abstrakte Idee der Gemeinschaft und damit die Vorstellung des Staates als einer Körperschaft des öffentlichen Rechts. Es gab folglich auch keine Staatsgesinnung oder Staatsraison, aus der heraus Verantwortung für das Ganze übernommen werden konnte. Dort, wo wir den Begriff Staat verwenden würden, sagte man in Athen „Stadt" *(pólis),* die „Menge" *(pléthos)* oder aber „die Athener". Solon hatte indirekt, über eine sinngemäße Gesetzgebung, die Athener zur Verantwortung erziehen wollen, und dies ist ihm auch bis zu einem gewissen Grade gelungen: Das seitdem wachsende Verantwortungsgefühl für das Ganze ist gerade ein Zeichen der sich allmählich bildenden Demokratie bzw. eine Voraussetzung für sie. Aber es verfestigte sich nicht in einem Begriff, der als Leitidee aus sich heraus Kraft gegeben hätte. Verantwortung übernimmt in Athen jeder, wie er will, und das heißt, gegebenenfalls eben auch nicht. Das Engagement ist vorhanden, aber es ist weder gefühlsmäßig noch institutionell verankert. Dort, wo wir ein irrationales Gefühl der Anhänglichkeit und Verpflichtung als Triebkraft des Handelns erwarten, steht bei den Athenern in aller Regel der Gedanke des Nutzens (s. o. S. 276 f.). Der Nutzen ist aber nicht inhaltlich definiert; er hat kein in die Zukunft gerichtetes Ziel. Er ist der jeweilige Nutzen im Hinblick auf die Erhaltung der Stadt und ihrer Verfassung; darüber hinaus ist er auf die Wahrung der äußeren Machtposition gerichtet, und insofern, darf man sagen, schöpfen die Athener ihre Kraft aus der Notwendigkeit, die ihnen gegebene freiheitliche Ordnung und die sie tragenden Gesetze zu schützen, den Kult der Götter als den Garanten der Ordnung zu bewahren und ihr Ansehen in der Welt zu erhalten.

Die Gegebenheiten politischen Handelns sind indessen wohl kaum eine hinreichende Erklärung für das Phänomen der politischen Aktivität. Denn es ist nicht die politische Vernunft, die die Massen bewegt. Auch in Athen wurde die Begeisterung von Kräften gespeist, die sich einer rationalen Begründung entziehen, und dies um so mehr, weil die politische Spannung, wenn auch zumindest seit der Mitte des 4. Jahrhunderts mit abnehmender Kraft, anderthalb Jahrhunderte anhielt, nur zweimal unterbrochen durch ein jähes, von außenpolitischen Katastrophen verursachtes Nachlassen der Kräfte. Eine gewisse Rolle dürfte selbstverständlich der materielle Vorteil gespielt haben, der als eine Konsequenz der Demokratie und ihrer Dynamik dem einzelnen in Form von Diäten, Soldzahlungen und Landzuteilungen zugute kam. Die Demokratie und die äußere Expansion, beide Phänomene offensichtlich untrennbar miteinander verbunden, waren eine unerschöpfliche Quelle einträglicher Gewinne. Aber das Materielle allein trug das Engagement nicht; es scheint nicht einmal ein maßgebliches, gewiß kein beständiges Gewicht gehabt zu haben. Denn im 4. Jahrhundert waren die Athener zeitweise ganz ohne auswärtigen Herrschaftsbereich, der ihnen handfeste Vorteile hätte bieten können, und das demokratische Leben hat auch dann seinen Fortgang genommen. Die entscheidende Kraftquelle der politischen Aktivität ist woanders zu suchen; sie gehört schon in die Anfänge der Demokratie, ja sie war der eigentliche Motor für die Entstehung der neuen Verfassung gewesen. Sie liegt in der Entdeckung des Politischen als eines für alle freien Raumes der Betätigung, und sie war deswegen eine weit in die Zukunft wirkende Kraft, weil zugleich mit ihr sich ein ungeahnter politischer Erfolg einstellte: der Sieg über die Perser bei Marathon, die Überwindung sogar des Großkönigs bei Salamis und die Schaffung des gewaltigen Seebundes, der größten Staatengemeinschaft, welche die Griechen je sahen. Die aus der demokratischen Gleichheitsidee entspringende Kraft, die der Ruderer ebenso spürte wie der Hoplit, schien alle traditionellen Grenzen der politischen Möglichkeiten zu sprengen, und in diesem Erfolg mochte jeder auch eine Erfüllung seiner persönlichen Wünsche sehen. Es steckte vieles in diesem Hochgefühl des Erfolges, das den einzelnen für sich und die Menge gemeinsam bewegte: Verantwortungsgefühl für die Befreiung der Griechen von den Persern und Sorge für die Sicherheit der Bundesgenossen ebenso wie Stolz, Herrschsucht und Hochmut. Da die Kraft der Athener aus ihrer freiheitlichen Verfassung kam, war darin aber auch eine Art Sendungsbewußtsein enthalten, das dazu drängte, die neuen Ideen an andere weiterzugeben. In idealer Weise hat dies Thukydides in der Grabrede des Perikles ausgesprochen: „Athen ist eine Erziehungsstätte für ganz Griechenland" (2, 41, 1). In der politischen Praxis konnte dieses Gefühl sehr viel häßlichere Züge tragen; in ihr verband sich die schöne Idee, die anderen Griechen an dem Segen demokratischen Lebens teilhaben zu lassen, mit dem Gedanken, die Untertänigkeit der Bundesstaaten durch die gewaltsame Einführung der Demokratie bei ihnen zu sichern: Die „Erziehung" der Griechen erfolgte mit Gewalt und Terror und hinterließ allerorts ihre blutigen Spuren.

In den modernen Demokratien ist die politische Aktivität ein Wert, weil der einzelne Bürger auf Grund der Bedingungen der Massendemokratie, die ihm nur einen eingeschränkten Anteil an dem Gemeinschaftsleben, insbesondere an den Entscheidungsprozessen einräumen, zur politischen Trägheit neigt und in einem Gefühl der Ohnmacht gegenüber den bestehenden politischen Verhältnissen die ihm gebliebenen Möglichkeiten der politischen Betätigung gern vernachlässigt. Für die Athener war sie der

Ausdruck der gewonnenen Freiheit, die zugleich eine neue Lebensform bedeutete. Die politische Aktivität war in Athen ein konstitutives Element der Demokratie; ohne sie gab es keine Demokratie.

## 2. Der Bürger als Träger der staatlichen Aktion

Athen war eine unmittelbare Demokratie, das heißt, die Entscheidungen wurden nicht von gewählten repräsentativen Organen, sondern von dem gesamten Volk, nach unserer Terminologie „plebiszitär" getroffen. Bei allen Abstimmungen entschieden demnach die Athener über die anstehende Sache stets selbst; es ging bei ihnen nicht, wie in den modernen Massendemokratien, lediglich um die Wahl derjenigen, welche die Entscheidungskompetenz ausüben sollten.* In Athen ist die Unmittelbarkeit der Demokratie dadurch besonders rein durchgeführt, daß auch die für alle politischen Organisationen notwendigen Organe der Ausführung, also vor allem die allgemeine Regierung, die Rechtsprechung und Verteidigung, der Idee nach von allen besetzt werden sollten, faktisch von einem relativ hohen Prozentsatz der Bürger übernommen wurden. Die Beamten und der Rat sowie die großen Geschworenenhöfe zeugen von dem Bemühen, die Wirklichkeit mit der Idee in Einklang zu bringen. 700 Beamte und 500 Ratsmitglieder wurden jährlich benötigt, viele hundert, bisweilen weit über tausend Richter saßen täglich in den Gerichtshöfen.

Der Charakter der unmittelbaren Demokratie in Athen ist weiter dadurch geprägt, daß das Volk bei seinen Entscheidungen und Urteilen nicht nach ständischen Gruppen gegliedert war, welche die Interessen von Berufsgruppen oder sozialen Schichten vertreten und eine soziale und ökonomische Gleichheit der Bürger erstrebt bzw. bekämpft hätten. Von der Grundidee der Demokratie her war die Interessenvertretung sogar, wie wiederholt bemerkt wurde, ausgeschlossen; die Demokratie wurde gerade als eine Gemeinschaft der ausschließlich politisch, das heißt „nur" in der Ausübung der politischen Rechte gleichen Bürger definiert.

---

* Da in den modernen Demokratien Vertreter von Parteien, die sich mit festen Sachprogrammen zur Wahl stellen, gewählt werden, legt zwar auch heute das Volk die allgemeinen Richtlinien für die Entscheidungskompetenz fest; aber insofern die Programme der verschiedenen Parteien sich immer stärker angleichen, wird die Entscheidungs- und damit Sachkompetenz doch zunehmend bei den gewählten Repräsentanten monopolisiert.

Es liegt zwar in der menschlichen Natur, daß die Idee in ihrer Reinheit
nicht verwirklicht werden kann und die Entscheidungen somit auch in
Athen tatsächlich oft von besonderen Interessen einzelner Berufsgruppen
und durch die soziale Rangstellung beeinflußt wurden. Die Redner und
Komödiendichter tadeln öfter die Neigung der Richter, reiche Leute
abzuurteilen, und bei Prozessen wurde von den Parteien gelegentlich auf
besondere *pressure groups* direkt hingewiesen; so geißelt Demosthenes die
Praktiken der Steuerverbände bei den Abstimmungen in der Volksversammlung (2, 29), und in einer von Lysias verfaßten Gerichtsrede (22)
werden mit Nachdruck die Interessen der (meist nicht athenischen)
Getreidegroßhändler gegen die Kleinhändler vertreten. Aber wie stark ein
solcher Einfluß im einzelnen auch immer war, er trat in dem Aufbau der
politischen Organisation nicht in Erscheinung. Im Prozeß der Willensbildung stehen in Athen anstelle von Parteien, Berufsgruppen oder anderen
Interessenvertretungen die jeweiligen politischen Führer (Demagogen,
Redner, Strategen), die von ihren – teils in Klubs locker organisierten –
Freunden und Anhängern unterstützt werden und im übrigen auf wechselnde Mehrheiten angewiesen sind. Die Willensbildung ist folglich viel
weniger organisiert und formalisiert als heutzutage. Aber sie ist darum
auch weniger berechenbar. Denn weil die Entscheidung in der Volksversammlung nicht durch feste Gruppierungen präformiert ist, kann durch
unvorhergesehene Ereignisse, Stimmungen oder auch durch die Überzeugungskraft eines Redners der errechnete Erfolg ausbleiben. Gegenüber
der politischen Praxis in den modernen, repräsentativen Demokratien hat
diese Form der Meinungsbildung aber einen unüberschätzbaren Vorteil:
Die Volksversammlung bleibt wirklicher Souverän und entartet nicht zu
einer reinen Addiermaschine anderswo gefaßter Beschlüsse.
Athen war keine egalitäre Demokratie; politischer Aufbau und soziale
Schichtung standen unverbunden nebeneinander. Da wir heute solche
Verhältnisse nur schwer nachempfinden können, sind wir geneigt, von
einer starken Spannung zwischen der politischen Organisation und den
gesellschaftlichen Kräften zu sprechen, und würden vermuten, daß die
Spannung zur Entladung drängte, zumal in den Organisationsformen –
Volksversammlung, Rat und Geschworenenhöfe – das Instrument für
eine Lösung der Spannung zur Hand war. Wir neigen um so mehr dazu,
als wir auf Grund der modernen Staatenentwicklung gewohnt sind,
zwischen Staat und Gesellschaft zu scheiden und darum diese Spannung
als ein Herrschaftsverhältnis zu interpretieren vermögen, in dem der Staat
die Entfaltung der gesellschaftlichen Kräfte unterdrückt: Muß nicht eine
Demokratie, die Freiheit und Gleichheit auf ihre Fahnen geschrieben hat,
in einer Weiterentwicklung des Freiheits- und Gleichheitsbegriffs alle

Probleme der Gesellschaft aufgreifen wollen? Die Athener haben nicht daran gedacht; es läßt sich in den 150 Jahren der Blüte der Demokratie keine Spur sozialrevolutionärer Politik nachweisen. Die soziale Spannung war selbstverständlich bewußt; aber in der Politik hob sie sich in der Feststellung auf, daß arm und reich in gleicher Weise an den Entscheidungen beteiligt seien. Was immer an sozialen Ressentiments auf den Beschluß oder das Gerichtsurteil einwirken mochte: Es war nicht Gegenstand der Politik. Die sozialen und wirtschaftlichen Verhältnisse wurden nicht angerührt.

Eine Demokratie, in der alle Beschlüsse und Urteile von allen gefällt und mit wenigen Ausnahmen alle Ämter von allen übernommen werden, kann für die Ausübung der politischen Tätigkeit kein Fachwissen voraussetzen. Für die Urteilsfähigkeit genügt daher in Athen der „gesunde Menschenverstand"; als die dem gemeinen Mann zukommende (oder ihm zugesprochene) Fähigkeit, unverbildet und „richtig" zu entscheiden, diente er sogar der Rechtfertigung der Massenherrschaft (o. S. 257 f.). Spezialwissen haben demnach weder die Beamten noch die Richter, weder die Ratsherren noch die Gesandten. Es gab nicht den ausgebildeten Berufsbeamten, nicht den Juristen, Berufssoldaten und Finanzfachmann. Wenn in Athen einige Finanzbeamte nur aus dem Kreis der Wohlhabenden gewählt wurden, dann nicht deswegen, weil sie mehr Wissen, sondern weil sie Vermögen hatten, an dem man sich bei Unterschlagung schadlos halten konnte. Lediglich die höheren militärischen Chargen, insbesondere die Strategen, wurden in aller Regel ihrer Fähigkeit wegen gewählt. Brachte der Athener für seine politische Tätigkeit keine speziellen Kenntnisse mit, hatte er doch durch die ständige Beschäftigung mit Politik eine klare Vorstellung von dem politischen Aufbau seiner Stadt und auch eine ungefähre Übersicht über die wichtigen Sachfragen. Vor allem wurde er durch seine Teilnahme an den vielfältigen Geschäften seines Heimat-Demos und seiner Phyle (s. o. S. 81 ff.) in die öffentlichen Angelegenheiten eingeführt; der lokale Demos war in vielem eine Art „Klein-Athen" und die Arbeit in ihm oft, wie z. B. bei der Prüfung und Repräsentation von Amtskandidaten, direkt mit dem politischen Leben auf dem Markt verbunden. Alle Athener, nicht nur die in der Stadt lebenden, lernten auf diese Weise die Grundlagen der demokratischen Organisationsformen, die Rechtsfragen und anstehenden Sachprobleme kennen und erhielten darüber hinaus hier auch die für die Urteilsbildung oft unentbehrlichen Informationen über Personen. Was dem Athener im aktuellen Fall an Information fehlen mochte, hörte er in der Volksversammlung von den Demagogen, bei Gericht von den Prozeßparteien. Da diese Informationen naturgemäß parteiisch gefärbt waren, auf jeden Fall wegen des Parteienstandpunktes eine objektive Darlegung der zur Verhandlung stehenden Sache selbst aus Rede und Gegenrede, die immerhin Hinweise auf die wahren Hintergründe liefern mochten, nicht ohne weiteres gegeben war, konnte im aktuellen Fall die Abhängigkeit von den Informanten groß sein. Sie wurde indessen durch den Umstand gemildert, daß ein Athener im Laufe seines Lebens demselben Sachgegenstand meist öfter begegnete, also Wissen ansammelte und durch den Umgang mit den Dingen eine gewisse Urteilsfähigkeit erwarb. Zudem waren die Lebensbedingungen in Athen nicht so kompliziert wie heutzutage. Die Rechtsverhältnisse lernte der Athener bald zu übersehen. Und wo er besondere, nur aus der gegebenen Situation erfahrbare Informationen benötigte, half ihm die relative Übersichtlichkeit der Stadt. Man erfuhr auch vieles Wissenswerte von dem Nachbarn, Freund und Bekannten schon deswegen, weil die Politik das Betätigungsfeld aller und jeder an Informationen interessiert war. Die Beeinflussung durch Interessenvertreter oder durch Stimmungen des Tages, ferner bewußte Fehlinformationen und Selbsttäuschungen, die zu einer falschen Einschätzung der Lage führen konnten, waren kaum größer als in unserer von Informationen überfluteten Welt. Der Athener besaß also das, was wir politische Bildung nennen, ohne sie zu lernen. Er hatte sie als Konsequenz seiner besonderen, der athenischen Form der Demokratie.

Man hat bei dem Urteil über den Charakter der athenischen unmittelbaren Demokratie ferner zu berücksichtigen, daß die persönliche Nähe der Athener zueinander nicht nur den Informationsfluß stärkte, sondern gerade durch die Personenkenntnis auch die Ansichten oder die persönliche Ausstrahlung einzelner u. U. besonders stark auf die Urteilsbildung wirken konnten. Auf der anderen Seite war die Nähe aber auch wiederum nicht so groß, daß jedes Urteil im vorhinein von der persönlichen Konstellation bestimmt worden wäre. Attika war ein großes und volkreiches Land, in dem die Kenntnis voneinander möglich, teils auch unumgänglich, aber nicht in jeder Situation für alle voraussetzbar war. Es wurde bereits gesagt (S. 52 f.), daß die relativ starke Bevölkerung in Attika die Entstehung der Demokratie überhaupt erst ermöglicht hat; denn nur dann, wenn der Wille des Demos in sich selber, und das heißt, prinzipiell unabhängig von den persönlichen Bindungen des einzelnen, bestehen kann, ist die Herrschaft der Menge und also Demokratie möglich.

Die bisherigen Überlegungen zu der Beschaffenheit der politischen Gesellschaft haben die Frage nach der Existenz einer politischen Elite ausgespart. Von der Idee der Demokratie als einer Herrschaft der Gleichen her gesehen, bedeutete eine Elite den direkten Widerspruch gegen den Sinn der Verfassung; zahlreiche Organisationsprinzipien, vor allem die Losung, sind eingerichtet worden, um deren Bildung unter allen Umständen auszuschließen. Tatsächlich hat sich während der gesamten Klassischen Zeit auch keine politische Elite im Wortsinne formieren können. Das erschwerte schon der Umstand, daß es keine ständischen Gruppierungen gab, deren Repräsentanten als Sprecher einer größeren Anzahl von Personen hätten auftreten und ihre Stellung eventuell in ihrer Familie hätten vererben können. Auch die Bedeutungslosigkeit des Fachwissens für die politische Tätigkeit verhinderte das Vordringen einer durch Bildung und Wissen ausgezeichneten Schicht. Die Institutionen der Demokratie boten ebenfalls keinen Ansatz dazu; denn die Sprecher in der Volksversammlung, an die man hier vielleicht denken könnte, waren an keine Gruppe gebunden. Im 4. Jahrhundert können wir dann allerdings beobachten, daß die Reichen, insbesondere seit sie in den Steuerverbänden organisiert waren, einen gewissen Druck ausübten. Eine Elite waren sie damit nicht, allenfalls eine Interessengruppe. Der politische Einfluß in Athen war an eine individuelle Leistung gebunden, die nicht vererbbar war, und selbst die Leistung eines einzelnen wurde mit Mißtrauen verfolgt, wenn mit ihr zuviel Macht gewonnen wurde. Bedeutende Politiker Athens, und sie alle gewiß gute Demokraten, wie Perikles, Nikias und Hyperbolos, mußten Anklagen über sich ergehen lassen. Die Struktur der im politischen Raum tätigen Gesellschaft erstickte alle Ansätze zur Elitebildung. Elitär dachten lediglich die Feinde der Demokratie, die sich in politische Klubs zurückgezogen hatten (s. u. S. 337 f.), und natürlich die nachsokratische Philosophie, deren Abneigung gegen den demokratischen Geist weniger aus dem Erlebnis des Sokrates-Prozesses als aus den Voraussetzungen ihres philosophischen Denkens gespeist wurde.

Mit der Feststellung, daß die athenische Demokratie keine politische Elite kannte, ist indessen nicht alles gesagt. In der Gesellschaft der politisch Gleichen haben sich trotz aller Barrieren F o r m e n  d e r  p o l i t i s c h e n F ü h r u n g und Abhängigkeiten gebildet und auf den Prozeß der Willensbildung gewirkt. Sie existierten selbstverständlich außerhalb der institutionalisierten demokratischen Ordnung und sind darum für uns nicht leicht greifbar. Gestützt und gefördert wurden solche Bindungen vor allem durch den Umstand, daß sich soziales Prestige zwar theoretisch, aber nicht tatsächlich aus dem politischen Raum ausklammern ließ und also in ihn hineinwirken mußte. Vor allem die kleine, nicht nur durch Vermögen, sondern auch durch adlige Herkunft ausgezeichnete Schicht hat es verstanden, ihr Ansehen bei den Massen zu erhalten. Das hatte verschiedene Gründe. Man hat sich zunächst zu vergegenwärtigen, daß die Demokratie nicht in einem revolutionären Umsturz die Aristokratie beiseite gestoßen und sich an ihre Stelle gesetzt hat. In der Vorstellung der

Athener waren vielmehr die neuen Schichten in die herrschende Schicht aufgestiegen: Zunächst fühlten sich die Schwerbewaffneten, seit den Perserkriegen dann alle Athener in der politischen Nachfolge der Aristokraten, übernahmen entsprechend auch manche Gewohnheiten des Adels, wie z. B. bestimmte, früher auf die Adligen beschränkte Kulte, schufen sich eine demokratische Identität — entsprechend dem Patronymikon der Aristokraten — durch das Demotikon und schmückten sich mit denselben ehrenden Beiwörtern, die einst ausschließlich den Adligen vorbehalten gewesen waren.

Es überrascht daher nicht zu sehen, daß manche alte Adelsfamilien die ganze Klassische Zeit hindurch in beinahe ungebrochenem Ansehen standen. Gelegentlich war allerdings das Mißtrauen stärker als der Respekt, und man vergaß auch nie, daß die Gleichheit dem Adel hatte abgetrotzt werden müssen. Für adlige Politiker schlug bei Anklagen oder Abstimmungen über Verbannung (Ostrakismos) unter Umständen gerade ihre Abstammung ungünstig zu Buch. Ebenso konnte eine allzu hochfahrende Art als aristokratische Gesinnung gebrandmarkt und also darin etwas Negatives, Antidemokratisches gesehen werden. Andererseits konnten die Athener voll Bewunderung von dem Adel und seiner Lebensart sprechen und konnte der Komödiendichter Eupolis in der Zeit des Peloponnesischen Krieges die Athener geradeheraus dazu auffordern, zu Strategen Männer aus gutem Hause und nicht solche aus der Gosse zu wählen (fr. 103 E = 117 K), sowie ganz ähnlich Aristophanes in der trostlosen Endphase dieses Krieges den Athenern zurufen, sie sollten doch endlich wieder den edlen und gebildeten Männern anstatt den Schurken und Hergelaufenen Gehör schenken („Frösche" 727 ff.; 405 aufgeführt). Adliges Benehmen und vornehme Tracht waren große Mode, und manchen Repräsentanten vornehmer Familien liefen die Athener geradezu hinterher. Der Hochschätzung des Vornehmen entsprach eine nicht selten zu beobachtende Geringschätzung des kleinen Mannes, der zwar König auf dem politischen Parkett der Demokratie war, aber in der Gesellschaft wenig galt. So können es sich Dichter und Redner leisten, vor der Menge der Zuschauer bzw. der Richter den Niedriggeborenen eben wegen seiner Herkunft verächtlich zu machen, kann Aristophanes in seinen „Rittern" Kleon und andere Volksführer als kleine Händler hänseln und Demosthenes die Brüder seines Gegners Aischines als Maler von Salbenbüchsen und Trommeln, als Schreiberlinge und ganz gewöhnliche Leute herunterputzen (19, 237). Man lebte in Athen als reicher und vornehmer Mann nicht völlig ungefährdet; in gewissen Situationen mochte die Mehrheit der ärmeren Bürger dahin neigen, sich an den Vermögenden schadlos zu halten und sie als Sündenböcke hinzustellen.

Aber sie hoben sich aus der Gesellschaft der Gleichen heraus, und man beachtete sie.

Bei dem Mangel jeglicher ständischer Gruppierung und angesichts des Fehlens einer Elite besaßen die sozial und ökonomisch Bessergestellten einen unverhältnismäßig großen Einfluß auf die politische Führung oder, genauer gesagt: sie behielten ihn jedenfalls bis zu einem gewissen Grade. In den ersten Jahrzehnten der Demokratie, als sich bei den Athenern das Bewußtsein, in einer neuen Ordnung zu leben, erst langsam einstellte, hatten die Aristokraten noch wie selbstverständlich die Führungsstellen besetzt, zunächst als Archonten, dann als Strategen und Demagogen. Themistokles, Miltiades, Aristides, Xanthippos, Kimon und Perikles, um nur die berühmtesten zu nennen, stammten aus den ersten Familien. Die Fähigkeit zur Rede war damals noch weitgehend an die Zugehörigkeit zu den alten politischen Kräften gebunden gewesen, und auch die alten Herrschaftsstrukturen waren noch nicht völlig zerbrochen; der adlige Archont oder Demagoge hatte zudem den Anhang seines ganzen Clans aktivieren können. Nachdem sich jedoch die Phylenordnung des Kleisthenes durchgesetzt hatte und in den politischen Gremien, vor allem im Rat und in den Gerichten, alle Bürger unterschiedslos („gemischt") vertreten waren und also die Gefolgschaft der Vornehmen in dieser Mischung aufgegangen war, änderten sich auch die Strukturen des Willensbildungsprozesses. Der einzelne Adlige mußte nunmehr für jede Aktion seinen Anhang erst schaffen. Es genügte bei der großen Menge nicht immer mehr der Hinweis auf die adlige Herkunft; die Bürger mußten mit Sachargumenten gewonnen werden. Das waren selbstverständlich keine Programme für die Neugestaltung der Zukunft, sondern sie betrafen aktuelle, unter Umständen auch längerfristige Probleme vor allem außenpolitischer Natur, gelegentlich aber auch innenpolitische Fragen, wie z. B. den Bau von Tempeln oder Befestigungsanlagen. Der Politiker mußte sich dabei auf wechselnde Anhängerschaften stützen, suchte sich aber naturgemäß einen festen Kern von Helfern aus Familien und Freunden und aus denen zu schaffen, die seiner politischen Linie zustimmten. An die Stelle der Adligen traten dann seit der Mitte des 5. Jahrhunderts auch Männer einfacher Herkunft. Die Gewinnung und Erhaltung der Macht gaben ihnen dieselben Probleme auf wie den Vornehmen, abgesehen davon, daß ihnen wegen ihrer Herkunft kaum ein nennenswerter Anhang aus ihrer Familie zufloß. Die Willensbildung hat sich unter den Demagogen niedriger Herkunft im Prinzip kaum anders als unter den vornehmen Herren vollzogen. Für Themistokles und Perikles galten dieselben harten Regeln für die Gewinnung von Anhängern wie für Kleon und Hyperbolos. Aber die letzteren hatten es doch schwerer. Den Vornehmen empfahl

seine Herkunft, den Niedrigstehenden stand sie im Wege, und in der Tat
hat es unter den Politikern verhältnismäßig wenig Emporkömmlinge
gegeben. Nach der Mitte des 4. Jahrhunderts, als die Kraft der Demokratie
allmählich zu schwinden begann, nahm der Einfluß der Vornehmen und
Reichen sogar noch zu; der Rat und die hohen Beamtenposten scheinen
damals überwiegend mit Personen zumindest des Mittelstandes besetzt
worden zu sein, und im Jahre 330 klagt Aischines in seiner Rede gegen
Ktesiphon, daß die breite Masse, die durch Gesetz und Entscheidungsgewalt König in der Stadt sei, die Regierung wenigen überlasse (3, 233–234).
In der Gesellschaft der Gleichen haben die alten Kräfte nicht völlig
abgedankt. Allerdings hatten sich die Formen, in denen sie Einfluß hatten,
gegenüber der Zeit aristokratischer Herrschaft geändert. Sie traten nicht
als Gruppe auf; das verhinderte der politische Aufbau der Demokratie. Sie
wirkten als einzelne oder in kleinen Gruppen, und sie mußten sich ihre
Anhängerschaft immer neu zusammensuchen.
Wer nicht nur den durch die Institutionen und Gesetze geregelten rein
formalen Willensbildungsprozeß, sondern ebenso die faktisch in ihn
hineinwirkenden sozialen Kräfte im Auge hat, wird auch über die Bedeutung des von unseren Quellen oft benutzten Gegensatzpaares a r m  u n d
r e i c h nachzudenken haben. Aristoteles hat bekanntlich in seiner „Politik" Armut und Reichtum als Kriterium zur Unterscheidung von Demokratie und Oligarchie genommen, und in einem entscheidenden Passus
des dritten Buches konstatiert er sogar, daß nur die ökonomische Situation, nicht auch die Zahl derjenigen, welche die politische Macht haben,
ein Kriterium für die Verfassungen bilden könne, die Zahl vielmehr —
auch wenn gewöhnlich die Reichen nur wenige und die Armen die
Mehrheit sind — als etwas rein Zufälliges anzusehen sei: „Dadurch dürfte
wohl klar sein . . ., daß dasjenige, wodurch sich Demokratie und Oligarchie
voneinander unterscheiden, Armut und Reichtum sind und notwendigerweise überall da, wo mittels Reichtum regiert wird, möge es nun die
Minderzahl oder die Mehrzahl sein, dies eine Oligarchie, wo aber die
Armen regieren, eine Demokratie ist" (1279 b 39 — 1280 a 4). Die begriffs-
logische Überspitzung des Aristoteles kennen die anderen Quellen nicht.
Sie ist aber insofern interessant, als sie der gedankliche Endpunkt einer
allgemeinen Überzeugung ist, daß in der Demokratie die Armen (die in
aller Regel in der Mehrzahl sind), in der Oligarchie die Reichen (gewöhn-
lich die Minderzahl) regieren. Sie finden wir in der ganzen Klassischen
Zeit bei Historikern und in politischen Streitschriften ebenso wie bei
Dichtern; nur selten ist, wie in den „Hiketiden" des Euripides (238–245)
und bei Aristoteles, noch eine dritte, mittlere Gruppe hinzugefügt. Der
Verfassungstypus ist hier durchaus vom Ökonomischen her gedacht.

Wenn aber „Demokratie" in dieser Definition als die Herrschaft der Armen verstanden wird, kann auch der Begriff „Demos" nur die Armen bezeichnen. In der Tat ist diese Bedeutung gegenüber derjenigen, die in ihm alle armen und reichen Bürger der Stadt zusammenfaßt, vielleicht sogar die primäre. In aller Schärfe stellt z. B. der Autor der ps.-xenophontischen Schrift vom Staat der Athener den *dēmos* und die Armen den Wohlhabenden, für die er mehrere Bezeichnungen hat, gegenüber (vgl. nur 1, 2). Wir haben dabei allerdings zu bedenken, daß die Verwendung der Kriterien arm und reich für die beiden Verfassungstypen in aller Regel bereits eine Kritik an der Demokratie enthält, und es ist darum auch gewiß kein Zufall, wenn wir sie vor allem bei den Kritikern der Demokratie finden. Aber auch abgesehen von der Kritik dürfen wir unterstellen, daß jedem Athener beim Anblick der Demokratie der Gedanke kommen konnte, daß die Armen regierten, und in der Tat haben wir denn auch z. B. bei Aristophanes viele Hinweise in dieser Richtung. Es ist jedoch eine Sache, dies festzustellen, eine andere, es zum Fundament eines Klassengegensatzes zu machen, der die politische Willensbildung bestimmt hätte. Gewiß gab es in politisch gespannten Zeiten Situationen, in denen vor allem bei der Abstimmung in den Geschworenenhöfen unterschwelliger Haß oder Neid auf die Wohlhabenden hineingespielt hat. Aber die ökonomische Situation eines Atheners war im Normalfall kein Kriterium des Urteils und sollte es nach der Idee der Demokratie ja auch gerade nicht sein, und ein Überblick über die Geschichte der Demokratie zeigt deutlich, daß die Idee von der Wirklichkeit jedenfalls nicht so weit abwich, daß der soziale Konflikt ein charakteristisches oder gar konstitutives Element des politischen Alltags gewesen wäre. In der Klassischen Zeit hat niemand in Athen die Neuaufteilung des Bodens oder die Streichung der Privatschulden beantragt, obwohl zu aller Zeit in der Volksversammlung die Zahl der Armen die der Reichen, ja sogar die Zahl aller derjenigen, die den Zensus für den Dienst als Schwerbewaffnete besaßen, überstiegen hat. Niemand läuft Gefahr, die athenische Demokratie zu idealisieren, der als Mindestbehauptung die Feststellung wagt, daß die ökonomische Situation auch in der Verfassungswirklichkeit keinen entscheidenden Faktor der Politik gebildet hat.

Um sich eine angemessene Vorstellung von der politischen Praxis in Athen zu machen, muß man sich auch vergegenwärtigen, daß die politische Ordnung nicht durch einen bürokratischen Apparat gestützt wurde. Die Bürokratie fehlte nicht nur in Städten mit demokratischer Verfassung; aber die Demokratie vermochte eine solche doch am allerwenigsten zu schaffen, weil es in ihr keine lenkende Zentrale gab. Abgesehen davon scheiterte ihre Einführung schon an den finanziellen Möglichkeiten einer jeden griechischen Stadt. Der Mangel eines ordnenden und regulierenden Apparates erzwang die stärkere Aktivität des einzelnen, die in einer ganzen Reihe von formalisierten Handlungsmustern die bei uns von dem staatlichen Apparat oder doch unter seiner Mithilfe geleisteten Dienste zu ersetzen hatte. Das zeigte sich z. B. bei der Ratifizierung von Verträgen, die meist vom Rat und den höchsten militärischen Beamten, auch von allen Beamten und von den Geschworenen und gelegentlich sogar von der gesamten Bürgerschaft beschworen wurden; die Idee einer etablierten Repräsentation, die den Souverän vertreten hätte, gab es eben nicht. Die Vermögenseinschätzung, um ein anderes Beispiel zu nennen, nahmen in Ermangelung von Finanzämtern die Bürger selbst vor, und es ruhte also die Besteuerung und die Übertragung von Leiturgien auf der Selbsteinschätzung. Die Kontrolle über sie mußten ebenfalls wieder die Bürger selbst vornehmen, und das taten in aller Regel diejenigen, die von einer falschen Angabe besonders betroffen wurden, bei der Leiturgie etwa derjenige, der nach seiner subjektiven Meinung für einen Vermögenderen die Leistung übernehmen sollte; der Streit wurde in einem formellen Verfahren *(antidosis)* ausgefochten, in dem der mit der Leiturgie Beauftragte und der von diesem als Drückeberger Bezeichnete die Parteien bildeten. Bei allen Prozessen hatten ferner die Parteien selbst für die Beweismittel und Zeugen zu sorgen; kein Richter schleppte in Athen die Gesetzbücher herbei oder zitierte die Zeugen. Den Erfolg bei Gericht sicherte allein die Initiative, die energische Durchführung der Sache und eine kluge Strategie. Wie man sieht, hing die Effektivität der Gesetze von dem Einsatz der Bürger ab, ja ohne diesen war das Gesetz hilflos.

Die Selbsthilfe betraf nicht nur den privaten, sondern auch den öffentlichen Bereich, in dem es keine für den Schutz der Ordnung zuständige Behörde gab. Für die Verfolgung von Verbrechen hatten zunächst nur der Verletzte selbst oder seine nächsten Verwandten zu sorgen; auch hier fehlte die staatliche Verfolgungsbehörde. In der Demokratie ist das Prinzip der Eigeninitiative jedoch überall dort, wo ein öffentliches Interesse vorhanden war, auf alle Bürger erstreckt worden: Jeder Athener, der wollte, hatte die Möglichkeit der Klageerhebung (Popularklage). Hier wird der Bürger unmittelbar in die Verantwortung für die Gemeinschaft gezogen; denn er streitet nicht mehr für seine persönlichen Belange, sondern für die aller und nur insoweit für die eigenen, als er selbst ein Teil des Ganzen ist. Die Klageerhebung wird denn auch ausdrücklich als eine Hilfe für die Gesetze bzw. für die Stadt oder das Volk bezeichnet. Der Bürger handelt hier nicht als Teil eines Apparates, sondern als unmittelbar Betroffener, der seine Interessen als Souverän wahrnimmt. Es kann selbstverständlich auch ein Beamter oder ein Ratsmitglied eine Klage einreichen; aber dieser handelt auch dann, wenn er etwa wie der Prytane bei einer Klage wegen Hochverrats von seiner Funktion her in einem höheren Grad zuständig ist, doch nicht als der für die Einreichung der Klage kompetente Funktionär, sondern als Bürger. Das Verfahren bleibt dabei ganz im Rahmen des Parteienprozesses: Der Kläger wird nicht Staatsanwalt; er sammelt selbst die Beweise und verficht vor dem Gericht seinen Standpunkt als den einer streitenden Partei. Ein System, das die gerichtliche Verfolgung aller Straftaten und übrigen Handlungen von öffentlichem Interesse an die Privatinitiative bindet, ist darauf angewiesen, daß sich stets ein Bürger findet, der die Anstrengungen und Anfeindungen, die mit einer öffentlichen Klage verbunden sind, auf sich nimmt und auch die Gefahr einer Gegenklage nicht scheut. Das ist gewiß nicht immer gegeben, und darum hat die Demokratie dafür gesorgt, daß der erfolgreiche Ankläger bei einer Reihe von öffentlichen Klagen mit einer Belohnung rechnen durfte, wenn er Erfolg hatte. Die Prämie wurde aus den bei einer Verurteilung fälligen Geldern (Prozeßbuße; Vermögenskonfiskation usw.) gezahlt und war je nach dem Klaggegenstand verschieden hoch: Sie konnte die Hälfte, ein Drittel oder auch drei Viertel der strittigen Summe betragen.

An das Ende der Gedanken über den Bürger als Träger der politischen Aktion sei die Frage gestellt, wie denn der Kreis der Bürger begrenzt worden ist. Wer gehörte dazu, wer stand außerhalb? Gab es eine scharfe, allen zu jeder Zeit bewußte Grenzlinie zwischen dem Bürger und dem Nichtbürger? Wenn die Masse Souverän ist, muß doch genau wie in Städten, in denen die Zugehörigkeit zu den Herrschenden sich nach der Herkunft oder dem Vermögen bemißt, klar sein, wer zu dieser Masse gezählt werden muß. In Athen hat im 6. Jahrhundert, als zunächst noch durch die adlige Herkunft, dann durch den Besitz eines bestimmten Einkommens das politische Recht an einen begrenzten Personenkreis gebunden war, das Problem der Gruppenzugehörigkeit nicht bestanden; angesichts der überschaubaren Verhältnisse dürfte es kaum zu Streit in dieser Frage gekommen sein. Der einzelne war durch seine Familie identifiziert, die in der Regel seit undenklichen Generationen in den politischen Gliederungen der Stadt – in Demos, Phratrie und Phyle – organisiert und den Genossen dieser Gliederungen bekannt war. Auch nachdem das politische Recht über die Angehörigen der Zensusklassen hinaus auf alle Athener, sogar auf die ärmsten erstreckt worden war, dürfte trotz der damit verbundenen Vermassung die Frage der Zugehörigkeit zum Kreis der politisch Berechtigten kaum sehr aktuell gewesen sein. Die

politische Organisation baute auf den Demen auf, und in ihnen war die
persönliche Kenntnis voneinander gegeben. Die Einstellung zu der Frage
begann sich erst zu ändern, als die Demokratie als eine neue Form der
Herrschaft bewußter überdacht, sie auch nach außen hin als Herrschaft
über fremde Staaten erkannt wurde und die mit ihr verbundenen Vorteile,
wie die Diäten und die Verteilung von Getreide und Land, sichtbarer
geworden waren. Der Kreis der Politen wurde damit zwar nicht unüber-
sichtlicher, aber die Neigung, in ihn einzudringen, größer. Die Bürgerrechtsverleihung war damals allerdings noch kein gebräuchliches Instrument, um einen Fremden in den eigenen Bürgerverband aufzunehmen;
die Ablösung des Bürgerrechts oder von Teilen desselben von dem
Bürgersein und seine Verselbständigung als ein an jedermann übertrag-
bares Recht erfolgte in einem langen Prozeß, der im 5. Jahrhundert gerade
erst begonnen hatte. Bürger war man allein durch seine Abkunft, das heißt
durch die Zugehörigkeit zu einer alteingesessenen Familie, und es war
daher die Aufnahme von Nichtbürgern nur über die Familie, also durch
Einheirat (und durch Adoption) möglich, und sie war naturgemäß auf die
Frauen beschränkt: denn der von auswärts kommende oder in Attika
ansässige Fremde wurde nicht damit, daß er eine Athenerin heiratete und
in Attika wohnte, ein Athener, sondern blieb Fremder. Der Aufschwung
Athens nach Herausbildung der Demokratie, der die Stadt zu einem
Zentrum der griechischen Welt machte, muß indessen trotz der beschränkten Möglichkeiten, den Status eines Atheners zu erwerben, einige
Unsicherheit oder doch zumindest den Wunsch nach genauer Regelung
der Bürgerrechtsfrage gebracht haben. Denn im Jahre 451/50 brachte
Perikles ein Gesetz durch, nach dem nur Athener sei, dessen beide
Elternteile Athener waren. Was immer Perikles an besonderen Motiven
für die Einbringung des Gesetzes gehabt haben mag, es dürften auch das
zunehmende politische Selbstbewußtsein, das auf der tätigen Teilnahme
am öffentlichen Leben beruhte, und die ebenso gerade zur Zeit des
Perikles gewachsene Privilegierung der Athener durch materielle Vorteile
den allgemeinen politischen Hintergrund für den Vorschlag und die
Annahme des Gesetzes gebildet haben. Es waren also das Selbstwertge-
fühl des Demokraten, die machtpolitische Stellung Athens und der daraus
fließende Gewinn, die zu einer genaueren Abgrenzung der Bürgerschaft
geführt haben. Da das Bürgerrecht damals noch nicht als ein vom Bürgerstatus ablösbares Recht begriffen und somit auch nicht einfach übertragen
werden konnte, war der Kreis der Bürger mit diesem Gesetz auf Dauer
festgelegt, und die Athener waren somit eine exklusive Gesellschaft
geworden. Es wäre verkehrt, diese Bürgerrechtspolitik als besonders
engstirnig oder egoistisch anzuprangern. Jede griechische Stadt ist zu-

nächst ein in sich geschlossener Kult- und Rechtsverband, in dem die Unterscheidung zwischen dem Bürger *(astós)* und dem Fremden *(xénos)* ein konstitutives Element ihres staatlichen Seins bildet. Aber der nun gesetzlich verfügte Ausschluß aller mit Athenern verheirateten Frauen und deren Kinder vom Bürgerverband bedeutet doch gegenüber der älteren Zeit die Verschärfung einer früher laxeren Auffasssung. Sie ist als Konsequenz der neuen politischen Ordnung und ihrer ganz andersartigen Formen zu sehen, welche die Abgeschlossenheit der Bürgerschaft, wenn nicht erzwangen, so doch nahelegten.

### 3. Das politische Klima

Die rege Aktivität und die grundsätzliche Öffentlichkeit der Verhandlungen brachten allen Athenern tagtäglich zahlreiche Gelegenheiten zu persönlichem Engagement, zu Diskussionen und Urteilen über Personen und Sachen. Insbesondere zwangen die zahllosen Prozesse, die jeden Tag Hunderte und Tausende auf die Richterbank führten, zur Stellungnahme zu den vielfältigsten Angelegenheiten. In den Augen vor allem auch der ausländischen Beobachter konnte das politische Klima darum gerade im Vergleich zu anderen griechischen Städten als überhitzt, oft nahe dem Siedepunkt befindlich erscheinen, und man mußte gewärtig sein, daß dieser Punkt sehr leicht auch überschritten wurde. Beispiele für eine politische Explosion, die alle Schranken von Recht und Gesittung beiseite stießen, hatten Kritiker leicht zur Hand. Die Exzesse nach dem sogenannten Hermokopidenfrevel von 415, als sich eine Prozeßflut über Athen ergoß, der Arginusenprozeß von 406, in dem gegen Recht und Herkommen alle Feldherren pauschal zum Tode verurteilt wurden, der Prozeß gegen Sokrates oder der grausige Befehl zur Niedermetzelung aller männlichen Einwohner von Mytilene, das vom Seebund abgefallen war, im Jahre 427 boten hinreichend Material, um die Demokratie als eine Verfassung hinzustellen, in der alles möglich war. Wir dürfen jedoch die Äußerungen von Regimekritikern oder auch Rednern, die ihren Prozeßgegner verunglimpfen wollten, nicht absolut setzen. Eine Gesamtwürdigung des politischen Lebens muß vielmehr umgekehrt gerade zu dem Schluß kommen, daß das politische Klima trotz der Größe der Stadt, des Umfanges der politischen Unternehmungen und der demokratischen Betriebsamkeit im allgemeinen nicht unerträglich gespannt war. Das

politische Leben in Athen war unübersehbar gekennzeichnet von Stabilität und einem konservativen Grundtenor, jedenfalls soweit es die
innenpolitischen Belange anging. Phantasie im Betreten ganz neuer Wege
des politischen Zusammenlebens, Radikalität in der Durchsetzung des
einmal Beschlossenen und Maßlosigkeit in der Planung bewiesen die
Athener eigentlich nur in ihrer Außen- und Militärpolitik.
Der Respekt vor der Tradition und die Abneigung gegen Experimente
dürften zum einen darin begründet sein, daß die Masse der Athener ein
kleines Vermögen besaß. Es gab zwar etliche sehr reiche Bürger und auch
eine große Anzahl von Tagelöhnern; aber die Mehrzahl besaß zumindest
einen kleinen Bauernhof, einen Handwerksbetrieb oder doch ein Haus in
der Stadt (s. o. S. 96 f.). Die Interdependenz zwischen der Stabilität von
Staaten und den Vermögensverhältnissen der in ihnen organisierten
Bürger hat bereits Aristoteles gesehen. In seiner „Politik" führt er aus, daß
große Staaten deswegen, weil in ihnen der Mittelstand stark sei, weniger an
Aufständen zu leiden hätten, und er hat dabei gewiß vor allem an Athen
gedacht. Zum anderen haben wir zu bedenken, daß die Reichen zu der
Finanzierung der Lasten härter herangezogen wurden als die Armen; nur
die Reichen zahlten überhaupt die Vermögensteuer *(eisphorá),* und nur
sie übernahmen die Leiturgien. Die ärmeren Bürger hingegen waren nicht
nur von diesen Lasten befreit; sie brauchten auch nicht als Hopliten zu
dienen, ja sie scheinen längere Zeit hindurch – außer in Notsituationen –
nicht einmal zum Dienst in der Flotte verpflichtet gewesen zu sein.
Darüber hinaus profitierten sie von den Diäten, Landverteilungen und
festlichen Veranstaltungen. Die Wohlhabenden wurden von der Demokratie viel stärker gefordert, und das hat ohne Zweifel manches von den
Ressentiments zwischen arm und reich, unter denen die meisten anderen
griechischen Städte so hart litten, abgebaut.
Thukydides nennt noch einen weiteren Grund für die Stabilität der
Demokratie. Er meint, daß in einer Oligarchie jeder an Rang der erste sein
wolle, während man hingegen in der Demokratie das Ergebnis einer
Abstimmung leichter hinnehme, weil man gegenüber Gleichstehenden
sich nicht zurückgesetzt zu fühlen brauche (8, 89, 3). Mit dieser Beobachtung hat Thukydides auf ein Charakteristikum der athenischen Demokratie hingewiesen, das in der Tat als stabilisierender Faktor anzusehen ist,
nämlich auf den Mangel an politischer Gruppenrivalität. In Athen war die
politische Stimmung nicht wie heute durch eine Parteienrivalität vorge-
prägt. In den modernen Demokratien sind viele Aussagen und Beschlüsse
von Regierung und Opposition sowie die aller Parteigremien durch die
jeweils vorgegebene politische Programmatik festgelegt. Die Abwehr der
Meinungen von anderen erfolgt heute in formalisierten oder gar schon

ritualisierten Formen, die in Zeiten starker Spannungen in Feindseligkeiten und Gehässigkeiten umschlagen und je nach Opportunität auf eine höhere oder niedere Spannung geschaltet werden können, und ständige Beschwichtigungsmechanismen sind erforderlich, damit das demokratische Leben weitergehen kann. Die Athener kannten keine politischen Gruppierungen und Sachprogramme, welche die Zukunft der ganzen Gesellschaft und ihre Veränderung behandelt hätten. Es gab zwar auch in Athen politische Slogans. So waren das Streben nach der Tyrannis und die aristokratische Gesinnung gern benutzte Anschuldigungen, die in der Volksversammlung oder vor Gericht empfängliche Ohren fanden. Aber die hinter solchen Vorwürfen stehenden politischen Überzeugungen wurden nicht von einer Gruppe, sondern von allen Athenern getragen; selbst der Adlige und Reiche, der an aristokratischer Attitude Gefallen finden mochte, wollte sich damit nicht von der Demokratie distanzieren, es sei denn in Zeiten äußerster Zerrissenheit, wie im Jahre 411 und 404/3, als die Stadt vor der Katastrophe stand. Gelegentlich schimpfte man auch auf die Reichen und stellte ihnen nach. So kann Lysias in einer Prozeßrede am Anfang des 4. Jahrhunderts ganz offen sagen, daß der Rat in Zeiten der Not gern Anklagen gegen Reiche annehme, um an deren Vermögen heranzukommen (30, 22), und Isokrates meint ein knappes halbes Jahrhundert später, daß in seiner Jugendzeit der Reiche ohne Gefahr hätte leben können, er sogar bewundert wurde und man ihn nachahmte; jetzt hingegen gelte Reichtum als ein schweres Verbrechen, und man müsse auf der Hut sein, weil es gefährlicher geworden sei, für reich zu gelten, als Unrecht zu tun (Antid. 159 f.). Aber bei aller Abneigung gegen die Vornehmen und Reichen gab es doch keine Verfolgungshysterie. Die durch Herkunft und Besitz Privilegierten wurden nicht zu einem Typus des Gegners oder Feindes, sondern waren in aller Regel geachtete Bürger und für viele sogar heimliche (und bisweilen auch gar nicht mehr verheimlichte) Identifikationsfiguren.

Das politische Klima einer jeden Demokratie wird vor allem auch bestimmt durch die Berechenbarkeit des Souveräns. Der Volksversammlung wird von Rednern und Dichtern nicht selten versteckt und bisweilen auch offen launisches und disziplinloses Verhalten bei der Entscheidungsfindung vorgehalten; das Mißtrauen darüber, ob das Volk die Fähigkeit zu angemessener Entscheidung habe, war offensichtlich groß. Andokides spricht in einer gegen Ende des 5. Jahrhunderts vor dem Volk gehaltenen Rede ganz offen aus, daß der Rat für die Beurteilung einer Sachfrage besser geeignet sei als das Volk, weil er sich nämlich Zeit für die Beratung nehmen könne und zudem jeder Ratsherr rechenschaftspflichtig sei; das Volk hingegen fasse sogleich nach dem Vortrag seinen

Entschluß, und es stehe in seiner Macht, ohne Furcht vor Anklägern alles nun entweder gut oder schlecht zu regeln (2, 19). Aristophanes wird einige Jahre später in seinen „Fröschen" (405 v. Chr. aufgeführt) noch deutlicher. Er läßt dort Euripides einen eigenen Vers zitieren, wonach die Göttin der Überredung (Peithố) einzig das Wort (und nicht den Inhalt) für heilig halte (1391), und läßt einige Verse weiter den Gott Dionysos spottend sagen, daß keine Schandtat sei, was dem Volk nicht schändlich erscheine (1475): Die Überredungskunst der Demagogen und die Abhängigkeit der Moral von der jeweiligen Mehrheit sind hier als die Konstituanten des Volksbeschlusses gedacht. „Der einzelne Athener ist, wenn er zu Hause sitzt, ein ganz vernünftiger Mann", sagt in den „Rittern" des Aristophanes einer der Akteure, „wenn er aber auf dem Felsen (das heißt auf dem Versammlungsplatz des Volkes, der Pnyx) sitzt, schnappt er nach Feigen" (752 ff.). Gier nach Macht und Gewinn, von Demagogen angeheizte Stimmungen und die Überzeugungskraft des Vortrags sind also die Kräfte, von denen der Souverän hin- und hergerissen wird? Die launische und zügellose, weil aus allen Bindungen gelöste Masse ist das Zerrbild einer jeden Demokratie, und auch die Athener haben sich dergleichen sagen lassen müssen. Sie haben indessen die Kritik nicht einfach nur zurückgewiesen, sondern den in ihr liegenden realen Kern, nämlich die Abhängigkeit der Masse von den Vortragenden und den von ihnen gegebenen Informationen, durchaus als Problematik erkannt und ihr abzuhelfen gesucht. „Täuschung des Volkes" bzw. „Täuschung durch falsche Versprechungen" war ein anerkannter Delikttatbestand; einer entsprechenden Anklage fiel bereits der Sieger in der Schlacht bei Marathon, Miltiades, zum Opfer, nachdem sein Unternehmen gegen Paros, zu dem er die Athener überredet hatte, gescheitert war. Die Form der prozessualen Verfolgung hat sich im Laufe der Zeit gewandelt, doch hat das Delikt eher noch größere Aufmerksamkeit gefunden. Mitte des 4. Jahrhunderts mußte der Vorwurf der Volkstäuschung zunächst im Rat geprüft werden, der gegebenenfalls dem Volk die Frage vorlegte, ob Anklage vor einem Geschworenengericht erfolgen solle. Da die Abstimmung über solche Vorwürfe einmal im Jahr in einer bestimmten Volksversammlung erfolgte, war das Delikt in die ordentliche Tagesordnung der Versammlung fest integriert. Zudem wurde bei jeder Volksversammlung in dem Eingangsgebet durch den Herold eine förmliche Verfluchung gegen jeden ausgesprochen, der den Rat, das Volk und die Gerichte täuschen würde. Den Athenern war die Bedeutung der Sache bewußt.

Die Berechenbarkeit der Politik hing indessen nicht allein und nicht einmal in erster Linie davon ab, daß die Redner zu ordentlicher Berichterstattung und vernünftigen, durchführbaren Vorschlägen angehalten wurden. Der stärkste Schutz lag in dem Netz von Gesetzen, in das das gesamte Leben eingebunden war, und in den mannigfaltigen, bis ins einzelne gehenden Organisationsformen, die der Verwirklichung der politischen Ordnung dienten. Sie wurden respektiert und ohne Not nicht geändert, und selbst die Änderung war wiederum in einem Verfahren formalisiert, das durch die besondere Verhandlung und die persönliche Haftung des Antragstellers vor unüberlegtem Reformieren schützte.

Die Beteiligung von großen Massen an der Politik und die Übernahme sogar aller exekutiven und jurisdiktionellen Aufgaben durch sie mußte zu gelegentlichen Pannen führen, zu Fehlentscheidungen wegen falscher Information, zu falschen oder maßlosen Unternehmungen auf Grund von Überredung durch ehrgeizige Demagogen, zu ungerechten Urteilssprüchen und anderen Fehlleistungen. Aber im ganzen gesehen war das politische Leben in der Demokratie – mit den seltenen Ausnahmen der Jahre 411 und 404/3 – von einer bemerkenswerten Sicherheit und Beständigkeit geprägt; geschützt von dem Respekt der Bürger gegenüber Tradition und eingebettet in ein Netz von allerseits geachteten Gesetzen und demokratischen Organisationsformen, ruhte es in einem festen Rahmen.

## 4. Die Rolle der Rechtsordnung in der Demokratie

Die athenische Rechtsordnung, insbesondere die Struktur des Rechts und die Praxis der Geschworenengerichte ist o. S. 171 ff. besprochen worden. Die dortige Diskussion soll hier in einem erweiterten Zusammenhang erneut aufgenommen werden: Was bedeutete die Rechtsordnung für das politische Leben in der Demokratie? Worin lag ihre Stärke, und was waren ihre Schwächen? Hatte das Recht angesichts des Umstandes, daß der Souverän sowohl Gesetzgeber als auch Richter war, überhaupt Eigengewicht?

Es sei vorweg daran erinnert: Das attische Recht bestand aus einer Summe von Rechtssätzen *(nómoi),* die in gesetzbuchartiger Form zusammengestellt und den Athenern, wenn nicht anders, so dadurch bekannt waren, daß alljährlich in der 1. Prytanie wegen etwaiger Korrekturen oder Änderungen alle bestehenden Gesetze der Reihe nach durchgegangen wurden. In der Gerichtspraxis wurde das Urteil nach dem Wortlaut dieser Gesetze gesprochen (Rechtspositivismus). Die Gesetze waren die einzige Rechtsquelle; weder die Gewohnheit noch die Rechtsprechung oder

Erwägungen der Billigkeit ergänzten sie, und es gab auch keine Rechtsge-
lehrsamkeit und Rechtsliteratur, welche die Gerichtspraxis hätten stützen
und eventuell zu neuen Wegen der Rechtsfindung hätten anregen können. Die Rechtsanwendung ruhte auf den Gerichtshöfen mit ihren
Hunderten von Laienrichtern, die ohne jede Rechtshilfe, ohne Diskussion, nur von ihrem Gewissen geleitet, das Urteil fällten. Uns heute,
die wir von der juristischen Schärfe und Eleganz der römischen Rechts-
tradition verwöhnt sind, mutet dieses System seltsam spröde, archaisch, ja
primitiv an. Die Billigkeit hat hier keine in das System integrierte Funktion; die Rechtsschöpfung folgt nicht der gelehrten Diskussion, nicht der
Autorität richterlicher Urteilskraft. Es gibt allein das Gesetz, das vom Volk
nach seinem Belieben gemacht wird, und seine wörtliche Befolgung im
Urteilsspruch, den wiederum dasselbe Volk, lediglich in einem anderen
Aggregatzustand, nämlich als Gerichtshof, fällt.
Es wurde bereits gesagt, daß dieses Rechtssystem tatsächlich im Sinne des
Rechts funktioniert hat, die Richter nicht nach Belieben, sondern nach
dem Gesetz urteilten. Aber welche Funktion hatte dieses urtümliche
System in der doch dynamischen Demokratie? Darauf läßt sich eine klare
Antwort finden: Es war das einzige Rechtssystem, in der die Demokratie
in ihrer spezifisch athenischen Form, nämlich als die Herrschaft von
Gleichen über Gleiche, existieren konnte; denn nur in einem System, das
von dem Richter kein Fachwissen verlangte, vermochte die Masse
Richter zu sein. Eine Jurisprudenz hätte die Ausbildung aller Athener
erfordert, was unmöglich war, oder den ausgebildeten Einzelrichter
hervorgebracht, was ein Widerspruch gegen die Demokratie gewesen
wäre. Auch die Vielfalt der Rechtsquellen ist, wie die Jurisprudenz,
undenkbar in einem System, in dem viele, der Idee nach alle Recht
sprechen. Wie sollte die Masse hier abwägen, ohne Diskussion und ohne
die hierfür erforderlichen Urteilskriterien? Die rechtspositivistische
Rechtsordnung ist in einer Verfassung, in der alle Richter sind, die einzig
mögliche. Dies war den Athenern selbstverständlich nicht klar bewußt; sie
haben dieses Rechtssystem nicht geschaffen, um es ihrer Demokratie
anzupassen. Sie hatten es von ihren Vorfahren übernommen, und auch
die Systeme der anderen griechischen Städte waren im Prinzip kaum
anders beschaffen. Einen großen Einfluß auf die Herausbildung derartiger
positivistischer Systeme bei den Griechen hatten ohne Zweifel die großen
Gesetzgeber der archaischen Zeit ausgeübt. War dieses System also gewiß
nicht die Schöpfung der athenischen Demokratie, so war es doch eine
Voraussetzung dafür, daß es sie geben konnte. Daß diese Voraussetzung
in Athen offensichtlich so klar und eindeutig vorhanden war, liegt vielleicht auch daran, daß hier die Kodifikation durch Solon in ganz besonders

gründlicher und autoritärer Form durchgeführt worden war. Solon erweist sich so einmal mehr als eine Bedingung des demokratischen Athens, und er war den Athenern selbstverständlich immer als ihr großer Gesetzgeber gegenwärtig. Darüber hinaus aber schienen den Athenern alle Gesetze *(nómoi)*, welche die wesentlichen Grundlagen menschlicher Ordnung regelten, mochten sie nun aufgezeichnetes positives Recht oder ungeschriebene Sittenordnung sein, durch die Götter geheiligt zu sein und sogar göttlichen Ursprung zu haben. In seiner „Antigone" stellt Sophokles die Gesetze als Kinder des Zeus und der Dike vor (450 ff.), und im „Ödipos Tyrannos" sagt derselbe Dichter, daß sie nicht von Menschen geschaffen wurden, sondern der Olymp ihr alleiniger Vater sei (865 ff.).

Man wird nicht verkennen, daß die besondere Form der Rechtsordnung eine s t a b i l i s i e r e n d e Wirkung auf das politische Leben gehabt hat. Ihr positivistischer Charakter und ihre mit der Person Solons verbundene Autorität gaben dem Ganzen Halt. Das Recht entbehrte zwar den Schwung schöpferischen Geistes und enthielt keine geistige Idee, welche die Athener zu neuen Formen des Zusammenlebens geführt hätte. Es war eher einem durchschnittlichen Menschentyp angemessen, aber darin eben der athenischen Demokratie kongenial, in der der Kleinbürger den Ton angab. Es hatte in dem rechtschaffenen, rechtlich denkenden Mann seinen genuinen Helfer und Bewahrer.

Für die Stabilität der Gesamtordnung sorgten auch die in das Rechtssystem integrierten K o n t r o l l e n gegenüber jedem Versuch der Aufhebung oder Abänderung wichtiger Grundnormen der politischen und sozialen Ordnung. Sie wurden von den Athenern im Laufe der zweiten Hälfte des 5. Jahrhunderts ganz bewußt zum Schutz ihrer Verfassung geschaffen. Es ist hier in erster Linie an die Klage wegen rechtswidriger Gesetzesanträge zu denken, die wohl schon in perikleischer Zeit eingerichtet worden sein dürfte, ferner an das nach 404/3 eingeführte (und vorher in anderen Formen bereits bestehende) Gesetzgebungsverfahren (Nomothesie) sowie an die wohl gleichzeitig mit diesem Verfahren geschaffene Klage gegen die Einbringung „unzweckmäßiger" Gesetze (vgl. o. S. 146. 148 ff.). Aus allen diesen Verfahrensformen spricht ein klarer Wille danach, daß die Bürger ihr Leben innerhalb der b e s t e h e n d e n Gesetze einrichten sollten und jede Änderung des Gesetzescodex nur nach reiflicher Überlegung durch alle erfolgen durfte. Die Athener waren keine Revolutionäre; das Beste, was sie von einem Bürger sagen konnten, war, daß er den Gesetzen gehorche.

Wie die Kontrolle war jedoch auch die D u r c h s e t z u n g des gesetzlichen Gebots in der Rechtsordnung selbst abgesichert. Die Effektivität war vor allem für den strafrechtlichen und politischen Bereich, aber nicht nur für ihn durch die auf viele Delikttatbestände erstreckte Popularklage gesichert, die jedem, der wollte, die Möglichkeit der Klageerhebung gab. Da die mit einem Prozeß verbundenen Anstrengungen und Anfeindungen sowie vor allem auch das Prozeßrisiko viele von der Übernahme einer Klage, die sie nicht persönlich betraf, abhielt, haben die Athener der mangelnden Bereitschaft durch die Schaffung von Belohnungen für diejenigen, die in einem Prozeß von öffentlichem Interesse die Klageerhebung übernommen und gesiegt hatten, abgeholfen. Die Prämien für den erfolgreichen Ankläger wurden aus dem Vermögen der Verurteilten bezahlt und waren hoch (zwei Drittel bis drei Viertel des konfiszierten Vermögens). Wenn die Aussicht auf guten Gewinn manche risikofreudige und von wenig Skrupel geplagte Männer dazu brachte, die Anklagetätigkeit gewerbsmäßig zu betreiben – man nannte sie Sykophanten –, sprach dies zunächst nicht gegen den Sinn des Prämiensystems, das um der Effektivität des Gesetzes willen eingerichtet worden war. Die Auswüchse des Sykophantenwesens belasteten dann allerdings die Demokratie; darüber wird weiter unten zu handeln sein.

Ist es deutlich geworden, daß die Rechtsordnung in ihrer besonderen athenischen Form einen konstitutiven Faktor der Demokratie bildete, bleibt noch zu prüfen, ob sich in der Gerichtspraxis das Recht auch tatsächlich durchzusetzen vermochte. Es wurde bei der Behandlung der Geschworenengerichte bereits erörtert, daß trotz der mangelnden Rechtskenntnisse der Laienrichter und obwohl in der forensischen Argumentation vielfach außerrechtliche Elemente in die Urteilsfindung einflossen, doch das positive Recht das Fundament des Urteils bildete und bei aller Unvollkommenheit und Lückenhaftigkeit der Gesetze, bei aller Eloquenz und Raffinesse versierter Logographen und allem Unvermögen und gelegentlich auch Unwillen der Richter der Prozeß in den Augen aller an ihm Beteiligten ein Kampf um das Recht blieb. Aber es ist zu überlegen, ob nicht der Umstand, daß die Richter insbesondere der großen Gerichtshöfe für öffentliche Prozesse faktisch das Volk darstellten und von den Athenern auch so angesehen und angesprochen wurden, die Gerichtspraxis oder gar den politischen Stellenwert der gesamten Rechtsordnung unangemessen stark beeinflußt hat. Der Richter war unverantwortlich wie der Bürger, wenn er in der Volksversammlung mitentschied; beide hatten keine Instanz über sich. Sie waren souverän, und es konnte unter Umständen nur als eine Frage des Ortes angesehen werden, ob der Athener nun als Richter auf dem Marktplatz oder als Besucher einer Volksversammlung auf der Pnyx sein Urteil abgab. Rechtsprechung und Gesetzgebung schienen damit in einer Hand zu liegen, und tatsächlich sind denn auch zumindest seit dem Anfang des 4. Jahrhunderts in dem förmlichen Gesetzgebungsverfahren, das zur Änderung oder Ergänzung der bestehenden Gesetze eingerichtet worden war, die Geschworenenhöfe (als Nomotheten-Kommissionen, vgl. o. S. 148 ff.) an die Stelle der Volksversammlung gerückt worden.

Das Problem ist naturgemäß vor allem von den Kritikern der Demokratie gesehen worden. Das Volk, sagt der oligarchisch gesonnene Autor der ps.-xenophontischen Schrift vom Staat der Athener, „sorgt sich in den Gerichtshöfen nicht sosehr um das Recht als um das für sich Nützliche" (1, 13), und nach Aristoteles entwickelt sich die Demokratie von einer Ordnung, die sich im Rahmen der bestehenden Gesetze bewegt, zu einer Form, in der das souveräne Volk sich als Herr der Gesetze fühlt, nur noch seinen eigenen Willen anerkennt und also unter Auflösung des allgemeinen Gesetzes in voller Freiheit jeweils über den einzelnen Gegenstand urteilt; in einer dritten und letzten Stufe greift dann das Volk über den politischen in den gesamten Lebensbereich der Bürger ein und fordert, daß jeder einzelne leben können soll, wie er will. Aristoteles sieht hier das Gesetz in der Willkür des Souveräns aufgehoben und hat dabei, auch wenn er nur von der Volksversammlung spricht, doch gleichzeitig die Geschworenenhöfe vor Augen. Für die Willkür der Rechtsprechung im demokratischen Athen konnte man in der Antike wie in der Moderne auf eindrucksvolle Beispiele verweisen, insbesondere auf den Arginusen-Prozeß des Jahres 406. In ihm waren die siegreichen Feldherren der Seeschlacht bei den Arginusen angeklagt worden, weil sie angeblich die Schiffbrüchigen der verlorengegangenen 25 athenischen Schiffe nicht gerettet hatten. In dem Prozeß etablierte sich die Volksversammlung als Gericht und verurteilte in einem einzigen Verfahren und unter Einschränkung der Verteidigungsmöglichkeiten alle Feldherren pauschal zum Tode; sechs, die in Athen anwesend waren, wurden sogleich hingerichtet. In diesem Verfahren, in dem die Volksversammlung als Gerichtshof fungierte, wurden mehrere Grundregeln der Strafrechtsordnung verletzt. Die Feldherren wurden nicht einzeln, sondern kollektiv abgeurteilt, der Straftatbestand war äußerst unklar (die Bergung der Schiffbrüchigen war versucht, aber wegen eines Sturmes aufgegeben worden) und eine Anklage wegen Gesetzwidrigkeit, die gegen das kollektive Verfahren eingebracht wurde, mit dem Hinweis hinweggefegt worden, daß es unerhört sei, daß das Volk daran gehindert würde zu tun, was ihm beliebe (Xenoph. Hellen. 1, 7, 12). Der Schmerz über den Tod vieler Athener hatte hier das Recht suspendiert, das richtende Volk seinen freien Willen gegenüber dem gesetzten Recht durchgesetzt. In der Tat bleibt hier nichts zu entschuldigen, und auch wenn die genaue Analyse des Prozesses einiges zur Entlastung der Athener vorbringen kann — der Bericht des Xenophon, unsere Hauptquelle, vertritt eindeutig die Seite der Feldherren –, bleibt genug, um über den Umgang des Volkes mit dem Recht zu erschrecken. Aber dieser Prozeß war alles andere als typisch für die athenische Gerichtspraxis, und die Athener sahen auch bald ihren Fehler ein und erhoben gegen die Hauptakteure Anklage wegen Volkstäuschung. Der Rechtsbruch wurde also von den Athenern selbst als ein Unfall angesehen, in dem die Sicherungen der unmittelbaren Demokratie nicht funktioniert hatten. Das Unrecht war nicht wiedergutzumachen. Aber mit der Deklaration, daß es ein Unrecht gewesen sei, hat sich die Demokratie zumindest im nachhinein von dem größten ihrer Justizskandale distanziert. Die Athener wußten selbst sehr gut von der Macht der Gerichte und von den Gefahren, diese Macht zu mißbrauchen, und gerade dieses Wissen hinderte sie daran, Rechtsbrüche und Willkürjustiz mit dem Postulat der souveränen Entscheidungsgewalt zuzudecken. Das Postulat war umgekehrt die Bindung an das positive Gesetz, und alle kannten genau die Grenze zwischen der Rechtsprechung und der Gesetzgebung. „Wenn euch die Strafe zu schwer und das Gesetz zu hart zu sein scheint", ruft Lysias in einem Dokimasie-Verfahren im Jahre 395/94 den Richtern zu, „so müßt ihr euch daran erinnern, daß ihr nicht als Gesetzgeber für diese Sache hierhergekommen seid, sondern um nach den bestehenden Gesetzen zu richten" (15, 9).

Hat das Rechtswesen in Athen im allgemeinen funktioniert, bleibt doch zu fragen, ob der politische Prozeß hier eine Ausnahme macht. Da Unglück und Schaden der Stadt in einer unmittelbaren Demokratie wie Athen jeden einzelnen mehr oder weniger direkt betrafen, insbesondere militärische Niederlagen für viele den Verlust von Angehörigen und Freunden bedeuteten, ließe sich denken, daß die Emotionen der Menge sich in Prozessen gegen angeblich Schuldige, insbesondere Feldherren und Redner, ungehemmter entluden; denn kein Juristenstand, keine dem Recht und einem abstrakten Staatsbegriff verpflichtete Bürokratie schützte den Angeklagten. In der modernen Literatur ist die Handhabung des politischen Delikts bei den Athenern oft sehr negativ beurteilt und als ein Krebsübel der Demokratie dargestellt worden. In der Tat hören wir von vielen politischen Anklagen, und die Athener hatten für das Delikt mehrere Prozeßformen entwickelt. Da waren zunächst die im Laufe der Zeit zumindest einmal reformierte Eisangelie-Klage, die für viele Fälle, in denen das Interesse der Stadt betroffen war, angestrengt wurde, und die Paranomie-Klage gegen gesetzwidrige Anträge. Auch alle Klagen, die auf Grund der Rechenschaftspflicht oder der Dokimasie erhoben wurden, können politischer Art sein und eventuell zu Strafklagen führen. Es kommt hinzu, daß auch viele Klagen, die rein kriminelle Straftatbestände verfolgten, ja selbst rein private Streitsachen leicht in das Politische überwechseln konnten. Klagen, die Unregelmäßigkeiten bei der Getreideversorgung untersuchten, hatten schon von vornherein eine politische Note; erst recht gehörten bei der engen Verflechtung des sakralen mit dem öffentlichen Bereich die Klagen wegen Religionsfrevel zu den politischen Klagen, und bei der Dehnbarkeit des Straftatbestandes „Gottlosigkeit" (Asebie) war die Zahl der Tatbestände, die darunter gefaßt werden konnten, nicht leicht zu übersehen. Das Prozeßklima war bei denjenigen politischen Verfahren, in denen das ganze Volk urteilte oder doch eine Vorentscheidung in der Form traf, daß ein Prozeß stattfinden könne oder solle, naturgemäß besonders gespannt. Auch war bei manchen politischen Delikten die Anzeige dadurch erleichtert worden, daß der Anzeigende nicht − wie bei anderen Klagen − zu einer Prozeßbuße wegen leichtfertiger Anklage verurteilt werden durfte, wenn weniger als $1/5$ der Richter für schuldig plädiert hatten. In solchen Fällen entfiel also ein wichtiges Hemmnis für eine Anzeige. Darüber hinaus waren die Strafen hart. Die Todesstrafe, hohe Geldbußen oder der Verlust aller oder eines Teils der bürgerlichen Rechte waren häufig ausgesprochene Strafsentenzen. Da das politische Delikt alle berührte, mochte der Gerechtigkeitssinn der Richter zudem oft geschwächt sein. Es macht keine Mühe nachzuweisen, daß bei nicht wenigen Schuldsprüchen Wut, Enttäuschung, rasender Schmerz über Menschenverluste und Mißgunst hineingespielt haben, und man hat dabei nicht nur an den Arginusen-Prozeß von 406 zu denken. Die allgemeine Sensibilität für das politische Delikt führte ferner dahin, daß selbst bei Anklagen, die von vornherein kein politisches Kolorit zu tragen schienen, doch oft politisch argumentiert wurde. Nun ist es für uns allerdings nicht möglich einzuschätzen, in welchem Grade entsprechende Bemerkungen von Rednern die Richter beeinflußt haben, und man hat auch zu bedenken, daß die meisten politischen Prozesse des 5. Jahrhunderts uns nicht gut überliefert, etliche Prozeßberichte durch Anekdoten oder politische Voreingenommenheit entstellt wurden. Man sollte sich hüten, ein voreiliges Urteil zu fällen. Vom modernen Standpunkt der Behandlung des politischen Prozesses her liegt ein Verdikt der athenischen Praxis nahe; aber auch wer das Problem von den besonderen Bedingungen der athenischen, direkten Demokratie her beurteilt, sollte nicht versuchen, die Schwächen als Pannen eines an sich funktionierenden Systems hinzustellen. Die Rechtsprechung war wohl in der Tat durch politische Klagen und den Einfluß der Politik auf ganz unpolitische Streitgegenstände belastet. Man kann nicht übersehen, daß die Politisierung der gesamten Rechtsprechung in Athen weit gediehen war, und es mußte sich dies bei dem Engagement aller in der Politik ungünstig auf die

Objektivität des Richters auswirken. Es war für eine Masse von Richtern — und bei „öffentlichen" Prozessen waren es mindestens 501 — in der Tat nicht einfach, in politischen Fragen, die jeden selbst berührten, objektiv zu sein. Die politische Justiz ist in einer unmittelbaren Demokratie ganz offensichtlich besonders gefährdet. Trotz allem war Athen kein totalitärer Staat; es fehlte die offiziöse Selbstdarstellung des Staates durch eine Ideologie oder einen Apparat, der jeden freien Gedanken erstickt und das selbständige Urteil unterdrückt hätte. Fehlentscheidungen waren an Stimmungen gebunden, die wieder verschwanden; sie konnten auch umschlagen und, wie bei dem Beschluß über die Hinrichtung aller Mytilenäer vom Jahre 427, womöglich wieder rückgängig gemacht werden. Bei allem Unglück, das zeitbedingte Unrechtsurteile anrichten konnten, wurde damit doch nicht die gesamte Rechtspraxis pervertiert. Und man muß sich auch daran erinnern, daß es in Athen selbst in Zeiten schwerster innerer Unruhen keine Lynchjustiz gab, vielmehr auch der unterlegene innenpolitische Gegner seinen, wenn auch vielleicht von Emotionen überschatteten Prozeß erhielt. Gerade das zeichnete Athen vor den meisten anderen Städten aus. Die Gerechtigkeit wich keiner Willkürjustiz, und sie konnte sich, wenn sie erniedrigt worden war, immer wieder erheben.

In einer ganz anderen Weise wurde die Rechtsordnung durch die S y k o-p h a n t i e gefährdet. Sie war, wie oben dargelegt (S. 315 f.), eine Konsequenz des Bemühens um die Effektivität des Gesetzes, insbesondere des Strafgesetzes; die gewerbsmäßig betriebene Anklagetätigkeit ersetzte den fehlenden Staatsanwalt, und das Geschäft blühte in der Demokratie. In den „Ekklesiazusen" (439 f.; 392 aufgeführt) läßt Aristophanes einen seiner Akteure sagen, daß alle Athener Sykophanten seien, und in seinem letzten Stück, dem „Plutos", hat er das Sykophantenunwesen in einem besonderen Exkurs gegeißelt (850–958, bes. 909 ff.). Der Sykophant wird hier dargestellt als Geschäftemacher, als allzu betriebsamer, unehrenhafter Mann, der sein Geld mit dem Unglück anderer verdient. Aber die Rechtfertigung, die in diesem Stück der Sykophant selbst vorbringt, zeigt nicht minder deutlich seine demokratische Funktion: Er ist der Helfer des Gesetzes und als solcher ein rechtschaffener Demokrat; er steht gleichsam für die Demokratie, und sein Gegner ist deren Feind. Der Mißbrauch der Popularklage belastete indessen das demokratische Leben erheblich, und der Haß der Menschen auf die berufsmäßigen Ankläger war berechtigt. Diese selbsternannten Staatsanwälte schützte kein abstrakter Staatsbegriff und nicht die Würde des Amtes; ihnen haftete der Geruch des Kopfgeldjägers an. „Er rennt über die Agora wie eine Natter oder ein Skorpion mit aufgerichtetem Stachel", sagt der Autor einer dem Demosthenes zugeschriebenen Rede (25, 52) von Aristogeiton, einem stadtbekannten

Sykophanten. Die zur Durchsetzung des Rechts und damit um der Rechtssicherheit willen eingerichtete Institution konnte in der Tat zeitweilig zu einer Plage vor allem für die Besitzenden und zur Ursache großer Rechtsunsicherheit werden. Denn Anklagen wurden bisweilen ganz willkürlich konstruiert, um einen wohlhabenden Angeklagten, der selbst als Unschuldiger den skrupellosen und versierten Gegner fürchten mußte und darum dem Prozeßrisiko gern auswich, zu einem außergerichtlichen, für den Kläger selbstverständlich einträglichen „Vergleich" zu zwingen. Andere machten ihre Geschäfte damit, daß sie zur Abwehr von potentiellen Klagen anderer Sykophanten gegen Geld Scheinklagen erhoben, bei denen der Beklagte dann freigesprochen wurde oder mit einer kleinen Strafe davonkam (Präventivklage). Das Risiko einer Anklage war dabei nicht übermäßig groß. Der im Prozeß unterlegene Ankläger hatte dann, wenn er weniger als $^1/_5$ der Richterstimmen erhalten hatte, 1 000 Drachmen Prozeßgebühren zu zahlen, eine Summe, die er mit anderen Klagen leicht hereinholte, und die geforderte Stimmenzahl war in der Regel nicht schwer zu erhalten. Auch ein besonderes Verfahren gegen den Mißbrauch der Popularklage scheint nicht viel geholfen zu haben. Die Schutzeinrichtungen waren wohl nicht immer unwirksam, aber doch unzureichend. Den Erfolg einer Klage garantierten zumeist schon Energie und ein gutes Maß an Gewissenlosigkeit, und dieses Kapital brachten nicht wenige auf. In manchen Zeiten schien nicht mehr das Recht, sondern der Erfolg oder Mißerfolg der Sykophantenstrategie über das Wohl und Wehe der Beklagten zu entscheiden und an die Stelle des Kampfes um das Recht der Streit der Klagen getreten zu sein. Das Schlimmste aber war, daß die Sykophantie nicht einfach abgeschafft werden konnte; denn sie war ein unabdinglicher Teil der Demokratie ebenso wie der Laienrichter und die Vermassung des richtenden Gremiums. Sie garantierte, daß die Popularklage, auf der die Effektivität des Rechts und die Sicherheit der Demokratie ruhte, ein lebendiges, wirkungsvolles Institut blieb. Mit den Sykophanten mußten die Athener leben. Der moderne Betrachter wird die Sykophantie gerade deswegen, weil sie unentbehrlich war, auf der Negativseite der Demokratie zu verbuchen haben. Er wird aber gut daran tun, nicht wie Jacob Burckhardt die Demokratie von jener her zu beurteilen. Denn bereits die Athener haben sie scharf kritisiert und ihren Schwächen, wenn auch mit wenig Erfolg, abzuhelfen versucht. Man hat auch zu bedenken, daß die Hauptquelle unserer Kenntnis über die Sykophanten die Gerichtsreden sind, in denen der berufsmäßige Ankläger von seinem Prozeßgegner naturgemäß in besonders düsteren Farben gemalt und seine Tätigkeit in ihren Auswirkungen auf die Stadt gewiß gern überzeichnet worden ist.

Im Gegensatz zu den Bürgern der meisten griechischen Städte hatten die Athener indessen unter einer anderen Plage, der Bestechung, nicht in demselben Maße zu leiden. Auch in Athen hören wir zwar oft davon, daß Beamte und Private, insbesondere auch Politiker bestochen wurden, und es gab harte Gesetze sowohl gegen aktive als auch passive Bestechung; Bestechung führte auch unter Privaten immer zu einer öffentlichen Klage. Die Beamten und auch die Geschworenen mußten sich in ihrem Amtseid verpflichten, keine Geschenke anzunehmen. Soviel Ärger man mit den Bestechungen einzelner haben mochte, er war nicht größer als in anderen politischen Ordnungen und wurde eher genauer verfolgt. Aber die anderenorts wohl schwerwiegendste Form der Bestechung, nämlich die des Richters, war in Athen nur gegenüber dem Schiedsrichter oder dem Beamten, der den Prozeß einleitete oder ihm vorsaß, möglich. Die Richter der Geschworenenhöfe konnten nicht bestochen werden, nicht nur weil sie so viele waren, sondern vor allem, weil sie erlost wurden und im 4. Jahrhundert zudem jeder Richter erst in dem Augenblick, in dem er den Gerichtshof betrat, wußte, über welchen Fall er zu urteilen hatte, und weil die Abstimmung geheim war. Die Unbestechlichkeit der Richter war nicht ihr Verdienst; sie war eine Konsequenz der besonderen Form der Richterbestellung in Athen und also eine der Demokratie.

# VII. Die innere Einstellung des Atheners zur Demokratie

## 1. Lebenssituation und Mentalität des Bürgers im demokratischen Athen

Die Wertvorstellungen der Menschen, ihr Selbstbewußtsein im privaten wie öffentlichen Leben, ihre Gesinnung und Gewohnheiten bestimmen das Denken und Handeln von Individuen wie von Gruppen. Wir bezeichnen diese nicht weiter reflektierte Denkhaltung auch als Mentalität, und gerade die Mentalität von Gruppen innerhalb gegebener sozialer und politischer Systeme (Staaten, Parteien, Minderheiten usw.) hat in den vergangenen Jahrzehnten das besondere Interesse der Historiker gefunden. Um von Gruppenmentalität sprechen zu können, müssen die Denkgewohnheiten nicht bei allen zu der Gruppe gehörenden Personen gleich stark und einheitlich ausgeprägt sein. Zur Peripherie hin verliert sich in jeder Gruppe das für sie Typische und wird durch den besonderen Beruf, den sozialen Stand, die Religion oder andere Kräfte überlagert. Doch in einer Gruppe einheitlicher Mentalität werden zumindest bestimmte grundlegende Denk- und Verhaltensformen von allen geteilt. Die Formen des Denkens und Handelns, durch die sich eine Gruppe von anderen unterscheidet, können einen sehr verschiedenen Ursprung haben. Das Denken der Bürger im demokratischen Athen ist vor allem durch zwei Konstituanten bestimmt: durch die Zugehörigkeit zu den Griechen als einer sprachlichen und kulturellen Gemeinschaft und durch die besondere Geschichte der Heimatstadt. Beides — das Gemeingriechische und die lokale Geschichte — prägten zwar alle Griechen, doch hat die Athener das lokale Kolorit in ganz besonderer, sehr viel stärkerer Weise geformt, weil die ganz neuartige, in Athen geschaffene demokratische Verfassung sie von allen anderen Griechen abgegrenzt hat und sie selbst sich dieser ihrer Eigenheit voll bewußt waren. Diese Sonderrolle der Athener unter den Griechen berechtigt uns, von einer „demokratischen Mentalität" der Athener zu sprechen und sie von der Mentalität der anderen Griechen abzusetzen. Ein so ausgeprägtes kollektives Selbstbewußtsein wie in Athen begegnet uns in der griechischen Antike sonst nur noch in Sparta.

Bevor einige typische Denkformen des athenischen Demokraten vorgestellt werden, sei an die allgemeine Lebenssituation des Atheners erinnert.
Anders als der junge Spartaner verbrachte der Athener seine Kindheit und
Jugend in der Kleinfamilie. Wie in den meisten mediterranen Kulturen
war der Einfluß der Mutter besonders stark. Da die Frau ihren Lebensbereich im Hause zu sehen hatte und darum der Ort ihres Wirkens auf das
Haus bzw. das Frauengemach beschränkt war, verlor sich ihr Einfluß auf
den Knaben in dem Maße, wie dieser heranwuchs und in den Kreis der
älteren Jugend und schließlich in den der Bürger eintrat. Die Erziehung
des Kindes wurde nicht wie heute vom Staat gelenkt und beaufsichtigt.
Der Vater sorgte nach Neigung und Bildungsstand für die Unterweisung
des Sohnes, die er aber nicht selbst übernahm, sondern sie bestimmten
Personen überließ, welche die Erziehung gewerbsmäßig betrieben. Vom
sechsten Lebensjahr an etwa lernte der Athener bei dem Grammatiklehrer
*(grammatistēs)* lesen und schreiben. Daran schloß sich bald ein Musikunterricht an, der von einem besonderen Musiklehrer, dem Kitharisten,
gegeben wurde, und schließlich kam noch der Sportunterricht bei einem
Turnlehrer *(paidotríbēs)* hinzu. Der Unterricht fand im Hause des Lehrers
statt; auch die Ringschulen (Palaistren), in denen der Sportunterricht
erteilt wurde, gehörten meist Privatleuten. Das Lesen und Schreiben
wurde an den großen Epikern gelernt, vor allem an Homer und Hesiod,
und die Lektüre vermittelte gleichzeitig die Normen des allgemeinen
sittlichen und religiösen Verhaltens. Was unter Menschen etwas galt und
was nicht, lernte das Kind aus Homer, und in der Tat lieferten seine Epen
auch für jede Situation Handlungsmuster, mochte es sich nun um den
Kampf in der Schlacht oder den Streit vor Gericht, um die Verehrung der
Götter oder die Pflichten der Ehe handeln. Der Musikunterricht erschien
den Griechen für die harmonische Ausbildung des Charakters unverzichtbar. Es wurden Gesang, der an den großen Lyrikern erprobt wurde, sowie
das Spiel auf der Kithara bzw. Lyra, einem Saiteninstrument, und der
Oboe *(aulós)* gelehrt; der Kithara gab man gegenüber der Oboe den
Vorzug, weil zu ihr gleichzeitig gesungen werden konnte und zudem das
Kitharaspiel als das ältere den Musikanten mit der Weihe aristokratischer
Lebenshaltung umgab. Obwohl der Unterricht nicht staatlich geregelt war,
konnte sich der Vater durch den gesellschaftlichen Komment der Verpflichtung zu einer Mindestausbildung nicht entziehen; doch mußte sich
das Kind ärmerer Eltern selbstverständlich früher dem eigentlichen
Berufsleben zuwenden als das wohlhabender Familien. Nur der Sohn aus
gutem Hause konnte es sich daher leisten, nach Abschluß des Elementar-
unterrichts noch den einen oder anderen Lehrer anspruchsvollerer
Geistigkeit aufzusuchen, die seit der Mitte des 5. Jahrhunderts als eine Art

Wanderlehrer an vielen Orten Griechenlands, besonders aber in Athen die Jugend anzogen: die Sophisten. Diese vertraten keine gängigen Unterrichtsstoffe, sondern brachen mit ihren recht unterschiedlichen Anschauungen über die göttliche und menschliche Ordnung in das traditionelle Lebensgefüge ein, rüttelten an ihm und waren darum den konservativen Athenern ein rechter Greuel. Aber weil sie modern oder auch nur modisch waren, hatten sie großen Zulauf. Über sie wird unten gesondert gehandelt werden (S. 340 ff.).

Wenn der Athener in das Arbeitsleben eintrat, war er selbst dann, wenn er gewissenhafte, um das Fortkommen ihrer Kinder besorgte Eltern hatte, nicht sonderlich gut ausgebildet. Der Durchschnittsathener konnte aber lesen und schreiben, und er nannte dank Homer auch eine nicht geringe Anzahl von überkommenen Lebensregeln sein eigen, deren Gültigkeit bei allen Mitbürgern anerkannt war. Das Gemeinschaftsgefühl wurde weiter durch eine militärische Grundausbildung gestärkt, die zumindest seit der Mitte des 4., tatsächlich aber wohl schon im 5. Jahrhundert in einer zweijährigen Dienstzeit, der Ephebie, abzuleisten war (s. o. S. 102). Während dieser Zeit lebte der junge Mann mit seinen Altersgenossen in Zeltgemeinschaften und bewachte im zweiten Dienstjahr die attischen Grenzfestungen. Spätestens nach diesem Dienst ging er seinem Beruf nach, arbeitete als Bauer, Handwerker oder Tagelöhner, als Händler, Lehrer oder Kaufmann. Die meisten Athener wurden vom Familienleben und von ihrer Arbeit weitgehend absorbiert. Die höhere soziale Einheit, in der sie lebten, war die Phratrie, die zwar eine künstliche, nicht mehr wie in aristokratischer Zeit natürliche Lebensgemeinschaft war, aber doch die Verwandten mit einschloß und als gesellige und religiöse Gemeinschaft ihr Gewicht hatte. Darüber hinaus war der Athener in seinen Demos, den kleinsten lokalen Bezirk der politischen Organisation Attikas, eingebunden. In den Verwaltungseinrichtungen, den kultischen Obliegenheiten und politischen Aufgaben, die dem Demos zugewiesen waren (s. o. S. 81 ff.), fand der Athener eine politische Welt im kleinen, die ihm vom Gefühl her oft näherstehen mochte als das große Getriebe im Zentrum Athens.

Der Lebensrhythmus des athenischen Bürgers war durch das Familienleben, durch die Arbeitswelt und die kultischen Verpflichtungen in einen festen Rahmen gestellt. Die politische Aktivität hingegen, also der Besuch von Volksversammlungen, die Tätigkeit als Richter, Ratsherr und Beamter, als Demagoge, Ankläger oder Verteidiger, als Soldat und Ruderer, war nicht in das Gleichmaß des Alltags eingebettet, aber sie war für die Ausbildung eines Gruppenkomments bedeutsamer, weil sie den Athener von den anderen Griechen abhob. Das augenfälligste, von Athenern

ebenso wie von Ausländern beobachtete Charakteristikum des politischen
Lebens in Athen war dessen außergewöhnliche Intensität, und es war
allen bewußt, daß diese „Vielgeschäftigkeit" *(polypragmosýnē)* eine Konsequenz der Demokratie war. In der Tat war auch dann, wenn sich ein
Bürger politisch nicht übermäßig engagierte, die von ihm für die Allgemeinheit aufgewendete Zeit nicht gering. Zu Volksversammlungen, die
wegen wichtiger Fragen, etwa wegen eines drohenden äußeren Konflikts,
zusammengerufen wurden, ging selbstverständlich jeder, der es irgendwie
einrichten konnte, und er saß dann in aller Regel den ganzen Tag auf der
Pnyx. Einmal im Leben waren die meisten Athener Ratsherr und ebenso
mindestens einmal Beamter; diese Tätigkeiten verlangten in dem jeweiligen Jahr einen fast ununterbrochenen Einsatz. Sicher mehrmals im Jahr
saß der Durchschnittsathener den ganzen Tag als Richter in einem der
zahlreichen Geschworenenhöfe. Dazu kam der Besuch der großen Feste,
von denen allein die Panathenäen und Dionysien mehrere Tage dauerten.
Am stärksten beanspruchten den Bürger indessen die Feldzüge. Die Zeit,
in denen Krieg war, überwog im 5. und 4. Jahrhundert die reinen Frie-
densjahre bei weitem, und selbst in Friedenszeiten liefen regelmäßig
Flotten zu Übungszwecken aus. Der Ruderdienst auf der Flotte brachte
über die aktiven Kämpfer hinaus unverhältnismäßig viele Bürger auf den
Kriegsschauplatz. Das Volk *(dēmos)* wird von den Athenern wie selbstverständlich mit den Ruderern gleichgesetzt. Wie in der Schlacht von Marathon die Hoplitenphalanx, so steht in der Schlacht von Salamis das ru-
dernde Volk dem Feind gegenüber. Wenn man sich vergegenwärtigt, wie
viele Athener bei Operationen zu Lande und vor allem zur See in den
Kampf zogen, und sich auch der hohen Verluste erinnert, kann man am
besten das Gewicht der militärischen Verpflichtungen und dessen Einfluß
auf das Leben des einzelnen ermessen. Das Erlebnis eines Feldzuges aber
erzeugte in ganz besonderem Maße Gemeinschaftssinn und untermauerte
immer wieder die bestehende Wertewelt, schuf feste Feindbilder und
politische Zielvorstellungen. Auch die Arbeitswelt des einzelnen war vom
Militärdienst betroffen; hielten doch die Feldzüge den Bauern u. U. von
der Feldbestellung, den Handwerker von der Warenproduktion und den
Kleinhändler vom Verkauf seiner Waren ab.
Aber nicht nur die Politik und die Feldzüge, auch die rein persönlichen
Belange zogen den Bürger in einem weit stärkeren Maße als heute in den
öffentlichen Raum. Denn bei dem Mangel einer engmaschigen staatlichen
Bürokratie, insbesondere durch das Fehlen von Organen staatlicher
Verfolgung und eines Juristenstandes war der Athener weitgehend auf
Selbsthilfe angewiesen. Er mußte als Ankläger selbst auftreten und hatte
vor Gericht, mochte er nun Kläger oder Beklagter sein, keinen Rechts-

beistand; allenfalls hatte ihm ein berufsmäßiger Redenschreiber das Plädoyer angefertigt. Er mußte sich die Beweismittel selbst suchen, vor allem Zeugen finden, und er hatte auch oft selbst Zeuge zu sein, weil jede offizielle Handlung und jedes Geschäft unter Zeugen abgeschlossen wurde. War ein Bürger aus einem Rechtsstreit als Sieger hervorgegangen, hatte er in aller Regel für die Eintreibung seiner Forderungen selbst zu sorgen, was oft viel Zeit kostete und Verdruß bereitete. War der im Prozeß Unterlegene widerspenstig oder wehrte sich derjenige, den jemand vor Gericht forderte, gab es zwar Amtshilfe und Verfahren, die dem Bürger zu seinem Recht verhalfen. Aber im Prinzip tat „der Staat" nichts, was der Bürger nicht selbst tun konnte; denn „der Staat" waren die Bürger, nicht wie heute eine mit besonderer juristischer Persönlichkeit und Verfügungsgewalt ausgerüstete Körperschaft. Die Beamten, die bei Gelegenheit den Bürger unterstützten, waren auch nur Bürger, deren Funktion einzig darin bestand, den Gesetzen Beistand zu leisten; sie waren keine Diener einer abstrakten Macht, die über allen thronte. So war der Bürger im täglichen Lebenskampf weit mehr als heute auf sich selbst gestellt, auf seine Kraft zu persönlicher Initiative, seine Klugheit bei der Durchsetzung von Ansprüchen und seine Findigkeit in der Schaffung und Ausnutzung persönlicher Verbindungen. Und gerade dies letztere, das für die Lebensbewältigung unabdingbare Netz persönlicher Beziehungen, das ihm nur zu einem Teil durch seine Familie und Jugendfreunde zugewachsen war, zum anderen Teil von ihm selbst durch den Einsatz der eigenen Person erst geschaffen und ständig ausgebaut werden mußte, brachte den einzelnen Bürger unaufhörlich in Kontakt mit anderen, bis dahin unbekannten Bürgern und zog ihn in den Bereich des öffentlichen Lebens hinein.

Das gleiche Lebensschicksal und der ununterbrochene Kontakt der Bürger untereinander schufen ein ganz spezifisch athenisches Selbstverständnis, in dem die Geschichte der Stadt eng mit der politischen Verfassung verwoben war. Auch die Athener wußten, daß die Demokratie nicht uralt war; zur Zeit eines Miltiades und Aristides, sagt Aristophanes in den „Rittern" (132 f.), also in den Perserkriegen, war der Demos jung. Aber die ältere Geschichte erhielt doch von dem demokratischen Athen her ihre Interpretation und Akzentuierung. Solon erschien so als derjenige, der für die Demokratie die Grundlage geschaffen hatte, und der sagenhafte König Theseus galt nicht nur als der Befreier von großen Ungeheuern und äußerer Unterdrückung, sondern sogar als Stifter der Demokratie, wodurch ihre Geschichte bzw. Vorgeschichte in den Mythos einbezogen wurde. Die Demokratie galt dabei als vorbehaltlos positive Ordnung, deren Hauptgegner die schlechteste aller Verfassungen, die Tyrannis, war; die Tyrannis und später auch die Oligarchie bedeuteten den Athenern die

Negation von Freiheit, nämlich Sklaverei. Die Demokratie als Freiheits-
bringer ist auch die Rechtfertigung für den athenischen Herrschaftsan-
spruch. Die Macht Athens ist in den Augen aller Athener ein politischer
Wert, den es unter größten Opfern zu verteidigen gilt. Dieser ganz naive,
völlig ungebrochene Glaube an den Wert der Macht hatte viele Wurzeln,
unter denen das demokratische Sendungsbewußtsein noch nicht einmal
die stärkste war. Die rein zahlenmäßige Überlegenheit der Stadt, die
Leistungen in den Perserkriegen, materieller Nutzen und vor allem das
von den meisten Griechen geteilte und gerade von den schwächeren
Städten, die nicht auf sich gestellt leben konnten, anerkannte hegemoniale
Denken sicherten die athenische Machtpolitik bei der Masse ab. Aber wie
immer der Machtanspruch auch begründet war − und in aller Regel legte
der Athener vor sich keine Rechenschaft darüber ab −, der Stolz auf die
Macht der Stadt und das Gefühl der Verpflichtung ihr gegenüber waren
vorhanden und unlöslich mit der Demokratie und deren Verteidigung
verbunden: Die große Flotte Athens war nur dadurch möglich geworden,
daß die Masse der ärmeren Bürger sich auf die Ruderbänke gesetzt hatte,
und mit dieser als Soldatendienst empfundenen Tätigkeit waren die
großen Siege erfochten und die Macht der Stadt begründet worden. Flotte,
Demokratie und Herrschaft über eine große Anzahl untertäniger Grie-
chenstädte schienen nur die verschiedenen Aspekte ein und derselben
Sache zu sein. Wer die Flotte und mit ihr die Herrschaft verleugnete,
verleugnete die Demokratie.
In der Mentalität des Atheners erscheint die Werthaftigkeit von Demokratie und Herrschaft fest verankert und in ein historisches Weltbild einge-
ordnet. Die Demokratie liefert darüber hinaus die Maximen des Handelns
und Denkens für alle möglichen Lebenslagen und bringt eine Terminologie hervor, durch welche die jeweils erstrebenswerte Haltung formelhaft
ansprechbar wird. Der Demokrat ist der gute, nützliche und anständige
Mann *(agathós, chrēstós, kósmios);* die entsprechenden Termini werden
mit dem Wort „Demokrat" *(dēmotikós)* durchaus synonym verwendet,
und da sie aus aristokratischer Zeit stammen, in der sich die Adligen mit
ihnen geschmückt hatten, sehen sich die Athener gleichzeitig als die
direkten Erben dieser Zeit. Was dem Demokraten geziemt und was nicht,
tritt uns aus vielen Zeugnissen, so aus der politischen Komödie und aus
der Tragödie, entgegen, insbesondere aber aus den Gerichtsreden, in
denen die Parteien zur Stützung ihrer Tatsachenbehauptungen vor den
Richtern die demokratische bzw. antidemokratische Gesinnung der
Streitenden zu belegen suchen. Bei Klagen, die zur Überprüfung der
Qualifikation von Beamten (Dokimasie, vgl. o. S. 225 ff.) angestrengt
werden, hat die Darlegung der Gesinnung des Kandidaten sogar nicht

lediglich stützende Funktion, sondern ist ein Kernstück der Beweisführung selbst; denn die Dokimasie ist eine Prüfung der politischen Qualifikation. So lesen sich denn Dokimasie-Klagen, aber auch breite Passagen von Gerichtsreden zu den verschiedensten Prozeßgegenständen wie ein Regelbuch demokratischen Verhaltens. Das größte Gewicht hat hier naturgemäß das Verhalten des Bürgers als Soldat; denn ein Drückeberger oder Feigling schadet allen unmittelbar. Der ordentliche Bürger hat hingegen alle Feldzüge mitgemacht, zu denen er aufgerufen wurde; er bleibt in der Schlachtordnung stehen, wo ihn der Befehlshaber hingestellt hat, und drückt sich nicht, in das erste Glied eingereiht zu werden, ja er bewirbt sich womöglich darum. Zum Bürger in der Demokratie gehört, daß jeder an den Gefahren gleichen Anteil hat, und dies nicht nur im Krieg, sondern auch bei inneren Unruhen. Gegen Philon wird in einer Dokimasie-Klage – Philon war zum Ratsherrn erlost, dagegen aber Einspruch erhoben worden – vorgebracht, daß er nach seiner Vertreibung aus Athen durch die „Dreißig" sich nicht den Demokraten im Piräus angeschlossen, sondern sich in unverständlicher Gleichgültigkeit ins Ausland abgesetzt hatte; ihm war sein Geld wichtiger gewesen als das Schicksal der Stadt. Ein solcher Mann eignete sich wohl kaum, will der Kläger sagen, für einen Sitz im Rate der Stadt. Es ist jedoch nicht nur die politische Loyalität, sondern auch die Aktivität gefragt. Zwar ist gewöhnlicherweise niemand zum Einsatz seiner Person im politischen Raum gezwungen; aber es gibt eben Situationen, wie jene im Jahre 403, die das persönliche Engagement doch zu einer moralischen Pflicht machten. Setzt sich jemand dabei über das geforderte Maß für die Stadt ein, gilt dies als beachtetes Verdienst. Als Zeichen besonderer Tugend kann schon gewertet werden, wenn ein Bürger in der Volksversammlung aktiv wird, also an der Diskussion teilnimmt oder Vorschläge macht. Ehrgeiz *(philotimía)* dieser Art wird geachtet, wie denn überhaupt die Tuchfühlung mit der Menge positiv gewertet wird. Den größten Respekt verschaffen sich jedoch diejenigen, die sich über das Geforderte hinaus materiell für die Stadt einsetzen, etwa auf eigene Kosten Getreide heranschaffen und es dem Volk spenden, freiwillig Leiturgien auf sich nehmen oder die pflichtgemäß übernommenen besonders sorgfältig oder aufwendig durchführen.

Aber nicht nur das Denken und Handeln im öffentlichen Bereich ist durch die Demokratie geprägt. In den Gerichtsreden wird oft das ganze Leben des Bürgers durchleuchtet und seine Lebensweise nicht allein auf dem Hintergrund allgemein-menschlicher Normen und gesetzlicher Vorschriften, sondern auch einer erwünschten demokratischen Lebensform durchgemustert. Da wird dann etwa gefragt, ob jemand seine Pflichten gegenüber Eltern, Geschwistern und Kindern erfüllt habe. Wenn der bereits

genannte Philon sich so wenig um seine alte Mutter gekümmert hat, daß
diese ihre Grablegung einem anderen anvertraute, muß dies auf die
Richter den denkbar schlechtesten Eindruck gemacht haben. Der gute
Bürger fällt weiterhin nicht durch eine extravagante Kleidung auf und trägt
keine langen Haare, mit denen sich die adligen Gecken gern schmücken:
Er ist Gleicher unter Gleichen. Er befleißigt sich ferner einer gemäßigten
Lebensführung; er trinkt nicht, spielt nicht und benimmt sich auch
sonstwie nicht zügellos. Es kann sogar als „anständig" gelten, wenn von
jemandem gesagt werden kann, daß er nicht vor Gericht geht und auch
nicht von anderen vor Gericht gezogen wird (Lys. 16, 10. 12), er also kein
zänkischer, sondern ein friedliebender Mensch ist. Diese der demokratischen Idee im übrigen durchaus inadäquate Forderung ist nur aus dem
Wunsch geboren, den Demokraten als einen unauffälligen, unter seinesgleichen lebenden und zufriedenen Bürger zu sehen. Es zielt in die gleiche
Richtung, wenn das Streben nach Neuerungen und Veränderungen als ein
undemokratisches Verhalten angesehen wird. Die demokratische Lebens-
philosophie ist, wie man sieht, nach moderner Terminologie ausgesprochen kleinbürgerlich, und das kann in einer Gesellschaft, welche die
politische Gleichheit auf ihre Fahne geschrieben hat, auch nicht anders
sein. Der hier verwendete Gleichheitsbegriff geht indessen über die
demokratische Idee hinaus; denn er ist ja nicht allein auf die Gleichheit
des politischen Rechts bezogen, sondern es wird in ihm eine soziale
Gleichheit mitgedacht, in der alle Bürger auch im privaten Leben gleich
nebeneinanderstehen. Zwar wird dies gedanklich nicht weiter ausgeführt,
und das ist ja auch ohne einen gänzlichen Umsturz der politischen Basis,
auf der in Athen die Demokratie ruhte, gar nicht möglich. Das Bild von
dem friedliebenden, in Kleidung und Benehmen gleichen Bürger bleibt
unbestimmt und verschwommen. Aber immerhin wird in diesem Idealbild des Demokraten die gesamte Bevölkerung wie eine einheitliche
Gruppe eingefangen: Der Reiche, Vornehme und Gebildete reiht sich
darin in die namenlose Menge ein. Die Realität sieht anders aus; aber die
rhetorische Topik erlaubt, dem Typus des Demokraten etwas zu unterstellen, was der Lebenswirklichkeit nicht entspricht.

## 2. Die innere Opposition gegen die Demokratie

Bei der Frage nach der inneren Opposition gegen die Demokratie haben wir uns zunächst zu überlegen, was wir unter dem Begriff „Opposition" verstehen wollen. Da in Athen, anders als heute, Kritik und Widerstand gegen die herrschende Ordnung nicht an politische oder ständische Gruppen gebunden war (o. S. 297 f.) und also jeder institutionelle Rahmen für sie fehlte, ist es nicht einfach zu sagen, wer nun jeweils zur Opposition gehörte. Kritische Äußerungen wurden bei gegebenem Anlaß lediglich von einzelnen vorgetragen, und es ist kaum zu sagen, wer und wie viele ihnen jeweils zustimmten. Es ist aber nicht nur der Kreis der Personen, der einer Opposition gegen die geltende Ordnung zuzurechnen ist, nicht einfach zu erfassen, sondern es ist ebenso schwierig zu bestimmen, welcher Art und wie stark die Dissonanz sein muß, daß wir berechtigt sind, von Opposition zu sprechen. Kritik an wesentlichen Einrichtungen und Ideen der Demokratie ist oft unentwirrbar verwoben in den Kampf gegen eine aktuelle Politik bzw. gegen bestimmte Politiker, die diese Politik vertreten. Wann richtete sich der Widerstand gegen die aktuelle Aktion und die bestimmte Person, und wann ist das aktuelle Ereignis bzw. die Person lediglich der Aufhänger für eine grundsätzliche Kritik? In der modernen Forschung zur athenischen Demokratie wird oft kein Unterschied gemacht zwischen der Kritik an einer Person bzw. der von ihr vertretenen Politik und der am System. Indessen ist alle Kritik, die im Gerangel um Einfluß und im Kampf um die jeweils richtige Entscheidung vorgebracht wird, zunächst einmal ein Stück des demokratischen Alltags und hat mit Opposition durchaus nichts zu tun. Bisweilen mag sich zwar dahinter ein grundsätzlicherer Standpunkt verbergen; doch erst dann, wenn dieser sichtbar wird, können wir ihn für die Darstellung eines inneren Widerstandes verwenden. Aber selbst ein direkter Angriff auf eine wesentliche Idee oder Institution muß nicht schon stets eine demokratiefeindliche Gesinnung verraten. Ein abwertendes Urteil will unter Umständen lediglich einen Mißbrauch, z. B. die allzu großherzige Ausdehnung des Diätensystems oder die Pervertierung der Popularklage durch die Sykophantie, brandmarken, will nicht die Demokratie angreifen, sondern sie umgekehrt gerade schützen. Ein solches Urteil kann aber selbstverständlich auch das Anzeichen einer grundsätzlichen Ablehnung der Demokratie sein. Diese begegnet uns nicht nur in verdeckter Form, sondern sie wird auch offen ausgesprochen. Als „Opposition" gegen die Demokratie kann nur diese (verdeckte oder offene) Zurückweisung der ganzen politischen Verfassung oder doch großer Teile von ihr gelten, und

auch nur für sie dürfen wir Begriffe wie „Widerstand" und „Feindschaft"
verwenden. In den folgenden Überlegungen sollen jedoch nicht nur die
Vertreter dieser Gruppe zu Worte kommen, sondern es wird auch diejenige Kritik berücksichtigt werden, die auf dem Boden der demokratischen
Verfassung bleibt. Das ist schon deswegen erforderlich, weil der Übergang
von der systemimmanenten zur grundsätzlichen Kritik fließend und
wegen des Fehlens jeglicher Gruppenbildung unter den Kritikern überhaupt schwer zu bestimmen ist, und zudem sind die Argumente beider
Ebenen der Kritik vielfach gleich. Wenn Aristophanes den Richtersold
karikiert, wissen wir, daß er das trotz der Schärfe seiner Angriffe als
Demokrat tut; der Autor der ps.-xenophontischen Schrift vom Staat der
Athener versteht seine Einwände gegen dieses Phänomen hingegen trotz
konzilianter Formulierung grundsätzlich: Er ist nicht Demokrat, sondern
Oligarch.

Man hat bei einer Frage wie dieser weiter zu bedenken, daß unsere
Quellen kein repräsentatives Bild der öffentlichen Meinung wiedergeben: Die Feinde der Demokratie überwiegen bei den auf uns gekommenen Autoren bei weitem, und diejenigen, die einen demokratischen Standpunkt vertreten, sind nicht schon allein darum Demokraten; denn die
meisten von ihnen machen ihre Aussagen im Theater oder vor Gericht,
das heißt vor der versammelten Menge der Athener, und können folglich
nicht mit derselben Ungezwungenheit formulieren wie Philosophen oder
Historiker, die bei ihren Gedanken nicht von einem Publikum abhängig
sind. Man kann zunächst ohne Einschränkung sagen, daß die Historiker
und sämtliche nachsokratischen Philosophen nicht nur keine Freunde,
sondern Gegner der Demokratie waren. Thukydides war Anhänger einer
gemäßigten Oligarchie (oder gemäßigten Demokratie, wie man will); wenn
der Preis auf die Demokratie im Epitaphios des Perikles seine eigene
politische Auffassung wiedergibt, hat er sie später geändert. Xenophon
war ein enthusiastischer Anhänger Spartas und hatte zu seiner Vaterstadt
große Distanz. Isokrates hat wie so viele Intellektuelle seiner Zeit einer
„gemäßigten" Demokratie das Wort geredet; aber in dem Begriff „ge-
mäßigt" steckt die Ablehnung gerade der demokratischen Grundidee, der
Gleichheit. So bleiben die Tragiker, die politische Komödie, allen voran
Aristophanes, und die forensische Rhetorik. Die Redner standen —
abgesehen von Antiphon — auf dem Boden der Demokratie, auch wenn
sie gelegentlich, wie Lysias, eine Verteidigungsrede für einen Oligarchen
schrieben. Man mag einwenden, daß vor den Geschworenengerichten,
also vor der Hochburg demokratischen Geistes, schlecht anders als
demokratisch argumentiert werden konnte. Doch ist solches Mißtrauen
gegen die Gesinnung der Redner gewiß übertrieben, und von einigen steht

bekanntlich fest, daß sie glühende Anhänger der Demokratie waren (Demosthenes, Lykurgos, Hypereides). Auch Aristophanes war trotz seiner konservativen Grundhaltung ein Demokrat, und dies gewiß nicht aus Opportunismus. Für die Tragiker, insbesondere für Sophokles, gilt dasselbe. Die Bilanz ist im ganzen für die Demokratie ungünstig. Insbesondere die Philosophen, aber auch Thukydides haben mit ihrem Urteil auf die Römer und weiterhin auf das Abendland gewirkt. Es macht darum heute auch nicht viel Arbeit, ein Buch oder einen Aufsatz über die Kritik an der Demokratie zu schreiben; das Material ist gut greifbar und — zumindest der Masse, wenn auch gewiß nicht der Vielfalt der Argumente nach — überreichlich vorhanden. Das Lob der Demokratie hingegen hat im Athen des 5. und 4. Jahrhunderts gewiß nicht weniger zahlreiche Autoren gefunden, aber eben nur wenige, die der Überlieferung auf die Nachwelt für wert befunden wurden. Die geistige Elite stand, anders als heute, überwiegend abseits.

Wenden wir uns nun den E i n w ä n d e n  g e g e n  d i e  D e m o k r a t i e im einzelnen zu. Der häufigste und zugleich schwerwiegendste Vorwurf richtet sich gegen die politische Gleichberechtigung aller Athener, also gegen die Grundidee der Demokratie. Er äußert sich auf verschiedene Weise. Von den Philosophen, aber auch von dem anonymen Autor der Schrift vom Staat der Athener wird gesagt, daß der demokratische Gleichheitsbegriff eine rein abstrakte Größe sei, die es nur auf die Zahl abgestellt habe, der hingegen jeder inhaltliche Bezug (Leistung, Ansehen, Herkunft, Reichtum) fehle; die Gleichheit werde also Ungleichen gegeben, und dies sei ungerecht. Von den verschiedenen Faktoren der Ungleichheit wiegt nach Meinung der Kritiker der Mangel an Bildung und Sachverstand bei der Masse am schwersten. Die Philosophen erörtern und begründen die Notwendigkeit des Sachverstandes für das politische Geschäft eingehend von den Prämissen ihres Denkens her und führen damit die demokratische Gleichheit gleichsam durch die Theorie ad absurdum. Im politischen Alltagsleben wird hingegen die Sachdiskussion leicht durch gehässige Tiraden über die Unwissenheit, Unbildung und Disziplinlosigkeit der Masse ersetzt, und natürlich ist solche Abneigung nicht von einem philosophischen Gedankengebäude eingegeben, sondern aus dem Dünkel der guten Herkunft und des Reichtums geboren. Die weder durch Sachverstand und Bildung noch durch Herkunft, Vermögen oder persönliche Leistung gesteuerte und gebändigte Menge besitzt nach Meinung solcher Kritiker keinerlei Grundlage für ein der Sache angemessenes Urteil. Ihre Zügellosigkeit und Willkür folge der jeweiligen Eingebung und könne darum nur schlechte, unüberlegte und ungerechte Beschlüsse und Gerichtsurteile hervorbringen. Am Ende breche sich der materielle

Egoismus Bahn, und das Volk bereicherte sich durch die Konfiskation der Güter von reichen Bürgern und Metöken sowie durch die Einrichtung und den allmählichen Ausbau eines Systems von Tagegeldern für die politische Tätigkeit. Besonders der Vorwurf der Bereicherung ist immer wieder erhoben worden und durchzieht die gesamte Klassische Zeit.

Kaum weniger hart ist der Vorwurf, daß sich das Volk infolge des Fehlens jeglicher ethischer Bindung über die Gesetze stelle; in der Demokratie herrsche nicht der *nómos,* sondern die Laune der Menge. Diese Behauptung wird vor allem an dem Mißbrauch des Rechts durch die Geschworenengerichte nachgewiesen, und es war in der Tat auch gewiß nicht schwer, hier hinreichend Beispiele zusammenzustellen. Der *nómos* wird nach den Kritikern aber nicht nur durch die Willkürjustiz der Gerichte, sondern auch durch die Beschlüsse der Volksversammlung aufgelöst; denn in Athen könne das Volk durch einfachen Beschluß jeden *nómos* zeitweilig oder für immer außer Kraft setzen, und also werde hier nicht mittels der Gesetze, sondern der Volksbeschlüsse regiert. Die mangelnde Bindung an die tradierten Gesetze aber mache alles Leben, das private wie das öffentliche, unberechenbar. Bei solcher Prämisse führt kein weiter Weg dahin, die Demokratie als die Herrschaft des Chaos und als Tyrannis hinzustellen, in der sich die religiöse und soziale Ordnung auflöse: Jeder, nicht nur der Bürger, sondern auch der Metöke und Sklave, lebe in der Demokratie, wie es ihm gerade paßt, heißt es. Von der äußeren Erscheinung, etwa der Kleidung, von der Berufsausübung und dem Benehmen her gäbe es zwischen Bürgern, Metöken und Sklaven kaum noch Unterschiede, meint vorwurfsvoll der Autor der ps.-xenophontischen Schrift vom Staat der Athener, und sogar die freie Meinungsäußerung *(isēgoría)* nähmen die letzteren für sich genauso in Anspruch wie die freien Bürger (1, 10–12).

Als positives Gegenbild steigt vor den Kritikern wie von selbst die stabile, auf jahrhundertealten Gesetzen ruhende politische Ordnung Spartas auf, in der jeder innerhalb der sozialen Rangordnung seinen unverrückbaren Platz habe und alles Handeln auf unveränderliche Gesetze gegründet sei. Obwohl die spartanische Verfassung ihrer Struktur nach keine Aristokratie oder Oligarchie, sondern nach dem Selbstverständnis der Spartaner eine Herrschaft der Gleichen darstellt, erhält sie durch ihren starren Bezug auf die Tradition, aber natürlich auch durch die soldatische Lebensweise der Spartiaten und die Herrschaft über eine zahlenmäßig vielfach stärkere Anzahl von Abhängigen den Charakter einer Oligarchie. So wurde Sparta zum Gegenpol der Demokratie, und die Schöpfer dieses Gegenbildes waren nicht etwa die Spartaner, sondern die Kritiker der Demokratie inner- und außerhalb Athens, und erst von ihnen haben die Spartaner dieses Bild übernommen und im Kampf gegen Athen politisch ausgenutzt.

Über das Grundsätzliche hinaus werden auch einzelne Institutionen und Organisationsformen angegriffen. Wird an der Volksversammlung nicht die Institution als solche, sondern lediglich die Entscheidungspraxis kritisiert, geht man bei den Geschworenengerichten weiter. Denn fordert auch niemand, soweit ich sehe, geradeheraus die Beseitigung dieser Gerichte, wird doch von manchen Kritikern die gesamte Gerichtspraxis so radikal verurteilt, daß es letztlich darauf hinausläuft. Wenn Aristoteles z. B. sagt, daß mit der Einführung der Geschworenengerichte, die er Solon zuweist, das Volk Herr über die Stadt (*politeia*) geworden sei (AP 9, 1), ist angesichts seiner grundsätzlichen Kritik an der „radikalen" Demokratie die völlige Ablehnung der Geschworenengerichte darin eingeschlossen. Auch die Losung wird kritisiert. Sie wurde nicht a limine abgelehnt − auch die Oligarchie kannte ja die Losung −; man nahm lediglich an dem Ausmaß ihrer Anwendung Anstoß. Aber wenn man sich über den Sinn der Losung Gedanken machte und dabei bedachte, daß durch sie der Sachverstand ausgeschaltet und der Zufall zum Auswahlprinzip von Richtern und Beamten erhoben wurde (Xenoph. Mem. 1, 2, 9), erkannte man in ihr doch eine typisch demokratische Einrichtung und hat sie dann auch als ganze zurückgewiesen. Es ist bezeichnend, daß nach dem oligarchischen Putsch von 411 − neben der Beseitigung aller Diäten − in der künftigen Verfassung für eine Anzahl von Beamten die Wahl (aus Vorgewählten) vorgesehen war (Arist. AP 30, 2). Die Polemik gegen die Demagogen, an der sich alle hier als Kritiker genannten Autoren beteiligten, ist hingegen nicht immer als Kritik an der Demokratie, sondern oft und so auch in den „Rittern" des Aristophanes, in denen der vielen verhaßte Kleon im Mittelpunkt steht, als Kritik an der Person des einzelnen Demagogen zu verstehen. Bei den Philosophen ist die Abneigung grundsätzlicher. Sie halten die Demagogie für das Symptom einer Zügellosigkeit, die der „radikalen" Demokratie immanent sei.

Von den drei großen Institutionen der Demokratie blieb nur der Rat von grundsätzlicher Kritik verschont. Nach dem Putsch von 411 haben die Oligarchen ihn allerdings ebenfalls reformiert, und es hatten alle Gegner der Demokratie in der Tat auch ein ganz anderes Bild von dem, was er darstellen sollte. Für sie war der Areopag der solonisch-kleisthenischen Zeit das Ideal eines Rates, der als eine Versammlung der ehemaligen höchsten Beamten Kontinuität und Tradition verkörpert und auch die Kontrolle der Beamten in Händen gehabt hatte. Er war als Hüter der Verfassung betrachtet und durch den Mythos mit dem Schimmer göttlicher Heiligkeit umgeben worden. Nach dem Zusammenbruch von 404, unter der Herrschaft der „Dreißig", erhielt die politische Wiederbelebung des Areopags, der seit Ephialtes nur noch ein Schattendasein geführt hatte, zum ersten Male Realität. Die Gesetze des Ephialtes wurden aufgehoben und der Areopag in seine alte Rolle als Kontrollorgan eingesetzt. Die neue politische Ordnung, in der dem Areopag eine zentrale Rolle zukommen sollte, nannte sich „die väterliche Verfassung" *(pátrios politeía),* und in ihr wurde nicht nur von den „Dreißig" und ihrem oligarchischen Anhang, sondern auch von den Spartanern die künftige Verfassung Athens gesehen. Die Herrschaft der „Dreißig" blieb eine Episode, doch war damit nicht die Idee der „väterlichen Verfassung" erledigt. Es sollte sich zeigen, daß sie sich über die radikal-oligarchischen Kreise hinaus bei den meisten Wohlhabenden und vor allem auch bei den Intellektuellen großer Sympathie erfreute. Die im 4. Jahrhundert wachsenden außenpolitischen Schwierigkeiten, die großen Finanzprobleme der Stadt und das darin begründete Nachlassen der inneren Spannung verstärkten das Gewicht der Reichen, und die müde gewordenen Demokraten ließen die Zügel schleifen. Isokrates konnte es in den fünfziger Jahren wagen, in seinem „Areopagitikos" den Areopag als Mittelpunkt einer an der solonisch-kleisthenischen Vergangenheit orientierten Verfassung zu preisen und so der Idee einen programmatischen Rahmen zu geben. Wenn er in dieser Schrift behauptete, daß er sich damit nicht von der Demokratie distanziere, war das reine Augenwischerei; denn mit Demokratie hatte diese Verfassung, in der nur eine Minderheit von Reichen politische Rechte besaß, nichts mehr zu tun. Mit Isokrates erhält die Begriffsspielerei zum ersten Male innerhalb der politischen Argumentationstechnik eine wirkliche Funktion, und seitdem hat die Täuschung der Öffentlichkeit durch die Manipulation mit Begriffen nicht mehr aufgehört. Tatsächlich gewinnt die politische Idee einer Reaktivierung des Areopags in der zweiten Hälfte des 4. Jahrhunderts an Gewicht, so daß man sich 337/36 veranlaßt sah, in einem Gesetz gegen die Tyrannis die Areopagiten ausdrücklich auf ihre demokratischen Pflichten hinzuweisen.

Ein Hauptpunkt der Kritik ist schließlich die Behandlung der untertänigen Städte im Seebund. Die Umwandlung des Bundes in ein Untertanengebiet, die Unterdrückung der inneren Autonomie der Städte, die finanzielle Ausplünderung vor allem ihrer reichen Bürger sowie die oftmals brutale Behandlung abgefallener Städte ist insbesondere von der politischen Komödie, aber mit Nachdruck auch von Thukydides getadelt worden. Im Jahre 426 hat Aristophanes in seinen uns nicht erhaltenen „Babyloniern" die Tyrannis Athens über die Bundesgenossen zum tragenden Thema gemacht. Thukydides' hartes Urteil über die athenische Außenpolitik nach dem Tod des Perikles geht darauf zurück, daß er die

Volksversammlung für inkompetent ansah, eine angemessene Außenpolitik zu führen; es scheint, daß diese nach seinem Urteil an die Führungsqualität unabhängiger Personen gebunden war. Einer Ablehnung jeglicher Herrschaftspolitik durch Athen hat er damit aber ebensowenig wie Aristophanes das Wort reden wollen. Das hegemoniale Machtstreben war zu eng mit den politischen Zielen der großen Städte und auch zu sehr mit dem Schutzbedürfnis der meisten kleineren Städte verbunden, als daß selbst ein kritischer Athener sich davon hätte distanzieren können. Sogar der anonyme Autor der Schrift vom Staat der Athener, der seine oligarchischen Neigungen nicht verbirgt, sieht bei aller Kritik an der athenischen Herrschaftspraxis in der Seeherrschaft der Stadt doch einen großen Wert, den er augenscheinlich nicht missen möchte (bes. 1, 19–2, 13). Den Zusammenhang von äußerer Herrschaft und Demokratie haben wohl auch alle Kritiker klar gesehen, aber die Herrschaft darum nicht aus reiner Opposition gegen die Demokratie abgelehnt. Lediglich die negativen Auswüchse wurden getadelt und die Schuld dafür ziemlich einmütig der Demokratie angelastet.

Kritische Stimmen hören wir im demokratischen Athen demnach häufig, und unter ihnen auch feindselige, die ganz offen nach einer anderen politischen Ordnung riefen. Bei dem Mangel an ständischen oder politischen Gruppierungen, die der Opposition einen organisatorischen Rahmen hätten geben können, wird die Kritik stets von einzelnen Personen vertreten, seien sie nun Literaten oder auch im politischen Leben aktive Männer. Die Wirkung besonders der letzteren beruhte auf ihrer persönlichen Autorität, die nach schweren, von demokratischen Politikern verschuldeten Niederlagen bei der Menge auch Unterstützung erhalten mochte. Thukydides, des Melesias Sohn, der in den vierziger Jahren u. a. das Bauprogramm des Perikles bekämpfte, war wohl der erste, der um sich eine Opposition sammelte, die dem Umschwung Athens zu einer „radikalen" Demokratie ablehnend gegenüberstand und sich nach den Zeiten zurücksehnte, in der die Hopliten unter Führung adliger Familien den Ton in der Stadt angegeben hatten. Thukydides war indessen zwar ein Konservativer, doch dürfen wir ihn nicht als Oligarchen bezeichnen. Die Oligarchie war als eine politische Möglichkeit damals noch gar nicht bewußt. Wer der Demokratie feindlich oder distanziert gegenüberstand, dachte in aristokratischen Kategorien und redete einer politischen Ordnung das Wort, in der die Aristokratie Einfluß hatte; das Ideal der Kritiker der Demokratie z. Z. des Perikles war ohne Zweifel die politische Ordnung Athens in den Perserkriegen. Die Oligarchie als eine Alternative zur Demokratie setzt die Entstehung eines Verfassungsdenkens voraus, in dem mehrere Verfassungen als reale politische Möglichkeiten vorstellbar wurden: Ein solches Denken bildete sich aber erst in der zweiten Hälfte des 5. Jahrhunderts heraus, als nach der Oktroyierung der demokratischen Verfassung in abgefallenen Seebundsstädten die entmachtete Oberschicht nach einem Begriff für diejenige politische Ordnung suchte, die man vor dem Oktroi gehabt hatte und nach der man wieder strebte. In Athen hat sich eine oligarchische Opposition, die auf den Sturz der Demokratie zielte, erst nach den schweren Niederlagen im Peloponnesischen Krieg, nämlich nach der Katastrophe des athenischen Heeres auf Sizilien gebildet. Damals traten Peisandros, Theramenes, Antiphon und Phryni-chos als Häupter einer Opposition hervor, die zu dem Umsturz von 411 und der Einrichtung einer Oligarchie führte. Diese und andere Oppositio-nelle stützten sich bei ihren Aktionen auf eine große Anhängerschaft von Verwandten, Freunden und Mitläufern, die unorganisiert blieb. Eine gewisse Rolle spielten für den Erfolg dieses Putsches wie überhaupt für fast jede Opposition auch kleinere Klubs, die Hetärien (hetaireiai, Kame-radschaften) und Synomosien (synōmosíai, Schwurgenossenschaften). Ihre Mitgliederzahl war klein; meist bestanden sie nur aus 5–20 Personen, und sie waren in aller Regel zu persönlichen Zwecken gegründete Vereini-gungen. Der Hauptzweck lag im geselligen Beisammensein von oft gleichaltrigen jungen Männern, aber sie konnten darüber hinaus auch ganz konkrete Ziele, wie z. B. die Unterstützung von Amtsbewerbern und Prozessierenden, verfolgen. Die Hetärien waren aus adligen Vereinigun-gen hervorgegangen und hatten bereits in den Adelskämpfen des 6. Jahr-hunderts eine Rolle gespielt. Auch im 5. und 4. Jahrhundert scheint sich das Klubleben weitgehend auf die Wohlhabenderen beschränkt zu haben und insbesondere von der vornehmen Jugend bevorzugt worden zu sein, wie denn in manchen Hetärien die Mitgliedschaft wohl an die Zugehörig-keit zu einer oder mehreren adligen Familien gebunden gewesen ist. Die Hetärien waren also sehr vielfältig, gewiß teils auch kurzlebig und von geringer organisatorischer Festigkeit. Sie waren mehr ein Rahmen für gesellige Lebensfreude und die Erledigung vorübergehender Aufgaben als Vereine in unserem Wortsinne. Bisweilen dienten sie der überschäumen-den Kraft einer Gruppe meist vornehmer junger Männer als Ventil, wie der Klub „der vom bösen Geist Besessenen" (kakodaimonistai) vom Anfang des 4. Jahrhunderts, dessen Mitglieder darauf Wert legten, daß sie die Götter und die Gesetze verachteten (Lys. fr. 53, 2); diese offensichtlich von Sophisten beeinflußte kleine übermütige Gesellschaft tat sich etwas darauf zugute, als eine Art „Satansanhänger" zu gelten. Gerade die Unverbindlichkeit des Vereinigungszwecks machte solche Klubs zu den gegebenen Stützen einer jeden Politik, die ihre Anhängerschaft kurzfristig aktivieren mußte, und sie dienten darum vielen Politikern, nicht nur der

Opposition, zur Durchsetzung politischer Ziele. Die Unterstützung mochte für den Augenblick wirksam sein; einen festeren und dauerhaften Rahmen vermochten die Klubs indessen auch einer Opposition nicht zu geben. Mit der aktuellen Situation, die eine Opposition hervorbrachte, stand und fiel auch meist die Unterstützung durch Hetärien.

Zu einem Umsturz hatte es eine innere Opposition nur im Jahre 411 gebracht. Er war allein auf Grund der verzweifelten außenpolitischen Lage, welche die Demokratie verschuldet zu haben schien, möglich geworden und dauerte nur ein gutes Jahr. Die beiden anderen Umstürze, die Athen in der Klassischen Zeit erlebt hatte, die der Jahre 404 und 322, erfolgten mit Hilfe des siegreichen Feindes, der dann auch die Stadt besetzte, und sie können darum nur bedingt als die Konsequenz eines inneren Widerstandes angesehen werden. Auch der von Thukydides (1, 107, 4.6) berichtete Putschversuch des Jahres 457 rechnete mit äußerer, nämlich spartanischer Unterstützung. Der Erfolg der Opposition war demnach gering, dies ebensosehr eine Konsequenz der mangelnden Organisationsmöglichkeiten wie der Stärke der Demokratie, die gerade in schwerer Zeit auf den Anhang nicht nur der Massen, sondern auch der ihr kritisch gegenüberstehenden Intelligenz rechnen konnte.

Zusammenfassend wird man sagen dürfen, daß es eine Opposition gegen die Demokratie in Athen nur in einem begrenzten Maße gegeben hat. In den ersten Jahrzehnten nach dem Umbruch zur entwickelten Demokratie scheint sie kaum Gewicht gehabt zu haben. Die außenpolitischen Erfolge und die Aufbruchsstimmung im Innern haben dazu ebenso beigetragen wie die mangelnde politische Alternative und das Fehlen eines institutionellen Rahmens für die Formierung eines Widerstandes. Als die Kritik sich einstellte, ging es doch meist nicht um die Abschaffung der Demokratie, sondern um die Abstellung von Mißbrauch. Die eigentlichen Gegner der Demokratie blieben eine kleine Minderheit, aber sie waren nicht bedeutungslos; denn sie hatten auf Grund ihres Reichtums, ihrer Herkunft oder ihrer literarischen Erfolge Ansehen und Einfluß. Sie fanden jedoch keinen organisatorischen Rahmen, in dem sie sich dauerhaft etablieren konnten, und − das ist ebenso bedeutsam − sie besaßen auch keinerlei Ansatz zu einem politischen Programm, das man der kritisierten Verfassung hätte entgegenstellen können. Die Kritik erschöpfte sich bei ihnen in der radikalen Ablehnung des Vorhandenen, und als es ihnen im Jahre 411 gelang, die Macht zu ergreifen, setzten sie diesen radikalen Widerspruch in die Tat um. Diese Unbeweglichkeit der Opposition ist indessen nicht als ein Versagen anzusehen; sie ist nur die Konsequenz der besonderen Bedingungen, unter der sie sich im demokratischen Athen zu entfalten vermochte. Der fehlende institutionelle Rahmen erlaubte nicht, den Widerspruch auf Dauer festzulegen, ihn durch Diskussion mit den herrschenden Kräften zu korrigieren, durch Kompromisse seine Realisierung jedenfalls teilweise zu erzwingen und ihm auf diese Weise Wirksamkeit und Respekt zu verschaffen. Es kommt hinzu, daß das Mißtrauen der Athener jede organisatorische (also nicht nur verbale) Verfestigung einer Opposition so gut wie unmöglich machte; das dichte Netz der Prozeßverfahren zur Verfolgung politischer Delikte und die Popularklage mußten jeden Versuch zum Umsturz im Ansatz ersticken. Gegen diejenigen, die die „Auflösung der Volksherrschaft" betrieben, hatte jeder Ratsherr, Richter und Beamte in seinem Amtseid geschworen, wachsam zu sein, und was alles mochte ein eifernder Demokrat unter diesem abstrakten Delikttatbestand subsumieren und einem geneigten Richtergremium plausibel machen! Ferner war auch die Anzahl von Personen gering, die sich zur selben Zeit zu einer grundsätzlichen Kritik bekannten. Die Radikalität der Opposition ist darum nur die Kehrseite ihrer Unwirklichkeit; es ist mithin sowohl von dem Ziel der Opposition als auch von den Möglichkeiten ihrer Verwirklichung her angemessener, statt von „Opposition" besser von „Verschwörung" zu sprechen. In einer Demokratie von der Gleichförmigkeit und zugleich Wachsamkeit wie der athenischen war die Existenz und Wirksamkeit der Opposition letztendlich eine Frage des „Alles-oder-nichts".

### 3. Sophistik und Rhetorik

In der zweiten Hälfte des 5. Jahrhunderts sehen wir in den griechischen Städten eine Gruppe von Denkern wirken, die Sophisten (etwa „Lehrer der Weisheit") genannt wurden. Der Begriff wurde später auch für Denker des 4. Jahrhunderts verwendet und ist im 2. nachchristlichen Jahrhundert für die Vertreter einer bestimmten geistigen Richtung erneut aufgegriffen worden. Die Sophisten der zweiten Hälfte des 5. Jahrhunderts v. Chr. hingegen bildeten eine besondere Gruppe, und nur von ihnen ist – mit einer Ausnahme – hier die Rede. Sie rührten mit ihrem Denken die geistige und gesellschaftliche Ordnung der Zeit auf und beunruhigten oder begeisterten mit ihren Ideen die Menschen, vor allem die Angehörigen der Oberschicht und unter ihnen wieder besonders die Jüngeren. Ihre Ansichten waren nicht immer völlig originell; manches von dem, was sie vortrugen, finden wir in Ansätzen bereits in der Literatur vor ihnen, wie denn die allgemeinen Bedingungen für ihr Auftreten nicht erst in der Mitte des 5. Jahrhunderts geschaffen wurden, sondern weit bis in das vorige zurückreichen. In den Ideen der Sophisten schlugen sich die mannigfaltigen Veränderungen nieder, welche die griechische Welt seit dem 7. Jahrhundert und besonders im 6. Jahrhundert erfahren hatte. Die ungeheure Erweiterung des Gesichtsfeldes durch die große Kolonisationsbewegung, die den gesamten Mittelmeerraum erfaßt hatte, die damit verbundenen Veränderungen im Handels- und Verkehrswesen, ferner der Aufschwung der Wirtschaft und die Einführung des Geldes, vor allem aber die in all dem begründete tiefe soziale Krise, welche die festgefügte Adelswelt ins Wanken gebracht und den Bauern zu Selbstbewußtsein und zu einer neuen Stellung in der Gesellschaft verholfen hatte: all dies erschütterte zunehmend die Glaubwürdigkeit der alten Wertvorstellungen, stellte den Anspruch des Adels auf das Machtmonopol in Frage und ließ die Menschen nach dem Wesen und der Beschaffenheit von Dingen und Zusammenhängen fragen, über die sie bis dahin keine Zweifel gehabt hatten.

Die Sophistik war keine einheitliche Bewegung; die Sophisten verstanden sich auch selbst nicht als eine Gruppe. Sie vertraten keine festen Systeme und waren schon gar nicht auf bestimmte Themen festgelegt. Im Gegensatz zu den ihnen vorangegangenen Denkern, den sogenannten ionischen Naturphilosophen, deren Interesse auf die stoffliche Beschaffenheit der Welt, deren Entstehen und Vergehen beschränkt gewesen war, gab es für die Sophisten kaum ein Gebiet, mit dem sich nicht irgendeiner von ihnen beschäftigt hätte. Sie waren ihrer geistigen Physiognomie nach überhaupt schwer einzuordnen. Sie mochten ebensosehr als Fortsetzer der alten Philosophie wie als Vertreter einer neuen Denkrichtung oder auch einfach als Schulmeister einer anspruchsvollen Bildung gelten. Anders als die Naturphilosophen gab es in der Sophistik auch kein geographisches Zentrum, das man als ihren Mittel- oder Ausgangspunkt hätte ansehen können. Die Sophisten kamen von der kleinasiatischen Westküste, von den Städten der Meerengen und denen der thrakischen Küste ebenso wie von den Inseln der Ägäis, aus Mittelgriechenland, der Peloponnes oder Sizilien, und diese Stätten ihrer Herkunft bedeuteten ihnen nicht viel. Es gehörte nämlich auch zu ihren Besonderheiten, daß sie umherreisten und sich ihre Wirkungsstätten selbst suchten. Für viele wurde das lebendige und aufgeschlossene Athen eine Wahlheimat; aber weder hier noch anderswo wurden sie Häupter von Schulen, sondern blieben eine Art Wanderprediger, die überall dort verharrten, wo sie ein aufgeschlossenes und zahlungsfähiges Publikum fanden. Denn auch dies war eine Eigentümlichkeit: Sie nahmen für ihre Lehrtätigkeit Honorar, und mancher

Sophist kam dabei zu Vermögen. Prodikos von Keos z. B. nahm in Athen für einen bestimmten Kurs 1 Drachme; von einem zahlungskräftigen Publikum ließ er sich für denselben Kurs auf höherem Niveau 50 Drachmen bezahlen, was Sokrates zu der bissigen Bemerkung veranlaßte, daß er leider nur den Kurs zu 1 Drachme besucht und darum die Sache nicht recht verstanden habe (Plat. Krat. 384 b). Die Unterweisung erfolgte entweder in Seminaren, in denen also eine Gruppe über eine kürzere, zusammenhängende Zeit hinweg unterrichtet wurde, oder durch Vorträge. Die Sophisten waren überall, wo sie auftraten, angesehene und respektierte Leute. Manche konnten als Berühmtheiten gelten und hatten Kontakt zu den Honoratioren der Stadt; man kannte sie schon, bevor sie erschienen waren. Von vielen aber wurden sie auch gemieden und gehaßt. Das hing mit dem Gegenstand ihrer Vorträge zusammen.

Sosehr sich die Sophisten in dem Gegenstand ihres Interesses unterschieden, hatten sie doch einige Gemeinsamkeiten. Alle traten mit dem Anspruch auf, daß ihre Lehre die Menschen im praktischen Leben unterstützen und damit zur Lebensbewältigung befähigen sollte. Das „Wohlberatensein" *(euboulia)* war ein Schlagwort der Zeit. Mit dieser ihrer Hinwendung zum Menschen hoben sie sich von den Naturphilosophen ab, für die die Weltordnung *(kósmos)*, nicht der Mensch, im Mittelpunkt gestanden hatte. Anders als diese verstanden sie sich darum auch als Erzieher, und entsprechend nahm die rein formale Seite der Unterweisung, also die sprachliche Form und die Argumentationsweise, einen großen Raum ihres Tätigkeitsfeldes ein. Manche konzentrierten sich auch auf diesen Bereich und galten deswegen den Alten und gelten uns heute als Lehrer der Rhetorik. So gab es keine klare Grenze zwischen Sophistik und Rhetorik; jeder Sophist war bis zu einem gewissen Grade mit rhetorischen Fragen befaßt. Damit sind die Gemeinsamkeiten der Sophisten aber auch schon beinahe erschöpft. Sie beschäftigten sich mit so gut wie allen Wissensgebieten, so mit Gesellschaft und staatlicher Organisation, mit Mathematik, Astronomie, Musik und Ethnographie, mit Logik, Geschichte und Erkenntnistheorie. Die meisten waren auf einem oder mehreren Gebieten besonders zu Hause, andere, wie Hippias von Elis, der übrigens auch eine Liste der Sieger bei den Olympischen Spielen angefertigt und damit den Grundstock zu einer Chronologie der griechischen Geschichte gelegt hat, fühlten sich für mehr oder weniger alles zuständig. Das enzyklopädische Wissen war bei vielen allerdings nur ein leerer Anspruch, wie denn überhaupt das Niveau sehr unterschiedlich war. Gewinnstreben und der Zwang, einem wechselnden, auch sensationshungrigen Zuhörerkreis immer Rede und Antwort stehen zu müssen, ließen bisweilen die Lehre zur Routine verflachen, in der die Probleme

durch Phrasen und hohle Worte verdeckt wurden. Manche legten es auch
darauf an, als Alles- und Besserwisser zu glänzen, und konnten eher als
wortgewaltige Schausteller denn als ernsthafte Lehrer gelten. Wir hören in
aller Regel nur etwas über die bekannten und respektierten Männer;
diejenigen, die vornehmlich oder sogar ausschließlich an Geld, Effekt-
hascherei und Vortragstrubel interessiert waren, mögen in der Mehrzahl
gewesen sein. Aber die wenigen, die etwas zu sagen hatten, wurden gehört
und fanden in der ganzen griechischen Welt Widerhall, mochten ihre
Ansichten auch noch so uneinheitlich sein, mochten sie sich untereinander oder auch sich selbst widersprechen: Was sie zu sagen hatten, betraf
das lebendige Leben, war kein Philosophem für die Beschaulichkeit von
Mußestunden; es war unmittelbare Lebenshilfe. Und vor allem: Die
Gegenstände trafen genau die Probleme der Zeit, spiegelten das längst
Geahnte, aber aus Furcht oder einfach aus Unfähigkeit zur angemessenen
Formulierung bis dahin Unausgesprochene wider.
Wer die Sophisten verstehenlernen will, steht vor mehreren fast unüber-
windbaren Schwierigkeiten. Zum einen besitzen wir nur ganz wenige
direkte Zeugnisse von ihnen. Die Masse des Materials müssen wir den
Dialogen Platons entnehmen, in denen die verschiedenen Thesen der
Sophisten vorgeführt und widerlegt werden. Es ist dabei schwer, das
sophistische Substrat von der Interpretation Platons scharf zu trennen,
und sehr viele moderne Kontroversen beruhen auf den unterschiedlichen
Auffassungen über die Ausnutzung des bei Platon vorliegenden Materials.
Ein anderes Hindernis liegt in der durchweg negativen Bewertung der
Sophistik ganz allgemein. Dieses Urteil ist alt. Auch Platon, der von den
metaphysischen Voraussetzungen seiner Lehre her die Sophisten ableh-
nen mußte, war nicht der erste, wenn auch der schärfste und nachhaltigste
Kritiker. Schon in der zweiten Hälfte des 5. Jahrhunderts spüren wir den
Widerspruch. Aristophanes hat in seinen „Wolken" (423 aufgeführt, ca.
418 umgearbeitet) die Sophistenkritik sogar zum Hauptthema einer
Komödie erhoben (der hier karikierte Sokrates erscheint als Sophist) und
in den Versen 331—334 eine Reihe von abwertenden Spottnamen für die
Vertreter dieser Zunft genannt, die ohne Zweifel den Zuhörern in Athen
unmittelbar eingingen. Vor allem über die Platon-Rezeption hat die Kritik
weiter bis in die jüngste Zeit gewirkt, und nur sehr allmählich haben sich
andere Stimmen durchsetzen können, die dann ihrerseits bisweilen das
Pendel wieder zur anderen Seite ausschlagen ließen und sich in dem Lob
auf die Leistung der Sophisten überschlugen. Die unterschiedlichen
Interpretationen werden durch eine sehr schlechte Quellenlage begünstigt, und der Raum für Spekulationen wird zusätzlich durch das facetten-
reiche, widerspruchsvolle und unkonventionelle Denken der Sophisten

erweitert, so daß sich für viele, teils sich einander ausschließende Vermutungen unschwer eine Begründung finden läßt. Im folgenden soll nun zunächst der bedeutendste Sophist, der gleichzeitig auch als der früheste oder doch einer der frühesten zu gelten hat, nämlich Protagoras, vorgestellt und anschließend die wichtigsten Thesen einiger anderer Sophisten behandelt werden.

Protagoras stammte aus Abdera an der thrakischen Küste (im Mündungsgebiet des Nestos). Er kam auf seinen Reisen auch nach Athen, wo er sich längere Zeit aufhielt und vor allem zu Perikles ein enges persönliches Verhältnis gewann. Nicht lange nach dessen Tod ist er gestorben; vielleicht kam er bei einem Schiffbruch ums Leben (ca. 425/420). Sein Hauptwerk trägt die Überschrift „Die Wahrheit oder die (sc. die irrtümlichen Ansichten seiner Gegner) niederwerfenden Reden" und enthält bereits in seinem Titel Form und Ziel des Anliegens. Er eröffnete es mit den Worten: „Der Mensch ist das Maß aller Dinge, der seienden, daß sie sind, der nichtseienden, daß sie nicht sind." Sie sind als *homo-mensura*-Satz in die Philosophiegeschichte eingegangen und in zahllosen Abhandlungen interpretiert, zum Teil auch deutlich überinterpretiert worden. Mit Sicherheit läßt sich sagen, daß damit keinem grenzenlosen Subjektivismus das Wort geredet werden sollte, sondern der Satz in erster Linie als Widerspruch gegen die damals herrschende Lehre der eleatischen Schule des Parmenides gemeint war, welche die sinnlich wahrnehmbare als eine bloß scheinbare Welt ansah und sie von der hinter ihr stehenden, allein wirklich seienden und wahren Welt grundsätzlich trennte. Mit seinem Widerspruch stellte Protagoras die Möglichkeit der Erkenntnis allein auf die sinnliche Wahrnehmung des Menschen, und zwar die des einzelnen Menschen, nicht d e s Menschen schlechthin ab und hat in diesen Relativismus alle Zweifel seiner Zeit an dem festen Wert- und Ordnungsgefüge der Welt hineingelegt. Man hat dabei jedoch zu bedenken, daß der Satz von dem erkenntnistheoretischen Interesse des Protagoras her zu verstehen ist und in ihm durchaus nicht auch alle Konsequenzen, die er enthält, mitbedacht worden sind. Die ethischen und gesellschaftspolitischen Folgerungen, die aus ihm etwa gezogen werden könnten, dürfen wir ihm nicht einfach unterstellen, und tatsächlich hat Protagoras selbst seine Worte nicht als Aufruf zu einer radikalen Umkehr verstanden (s. u.).

Kaum weniger berühmt wurde die Lehre des Protagoras von den Göttern. Er hat sie in dem Satz verdichtet: „Über die Götter kann ich nichts wissen, weder daß sie sind noch daß sie nicht sind, noch wie ihre Gestalt ist. Denn vieles hindert, dies zu wissen: ihre Unsichtbarkeit und daß das Leben des Menschen kurz ist." Drückt der *homo-mensura*-Satz den Relativismus, so dieser den Agnostizismus des Protagoras aus; denn nicht die Existenz von

Göttern, lediglich jede Möglichkeit der Erkenntnis über sie wird, weil allein auf die Wahrnehmung des Menschen bezogen, bestritten. Tatsächlich haben denn auch die Götter in der Kulturentstehungslehre, die Protagoras entwirft, nur noch die Funktion einer rein formalen Einkleidung eines im übrigen durch vernunftgemäßes Denken gewonnenen Entwicklungsschemas: Die Welt entwickelt sich von den tierhaften Anfängen des Menschen langsam über höhere Stufen, in denen der Mensch lernt, bis hinauf zu einer gesellschaftlichen Ordnung, zu der sich die Menschen um ihrer eigenen Sicherheit willen zusammenschließen (Plat. Protag. 320 c–322 d). Die Menschheitsgeschichte erscheint hier rationalisiert und – besonders im Gegensatz zu Hesiod – als ein Aufstieg zu höheren Formen. Ist schon dieser Kulturoptimismus des Protagoras eine Warnung, in dem Relativismus des *homo-mensura*-Satzes einen anarchischen Subjektivismus zu sehen, ist das, war wir über seine Gedanken zur politischen Ordnung erfahren, noch viel weniger dazu geeignet. Von den Voraussetzungen seines Denkens her vermochte Protagoras zwar dem Gesetz *(nómos)* keine absolute Gültigkeit zu geben; aber er erkannte doch die Verbindlichkeit dessen an, was in einer Stadt jeweils als gerecht angesehen wurde (Plat. Theait. 167 c). Protagoras wollte mit seiner Lehre nicht die gesellschaftliche Ordnung aufheben; die radikalen Ansätze ließen ihn nicht vergessen, daß seine Aufgabe in praktischen Anleitungen zu einem guten Leben bestand. Der Bruch mit der Tradition ist in allen seinen Äußerungen spürbar; aber er dient einem besseren Leben, nicht der Auflösung aller Ordnung. Das bestätigen seine recht modern anmutenden Gedanken über den Sinn der Strafe. Er vertritt in ihnen nicht das Prinzip einer von den Göttern geforderten, also absolut gesetzten Vergeltung, sondern sieht den Sinn des Strafens darin, daß sowohl der Täter als auch alle übrigen Menschen, welche die Strafe vor Augen haben, künftig von dem gleichen Vergehen abgehalten werden (Spezial- bzw. Generalprävention; Plat. Protag. 324a–c).

In seinen „Antilogien", in denen das Für und Wider einer Sache erörtert wird, tritt uns Protagoras als Lehrer der Argumentationstechnik und als Rhetor entgegen. Er soll in ihnen als erster den Satz geprägt haben, daß man „die schwächere Sache zur stärkeren machen müsse", was gewiß ebenfalls nicht als Konsequenz eines schrankenlosen Indifferentismus, sondern als die Forderung anzusehen ist, eine als gut oder besser erkannte Sache, wenn sie die schwächere sei, zur stärkeren zu machen. Das leitet zur Rhetorik über.

Die Vermittlung der Rede durch das Wort spielt für alle Sophisten eine Rolle, und darum sind Sophisten und Rhetoren nicht streng voneinander zu trennen. Die Form der Rede und die Beweisführung, beides unlöslich

miteinander verknüpft, haben im Denken mancher Sophisten indessen
größeres Gewicht. Gorgias von Leontinoi auf Sizilien – er lebte von
ca. 480–380 und kam 427 als Gesandter seiner Heimatstadt nach Athen –
gehört zu denjenigen, die sich mehr als andere der Rhetorik zugewandt
haben, und er wurde zu dem bedeutendsten Vertreter dieser damals noch
in den Anfängen steckenden Kunstfertigkeit. Aber er war auch der Autor
von Traktaten erkenntnistheoretischen Inhalts. Mit seinen drei Thesen:
„Nichts existiert; auch wenn etwas existieren würde, so wäre es doch für
den Menschen nicht wahrnehmbar; auch wenn es wahrnehmbar wäre, so
wäre es doch nicht mitteilbar", steht er Protagoras nahe. Seine Bedeutung
liegt jedoch in seinem Wirken als Lehrer der Rhetorik. Die Rede verstand
er als Kunst der Menschenführung, in der sowohl die formale Gestaltung
der Sprache durch Wortwahl, Bildhaftigkeit der Sprache, Satzführung und
Rhythmisierung als auch die Mittel der Beweisführung den Zuhörer
lenken und überzeugen sollen. Die Sprache des Gorgias war weitgehend
die der Dichtung, gleichsam eine in Prosa gebrachte Poesie, und sie wirkte
sowohl dadurch als auch durch den Einsatz einer Fülle von ihm geschaffe-
ner Wort- und Satzfiguren und durch die Parallelisierung von Sätzen und
Satzteilen. Der Zuhörer wurde von diesem Wort- und Klanggepränge eher
betört, als daß er den damit angesprochenen Gedanken rational hätte
nachvollziehen können (oder sollen). Der Lehre vom Beweis hat Gorgias
– auch darin ein echter Sophist – durch die Bevorzugung des Wahrscheinlichkeitsbeweises und einen angemessenen Gebrauch der Lehre
vom rechten Augenblick eine neue Grundlage gegeben. Beides, sowohl
die Argumentationslehre als auch die Einpassung der Sprache in die
Erfordernisse der Rhetorik, hat Gorgias nicht geschaffen; in Sizilien waren
bereits von Korax und Teisias die Grundlagen dieser neuen Disziplin
gelegt und sogar ein erstes rhetorisches Lehrbuch verfaßt worden, und
auch abgesehen davon reichen die Anfänge der Redekunst sogar bis in das
Epos zurück. Aber er hat doch alles in eine neue Form gebracht, das
Vorhandene vervollständigt und es durch seine gedankliche Schärfe und
unverwechselbare Eigentümlichkeit mit besonderer Autorität ausgerüstet.
Von Gorgias besitzen wir einige Schulreden, unter anderem eine fiktive
Verteidigungsrede für die mythische Helena, die Gattin des Paris, in der er
die Handlungsweise der Helena nach seinen sophistischen Maßstäben
rechtfertigt. Sie ist ein Meisterwerk der Rhetorik als Kunst der Überredung, die in dem am Mythos gebildeten Zuhörer neben der Bewunderung der sprachlichen Form auch gewiß Verwirrung und Widerspruch
hervorgerufen haben dürfte.
Wie Gorgias haben viele Sophisten sich mit rhetorischen Fragen beschäftigt und manche sich auch so weit darauf konzentriert, daß sie heute eher

als Rhetoriker denn als Sophisten angesehen werden. Von ihnen seien nur noch zwei genannt, Thrasymachos von Chalkedon und der Athener Antiphon, deren Wirken in die zweite Hälfte des 5. Jahrhunderts gehört; Antiphon wurde als einer der Hauptakteure des oligarchischen Putsches von 411 hingerichtet. Thrasymachos vertrat eine schlichte Weise des Ausdrucks, ohne jedoch auf die Rhythmisierung und Parallelisierung zu verzichten, und verfaßte auch selbst ein Lehrbuch der Rhetorik. Antiphon kennen wir aus mehreren auf uns gekommenen Reden, an denen wir besonders die Anwendung des Wahrscheinlichkeitsbeweises in der forensischen Praxis studieren können. Wenn er, wie vielfach angenommen wird, von dem Sophisten gleichen Namens zu trennen ist, haben wir in ihm allerdings keinen Sophisten, sondern bereits einen Redner des klassischen Typs vor uns.

Neben der Rhetorik gehört die Religionskritik zu den Standardthemen sophistischer Traktate. In ihr ist man über den Agnostizismus des Protagoras noch hinausgekommen. Es ging dabei nicht um eine neue Auffassung vom Göttlichen, sondern um den Nachweis, daß es keine Götter gibt bzw. man keine Möglichkeit der Erkenntnis von ihnen haben könne. Als Prototyp des Gottesleugners schlechthin galt der in der zweiten Hälfte des 5. Jahrhunderts wirkende Diagoras von Melos. Er scheint gegenüber Protagoras nicht lediglich die Möglichkeit der Erkenntnis von Göttern, sondern überhaupt ihre Existenz abgestritten zu haben, was ihm den Beinamen „der Gottlose" verschaffte. Vielleicht hat ihn zu dieser radikalen These der Gedanke geführt, daß viele Ungerechte straffrei ausgehen und also die vergeltende Gottheit oft nicht zur Stelle sei; doch ist seine Gestalt so weit hinter Anekdoten verborgen, daß wir keine klaren Aussagen machen können. Kaum schärfer steht Prodikos von Keos vor uns. Auch er war Atheist, und wir wissen von ihm, daß er sich die Entstehung der Götter als die Personifizierung von Phänomenen der Natur vorstellte, die für das Leben und die Wohlfahrt der Menschen große Bedeutung besaßen, wie z. B. das Getreide (Demeter), der Wein (Dionysos), das Wasser (Poseidon), das Feuer (Hephaistos) oder — für die Ägypter — der Nil. Begnügte sich Prodikos mit dieser rationalisierenden Erklärung des Mythos, ging der Athener Kritias noch einen Schritt weiter. Er war ein Oheim Platons und gehörte zu den schillerndsten Gestalten der athenischen Politik des ausgehenden 5. Jahrhunderts; seine ganz unkonventionellen Anschauungen haben offenbar auch auf seine öffentliche Tätigkeit Einfluß gehabt. Er war einer der „Dreißig" der Jahre 404/3 und vertrat deren radikalen Flügel; 403 ist er in den innenpolitischen Wirren ums Leben gekommen. Der vielseitige Mann — er hat u. a. auch Verfassungen gesammelt — sah die Götter nicht wie Prodikos als die Konsequenz des

Bemühens um Erklärung von etwas an sich Unbegreiflichem, sondern als die bewußte Erfindung eines schlauen Mannes an, der durch sie die Menschen in Furcht vor den Gesetzen halten und sie auch dann, wenn sie im Verborgenen handelten, durch die Allgegenwart eines übersinnlichen Wesens an sich binden wollte. In Kritias haben wir einen Endpunkt der Religionskritik vor uns, der wie in einem Kreis wieder auf den Ausgangspunkt zurückweist: die absolute Gültigkeit der göttlich gesetzten Ordnung, an welcher die Sophisten rüttelten, erlangt hier, nunmehr als Instrument rein menschlichen Machtwillens, erneut Verbindlichkeit.

War die Welt der richtenden und strafenden Götter als Trugwelt entlarvt und die Adelswelt als diejenige gesellschaftliche Kraft, die sich auf sie gestützt hatte, entmachtet, mußten auch die überlieferten ethischen Grundsätze ins Wanken geraten und mußte das, was absolut gesetzt zu sein schien, als Werk menschlicher Erfindung gelten. Der ethische Relativismus begegnet uns wiederum bei vielen Sophisten, besonders eindrucksvoll in dem Fragment einer um 400 in dorischem Dialekt verfaßten Schrift „Zwiefache Rede (oder: Argumente)", in denen u. a. jeweils zwei Eigenschaften (gut − schlecht; schön − häßlich; gerecht − ungerecht; wahr − unwahr) einander gegenübergestellt sind, etwa nach dem Schema der am Anfang stehenden Sätze: „Zweierlei Redeweisen gibt es unter Philosophen in Hellas über das Gute und das Schlechte. Die einen sagen nämlich, daß das Gute etwas anderes sei als das Schlechte, die anderen aber, daß es dasselbe sei, aber für die einen gut, für die anderen schlecht, und für denselben Menschen bald gut, bald schlecht." Die logisch nicht immer folgerechten, offensichtlich von einem wenig sachkundigen Mann konzipierten oder nachgeschriebenen Sätze stehen in der Tradition der „Antilogien" des Protagoras und zeugen davon, wieweit der Relativismus bereits systematisiert und handbuchartig zugänglich gemacht worden ist. Er begegnet uns etwa auch, auf höherem Niveau, bei dem bereits zitierten Sophisten Antiphon, der in seiner Schrift „Die Wahrheit" die geltende Rechtsordnung im Hinblick auf ihre Zweckmäßigkeit angreift. Durch den Nachweis, daß die Gesetze unwirksam und sogar schädlich für die Menschen seien, sucht er ihren Sinn zu unterhöhlen. Man sieht, daß hier die absolute Geltung des Gesetzes als von den Göttern gesetzte Norm bereits nicht mehr diskutiert wird, das Gesetz vielmehr a priori als Menschenwerk gilt und als solches allein nach seiner Zweckmäßigkeit beurteilt wird. Mit dem Verlust der alten Legitimationsbasis können dann von den Sophisten auch anerkannte soziale Barrieren einfach niedergelegt werden, kann Antiphon in der obengenannten Schrift verkünden, daß Hellenen und Barbaren gleich seien, und später Alkidamas dasselbe von den Freien und Sklaven sagen. Die Richtigkeit der Behauptung über die Gleichheit der Menschen und über die Unwirksamkeit der Rechtsordnung wird hier indessen nicht allein auf dem Hintergrund einer zerbrochenen Wertwelt, in welcher der konstruktive Wille freigesetzt ist, dargelegt, sondern aus einer neuen Größe besonders begründet: Die Natur *(phýsis)* tritt jetzt an die Stelle der älteren Rechtfertigungen.

Das Gesetz *(nómos)* als die unverrückbare, von den Göttern gesetzte Norm menschlichen Verhaltens hatte durch die Veränderungen der Welt an Ansehen eingebüßt, und die Sophisten hatten diesem Prozeß eine gedankliche Form und Begründung gegeben. Im letzten Drittel des 5. Jahrhunderts gingen einige Sophisten jedoch über das, was im Hinblick auf den Nomos gedacht oder auch nur geahnt worden war, weit hinaus und beraubten ihn durch den Aufbau einer Gegenkraft völlig seiner Grundlage. Gedanken dieser Art scheinen ihren Ausgang von Überzeugungen genommen zu haben, nach denen der Nomos nicht nur seinen Sinn verfehle, sondern sich geradezu gegen seinen Sinn kehren könne. Der bereits genannte Thrasymachos, dessen Gedanken zu dieser Frage wir nur aus dem 1. Buch des „Staates" von Platon kennen, formulierte seine Kritik dahin, daß das Gerechte nichts anderes sei als das dem Stärkeren Nützliche *(symphéron)* (Plat. Pol. 338 c), das Ungerechte das jedem selbst Vorteilhafte und Nützliche (ebd. 344 c), und er demonstrierte dies an der Tyrannis. Wie Thrasymachos seine Überlegungen in einen größeren Zusammenhang eingebaut hat, wissen wir nicht. So wie es da steht, ist es die reine Negation der Möglichkeit von Gerechtigkeit und damit eben das, was Platon als Hintergrund für die Entwicklung seiner eigenen Gedanken benötigt. Antiphon, von dem wir vor allem durch einige Papyrusfragmente eine unmittelbare Anschauung besitzen, hat diese Ansätze dann in einen weiteren Begründungszusammenhang gestellt. Auch er hält die Gesetze für unzweckmäßig und sinnlos, weil sie ohne Straffolge übertreten werden könnten. Aber er bleibt dabei nicht stehen, sondern stellt ihnen die Natur *(phýsis)* als das Notwendige und nicht durch bloße Konvention Gesetzte, als den wahren Bezugspunkt allen Seins und das dem Leben Angemessene gegenüber, und er läßt seine Ansicht in dem Satz kulminieren, daß das dem Menschen Zuträgliche/Nützliche, soweit es durch die Gesetze festgesetzt worden ist, Fessel der Natur sei (B 44, A 4). Kallikles, dessen Gedanken wir nur aus dem „Gorgias" Platons kennen, steigert schließlich diese Überlegungen zu der These von dem Recht des Stärkeren. Aus der Kritik an der Moral, die sich auf eine neue Auffassung von dem Stellenwert der Natur gründet, wird hier die Lehre von der Natur als dem einzig wirklich Seienden, demgegenüber der Moral und mit ihr dem Gesetz lediglich der Wert einer Scheinwelt zukomme: „Denn nach welchem Recht führte Xerxes Krieg gegen Hellas oder dessen Väter gegen die Skythen? Und tausend anderes dieser Art könnte man anführen. Also, meine ich, tun sie dies der Natur gemäß, und, beim Zeus, auch dem Gesetz gemäß, nämlich dem der Natur; aber freilich nicht nach dem, welches wir selbst willkürlich machen, die wir die Besten und Kräftigsten unter uns gleich von Jugend an, wie man es mit den Löwen macht, durch Besprechung gleichsam und durch Bezauberung knechtisch einzwängen, indem wir ihnen immer vorsagen, alle müssen gleich haben, und dies sei eben das Schöne und Gerechte. Wenn aber, denke ich, einer mit einer recht tüchtigen Natur zum Manne wird, so schüttelt er das alles ab, reißt sich los, durchbricht und zertritt all unsere Schriften und Gaukeleien und Besprechungen und widernatürlichen Gesetze und steht auf, offenbar als unser Herr, er der Knecht, und eben darin leuchtet recht deutlich hervor das Recht der Natur" (Plat. Gorg. 483 d—484 b; Übers. von F. Schleiermacher). Nomos und Physis treten hier scharf auseinander. Der Nomos erscheint als das unnatürliche Produkt menschlicher Schwäche; allein die Physis legitimiert das menschliche Handeln. Die Gedanken sind allerdings, soweit noch aus der Überlieferung erkennbar, nicht immer logisch durchdacht. Die Physis wird als Handlungsmaxime verstanden, obwohl dies in ihr — im Gegensatz zum Nomos, für den das Sollen konstitutiv ist — a priori nicht angelegt ist (warum soll der Stärkere sich ausleben dürfen?). Es gibt noch andere Ungereimtheiten bei Kallikles. Für wen gilt das Recht des Stärkeren? Gilt es für den jeweils Stärkeren? Das doch wohl nicht; denn das würde bedeuten, daß der Kampf aller gegen alle naturhaft gegeben sei. Hat Kallikles das nicht bedacht? Ist er zu seinen Überlegungen vielleicht nur von einigen großen Tyrannengestalten inspiriert worden, an die der Gedanke gebunden bleibt? Die Lehre von dem Recht des Stärkeren erscheint so, wie sie von Platon dargelegt wird, als eine Überspitzung des naturrechtlichen Gedankens, die in erster Linie die Antinomie von Natur und Gesetz begreiflich machen will und dabei die logischen Konsequenzen nicht bedenkt. Wie immer es damit steht, die Wirkung der Lehre war groß; wir spüren sie vor allem bei Thukydides, der in seinem Melierdialog (5, 85—113) die Gedanken in die politische Wirklichkeit versetzt hat; sie erstreckt sich jedoch weit über die Antike hinaus bis in die jüngere Neuzeit (Friedrich Nietzsche).

Die Skizze sei mit einem Blick auf Isokrates und damit auf das 4. Jahrhundert abgeschlossen. Die große Zeit der Sophisten ist jetzt vorbei; die Sokratiker beherrschen das Feld und mit ihnen der Anspruch auf die absolute Gültigkeit des philosophischen Theorems. Der Begriff des Sophisten ist auch in dieser Zeit noch nicht festgelegt. Isokrates bezeichnet die Sokratiker mit diesem Wort und schließt sich selbst nicht aus; auch der Begriff der „Philosophie" deckt sie alle ab. Aber Isokrates steht mit seinem Denken doch den Sophisten des 5. Jahrhunderts näher als der neuen Philosophie, und dies sowohl darin, daß er von der sinnlichen Welt als dem gegebenen Sein ausgeht, als auch darin, daß er seine Lehre als eine Anleitung zum praktischen Handeln versteht. Isokrates war Athener und wurde fast hundert Jahre alt (436—338). Er war in erster Linie Lehrer der Rhetorik und hat auch selbst Gerichtsreden verfaßt. Obwohl er darum unter die 10 attischen Redner eingereiht wurde, liegt das Schwergewicht seiner Schriftstellerei auf einer politischen Publizistik, die sich an die Gesamtheit der Griechen wendet und für Frieden und Einigkeit wirbt. Seine Anleitungen zu einem brauchbaren Handlungswissen gründen sich auf die Erfahrung, die den Rahmen der Handlungsbedingungen schafft, und auf eine von der Vernunft geleitete Besonnenheit, die das jeweils Richtige eingibt. Der Bezugspunkt für das Handeln wird durch das von den Menschen anerkannte Gute und Richtige, also durch einen *consensus omnium (dóxa)* bestimmt, der wissenschaftlich nicht begründet, aber von dem gebildeten, aufgeklärten Mann aus den Normen des privaten und besonders des öffentlichen Lebens erkannt wird. Es fehlt bei Isokrates nicht nur jede metaphysische bzw. erkenntnistheoretische Begründung seiner Gedanken, sondern auch jeder religiöse und ethische Hintergrund, der über eine Allerweltsmeinung hinausgegangen wäre, und es ist nicht zu verkennen, daß in das Vakuum die Rhetorik rückt als das Wissen von dem, was sich für den richtigen Ausdruck geziemt, und das Vertrauen, daß der richtige Ausdruck und das schön gesprochene Wort die Sache macht. Bei Isokrates ist das Handlungswissen auf eine vorgegebene öffentliche Meinung ausgerichtet, welche die Normen liefert, aber — abgesehen von einer Vulgärethik — sich auf kein besonderes Wissen oder Verstehen gründet. Die Wirkung des Mannes war nichtsdestoweniger groß. Kein Denker der Klassischen Zeit hat so viele Schüler gehabt; Politiker, Redner, Dichter und Historiker wetteiferten, ihn als ihren Lehrer benennen zu können. Der Widerhall der isokrateischen Lehre ist indessen wohl zu verstehen. Sie verlangte keine spezifischen Kenntnisse, band niemanden an eine Schule und beließ darum jedem seine intellektuelle Unabhängigkeit. Bei dem Grad ihrer Abstraktheit war sie zugleich verständlich und unverbindlich, und die von Isokrates vorgegebene öffentliche Meinung mochte auf diesem Niveau wohl jeder akzeptieren. Bei Isokrates waren alle gut beraten, weil er nichts Bestimmtes riet und sogar das, was für alle ein erbitterter Streitpunkt war (Friede, Freiheit), noch so ansprechen konnte, daß alle damit zufrieden waren. Und wer noch Bedenken hatte, nach Begründung suchte oder auch nur ein Unwohlsein angesichts dieser schon im Altertum bemerkten isokrateischen Leere *(kenótēs)* empfand,

wurde in den lang ausrollenden, immer gleich schönen Perioden des
Meisters ertränkt. Isokrates bedeutet den Sieg der schönen Rede über das
Wort als Gedanke und den Sieg einer seelenlosen Praxis über die politische Idee. Sein wichtigtuerischer Wortschwall richtete sich u. a. auch
eifernd gegen die nachsokratische Philosophie, und in seiner Zeit hat er
die Gedanken der Philosophen übertönt.

Der Überblick über die Sophisten wirft die Frage auf, was sie denn für ihre
Zeit bedeuteten. Über ihre Rolle innerhalb der Gesellschaft, in der sie
auftraten, ist wenig nachgedacht worden; das rein philosophiegeschichtli-
che Interesse überwiegt. Daß sie indessen anders als die ionischen Naturphilosophen oder die große Philosophie der Zeit nach Sokrates eine
Funktion im öffentlichen Leben besaßen, geht schon daraus hervor, daß
sie ihre Lehre als eine Anleitung zum praktischen Leben verstanden und
sich darum an die Öffentlichkeit wandten, und wir wissen ja auch von
ihrer unmittelbaren Wirkung auf ein größeres Publikum. Gelegentlich
haben moderne Gelehrte in der Sophistik eine Kraftquelle für den großen
politischen Aufbruch des 5. Jahrhunderts gesehen und glaubten – mit
dem aus der modernen Aufklärung überkommenen Optimismus, daß die
Philosophie der Geschichte vorauseile –, in den Sophisten die Wegberei-
ter einer neuen, nicht nur die Konkursverwalter einer vergangenen Zeit zu
erkennen. In solchen Ansichten durchdringen sich Politik und Philosophie, und folglich werden nach manchen dieser Gelehrten sophistische
Ideen teils von Demokraten, teils von Oligarchen für die jeweils eigene
politische Richtung in Dienst genommen. Für andere Forscher ist die
Sophistik eher Symptom des geistigen Wandels als eine selbständige Kraft
in der Politik, doch sind auch die Vertreter dieser Ansicht der Überzeugung, daß jedenfalls die Rhetorik in der neuen Gesellschaft eine mehr
oder weniger bewußte Funktion, insbesondere die Aufgabe der Ausbildung einer neuen Führungsschicht erhalten habe. Bisweilen wird das
Wirken der Sophisten auch mit einer bestimmten historischen Situation
verbunden, etwa mit dem Sturz der Tyrannen am Ende des 6. Jahrhunderts, der den Anfang einer Umformung der Gesellschaft bedeutet und
damit der Sophistik den Weg bereitet habe. Aber vor allem wird das
Wirken der Sophisten weitgehend mit Athen und der dort etablierten
Demokratie verbunden. Aber war Athen der Mittelpunkt der Sophisten?
Und waren sie überhaupt politisch einzuordnen? Es ist richtig, daß in
Athen der Prozeß der politischen Umformung am weitesten gediehen und
am konsequentesten durchgeführt war. Ebenso war die freiheitliche
Atmosphäre hier offenbar größer als irgendwo sonst in der griechischen
Welt, obwohl, wie die Asebie-Prozesse zeigen, die Toleranz auch Grenzen
kannte. Schließlich bot die Demokratie mit ihren Versammlungen und

Prozessen den Sophisten, welche die Menschen für das praktische Leben ausrüsten und insbesondere zu fähigen Rednern ausbilden wollten, den idealen Boden für die Entfaltung ihrer Lehrtätigkeit. Aber von all den geistreichen oder halsbrecherischen Spekulationen war in der politischen Praxis Athens nichts zu spüren; niemand begründete auf der Agora oder der Pnyx seine Meinung mit einem sophistischen Traktätchen. Die Sophisten saßen für die Athener dort, wo Aristophanes seinen Sokrates hingesetzt hatte: Die Luftschaukel des Sokrates steht symbolhaft für die Ferne dieses Denkens bei der Masse der Athener. Die Sophistik bewegte in Athen keine Politik.

Und doch haben die Sophisten in anderer Weise auf ihre Zeit gewirkt. Es waren nicht die besonderen Gedanken eines Protagoras, Kallikles oder Antiphon, die Wirkung machten, sondern vielmehr das allgemeine geistige Klima, in dem die Sophisten dachten, ihre Art zu formulieren und das Gedachte durch die Sprache in den Griff zu bekommen; ferner wirkten einzelne Themen, besonders griffige Erklärungen oder Paradoxien, was alles das Verstehen erweiterte. Sophistisches Gedankengut durchdrang die gesamte intellektuelle Welt; wir spüren es bei Thukydides und Euripides, bei Herodot und Aristophanes, ohne daß einer von diesen als ein Sophist zu bezeichnen wäre. Die Rolle der Macht und die Bedeutung des Nutzens *(symphéron)* für die Stadt, die Relativität des Nomos und die naturgegebene Gleichheit von Freien und Sklaven, dies und anderes begegnet uns an vielen Stellen der Literatur. Die griechische Geistigkeit war durch die Sophistik zu einem höheren Grad der Reflexion aufgestiegen, und dies sowohl im Hinblick auf die Fähigkeit zur Differenzierung als auch im Hinblick auf die Gegenstände, deren Vielfalt durch die Sophisten gewachsen war.

Für die Demokratie war am wichtigsten, daß in der Rhetorik das Instrument zur Bewältigung eines demokratischen Entscheidungsprozesses an die Hand gegeben wurde, und es steht ohne Zweifel fest, daß Demokratie und Rhetorik sich hier wechselseitig befruchtet und vorwärtsgetrieben haben. Man darf die Rhetorik nicht als reine Kunst des Überredens oder gar der Täuschung geringschätzen. Die Rede innerhalb eines Entscheidungsprozesses vor dem Volk, dem Rat oder dem Gericht will sich überall durchsetzen, ob nun in Athen oder sonstwo; sie ist keine wissenschaftliche Abhandlung, sondern eine meist interessengebundene Werbung, für die der Erfolg alles ist. Wer von „Überredung" spricht, weil er die besseren, „richtigen" Argumente vermißt, hat meist schon Partei ergriffen, auch wenn er behauptet, außenstehender Beobachter zu sein. Für die Demokratie war diese neue Kunst ein Lebenselixier; durch sie erhielt der Gedanke der Isegorie erst Kraft und Gestalt: Jetzt konnte jeder diese Kunst lernen, und erst jetzt war damit die politische Gleichheit Wirklichkeit geworden. Denn was zählt die Gleichheit, wenn sie zum Schweigen verurteilt ist?

Über die Rhetorik hinaus hat das sophistische Getriebe die Masse der Athener kaum ernsthaft berührt; es war eher Varieté als ein Stück ernsthafter Politik. Man spürte die Wirkung allenfalls durch eine neuartige Problematik auf der Bühne. Die geistige Elite aber war natürlich von den Gedanken berührt und machte sich daran, die Welt im sophistischen Geist zu interpretieren: Der athenische Imperialismus etwa war danach nicht aus einer wie immer gearteten rationalen oder irrationalen Politik zu erklären, sondern war die Konsequenz der Stärke der Stadt, die allein aus dieser Stärke das Recht und die Dynamik zur Herrschaft über beliebig viele andere, schwächere Städte schöpfen durfte.

# VIII. Grenzen der Demokratie

Die athenische Demokratie hat nach ihrem Ausbau in perikleischer Zeit die ihr zugrunde liegenden Gedanken nicht wesentlich weiterentwickelt. Sie blieb trotz z. T. erheblicher organisatorischer Veränderungen im 4. Jahrhundert bei dem einmal erreichten Bestand von Ideen stehen. Besonders vom Standpunkt der modernen Demokratie will dies manchen schwer einleuchten. Aber wir dürfen den Athenern nicht unsere modernen, von „Entwicklung" beherrschten Gedanken unterstellen, sondern haben die athenische Demokratie von ihren eigenen Voraussetzungen her, das heißt innerhalb der allgemeinen sozialen, politischen und geistigen Bedingungen des 5. und 4. Jahrhunderts zu beurteilen, aus denen die Gründe für die Statik der politischen Verhältnisse abgelesen werden können. Die in diesem Abschnitt gestellte Frage nach den Grenzen der Demokratie zielt nun nicht auf das Problem der mangelnden Weiterentwicklung der demokratischen Grundideen, auf die bereits mehrfach hingewiesen wurde (vgl. bes. S. 53, 243 f.), sondern darauf, wieweit die bestehenden Ideen und Formen der Demokratie sich in der politischen Wirklichkeit durchsetzten, vielleicht verfälscht oder gar in ihr Gegenteil verkehrt wurden. Ich beschränke mich auf einige mir besonders wesentlich erscheinende Aspekte.

Von vielen modernen Historikern wird mit dem Ton merklicher Herabsetzung die athenische Demokratie als die Herrschaft einer Minderheit über die Mehrheit genannt, weil die politisch berechtigten Bürger nur einen Bruchteil der attischen Bevölkerung ausgemacht hätten. „Es ist wie in Sparta letzten Endes auch in Athen nur eine Sekte, die sich heraushebt mit unerhörter aristokratischer Geste gegenüber aller Umwelt", sagt Berve in seiner im Jahre 1931 erschienenen „Griechischen Geschichte" (S. 303), und obwohl er diesen Passus in der 2. Auflage (1951), vielleicht über seine Formulierung selbst erschrocken, etwas abmildert, bleibt er bei dem grundsätzlichen Verdikt. Aber hat er und haben die vielen anderen, die ihm zustimmen, recht? Der Schein spricht für Berve. Auf dem Höhepunkt der athenischen Demokratie, vor dem Ausbruch des Peloponnesischen Krieges, lebten in Attika zwischen 250 000 und 300 000 Menschen, von denen 170 000 − 200 000 erwachsene Personen gewesen sein dürften. Aber nur ca. 30 000 − 50 000 besaßen politische Rechte. Es waren sowohl die Sklaven (ca. 80 000) und dauernd ansässigen Fremden (Metöken,

25 000) als auch die Frauen der Bürger von der Beteiligung am politischen Leben ausgeschlossen. Allein die Anzahl der erwachsenen Sklaven war doppelt so hoch wie die der Bürger, die Zahl der männlichen Erwachsenen unter ihnen mindestens gleich stark (vgl. o. S. 66 f.). Das Bild von den athenischen Demokraten als einer herrschenden Elite, unter der eine große Schar von Abhängigen und Entrechteten ächzte, scheint sich wie von selbst einzustellen, und es klingt wie eine lahme Entschuldigung, wenn der angesehene amerikanische Althistoriker J. A. O. Larsen (1954) dazu sagt, dies sei nicht das einzige Beispiel dafür, daß in der Geschichte eine Theorie oder Lehre nicht bis zu ihrem logischen Endpunkt geführt worden wäre. Vorwürfe und Rechtfertigungsversuche sind hier indessen ganz fehl am Platze. Es sollte schon bedenklich stimmen, daß bei aller Kritik, die wir in der Antike über die Demokratie in Athen hören, doch niemand auf den Gedanken gekommen ist, daß Frauen, Sklaven und Metöken politische Rechte haben könnten. Für moderne Menschen, die alles nur von den Prämissen ihres eigenen Daseins aus betrachten, könnte man den antiken Verhältnissen ihre Absonderlichkeit durch den Hinweis nehmen, daß es in dieser Hinsicht bis zum vorigen Jahrhundert auch in Europa überall noch so wie in Athen zugegangen war und der Wandel also noch nicht sehr alt ist. Doch abgesehen davon kann man für Athen wie für alle antiken Staaten den Ausschluß der Personengruppen erklären: Das politische Recht war an die Waffenfähigkeit, also an den Mann gebunden; jede Stadt war ein in sich geschlossener Rechtskreis, in den ein Fremder nicht einfach eintreten konnte, und das Institut der Sklaverei, das seine Quelle in der Kriegsgefangenschaft hatte, ist die Konsequenz einer Stufe des Völkerrechts, in der alle Staaten scharf voneinander abgeschottet sind und im Krieg alles, was dem Feind in die Hände fällt, Kriegsbeute ist und zu seiner Verfügung steht. Die Athener konnten nicht aus ihrer Zeit herausspringen, und es gab für sie folglich nicht jenen, von Larsen gedachten „logischen Endpunkt" der Demokratie, weil er darin gar nicht angelegt war. Das Ziel war sehr viel begrenzter. Es lag in der Übertragung des politischen Rechts an alle männlichen Bewohner Attikas, die nicht Sklaven oder Metöken waren, also auch an die Ärmsten. Diesen Endpunkt haben die Athener nicht nur angestrebt, sondern erreicht, und gerade das ist das Neue, das von allen Griechen so bestaunt, bewundert, kritisiert oder gar gehaßt wurde: Die Erteilung des politischen Rechts ohne Rücksicht auf Herkunft und Vermögen. Das Revolutionäre an der athenischen Demokratie oder, sofern man den Begriff vermeiden will, ihre Radikalität beruhte auf diesem Umstand, in dem zugleich die Grundidee der Demokratie steckte. Die politische Gleichheit aller Bürger, der armen wie der reichen. Man hat nicht viel von

Athen verstanden, wenn man in das Klagelied von der athenischen Demokratie als der Herrschaft einer Elite einstimmt.

Ein anderer Aspekt ist in diesem Zusammenhang wesentlicher. In dem Streitgespräch um die Vor- und Nachteile der Demokratie zwischen Theseus, dem mythischen König von Athen, und dem Herold des Kreon, des tyrannischen Königs von Theben, das Euripides in seine „Hiketiden" eingefügt hat, weist der Herold die Behauptung des Theseus, daß in Athen das Volk herrsche und die Macht auf arm und reich gleich verteilt sei, mit der höhnischen Antwort zurück, daß den armen Bauern, mag er noch so kenntnisreich sein, doch schon seine Arbeit daran hindere, sich um den Staat zu kümmern (129 f.). In der Tat trifft dieser Einwand einen wunden Punkt der athenischen Demokratie. Es geht hier nicht um die Gleichheit — sie wird nicht bestritten, vielmehr ihre radikale Durchsetzung vorausgesetzt —, sondern um deren praktische Verwirklichung, und da sich die Athener um kaum etwas mehr Sorgen gemacht haben als darum, daß jeder Bürger sein politisches Recht nicht nur haben, sondern es auch ausüben können soll (s. u. S. 265 ff., 293 ff.), geht es hier um das Kernstück der Demokratie. Der Verwirklichung der Gleichheit standen in der Tat unüberwindliche Hindernisse im Wege. Sie lassen sich alle in dem Satz zusammenfassen, daß im demokratischen Athen das Verhältnis von Politik und Arbeit nicht gelöst war und auch nicht gelöst werden konnte. Denn die Vorstellung, daß alle Bürger zugleich entscheiden, raten und urteilen sollten, wäre nur zu realisieren gewesen, wenn alle zugleich mit ihrer Mündigkeit ökonomisch unabhängig gestellt worden wären. Durch die Einführung der Diätenzahlungen und ihre Ausdehnung auf die wichtigen öffentlichen Funktionen einschließlich des Besuchs der Volksversammlungen haben die Athener zwar gezeigt, daß sie das Problem erkannt hatten und entschlossen waren, es im Sinne der demokratischen Idee zu lösen; aber die Wirklichkeit sah anders aus. Vor allem der Bauer, und damit die Mehrheit der Bürger, war von der Natur seiner Arbeit her nicht immer abkömmlich; selbst wenn er einen Sklaven und arbeitsfähige Familienmitglieder hatte, konnte er es sich in der Zeit der Frühjahrsbestellung und Ernte nicht leisten, anstatt auf dem Felde zu sein, tagelang auf der Pnyx oder Agora zu sitzen oder gar länger dauernde Funktionen als Beamter oder Gesandter zu übernehmen. Auch die Entfernungen spielten eine nicht geringe Rolle. Sofern der Bauer nicht in der zentralen Kephisos-Ebene wohnte, hatte er lange Wegstrecken zu Fuß oder auf einem Karren zurückzulegen. Von der thriasischen Ebene um Eleusis waren es 20—30 km, von der marathonischen über 40 km und von manchen Küstengegenden im Südosten Attikas noch weit mehr Wegstrecke bis in das Zentrum Athens; die Straßen waren zudem nicht gut ausgebaut,

und es waren oft Steigungen zu überwinden; selbst der Weg vom Piräus
nach Athen war nicht kurz (6–8 km). Da die Sitzungen der Volksversammlung und der Gerichte bei Sonnenaufgang begannen, mußten die
meisten Bürger für den Besuch einer einzigen Sitzung bereits am Vortage
anreisen und konnten, wollten sie nicht einen Nachtmarsch riskieren, erst
an dem der Sitzung folgenden Tag wieder abreisen. Wer wollte diese
Mühe auf sich nehmen, wenn nicht ein außergewöhnlicher Tagesordnungspunkt, etwa der Beschluß eines Feldzuges, die Verteilung von Land
im Seebundsgebiet oder ein Prozeß, der persönlich interessierte, anstand?
Im letzteren Fall war der Interessent noch gar nicht einmal sicher, ob er
bei der Losung überhaupt zum Richter bestellt und, falls das der Fall war,
ob ihm bei der Auslosung der Gerichtshöfe der ihn interessierende Prozeß
zugewiesen werden würde. Auch nicht jeder, der in Athen wohnte und
arbeitete, war abkömmlich. Ein Handwerksmeister hat gewiß nur ungern
seinen Betrieb verlassen, wenn er gut zu tun hatte; die Lohnarbeiter
mußten die Erlaubnis ihres Arbeitgebers einholen und auf ihren Lohn
verzichten. Wie im Handwerk lagen die Dinge auch im Handel und in der
Bergwerksarbeit. Die Diätenzahlungen glichen den Schaden, mochte er
nun aus Lohnausfall oder Reisekosten bestehen, nur zu einem Teil aus.
Sie sicherten dem Bürger für den Tag seiner politischen Tätigkeit den
Unterhalt; er konnte von dem Betrag vielleicht auch noch eine weitere
Person, aber auf gar keinen Fall eine größere Familie ernähren. Der
Verwirklichung der Idee standen somit mehrere Hindernisse im Wege,
neben der besonderen Beschaffenheit der Arbeit, die selbst einen gut-
situierten Mann abhielt, ein für viele, ja die meisten Bürger nicht unerheb-
licher Einsatz von Zeit und Geld. Die Folge war, daß sehr viele oder sogar
die meisten Bürger nur bei wirklich wichtigen Verhandlungsgegenständen
in den Versammlungen erschienen, darüber hinaus vor allem das persönliche Interesse die politische Aktivität bestimmte und im übrigen – also
bei allen Routineangelegenheiten – nur diejenigen politisch aktiv waren,
für welche die genannten Hinderungsgründe nicht oder nicht in demselben Umfang bestanden. Das waren nun vor allem die Bürger, die in Athen
und der näheren Umgebung der Stadt, in eingeschränktem Maße auch
noch alle diejenigen, die in der zentralen Kephisos-Ebene einschließlich
des Piräus wohnten, ferner die ökonomisch Unabhängigen, unter diesen
vor allem diejenigen, die von einer Rendite lebten und die Verwaltung
ihres Vermögens Bediensteten anvertraut hatten, sowie schließlich die
Alten, die aus dem Arbeitsprozeß ausgeschieden waren, und unter ihnen
wiederum besonders die Bewohner der Stadt Athen. Und vor allem diese
letzteren standen für das politische Geschäft zur Verfügung. Denn mochte
manchen Vermögenden vielleicht noch sein Hochmut davon zurückhal-

ten, mit den Ärmeren zusammenzusitzen, trafen solche Hemmungen auf die überwiegende Mehrheit der älteren Bürger nicht zu. In den „Wespen" des Aristophanes ist der Chor der Richter ein Chor von Alten, und es wird die Rolle des Alten als desjenigen, der für die Familie einen kleinen zusätzlichen Verdienst nach Hause trägt, in diesem Stück besonders deutlich. Die Athener haben durch die Einführung und den Ausbau der Diäten alles in ihrer Macht Stehende getan, um die ökonomischen Hemmnisse, die einer Beteiligung aller am politischen Leben im Wege standen, abzubauen, und sie haben die teilweise scharfe Kritik an den Diäten ertragen. Aber das Problem, bei Aufrechterhaltung des ökonomischen und sozialen Systems alle Athener zu Berufspolitikern zu machen, konnten sie nicht lösen, und es ist ja selbst heute in unseren repräsentativen Demokratien, in denen nur eine Minderheit aktive Politiker zu sein brauchen, nicht gelöst, und jede Diskussion um eine Erhöhung der Diäten zeigt erneut, daß viele Menschen die Ausgliederung der gewählten Volksvertreter aus dem Arbeitsprozeß und ihre ökonomische Sicherstellung noch gar nicht als eine Grundforderung jeder Gesellschaft von politisch Gleichgestellten begriffen haben und sie darum, von Kritikern irregeleitet, die Bewilligung von höheren Diäten für eine unerlaubte Selbstbedienung der Abgeordneten halten.

Von vielen Historikern ist behauptet worden, daß die athenische Demokratie finanziell von den Tributen untertäniger Städte abhängig, ja ohne diese überhaupt nicht lebensfähig gewesen sei. Die Geldgier der Demokratie und die Ausbeutung der Bundesgenossen werden bereits im 5. Jahrhundert von Aristophanes und dem Autor der ps.-xenophontischen Schrift vom Staat der Athener herausgehoben und getadelt, ohne daß allerdings dabei auch der Gedanke der finanziellen Abhängigkeit der Demokratie von Tributen deutlich ausgesprochen worden wäre. Das Geldbedürfnis der Demokratie war in der Tat hoch; abgesehen von allem anderen, verschlangen allein die Diäten knapp die Hälfte der städtischen Einnahmen eines normalen Jahres; waren diese geringer, mußte bei Fehlen von Tributen die finanzielle Lage bedenklich werden. Mit Recht ist jedoch gesagt worden, daß die Athener ausgerechnet nach dem Zusammenbruch von 404/3, als sie ihren gesamten Herrschaftsbereich verloren hatten, das Diätensystem durch die Einführung von Tagegeldern für den Besuch von Volksversammlungen erheblich erweitern konnten. Die Athener müssen damals die Diäten aus eigener Kraft aufgebracht haben, und ein Blick auf die Einnahmen und Ausgaben lehrt, daß sie sich in der Tat finanziell auch ohne Tribute schlecht und recht über Wasser zu halten vermochten. Es gab in Zeiten schlechter wirtschaftlicher Lage oder äußerer Bedrohnis gewiß Engpässe, und die

Schwierigkeiten wurden seit dem Zusammenbruch auch des Zweiten
Seebundes im Bundesgenossenkrieg (357–355) sogar so groß, daß außerordentliche Finanzämter eingerichtet werden mußten. Die für die Demokratie konstitutiven Ausgaben, unter ihnen in erster Linie die Diäten,
mußten indessen nicht gestrichen werden; im Gegenteil ist vielleicht erst
damals das Theorikon, also das Sitzungsgeld für den Besuch von Festver-
sammlungen, eingeführt worden. Wir können allerdings mit Bestimmtheit
sagen, daß die Demokratie, sofern sie keine hohen Einnahmen aus
Tributen hatte, oft vor leeren Kassen stand, daß sie zunehmend die
Sondersteuer *(eisphorá)* umlegen und bisweilen ihre Verpflichtungen sich
stunden lassen mußte. Ein Staat, der stets am Rande der Zahlungsunfähigkeit lebt, schaut sich eifriger als andere nach neuen Geldquellen um und
erzeugt damit gewiß kein Klima des Vertrauens gegenüber seiner Finanzpolitik. Wenn daher die Demokratie auch nicht von Tributen eines
Untertanengebietes abhängig war, hat der chronische Geldmangel doch
einen finanzpolitischen Akzent in die Außenpolitik gebracht, der diese
Politik unter anderem auch band. Das haben die Kritiker in und außerhalb
Athens auch wohl sagen wollen, wenn sie von der Geldgier des Demos
und der Ausplünderung der Bundesgenossen sprachen. Mag daher auch
die Demokratie finanziell von einem Herrschaftsgebiet nicht abhängig
gewesen sein, hat doch nicht nur einfach der Wunsch nach größeren
materiellen Vorteilen, sondern vor allem das der Demokratie immanente
Geldbedürfnis die Außenpolitik mitbestimmt.

War die Demokratie finanziell nur sehr bedingt auf äußere Einnahmen
angewiesen, besteht für die Sicherung der Getreideversorgung
*(trophḗ)* eine unbestrittene Abhängigkeit von äußeren Einfuhren (s. o. S.
100, 198 f.). Man mag allerdings bezweifeln, ob die Versorgung der Bevölkerung mit den Grundnahrungsmitteln speziell eine Aufgabe der Demokratie und nicht vielmehr die einer jeden Regierung ist, welcher Art sie
immer sei. Indessen ist die starke Zunahme der Bevölkerung, insbesondere der Metöken und Sklaven, zunächst einmal eine Konsequenz der
vor allem von der Demokratie verursachten Wirtschaftsblüte. Wer die
Verantwortung der Demokratie für diese Entwicklung nicht akzeptiert,
muß jedoch einräumen, daß von der staatlichen Sorge um die Grundnahrungsmittel insbesondere der ärmere Bürger, und das heißt die Masse des
Demos profitierte. Und er hat ferner zu bedenken, daß die Fürsorge erst
durch die Demokratie methodisch organisiert worden ist. Auch wenn die
Anfänge der Trophe bei Solon zu suchen sind, weist doch deren plan-
mäßige Organisation und die Überwachung des Getreidepreises auf die
Demokratie.

Wer sich Gedanken über mögliche Abhängigkeiten der athenischen

Demokratie von Bedingungen macht, die im auswärtigen Bereich liegen, wird auch an die verfassungspolitische Bindung der Außenpolitik seit der Mitte des Jahrhunderts zu denken haben. Seit die Athener in ihrem Seebundsbereich die demokratischen Strömungen unterstützten und den abgefallenen Städten sogar mit mehr oder weniger Druck die demokratische Verfassung oktroyierten, entstand als Reaktion darauf eine Gegenbewegung der traditionellen Kräfte, die in Absetzung zu der Demokratie sich selbst als Oligarchie verstand. Im Peloponnesischen Krieg hat sich dieser Verfassungsdualismus zu seiner vollen Schärfe entwickelt, und es bedeutete seitdem Außenpolitik immer gleichzeitig auch Verfassungspolitik. Thukydides hat diese Entwicklung eindrucksvoll beschrieben und analysiert. Anhand der inneren Wirren in Kerkyra im Jahre 427 zeigt er, wie der Verfassungskampf der äußere politische Rahmen für einen völligen Verfall der menschlichen Gesittung wurde (bes. 3, 82). Die Athener mag bei der Unterstützung der Demokratien in anderen Städten zunächst vor allem auch Stolz auf ihre politische Ordnung und ein gewisses Sendungsbewußtsein getrieben haben. Durch die mechanische Verkoppelung von Außenpolitik und Verfassungsform wurden sie aber zunehmend in ihrer außenpolitischen Bewegungsfreiheit auch eingeengt; denn die verfassungspolitische Bindung diktierte das Handeln. Vor allem wurde durch diese Voraussetzung Sparta zum klassischen Feind Athens. Aus den Reibungen mit Sparta, die der Aufstieg Athens zu einer Großmacht schuf, wurde eine gleichsam a priori gesetzte Urfehde; der Antagonismus war damit zementiert und zugleich der Vernichtungskampf der Rivalen programmiert. Diese feste Prämisse machte Athen in der Außenpolitik schließlich ganz unbeweglich. Sie verhinderte z. B., daß Athen im Jahre 425 einen sehr günstigen Frieden mit Sparta schloß, verhinderte ferner, daß nach dem Friedensschluß von 421 die Früchte des Aufstiegs durch eine Annäherung an Sparta gepflückt werden konnten und verhinderte schließlich, daß die Athener bei ihrem Angriff auf Syrakus wenigstens im griechischen Mutterland Rückendeckung erhielten. Darüber hinaus — und das interessiert in diesem Zusammenhang noch mehr — gab der Akt des Oktroi und dessen ständige Wiederholung der demokratischen Verfassung modellhaften Charakter. Die Demokratie wurde zu einem vorgeformten Muster, das überall nur aufgesetzt zu werden brauchte, um das politische Leben im Sinne des Musters umzupolen. Die mechanische Starre des Vorgangs enthüllt, daß seine Funktion in der Außenpolitik lag und aus dem Binnenraum der Städte, welche die demokratische Verfassung „erlitten", kaum lebendige Antriebe empfing, und es ist zweifelhaft, ob durch diese Entwicklung überhaupt echte demokratische Bewegungen entstanden sind. Der Verfassungsdualismus hatte aber auch eine Rückwirkung auf Athen selbst. Denn die verhältnismäßig schnelle Bildung eines Modells „Demokratie" – es ist bereits in perikleischer Zeit vollendet – muß auch eine eventuelle Weiterentwicklung des demokratischen Gedankens gehemmt haben. War bis in die sechziger Jahre des 5. Jahrhunderts die Demokratie aus den besonderen Voraussetzungen der athenischen Geschichte entstanden, wurde sie bereits unmittelbar, nachdem sie als eine neuartige Verfassung bewußt geworden war, zu einem Exportartikel, dessen politischer Wert auch darin lag, daß er überall als eine feste, unveränderliche Größe bekannt war. Die Leblosigkeit der Verfassungsgeschichte des späten 5. und 4. Jahrhunderts hat vielleicht auch hierin ihren Grund: Die Demokratie konnte als Exportartikel nicht mehr wachsen; sie war zu einer Ware entartet.

An den Schluß der Überlegungen über die Grenzen der Demokratie, und nur lose mit ihnen verknüpft, sei die Frage gestellt, was für die Demokratie das F e h l e n   e i n e r   s t a r k e n ,   k o n t i n u i e r l i c h e n   R e g i e r u n g und einer Elite, die sie trug, bedeutete. Die Beseitigung der zentralen Regierungsämter und die Übertragung der Regierung auf alle war ja das Fundament der Demokratie, und daran hat sie auch immer festgehalten. Lediglich in den ersten Jahrzehnten hatte Perikles auf Grund seines Ansehens eine Kontinuität der Politik verkörpert und damit die Regierung gleichsam mit seiner Person identifiziert; gegen Ende der Klassischen Zeit, als die Kraft der Stadt nachließ, haben andere Männer kurze Zeit ähnliche Positionen besessen (Eubulos, Lykurgos). Normalerweise aber lag die Entscheidungsgewalt über die politische Richtung bei der Volksversammlung, hatte faktisch auch der Rat eine wichtige Rolle innerhalb des Entscheidungsprozesses inne und besaßen einzelne Strategen, vor allem aber die Redner (Demagogen) Einfluß in den Gremien. Solange es um Routineangelegenheiten oder Fragen geringeren Gewichts ging, barg diese Regierungsform keine Gefahren. Es mußte jedoch problematisch werden, wenn die Stadt unter dem Druck starker außenpolitischer, insbesondere militärischer Entscheidungen und Belastungen stand. Woran orientierte sich in solchen Augenblicken die Masse? Außenpolitische Erfahrungen hatten die Athener in der Frühphase der Demokratie während der Perserkriege und der sich an sie anschließenden Operationen beim Ausbau des Seebundes gesammelt, und sie wurden ergänzt durch das, was man bei der Verteidigung und der Erweiterung der Herrschaft in den folgenden Jahrzehnten dazulernte. Die Feindbilder, Wertmaßstäbe und Einblicke in die Mächtekonstellationen der Zeit waren seitdem bei der Masse, die jahraus, jahrein auf der Flotte und in der Phalanx den außenpolitischen Bereich ausgemessen und mitgestaltet hatte, unverrückbar festgelegt. Denn der außenpolitische Rahmen der Demokratie konnte sich gerade deswegen, weil die Masse alle Entscheidungen trug, nicht wandeln, konnte nicht immer wieder durchdacht, korrigiert und relativiert werden. Die Masse kann nicht reflektieren, sondern nur auf Vorschläge reagieren. Und da der Aufstieg eines Atheners zur politischen Macht unlöslich damit verbunden war, daß er die politischen Vorurteile der Masse als seine Politik verkaufte, wurden vornehmlich die Wertungen und Feindbilder der Masse in Politik umgesetzt. Kleon war einer der Demagogen, der sich auf diese Weise an die Spitze kämpfte, ebenso Alkibiades, ersterer eher als die Verkörperung des Volkswillens, letzterer als zynischer Taktiker zur Befriedigung seines persönlichen Ehrgeizes. Das Problem für die Demokratie lag bei dieser festgelegten Entscheidungssituation in der Gefahr, daß die Macht der Stadt falsch eingeschätzt wurde. Die Demokratie war die erste Massengesellschaft, und sie strotzte vor Kraft. Die Masse mußte ihre in den Perserkriegen, bei der Schaffung des Seebundes und dessen Verteidigung gewonnenen Erfahrungen als Maßstab setzen, und sie tat es auch. Die Macht, welche die Athener auf dem Hintergrund des erfolgreichen Perserkrieges aufbauten, war aber eine andere als die, welche sie im Peloponnesischen Krieg zu verteidigen hatten. Perikles hat diese Relation gesehen bzw. sie aus bitterer Erfahrung kennengelernt und darum zu einer zurückhaltenden Kriegführung geraten. Nach ihm gelang es keinem Manne mehr, die Entscheidungen der Volksversammlung auch gegen den Masseninstinkt dauerhaft zu beeinflussen. Das ist die Voraussetzung für das Wahnsinnsunternehmen nach Sizilien; denn das war es, obwohl heute immer wieder einmal versucht wird, in ihm eine ratio zu entdecken. Zwischen 415 und 413 sandte Athen über 200 Kriegsschiffe, Hunderte von Lastschiffen, 3 000 athenische und mehrere tausend bundesgenössische Hopliten sowie etwa 30 000 Mann Schiffsvolk, darunter viele Athener, nach Sizilien. Was wollten sie dort? Eine Erweiterung ihres Seebundes im Westen? Und glaubten sie das erreichen zu können, gleichzeitig Sparta auf Distanz halten, den Seebund kontrollieren und die im Osten auf Revanche hoffenden Perser in Schach halten zu können? Das Unternehmen erscheint uns heute als die nackte Hybris, und in der Tat gibt es nur ein einziges großes Unternehmen in der antiken Geschichte, das sich an Hybris mit der athenischen Expedition nach Sizilien messen kann, das Alexanders des Großen. Mit Alexander pflegen die modernen Interpreten indessen milder umzugehen und in seinem Zusammenhang nicht von Hybris, sondern eher − in der Nachfolge Arrians − von der Sehnsucht (*póthos*) des Königs zu sprechen, ein Unterschied in der Bewertung, der darauf beruht, daß wohl ein Mensch, aber nicht eine Masse sich verklären läßt und wir zudem die Masse der Athener recht ungöttlich und (in der Komödie) lächerlich agieren sehen (wer möchte nicht über viele tausend kleine Alexandroi lachen?), die Seele Alexanders aber uns verschlossen bleibt. Beide Begriffe, Hybris wie Pothos, stehen heute wie damals für etwas, das man an diesen Unternehmungen nicht begreift: Das Irrationale steht hier anstelle einer Erklärung. Es war indessen kaum etwas Irrationales an der Entscheidung der Athener. Sie beruhte auf einer durchaus erklärbaren, aber, wie wir heute wissen, völlig falschen Einschätzung der athenischen Macht. Es steckte noch die Entdeckerfreude in der Ausmessung des politischen Raumes darin, auch Herrscherstolz und Machtrausch; aber nicht diese Emotionen, sondern die falsche Einschätzung der Erfahrungswerte führten zu dem Entschluß. Und auch nur so ist es vorstellbar, daß die Athener denselben Fehler öfter begingen und vielleicht noch nicht einmal nach der Katastrophe von 404 begriffen haben, wo die Grenzen ihrer Möglichkeiten lagen. Wie sie das Phänomen der Macht nicht in den Griff bekommen konnten, so erst recht nicht das oben angesprochene Problem des Verfassungsdualismus. Hier war die Demokratie sozusagen von ihrer Natur her festgelegt und daher die Masse zu jeglicher Reflexion über die Richtigkeit oder Opportunität eines irgendwo im athenischen Machtbereich in Gang gesetzten Verfassungsumsturzes unfähig.

# IX. Symptome des Niedergangs der Demokratie im 4. Jahrhundert

Für die athenische Demokratie der Klassischen Zeit bedeutete die Niederlage von 404/3 einen Einschnitt. Wenn sich auch das Regiment der „Dreißig" nur kurze Zeit zu halten vermochte, engten doch die schweren Kriegsfolgen die Möglichkeiten des politischen Lebens der Stadt ein. Es lasteten dabei nicht nur die hohen Menschenverluste, der materielle Schaden und die gänzliche Auflösung der äußeren Machtstellung auf den Athenern; kaum weniger bedeutsam war die Niedergeschlagenheit über den Zusammenbruch der äußeren Herrschaft und inneren Eintracht, in der sich Resignation mit Zweifeln an einer gesicherten Zukunft mischten. Je größer die Erwartungen gewesen waren, desto härter mußten die Enttäuschungen sein, und man könnte daher glauben, daß diese Stimmung geeignet war, das demokratische Leben unmittelbar zu beeinflussen und es eventuell qualitativ zu verändern. Von vielen modernen Autoren wird denn auch das Jahr 404/3 als eine wesentliche Zäsur in der Entwicklung der Demokratie angesehen, und die zahlreichen Neuerungen, die damals getroffen wurden, scheinen dieser Ansicht recht zu geben. So wichtig jedoch der verlorene Krieg sowohl für die Geschichte der demokratischen Institutionen als auch für die Entwicklung des politischen Bewußtseins der Athener war, dürfen wir in dem Jahre 404/3 kein Epochenjahr sehen. Die Katastrophe von 404 bedeutete keinen Bruch in der verfassungspolitischen Entwicklung; vielmehr reagierten die Athener darauf gerade umgekehrt mit einer bewußten Anknüpfung an die politischen Traditionen der Vorkriegszeit und einem weiteren Ausbau der Organisationsformen zum Schutze der demokratischen Grundideen. So wurde z. B. schon nach dem gescheiterten Putsch von 411/10 die Macht des Rates eingeschränkt; er durfte künftig auch für den ihm noch verbliebenen Zuständigkeitsbereich keine Todesurteile mehr verhängen. Später wurde auch für die Überprüfung (Dokimasie) der neuen Ratsmitglieder, die bis dahin der Rat allein vorgenommen hatte, Revision vor einem Geschworenengericht zugelassen. Das politische Gewicht des Rates wurde weiter durch die Aufsplitterung des Ratsvorsitzes zwischen der Prytanie, der weiterhin die allgemeine Geschäftsführung zukam, und einem täglich wechselnden Ausschuß von 9 Vorsitzenden, der künftig die

Leitung der Sitzungen von Volksversammlung und Rat übernahm, gemindert (s. o. S. 132 f., 156 f.). Der Schwächung des Rates entsprach eine Stärkung der Geschworenengerichte. Nicht nur gegenüber den Strafsentenzen des Rates, überall traten sie als die letzte Entscheidungsinstanz in den Vordergrund. Auch die politischen Prozesse wurden mehr und mehr ihnen überlassen; der Volksversammlung blieb oft nur noch die Voruntersuchung. Die Neuordnung des Gesetzgebungsverfahrens zielte ebenfalls auf eine Stärkung der Geschworenengerichte, von denen neue Gesetze oder die Korrektur alter entschieden wurden. Hand in Hand mit der politischen Stärkung der Gerichte ging jedoch die Verschärfung der Kontrolle über sie. Das Losungsverfahren wurde perfektioniert und die Gerichtshöfe, die bisher für das ganze Jahr mit einem bestimmten Gerichtsbeamten verbunden gewesen waren, nun täglich den einzelnen Prozessen zugelost (s. o. S. 169 f.). Durch diese und andere Reformen wurde der gesamte Organisationsrahmen ausgebaut, die Kontrolle im Sinne der demokratischen Grundideen gestärkt und den Massen die Beteiligung am politischen Leben weiter gesichert. Wenn von dieser Entwicklung insbesondere die Geschworenengerichte profitierten und sie in manchen Bereichen die Volksversammlung sogar faktisch ablösten, ist das nicht als eine Schwächung der Volksgewalt und also der Demokratie anzusehen. Die Geschworenengerichte galten den Athenern nach wie vor als das Volk in einem anderen Aggregatzustand und konnten schon deswegen nicht an dessen Stelle treten. Vor allem aber behielt die Volksversammlung zu jeder Zeit die Verfahrensherrschaft über alle Sachen. Sie konnte jeden Prozeß an sich ziehen und alle Gegenstände behandeln, die sie zu bearbeiten wünschte. Die Übertragung von Geschäften an die Geschworenengerichte ist vielmehr als eine Entlastung der Volksversammlung zu interpretieren, die nun nicht mehr in Geschäften zu ersticken brauchte und sich auf wichtige Fragen konzentrieren konnte. Die Reformen bedeuteten daher eine Konsolidierung der Institutionen und Zuständigkeiten, deren Entwicklung im 5. Jahrhundert ganz unsystematisch verlaufen und auf keinerlei Erfahrungen mit der völlig neuen Materie gegründet war, und also eher eine Stärkung als eine Schwächung der Demokratie.

Bei allem demokratischen Eifer, der an dem Ausbau der Organisationsformen zu erkennen ist, spüren wir doch schon in den ersten Jahrzehnten nach dem Ende des großen Krieges ein leichtes Nachlassen des politischen Interesses bei der großen Menge. Das wird u. a. deutlich aus den letzten beiden Komödien des Aristophanes, den „Ekklesiazusen" und dem „Plutos" (392 bzw. 388 aufgeführt), in denen der Dichter nicht mehr die Kritik an den Zeitumständen und den Spott über einzelne

Politiker in den Mittelpunkt stellt: Die Übernahme der Herrschaft durch
die Frauen in den „Ekklesiazusen" erfolgte nicht, wie noch in der 411
aufgeführten „Lysistrate", aus politischen Motiven, sondern ist in einen
eher märchenhaften Rahmen gestellt, und das Problem der Armut, das im
„Plutos" angeschnitten wird, bleibt ganz der privaten Sphäre des Menschen verhaftet. Aristophanes muß das Bedürfnis nach solchen Themen
höher eingeschätzt haben als nach denen, die er bis dahin zu traktieren
gewohnt gewesen war. Wir haben auch deutliche Hinweise darauf, daß
zumindest in demosthenischer Zeit unter den Beamten und Richtern die
Angehörigen der Mittelschicht überrepräsentiert waren, ohne daß allerdings die unterste Zensusgruppe, die Theten, gänzlich gefehlt hätte. Die
Ergebnisse aus Untersuchungen über die soziale Zusammensetzung der
Gremien und Beamtenkollegien sind allerdings nicht unumstritten; die
Quellen sind spärlich und nicht immer eindeutig, zudem fehlen uns
Vergleichsmöglichkeiten aus dem 5. Jahrhundert, doch überwiegen heute
wohl die Stimmen derer, die mit einer stärkeren Beteiligung der Vermögenderen am politischen Leben seit der Mitte des Jahrhunderts rechnen.
In dieselbe Richtung weist die zunehmende Anwerbung von Söldnern.
Das Bürgeraufgebot ist zwar nach wie vor der Kern des Heeres; aber
dessen Ergänzung durch Söldner sollte nicht nur das Aufgebot mit einer
zusätzlichen Truppe stärken, sondern auch die Bürger schonen, und das
bedeutet doch bereits einen Einbruch in den Milizgedanken. Die Athener
haben indessen wohl kaum zu der Anwerbung von Söldnern gegriffen,
weil sie von den inneren Verhältnissen her dazu gezwungen gewesen oder
einfach des Soldatendienstes leid geworden wären. Sie hätten sich wahrscheinlich den militärischen Verpflichtungen weiterhin in vollem Umfang
unterzogen, wenn keine Söldner zur Verfügung gestanden hätten. Diese
gab es aber in wachsender Anzahl, und sie waren immer leichter zu haben.
Durch die fortgesetzten Kriege waren nämlich viele Tausende durch
Vertreibung oder Armut heimatlos geworden; sie suchten ihr Glück als
Soldat und waren für viele Städte eine willkommene Hilfe. Besonders die
Bauern mit Hoplitenzensus, die ihr Hof band und das politische Leben
nicht mehr reizte, haben die Anwerbung von Söldnern durch die Stadt
gewiß nicht ungern gesehen. Es kam hinzu, daß die Söldner, die Berufssoldaten waren, mehr Kampfeserfahrung hatten als die Milizionäre und
darum eine Söldnertruppe unter Umständen schlagkräftiger war als das
Milizheer. Die Athener hatten zum ersten Male für ihren Zug nach
Sizilien (415–413) in größerem Umfang Söldner angeworben. Im 4. Jahrhundert nahmen die Einsätze von Söldnern zu, und es fanden sich auch
fähige athenische Feldherren, wie Iphikrates und Chabrias, die, mehr
Kondottiere als Bürgergeneral, diese recht schwer zu führenden Haufen

zu dirigieren vermochten. So haben die Verfügbarkeit und die Brauchbarkeit der Söldner die latente Neigung, sich vor den militärischen Bürgerpflichten zu drücken, gestärkt, und auch die außenpolitischen Bedürfnisse, die von den Athenern häufigen militärischen Einsatz verlangten, haben dazu beigetragen, daß sie auf diesem Weg fortschritten und aus den Söldnern eine bald nur noch schwer wegzudenkende militärische Institution machten.

Herrschte in Teilen des Demos Desinteresse an der Politik, ist bei den Begüterten und Intellektuellen sogar eine steigende Unzufriedenheit mit den herrschenden Verhältnissen spürbar. Besonders diejenigen, die nie sehr viel von der Demokratie gehalten hatten, aber auch manche loyalen Bürger, welche die Politik der Volksversammlung mit den ihnen auferlegten außerordentlichen Steuerumlagen zu finanzieren hatten, suchten nach Wegen, die politischen Entscheidungen stärker in den Griff zu bekommen. An einen Umsturz war nach wie vor nicht zu denken; angesichts dessen, was 404/3 geschehen war, wäre jeder, der Staatsstreichpläne gehegt hätte, in die Nähe der „Dreißig" gerückt worden, und das wollten ohne Zweifel selbst die schärfsten Kritiker nicht. Man sprach vielmehr davon, die Demokratie zu „mäßigen" , und stellte sich dabei vor, daß die Demokratie in den Anfängen, etwa unter Kleisthenes oder gar z. Z. Solons, maßvoll gewesen und erst durch Ephialtes und Perikles radikalisiert worden sei. Die bis ins Extreme entwickelte Form der Demokratie galt es nun wieder zu den moderaten Anfängen zurückzuführen. Die „Verfassung der Väter", wie die so konstruierte „ursprüngliche" Demokratie genannt wurde (s. o. S. 335 f.), richtete sich vor allem gegen die Beteiligung der breiten Masse am politischen Leben. Man wollte das politische Recht auf diejenigen, die als Schwerbewaffnete dienten, und mithin auf die grundbesitzende Mittelschicht beschränken, und in dem organisatorischen Aufbau sollte künftig wieder dem Areopag, der Versammlung der ehemaligen Archonten, größeres Gewicht eingeräumt werden. Der Areopag war zwar keine Versammlung der Vornehmen mehr, aber dadurch, daß seine Mitglieder auf Lebenszeit bestellt wurden, enthielt er doch ein Element der Kontinuität und Tradition, das der jährlich wechselnde Rat der Fünfhundert nicht hatte. Wie immer man sich diese gemäßigte Demokratie dachte, es war eine andere Demokratie, und man gewöhnte sich somit daran, sich verschiedene Ausformungen der Demokratie vorzustellen, unter denen man wählen konnte. Schon im Jahre 411 läßt Thukydides Peisandros, einen der Vorkämpfer für die Oligarchie, vor der athenischen Volksversammlung sagen, daß es darum gehe, nicht in derselben Art von Demokratie wie bisher zu leben (8, 53, 1). Der Begriff Demokratie ist nicht mehr eindeutig. Da auch im 4. Jahrhundert der

oligarchische Umsturz kaum je zur Debatte stand, zudem der Begriff
Oligarchie durch das Jahr 411 und insbesondere durch die „Dreißig" von
404/3 die Tyrannis bedeutete, suchte man mittels einer Erweiterung bzw.
Aufweichung des Begriffs Demokratie wenigstens in die Nähe des ersehnten Zieles zu gelangen. Demokratie wurde am Ende zu einem Allerweltswort für jede Art von nichtmonarchischer Regierung, so daß Demetrios
von Phaleron, der makedonische Statthalter in Athen, von der durch ihn
317 eingerichteten Staatsform, in der das politische Recht an einen Zensus
geknüpft und die Staatsgewalt vor allem auf eine Reihe außerordentlicher
Beamter und den Areopag gestellt war, sagen konnte, daß er die Demokratie nicht nur nicht gestürzt, sondern sie sogar verbessert habe (Strab. 9,
1, 20). Die Form der Verfassung war zu einem Spiel mit Worten
geworden.

Die Gedanken einer „Zähmung" der Demokratie blieben vorerst Wunsch-
traum. Aber es war nicht unbedenklich, daß alle Unzufriedenen in solchen
Überlegungen ein gemeinsames Ziel erblicken und dadurch gegebenenfalls zu einer politischen Gruppe zusammenfinden konnten. Vereinzelte,
aber bemerkenswerte Veränderungen im organisatorischen Aufbau der
Demokratie weisen auch darauf hin, daß solche Überlegungen Wirkung
zeigten. Die Übertragung der Beamtenkontrolle und Gesetzesaufsicht auf
den Areopag im Jahre 403 blieb zwar Episode; aber seit der Mitte des
Jahrhunderts, nach dem verlorenen Bundesgenossenkrieg und der sich
aus ihm ergebenden großen Finanzmisere, erhielt der Areopag manche
Sonderrechte insbesondere strafrechtlicher Natur, und nach der Schlacht
von Chaironeia wurde sein Gewicht ganz offensichtlich noch weiter
gestärkt. Wir wissen über die Entwicklung des Zuständigkeitsbereiches der
Areopagiten wenig; doch soviel ist deutlich, daß sie innerhalb der im
übrigen unangetastet bleibenden demokratischen Institutionen eine Sonderrolle zu spielen begannen, die mit der Demokratie nur schwer noch zu
verrechnen war. Noch gefährlicher war die Konzentration der Finanzverwaltung in den Händen einzelner. Die seit 354/53 eingerichteten außerordentlichen Finanzämter, die bis zum Ende der Demokratie im Jahre 322
noch verschiedentlich reformiert wurden (s. o. S. 210), erhielten durch die
Konzentration der gesamten Finanzgebarung der Stadt bei ihnen außeror-
dentliches Gewicht, und die Männer, die diese Stellen innehatten, gewan-
nen politische Macht, welche die Demokratie zu sprengen geeignet war.
Im Jahre 352 ruft Demosthenes in der Rede, die er gegen Aristokrates
schrieb, aus: „Früher war das Volk Herr über die Staatsverwaltung, heute
ist es deren Diener", und er zielte damit auf Eubulos, der zu dieser Zeit
den Finanzsektor beherrschte.

Für den Rückzug vieler Bürger aus der Politik und für die allgemeine

Geldnot der Stadt wird heute von den weitaus meisten Historikern eine
beginnende oder auch schon weit fortgeschrittene w i r t s c h a f t l i c h e
K r i s e verantwortlich gemacht, welche die gesamte griechische Welt
erfaßt haben soll. Als Symptome der Krise werden vor allem der wachsende Unterschied zwischen Armen und Reichen, die Proletarisierung
großer Teile der städtischen Bevölkerung, die Konzentration des Bodens
in der Hand weniger Großgrundbesitzer, die Zunahme von Sklaven als
Arbeitskräfte der Vermögenden und Arbeitslosigkeit genannt. Manche
Gelehrte interpretieren die sozialen Spannungen in den Städten als
Klassenkampf und sehen in den verschiedenen Gruppen der Gesellschaft
politische Parteiungen. Über die Ursachen der vermuteten Krise werden
verschiedene Thesen aufgestellt. Die lange herrschende „Markttheorie"
von Rostovtzeff, wonach die industrielle Verselbständigung der Rand-
gebiete des griechischen Kulturraumes im 4. Jahrhundert die Nachfrage
und den Handel stocken ließ, wird heute nur noch selten aufrechterhalten.
Aber welche Erklärungen auch immer angeboten werden: Die behaupteten Symptome lassen sich bei weitem nicht überall in Griechenland
nachweisen, und vor allem gelten sie, wie selbst viele Vertreter der
„Klassenkampftheorie" zugeben, nicht oder nur sehr bedingt für Athen.
Es gibt nämlich hier weder eine Konzentration des anbaufähigen Landes
in den Händen weniger, noch hören wir etwas von Arbeitslosigkeit. Auch
läßt sich nicht nachweisen, daß die Armen andere politische Ziele vertreten hätten als die Reichen; die großen Fragen der Außenpolitik, welche
die Menschen damals am meisten bewegten, spalteten die Bürger nicht in
Arme, Reiche und Mittelständler, die unterschiedliche politische Programme vertreten hätten. Die Entscheidungen waren, soweit sie nicht
durch Sachzwänge, wie die Kornversorgung der Stadt, diktiert wurden,
eher von persönlichen Bindungen als von wirtschaftlichen Interessen
bestimmt. Wir können also keine Wirtschaftskrise als Grund für den ja
auch nur sehr allmählichen Wandel des politischen Bewußtseins und die
vereinzelten Veränderungen der demokratischen Organisationsformen
ausmachen. Mit Sicherheit läßt sich lediglich feststellen, daß der finanzielle Druck auf die Vermögenden härter wurde; auch wenn die lauten
Klagen der Besitzenden übertrieben sind, bleibt doch der deutliche
Eindruck, daß der finanzielle Spielraum außergewöhnlich eng wird. Aber
die Leistungsfähigkeit der Stadt war bis zur makedonischen Okkupation
weiterhin groß, und der Erfolg der finanzpolitischen Maßnahmen seit der
Mitte des Jahrhunderts, durch welche die Finanzverwaltung in den
Händen weniger Beamter konzentriert wurde, beweist, daß die erforderlichen Gelder bei ordentlicher Finanzverwaltung vorhanden waren. Es
mögen im Athen des 4. Jahrhunderts manche wirtschaftlichen Verände-

rungen vor sich gegangen sein; sie hatten indessen keinen merklichen Einfluß auf die Formen des politischen Verhaltens und den Inhalt der politischen Entscheidungen. Auch wenn es richtig ist – und es spricht manches dafür –, daß die Gruppe der Metöken, Freigelassenen und der sich in Athen aufhaltenden Fremden im Verhältnis zu den Bürgern größer geworden und die Anzahl der Reichen unter ihnen unverhältnismäßig gewachsen war, lassen sich daraus kaum Konsequenzen für eine veränderte innenpolitische Gesamtsituation ziehen; denn es gibt nicht den geringsten Hinweis auf eine politische Aktivität dieser Gruppen. Wirtschaftliche Interessen spielten natürlich auch im 4. Jahrhundert eine Rolle für die Gestaltung der Politik; aber sie waren im großen ganzen nicht umfangreicher oder von anderer Qualität als im 5. Jahrhundert. Die athenische Demokratie brach nicht infolge einer Wirtschaftskrise zusammen; sie wurde von außen her, durch die Makedonen, beiseite gefegt.

War Athen bis auf das Jahr 322 im ganzen gesehen noch eine funktionierende Demokratie gewesen, spüren wir doch, wie gesagt, schon in der ersten Hälfte des 4. Jahrhunderts ein Nachlassen der inneren Spannung, und vor allem nach dem verlorenen Bundesgenossenkrieg, also nach 355, werden auch vereinzelte Schwächen bemerkbar. Die genaue Ursache für diese Veränderungen anzugeben, ist unmöglich. Es mögen mehrere Faktoren hineingespielt haben. Daß unter ihnen eine wirtschaftliche und soziale Krise das größte Gewicht gehabt hat, darf man nach den vorangehenden Ausführungen wohl verneinen. Ein großes Problem war die Geldnot, die viele Wohlhabende der Demokratie entfremdete. Die wichtigste Ursache des schleichenden Wandels ist aber wohl in dem völlig veränderten außenpolitischen Rahmen der Zeit zu sehen. Seit den Anfängen war die Demokratie mit der Flotte und den daraus resultierenden herrschaftspolitischen Ambitionen verbunden gewesen. Die Flotte mit den auf ihr tätigen Rudermannschaften hatte die Massen in einen lebendigen Konnex zur Politik gebracht, und der hegemoniale Anspruch der Stadt galt seitdem allen Athenern als eine Konstituante aller Politik, die ohne eine qualitative Veränderung auch der inneren Form nicht einfach aufgegeben werden konnte. Ohne einen Herrschafts- oder zumindest Einflußbereich lebte die Stadt das Dasein eines Amputierten. Das demokratische Athen vermochte zwar ohne die Ressourcen einer Herrschaft zu existieren; aber die Demokratie war nicht in einer Provinzidylle entstanden, und weder haben sich die Athener im Verlauf der Jahrzehnte danach gesehnt, noch ließen die äußeren Verhältnisse ein solches politisches Dasein überhaupt zu. Athen lebte seit den Perserkriegen intensiver als jede andere griechische Stadt, und selbst in drückender Finanznot hat es sich noch das teuerste Kriegsinstrument, eine große Flotte, geleistet;

353/52 besaßen die Athener 349 Trieren, und auch wenn davon eine große
Anzahl nicht seeklar war, waren es doch mehr als die Schiffe aller anderen
griechischen Städte zusammengenommen. Aber der sich mehr und mehr
einengende außenpolitische Handlungsspielraum und die immerwäh-
rende Finanznot bedrückte die Wohlhabenden, ließ die Massen resignie-
ren und verwies alle auf die Stadt selbst. Es ist ein Trost, daß die Athener
am Ende bewiesen, daß sie ihre politische Ordnung nicht kampflos
aufgaben. Chaironeia und Amorgos, nicht die Selbstaufgabe, beendeten
die Demokratie.

Mit dem Jahr 322 war die Demokratie in Athen nicht endgültig zu Grabe
getragen. Nach einem oligarchischen Regiment durfte die Demokratie
durch die Gnade des makedonischen Generals Polyperchon für ein Jahr
wieder auferstehen (318/317), und nach der Herrschaft des Demetrios von
Phaleron (317–307) erhielten die Demokraten erneut Oberwasser. Mancherlei Veränderungen der Verfassungsform und schmachvolle Tyrannei
der Makedonen mußten die Athener über sich ergehen lassen, bis sie nach
der Niederwerfung der Makedonen und Seleukiden durch die Römer
wieder eine Demokratie einrichten konnten. Aber die athenische Demokratie der hellenistischen Zeit trug ihren Namen nur von dem rein formalen Aufbau der Institutionen. Die Volksversammlung wurde von hohen
Beamten und Gremien kontrolliert und gelenkt, die Gerichtshöfe, das
Kernstück des demokratischen Lebens, verschwanden nach und nach,
und die Leiturgien wurden mit den Magistraturen verknüpft, die damit
den Reichen reserviert blieben. Die Demokratie dieser Zeit war eine
Oligarchie im demokratischen Festgewand.

# X. Die Leistungen der Demokratie

Die Frage danach, was Athen für die Athener, für die Griechen insgesamt und für die Welt geleistet hat, ist oft gestellt und durchweg mit dem Hinweis auf die Blüte von Literatur, Philosophie, Wissenschaft und Kunst, aber auch auf die außenpolitischen Erfolge der Stadt, durch die ein großes Macht- und Wirtschaftsgebiet geschaffen und die Bausteine für eine panhellenische Idee gelegt wurden, beantwortet worden. Was immer aber gesagt wurde, die Demokratie spielt in den Enkomien nur eine untergeordnete Rolle, ja sie wird eher negativ gesehen oder sogar scharf kritisiert. Jacob Burckhardts Kritik steht für viele. Die Position George Grotes, der einer der wenigen war, welche der athenischen Demokratie in einem positiven Sinne gerecht zu werden suchten und ihren verfassungspolitischen Wert erkannt hatten, blieb eher isoliert. Die neueren Arbeiten zeichnen sich dadurch aus, daß sie sich meist eines wertenden Urteils enthalten oder es hinter Gelehrsamkeit verbergen. Obwohl die Erforschung der athenischen Demokratie in den vergangenen Jahrzehnten wie nie zuvor vorangekommen ist, scheint den Gelehrten das innere Engagement zu ihrem Gegenstand zu fehlen. Die Bindung an die Einzelforschung, die Scheu vor einem Urteil sub specie aeternitatis und die Abneigung gegenüber Vergleichen, die bekanntlich immer hinken, halten wohl die meisten zurück. Bei aller Subjektivität des Urteils, die mit einem solchen Unterfangen notwendig verbunden ist, soll doch im folgenden versucht werden, demjenigen, der sich darüber Gedanken machen will, die Richtung anzugeben, in die seine Überlegungen gehen könnten. – Die Gedanken sind hier lediglich resümierend aneinandergereiht; für die Begründung im einzelnen sei auf die Ausführungen in der Darstellung verwiesen.

Die ohne jeden Zweifel größte Leistung der athenischen Demokratie liegt in der Verwirklichung einer Gesellschaft von politisch gleichberechtigten Bürgern. Mag es schon früher bei den Griechen oder anderen Völkern die Idee der Gleichheit – etwa als Gleichrangigkeit unter Adligen – gegeben haben: Die Organisation der gesamten freien Bewohner einer Stadt als eine politisch gleiche Gesellschaft und ihre praktische Verwirklichung ist die originelle Leistung der Athener. Und es gab nicht nur die Idee, nicht lediglich die schöne Deklaration der Gleichheit, sondern sie wurde institutionell durch Tausende von Regelungen in der öffentlichen Ordnung abgesichert. Jede Behörde der Athener, alle Normen des öffentlichen Zusammenlebens lassen den geradezu fanatischen Willen erkennen, den Gleichheitsgedanken in dem organisatorischen Aufbau der Bürgerschaft zu verankern. Da der Gedanke der politischen Gleichheit mit der Verwirklichung ebendieser Gleichheit in der politischen Praxis eine Einheit bildet, ist gleichzeitig auch die Verantwortlichkeit des einzelnen für das Gemeinwohl in ihr enthalten. Politisches Engagement und Gemeinsinn gehören zu dieser Demokratie, und dies ist in einem Ausmaß mit ihr verbunden und in ihr verwirklicht worden, daß sie noch heute und angesichts der politischen Apathie in der Massendemokratie gerade heute Vorbild sein kann. Als ein Ausfluß der Gleichheitsidee ist auch die Öffentlichkeit der Politik anzusehen. Was manchen Kritikern der Antike und Moderne so abstoßend, unheimlich oder auch lächerlich erschien, die Betriebsamkeit der Athener, das Gedränge und Gerenne auf dem Markt und der Pnyx, die offenbar unerschöpfliche Energie der Massen, ist vielmehr das der athenischen Demokratie besonders Eigentümliche und eine ihrer herausragendsten Leistungen: Die verantwortliche und offene Austragung des politischen Streits. Mit Ausnahme von ganz wenigen Sitzungen des Rates über außenpolitische Gegenstände, die von ihrer Natur her eine vorläufige Vertraulichkeit erforderten, war alle Politik eine Sache der Öffentlichkeit. Sie galt dabei nicht nur für die Debatten in den Sitzungen der Versammlungen und Gerichte, sondern auch für die privaten politischen Äußerungen der Athener; denn sieht man einmal von einigen Klubs ab, gab es keine Organisationsformen, in denen politische Überlegungen, abgeschirmt von den übrigen Bürgern, hätten angestellt werden können. Ein solches Ausmaß an Öffentlichkeit ist bis auf den heutigen Tag nicht wieder erreicht worden und auch wohl nicht mehr zu verwirklichen.

Die totale Verwirklichung des Gleichheitsgedankens, die daraus entspringende Aktivität der Athener und die Öffentlichkeit aller Politik könnten bei dem Betrachter die Befürchtung wecken, daß in Athen der Nährboden für eine totalitäre Entartung der Demokratie vorhanden gewesen wäre, und er mag aus bekannten und berüchtigten Justizskandalen Anzeichen dafür entnehmen. Jacob Burckhardt hat eindrucksvoll das erstickende, lähmende und angsterfüllte Klima einer Massenherrschaft, die jedes liberale Gefühl in einer scheinbar unentrinnbaren Apparatur des Terrors ersterben läßt, als für die athenische Demokratie typisch bezeichnet (Bd. I S. 227 ff.). Aber sein Urteil ist ungerecht und falsch; Burckhardt war auf Grund seiner Abneigung gegen die politisch aktive Menge auch unfähig, ein angemessenes Urteil zu treffen. Tatsächlich verhinderte schon der Aufbau der politischen Organisation in Athen jeden Ansatz in diese

Richtung; denn die staatliche Organisation war ausschließlich zur Verwirklichung der Gleichheit und zur Durchsetzung der Gesetze errichtet worden. Es fehlte die Apparatur zur Überwachung des Menschen und vor allem auch die etablierte, institutionell abgesicherte politische Lehrmeinung, an die alle glauben sollten. Die Gefahr, an die Burckhardt denkt, nämlich die Laune der Masse, mochte zu Unrecht führen; aber Launen gehen vorüber; sie sind keine in sich selbst ruhende Kraft, und oft hat die Menge auch ihr Unrecht erkannt und, wenn nicht wiedergutgemacht, so doch bereut.

Der letzte Gedanke führt zu einer wenig beachteten, eher bestrittenen Leistung der Athener: Sie haben die Demokratie auch als eine Herrschaft der Gerechtigkeit gesehen und zu verwirklichen gesucht. Daß der Nutzen der Stadt und die Gerechtigkeit nicht voneinander zu trennen sind, hat man in Athen oft gesagt und dabei natürlich an das innere Leben, nicht an die außenpolitischen Ziele gedacht. Man mag nun das athenische Rechtssystem für ineffektiv und die Richter für unfähig halten, die Rechtssätze in ihrem Urteil angemessen zu berücksichtigen, ja man mag sogar das ganze Prozeßverfahren mit seinem starren Formalismus und der Bedeutsamkeit des rhetorischen Elements in der Beweisführung für ein ausgesprochenes Hindernis einer effektiven Rechtsprechung ansehen (was alles sehr fragwürdige Einlassungen sind): Niemand kommt jedoch um die Feststellung herum, daß die Gesetze ein allerseits anerkanntes Gerüst der Demokratie waren. Die Athener haben die Demokratie als die Herrschaft des Gesetzes angesehen, und die forensische Praxis zeigt, daß sich alle an den Gesetzen orientierten. Um den Gerechtigkeitssinn des athenischen Demokraten richtig würdigen und als eine Eigentümlichkeit der Demokratie erkennen zu können, muß man ihn auf dem Hintergrund einer aristokratischen Vergangenheit sehen, in der starke soziale Mächte einer Verwirklichung der Gerechtigkeit insoweit im Wege gestanden hatten, als sie nicht nur eine gerechte Rechtsprechung durch den Einsatz personaler Macht unterdrücken konnten, sondern schon durch ihr bloßes Dasein die Vorstellung unterdrückt hatten, daß das Recht für alle in gleicher Weise zu verwirklichen sei.

Erstaunen, wenn nicht gar Bewunderung erweckt die Stabilität der Demokratie. Wie hoch man die darin steckende politische Leistung einzuschätzen hat, wird jedem durch einen Blick auf die staatstheoretische Literatur der Antike und Neuzeit deutlich, für die eine Kernfrage darin liegt, welche Verfassung theoretisch die größte Dauerhaftigkeit verspricht und wie man eine gegebene Verfassung möglichst dauerhaft einrichtet. Die Demokratie halten alle Theoretiker für unbeständig, und die Ursache sehen so gut wie alle in der Launenhaftigkeit und Wankelmütigkeit einer

Masse, die in ihrer Unberechenbarkeit Chaos schafft oder alle Macht schließlich einem, der sie zu betören weiß, hinwirft. Die 150 Jahre der athenischen Demokratie zwischen Kleisthenes und dem Beginn der makedonischen Suprematie — nur diese Jahre dürfen wir hier im Auge haben, obwohl die Athener ihre Verfassung noch in der römischen Kaiserzeit eine Demokratie nannten — sind aber von Stabilität geprägt. Die Umstürze von 411 und 404/3 erfolgten unter außenpolitischem Druck, und sie waren kurz. Aus dem Binnenraum der Demokratie kamen keine Kräfte, welche die politische Ordnung gefährdet hätten. Die Ursachen sind vielfältig, und auf sie wurde bereits hingewiesen (o. S. 310 ff.). Es spielte da der Respekt vor dem Gesetz hinein, die Achtung vor der Tradition, das Fehlen jeglicher ständischer Organisationsformen, an die sich politische Gruppierungen hätten anschließen können, die relative Stärke einer grundbesitzenden Schicht und die Vorteile der demokratischen Verfassung gerade für die ärmeren Bürger. Die Dauerhaftigkeit, wird man sagen müssen, wurde mehr den Umständen verdankt, als daß sie von den Athenern im eigentlichen Wortsinne geleistet worden wäre. Aber sie ist doch auch nicht ohne den Einsatz der Athener zu denken, der die demokratischen Formen lebendig hielt, nicht ohne den Willen, das Gesetz als Richtschnur des Handelns zu nehmen, und nicht ohne eine gewisse Großzügigkeit des Denkens, die dem Reichen und Andersdenkenden das Seine läßt und damit das innenpolitische Klima nicht radikalisiert. Und damit kommen wir zu einem anderen Phänomen der Demokratie: ihrer Toleranz.

Die Höhe des literarischen und künstlerischen Schaffens in Athen ist nicht ohne die tolerante Einstellung der Athener gegenüber allen Lebensphänomenen denkbar, die vielen unter ihnen fremd oder gar verhaßt sein mochten. Die politische Komödie des 5. Jahrhunderts beweist, daß die Toleranzschwelle verhältnismäßig hoch lag und auch gerade die Kritik an typischen Handlungsmustern der Demokratie, sogar die Anschuldigung krimineller oder unmoralischer Handlungsweise einschloß. Die Gleichheit führte in Athen eben nicht zu Bespitzelung, Mißgunst und einer allgemeinen Gleichmacherei. Die Beschränkung der Gleichheitsidee auf den politischen Raum hat das verhindert. Aber es ist nicht bloß dies anzumerken, sondern auch jener uns heute eher befremdliche Umstand, daß die Athener diese Begrenzung der Gleichheit niemals überschreiten wollten. Das hat seine Gründe, die meist außerhalb der Verfügungsgewalt der Athener lagen (sie wurden oben bei der Erörterung der Stabilität der Verfassung genannt), aber auch in Zeiten äußerster Bedrängnis hat kein Athener nach der Expropriation der Reichen oder nach dem Verbot der Kritik gerufen.

Zum Schluß sei unter den Leistungen der athenischen Demokratie ein
Bereich genannt, der den Athenern von den Zeitgenossen eher als Untat
oder gar Verbrechen angelastet wurde: die Bildung eines riesigen, für
die Griechen bis dahin schier unglaublichen Machtbereiches. Es ist
dabei nicht nur die Energie und Beharrlichkeit, die Ausdauer und die
Leidensfähigkeit anzuerkennen, die in dem Ausbau, der Erweiterung und
Bewahrung des Machtbereiches lagen, obwohl keine griechische Stadt sich
in dieser Hinsicht mit Athen messen kann. Es ist vor allem daran zu
denken, daß die Athener diesen Machtbereich auch durchorganisiert, sie
aus ihm eine politische und wirtschaftliche Einheit gemacht und damit
einen Machtblock geschaffen haben, der die auf die Stadt zugeschnittenen
Dimensionen griechischer Außenpolitik sprengte. Das „Reich" der Athener hat vor allem in der Zeit der deutschen Reichsbildung die Bewunderung der Deutschen gefunden. Heute wird man eher die negativen Seiten
sehen, wird auf die brutale Herrschaftspraxis schauen, die den zu Untertanen gewordenen Bundesstädten keinen Anteil an der politischen Entscheidung einräumte und ihnen die Souveränität nahm, und wird die
Hybris der Athener im Umgang mit der Macht tadeln, und man wird
schließlich auch darauf hinweisen müssen, daß es bei aller Bewunderung
doch recht fraglich ist, ob der politische Panhellenismus das Ziel und nicht
eher den Untergang der griechischen Geschichte bedeutet hat. Aber daß
eine Stadt, und wenn auch eine große, zu einer solchen außenpolitischen
Dimension gelangen konnte, war unbeschadet solcher Einwände doch
zumindest eine außergewöhnliche Kraftanstrengung, die Erstaunen, wenn
nicht Bewunderung erregt, und sie wurde ausschließlich der Demokratie
verdankt: Ohne das Engagement der Massen hätte die Herrschaft weder
aufgerichtet noch erhalten werden können. Wie immer man daher über
diese Herrschaft denkt: In das Urteil über sie ist jedenfalls bis zu einem
gewissen Grade die Demokratie mit einbezogen.

# XI. Demokratien außerhalb Athens im 5. und 4. Jahrhundert

Die meisten modernen Darstellungen der Klassischen Zeit gehen davon aus, daß am Ende des 6. oder Anfang des 5. Jahrhunderts sich fast überall, wo Griechen in Städten lebten, die demokratische Staatsform durchgesetzt hat. Man stellt sich dabei vor, daß so, wie als Folge der großen sozialen und wirtschaftlichen Krise der griechischen Welt im 6. Jahrhundert die Aristokraten den Schwerbewaffneten politische Rechte hatten einräumen müssen und auf diese Weise der Wandel der inneren Ordnung zu einer isonomen Gesellschaft eingeleitet worden war („Hopliten-Polis"), sich darauf die Städte auf Grund jeweils eigener Voraussetzungen zur Demokratie „weiterentwickelt" hätten. Die Entwicklung ist danach eine allgemeine, und sie verläuft in Stufen, auf denen jeweils immer mehr Menschen in den politischen Raum vordringen, nämlich von der Aristokratie über die isonome Gesellschaft der Schwerbewaffneten (Hopliten) zur Demokratie, wobei der Isonomie der Hopliten meist nur die Rolle einer zur Demokratie überleitenden Zwischenform zukommt und sich manche Gelehrte nicht schlüssig sind, ob sie sie vielleicht nicht schon zur Demokratie zählen sollten. Auf ein Fundament von Quellen kann sich diese Vorstellung von der Entwicklung der griechischen Stadtverfassungen nicht stützen. In ihr ist vielmehr der Kreislauf der Verfassungen, wie ihn erst viele Generationen später Platon und Aristoteles lehren sollten, bereits vorausgesetzt, und zwar sowohl der Gedanke, daß die Verfassungen in einer bestimmten Reihenfolge mechanisch ablaufen, als auch der, daß an diesem absolut gesetzten Mechanismus mehr oder weniger alle griechischen Städte teilhaben. Demgegenüber ist mit Nachdruck hervorzuheben, daß nach der Auflösung der Adelswelt, die nach Verhaltensweise und Ethik alle Griechen weit über zwei Jahrhunderte in einer einheitlichen politischen Kultur zusammengebunden hatte, diese Einheit der politischen Form gerade verlorengegangen ist. Die politischen Erben des Adels hatten unterschiedliche Ziele und stützten sich auf unterschiedliche Formen; neben denen, die sich als Schwerbewaffnete auszurüsten vermochten, standen Tyrannen, einzelne Familien oder die Wohlhabenden einer Stadt. Die Hopliten mögen sich schließlich in den weitaus meisten Städten durchgesetzt haben. Für die Einrichtung von Demokratien fehlte indessen jede gemeinsame Ausgangsbasis. Lediglich dann, wenn man den Begriff „Demokratie" sehr weit faßt und in ihm jede Verfassungsform, in der nicht mehr die Adligen, sondern eine breitere Schicht die Stadt leitet, erkennen will, könnte man bereits für das 5. Jahrhundert von einer umfassenden demokratischen Bewegung sprechen. Aber der erweiterte Demokratiebegriff gehört in das späte 4. Jahrhundert; er ist nicht der, den die Griechen im 5. Jahrhundert hatten. Damals ist „Demokratie" fest mit der uns aus Athen bekannten politischen Ordnung verbunden; sie enthält nicht lediglich die Vorstellung, daß eine größere Menge (*dēmos, plēthos*) die Entscheidungen fällt, sondern vor allem auch, daß die zentrale Regierungsgewalt bei einer Masse von Funktionären aufgehoben ist, die Ausübung der politischen Rechte durch die Zahlung von Tagegeldern effektiv möglich gemacht wird, die Losung, Qualifikationsprüfung und Rechenschaftspflicht der Funktionäre peinlich genau durchgeführt und schließlich, um nur noch ein weiteres Element zu nennen, die Gerichtsbarkeit von großen Geschworenenhöfen wahrgenommen wird. Es wurde o. S. 38 ff. ausgeführt, daß die Bedingungen für eine solche Staatsform und die Möglichkeit, sie über längere Zeit hindurch aufrechtzuerhalten, allein in Athen zu finden sind. Die Demokratie kann schon von ihren besonderen Organisationsformen her nicht das Produkt einer allgemeinen, sondern nur das einer ganz besonderen, nämlich der athenischen Entwicklung sein.

Wir haben demnach davon auszugehen, daß es bis zur Mitte des 5. Jahrhunderts Demokratie im strengen Sinne des Wortes nur in Athen gegeben hat und alle demokratischen Verfassungen, die wir seitdem in anderen Städten nachweisen können, nicht unabhängig von dem athenischen Beispiel entstanden sind. Es ist für uns indessen nicht immer zweifelsfrei festzustellen, ob die Demokratie in einer Stadt durch eine eigenständige demokratische Bewegung, die sich lediglich an dem athenischen Muster orientierte, etabliert oder von Athen gewaltsam oktroyiert worden ist. Da alle frühen Demokratien außerhalb Athens, die wir kennen, im athenischen Machtbereich liegen und etliche von ihnen mit Sicherheit nach einer Revolte gegen Athen eingerichtet worden sind, liegt die Vermutung nahe, daß die meisten, wenn nicht alle, als eine Konsequenz athenischer Machtpolitik anzusehen sind. So erhielt Erythrai an der Westküste Kleinasiens wohl im Jahre 453/52 unter militärischem Druck Athens eine demokratische Verfassung; nach der Schlacht von Oinophyta (457) richteten die böotischen Städte außer Theben mit athenischer Hilfe Demokratien ein; ebenso mußten Chalkis/Euböa und Kolophon nach ihrem Abfall und der erneuten Eingliederung in den Seebund 447/46 bzw. 446/45 zur Demokratie übergehen. Bei allem Stolz auf ihre eigene Verfassung haben die Athener den politischen Kurswechsel doch nicht um seiner selbst willen, etwa getragen von einem politischen Sendungsbewußtsein, den untertänigen Städten aufgezwungen. Sie tolerierten vielmehr im allgemeinen deren gewachsene Verfassungen und organisierten nur dann den inneren Umsturz, wenn eine Stadt sich gegen ihre Herrschaft aufgelehnt hatte und abgefallen war. Die demokratische Verfassung setzten die Athener hier als Herrschaftsmittel ein; sie zwangen sie den wankenden Bundesgenossen gewaltsam auf, selbst wenn in ihnen nur eine verschwindend geringe Minderheit für die Demokratie eintrat oder sogar überhaupt kein Ansatz in dieser Richtung vorhanden war. Auf diese Weise wurde die Verfassungsfrage für alle griechischen Städte, die in den Bannkreis Athens gerieten, gleichzeitig zu einer Frage nach der außenpolitischen Orientierung, und da die einzig nennenswerte Macht neben Athen Sparta war, wurde diese Stadt nicht nur einfach zum machtpolitischen Rivalen, sondern auch zur verfassungspolitischen Alternative. Wer von Athen fortstrebte, für den war Sparta nicht nur der militärische Schutzschild, sondern auch der Bundesgenosse in der Innenpolitik. Sparta trat dabei als Hort oligarchischer Tradition auf, obwohl es von seiner eigenen inneren Ordnung her dazu überhaupt nicht geeignet war. Die Spartiaten selbst fühlten sich vielmehr als Gleiche und hatten zudem zum Besitz, der die Oligarchen ja auszeichnet, ein völlig passives Verhältnis; sie mochten den Außenstehenden lediglich durch das zahlenmäßige Mißverhältnis zwischen ihnen und den abhängigen Periöken und Heloten und durch ihr Kriegerethos wie eine aristokratisch-oligarchische Gesellschaft vorkommen. Der Begriff „Oligarchie" entstand daher auch nicht bei den Spartanern, sondern bei den Städten, die ihre Zuflucht bei ihnen suchten; er wurde nicht in Ansehung Spartas, sondern der von Athen abfallenden Städte geschaffen: Auf der Suche nach einer Alternative zur Demokratie, die man abschütteln wollte, bezeichnete man diejenige Verfassung, die man vor dem Oktroi der demokratischen gehabt hatte, mit dem Begriff „Oligarchie". Mit großer Wahrscheinlichkeit haben die meisten Städte vor der Begegnung mit Athen überhaupt keinen besonderen Verfassungsbegriff gekannt; soweit sie ihre innere Ordnung angesprochen hatten, war sie als Eunomie, also als „gute Ordnung" (im Gegensatz zur „Dysnomie", der „Unordnung", in Zeiten innerer Spannungen) bezeichnet worden. Der Begriff „Oligarchie" ist also erst als ein Gegenbegriff zu „Demokratie", als ein zugleich innenpolitischer wie außenpolitischer Kampfruf gegen Athen zu seiner großen politischen Bedeutung gekommen.

Das verfassungspolitische Denken, das die griechische Geschichte in dem Jahrhundert zwischen der Etablierung der Demokratie in Athen und dem Aufstieg Philipps II. von Makedonien beherrscht hat, ist also eine Konse-

quenz der athenischen Machtpolitik und des sich daraus ergebenden
Antagonismus zwischen Athen und Sparta. In den Vernichtungskampf
der beiden Städte wurden dann als Folge der unlöslichen Verbindung von
Außen- und Verfassungspolitik die inneren Verhältnisse fast aller griechischen Städte hineingezogen und alle Menschen bis ins Innerste aufge-
wühlt. Am Ende des Peloponnesischen Krieges sind so gut wie alle Städte
auf diesen Gegensatz ausgerichtet: Die Verbreitung des demokratischen
Gedankens ist im Gefolge des machtpolitischen Gegensatzes sehr schnell
fortgeschritten und „Demokratie" als eine Möglichkeit der politischen
Ordnung seitdem überall bekannt.

Angesichts dieser Sachlage ist es schwer, in irgendeiner Stadt eine spon-
tane demokratische Bewegung nachweisen zu wollen. Man möchte dies
am ehesten für Städte behaupten, die ganz oder weitgehend außerhalb des
athenischen Einflußbereiches lagen und zudem so groß waren, daß eine
der wesentlichen Bedingungen für eine in sich selbst ruhende demokratische Bewegung erfüllt war, nämlich die Möglichkeit einer von den personalen Bindungen unabhängigen Entscheidung der Menge (s. o. S. 52 f.).
Man wird das vielleicht von Argos behaupten dürfen; aber gerade für diese
Stadt ist der Gegensatz zu Sparta konstitutiv und also der Verdacht nicht
von der Hand zu weisen, daß die demokratische Verfassung, die wir dort
mit Sicherheit seit der Mitte des 5. Jahrhunderts vorfinden, eine Konsequenz des außenpolitischen Gegensatzes war. Die innere Entwicklung
können wir in Argos leider nur sehr unvollkommen überschauen, ebenso
nicht in Syrakus, das nun in der Tat gegenüber Athen völlig selbständig
war. Bei Syrakus spielt zudem noch das Problem hinein, daß durch die
Ansiedlung von Neubürgern aus anderen griechischen Städten, welche die
syrakusanischen Tyrannen am Anfang des 5. Jahrhunderts vorgenommen
hatten, eine starke Spannung zwischen ihnen und den Altbürgern entstanden war, welche die verfassungspolitischen Fragen überdeckte. Welche
Funktion der 454/53 dort eingerichtete *petalismós* (von *pétalon,* das Blatt,
also eine Abstimmung mittels Ölblättern) hatte − eine dem athenischen
Ostrakismos analoge Einrichtung, durch die ein Bürger auf 5 Jahre ver-
bannt wurde −, läßt sich bei dem Stand unserer Information schwer
abschätzen.

Die Quelle aller demokratischen Verfassungen ist demnach, soweit wir
sehen, allein Athen. Aber damit wissen wir noch nicht, ob die in Athen
entwickelten Grundgedanken und Organisationsformen auch in den
sekundären Demokratien überall die gleichen waren. Wir wissen darüber
so gut wie nichts; in kaum etwas anderem zeigt sich die Einseitigkeit
unserer Informationen so scharf wie in der Frage nach dem verfassungspolitischen Aufbau der vielen Städte außerhalb von Athen und Sparta.

Wir erfahren aus zufälligen, oft inschriftlichen Quellen von einzelnen Institutionen, die wir mit Athen vergleichen können; aber der Umfang und die Intensität des demokratischen Alltags bleiben dunkel. So wissen wir z. B. zufällig, daß in der Mitte des 5. Jahrhunderts in Erythrai die demokratische *boulé* 120 Mitglieder zählte, die Buleuten durch das Los bestimmt wurden, über 30 Jahre alt sein und sich wahrscheinlich auch einer Dokimasie unterziehen mußten. Über den Rat haben wir auch aus anderen Städten spärliche Nachrichten. Aber es bleibt uns so gut wie ganz verborgen, wie es in den Städten außerhalb Athens mit so grundlegenden demokratischen Formen wie den Geschworenengerichten oder der Zahlung von Tagegeldern für die Übernahme öffentlicher Funktionen gehalten wurde. Wir wissen aus Aristoteles zwar, daß im 4. Jahrhundert in Rhodos und sehr wahrscheinlich auch noch in einigen anderen Städten Diäten gezahlt wurden; aber es ist schon unklar, für welche öffentlichen Tätigkeiten diese Zahlungen als Entgelt dienen sollten und wie hoch sie waren. Man wird indessen mit der Vermutung nicht zuviel wagen, daß zumindest in kleineren Städten, in denen die personalen Bindungen naturgemäß besonders stark wirken, die demokratische Verfassung nur ein sehr äußerliches Gewand für im übrigen nach uralten Traditionen ablaufende Willensbildungsprozesse gewesen ist. Alle Städte, die von ihrer Größe her auf die Anlehnung an hegemoniale Mächte angewiesen waren, haben ohne Zweifel in dem Verfassungsgedanken kaum mehr als ein außenpolitisches Band sehen können.

Fällt es uns schwer, die spezifisch demokratischen Einrichtungen in den von Athen abgeleiteten Demokratien wiederzuentdecken, können wir in einem sehr wesentlichen Punkt einen krassen Unterschied feststellen. Athen zeichnet sich dadurch aus, daß der soziale Gesichtspunkt niemals so weit die Politik beherrschte, daß die Armen und Reichen wie feindliche Heere einander gegenüberlagen. Für die abgeleiteten Demokratien war die soziale Unruhe aber konstitutiv; die Städte wurden von den inneren Spannungen geradezu zerrissen. Der Übergang von der einen zur anderen Verfassung war, wie es uns Thukydides für Kerkyra so eindrucksvoll schildert, meist von einem Blutrausch und von Konfiskationen begleitet und stürzte die gesamte Bevölkerung in das größte Unglück. Nichts kann deutlicher als dies zeigen, wie sehr die Demokratie etwas von außen Kommendes, der Stadt Fremdes und ihr Aufgezwungenes war. Sie zeigte keine neue Politik an, sondern bedeutete den gewaltsamen Wechsel des Bündnispartners, bei dem die Freundschaft bzw. Feindschaft zu der Hegemonialmacht den innenpolitischen Gegensatz präjudizierte und der Kampf durch die physische oder wirtschaftliche Vernichtung des zum Feind gewordenen inneren Gegners ausgefochten wurde.

Die Entwicklung der allgemeinen politischen Lage war dem demokratischen Gedanken nicht günstig. Die großen Mächte — zunächst die Spartaner, später die Makedonen, dann die hellenistischen Könige und schließlich die Römer — waren der Demokratie, die für ein instabiles Element gehalten wurde, nicht gewogen oder sogar feindlich gesonnen. Und auch in den Demokratien selbst erhielten die Reichen und Vornehmen ein unverhältnismäßig großes Gewicht. Athen selbst hatte seit dem 3., vielleicht schon seit dem Ende des 4. Jahrhunderts Anteil an dieser Entwicklung, die wir als „Oligarchisierung der Demokratie" bezeichnen können. Das Athen des 5. und 4. Jahrhunderts bleibt für uns die einzige Stadt, in der wir die Demokratie als eine lebendige und eigenständige Kraft beobachten können.

# XII. Über antike und moderne Demokratie

Wie so viele andere Erscheinungen der Antike ist auch die athenische Demokratie und sind häufiger noch einzelne ihrer Elemente mit modernen Verhältnissen verglichen worden. Allerdings gehören die politischen Einrichtungen der Griechen nicht zu den bevorzugten Gegenständen, die Schriftsteller und Gelehrte zu einem Vergleich mit ihrer eigenen Zeit gereizt haben. Das liegt gewiß zum einen daran, daß die geistigen und künstlerischen Leistungen der Griechen, die das Abendland immer erneut befruchtet hatten und deren Wirkung jeder in seiner Zeit unmittelbar spürte, weit höher eingeschätzt wurden als die politischen, die keine unmittelbare Kraft mehr ausstrahlten. In der berühmten *querelle des anciens et des modernes* vom Ende des 17. Jahrhunderts, bei der es um den Vorrang bzw. die Verbindlichkeit der beiden Epochen gegangen war, und in ihrer Wiederaufnahme durch die deutsche Klassik sucht man darum vergeblich nach einer Erwähnung der Demokratie. Es war dafür auch wohl noch zu früh; aber es war vor allem den Modernen der Blick auf die politischen Verhältnisse der Griechen durch die Bedeutung Roms als des politischen Leitbildes versperrt: Im politischen Leben orientierte man sich am römischen Beispiel; der fanatische Sozialrevolutionär Babeuf, der eine kommunistische Gesellschaft, die „Republik" der „Gleichen", erstrebte und 1796 Direktorium und Konvent stürzen wollte, nannte sich Gaius Gracchus, nicht Ephialtes, Perikles oder Kleon. Noch Jacob Burckhardt hat in seiner „Griechischen Kulturgeschichte" so gedacht: „Den seitherigen Jahrtausenden aber ist nicht an Athen als Staat, sondern an Athen als Kulturpotenz ersten Ranges, als Quelle des Geistes etwas gelegen gewesen" (I S. 224). So geriet die athenische Demokratie erst verhältnismäßig spät, nach der Französischen Revolution und also an der Schwelle zum wissenschaftlichen Zeitalter, schärfer in den Blick, und es sind darum neben etlichen Publizisten und demokratischen Politikern insbesondere Historiker gewesen, die durch ihr berufsmäßiges Interesse zu einem Vergleich der athenischen mit der modernen Demokratie angeregt wurden.

Angesichts der Bedeutung der demokratischen Staatsform im 19. und 20. Jahrhundert ist man indessen eher erstaunt über die relativ wenigen Versuche, diese auf dem Hintergrund des griechischen Urbildes zu sehen. Das dürfte nicht allein daran liegen, daß das Wissen über das Altertum

und das Interesse daran stark nachgelassen haben. Denn auch in der
gelehrten Forschung, die sich gerade in den letzten Jahrzehnten außergewöhnlich intensiv mit der athenischen Demokratie beschäftigt hat, sind
solche Versuche selten. Die Essays von M. I. Finley, die sich diesem
Thema widmen, sehen sich neben dem Berg gelehrten Schrifttums eher
wie ein Fremdkörper an. Über die Gründe mag man nachsinnen. Nicht
ohne Einfluß ist dabei die besonders in Deutschland auch heute noch
scharfe Trennung der einzelnen historischen Disziplinen: Die Alte
Geschichte ist ein Fach der Altertumswissenschaft, und ihre Bindung vor
allem an die Klassische Philologie, mit der sie die Quellengrundlage teilt,
schafft Distanz zu den neueren Abteilungen der Geschichte sowie zur
Soziologie und Politologie. Aber ebenso liegt es auch an der strukturellen
Veränderung der zuletzt genannten, für die Bildung des heutigen politischen Bewußtseins besonders einflußreichen Wissenschaften, deren
Vertreter vielfach nicht mehr historisch denken und darüber hinaus zum
größten Teil auch nicht die methodischen Voraussetzungen und sprachlichen Kenntnisse haben, sich mit der älteren Geschichte zu befassen,
selbst wenn sie es wollten. Die Abneigung der Modernen zu einer ab-
wägenden Betrachtung antiker und moderner Demokratie wird aber noch
aus einem anderen Grund verständlich. Ist der Begriff „Demokratie" für
die Antike nämlich eindeutig, insofern er sich auf die politischen Verhältnisse Athens bezieht, gilt das für die jüngere Zeit nicht. Demokratie ist ein
Allerweltswort geworden, das jedem erlaubt, darunter zu verstehen, was
ihm beliebt. Um sich überhaupt verständigen zu können, hat man zunächst eines oder mehrere der bereitliegenden erklärenden Adjektive dem
Begriff hinzuzusetzen, und selbst dann ist die Position oft immer noch
nicht deutlich. Läßt sich überhaupt eine gemeinsame Basis finden? Auf
welche der vielen Bedeutungen, mit denen in den letzten beiden Jahrhunderten der Begriff Demokratie gefüllt wurde oder die heute gleichzeitig als allein der „wahren Demokratie" zukommend hingestellt werden,
soll man sich einigen? Es entmutigt zu sehen, daß die meisten ohne jede
Reflexion auf das Problem ihre eigene Vorstellung von Demokratie
unterstellen, und die Entmutigung wird noch größer, wenn man sieht, wie
die jeweils moderne Anschauung oft auch den athenischen Verhältnissen
einfach untergeschoben wird, so als ob die Athener Gewaltenteilung und
Freiheitsrechte, Repräsentativsystem und die soziale Frage bereits
gekannt hätten.

Wenn im folgenden nichtsdestoweniger ein Vergleich versucht wird, so
nicht deswegen, um unumstößliche Wahrheiten darüber zu gewinnen,
was denn Demokratie nun wirklich ist. Selbst die Mutter der Demokratie
kann keinem ihrer Nachkommen zu einer Legitimation verhelfen. Der

Vergleich erfolgt ebenfalls nicht, um in Athen den Anfang oder den Urzustand demokratischer Ideen und Institutionen zu finden. Er soll vielmehr lediglich einer Selbstvergewisserung dienen, die das Verständnis des antiken wie des modernen Gegenstandes erweitern und die Breite der Möglichkeiten aufzeigen kann. Die Vielgestaltigkeit des modernen Demo-kratiebegriffs bringt es dabei mit sich, daß der Vergleich sich nicht auf eine bestimmte moderne Auffassung von Demokratie beschränkt (aber gleich-wohl den Schwerpunkt auf das westliche parlamentarische System legt) und folglich die Überlegungen recht locker aneinandergefügt sind.

Athen ist eine unmittelbare Demokratie; das Volk übt seine Gewalt direkt, ohne die Zwischenschaltung von Repräsentativorganen aus. Unter den direkten Demokratien der Weltgeschichte ist die athenische aber noch besonders herausgehoben. Denn anders als in allen anderen politischen Ordnungen, in denen die politisch Berechtigten in den entscheidenden und exekutierenden Behörden selbst auftreten und ihre Rechte wahrneh-men, ist in Athen die Unmittelbarkeit in doppelter Weise betont, erscheint sie als Prinzip besonders scharf erfaßt und beinahe bis zur Absurdität auf die Spitze getrieben zu sein. Zum einen erstreckte sich nämlich die politische Tätigkeit nicht lediglich auf den Besuch der Volksversammlung, sondern auf alle öffentlichen Funktionen, und es waren folglich der Idee nach alle Athener, faktisch möglichst viele von ihnen Souverän, Regie-rung, Amtsträger und Gerichtsherr zugleich. Das Mittel, durch das die Idee verwirklicht werden sollte, war die Vermassung von Behörden und Gerichten: ca. 700 Beamte, 500 Ratsherren und in der Regel mehrere tausend Richter erledigten Tag für Tag die öffentlichen Geschäfte. Zum anderen sollten diese Geschäfte nicht nur alle betreiben können, die von ihrer wirtschaftlichen Lage her dazu imstande waren, sondern es wurden, soweit möglich, die von den Einkommensverhältnissen gesetzten Barrie-ren für die Teilnahme am politischen Leben beiseite geräumt. Die Zah-lung von Tagegeldern für die Ausübung der wichtigsten öffentlichen Funktionen sollte den einzelnen für die Politik freistellen, und wenn auf diese Weise das Problem des Verhältnisses von Politik und Arbeit auch nicht gelöst war und die Diätensätze zudem niedrig lagen, ist doch da-durch ein Prinzip zur Geltung gebracht worden: Die politische Tätigkeit wurde als ein Wert angesehen. Sie wurde nicht erzwungen; kein Athener mußte sich etwa für das Richteramt melden. Aber den politisch tätigen Bürger hielt man für einen „besseren" Bürger als den untätigen.

In den modernen Massendemokratien halten Theoretiker und Praktiker der Politik die unmittelbare Demokratie für undurchführbar, und das ist sie auch jedenfalls dann, wenn man sich die Ausübung der Volksgewalt zentralisiert denkt. Ihre Durchführbarkeit wird auf kleine Staaten, Städte

oder Landschaften, wie z. B. die Schweizer Kantone oder die alte Dithmar-
scher Bauernrepublik, beschränkt gesehen. Bezeichnete man darum die
unmittelbare Demokratie als eine „politische Schimäre" (Christoph Martin
Wieland, Über Krieg und Frieden, 1794, S. 647), die nur in Extremverhält-
nissen (primitiver Entwicklungsstand; hoher Bildungsstand der Bürger)
erreichbar sei, genießt sie doch in der Neuzeit fast überall einen großen
Respekt und wird sogar als Ideal gepriesen. Das kann nicht nur darin
begründet sein, daß die Demokratie als Herrschaft des Volkes nur dann
ihrer Bestimmung gerecht zu werden scheint und also „rein" und „wahr"
ist, wenn alle zugleich über alles raten und entscheiden. Es spielt offensichtlich auch ein irrationales Element hinein, insofern nämlich dem Volk
als dem ursprünglichen Träger aller Gewalt eine besondere, alle anderen
denkbaren Gewaltenträger überragende Qualität zugesprochen und der
Volkswille, der in dieser Vorstellung in aller Regel als einheitlich, ungeteilt
und unteilbar erscheint, als die Verkündung des apriorisch Richtigen
gedacht wird *(vox populi vox Dei)*. Alle Rätesysteme und auch noch die
Bürgerinitiativen unserer Tage leben von diesem Mythos. Ihre eigentliche
Hochschätzung aber verdankt die unmittelbare Demokratie und zumal die
athenische dem Umstand, daß das demokratische Leben in ihr und nur in
ihr von wirklicher Kraft und Dynamik erfüllt zu sein scheint. Der Gedanke, daß die politische Tätigkeit ein Wert ist, mußte in den modernen
Massendemokratien in dem Maße wachsen, wie das Gefühl der Unsicherheit gegenüber einzelnen Gruppen wuchs, die sich der demokratischen
Institutionen zur Zerstörung ebendieser Demokratie zu bemächtigen
drohen oder doch zumindest eine Stellung einzunehmen wünschen, in
der sie die Bürger faktisch zu entmündigen und auszubeuten vermögen.
Die Wachsamkeit des Demokraten ist hier gefordert, und es gilt, die politische Apathie zu bekämpfen: Als Schreckgespenst taucht eine Ordnung auf,
in der die Masse sich träge vom Staat als von einer seelenlosen Maschine
durchfüttern läßt, um für die so erkaufte Sättigung und Ruhe das politische Geschäft einer mehr oder weniger unsichtbaren Elite zu überlassen
und dabei alle politischen Ideale aufzugeben; und es ist dies heute ja auch
gewiß kein völlig unrealistisches Gemälde unserer Zukunft.
Mit den vorangehenden Überlegungen hängt die Frage danach eng
zusammen, was in den verschiedenen Demokratien der Volkswille
bedeutet. Das Volk gilt in allen Demokratien als Souverän und so auch in
Athen, aber hier mit dem Zusatz, daß der Volkswille direkt, nicht mittels
Repräsentativorganen ausgedrückt wird. Es ist ferner für Athen im Unterschied zu anderen unmittelbaren Demokratien festzuhalten, daß der
Athener in der Volksversammlung nicht nur über die ihm vorgelegten
Anträge abstimmen, sondern auch von sich aus einen Antrag einbringen

kann, mithin sowohl das Beschluß- als auch das Initiativrecht bei allen
Athenern liegt − anders als etwa auch in Rom, wo das Volk lediglich dem
Antrag des (der Aristokratie angehörigen) Magistrats zustimmen oder ihn
ablehnen darf und also das, was das Volk will und sein Interesse ist, stets
von der Oberschicht oder einem Angehörigen derselben formuliert wird.
In Athen ist darum der Volksbeschluß in einem echten Sinne Wille der
Athener, nicht lediglich der einer Oberschicht.

Das Prinzip des Volkswillens als oberster Entscheidungsinstanz hat schon
in der Antike Widerspruch gefunden. Man traute einer Masse keine
überlegten Entscheidungen zu, sah sie von Launen beherrscht und sprach
ihr wegen der den meisten Bürgern fehlenden Bildung jede Fähigkeit zu
einem sachgerechten Urteil ab. Indessen mochten selbst manche Kritiker
der Demokratie nicht ausschließen, daß im Querschnitt aller Meinungen
der extreme Standpunkt und das besondere Interesse von einzelnen oder
Gruppen aufgehoben und also im Volksbeschluß das richtige Mittelmaß
enthalten sein könne (s. o. S. 258). In der modernen staatstheoretischen
Diskussion sind diese Gedanken aus eigenen Wurzeln − das antike
Beispiel spielte so gut wie keine Rolle − öfter ausgesprochen worden. Sehr
nahe kommt Rousseau der Vorstellung, daß im Querschnitt aller Meinungen das richtige Maß für das Gemeinwohl liege, wenn er in der *volonté
générale* das Allgemeininteresse herausgefiltert sieht, das in der Summe
der *volontés particulières,* der *volonté de tous,* noch mit dem Sonderinteresse verbunden sei. Diese klassische Theorie, nach der der Volkswille das
Gemeinwohl bestimmt, ist immer wieder aufgenommen, häufiger hingegen − bis hin zu der Behauptung, daß die Masse inkompetent sei −
kritisiert worden. Abgesehen von den Verfechtern einer Unentbehrlichkeit oder Unvermeidbarkeit von Eliten in der Demokratie, wie Gaetano
Mosca, Vilfredo Pareto und Robert Michels, hat insbesondere auch die
Sozialpsychologie die Richtigkeit der klassischen Lehre zurückgewiesen.
Joseph A. Schumpeter, einer der originellsten Soziologen der jüngeren
Zeit, hat in seinem vielbeachteten Werk „Capitalism, Socialism and
Democracy" (1942, dtsch. UTB 1950) die Fähigkeit des Volkes zu einem
bestimmten, unabhängigen und von Rationalität getragenen Volkswillen
sogar strikt bestritten, weil die Menschen jeweils etwas Verschiedenes
wollen und die menschliche Persönlichkeit zudem keine homogene Einheit bilde: Der Mensch ist abhängig von Traditionen und von der Lenkung
durch Personen und Medien, denen er sich mehr oder weniger unbewußt
hingibt. Unabhängig kann danach der einzelne allenfalls im rein persönlichen Bereich sowie in lokalen, ihm wohlvertrauten Verhältnissen
entscheiden und die Funktion des Volkes also nicht darin bestehen, über
Sachfragen zu bestimmen, sondern nur darin, eine starke Regierung zu

wählen, die dann ihrerseits (nach Schumpeter auf dem Fundament eines den sozialistischen Gosplänen ähnlichen Grundplans) entscheidet.

Die Skepsis gegenüber der Möglichkeit eines unabhängigen, auf das Gemeinwohl gerichteten Volkswillens geht durch die gesamte Theorie des 19. Jahrhunderts, insbesondere die der Liberalen. Die Tyrannei der Majorität ist der Angsttraum auch etwa von Alexis de Tocqueville und John Stuart Mill, und das Allheilmittel sieht man in der Beschränkung des Volkes auf die Wahl der Regierenden und die Kontrolle über sie. Gedanken wie diese haben mit dem athenischen Demokratieverständnis nichts mehr zu tun. Die athenische Demokratie ist im Gegenteil gerade durch die Schwäche der Regierung (idealtypisch: durch ihr Nichtvorhandensein) und durch die Entscheidung aller Gegenstände durch alle definiert; beides, insbesondere die Negation einer starken Regierungsgewalt, sind sogar Elemente, die zu der Demokratie hingeführt und sie begründet haben. Wenn sich die Entscheidungen in der Volksversammlung und in den Gerichten tatsächlich nicht durch Inkompetenz und Maßlosigkeit auszeichneten, sind damit allerdings die antiken und modernen Zweifel an einem unabhängigen, auf das Gemeininteresse gerichteten Volkswillen noch nicht widerlegt. Die athenische Demokratie war nicht deswegen stabil und unabhängig, weil die Athener maßvolle und fachkundige Menschen waren. Wenn sie im Sinne eines für alle in gleicher Weise geltenden Gemeininteresses funktionierte, so deswegen, weil die Volksbeschlüsse und Gerichtsurteile in ein Bezugsnetz von Institutionen und Verhaltensregeln eingebettet waren, die ihnen eine im Sinne der gegebenen Ordnung relative „Richtigkeit" sicherten und der Demokratie so Schutz und Halt gaben. Als stabilisierende Faktoren wirkten dabei vor allem die Auswahl aller im öffentlichen Raum tätigen Personen durch das Los nach Phylen, Trittyen und Demen, wodurch der Wille von Gruppen mit Sonderinteressen sowie der von einzelnen, starken Persönlichkeiten bewußt ausgeschaltet werden sollte (s. o. S. 33 ff., 217 ff.), und der Gehorsam gegenüber dem gesetzten Recht, der für alle Entscheidungen konstitutiv war. Sowohl die Organisationsformen der Demokratie als auch das praktische politische Leben in ihr sind von diesen Verhaltensregeln durchdrungen: Sie sind so sehr ein Teil der Demokratie und des demokratischen Bewußtseins, daß ohne sie die Demokratie nicht mehr sie selbst ist. Einen Gesamtwillen (als Mehrheitswillen) besitzt die athenische Volksversammlung daher nur innerhalb der Grenzen der gegebenen Ordnung, und das heißt, daß sie lediglich in der Gestaltung der äußeren Verhältnisse wirklich frei ist. Ihre Abhängigkeit liegt in der Achtung vor der Tradition, nicht in den Interessengegensätzen von Gruppen, die vielmehr in der Gesellschaft der (nur) politisch Gleichen ausgeschaltet oder wenigstens zurückgedrängt sind. Die moderne Demokratie ist demgegenüber gerade durch die Anerkennung von Gruppeninteressen definiert; wir sprechen von der „Parteiendemokratie". Der Wille des Volkes ergibt sich aus dem Konkurrenzkampf der verschiedenen Meinungen. Ebenso hat das Gemeininteresse, auf das sich der Volkswille richten soll, einen jeweils völlig verschiedenen Ausgangspunkt. In Athen liegt das Fundament alles dessen, was für das Volk gut und richtig ist und was das Volk auch dafür hält, in der Tradition und ist in der Summe der bestehenden Gesetze aufgehoben: Das Interesse aller liegt in dem Gesetzesgehorsam; die Politik bewegt sich im Rahmen der Gesetze und dient darüber hinaus tagespolitischen Wünschen. Heute hingegen liegt das, was „richtig" ist, in der Zukunft: Es geht um die Veränderung des Bestehenden, und folglich hat die Möglichkeit der Ä n d e r u n g (man sagt natürlich: Verbesserung) des Rechts in dem Bewußtsein aller einen so hohen politischen Stellenwert, daß der Gehorsam gegenüber dem g e l t e n d e n Gesetz darüber in den Hintergrund rückt. In kaum etwas anderem mehr als in der Frage nach der Beschaffenheit bzw. Qualität des Volkswillens unterscheidet sich die athenische von der modernen Demokratie.

Wiederum gehört eng mit dieser Frage die nach der E l i t e in der Demokratie zusammen. Wir haben heute ein gespaltenes Verhältnis zur Elite. Angesichts unserer komplizierten Welt räumt man einerseits die Notwendigkeit elitärer Gruppen ein und kann ihr tatsächliches Vorhandensein auch kaum bestreiten; andererseits wird die Aussage, daß jemand zu der Elite der Nation gehöre, nicht nur als unpassend, sondern als antidemokratisch oder gar lächerlich empfunden. In dem Urteil über die Eliten wirkt zum einen die historische Erfahrung mit, daß auch die Demokratien, einerlei welcher Art sie sind, niemals ohne Eliten ausgekommen sind und heute nicht auskommen; das Wort Vilfredo Paretos von der Geschichte als einem „Friedhof der Eliten" fängt dieses Gefühl oder diese Erfahrung am besten ein. Zum anderen kommt kaum jemand darum herum zuzugestehen, daß für die Entscheidungskompetenz in der Massendemokratie Fachwissen, Bildung und Erfahrung notwendig sind, die eben nur einige, auf jeden Fall nicht alle haben bzw. erwerben können. Das „eherne Gesetz der Oligarchie", wie Robert Michels (Zur Soziologie des Parteiwesens in der modernen Demokratie, 1925[2]) diese faktische Norm nannte, beruht danach auf der Inkompetenz der Masse. Nur mit Widerstreben sind die meisten geneigt, sich solchen Gedanken hinzugeben; ihre Normativität anzuerkennen, erscheint geradezu unmöglich. Ein Elitebewußtsein erstickt schon der immer und überall vorhandene Gedanke von dem Volk als dem Souverän, und er wird gestärkt und immer erneut hervorgeholt durch radikaldemokratische Gedanken, die durch den Rückgriff auf

klassische Ideen die demokratische Willensbildung von der „Basis" her
verwirklicht sehen möchten. Dem nachschauenden Betrachter erscheinen
solche Bewegungen als eine ständige Korrektur einer unter dem Zwang
der Verhältnisse zur Oligarchisierung neigenden Gesellschaft.

In Athen liegen die Dinge vielleicht gar nicht so sehr verschieden. Den
radikaldemokratischen Gedanken brauchte allerdings niemand in die
Erinnerung zurückzurufen; er war durch die unmittelbare Demokratie
verwirklicht. Die Elite erschien hingegen auch den Athenern mit ihrer
Demokratie unvereinbar; die Organisationsformen zeigen uns, daß sie
unerwünscht war. Genau wie heute wurde indessen auch in Athen von
Kritikern gesagt, daß der Mangel an Fachwissen, Bildung, Urteilsfähigkeit
und moralischer Gesinnungstüchtigkeit — alles zusammengefaßt unter
dem Begriff der „Tugend" — die große Menge für die Entscheidungskompetenz disqualifiziere, und wer dem widersprechen wollte, den konnte
man auf die politische Praxis verweisen, wo tatsächlich Fachleute mitar-
beiteten und tüchtige Einzelpersonen mit ihrem Anhang das politische
Geschäft in der Hand hatten. Trotz solcher Kritik hat allerdings nur die
Philosophie, haben vor allem Platon, Aristoteles und nach ihnen die Stoa,
die Einsicht in die Notwendigkeit von Eliten zu einer Norm für den besten
Staat erhoben. In der politischen Wirklichkeit hat niemand daran gedacht.
Denn die Athener hielten eine formierte Elite mit ihrem System für nicht
vereinbar. An dem tatsächlichen Einfluß von einzelnen Persönlichkeiten
und Gruppen konnten und wollten sie nichts ändern; aber sie haben
manche Belastungen, die durch Unerfahrenheit, Unwissenheit und
mangelnde Urteilsfähigkeit der Menge entstanden, in Kauf genommen,
um das Fundament ihrer Demokratie, die politische Gleichheit, zu
erhalten. Der englische Althistoriker A. H. M. Jones (1969, S. 231) hat diese
Verhältnisse mit dem Satz kommentiert, „daß die Athener die Demokratie
höher schätzten als die Leistungsfähigkeit", und in der Tat mag bisweilen
der mangelnde Sachverstand zu einem Mißerfolg geführt haben. Ich
zweifle allerdings, ob die Athener Mißerfolge ursächlich mit mangelnder
Kompetenz der Masse in Verbindung brachten und folglich in den Organisationsformen der Demokratie, welche die Gleichheit sichern sollten, wie
der Losung, Annuität und Vermassung der Behörden, Faktoren sehen
konnten, welche die Leistungsfähigkeit der betreffenden Organe herabsetzten. Für sie waren alle diese Organisationsformen Bollwerke gegen
Tyrannis und Oligarchie. Die Leistungsfähigkeit der Demokratie war für
sie kein Gegenstand des Nachdenkens, und die Erfolge der Stadt mochten
ihnen recht geben. Allein die Gegner der Demokratie, die sich für „besser"
und kompetenter hielten als den Durchschnittsathener, und unter ihnen
vor allem die Philosophen, haben darüber nachgedacht; die letzteren übri-

gens nur im Zusammenhang ihrer luftigen Idealgebäude. In der Studier-
stube sehen die Dinge anders aus als auf dem Markt.

Mit ihrer Auffassung über die Beschaffenheit der Regierung haben die
Athener in keinem modernen Staat Nachfolger gefunden. Allenfalls dort,
wo in revolutionären Zeiten in radikaldemokratischen Zellen das, worüber
sie jeweils kurzfristig Verfügungsgewalt hatten, von allen zugleich entschieden und ausgeführt wurde, dürften die Athener Verständnis gefunden haben, wenn man ihre Ideen gekannt hätte. Selbst die Rätedemokratie
mit imperativem Mandat hat deswegen, weil sie den Gedanken der
Vertretung kennt, mit Athen nur wenig zu tun. Die athenische Demokratie ist von der Vorstellung beherrscht, daß die Regierung durch möglichst
viele, der Idee nach alle, ausgeübt werden soll. Jährlich sind ca. 1 200
Bürger (500 Ratsherren, 700 Beamte) in dem Bereich tätig, den wir
„Regierung" bzw. „Exekutive" nennen würden. Sowohl die Masse der
Funktionäre als auch die Unselbständigkeit aller Behörden, die von dieser
Masse gebildet werden, reflektieren den Eindruck von Einflußlosigkeit
und stärken die Vorstellung, daß hier der einzelne Funktionsträger nicht
Macht im Auftrag des Volkes ausübt, sondern in die ganze Bürgerschaft
eingetaucht ist: Den Beamtenkollegien fehlen auf Grund ihrer geringen
Zuständigkeiten und der scharfen Kontrolle, der sie unterstehen, das
institutionelle Gewicht und die Amtsautorität, wie sie staatlichen Gewal-
tenträgern gemeinhin zukommen, und auch der jährlich neu erloste Rat
scheint jeder korporativen Festigkeit zu entbehren; alle Funktionäre,
Ratsherren wie Beamte, erfüllen eher die Aufgaben von Helfern, Ver-
mittlern und Zuträgern als von echten Verwaltungsträgern. Die Idee, daß
in Athen die Regierungsgewalt von allen Bürgern ausgeübt werden soll, ist
von der Philosophie in dem Satz von der Identität des Herrschens und
Beherrschtwerdens verdichtet worden (s. o. S. 259 ff.); in der Praxis des
demokratischen Lebens tritt diese radikale Idee aber hinter dem Gedanken zurück, daß die Regierung schwach sein soll und kontrolliert werden
muß. Entsprechende Vorstellungen sind auch der modernen Demokratie
nicht fremd. Doch abgesehen davon, daß die Vertreter solcher Gedanken
heute nicht von dem Perfektionismus der Athener besessen sind — der
allerdings auch nur unter den begrenzten und übersichtlichen Verhältnissen einer direkten Demokratie denkbar ist —, haben sie, soweit ich sehe,
kaum je die Idee vertreten, daß die machtlose die ideale Regierung sei. Sie
haben öfter umgekehrt, sowohl in der Theorie, wie z. B. in dem Modell
von Schumpeter, als auch in der Praxis, wie in den Vereinigten Staaten,
die starke Regierung geradezu erstrebt (oder in Kauf genommen) und dem
demokratischen Prinzip, wonach dem Volk die maßgebende Rolle im
Staatsganzen zukommt, dadurch Geltung zu verschaffen gesucht, daß sie

die Regierung wirksam kontrollieren und/oder ihre sachliche Zuständigkeit begrenzen wollten. Die parlamentarische Demokratie, in der die Regierung in der Abhängigkeit von einer Parlamentsmehrheit steht, ist danach eine besonders wirksam kontrollierte und die von vielen Liberalen geforderte „sparsame" Demokratie eine in ihrer Zuständigkeit besonders stark eingeschränkte Demokratie. Je mehr die Regierung durch Freiheitsgarantien, Menschenrechte und Finanzkontrolle begrenzt ist, desto demokratischer erschien sie vor allem den Liberalen, und je mehr sie ihre Kompetenz erweiterte und die Kontrollen abwarf, desto eher mochte sie für viele ihren demokratischen Sinn verfehlen und sich der Diktatur zuneigen. Kein Demokrat liebt die starke Regierung; aber kaum einer bestreitet ihre Notwendigkeit, und der demokratische Alltag besteht dann zu einem guten Teil darin, sich durch Kontrolle und Kritik mit ihr herumzuschlagen. Autorität und Demokratie sind in der heutigen Zeit keine Gegensätze mehr.

In einer gegenüber der modernen Zeit eigentümlichen Weise haben die Athener auch über die Gleichheit und das Verhältnis von F r e i h e i t   u n d   G l e i c h h e i t gedacht. Gleichheit ist in Athen p o l i t i s c h e Gleichheit; über soziale Gleichheit haben nur die Philosophen spekuliert, und dies auch eher beiläufig und in einem Sinne, der den Realitätsbezug ausschloß. Die Freiheit ist für die Athener in dem Gleichheitsbegriff enthalten bzw. eine Konsequenz desselben; sie bedeutet die Abwesenheit von Herrschaft und assoziiert folglich Vorstellungen wie „Ausübung der politischen Funktionen durch alle", „Kontrolle und Schwächung der Regierung" und „Rederecht für alle". „Demokratie" als die Herrschaft aller politisch Berechtigten ist darum mit Freiheit identisch. Bei aller Bedeutung bleibt indessen der athenische Freiheitsbegriff verhältnismäßig farblos; nicht er, sondern „Gleichheit" konstituiert die Demokratie. „Freiheit" hat gegenüber „Gleichheit" keine eigene, auf sich beschränkte Funktion. Kaum etwas anderes kennzeichnet klarer den Abstand zur Moderne. „Freiheit" steht in der Französischen Revolution gleichrangig neben „Gleichheit"; sie ist die Absage an das *Ancien Régime,* und die Freiheitsrechte bedeuten die Sicherheitsgarantie gegen die Staatsgewalt. Die Freiheit hat hier Eigenwert, und sie tritt mit dem Erlebnis der Massendemokratie dann als eigenständige Größe zunehmend in einen Gegensatz zur Gleichheit, der ursprünglich nicht in ihr angelegt war. Sie wird der Schutzschild nicht nur gegen die Staatsgewalt, sondern auch gegen die gleichförmige Masse der Bürger, die durch den Majoritätsbeschluß und die öffentliche Meinung das Individuum zu ersticken und für manche ein viel gefährlicherer Feind als der Monarch des *Ancien Régime* zu werden droht. Ohne den Wert der egalitären Demokratie zu bestreiten, sieht doch Tocqueville aus der

Gleichheit den Konformismus und aus der Apolitie der Masse den Despotismus und die alles erdrückende Bürokratie erwachsen. Sein prophetisches Auge beschwört die Zukunft, und in dem Zweifel an der Möglichkeit, daß der einzelne gegenüber der apathischen Menge die politische Freiheit mit Leben erfüllen und also der Gleichheit die Freiheit als Korrektur und Gegenbegriff gegenüberstellen kann, geht sein Blick in die Vergangenheit, in der es schlimm zuging, aber vielleicht nicht so schlimm, wie es sich in der Zukunft abzeichnet: „Ich lasse meine Blicke über die zahllose Masse schweifen, wo nichts sich erhebt, nichts tiefer steht. Das Schauspiel dieser allumgreifenden Einförmigkeit stimmt mich traurig und kalt, und ich fühle mich versucht, der Gesellschaft nachzutrauern, die nicht mehr ist" (*De la démocratie en Amérique,* 1835–40, übers. von J. P. Mayer / Th. Eschenburg / H. Zbingen, 2, 356). Von ähnlichen Ängsten sind Konservative wie Liberale, Theoretiker wie Politiker erfüllt. Auch John Stuart Mill etwa sieht durch den Druck der unförmigen sozialen Masse die Freiheit des Individuums so weit bedroht, daß sich ihm stärker als vielen anderen die Freiheit als ein Gegenbegriff zur Gleichheit herauszubilden scheint. In einer vor der Athénée Royal, einer schon vor der Französischen Revolution bestehenden gelehrten Gesellschaft in Paris, gehaltenen Rede hat Benjamin Constant diesen Befürchtungen eindrucksvoll Ausdruck gegeben (Über die Freiheit der Alten im Vergleich zu der der Heutigen, 1819). Mit großer Schärfe trennt er darin den liberalen Freiheitsbegriff, für den die persönliche Unabhängigkeit bestimmend sei, von dem antiken, der sich auf die aktive Teilhabe aller an der politischen Entscheidung gerichtet habe, und wenn er auch auf diese politische Freiheit der Alten nicht in seiner Zeit verzichten möchte, gilt die liberale ihm doch mehr und ist die politische nicht das Opfer wert, das sie dem einzelnen auferlegt. Constant bezieht hier wie auch in anderen Schriften vor allem gegen Gabriel Bonnot de Mably Stellung, der dem Gedanken der Gleichheit und Volkssouveränität gegenüber dem Schutz der Privatinteressen Vorrang eingeräumt hatte, aber auch gegen die Lehre Rousseaus vom Volkswillen und enthüllt damit die Spannweite der Freiheitsvorstellungen seiner Zeit − und den Vorrang des Freiheits- vor dem Gleichheitsgedanken bei denen, welche die Politik damals bestimmten. In Athen, das übrigens nach Constant von allen antiken Staaten der liberalen Freiheitsidee am nächsten kam, ist die Freiheit nie zum Gegner der Gleichheit geworden, obwohl die Bedrängnis des einzelnen in der Masse oft groß war und das Majoritätsprinzip bisweilen dieselben Gefühle hervorbringen mochte wie in jüngerer Zeit. Der Grund wird darin zu suchen sein, daß die starke Zentralgewalt und das politische Programm fehlten, welche die in der Konformität einer Masse schlummernden

Gefahren hätten aktivieren können und also weder die Hybris der Regierung noch die Tyrannei des Fortschritts das Individuum zu unterdrücken vermochten. Der einzelne Bürger konnte lediglich durch den Mißbrauch des bestehenden, von allen, auch von dem Geschädigten, anerkannten Gesetzes bedrängt werden; sein Wohl und Wehe ruhte auf dem Rechtsempfinden der in den Massengerichten urteilenden Mitbürger. Aber mochte dieses Empfinden auch gelegentlich versagen, versagte es doch nur im einzelnen Fall; es bedeutete Unrecht, aber betraf nicht den Charakter der politischen Gesamtordnung.

Aus dem Vorangehenden ergibt sich ein Weiteres, das Antike und Moderne trennt: Die Athener besaßen kein festes, auf die Zukunft gerichtetes Ziel der Politik. Die Einrichtung der Demokratie bedeutete zwar auch für Athen einen grundlegenden Wandel der politischen Gesamtordnung; dieser aber war nicht die Konsequenz eines politischen Programms gewesen. Weder eine Theorie noch die Dynamik einer Revolution standen am Anfang der Demokratie. Die Athener haben sich auf Grund von ganz besonderen, inneren und vor allem auch außenpolitischen Bedingungen neben ihre einstigen aristokratischen Herren setzen können und bauten dann im Laufe einiger Jahrzehnte die so gewonnene Position in Abwehr machthungriger adliger Persönlichkeiten zu einer Herrschaft der Gleichen weiter aus. Der athenischen Demokratie fehlt jede innere, auf Entwicklung angelegte Bewegung. Das äußerst bewegte politische Leben läuft umgekehrt innerhalb einer festliegenden, von kaum jemandem bestrittenen sozialen Ordnung und eines ebenso beständigen Wertgefüges ab, auf das nicht reflektiert wird. Die Statik der Verhältnisse erscheint dem modernen Betrachter mit seiner Vorstellung von Demokratie schwer vereinbar. Vorbereitet durch die Aufklärung ist „Demokratie" für uns gleichbedeutend mit Erhebung, Erwachen und fortschreitender Bewegung: In dem Zugriff der Massen auf den politischen Raum wurde die Welt veränderbar und lag gerade in der Möglichkeit des Wandels der positive Aspekt der neuen politischen Form. Es wird nicht nur das Glück und das Wohlergehen der Menschen als ein jeweils zu interpretierendes Gut, sondern ein *bonum commune* erstrebt, das als für alle Menschen in gleicher Weise gültig und als vorhanden vorausgesetzt und zum Teil sogar genauer bestimmt wird. Die theoretische Grundlage, insbesondere der Gedanke der Menschenrechte und einzelne radikale Schriften, wie die von Babeuf und Buonarroti, haben daher bereits in der Französischen Revolution die materiellen Bedürfnisse der Massen in den Gleichheitsbegriff eingebunden, und spätestens seit den sechziger Jahren des 19. Jahrhunderts hat dann der soziale Gedanke den demokratischen sogar weitgehend überlagert. Demokratie umfaßt seitdem immer und überall einen sozialen Aspekt, der angesichts der Not der Gegenwart eine Forderung an die Gestaltung der Zukunft enthält. Demokraten sind heute immer im Aufbruch. Für die Athener hatten die Vorfahren gesorgt; der soziale Aspekt trat in der Politik zurück. In Athen wies die Demokratie nicht den Weg in eine bessere Zukunft. Sie hatte bereits den ersehnten Zustand erreicht und war folglich die „gute Gesellschaft" in praktischer Tätigkeit, für die es vor allem galt, die herrschende politische Ordnung aufrechtzuerhalten: Die athenische Demokratie war, etwas überspitzt ausgedrückt, nichts als eine Form der Regierung.

Am Schluß möge eine Überlegung stehen, die nicht immer angemessen als ein Charakteristikum der athenischen Form von Demokratie herausgestellt worden ist, ich meine die außergewöhnliche D i c h t e  d e r  O r g a n i - s a t i o n s f o r m e n, in der die politische Ordnung abgesichert war. Die drei großen Behörden — Volksversammlung, Rat und Geschworenengerichte — und die Beamtenkollegien, Gesandten und Priester bilden den äußeren Rahmen der Demokratie; doch nicht sie, sondern das Netz von Gesetzen und ungeschriebenen Normen, die das Verhalten der Bürger in den Institutionen und in dem Umgang mit ihnen regelten, sind das Kernstück der demokratischen Ordnung. An ihm haben die Athener fortwährend gearbeitet, haben es ausgebaut und korrigiert. An dem Wandel, den der Vorsitz der Volksversammlung oder die Auslosung der Geschworenen durchgemacht haben (s. o. S. 132 ff., 168 ff.), kann man das Bemühen der Athener um eine stete Sicherung und verfeinerte Durchsetzung der demokratischen Grundideen, zumal der Gleichheitsidee, aus der sich alles herleitet, ablesen. Der Gedanke der Absicherung der demokratischen Grundordnung in Rechtsinstitutionen war in der Neuzeit nicht weniger stark, er fehlt in kaum einer staatstheoretischen Schrift. Die Institutionen, wie z. B. die Selbstverwaltung, das unabhängige Richteramt oder die Dezentralisation öffentlicher Einrichtungen, sind die Barrieren gegen den Feind der Demokratie oder, wie bei Tocqueville, gegen den Herrn der Verfassung selbst, wenn er als uniformierte Masse den sozialen Aspekt der Gleichheit überbetont. Die Garantie der Demokratie ruht auf der institutionellen Einbindung aller in ihr ablaufenden Prozesse, in Athen wie in der modernen Zeit. Allerdings unterscheiden sich die antike und die moderne Form prinzipiell voneinander. Während in der Neuzeit das Schwergewicht des institutionellen Rahmens auf die Beschränkung des souveränen Willens gelegt und also in Gewaltenteilung, qualifizierten Mehrheiten und absoluten Abrogationsverboten die größte Sicherheit gesehen wird, überwiegt in Athen die direkte Kontrolle (Dokimasie, Rechenschaft, Anklage) und die persönliche Haftung des Bürgers für alle seine Initiativen im politischen Raum, einschließlich seiner Anträge vor

Volk und Rat und seiner Anzeigen gegen wirkliche oder vermeintliche Gesetzesbrecher. Der Unterschied beweist, daß die Athener den Volkswillen höher schätzten als die Sicherheit des einzelnen bzw. einer Minderheit gegenüber dem Terror oder der Laune der Mehrheit. Die andere Auffassung beruht aber nicht auf einem „Verdienst" der Athener, sondern ist in der gegenüber der Moderne völlig verschiedenen Ausgangsbasis begründet: Die unmittelbare Demokratie mit ihrem absoluten Gleichheitsanspruch im politischen Raum kann den Gedanken der Gewaltenteilung nicht verwirklichen, sondern muß im Gegenteil dahin neigen, etwaige Ansätze dazu zu beseitigen oder einzuschränken. Darüber hinaus hat man zu bedenken, daß, wie gezeigt wurde, die Sicherheit des einzelnen in Athen nicht in demselben Maße wie heutzutage von dem Terror einer Mehrheit bedroht war: Die Stabilität der allgemeinen Lebensordnung, die nicht als verfügbar gedacht wurde, hat die dem einzelnen bzw. der Minderheit von der Mehrheit drohenden Gefahren jedenfalls insoweit herabgesetzt, daß seine überkommene Lebenssituation nicht oder doch nicht auf Dauer in Frage gestellt wurde.

# XIII. Ausgaben und Literatur zu ausgewählten Quellen

## Solon

*Werke*

Ausgabe: Anthologia lyrica Graeca, fasc. 1, ed. E. DIEHL, 1949³ (Bibl. Teubn.).
Iambi et elegi Graeci ante Alexandrum cantati, vol. II, 119–145, ed. M. L. West, 1972.

Übersetzung: Sämtliche Fragmente, von E. PREIME, 1945 (Heimeran).

## Ps.–Xenophon

*Staat der Athener*

Ausgabe: Xenophon, Opera Bd. V, ed. E. C. MARCHANT, 1920 (Bibl. Oxoniensis).

Übersetzung u. Kommentar: KALINKA, E.: Die pseudoxenophontische Athenaion politeia. Einleitung. Übersetzung. Erklärung, 1913.
FRISCH, H.: The Constitution of the Athenians. A. Philological-Historical Analysis of Pseudo-Xenophon's Treatise de re publica Atheniensium, 1942 (Text, Einführung, Kommentar).

Literatur: TREU, M.: Ps.-Xenophon, in: RE A IX (1967), 1928–1982.
CANFORA, L.: Studi sull' Athenaion politeia pseudosenofontea, in: Memorie dell' Acad. delle Scienze di Torino II. Classe di scienze morali, storiche e filologiche, ser. V, vol. 4, 1980.

## Aristophanes

*Komödien*

Ausgabe: Comoediae, ed. F. W. HALL / W. M. GELDART, 2 Bde., 1906–07² (Bibl. Oxoniensis).

Übersetzung: Sämtliche Komödien, mit Einltg. von O. WEINREICH, 1968² (Bibl. der Alten Welt).

Literatur: NEWIGER, H.-J. (Hrsg.): Aristophanes und die Alte Komödie, in: Wege d. Forschg. 265, 1975 (Aufsatzsammlung mit ausführlicher Bibliographie auch zu Kommentaren).
DOVER, K. J.: Aristophanic Comedy, 1972.

**Thukydides**

*Der Peloponnesische Krieg*

Ausgabe: Historiae, ed. H. St. JONES / J. E. POWELL, 2 Bde., 1900. 1902[2] (Bibl. Oxoniensis).

Historiae, ed. C. HUDE, 2 Bde., 1901 (Bibl. Teubn.).

Übersetzung: Der Peloponnesische Krieg, von A. HORNEFFER, mit einer Einltg. von H. STRASBURGER, 1957.

Geschichte des Peloponnesischen Krieges, von G. P. LANDMANN, 1960 (= dtv 1977[2]).

Kommentar: A. W. GOMME / A. ANDREWES / K. J. DOVER: A Historical Commentary on Thucydides, 5 Bde., 1945−1981.

Literatur: REGENBOGEN, O.: Thukydides als politischer Denker, in: Das human. Gymnasium 44, 1933, 2−25.

STRASBURGER, H.: Thukydides und die politische Selbstdarstellung der Athener, in: Hermes 86, 1958, 17−40.

STAHL, H.-P.: Thukydides. Die Stellung des Menschen im geschichtlichen Prozeß, 1966.

FLASHAR, H.: Der Epitaphios des Perikles, 1969.

GAISER, K.: Das Staatsmodell des Thukydides. Zur Rede des Perikles für die Gefallenen, 1975.

HERTER, H. (Hrsg.): Thukydides, in: Wege d. Forschg. 98, 1968 (Aufsatzsammlung).

**Xenophon**

*Ökonomik, Einkünfte (poroi)*

Ausgabe: Opera Bd. II (Oikonomikos), V (poroi), ed. E. C. MARCHANT, 1920 (Bibl. Oxoniensis).

Übersetzung: Poroi: G. AUDRING: Xenophon. Über die Einkünfte (Poroi), in: Jahrb. f. Wirtschaftsgesch. 1978/II, 241−254.

Poroi: E. SCHÜTRUMPF: Xenophon. Vorschläge zur Beschaffung von Geldmitteln oder Über die Staatseinkünfte, Wiss. Buchges., Texte zur Forschg. 38, 1982 (Text, Übers., Einltg.).

Literatur: TREU, M.: Xenophons „Poroi" − „Oikonomikos", in: RE A IX (1967), 1753−1761. 1837−1871.

MEYER, K.: Xenophons „Oikonomikos", Diss. Marburg 1975.

GAUTHIER, Ph.: Un commentaire historique des poroi de Xénophon, 1976.

**Aischylos**

*Tragödien*

Ausgabe: Tragoediae, ed. D. PAGE, 1972 (Bibl. Oxoniensis).

Übersetzung: von J. G. DROYSEN, neu bearb. von F. STOESSL, 1952 (Bibl. d. Alten Welt).

von J. G. DROYSEN, neu bearb. von W. NESTLE, 1977[6] (Kröner).

Kommentar: H. J. ROSE: A Commentary on the Surviving Plays of Aeschylus, 2 Bde., 1957—1958.

Literatur: MURRAY, G.: Aeschylus. The Creator of Tragedy, 1940.
REINHARDT, K.: Aischylos als Regisseur und Theologe, 1949.
LESKY, A.: Die tragische Dichtung der Hellenen, 1972³, S. 65—168.
HOMMEL, H. (Hrsg.): Wege zu Aischylos, 2 Bde., Wege d. Forschg. 87/465, 1974 (Aufsatzsammlung).

## Sophokles

*Tragödien*

Ausgabe: Fabulae, ed. A. C. PEARSON, 1928² (Bibl. Oxoniensis).
Sophocle, ed. A. DAIN / P. MAZON, 3 Bde., 1955—1960. Bd. 1—2 in 2. Aufl. 1962—1965 (Text u. franz. Übers.).

Übersetzung: von H. WEINSTOCK, 1953² (Kröner).
von E. BUSCHOR u. W. SCHADEWALDT, 1968 (Bibl. d. Alten Welt).

Kommentar: erklärt von F. W. SCHNEIDEWIN / A. NAUCK / E. BRUHN / L. RADERMACHER, 8 Bde., 1909—1914.
J. C. KAMERBEEK: The Plays of Sophocles. Commentaries, 6 Bde. (fehlt noch Oed.Col.), 1953—1980.

Literatur: REINHARDT, K.: Sophokles, 1933. 1976⁴.
WEBSTER, T. B. L.: An Introduction to Sophocles, 1936. 1969⁷.
LESKY, A.: Die tragische Dichtung der Hellenen, 1972³, S. 169—274.
DILLER, H. (Hrsg.): Sophokles, Wege d. Forschg. 95, 1967 (Aufsatzsammlung).

## Euripides

*Tragödien*

Ausgabe: Fabulae, ed. G. MURRAY, 3 Bde., 1902. 1913²⁻³ (Bibl. Oxoniensis).

Übersetzung: von J. J. DONNER, bearb. von R. KANNICHT u. B. HAGEN, 2 Bde., 1967² (Kröner).
von E. BUSCHOR u. W. BINDER, hrsg. von G. A. SEECK, 6 Bde., 1972—1981 (Text u. Übers.).

Literatur: ZUNTZ, G.: The Political Plays of Euripides, 1963³.
WEBSTER, T. B. L.: The Tragedies of Euripides, 1967.
LESKY, A.: Die tragische Dichtung der Hellenen, 1972³, S. 275—522.
SCHWINGE, E.-R. (Hrsg.): Euripides, Wege d. Forschg. 89, 1968 (Aufsatzsammlung).

## Antiphon

*Reden*

Ausgabe: Orationes et fragmenta, ed. F. BLASS / Th. THALHEIM, 1914 (Bibl. Teubn.).

Übersetzung: (engl.) von K. J. MAIDMENT: Minor Attic Orators I, 1941, 1—317 (Loeb Class. Libr.).

Literatur: BLASS, F.: Die attische Beredsamkeit I, 1887³, 91−203.

JEBB, R. C.: The Attic Orators from Antiphon to Isaios I, 1962, 1−70.

ANASTASSIOU, A. / IRMER, D.: Kleinere attische Redner, Wege d. Forschg. 127, 1977.

HEITSCH, E.: Antiphon aus Rhamnus, in: Abhandlg. der Akad. d. Wiss. u. Lit. Mainz, Geistes- u. sozialwiss. Kl., Jahrg. 1984, Nr. 3.

## Andokides

*Reden*

Ausgabe: Orationes, ed. F. BLASS / C. FUHR, 1913⁴ (Bibl. Teubn.).

Übersetzung: (engl.) von K. J. MAIDMENT: Minor Attic Orators I, 1941, 319−583.

Kommentar: D. MACDOWELL: Andokides on the Mysteries, 1962 (Text und Komment.).

Literatur: BLASS, F.: Die attische Beredsamkeit I, 1887³, 280−339.

JEBB, R. C.: The Attic Orators from Antiphon to Isaios I, 1962, 71−141.

ANASTASSIOU, A. / IRMER, D.: Kleinere attische Redner, Wege d. Forschg. 127, 1977.

## Lysias

*Reden*

Ausgabe: Orationes, ed. C. HUDE, 1912 (Bibl. Oxoniensis).

Orationes, ed. Th. THALHEIM, 1913² (Bibl. Teubn.).

Übersetzung: (engl.) von W. R. M. LAMB, 1930 (Loeb Class. Libr.).

Kommentar: Ausgewählte Reden des Lysias, erklärt von R. RAUCHENSTEIN, neue Aufl. besorgt von K. FUHR, 2 Bde., 1917¹². 1897¹⁰ (Weidmann).

Literatur: BLASS, F.: Die attische Beredsamkeit I, 1887³, 339−644.

JEBB, R. C.: The Attic Orators from Antiphon to Isaios I, 1962, 142−316.

DOVER, K. J.: Lysias and the corpus Lysiacum, 1968.

ANASTASSIOU, A / IRMER, D.: Kleinere attische Redner, Wege d. Forschg. 127, 1977.

## Isokrates

*Reden*

Ausgabe: Orationes, ed. G. E. BENSELER / F. BLASS, 2 Bde. 1878−1879 (Bibl. Teubn.).

Übersetzung: (engl.) Isocrates, von G. NORLIN / L. VAN HOOK, 3 Bde., 1928−1945 (Loeb Class. Libr.).

Kommentar: Isokrates. Ausgewählte Reden, erklärt von O. SCHNEIDER, neue Aufl. besorgt von M. SCHNEIDER, 2 Bde., 1886−1888³ (Weidmann).

Ausgewählte Reden des Isokrates. Panegyrikos und Areopagitikos, erklärt von R. RAUCHENSTEIN, neue Aufl. besorgt von K. MÜNSCHER, 1908⁶ (Bibl. Teubn.).

Literatur: BLASS, F.: Die attische Beredsamkeit II, 1892³, 1—331.
JEBB, R. C.: The Attic Orators from Antiphon to Isaios II, 1962, 1—260.
MIKKOLA, E.: Isokrates. Seine Anschauungen im Lichte seiner Schriften, 1954.
BUCHNER, E.: Der Panegyrikos des Isokrates, 1958.
BRINGMANN, K.: Studien zu den politischen Ideen des Isokrates, 1965.

## Aischines

*Reden*

Ausgabe: Orationes, ed. F. BLASS / U. SCHINDEL, 1978² (Bibl. Teubn.).

Übersetzung: (engl.) von Ch. D. ADAMS, 1919 (Loeb Class. Libr.).

Literatur: BLASS, F.: Die attische Beredsamkeit III 2, 1898², 153—266.

## Lykurgos

*Reden*

Ausgabe: Oratio in Leocratem, ed. N. C. CONOMIS, 1970 (Bibl. Teubn.).

Übersetzung: (engl.) von J. O. BURTT: Minor Attic Orators II, 1954, 1—157.

Kommentar: Lykurgos' Rede gegen Leokrates, erklärt von C. REHDANTZ, 1876 (Bibl. Teubn.).

Literatur: BLASS, F.: Die attische Beredsamkeit III 2, 1898², 95—135.
ANASTASSIOU, A. / IRMER, D.: Kleinere attische Redner, Wege d. Forschg. 127, 1977.

## Hypereides

*Reden*

Ausgabe: Orationes et fragmenta, ed. F. G. KENYON, 1907 (Bibl. Oxoniensis).
Orationes VI cum ceterarum fragmentis, ed. Ch. JENSEN, 1917 (Bibl. Teubn.).

Übersetzung: (engl.) von J. O. BURTT: Minor Attic Orators II, 1954, 363—605.

Literatur: BLASS, F.: Die attische Beredsamkeit III 2, 1898², 1—95.
ANASTASSIOU, A. / IRMER, D.: Kleinere attische Redner, Wege d. Forschg. 127, 1977.

## Demosthenes

*Reden*

Ausgabe: Orationes, ed. F. BLASS, 3 Bde., 1888—1892, neue Ausgabe von C. FUHR / J. SYKUTRIS nur Bd. 1—2, 1, 1914—1937.
Orationes, ed. S. H. BUTCHER / W. RENNIE, 3 Bde., 1903–1931 (Bibl. Oxoniensis).

Übersetzung: (engl.) Demosthenes, von J. H. VINCE / C. A. VINCE / A. T. MURRAY / N. J. u. N. W. DE WITT, 7 Bde., 1926—1949 (Loeb Class. Libr.).

Kommentar: Ausgewählte Reden des Demosthenes, erklärt von A. WESTERMANN, neue Aufl. besorgt von E. ROSENBERG, 3 Bde., 1902¹⁰. 1903⁷. 1890³ (Weidmann).

Literatur: BLASS, F.: Die attische Beredsamkeit III 1, 1893³.
SCHAEFER, A.: Demosthenes und seine Zeit, 4 Bde., I–III: 1885–1887². IV: 1858.
JAEGER, W.: Demosthenes. Der Staatsmann und sein Werden, 1939.
CLOCHÉ, P.: Démosthènes et la fin de la démocratie athénienne, 1957.

## Platon

### Staat (politeia)

Ausgabe: Opera Bd. IV, ed. I. BURNET, 1902 (Bibl. Oxoniensis).

Übersetzung: Platon. Sämtliche Werke, Bd. III: Phaidon. Politeia, von F. SCHLEIER-MACHER, 1958 (Rowohlts Klassiker der Literatur u. Wissenschaft).
Platon: Der Staat, von R. RUFENER, mit Einltg. von O. GIGON, 1973² (Artemis).

Kommentar: H. GAUSS: Philosophischer Handkommentar zu den Dialogen Platos, Bd. II 2: Phädo, Symposium, Staat und Phädrus, 1958.
J. ADAM / D. A. REES: The Republic of Plato, 2 Bde., 1963² (Text u. Komment.).

Literatur: BARKER, E.: The Political Thought of Plato and Aristotle, 1959.
CROSS, R. C. / WOOZLEY, A. D.: Plato's Republic. A Philosophical Commentary, 1964.
DERBOLAV, J.: Von den Bedingungen gerechter Herrschaft. Studien zu Platon und Aristoteles, 1979.

### Gesetze (nomoi)

Ausgabe: Opera Bd. V, ed. I. BURNET, 1907 (Bibl. Oxoniensis).

Übersetzung: Platon. Sämtliche Werke, Bd. VI: Nomoi, von Hieronymus MÜLLER, 1959 (Rowohlts Klassiker der Literatur u. Wissenschaft).
Platon. Gesetze von O. APELT, 2 Bde., 1916 (mit Erläuterungen; Philosophische Bibl. Bd. 159).

Kommentar: E. B. ENGLAND: The Laws of Plato, 2 Bde., 1921 (Text u. Komment.).
GAUSS, H.: Philosophischer Handkommentar zu den Dialogen Platos, Bd. III 2: Philebus, Timaeus, Critias und Gesetze, 1961.

Literatur: BARKER, E.: Greek Political Theory. Plato and his Predecessors, 1960⁵.
STALLEY, R. F.: An Introduction to Plato's Laws, 1983.
s. auch unter Platon, Staat.

## Aristoteles

### Politik

Ausgabe: Politica, ed. W. D. ROSS, 1957 (Bibl. Oxoniensis).

Übersetzung: Politik, von F. SUSEMIHL, bearb. von N. TSOUYOPOULOS u. E. GRASSI, 1965 (Rowohlts Klassiker der Literatur und Wissenschaft).
Politik, von O. GIGON, 1971². 1973 (dtv).

Kommentar: W. L. NEWMAN: The Politics of Aristotle, 4 Bde., 1887–1902 (Einführung u. Komm.).

Literatur: DOLEZAL, J. P.: Aristoteles und die Demokratie, 1974
   SCHÜTRUMPF, E.: Die Analyse der Polis durch Aristoteles, 1980.
   s. auch unter Plato, Staat.

*Ökonomik, 2. Buch*

Ausgabe: Oeconomica, ed. F. SUSEMIHL, 1887 (Bibl. Teubn.).

Übersetzung: Über Haushaltung in Familie und Staat, von P. GOHLKE, 1953[3].
   (franz.) Économique, von A. WARTELLE, 1968 (Text u. Übers.; Ed. Budé).

Kommentar: B. A. VAN GRONINGEN: Aristote. Le second livre de l'Économique
   (Einführung, Text u. Komment.), 1933.

*Staat der Athener (AP)*

Ausgabe: Atheniensium respublica, ed. F. G. KENYON, 1920.

Übersetzung und Kommentar: (engl.) J. E. SANDYS: Aristotle's Constitution of
   Athens, 1912[2].
   (engl.) K. v. FRITZ / E. KAPP: Aristotle's Constitution of Athens and Related Texts,
   1950.
   P. J. RHODES: A Commentary on the Aristotelian Athenaion politeia, 1981.

Literatur: DAY, J. / CHAMBERS, M.: Aristotle's History of Athenian Democracy,
   1962.


**Plutarch von Chaironeia**

*Große Griechen und Römer*

Ausgabe: Vitae parallelae, ed. K. ZIEGLER, 4 Bde., 1957–1980 (Bibl. Teubn.).

Übersetzung: Große Griechen und Römer, von K. ZIEGLER, 6 Bde., 1954–1965.

Literatur: ZIEGLER, K.: Plutarchos von Chaironeia, in: RE XXI (1951), 636–962, bes.
   895 ff.


**Fragmentsammlungen:**

JACOBY, F. Die Fragmente der griechischen Historiker, 3 Tle. (I: Genealogie und
   Mythographie, Nr. 1–63; II: Zeitgeschichte, Nr. 64–261; III: Geschichte von
   Städten und Völkern, Nr. 262–856) in mehreren Bänden, 1923 ff. ND 1961–1969
   (Text und ausführlicher Kommentar; noch nicht völlig abgeschlossen).

**Inschriftensammlungen:**

Inscriptiones Atticae Euclidis anno anteriores (= Inscriptiones Graecae I[3]), ed.
   D. LEWIS, 1981; Inscriptiones Atticae Euclidis anno posteriores (= Inscriptiones
   Graecae II/III[2]), ed. J. KIRCHNER, 1913–1940.
TOD, M. N.: A Selection of Greek Historical Inscriptions I (to the End of the Fifth
   Century B. C.), 1933. 1946[2], II (from 403 to 323 B. C.), 1948.
MEIGGS, R. / LEWIS, D.: A Selection of Greek Historical Inscriptions to the End of
   the Fifth Century B. C., 1975[2].

# XIV. Literaturverzeichnis

ND = Nachdruck; RE = PAULYs Realencyklopädie der classischen Altertumswissenschaft PAULY-WISSOWA).
GRBS = Greek, Roman and Byzantine Studies; HZ = Historische Zeitschrift; JHS = Journal of Hellenic Studies; TPAPhA = Transactions and Proceedings of the American Philological Association; ZPE = Zeitschrift für Papyrologie und Epigraphik. Alle anderen Zeitschriften und Reihen sind so abgekürzt, daß sie unmittelbar verständlich sind.

## 1. Allgemeine Darstellungen zur griechischen Geschichte

GROTE, G.: History of Greece, 12 Bde., 1846–1856. 1869–1870$^2$ (deutsche Übers. der 2. Aufl. 1880–1882 von Th. HOFMANN).
MEYER, E.: Geschichte des Altertums, 5 Bde., 1884–1902. 1910–1958$^{2–4}$; weitere Auflage im ND.
BELOCH, K. J.: Griechische Geschichte (bis 217 v. Chr.), 4 Bde., 1893–1904. 1912 bis 1927$^2$.
The Cambridge Ancient History vol. V: Athens 478–401 B.C. (E. M. WALKER / F. E. ADCOCK / W. S. FERGUSON u. a.), 1927; VI: Macedon 401–301 B.C. (M. CARY / A. W. PICKARD-CAMBRIDGE u. a.), 1927.
HEUSS, A.: Hellas. Die Archaische Zeit. Die Klassische Zeit, in: Propyläen-Weltgeschichte 3, 1962, 69–400.
BENGTSON, H.: Griechische Geschichte, 1950. 1977$^5$ (Handb. d. Altertumswiss. III 4).
SCHULLER, W.: Griechische Geschichte, 1980.

## 2. Handbücher zu einzelnen Bereichen der griechischen Geschichte

SAMUEL, A. E.: Greek and Roman Chronology. Calendars and Years in Classical Antiquity, 1972 (Handb. d. Altertumswiss. I 7).

WILAMOWITZ-MOELLENDORFF, U.v.: Der Glaube der Hellenen, 2 Bde., 1931–1932.
NILSSON, M. P.: Geschichte der griechischen Religion, Bd. 1, 1955$^2$ (Handb. d. Altertumswiss. V 2.1).
BURKERT, W.: Griechische Religion der archaischen und klassischen Epoche, 1977.

BUSOLT, G. / SWOBODA, H.: Griechische Staatskunde, 2 Bde., 1920–1926$^3$ (Handb. d. Altertumswiss. IV 1).
EHRENBERG, V.: Der Staat der Griechen, 1932. 1965$^2$.

GSCHNITZER, F.: Griechische Sozialgeschichte von der mykenischen bis zum Ausgang der klassischen Zeit, 1981.

SINCLAIR, T. A.: A History of Greek Political Thought, 1951.

BONNER, R. J. / SMITH, G.: The Administration of Justice from Homer to Aristotle, 2 Bde., 1930–1938. ND 1968.

WEISS, E.: Griechisches Privatrecht auf rechtsvergleichender Grundlage I. Allgemeine Lehren (mehr nicht erschienen), 1923.

WOLF, E.: Griechisches Rechtsdenken, 4 Bde., 1950–1970.

WOLF, E.: Die Umformung des Rechtsgedankens durch Historik und Rhetorik, in: ders.: Griechisches Rechtsdenken, Bd. 3, 2, 1956.

WOLFF, H. J.: Juristische Gräzistik — Aufgaben, Probleme, Möglichkeiten, in: Symposion 1971. Vorträge zur griechischen und hellenistischen Rechtsgeschichte, 1975, 1–22.

HEICHELHEIM, F. M.: Wirtschaftsgeschichte des Altertums, 2 Bde., 1938. ND 1969 (engl. Ausgabe: An Ancient Economic History, 3 Bde., 1958–1970).

MICHELL, H.: The Economics of Ancient Greece, 1957[2].

FINLEY, M. I.: Die antike Wirtschaft, 1977 (dtv, engl. Originalausgabe 1973).

AUSTIN, M. / VIDAL-NAQUET, P.: Gesellschaft und Wirtschaft im alten Griechenland, 1984 (franz. Originalausgabe 1972).

STE. CROIX, G. E. M. de: The Class Struggle in the Ancient Greek World, 1983[2].

BOGAERT, R.: Banques et banquiers dans les cités grecques, 1968.

ANDREADES, A.: Geschichte der griechischen Staatswirtschaft I: Von der Heroenzeit bis zur Schlacht bei Chaironeia, 1931. 2. Aufl. in engl. Übers. besorgt von C. N. BROWN, 1933. ND 1965.

FRANCOTTE, H.: Les finances des cités grecques, 1909. ND 1964.

KROMAYER, J. / VEITH, G.: Heerwesen und Kriegführung der Griechen und Römer, 1928 (Handb. d. Altertumswiss. IV 3,2).

PRITCHETT, W. K.: The Greek State at War, 3 Bde., 1971–1979.

SNODGRASS, A. M.: Arms and Armour of the Greeks. 1967.

BURCKHARDT, J.: Griechische Kulturgeschichte, 4 Bde., 1898–1902. Neuausgabe von F. STAEHELIN 1930. ND 1956 (dtv 1982).

LESKY, A.: Geschichte der griechischen Literatur, 1957/58. 1971[3].

## 3. Die Entwicklung Athens zur Demokratie

HIGNETT, C.: A History of the Athenian Constitution to the End of the Fifth Century B.C., 1952 (S. 1–32: The Sources).

DAVIES, J. K.: Athenian Propertied Families, 600–300 B.C., 1971.

MacKENDRICK, P.: The Athenian Aristocracy 399 to 31 B.C., 1969.

RUSCHENBUSCH, E.: Sólonos nómoi. Die Fragmente des solonischen Gesetzeswerkes mit einer Text- und Überlieferungsgeschichte, 1966. ND 1983.

WOODHOUSE, W. J.: Solon the Liberator. A Study of the Agrarian Problem in Attika in the Seventh Century, 1938. ND 1965.

BERVE, H.: Die Tyrannis bei den Griechen, 2 Bde., 1967.

KOLB, F.: Die Bau-, Religions- und Kulturpolitik der Peisistratiden, in: Jahrb. d. Deutsch. Arch. Inst. 92, 1977, 99–138.

TRAILL, J. S.: The Political Organization of Attica. A Study of the Demes, Trittyes, and Phylai, and their Representation in the Athenian Council, in: Hesperia, Suppl. 14, 1975.

SIEWERT, P.: Die Trittyen Attikas und die Heeresreform des Kleisthenes, 1982.

MARTIN, J.: Von Kleisthenes zu Ephialtes. Zur Entstehung der athenischen Demokratie, Chiron 4, 1974, 5–42.

BUCK, R. J.: The Reforms of 487 B.C. in the Selection of Archons, Class. Philol. 60, 1965, 96–101.

LABARBE, J.: La loi navale de Thémistocle, 1957.

RUSCHENBUSCH, E.: Ephialtes und der Areopag, in: ders.: Athenische Innenpolitik im 5. Jahrhundert v. Chr., Ideologie oder Pragmatismus?, 1979, 57–65.

VLASTOS, G.: *Isonomia politiké*, in: J. MAU / E. G. SCHMIDT, Isonomia. Studien zur Gleichheitsvorstellung im griechischen Denken, 1964, 1–35.

RAAFLAUB, K.: Zum Freiheitsbegriff der Griechen. Materialien und Untersuchungen zur Bedeutungsentwicklung von *eleútheros/eleuthería* in der archaischen und klassischen Zeit, in: E. Ch. WELSKOPF (Hrsg.): Soziale Typenbegriffe im alten Griechenland und ihr Fortleben in den Sprachen der Welt, Bd. 4, 1981, 180–405.

EHRENBERG, V.: Origins of Democracy, in: Historia 1, 1950, 515–548.

MEIER, Ch.: Die Entstehung des Begriffs „Demokratie", 1970.

## 4. Sozialer und institutioneller Aufbau der Demokratie

CLOCHÉ, P.: La démocratie athénienne, 1951.

STIER, H. E.: Die klassische Demokratie, in: Arbeitsgem. für Forschg. des Landes Nordrhein-Westfalen, Geisteswiss., Heft 3, 1954.

TARKIAINEN, T.: Die athenische Demokratie, 1966 (finnische Originalausgabe 1959).

### a) Die soziale Schichtung der Bevölkerung

PHILIPPSON, A. / KIRSTEN, E.: Die griechischen Landschaften, Bd. 1: Der Nordosten der griechischen Halbinsel. Teil 3: Attika und Megaris, 1952.

JUDEICH, W.: Topographie von Athen, 1905. 1931².

HILL, I. Th.: The Ancient City of Athens. Its Topography and Monuments, 1953.

TRAVLOS, J.: Bildlexikon zur Topographie des antiken Athen, 1971.

GOMME, A. W.: The Population of Athens in the Fifth and Fourth Centuries B.C., 1933. ND 1967.

RUSCHENBUSCH, E.: Die wehrfähige Bevölkerung Athens und ihre Struktur, in: ders.: Athenische Innenpolitik im 5. Jahrhundert v. Chr. Ideologie oder Pragmatismus?, 1979, 133–152.

KAHRSTEDT, U.: Staatsgebiet und Staatsangehörige in Athen. Studien zum öffentlichen Recht Athens I, 1934.

EHRENBERG, V.: Aristophanes und das Volk von Athen. Eine Soziologie der altattischen Komödie, 1968 (engl. Originalausgabe 1962³).

JONES, A. H. M.: The Social Structure of Athens in the Fourth Century B.C., in: ders.: Athenian Democracy, 1975⁶, 75—96 (zuerst erschienen: Economic History Review 8, 1955, 141—155).

DERS.: The Economic Basis of the Athenian Democracy, in: ders.: Athenian Democracy, 1975⁶, 3—20 (zuerst erschienen: Past and Present 1, 1952, 13—31) (behandelt Abhängigkeit der Demokratie vom Seebund und von der Sklaverei).

CLERC, M.: Les métèques athéniens, 1893.

WHITEHEAD, D.: The Ideology of the Athenian Metic, 1977.

WESTERMANN, W. L.: Sklaverei, in: RE Suppl. VI (1935), 894—1068 (das 5.—4. Jh.: 901—927).

BROCKMEYER, N.: Antike Sklaverei, 1979.

SARGENT, R. L.: The Size of the Slave Population at Athens during the Fifth and Fourth Centuries before Christ, 1925. ND 1971.

FINLEY, M. I.: Was Greek Civilization Based on Slave Labour?, in: Historia 8, 1959, 145—164 (= ders.: Economy and Society in Ancient Greece, 1981, 97—115).

GOMME, A. W.: The Position of Women in Athens in the Fifth and Fourth Centuries, in: Class. Philol. 20, 1925, 1—25.

POMEROY, Sarah B.: Goddesses, Whores, Wives and Slaves. Women in Classical Antiquity, 1975 (zu Athen: S. 57—119).


*b) Die politische Organisation Attikas*

ROUSSEL, D.: Tribu et cité. Études sur les groupes sociaux dans les cités grecques aux époques archaïque et classique, 1976.

HAUSSOULLIER, B.: La vie municipale en Attique, 1884.


*c) Die wirtschaftlichen Grundlagen*

FRENCH, A.: The Growth of the Athenian Economy, 1964.

JONES, A. H. M.: The Economic Basis of the Athenian Democracy, in: ders.: Athenian Democracy, 1975⁶, 3—20 (zuerst erschienen: Past and Present 1, 1952, 13—31).

LAUFFER, S.: Die Bergwerkssklaven von Laureion, 1956/57. 1979².


*d) Heer und Flotte*

RUSCHENBUSCH, E.: Die wehrfähige Bevölkerung Athens und ihre Struktur, in: ders.: Athenische Innenpolitik im 5. Jahrhundert v. Chr. Ideologie oder Pragmatismus?, 1979, 133—152.

PÉLÉKIDIS, Ch.: Histoire de l'éphébie attique des origines à 31 avant J.-C., 1962.

AMIT, M.: Athens and the Sea. A Study in Athenian Sea-Power, 1965.

JORDAN, B.: The Athenian Navy in the Classical Period. A Study of Athenian Naval Administration and Military Organization in the Fifth and Fourth Centuries B.C., 1972⁵.

FOLEY, V. / SOEDEL, W.: Antike Kampfgaleeren, in: Spektrum der Wissenschaft, Juni 1981, 107—121 (= Scientific American, April 1981).

*e) Stadt und Religion*

MIKALSON, J. D.: Athenian Popular Religion, 1983.
MERITT, B. D.: The Athenian Year, 1961.
DEUBNER, L.: Attische Feste, 1932. ND 1956.
PARKE, H. W.: Festivals of the Athenians, 1977.
PICKARD-CAMBRIDGE, A.: The Dramatic Festivals of Athens, 1953. 1968[2].

*f) Die politischen Organisationsformen*

*Volksversammlung*

JONES, A. H. M.: Wie funktionierte die athenische Demokratie? in: F. GSCHNITZER (Hrsg.): Zur griechischen Staatskunde, Wege d. Forschg. 96, 1969, 219—268 (engl. Originalfassung in: ders.: Athenian Democracy, 1957, 99—133, 153—160).
KOLB, F.: Agora und Theater, Volks- und Festversammlung, 1981.
HANSEN, M. H.: The Sovereignty of the People's Court in Athens in the Fourth Century B.C. and the Public Action against Unconstitutional Proposals, in: Odense Univ. Class. Stud. vol. 4, 1974.
DERS.: Demos, Ecclesia and Dicasterion in Classical Athens, in: GRBS 19, 1978, 127—146.
DERS.: Eisangelia. The Sovereignty of the People's Court in Athens in the Fourth Century B.C. and the Impeachment of Generals and Politicians, in: Odense Univ. Class. Stud. vol. 6, 1975.
CONNOR, W. R.: The New Politicians of Fifth-Century Athens, 1971.
FINLEY, M. I.: Athenian Demagogues, in: Past and Present 21, 1962, 3—24 (= Studies in Ancient Society, ed. by M. I. FINLEY 1974, 1—25).
HARRISON, A. R. W.: Law-Making at Athens at the End of the Fifth Century B.C., in: JHS 75, 1955, 26—35.
QUASS, F.: Nomos und Psephisma. Untersuchungen zum griechischen Staatsrecht, 1971.
HANSEN, M. H.: Nomos and Psephisma in Fourth-Century Athens, in: GRBS 19, 1978, 315—330.

*Rat*

KAHRSTEDT, U.: Untersuchungen zu athenischen Behörden IV. Bemerkungen zur Geschichte des Rats der Fünfhundert, in: Klio 33, 1940, 1—12.
RHODES, P. J.: The Athenian Boule, 1972.
GSCHNITZER, F.: Prytanis, in: RE Suppl. XIII (1973), 749—760.

*Geschworenengerichte*

FRÄNKEL, M.: Die attischen Geschworenengerichte. Ein Beitrag zum attischen Staatsrecht, 1877.
BLASS, F.: Die attische Beredsamkeit, 3 Bde., 1887—1898[2].
MARTIN, J.: Antike Rhetorik. Technik und Methode, 1974.

*Zum athenischen Recht*

LIPSIUS, J. H.: Das Attische Recht und Rechtsverfahren mit Benutzung des Attischen Processes, 3 Bde., 1905—1915.
HARRISON, A. R. W.: The Law of Athens, 2 Bde., 1968—1971.
MacDOWELL, D. M.: The Law in Classical Athens, 1978.

RUSCHENBUSCH, E.: Untersuchungen zur Geschichte des athenischen Strafrechts, 1968.

MEYER-LAURIN, H.: Gesetz und Billigkeit im attischen Prozeß, 1965.

MEINECKE, J.: Gesetzesinterpretation und Gesetzanwendung im Attischen Zivil-prozeß, Diss. iur. Freiburg i.Br. 1970/71, in: Rev. Intern. des Droits de l'Antiqu. 43, 1971, 275–360.

*Die Beamten*

KAHRSTEDT, U.: Untersuchungen zur Magistratur in Athen. Studien zum öffent-lichen Recht Athens II, 1936.

HANSEN, M. H.: Seven Hundred Archai in Classical Athens, in: GRBS 21, 1980, 151–173.

*Finanzwesen der Stadt*

BÖCKH, A.: Die Staatshaushaltung der Athener, 2 Bde., 1817. 3. Aufl. von M. FRÄN-KEL 1886, ND 1968.

OEHLER, J.: Leiturgie, in: RE XII (1925), 1871–1879.

THOMSEN, R.: Eisphora. A Study of Direct Taxation in Ancient Athens, 1964.

BRUN, P.: Eisphora – Syntaxis – Stratiotika. Recherches sur les finances militaires d'Athènes au IV<sup>e</sup> siècle av. J.-C., 1983.

RUSCHENBUSCH, E.: Die athenischen Symmorien des 4. Jh. v. Chr., in: ZPE 31, 1978, 275–284.

## 5. Verfahrensformen zur Sicherung der demokratischen Idee

HEADLAM, J. W.: Election by Lot at Athens, 1891.

STAVELEY, E. S.: Greek and Roman Voting and Elections, 1972.

DOW, St.: Kleroterion, in: RE Suppl. VII (1940), 322–328.

HANSEN, M. H.: Misthos for Magistrates in Classical Athens, in: Symbolae Osloenses 54, 1979, 5–22.

GABRIELSEN, V.: Remuneration of State Officials in Fourth Century B.C., Athens, 1981.

BUCHANAN, J. J.: Theorika. A Study of Monetary Distributions to the Athenian Citizenry during the Fifth and Fourth Centuries B.C., 1962.

## 6. Die Grundlagen des demokratischen Gedankens

DANN, O.: Gleichheit, in: Geschichtliche Grundbegriffe. Historisches Lexikon zur politisch-sozialen Sprache in Deutschland, Band 2 (1975), 997–1046.

GOMME, A. W.: Concepts of Freedom, in: More Essays in Greek History and Literature, 1962, 139–155.

FINLEY, M. I.: The Freedom of the Citizen in the Greek World, in: Talanta 7, 1975, 1–23.

RAAFLAUB, K.: Des freien Bürgers Recht auf freie Rede. Ein Beitrag zur Begriffs- und Sozialgeschichte der athenischen Demokratie, in: Festschr. Friedrich Vitting-hoff, 1980, 7–57.

HEUSS, A.: Herrschaft und Freiheit: Der entwickelte griechische Stadtstaat, in: Propyläen-Weltgeschichte. Summa Historica, 1965, 74–86.


7. Ziele der Politik

FINLEY, M. I.: Demokratie, Konsens und nationales Interesse, in: ders.: Antike und moderne Demokratie, 1980 (Reclam), 43–75 (engl. Originalausgabe 1973).
RUSCHENBUSCH, E.: Gestaltung und Inhalt der Politik, in: ders.: Athenische Innenpolitik im 5. Jahrhundert v. Chr. Ideologie oder Pragmatismus?, 1979, 12–17.
SCHULLER, W.: Die Herrschaft der Athener im Ersten Attischen Seebund, 1974.
FINLEY, M. I.: The Fifth-Century Athenian Empire: A Balance-Sheet, in: GARNSEY, P. D. A. / WHITTAKER, C. R.: Imperialism in the Ancient World, 1978, 103–126, 306–310 (= ders.: Economy and Society in Ancient Greece, 1981, 41–61).
BRUNT, P. A.: Athenian Settlements Abroad in the Fifth Century B.C., in: Ancient Society and Institutions. Studies Pres. to Victor Ehrenberg on his 75th Birthday, 1966, 71–92.

OSTWALD, M.: The Athenian Legislation against Tyranny and Subversion, in: TPAPhA 86, 1955, 103–128.
WOLFF, H. J.: „Normenkontrolle" und Gesetzesbegriff in der attischen Demokratie, Sitz.ber. Heidelberger Akad. d. Wiss., philos.-histor. Kl., 2. Abhdlg., 1970.


8. Form und Intensität der politischen Praxis

EHRENBERG, V.: Polypragmosyne: A Study in Greek Politics, in: JHS 67, 1947, 46–67.
FINLEY, M. I.: Politische Führer und Normalbürger: Regierende und Regierte, in: ders.: Antike und moderne Demokratie, 1980 (Reclam), 7–42 (engl. Originalausgabe 1973).
GEHRKE, H.-J.: Zwischen Freundschaft und Programm. Politische Parteiung im Athen des 5. Jahrhunderts v. Chr., in: HZ 239, 1984, 529–564.
SEALEY, R.: Essays in Greek Politics, o. J. (1967).
PERLMAN, Sh.: Political Leadership in Athens in the Fourth Century B.C., in: La Parola del Passato 22, 1967, 161–176.
GOMME, A. W.: The Law of Citizenship at Athens, in: ders.: Essays in Greek History and Literature, 1937, 67–88.
PATTERSON, Cynthia: Pericles' Citizenship Law of 451/50 B.C., Diss. Pennsylvania 1976, 1980.
MEHL, A.: Für eine neue Bewertung eines Justizskandals. Der Arginusenprozeß und seine Überlieferung vor dem Hintergrund von Recht und Weltanschauung im Athen des ausgehenden 5. Jh. v. Chr., in: Ztschr. Sav. Stiftg. 99, 1982, 32–80.
CLOCHÉ, P.: Les procès des stratèges athéniens, in: Rev. Étud. Anc. 27, 1925, 97–118.
LOFBERG, J. O.: Sycophancy in Athens, Diss. Chicago 1914, 1917.

## 9. Die innere Einstellung des Menschen zur Demokratie

### a) Lebenssituation und Mentalität des Bürgers

FLACELIÈRE, R.: Griechenland. Leben und Kultur in Klassischer Zeit, 1977 (Reclam; franz. Originalausg. 1959).

WEBSTER, T. B. L.: Everyday Life in Classical Athens, 1969.

HARVEY, F. D.: Literacy in the Athenian Democracy, in: Rev. Étud. Grecqu. 79, 1966, 585–635.

DOVER, K. J.: Greek Popular Morality in the Time of Plato and Aristotle, 1974.

### b) Die innere Opposition

JONES, A. H. M.: The Athenian Democracy and its Critics, in: Cambridge Histor. Journ. 9, 1953, 1–26 (= ders.: Athenian Democracy, 1975[6], 41–72).

WOLFF, H.: Die Opposition gegen die radikale Demokratie in Athen bis zum Jahre 411 v. Chr., in: ZPE 36, 1979, 279–302.

FLACH, D.: Der oligarchische Staatsstreich in Athen vom Jahre 411, in: Chiron 7, 1977, 9–33.

LEHMANN, G. A.: Die revolutionäre Machtergreifung der „Dreißig" und die staatliche Teilung Attikas (404–401/0 v. Chr.), in: Festschr. H. E. Stier, 1972, 201–233.

CALHOUN, G. M.: Athenian Clubs in Politics and Litigation, 1913. ND 1970.

### c) Sophistik und Rhetorik

UEBERWEG, E. / PRAECHTER, K.: Grundriß der Geschichte der Philosophie I: Die Philosophie des Altertums, 1862–1866. 1926[12], bes. 111–129.

GUTHRIE, W. K. C: A History of Greek Philosophy III: The Fifth-Century Enlightenment. The World of the Sophists. Socrates, 1969 (S. 3–319 auch gesondert erschienen: The Sophists, 1971).

KERFERD, G. B.: The Sophistic Movement, 1981.

GRAESER, A.: Sophistik und Sokratik, Plato und Aristoteles, in: W. RÖD (Hrsg.): Geschichte der Philosophie II, 1983, bes. 19–85.

NESTLE, W.: Vom Mythos zum Logos. Die Selbstentfaltung des griechischen Denkens von Homer bis auf die Sophistik und Sokrates, 1940. 1942[2], bes. 249–528.

CLASSEN, C. J. (Hrsg.): Sophistik, Wege d. Forschg. 187, 1976 (Aufsatzsammlung).

MARTIN, J.: Zur Entstehung der Sophistik, in: Saeculum 27, 1976, 143–164.

HEINIMANN, F.: Nomos und Physis. Herkunft und Bedeutung einer Antithese im griechischen Denken des 5. Jahrhunderts, Diss. Basel 1942. ND 1980.

## 10. Symptome des Niedergangs der Demokratie im 4. Jahrhundert

GOMME, A. W.: The End of the City-State, in: Essays in Greek History and Literature, 1937, 204–248.

MOSSÉ, C.: La fin de la démocratie athénienne. Aspects sociaux et politiques de déclin de la cité grecque au IVe siècle avant J.-C., 1962.

FUKS, A.: The Ancestral Constitution. Four Studies in Athenian Party Politics at the End of the Fifth Century B.C., 1953.

HABICHT, C.: Untersuchungen zur politischen Geschichte Athens im 3. Jahrhundert v. Chr., 1979.

## 11. Über antike und moderne Demokratie

MAIER, H. / KOSELLECK, R. / CONZE, W.: Demokratie, in: Geschichtliche Grundbegriffe. Historisches Lexikon zur politisch-sozialen Sprache in Deutschland, Bd. 1, 1972, 839–899.

CLARKE, M. L.: George Grote. A Biography, 1962.

KAEGI, W.: Jacob Burckhardt, 4 Bde., 1947–1967.

CHRIST, K.: Jacob Burckhardt, in: ders.: Von Gibbon zu Rostovtzeff, 1972, 119–158.

CHRIST, K.: Robert von Pöhlmann, in: ders.: Von Gibbon zu Rostovtzeff, 1972, 201 bis 247.

# Zeittafel

| | |
|---|---|
| 9./8. Jh. | Attika wird eine politische Einheit. |
| ca. 624 | Erste Rechtskodifikation in Athen durch Drakon. |
| 594/93 | Reformgesetzgebung Solons, insbesondere: Befreiung der Bauern aus Schuldknechtschaft; Ablösung der reinen Adelsherrschaft durch eine timokratische Ordnung; Schaffung eines neuen Rates als Appellationsinstanz. |
| 561–510 | Tyrannis des Peisistratos (mit Unterbrechungen bis 528/27) und seiner Söhne. |
| 508/7 | Phylenreform des Kleisthenes. |
| 506 | Die Athener siegen über Böoter und Chalkidier. |
| 500–494 | Aufstand der ionischen Städte Kleinasiens gegen die Perser. |
| 493 | Archontat des Themistokles. Ausbau des Piräus zum Kriegshafen. |
| 490 | Landung der Perser in Attika. Schlacht bei Marathon. |
| 487/86 | Einrichtung des Ostrakismos; das Archontat wird ein Losamt. |
| 482 | Beginn des (von Themistokles angeregten) großzügigen Ausbaus der Flotte. |
| 480 | Invasion der Perser unter Führung des Großkönigs Xerxes. Schlacht bei den Thermopylen. Seeschlachten am Kap Artemision und bei Salamis. Der Großkönig kehrt nach Asien zurück. |
| 479 | Schlacht bei Plataä gegen den persischen Feldherrn Mardonios. Seeschlacht bei Mykale. |
| 478/77 | Gründung des Ersten Attischen Seebundes, errichtet zur Befreiung der noch von den Persern abhängigen Griechen. |
| 462/61 | Entmachtung des Areopags durch Ephialtes: Durchbruch zur „radikalen" Demokratie. |
| 460–446 | Krieg Athens gegen Sparta und seine Verbündeten. |
| 460–445 | Bau der Langen Mauern: Feste und sichere Verbindung Athens mit dem Piräus und mit Phaleron durch ein diese drei Städte zusammenfassendes geschlossenes Mauerwerk. |
| 460/54 | Expedition und Niederlage der Athener und ihrer Bundesgenossen in Ägypten. |
| 451/50 | Bürgerrechtsgesetz des Perikles. |
| 449 | Ende der Kampfhandlungen mit den Persern (sog. Kallias-Friede). |
| 447–406 | Ausbau der Akropolis (mit Unterbrechungen). |
| 432 | Megarisches Psephisma. |
| 431–404 | Peloponnesischer Krieg. |
| 429 | Tod des Perikles. |
| 421–414 | Friede mit Sparta (Nikias-Friede). |
| 415–413 | Expedition der Athener nach Sizilien. Hermokopidenfrevel (415). |
| 412 | Persien tritt in die Kriegsfront gegen Athen ein. |

| | |
|---|---|
| 411/10 | Sturz der Demokratie; ca. 1 Jahr herrscht in Athen eine Oligarchie. |
| 406 | Sieg der Athener in der Seeschlacht bei den Arginusen. |
| 405 | Vernichtung der letzten athenischen Flotte bei Aigospotamoi. |
| 404/3 | Athen kapituliert vor den Spartanern unter Lysander. Herrschaft der „Dreißig" in Athen. |
| 403 | Wiederherstellung der Demokratie. Aufzeichnung der Gesetze. |
| 399 | Prozeß und Hinrichtung des Sokrates. |
| 395–386 | Korinthischer Krieg (Korinth, später Athen und andere gegen Sparta. 386 Antalkidas-Friede). |
| 392 | Einführung eines Tagegeldes von 3 Obolen für den Besuch der Volksversammlung (Ekklesiastensold). |
| 378/77 | Gründung des Zweiten Attischen Seebundes. |
| 371 | Sieg der Thebaner unter Epaminondas über die Spartaner bei Leuktra. Beginn des Niedergangs Spartas. Aufstieg Thebens. |
| 362 | Sieg der Thebaner über die Spartaner bei Mantineia; Tod des Epaminondas. |
| 359–336 | Philipp II., zunächst Regent, dann König der Makedonen. |
| 357–355 | Krieg Athens gegen einen großen Teil seiner Bundesgenossen (Bundesgenossenkrieg), von denen bei Friedensschluß weit über die Hälfte nicht mehr in den Bund zurückkehren. |
| 354–350 | Eubulos Vorsteher des Theorikons; er saniert die athenischen Finanzen und bleibt bis 338 einer der einflußreichsten Politiker. |
| 338/37 | Lykurgos erhält das Sonderamt eines höchsten Finanzbeamten; er bleibt bis zu seinem Tode (324) ein einflußreicher Politiker und Finanzfachmann. |
| 338 | Sieg Philipps über die Griechen bei Chaironeia. |
| 336 | Philipp eröffnet den Krieg gegen Persien. |
| 336–330 | Streit zwischen Demosthenes und Aischines um die richtige Politik gegenüber Philipp, ausgefochten anhand der Frage, ob die Ehrung des Demosthenes durch einen Kranz rechtmäßig gewesen war („Kranzrede" des Demosthenes). |
| 334 | Alexander setzt über den Hellespont: Beginn der Niederwerfung des Perserreiches (Alexanderzug). |
| 333 | Niederlage des persischen Großkönigs bei Issos, 331 bei Gaugamela. |
| 330 | Niederbrennung der persischen Königsburg Persepolis. Ermordung des Großkönigs; Alexander fühlt sich als Nachfolger der Achämeniden. |
| 323 | Tod Alexanders in Babylon. Antipater erhält den Oberbefehl in Europa. |
| 323/22 | Antipater wird von den Griechen unter Führung Athens in Lamia eingeschlossen (Lamischer Krieg) |
| 322 | Sieg der Makedonen über die athenische Flotte bei Amorgos; zu Lande werden die Griechen bei Krannon in Thessalien besiegt. |
| 322 | Ende der Demokratie in Athen: Einrichtung einer gemäßigten Oligarchie unter Leitung von Phokion und Demades. Hinrichtung des Hypereides. Demosthenes begeht auf Kalauria Selbstmord. |
| 317–307 | Demetrios von Phaleron leitet als eine Art Statthalter der Makedonen die Staatsgeschäfte in Athen. |

# Personenregister und Sachregister